Diether Raff

Deutsche
Geschichte

Vom alten Reich
zum vereinten Deutschland

Überarbeitete Ausgabe

WILHELM HEYNE VERLAG
MÜNCHEN

HEYNE SACHBUCH
19/747

8. Auflage
2. Auflage dieser überarbeiteten Ausgabe
Die ursprüngliche Ausgabe dieses Buches erschien 1987
im Max Hueber Verlag, Ismaning

Überarbeitete Taschenbuchausgabe 02/2001
Copyright © 1992 by Wilhelm Heyne Verlag GmbH & Co. KG, München
http://www.heyne.de
Printed in Germany 2001
Umschlaggestaltung: Hauptmann und Kampa Werbeagentur, CH-Zug
Umschlagillustration: dpa, München
Satzergänzung und Montage: Ebner Ulm
Druck und Bindung: Ebner Ulm
ISBN 3-453-18099-2

Inhalt

Karten

Vorwort
zur überarbeiteten Ausgabe

In diesem Buch werden auf knappem Raum nach einem kurzen einleitenden Überblick über die deutsche Geschichte bis zum Vorabend der Französischen Revolution die entscheidenden Jahrzehnte unserer jüngeren und jüngsten Geschichte in einer handlichen und lesbaren Gesamtdarstellung vorgelegt. Es galt, Fakten zu vermitteln, Hintergründe aufzuhellen und neben einer allgemeinen Orientierungshilfe einen ersten Einstieg in den Forschungsstand zu bieten.

Die erste Auflage der gebundenen Ausgabe des Buches erschien im Herbst 1984. Nach der günstigen Aufnahme durch die Kritik legten Verlag und Autor 1987 eine zweite, sachlich ergänzte, verbesserte und um eine Reihe zeitgenössischer Illustrationen erweiterte Auflage vor. Diese berücksichtigte auch die in der ersten Auflage fehlende Behandlung der inneren Entwicklung des zweiten deutschen Staates. Nach der dritten Auflage, die der Heyne Verlag 1989 in seiner Sachbuchreihe veröffentlichte, gingen die 1992 erschienenen Auflagen auf die zur Vereinigung der beiden deutschen Staaten führenden Ereignisse ein. Schließlich wurde versucht, im Rückblick auf die vergangenen Jahre gemeinsamer deutscher Geschichte den schwierigen Prozeß des Zusammenwachsens der ehemals so unterschiedlichen beiden deutschen Teilgesellschaften aufzuzeigen. Daß die Unmittelbarkeit und das Tempo dieser Entwicklung dabei den distanzierten Blick erschweren, muß in Kauf genommen werden. Auch bleibt es ein Wagnis, unsere Geschichte, die nach den Worten Richard von Weizsäckers, „uns nie allein gehört hat", sondern stets mit unseren Nachbarn verbunden war, in all ihrer Vielfalt in dieser Kürze informativ und übersichtlich darstellen zu wollen. Dem Verlag, der dieses Wagnis mitträgt, sei gedankt.

Heidelberg, Oktober 2000   *Diether Raff*

Vorwort
zur ersten Auflage
der gebundenen Ausgabe

Das vorliegende Buch wurde angeregt durch die 1. Fremdsprachenhochschule Peking, an der ich im Frühjahr und im Sommer 1981
Gelegenheit hatte, für Deutschlehrer aus neun Hochschulen der Volksrepublik China und für Studenten der 1. Fremdsprachenhochschule
Vorlesungen und Übungen in Neuerer und Neuester Geschichte abzuhalten. Das große Interesse, auf das ich dabei sowohl bei den Kollegen
als auch bei den Studenten stieß, ermutigte mich, dem Wunsch der
Pekinger Hochschule nachzukommen und den Versuch zu wagen,
unsere jüngere Vergangenheit in ihrer Mannigfaltigkeit darzustellen.
Dabei galt es einmal zu informieren, sodann die Fakten in die größeren
Zusammenhänge des Gesamtablaufs unserer Geschichte zu stellen, sie
mit der gebotenen Zurückhaltung zu werten und schließlich durch die
Einarbeitung der Quellen in den Text das Atmosphärische der jeweiligen Zeit wiederzugeben. Der einleitende Überblick soll dazu dienen,
die für das Verständnis der modernen deutschen Geschichte bedeutsamen politischen und sozialen Voraussetzungen anzusprechen. Dabei
waren das Auseinanderdriften des deutschen Volkes in seine Stämme,
der deutsche Dualismus, aber auch die die kulturelle Vielfalt fördernde
Entwicklung in den deutschen Staaten, die sorgsame Pflege partikula-
rer Traditionen und die damit stets einhergehende Sehnsucht nach
nationaler Größe und Macht deutlich zu machen. Weiterhin mußten
die außerdeutschen Ereignisse dort, wo sie unmittelbar auf das deutsche Schicksal einwirkten, so weit berücksichtigt werden, wie es zum
Verständnis unserer jüngeren und jüngsten Geschichte erforderlich ist.
Auf diese ausführlicher einzugehen erschien mir um so notwendiger,
als nur eine Darstellung, die die im 19. und 20. Jahrhundert miteinander
ringenden politischen Kräfte aufzeigt, den durch die Katastrophe der
beiden Weltkriege heraufgeführten Bruch in der historischen Kontinuität des deutschen Volkes verständlich zu machen vermag. Auch haben
das Dritte Reich und die Verbrechen, die das nationalsozialistische
Regime begangen hat, uns Deutsche in einer Weise betroffen gemacht,
die ebenso unausweichlich die Auseinandersetzung fordert, wie sie
durch die Ungeheuerlichkeit des Geschehens diese „Vergangenheits-

bewältigung" belastet. Der Prozeß der Demokratisierung Deutschlands ist überschattet von diesem Geschehen. So schien mir der Versuch der Mühe wert, das Verständnis für die deutsche Geschichte zu wecken und interessierten Lesern im In- und Ausland das deutsche Schicksal in seiner Verflechtung mit dem europäischen nahezubringen. Im methodischen Aufbau des vorliegenden Buches ließ ich mich leiten durch meine über 20jährige Lehrtätigkeit, während der ich sowohl am Studienkolleg der Universität Heidelberg als auch am Institut für Deutsch als Fremdsprachenphilologie der Neuphilologischen Fakultät ausländischen Studenten Vorlesungen und Übungen über den hier festgehaltenen Zeitraum angeboten habe. Daher zu Beginn eines jeden Kapitels die chronologische Übersicht, die den Studenten aus außereuropäischen Kulturkreisen die Orientierung erleichtert, daher auch die Abschnittsüberschriften am Textrand und das kommentierte Personenregister. Das Buch soll die vorhandenen Lehrbücher nicht ersetzen. Es ist jedoch das Ziel, in einer verständlichen Sprache die einzelnen Zeitabschnitte so miteinander zu verbinden, daß der Lesefluß gewahrt bleibt, der Leser selbst nicht ermüdet und sein Interesse an weitergehenden und vertiefenden Studien wachgerufen wird. Die diesem Zweck dienende Literaturübersicht enthält eine Auswahl der wichtigsten, den gegenwärtigen Stand der Forschung wiedergebenden Schriften.

Großen Dank schulde ich dem Ordinarius für Neuere Geschichte an der Ruprecht-Karls-Universität Heidelberg, Professor Dr. Eike Wolgast, der den Fortgang des gesamten Bandes begleitete, mir zahllose wertvolle Hinweise gab und mich ermunterte, das Werk zu Ende zu führen. Ebenso verdanke ich meinem Freund und Vorgänger im Amt, Dr. Günther Rögler, und Frau Dr. Oda von Gal manche Anregungen. Bei der Zusammenstellung des Sach- und Personenregisters war mir Frau cand. phil. Ursula Otto eine große Hilfe. Danken möchte ich besonders meiner Frau, ohne deren Verständnis und kritische Mitarbeit das Buch nicht zustande gekommen wäre. Ihr sei dieser Band gewidmet.

Heidelberg, Oktober 1984   *Diether Raff*

1 Einleitende Bemerkungen

„Ein Verständnis der Gegenwart gibt es nicht ohne Kenntnis der Vergangenheit der früheren Zeiten." *(Leopold v. Ranke, „Über die Verwandtschaft und den Unterschied der Historie und der Politik")*

Die Geschichte versucht das, was früher mit den Menschen geschah, „vor Augen zu stellen und das Andenken daran für alle Zeiten zu bewahren"[1]. Ihr Gegenstand also ist der Mensch in den Zusammenhängen und Erscheinungsformen seines sozialen, politischen, kulturellen, rechtlichen und wirtschaftlichen Lebens.

Die für die Erfassung dieser Erscheinungsformen notwendigen Ordnungskriterien sind Zeit und Raum. Daneben treten subjektive Kriterien, die dem eigenen Erleben des Menschen entspringen und auf die jeweilige Betrachtungsweise einwirken.

Geschichte bezeichnet aber nicht nur das tatsächliche Geschehen, sondern auch die Kunde von diesem Geschehen und seine Erzählung. Der Historiker trennt deshalb sprachlich zwischen „Geschichte" als dem vergangenen Geschehen und „Historie" als der Geschichtsschreibung. Aus dieser Differenzierung zwischen Geschichte und Historie ergibt sich eine Spannung, die die aktive Rolle des forschenden Historikers und zugleich seine Verantwortung bei der Darstellung des von ihm untersuchten Gegenstandes erklärt. Wie problematisch diese Umsetzung von Geschehen in Geschichtsschreibung ist, illustriert folgende von Sir *Walter Raleigh* überlieferte Episode:

Als *Raleigh,* nachdem er 1603 von *Jakob I.* wegen Hochverrats zum Tode verurteilt worden war, im Tower zu London auf seine Hinrichtung wartete, nutzte er die Zeit und begann eine Weltgeschichte zu schreiben. Da brach eines Tages am Fuße des Towers ein Streit zwischen zwei Wachsoldaten aus, den er als unfreiwilliger Zeuge verfolgte. Als ein Freund ihn kurz darauf besuchte und ihm – gleichfalls Zeuge des Streites – darüber berichtete, mußte er feststellen, daß ihre beiden Beobachtungen und vor allem die Wiedergabe des Beobachteten stark voneinander abwichen. Deprimiert betrachtete *Raleigh* das Manuskript seiner Weltgeschichte und meinte, wenn er der Wahrheit dienen wolle, müsse er es eigentlich verbrennen. Denn wenn er nicht einmal in der Lage sei, ein Geschehen, bei dem er Zeuge war, objektiv richtig darzustellen, wieviel weniger könne er eine Weltgeschichte schreiben, die den Anspruch auf Wahrheit erhebe.

Damit wird auch deutlich, unter welchen Vorbehalten Geschichtsschreibung den Anspruch erheben kann, „wahr" zu sein.

Historiker und Philosophen haben versucht, Inhalt und Umfang von „Geschichte" genau zu definieren. So vereinigt nach *Georg Wilhelm Friedrich Hegel* Geschichte die objektive wie auch die subjektive Seite des Geschehens und bedeutet „ebensowohl die *historiam rerum gestarum* (die Erzählung geschehener Ereignisse) als die *res gestas* (Handlungen, Taten) selbst"[2]. Für *Karl Marx* ist „die Geschichte aller bisherigen Gesellschaft die Geschichte von Klassenkämpfen"[3]. *Jacob* und *Wilhelm Grimm* sehen in der Geschichte den „Inbegriff alles in der Welt Geschehenen"[4]. *Johan Huizinga* versteht unter Geschichte „die geistige Form, in der eine Kultur über ihre Vergangenheit Rechenschaft gibt"[5]. Die den Historiker interessierende Geschichte aber umfaßt nach *Karl Georg Faber* alles menschliche Tun und Leiden in der Vergangenheit,[6] und nach *Golo Mann* ist der Gegenstand historischer Darstellung das Neue in der Geschichte, „und wie es aus dem Alten kommt, in ihm vorgeformt war und doch, wenn es kommt, seinen ganz eigenen Charakter hat, wie es sich vermischt mit Weltumständen, die niemand voraussehen konnte, mit den Zufällen der Personen, mit den Gewaltleistungen des einzelnen Willens"[7].

Alle diese Definitionen ergänzen einander und charakterisieren „Geschichte" nicht nur als vergangenes, gegenwärtiges und künftiges Geschehen, das den inneren Zusammenhang und die Veränderung der Existenzbedingungen im menschlichen Zusammenleben aufzeigt, sondern auch als Erforschung und Wiedergabe dieses Geschehens und als die von Menschen in der Vergangenheit geschaffenen Grundlagen unserer gegenwärtigen Existenz. Gleichzeitig machen sie deutlich, daß das Wesen der Geschichte die Wandlung ist,[8] die Geschichte selbst also zu keinem Zeitpunkt einen abgeschlossenen Vorgang darstellt.

Dieses wesentliche Merkmal der Geschichte zu ergründen ist Aufgabe der Geschichtswissenschaft. Sie will zeigen, „wie es eigentlich gewesen"[9] ist, will also Vergangenes rekonstruieren und gleichzeitig versuchen, durch die Darstellung der rekonstruierten Ereignisse Geschichtsbewußtsein zu wecken.

Dazu bedarf sie der Überreste, der Quellen also, die, in Quellengruppen eingeteilt, die notwendigen Informationen über die Vergangenheit liefern. Innerhalb dieser Quellengruppen unterscheidet man zwischen Sachüberresten, abstrakten und schriftlichen Überresten und Traditionen.[10] Sachüberreste sind körperliche Überreste, Bauwerke, Geräte,

Erzeugnisse von Kunst und Gewerbe aller Art. Unter abstrakten Überresten versteht man fortlebende oder überlieferte Institutionen, Rechts- und Verfassungszustände, Sitte und Sprache. Die schriftlichen Überreste bezeichnen das Schriftgut, das aus geschäftlichen oder privaten Bedürfnissen der jeweiligen Gegenwart entstanden ist, und die Traditionen umfassen solche Quellen, die eigens zum Zweck der historischen Unterrichtung geschaffen worden sind, wie die Sage, die Erzählung, die Annalen und die Memoiren.

Aus diesen dem Historiker zugänglichen Quellen wählt er die für sein Forschungsgebiet und seine Fragestellung notwendigen aus, stellt die sich daraus ergebenden Sachverhalte dar und versucht, sie kritisch zu deuten. Dabei muß er nach der Forderung *Ernst Troeltschs* jede Epoche ,,an ihrem eigenen, wenn auch noch so komplizierten Wesen und Ideal messen"[11]. Je mehr der Historiker jedoch das Vergangene mit dem Maßstab mißt, den das unmittelbare Erlebnis der Gegenwart gibt, um so mehr bleibt die Auffassung im Subjektiven verhaftet. Wer allerdings sein Ich so von der Gegenwart zu lösen vermag, daß er eine Zeit aus ihrem eigenen Geiste heraus versteht, erkennt, ,,wie es eigentlich gewesen"[9] und ist so der ihm gestellten Aufgabe hinreichend gewachsen.

Zur Schematisierung seines Gegenstandes teilt der Historiker das bisherige Geschehen in große, zusammenhängende Zeitabschnitte ein. Dabei wurde es seit dem 17. Jahrhundert üblich, die Weltgeschichte in den geschichtlichen Lehrbüchern in Vorgeschichte, Alte, Mittlere und Neuere Geschichte zu gliedern und seit 1945 zusätzlich die Begriffe Neueste Geschichte und Zeitgeschichte zu verwenden. Demnach stellt sich eine schematische Gliederung der abendländischen Geschichte folgendermaßen dar:

Urzeit	Älteste Geschichte der Menschheit und der einzelnen Völker von den Anfängen bis zum Einsetzen schriftlicher Quellen
Altertum 3000 v. Chr. bis 5. Jh. n. Chr.	Zeitraum von den Anfängen geschichtlicher Kunde (vor 3000 Keilschrift und Hieroglyphen, um 2000 chinesische Schrift, um 900 griechisches Alphabet) bis zum Ende der griechisch-römischen Antike.
Mittelalter 5. Jh.–15. Jh	*Medium aevum* = die Zwischenzeit, die Zeit zwischen Altertum und Neuzeit; ein von den Humanisten geprägter Begriff für die Zeit zwischen dem Verfall der Antike und ihrer Wiedergeburt (Renaissance); die Zeit also von 476 n. Chr. bis zum Ende des 15. Jahrhunderts

Neuzeit   Die Geschichtsperiode von etwa 1500 bis zur Französischen Revolution
16. Jh.–18. Jh.
Neueste Zeit   Die Zeit nach der Französischen Revolution bis zum
19. Jh.–20. Jh. Ende des Zweiten Weltkrieges
Zeitgeschichte   Die jüngste Vergangenheit
seit 1945

Die jeweils angegebenen Zäsuren markieren einen Zeitpunkt, zu dem etwas Neues beginnt, ein neues Moment bestimmend in die Geschichte eintritt, ein Ereignis dem Lauf der Dinge eine neue Richtung gibt. Ereignisse dieser Art bezeichnet man als epochal, den Zeitpunkt als Epoche. In weiterem Sinne nennt man dann auch den ganzen Zeitraum, der von den Nachwirkungen eines solchen Ereignisses bestimmt wird, eine Epoche.[12] Doch gilt es zu bedenken, daß Datierungen und Periodisierungen immer etwas Willkürliches anhaftet, um so mehr, als sie abhängig sind von dem geistigen und kulturellen Standort dessen, der sie vornimmt. Immer jedoch reflektieren die gesetzten Zäsuren die inhaltlichen Schwerpunkte historischer Betrachtungsweise.
Das gleiche gilt für die den jeweiligen Epochen zugrunde liegenden Fakten. Aus der Fülle dieser Fakten auszuwählen, „sie als Schlüssel zum Verständnis der Gegenwart zu bewältigen und zu verstehen"[13] und sie in der Verantwortung vor der geschichtlichen Wahrheit darzustellen bleibt die verbindliche Aufgabe für alle, die am vergangenen und gegenwärtigen Geschehen interessiert sind. Dabei wird die Frage, warum sich Vergangenheit und Gegenwart so und nicht anders gestalteten und gestalten, den Fragenden in jene heilsame Unruhe versetzen, die ihn nach Antworten auf seine augenblicklichen Hoffnungen und Ängste suchen läßt, seine existentielle Neugierde befriedigt und ihm zur Identifikation mit seiner sozialen und staatlichen Umgebung verhilft. Diese heilsame Unruhe wird aber immer dann besonders geweckt, wenn im Geschehen der Völker und Staaten Katastrophen an die Grundfesten menschlichen Zusammenlebens rühren und die Überlebenden über das Erschrecken, mit dem sie das Erlebte verfolgt, den Ursachen der durchlebten Katastrophen nachgehen. Dann erhoffen sie eine Antwort auf die bohrenden Fragen der menschlichen Seele ebenso wie auf ihr Bemühen, durch detailliertes und differenziertes Forschen der Polykausalität des Geschehens auf die Spur zu kommen, um damit aus dem Erfahrenen als dem essentiellen Gehalt der Geschichte für gegenwärtige und künftige Probleme Lösungen zu finden.

2 Zur Geschichte der Deutschen bis zum Ende des 18. Jahrhunderts: Ein Überblick

Die Zeit der Germanen

seit 1700 v. Chr.	Beginn der Bronzezeit, Entfaltung der Bauernkultur in Mittel- und Nordeuropa, Entstehung der indogermanischen Einzelvölker
seit 1800 v. Chr.	Besiedlung von Südskandinavien, Jütland und der norddeutschen Tiefebene durch die Germanen
um 600 v. Chr.	Vordringen germanischer Stämme nach Süden bis zum Niederrhein und zur Weichsel
um 50 v. Chr.	Germanische Landnahme zwischen Nordsee und dem deutschen Mittelgebirge bis zum Limes, dem römischen Grenzwall
50 v. Chr.– 400 n. Chr.	Errichtung der römischen Herrschaft auf linksrheinischem Gebiet, in den Provinzen Ober- und Niedergermanien und dem Zehntland, dem Gebiet zwischen Rhein, Donau und Neckar *(Karte 1)*
seit 200 n. Chr.	Bildung westgermanischer Stämme: Alemannen, Franken, Sachsen
250 n. Chr.	Vordringen der Alemannen und Franken über Limes und Rhein
um 375 n. Chr.	Beginn der germanischen Völkerwanderung
400 n. Chr.	Rückzug der Römer aus Britannien und Germanien
476 n. Chr.	Ende des Weströmischen Reiches

Im Herzen Europas, zwischen Nordsee und Ostsee und dem Hochgebirge der Alpen, liegt der Lebensraum der Deutschen. Diese geographische Lage Deutschlands – inmitten zahlreicher Nachbarn – förderte zusammen mit den das Land von Süd nach Nord und von Ost nach West durchziehenden Flüssen den Ausbau internationaler Verkehrslinien, belebte so das geistige und wirtschaftliche Leben und bestimmte auch seine politische Gestaltung. Ohne natürliche Grenzen im Osten und Westen haben die Menschen in diesem Land stets um ein Staatswesen gerungen, mit dem sich zu identifizieren ihnen nur während kurzer Zeitspannen vergönnt war.

Ein gemäßigtes Klima, ausgeprägte Oberflächenformen – Alpen, Mittelgebirge und Tiefland – und ein weithin fruchtbarer Boden vereinigten sich in einem leicht zu besiedelnden Raum zu vorteilhaften Lebensbedingungen.

Hier lebte im 3. vorchristlichen Jahrtausend ein Großteil der indogermanischen Sprachfamilie, aus der sich allmählich die Germanen, die Kelten, die Italiker und die Griechen als unterschiedliche Einzelstämme herausbildeten.

Das Teilvolk der Germanen siedelte zunächst im Süden Skandinaviens, in Jütland und in der Norddeutschen Tiefebene zwischen Weser und Oder.

Um 600 v. Chr. drangen germanische Stämme dann nach Süden vor, erreichten im Westen den Niederrhein und im Osten die Weichsel.

Die Stämme im Norden breiteten sich langsam in Dänemark, Norwegen und Schweden aus. Im Osten nahmen die Vandalen, Burgunder und Goten das Weichselland in Besitz, im Westen drängten die Germanen die Kelten bis zur Mitte des 1. vorchristlichen Jahrhunderts bis in den Schwarzwald zurück und besiedelten das Land zwischen Nordsee und dem deutschen Mittelgebirge. Die Gebiete westlich des Rheins und südlich der Donau wurden in den ersten nachchristlichen Jahrhunderten von Rom unterworfen und nach Osten und Süden hin durch einen Grenzwall, den *Limes,* abgegrenzt. Die Germanen jenseits dieser Grenze zwischen Rhein, Limes und Elbe und in den Oder- und Weichselgebieten blieben jedoch von der römischen Herrschaft fast unberührt.

Nach dem Ansturm der Hunnen, die 375 n. Chr. ins Gotenreich einbrachen, verließen die ostgermanischen Stämme, die Vandalen, die Burgunder und die Goten, ihre Wohnsitze, zogen nach Westen und Süden, und slawische Völker drangen streckenweise bis zur Elbe und Saale in diese ehemals germanischen Gebiete ein. Die Westgermanen aber schufen sich Raum zwischen Nordsee und Alpen. Es waren sechs große Stammesverbände, die hier lebten: die Friesen an der Nordseeküste und auf den vorgelagerten Inseln, die Sachsen zwischen Nordsee und Mittelgebirge, Elbe und mittlerer Ems, die Franken am Mittel- und Niederrhein und am Main, die Thüringer an der Saale, die Alemannen an der oberen Donau, am Neckar und Oberrhein und die Bayern im Alpenvorland und in den Nordalpen.

Das Frankenreich

482–511	*Chlodwig,* König der Franken
486	Gründung des Frankenreiches durch *Chlodwig*
496	Übertritt der Franken zum Christentum
768–814	*Karl der Große (Karte 2)*
800	Kaiserkrönung *Karls des Großen*
843	Vertrag von Verdun: Teilung des Imperiums *Karls des Großen* in drei Teilreiche, das westliche und östliche Frankenreich und das burgundische, provenzalische und italienische Mittelreich *(Karte 3)*
911	Ende der ostfränkischen Karolinger und Lösung der deutschen Stämme vom Gesamtverband des fränkischen Reiches

Um 500 n. Chr. gelang es dem fränkischen Heerkönig *Chlodwig* und seinen Nachfolgern aus dem Geschlecht der Merowinger, die Franken, die sich seit etwa 250 n. Chr. in ihrem angestammten Gebiet zwischen Niederrhein und dem nördlichen Gallien ausgebreitet hatten, zu einigen, den letzten römischen Statthalter in Gallien zu besiegen, die Alemannen zu unterwerfen und die meisten übrigen westgermanischen Stämme in einem Reich zu vereinen. Dieses Reich umfaßte den heutigen Grenzen nach fast ganz Frankreich, das Rheinland und die Gebiete von den Alpen bis zu den deutschen Mittelgebirgen. *Chlodwigs* Übertritt zum Christentum begünstigte den Ausgleich zwischen der germanischen und der unterworfenen romanischen Bevölkerung. Schließlich konnte sich der christliche Glaube im ganzen Fränkischen Reich ausbreiten. Damit gewann hier die christliche Kirche zur selben Zeit eine feste Grundlage, als der Islam die christlichen Provinzen des alten Römischen Reiches in Asien und Afrika eroberte, bis nach Spanien vordrang und das Abendland bedrohte.

Der bedeutendste der fränkischen Könige, *Karl der Große,* schließlich galt, nachdem er im Jahre 800 in Rom vom Papst zum Römischen Kaiser gekrönt worden war, als der Kaiser des alten Römischen Weltreiches und als Schutzherr der christlichen Kirche.

Karls Reich umfaßte nahezu das gesamte heutige Frankreich, Italien und den Teil Mitteleuropas, der etwa von Eider, Elbe, Saale, Donau und Drau begrenzt wird. Unter seinen Nachfolgern wurde dieses mächtige Reich mehrmals geteilt. Die Einheit zerbrach, und die Teilstaaten gingen eigene Wege. So entstanden innerhalb eines Jahrhunderts aus dem karolingischen Imperium ein westliches und ein östliches

Pfalzkapelle Karls des Großen in Aachen

Frankenreich sowie ein burgundisches, ein provenzalisches und ein italienisches Königtum. Damit hatte sich eine Neuordnung Europas vollzogen. Sie bereitete die Staatenwelt des Mittelalters und der Neuzeit vor.

Zur Sicherung seiner Herrschaft nach innen hatte *Karl der Große* sein Reich in Grafschaften eingeteilt, an deren Spitze die Gaugrafen standen. Sie hielten im Namen des Königs Gericht, verwalteten das Königsgut, erhoben die königlichen Abgaben und führten in Kriegen das Aufgebot. Nach außen verteidigten die an den Grenzen des Reiches errichteten Marken *Karls* Imperium. Die Markgrafschaften waren weit größer als die Grafschaften, und die Markgrafen, die im Falle der Gefahr selbständig den Heerbann aufboten, herrschten unabhängiger als die Gaugrafen. *Karls* Sendboten bereisten die Grafschaften, überprüften Einnahmen und Rechtsprechung der Grafen, nahmen Beschwerden entgegen und verkündeten Reichsgesetze. Als Repräsentanten der Zentralgewalt sicherten sie die Einheit des Reiches.

Die wirtschaftliche Grundlage dieses Staates bildete die Naturalwirtschaft.

Das in der römischen Staatsordnung verankerte Beamtentum war durch den dem König dienenden Adel ersetzt worden. Dieser hatte für seinen Dienst Grundbesitz und Hoheitsrechte als Lehen erhalten. Der so ausgestattete Lehnsmann, der Vasall, leistete dem Lehnsherrn den Treueid und war zu militärischer Hilfeleistung verpflichtet.

Die in allen germanischen Völkern vorhandene adlige Oberschicht begünstigte den Ausbau eines solchen auf dem Lehenswesen gegründeten Feudalstaates.

Da schon im Laufe des 9. Jahrhunderts die Lehen erblich wurden, wuchsen Einfluß und Macht der Feudalherren. Als dann *Karls* schwache Nachfolger sich nicht nur in die Herrschaft teilten, sondern auch nicht mehr in der Lage waren, die Reichsgrenzen gegen die vordringenden Araber, Normannen, Slaven und Magyaren zu schützen, erstarkten die Lokalgewalten gegenüber der Zentralgewalt.

Gerade im Ostreich – bedingt durch seine geographische Lage – waren die Grenzen besonders gefährdet. In ihrer Bedrohung scharten sich die Stämme der Sachsen, Lothringer, Franken, Schwaben und Bayern um ihre militärischen Führer, die Herzöge. Diese suchten anstelle der fehlenden Königsgewalt ihre eigene Gewalt auszubauen und zu festigen und in ihrem Gebiet Friede und Sicherheit aufrechtzuerhalten.

Als schließlich der letzte Herrscher aus dem Geschlecht der Karolinger 911 starb, erhoben die Herzöge im Ostreich einen aus ihrer Mitte zum König. Diese Wahl des Frankenherzogs *Konrad* bedeutete den Bruch mit dem fränkischen Gesamtreich und den Beginn der deutschen Geschichte.

Das Deutsche Reich, Vormacht des Abendlandes

911– 918 *Konrad I.*
919– 1024 *Die sächsischen Kaiser*
919– 936 *Heinrich I.*
936– 973 *Otto I., der Große*
973– 983 *Otto II.*
983–1002 *Otto III.*
1002–1024 *Heinrich II.*

Die Bevölkerung im Westteil des Fränkischen Reiches sprach vorwiegend altfranzösisch. Die Volkssprache im östlichen Frankenreich jedoch war „deutsch". Das Wort „deutsch" stammt von dem althochdeutschen „diot", das soviel wie Volk bedeutet und ursprünglich eine Gelehrtenbezeichnung für die Mundart der im Ostteil lebenden Altstämme war. Seit der Mitte des 10. Jahrhunderts nannte man dann wohl auch das Land, in dem diese Sprache gesprochen wurde, „Deutsches Reich".

Hatte *Konrad I.* gegenüber den übrigen Stammesherzögen eine wirkliche Königsgewalt nicht durchsetzen können, so gelang es seinem Nachfolger, dem von ihm empfohlenen und von den Herzögen gewählten Sachsenherzog *Heinrich* und dessen Sohn *Otto,* das junge deutsche Königreich nach innen und außen zu festigen. Wie einst *Karl der Große,* so stützte sich auch *Otto I.* auf die einigende Kraft der christlichen Kirche und auf ihre ihm ergebenen Bischöfe. Und wie im Jahre 800 *Karl,* so wurde 162 Jahre später auch *Otto I.* in Rom zum Kaiser gekrönt. Als weltliches Oberhaupt der Christenheit und Schutzherr der abendländischen Kirche herrschte er über den östlichen Teil des ehemaligen Imperiums *Karls des Großen* und zugleich über den größten Teil Italiens. Wieder, wie im Jahre 800, knüpften sich große Friedens-

Die Insignien des Heiligen Römischen Reiches Deutscher Nation: Krone, Szepter, Reichsapfel

hoffnungen an die Erneuerung des römischen Kaisertums. Dieses Reich, das acht Jahrhunderte überdauerte, erhielt später den Namen „Heiliges Römisches Reich Deutscher Nation".

Otto I. und seine Nachfolger aus dem Stamm der Sachsen setzten alles daran, die Reichsgewalt gegenüber den Herzögen zu stärken. Sie begnügten sich nicht mit der förmlichen Anerkennung ihrer Oberhoheit durch die übrigen Stammesherzöge, sondern verlangten Unterordnung unter die königliche Gewalt. Im Kampf um die Festigung der Königsmacht wurden die Stammesherzogtümer in Amtsherzogtümer umgewandelt und geistliche Herren mit weltlicher Macht betraut.

Bischöfe und Äbte erhielten königliche Hoheitsrechte, wie die hohe Gerichtsbarkeit, die Steuer- und Militärhoheit sowie das Markt-, Zoll- und Münzregal, und wurden mit ihren Städten und ihrem Grundbesitz von der Hoheit der Herzöge oder Grafen befreit. Landschenkungen aus dem Königsgut und die Übertragung ganzer Grafschaften an geistliche Würdenträger stellten so das Königtum auf eine völlig neue Machtgrundlage.

Nicht mehr auf Vergrößerung und Verselbständigung ihrer erblich gewordenen Lehen bedachte weltliche Feudalherren, sondern Bischöfe, die keine Erben hatten, verwalteten das Reich. Da der König das Recht hatte, die Bischöfe einzusetzen, schien die Gefahr einer dauernden Entfremdung der Hoheitsrechte vorerst gebannt. So gelang es dem König, in den Bischöfen sowohl ihm treu ergebene Anhänger als auch ein Gegengewicht gegen die Herzogsgewalt zu schaffen, mußten doch die Nachfolger der Regenten in den geistlichen Fürstentümern Güter und Rechte immer aufs neue aus der Hand des Königs empfangen. Dagegen hatten die weltlichen Herren durch die Erblichkeit ihrer Lehen eine große Unabhängigkeit vom Königtum erlangt und waren bestrebt, diese Unabhängigkeit auf Kosten der Königsmacht zu festigen. Auch waren die geistlichen Würdenträger den weltlichen Großen, die meistens Analphabeten waren, überlegen und besser in der Lage, der Reichsverwaltung vorzustehen, um so mehr, als die Kirche eine straffe Organisation im ganzen Reich besaß.

Solange das Königtum stark war und seinen Einfluß der Kirche gegenüber behaupten konnte, bewährte sich dieses System, und die Reichseinheit war gesichert. Kam es zwischen dem weltlichen Oberherrn, dem König, und dem Oberherrn der Kirche, dem Papst, aber zum Konflikt, so geriet die Reichseinheit in Gefahr. Die geistlichen Reichsfürsten mußten sich nun zwischen dem Lehenseid, den sie dem König geschworen hatten, und ihrer Gehorsamspflicht, die sie dem Papst schuldeten, entscheiden. Hierbei erwies sich die geistliche Macht der Kirche als die stärkere.

Vorderhand aber nahm die Macht und Größe des Reiches auch unter den salischen und fränkischen Herrschern weiter zu. Nach dem Tode *Heinrichs II.*, des letzten Kaisers aus dem Stamme der Sachsen, hatten die Herzöge den fränkischen Herzog *Konrad*, einen Urenkel *Ottos I.*, als *Konrad II.* zum König gewählt. Im Gegensatz zu seinen Vorgängern betrachtete er die ihm übertragene Königswürde nicht als einen mittelbaren göttlichen Auftrag an seine Person, sondern als ein Amt, in dem er dem Reich als einer übergeordneten Institution zu dienen hatte. Wie alle seine Vorgänger hatte auch er Kämpfe mit den nach Unabhängigkeit strebenden Herzögen zu bestehen.

Um die Zentralgewalt zu stärken, übertrug *Konrad* seinem Sohn *Heinrich* die Herzogtümer Bayern und Schwaben, vermehrte dadurch das Königsgut und stärkte die Stellung der Untervasallen, deren Lehen er ihnen als erblichen Besitz überließ. Dafür zog er die Vertreter dieser niederen Adelsschicht zum Dienst heran und übertrug ihnen militärische Aufgaben und Aufgaben in der Verwaltung. Diese des Lesens und Schreibens kundigen Reichsministerialen bildeten auch unter den Nachfolgern *Konrads* die wichtigste Stütze des Königtums.

Konrad gelang es aber nicht nur, die Hoheit des Reiches gegenüber den Herzögen zur Geltung zu bringen, sondern auch gegenüber dem Papst und der Kirche. Als er dann noch durch Erbvertrag das romanische Burgund an das Reich gebracht hatte, war die deutsche Herrschaft in Italien gesichert, und die Grenzen des Reiches waren weit nach Westen hin vorgeschoben.

Kaiser Otto III. nimmt, umgeben von geistlichen und weltlichen Würdenträgern, die Huldigung der vier Hauptprovinzen seines Reiches (Slavinia, Germania, Gallia, Roma) entgegen

Kaisertum und Papsttum im Kampf um die Vorherrschaft in Europa

1024–1125	Die salischen Kaiser:
1024–1039	*Konrad II.*
1033	Erwerbung Burgunds
1039–1056	*Heinrich III.*
1056–1106	*Heinrich IV.* – Beginn des Investiturstreits
1054	Trennung der Kirche in Ost- und Westkirche
1059	Papstwahldekret *Nikolaus II.*
1077	*Heinrich IV.* Gang nach Canossa
1095–1291	Kreuzzüge
1106–1125	*Heinrich V.*
1122	Wormser Konkordat
1125–1350	Deutsche Ostsiedlung
1138–1254	Die Staufer *(Karte 4)*
1138–1152	*Konrad III.*
1152–1190	*Friedrich I. Barbarossa*
1190–1197	*Heinrich VI.*
1212/15–1250	*Friedrich II.*
1220	Konföderation *Friedrichs II.* mit den geistlichen Fürsten
1231/32	Fürstenprivileg
1250–1254	*Konrad IV.*
1254	Rheinischer Städtebund
1268	Hinrichtung *Konradins* in Neapel
1358	Städtebund der deutschen Hanse
1376	Schwäbisch-rheinischer Städtebund

Die Vorherrschaft der weltlichen Macht wurde jedoch unter den Nachfolgern *Konrads* durch eine geistliche Reformbewegung bedroht, die sich zunächst nur gegen die Verweltlichung des Mönchtums gewandt hatte. Rasch breitete sie sich in der Folge in Frankreich, Italien und Deutschland aus und richtete sich bald gegen weitere Mißstände innerhalb der Kirche. Der Zölibat sollte wieder Beachtung finden, Simonie und Laieninvestitur sollten abgeschafft werden. Gerade das Investiturrecht des Königs aber bildete einen Eckpfeiler der königlichen Macht. Verzichtete der König auf dieses Recht, so verlor er seine Herrschaft nicht nur über die Kirche, sondern auch über das Reich, waren doch die Bischöfe immer zugleich auch Reichsfürsten.

Als nach dem frühen Tod *Heinrichs III.* unter seinem sechsjährigen Sohn und gewählten Nachfolger die Königsgewalt zerbrach und das Kaisertum ohnmächtig darniederlag, befreite sich das Papsttum von der kaiserlichen Bevormundung. Ein neues Papstwahlgesetz übertrug die Wahl des Papstes einem Kardinalskollegium und schaltete damit den Einfluß des Kaisers auf die Wahl aus.

Darüber hinaus wollten die Reformer aber künftig allen weltlichen Einfluß auf kirchliche Amtsträger ausschließen und den Vorrang der geistlichen Gewalt *(sacerdotium)* vor der weltlichen *(imperium)* sicherstellen. Die Kirche als universale Macht, nicht das Kaisertum war zur Führung der weltlichen Staatengemeinschaft ausersehen. Als der Papst schließlich 1075 die Laieninvestitur für die ganze Kirche bei schwerer Strafe verbot, begann ein fast 50jähriger Kampf, der im Wormser Konkordat mit einem Kompromiß endete. Das geistliche Amt, Reichsgut und Reichsrecht wurden getrennt.

Die deutschen Bischöfe sollten künftig in Gegenwart des Königs durch die Geistlichen gewählt, dann mit weltlichen Gütern und Rechten durch den König belehnt und schließlich kirchlich geweiht werden. So behielten die Bischöfe ihren weltlichen Besitz, blieben als weltliche Herren im Dienst des Königs, der aber die Wahl seiner Diener nicht mehr bestimmen konnte.

Damit war das Ottonische System im Reich aufgehoben, die kaiserliche Vorherrschaft über die Kirche gebrochen und der Papst als Haupt der universalen Kirche anerkannt. Die deutsche Kirche verlor ihre Sonderstellung und war von nun an ein Glied der Gesamtkirche wie die französische oder englische. Gleichzeitig aber hatte die königliche Gewalt im Reich selbst eine empfindliche Niederlage erlitten.

Die geistlichen und weltlichen Fürsten hatten die Auseinandersetzung zwischen Papst und Kaiser genutzt, um die eigenen Interessen zur Geltung zu bringen, hatten Besitz und Hoheitsrechte auf Kosten des Königtums vermehrt und das Königswahlrecht durchgesetzt. Diese Mehrung fürstlicher Macht erwies sich im weiteren Verlauf der deutschen Geschichte als ein folgenschweres Ereignis, das zum Dualismus zwischen König und Fürsten und schließlich zu unumschränkter fürstlicher Souveränität und damit zu jenem Partikularismus führte, der den Deutschen zum Schicksal wurde.

Zwar gelang es den Stauferkaisern, die königliche Stellung im Reich durch Erwerb von Königsgut und strenge Handhabung von Gericht und Landfriedensgesetz vorübergehend zu stärken, der kaiserlichen Macht in Europa noch einmal Glanz und Vormacht zu erkämpfen und die vom abendländischen Rittertum getragene Kultur, den Minnesang und die gotische Baukunst, zur höchsten Blüte zu entfalten. Nach dem Untergang des staufischen Herrscherhauses jedoch zerfiel das universale Kaiserreich. An seine Stelle trat eine neue staatliche Ordnung. Diese wurde in Deutschland, wo der hochbegabte, vielsprachige, künstlerisch und wissenschaftlich interessierte *Friedrich II.* die Unterstützung durch die weltlichen und geistlichen Fürsten in seinem Kampf gegen das Papsttum um die Wiederherstellung des universalen Kaisertums mit dem Verzicht auf königliche Rechte und Gewalt zugunsten der Fürsten teuer erkauft hatte, von eben diesen Fürsten in ihren Territorien aufgebaut.

Im übrigen Europa entstanden auf die Sonderart der einzelnen Völker gegründete Nationalstaaten. Der Machtgehalt des Kaisertitels, der dem deutschen König noch viele Jahrhunderte als Ehrenvorrang erhalten blieb, war geschwunden, der deutsche König selbst hinfort nur noch der vornehmste der Landesfürsten.

Träger der einzig universalen Macht der Christenheit aber war jetzt der Papst. Er hatte im Kampf mit dem Kaiser gesiegt. Die Kirche und ihre geistliche Autorität formten die geistige Kultur und sicherten vorderhand die Einheit des Abendlandes.

Im Kampf um die Freiheit der Kirche vom Joch weltlicher Macht hatte sich das Papsttum aber nicht nur gegen die Vorherrschaft des Kaisertums gewandt, sondern auch gegen die orientalische Macht des Islam. Nachdem die Araber auf spanischem Boden Fuß gefaßt und die seldschukischen Türken 1070 Palästina erobert hatten, Byzanz gefährdeten und sich zum Angriff auf Europa von Südosten her anschickten, rief Papst *Urban II.* 1095 zum Kreuzzug gegen den Islam auf. Mit dem Ruf „Gott will es" zogen zwei Jahrhunderte lang Kaiser, Könige, Fürsten, Ritter, Geistliche, Bürger und Bauern aus allen Teilen Europas in sieben Kreuzzügen aus, das Heilige Land zu befreien.

Nach anfänglichen Erfolgen brachten Uneinigkeit und Zwietracht unter den Christen, der erlahmende religiöse Eifer und die Umkehrung der ursprünglich religiösen Ziele in weltlich politische sowie die Einigung der Gegner unter starken Herrschern die Bewegung zum Erliegen. Die Christen wußten das Heilige Land nicht zu behaupten, Spanien, Süditalien und die Inseln im westlichen Mittelmeer jedoch konnten von der islamischen Herrschaft befreit werden.

Nachhaltig aber waren die kulturellen und wirtschaftlichen Impulse, die von den Kreuzzügen ausgingen. Die Berührung mit dem kulturell hochstehenden Islam bereicherte das Abendland mit geographischen, naturwissenschaftlichen und philosophischen Kenntnissen. Die arabischen Ziffern wurden eingeführt, Dichtung, Baukunst und Handwerk befruchtet und morgenländische Waren auf den europäischen Märkten umgeschlagen. Der Übergang von der Naturalwirtschaft zur Geldwirtschaft prägte immer stärker das wirtschaftliche Leben in Europa, und das Bürgertum gewann in den italienischen, deutschen und französischen Handelsstädten an Macht und Ansehen. Daß sich die Päpste an die Spitze der Kreuzzugsbewegung gesetzt hatten, stärkte die universale Macht des Papsttums, die von nun an bis zum Beginn des 14. Jahrhunderts unbestritten blieb.

In Deutschland selbst begann seit Anfang des 12. Jahrhunderts im Osten und Südosten des Reiches eine über 200 Jahre dauernde Siedlungsbewegung, die das politische, wirtschaftliche und soziale Leben Deutschlands und Osteuropas wesentlich veränderte.

In Kriegszügen gegen die ostelbischen Slawen wurde ein Teil der slawischen Stämme besiegt und der Polenherzog gezwungen, die Oberhoheit des deutschen Kaisers anzuerkennen; die Herrschaft deutscher Fürsten über die slawisch besiedelten Havellande und die Prignitz wurde ausgedehnt und die Missionierung dieser Gebiete aufgenommen. Ganz im Sinne der Ottonischen Ostpolitik wurden neue Bistümer gegründet und die polnische Kirche dem Erzbistum Magdeburg unterstellt, was der Missionstätigkeit einen organisatorischen Rückhalt gab. Im Südosten trennte der Staufer *Friedrich Barbarossa* 1156 das heutige Österreich als selbständiges Herzogtum von Bayern ab und gliederte die Steiermark und Kärnten in das Deutsche Reich ein. Der vorwiegend gewaltsamen militärischen Eroberung folgte nach dem ersten Jahrzehnt des 13. Jahrhunderts die friedliche Besiedlung in Mecklenburg, Ostbrandenburg, Pommern, Schlesien, Nordmähren und Polen. An der Kolonisation dieser Gebiete ebenso wie an der Preußens, das zwischen 1226 und 1283 vom Deutschen Orden unterworfen wurde, waren alle Stände des Altreiches beteiligt: Fürsten, Ritter, Bischöfe, Mönche, Bauern und Bürger. Getragen aber wurde die Ostkolonisation von den Bauern, die von den slawischen Fürsten vorwiegend zur Kultivierung von Marsch- und Ödland herbeigerufen worden waren. Diese Bauern stammten vor allem aus Flandern und Holland, aber auch aus Mittelfranken, Thüringen und Obersachsen. Im Gegensatz zu der übervölkerten Heimat mit oft schlechtem Rechtsstatus erwarteten sie im dünnbesiedelten Neuland bessere wirtschaftliche Bedingungen und persönliche Freiheit. Sie erhielten vererbbare, frei veräußerliche Pachtgüter ohne gutsherrliche Lasten gegen mäßigen Zins. Die Mönche der Zisterzienser- und Prämonstratenserorden verbreiteten von den neu entstandenen Kirchen und Klöstern aus ihren Glauben unter den Slawen, und junge deutsche Ritter, mit größeren Gütern belehnt, übernahmen den Schutz des Landes.

Da den slawischen Bauern, hatten sie erst das Christentum angenommen, ebenfalls persönliche Freiheit und die gleichen wirtschaftlichen Rechte gewährt wurden wie den deutschen Siedlern, wuchsen Altsiedler und Neusiedler bald zusammen, und die deutsche Sprache setzte sich in den Gebieten zwischen Elbe und Oder nach und nach durch. So konnte schließlich jenes Gebiet, das vor der Völkerwanderung von Germanen besiedelt war, wiedergewonnen und dem christlich-abendländischen Kulturkreis eingegliedert werden.

Die Ostkolonisation ließ aber nicht nur neue Dorfgemeinschaften entstehen, sondern auch eine Reihe von Städten wie Lübeck, Rostock, Danzig, Thorn, Marienburg und Riga.

Die neuen Städte im Osten organisierten sich nach dem Vorbild der Städte im Westen des Reiches. Diese waren entweder wie Xanten, Köln, Bonn, Koblenz, Mainz, Worms, Trier, Straßburg, Augsburg, Regensburg, Passau, Wien, Zürich und Basel aus den Trümmern der ehemaligen römischen Grenzstädte, die die Germanen während der Zeit der Völkerwanderung zerstört hatten, hervorgegangen oder hatten sich wie Fulda, Hildesheim, Paderborn, Bremen, Bamberg und Würzburg um Klöster, Kirchen und Bischofssitze oder wie Aachen, Frankfurt a. M., Goslar, Braunschweig und Lüneburg um kaiserliche Pfalzen und Burgen herum gebildet. Außerdem sicherten seit dem 9. Jahrhundert mehr und mehr feste Plätze Pässe und Flußübergänge der internationalen Verkehrsstraßen. Ihnen erteilte der Kaiser das Marktrecht. Ausgestattet mit diesem Recht, das seit dem 11. Jahrhundert auch von den großen Lehens- oder Grundherren eingeräumt werden konnte, entwickelten sich die Städte zu Gemeinden, die sich

Die Stadt Köln, 1531

von ihrer Abhängigkeit vom Grundherren lösten und in städtischer Selbstverwaltung nach eigenem Recht ihre Angelegenheiten regelten. Schutz der Bürger, Erhebung von Steuern und Abgaben, Sicherheit von Handel und Handwerk, Armen- und Krankenfürsorge und die Ausübung der Gerichtsbarkeit oblagen dem Städtischen Rat und dem von ihm gewählten Stadtoberhaupt. Der Städter war kein Untertan, sondern konnte frei über seinen Besitz verfügen. Wer auch immer Jahr und Tag unangefochten in der Stadt gewohnt hatte, war für alle Zeiten persönlich frei.

Diese Freiheit der Stadt war die Voraussetzung für die Bildung des neuen Bürgerstandes. Ihm gehörten die in der Stadt ansässigen Kaufleute und Handwerker gleichermaßen an. Auch der Adel beteiligte sich besonders in Italien, im Süden und Norden des Reiches und in der Schweiz am Ausbau und an der Regierung der Stadt. Zusammen mit den eingesessenen Kaufmannsfamilien bildete er zunächst den Rat der Stadt. Seit 1300 gelang es dann auch den zu Reichtum gekommenen, in den städtischen Zünften streng gegliederten Handwerkern, sich am Stadtregiment zu beteiligen. Handel, Handwerk und Kunst machten insbesondere die Reichsstädte zu Zentren des Wohlstandes. Durch Landankauf konnten sie sich nach und nach ausbreiten, das Umland erwerben und ihre Macht und Unabhängigkeit steigern, wodurch sie bald in Gegensatz zu den auf eigene Machterweiterung bedachten Fürsten gerieten.

Weil ein starkes Kaisertum fehlte, vereinigten sich die Städte zum Schutze gegen fürstliche Übergriffe und zur Wahrung gemeinsamer Handelsinteressen in Städtebünden. So entstanden um die Mitte des 14. Jahrhunderts der Eidgenössische, der Rheinische und der Schwäbische Städtebund. Im Gegensatz zu den Eidgenossen aber, die sich gegen den Habsburger Fürstenstaat behaupten konnten, erlagen die einseitig vom wirtschaftlichen Interesse geleiteten schwäbischen und rheinischen Städte der militärischen Überlegenheit der Fürsten.

Lediglich im internationalen Städtebund der Hanse waren die wirtschaftlichen Interessen stark genug, sich lange Zeit gegen jede fremde Macht zu behaupten. Zu diesem Bund hatten sich im 13. Jahrhundert die See- und Handelsstädte rund um die Ostsee zusammengeschlossen. Im 14. Jahrhundert, zur Zeit seiner größten Blüte, vereinte er unter der Führung Lübecks nahezu 150 Städte von Köln bis Krakau, von Nimwegen bis Visby und Reval und besaß Niederlassungen von London bis Stockholm und von Brügge bis Nowgorod am Ilmensee. Die Hanse bot ihren Mitgliedern Schutz in den entferntesten Faktoreien, schlichtete Streitigkeiten unter Bundesstädten, regelte die Strand- und Stapelrechte, legte Münze und Gewicht fest und war bestrebt, den selbständigen Handel des Auslandes zu hindern und die eigenen Handelsprivilegien und Handelsmonopole auch mit militärischer Gewalt zu erhalten und zu erweitern. Als gegen Ende des 14. Jahrhunderts jedoch die nordischen Staaten erstarkten und die Welthandelswege im Zeitalter der Entdeckung eine ganz neue Richtung einschlugen und sich damit der Schwerpunkt des Handels von der Nord- und Ostsee zum Atlantik hin verlagerte, war der Niedergang der Hanse besiegelt. Ohne Rückhalt einer starken Staatsgewalt waren die Hansestädte – wie die übrigen Städte im Reich – künftig der städtefeindlichen Politik der Landesfürsten ungeschützt ausgesetzt.

Das Ende des universalen Kaisertums und die Entstehung der deutschen Territorialstaaten

1254–1273	Das Interregnum
seit 1257	Übergang der Königswahl auf die Kurfürsten
1273–1291	*Rudolf von Habsburg*
1309–1378	Babylonische Gefangenschaft der Kirche in Avignon
1338	Kurverein von Rhense – Lösung des Kaisertums vom Papsttum
1347–1378	*Karl IV.*
1356	Goldene Bulle – Reichsrechtliche Festlegung der Königswahl durch die Kurfürsten
1400–1468	*Johannes Gutenberg*
1493–1519	*Maximilian I.*
1492	Entdeckung Amerikas durch *Christoph Kolumbus*
1495	Reichsreform *Maximilians I.* auf dem Reichstag zu Worms
1498	Entdeckung des Seeweges nach Ostindien durch *Vasco da Gama*
1519–1522	Erste Erdumsegelung *Ferdinand Magellans*

Die Landesfürsten hatten, nachdem sie im Investiturstreit und unter *Friedrich II.* die wichtigsten Königsrechte – wie die Gerichtsbarkeit, das Münz-, Zoll-, Markt- und Befestigungsrecht – erlangt hatten, die Landeshoheit in ihrem Territorium ausgebaut und diese sowohl gegen den Kaiser als auch gegen die Städte erfolgreich verteidigt. Durch die Wahl ausländischer Fürsten zu deutschen Königen, die zu schwach waren, ihre Herrschaft im Reich auszuüben, versuchten sie Mitte des 13. Jahrhunderts schließlich die Zentralgewalt gänzlich zurückzudrängen. Die Folge war eine allgemeine Rechtsunsicherheit. Ge-

setzlosigkeit und Faustrecht drohten die staatliche Ordnung aufzuheben.

Nach dieser „kaiserlosen, schrecklichen Zeit"[1] wurde im Jahre 1273
Graf *Rudolf von Habsburg* zum deutschen König gewählt. Das Wahl-
recht war in der Zwischenzeit auf das Kurfürstenkollegium übergegan-
gen. Ihm gehörten drei geistliche Fürsten, die Erzbischöfe von Mainz,
Köln und Trier, und vier weltliche Fürsten, der Pfalzgraf bei Rhein, der
Herzog von Sachsen-Wittenberg, der Markgraf von Brandenburg und
der König von Böhmen, an. Den Vorsitz führte der Erzbischof von
Mainz. Unter Kaiser *Karl IV.* wurde 1356 dieses zunächst ohne
Rechtsgrundlage geübte Wahlverfahren in der Goldenen Bulle reichsrechtlich festgelegt. Die Kurfürstentümer waren hinfort unteilbar, die
Erbfolge durch die Primogenitur gesichert. Auch erhielten die Kurfür-
sten ihre Hoheitsrechte verbrieft und gewannen durch den völligen
Ausschluß der königlichen Gerichtsbarkeit eine fast königliche Stellung in ihren Territorien.

Damit waren die Fürstentümer reichsgesetzlich verankert und die Wiederherstellung einer starken Zentralgewalt künftig nicht mehr möglich.
Gegenüber Ansprüchen des Papstes hatten die Kurfürsten schon vor
Erlaß der Goldenen Bulle ihr Wahlrecht erfolgreich verteidigt. Der
von ihnen gewählte König sollte keiner päpstlichen Bestätigung mehr
bedürfen und darüber hinaus durch die von ihnen vorgenommene
Wahl zugleich Recht und Titel des Römischen Kaisers erlangen. Damit
verlor die Kaiserkrönung durch den Papst ihren rechtsetzenden Charakter.

Der von den Kurfürsten gewählte König aber mußte, wollte er Macht
und Ansehen im Reich erlangen, sich auf sein eigenes Territorium
stützen und danach streben, diese Hausmacht zu mehren und auszubauen. Die königlich-kaiserliche Autorität gegenüber den Fürsten und
dem Volke ruhte künftig allein auf solch realer Macht, nicht aber mehr
in den Institutionen des Reiches, die einst den mittelalterlichen Kaisern
Größe und Ruhm verliehen hatten.

Neben dem auf Erweiterung seiner Hausmacht bedachten König und
den zäh an ihren nun auch rechtlich verbrieften Privilegien festhalten-
den Kurfürsten gab es im Reich des Spätmittelalters noch eine große
Anzahl geistlicher Herren, die als Erzbischöfe, Bischöfe und Äbte in
ihren Territorien weltliche Macht ausübten. Im Osten Deutschlands, in
Schlesien, Pommern und Mecklenburg, regierten Herzöge, wohingegen
die alten deutschen Stammesherzogtümer zumeist zu Grafschaften geworden waren. Zwischen diesen größeren Territorien aber lagen viele
politisch unabhängige Kleinstaaten mit geringer Einwohnerzahl, zahlreiche „Reichsunmittelbare Herren und Stifter" und über 50 selbstän-

dige „Freie Reichsstädte". Sie bildeten die Reichsstände, teilten sich seit dem Beginn des 15. Jahrhunderts mit dem König und Kaiser in die Reichsregierung und hatten Sitz und Stimme im Reichstag.

Dieser – aus den im Hochmittelalter vom König in unregelmäßigen Zeitabständen an wechselnden Orten einberufenen und abgehaltenen Hoftagen entstanden – konnte nun auch auf Verlangen der Fürsten zusammentreten, die ihm nicht mehr als vom König geladene Lehensträger, sondern als Mitglieder angehörten. Seit 1495 in drei Kurien, Kurfürstenkolleg, Reichsfürstenrat und Städtekollegium, untergliedert, berieten die Mitglieder des Reichstages zunächst getrennt, traten dann aber zu gemeinsamer Beschlußfassung zusammen. Kamen Mehrheitsbeschlüsse zustande, so wurden sie nach Ratifikation durch den Kaiser zum sogenannten Reichstagsschluß oder Reichsabschied erhoben. Aufgabe des Reichstages war es, über Heerfahrt, Reichskrieg, Reichssteuern und Reichsgesetze zu beraten und zu entscheiden.

Der Verfall der Reichsfinanzen und die nicht abreißenden Kämpfe der Landesherren untereinander, der Städte gegen die Fürsten und der Ritter gegen die Städte, die allesamt darauf bedacht waren, ihre Vorrechte und Territorien nicht nur zu verteidigen, sondern auszudehnen, führten gegen Ende des 15. Jahrhunderts zu dem Versuch, durch eine Reichsreform stabilere Verhältnisse im Reich zu schaffen. Ein vom Kaiser unabhängiger oberster Gerichtshof, das Reichskammergericht, wurde eingerichtet und ein „ewiger Landfriede" ausgerufen, der grundsätzlich jede Fehde oder Selbsthilfe sowohl der Stände als auch der Einzelpersonen untersagte. Zu Beginn des 16. Jahrhunderts teilte der Reichstag das Reich in zehn Kreise ein, jeder mit einem Fürsten als Kreisoberstem an der Spitze. Der Versuch allerdings, dem Reich durch die Einführung einer Kopfsteuer, des „Gemeinen Pfennigs", eine finanzielle Grundlage zu geben, scheiterte ebenso wie die Einrichtung eines die kaiserliche Politik kontrollierenden Reichsregiments. Die Sonderinteressen der Reichsstände erwiesen sich als zu stark, als daß sich Reformen, die diesen Interessen nicht unmittelbar dienten, hätten durchsetzen können. Während die westlichen Staaten Europas zur festen Einheit gelangten und dadurch zu politischem Handeln befähigt wurden, verlor Deutschland seine Vormachtstellung in Europa und blieb bis zur zweiten Hälfte des 19. Jahrhunderts eine lockere Gemeinschaft von Einzelstaaten, die die europäische Politik nur insoweit beachteten, als sie ihre unmittelbaren Interessen tangierte.

Mit der Auflösung des Reiches in Territorialstaaten war die eine der mittelalterlichen Ordnungsmächte, die weltliche Macht des Kaisers des Heiligen Römischen Reiches und deutschen Königs, beseitigt. Damit fehlte aber auch zugleich der zweiten mittelalterlichen Ordnungsmacht, der römischen Kirche und dem Papsttum, jene Stütze, derer sie zum Erhalt ihres universal abendländischen Einflusses so dringend bedurfte.

Der Kampf des Papsttums um die Vorherrschaft der geistlichen Gewalt vor der weltlichen hatte nach seinem Sieg über das Kaisertum die Kirche im Hochmittelalter auf den Höhepunkt ihrer geistlichen und weltlichen Macht geführt. Seit der 2. Hälfte des 13. Jahrhunderts zeigte es sich jedoch, daß die Kirche die zur Verteidigung ihrer Autorität notwendigen materiellen Grundlagen gegenüber den Ansprüchen der nach der Beseitigung der universalen kaiserlichen Macht sich entwikkelnden Nationalstaaten nicht behaupten konnte. Anstatt ihren geistlichen Auftrag zu erfüllen, diente sie nurmehr ihren weltlichen Interessen und rührte damit an die Grundlagen ihrer Autorität überhaupt.

Das so verweltlichte Papsttum geriet seit der zweiten Hälfte des 13. Jahrhunderts mehr und mehr in Abhängigkeit von dem französischen Königtum, das die Päpste schließlich zwang, von 1305–1377 in Avignon zu residieren. Dort in der „Babylonischen Gefangenschaft" hielten die Päpste üppig Hof, entwickelten, um ihre weltliche Macht zur Geltung zu bringen, ein kuriales Finanzsystem, das die Kirchenbefugnisse finanziell ausnutzte. Erledigte geistliche Stellen wurden meist nur noch gegen hohe Zahlungen vergeben. Dadurch kamen Hunderte von deutschen Bistümern und Pfründen an italienische Prälaten, die deren Einkünfte nach Italien transferierten. Neben die Käuflichkeit der Ämter trat die der päpstlichen Entscheide. Verstöße gegen weltliche Interessen wurden unter Mißbrauch der geistlichen Strafgewalt mit dem Kirchenbann bedroht. Die in der Kurie beginnende, sich nach unten hin fortsetzende Verweltlichung des Klerus raubte der Kirche aber jede geistliche Autorität. „Die Hoffnung auf das künftige Leben" hielt man in Avignon nach Aussage des Humanisten *Francesco Petrarca* „für leere Fabel, was man von der Hölle erzählt, alles für erdichtet ... Zügelloses Sündigen gilt für Hochherzigkeit. Der gute Name ist wertloser als der Kot."[2]

Als dann 1378 in Rom und Avignon gleichzeitig Päpste gewählt wurden, spaltete sich die abendländische Christenheit in zwei feindliche Lager. Der Zwiespalt der Kirche brachte mit einem Schlage auch die nationalen Gegensätze der europäischen Staatenwelt ans Licht. Der größte Teil von Deutschland bekannte sich zusammen mit Italien zu dem römischen Papst, Frankreich zu dem, der in Avignon residierte. Diese Mißstände ließen den Ruf nach einer „Reformation der Kirche an Haupt und Gliedern" in fast allen Nationen des christlichen Abendlandes immer lauter werden. In Frankreich, England und Böhmen wandten sich Reformer gegen die verweltlichte Kirche und forderten, daß sie sich auf ihren eigentlichen Ursprung, die Bibel, zurückbesinne. Da das gespaltene Papsttum zu einer Änderung der Verhältnisse nicht fähig war, die religiöse Unruhe in allen Schichten der abendländischen Völker aber immer größer wurde, sollten Reformkonzilien, bei denen erstmals Laien zugelassen waren, Abhilfe schaffen. Die Ergebnisse der Reformbemühungen aber blieben hinter den Erwartungen zurück. Die Kirchenreform mißlang, und die geforderte Teilnahme von Laien an der Entscheidung kirchlicher Fragen wurde zurückgewiesen. Lediglich das Schisma konnte beseitigt und damit die Einheit der Kirche wiederhergestellt werden. Die geistige Autonomie aber, zu der der einzelne in diesen Auseinandersetzungen vorgestoßen war, blieb erhalten. Sie sollte das mittelalterliche Weltbild und die mittelalterliche Weltanschauung von Grund auf verändern.

Am Ende des Mittelalters begriff sich der Mensch, der sich seines Eigenwertes immer stärker bewußt wurde, als ,,ein großes Wunder". Von seinem Schöpfer in ,,die Mitte der Welt gestellt, ist er, was er sein will"[3]. Dazu hatte ihm Gott die Fähigkeit gegeben, zweckmäßig zu handeln. Diese Fähigkeit nannte man *virtus,* Tugend, die, wollte der Mensch sich verwirklichen, im Kampf mit der *fortuna,* dem blinden Zufall, obsiegen mußte.

In Italien, wo nach dem Zerfall der mittelalterlichen deutschen Kaisermacht die Sehnsucht nach der Wiederherstellung der Macht und Größe des alten Rom die Gemüter der Gebildeten beherrschte, wurden die Werte der Antike wieder entdeckt. Über die Beschäftigung mit den Werken der alten klassischen Welt gewann der Mensch ein neues Verhältnis zu Gott, zur Natur und zur Kunst. Daseinsfreude und das Bestreben, alle Kräfte des Menschen harmonisch auszubilden, führten zu einer im Mittelalter nie gekannten Weltoffenheit und zu dem Drang, sich aller einengenden, allzu strengen Bindungen – insbesondere der kirchlichen – zu entledigen und in selbstverantwortlicher Freiheit der Wissenschaft und damit dem Menschen zu dienen.

,,Oh Jahrhundert! Oh Wissenschaften!" jubelte 1518 der Humanist *Ulrich von Hutten* und nannte das Leben eine Lust, da die Studien blühten, die Geister sich regten und die Barbarei verbannt sei.[4] Die Humanisten, überzeugt von der ursprünglichen Reinheit der Wissenschaften und des Lebens im Altertum, lernten die alten Sprachen und schufen sich einen eigenen Zugang zu den Quellen abendländischer Kultur, um dadurch zu einer Verbesserung der Welt und des menschlichen Lebens beizutragen. Dank der durch *Johannes Gensfleisch zum Gutenberg* erfundenen beweglichen Metall-Lettern und der Buchdruckerpresse verbreiteten sich die neuen Ideen in Flugschriften und Büchern rasch.

Forschungsdrang und Erlebnishunger begnügten sich aber nicht damit, die Antike neu zu erfahren, sondern lockten den abendländischen Menschen vielmehr in neue, bisher unentdeckte Räume. Die Wiederentdeckung der Kugelgestalt der Erde durch *Nikolaus Kopernikus,* die Erfindung des Schießpulvers und des Kompasses schufen die Voraussetzungen, ferne Länder und andere Kontinente zu entdecken, sie zu erobern und ihre Schätze zu gewinnen. Der Staatsmann und der Kaufmann lernten, in Räumen von früher nie geahnter Ausdehnung zu denken.

Der Welthandel verlagerte sich auf die Staaten der atlantischen Küste. Die Häfen des Mittelmeeres und der Nord- und Ostsee verloren an Bedeutung. Neue Nahrungs- und Genußmittel – wie Kaffee, Tee, Tabak, Kartoffel, Mais und Kakao – veränderten die Lebensweise der Europäer.

Die Natural- und Tauschwirtschaft wich der Geldwirtschaft. Silber und Gold flossen aus der Neuen Welt nach Europa. Der wachsende Metallbedarf förderte die Entwicklung des Bergbaus. In Italien entstanden die ersten Banken, und in Deutschland gerieten die Fürsten teilweise in Abhängigkeit von den aus Augsburg stammenden Bankiers der Familien *Fugger* und *Welser.*

Den Vorteil, der sich aus der Erweiterung des Welthandels ergab, hatten wenige, wirtschaftlich führende Familien und die Staaten und Handelsstädte, deren Einnahmen wuchsen. Die breite Masse des Volkes dagegen litt unter der Verteuerung der Waren und dem durch den vermehrten Metallumlauf verursachten sinkenden Geldwert. In den Städten und auf dem Lande kam es zu Unruhen. Lohnkämpfe zwischen Meistern und Gesellen, Streiks und dauernde Aussperrungen störten den städtischen Frieden und schufen ein Proletariat, das allerdings politisch zunächst noch ohne Bedeutung blieb. Die von den Städten ohne Rücksicht auf die Geldentwertung festgesetzten Preise brachten auch die Bauern in Not, deren Erträgnisse für ihren Unterhalt nicht mehr ausreichten. Der Wert des ländlichen Grundbesitzes sank, der von dem kulturellen Fortschritt des Bürgertums ausgeschlossene Adel zog die dörflichen Alimente ein, um die Wertminderung des eigenen Grund und Bodens auszugleichen. Dadurch wuchs das Elend der Bauern, die durch Aufstände ihr Los zu bessern hofften.

Die Kirche aber tat nichts, die sozialen Spannungen abzubauen. Sie profitierte vielmehr von der politischen und wirtschaftlichen Entwicklung. In den neu eroberten Gebieten wurde missioniert, und der Reichtum aus den neuentdeckten Ländern kam dem immer größer werdenden Kapitalbedürfnis des Papsttums zugute, das, verweltlicht, die allgemeine Sehnsucht der Menschen nach einem unmittelbaren Gottesleben nicht zu befriedigen wußte. In ihrer Theologie und Seelsorge veräußerlicht, konnte die Kirche dem nach Erlösung suchenden Individuum den Weg zur Heilsgewißheit nicht mehr weisen.

In dieser Zeit geistiger, politischer, sozialer und religiöser Unruhe wandten sich als erste die kritisch und rationalistisch denkenden Humanisten gegen die immer deutlicher zutage tretenden Verfallserscheinungen. Dann aber richtete *Martin Luther* seine von tiefer Glaubensüberzeugung getragenen Angriffe gegen die Kirche.

Reformation und Gegenreformation

1483–1546	*Martin Luther*
1484–1531	*Ulrich Zwingli*
1491–1556	*Ignatius von Loyola*
1509–1564	*Johann Calvin*
1517	*Luthers* Thesenanschlag
1519	Leipziger Disputation zwischen *Luther* und *Eck*
1519–1556	*Karl V.*
1520	*Luthers* reformatorische Flugschriften
1521	Wormser Reichstag und Wormser Edikt
1522	*Luthers* Bibelübersetzung
1524–1525	Bauernkrieg
1526	Ausbreitung der Reformation – 1. Reichstag zu Speyer
1529	Bedrohung Wiens durch die Türken – 2. Reichstag zu Speyer
1540	Bestätigung des Jesuitenordens, des Trägers der Gegenreformation
1545–1563	Konzil von Trient
1549	Vereinigung der Zwinglianer mit den Calvinisten im reformierten Bekenntnis
1555	Augsburger Religionsfrieden
1556–1598	*Philipp II.*
1558–1603	*Elisabeth I.*
1588	Vernichtung der spanischen Armada durch die englische Flotte
1562–1598	Hugenottenkriege
1567–1648	Freiheitskampf der Niederlande
1608	Gründung der protestantischen Union
1609	Gründung der katholischen Liga

Luther, der in der kirchlichen Gnadenlehre keine Heilsgewißheit fand, war über das Studium des *Augustinus* und vor allem der paulinischen Briefe zu der Erkenntnis gekommen, daß der richtende Gott zugleich der gnädige Gott sei. Schlüssel zu dieser Erkenntnis war ihm das Neue Testament, das in Römer 3.28 aufzeigt, wie der Mensch vor Gott gerecht werde: nicht durch gute Werke, sondern durch gläubiges Vertrauen auf die Gnade Gottes. Einzige Quelle des Glaubens aber sei die Bibel, zu der der einzelne – so *Luthers* Überzeugung – auch ohne die traditionelle Mittlerrolle des Priestertums Zugang habe. Der Glaube allein und die Gnade Gottes verhelfen dem Menschen zur Seligkeit. Nicht die Kirche ist Verwalterin und Mittlerin des Heils, sondern die Gemeinschaft der Gläubigen. Ihr hat der Priester durch Predigt und Seelsorge zu dienen. Damit nahm *Luther* der Kirche und ihren Würdenträgern ihre Sonderstellung, die sie als Mittler der Gnade Gottes innehatten, und stellte zugleich die Grundlagen der römischen Kirche, ihr Dogma, ihre Verfassung und ihren Brauch in Frage.

AETHERNA IPSE SVAE MENTIS SIMVLACHRA LVTHERVS
EXPRIMIT AT VVLTVS CERA LVCAE OCCIDVOS

· M · D · X X ·

Martin Luther als Mönch, 1520

Zunächst trug *Luther* seine reformatorischen Grundgedanken nur in seinen – an der Universität zu Wittenberg gehaltenen – theologischen Vorlesungen vor. Der mit dem Ablaß getriebene Mißbrauch aber drängte ihn zu öffentlicher Stellungnahme. In 95 Thesen verwahrte er sich gegen den durch das Geldbedürfnis des Papstes und des Erzbischofs von Mainz entstandenen Ablaßhandel. Von der Kirche zum Widerruf aufgefordert, bestritt *Luther* in einem Streitgespräch mit dem Ingolstädter Professor *Johann Eck* die biblische Begründung des päpstlichen Primats und zugleich die Unfehlbarkeit der Konzilien. Daraufhin verurteilte die Kirche *Luthers* Lehren und sprach den Bann über ihn aus.

Luthers 95 Thesen ebenso wie seine drei großen Flugschriften aus dem Jahre 1520, ,,An den christlichen Adel deutscher Nation", ,,Von der babylonischen Gefangenschaft der Kirche" und ,,Von der Freiheit eines Christenmenschen"[5], machten ihn zum Wortführer der Deutschen in ihrem Sehnen nach einer erneuerten, von Rom unabhängigen Kirche.

Im Gegensatz zu England, Frankreich und Spanien, wo die Königsmacht noch vor *Luthers* Auftreten über die universale Kirche obsiegt und die Kirche in den Dienst des Staates genommen hatte, konnte in Deutschland keine nationale Kirche entstehen, weil es kein nationales Königtum gab. Im Gegenteil, es schien, als ob mit der Wahl des Habsburgers *Karl V.,* der das Reich, Spanien mit dessen überseeischen Kolonien, die Niederlande und einen Teil Italiens beherrschte, die universale Kaiseridee des Mittelalters noch einmal zu neuem Leben erweckt würde.

Den Anspruch, Herr der Christenheit zu sein, gab *Karl V.* während seiner ganzen Regierungszeit nicht auf. Diesem Anspruch und dem von ihm geleisteten herkömmlichen Krönungseid, die Kirche zu schützen und ihren Besitzstand zu erhalten, entsprach es auch, daß er an der Idee der Universalkirche festhielt. Ohne Verständnis für den in den westlichen Staaten aufgebrochenen Unabhängigkeitswillen stand er auch im religiösen Bereich den durch *Martin Luther* freigesetzten Erneuerungskräften verständnislos gegenüber. *Luthers* Überzeugung, daß „Glaube und Liebe ... in Freiheit durch die Reihen schreiten und alles versöhnen, weil sie jeden nach seiner Überzeugung leben lassen"[6], mußte nicht nur die absolute päpstliche Autorität in geistlichen Fragen erschüttern, sondern auch die kaiserliche in allen weltlichen Angelegenheiten. So war es nur konsequent, wenn *Karl V.* Rom im Kampf gegen Wittenberg unterstützte.

Der 1521 nach Worms einberufene Reichstag brachte daher auch keine Lösung des Konfliktes. *Luther,* bereits mit dem Bann der Kirche belegt, kam in die Reichsacht und mit ihm seine Anhänger. Das Wormser Edikt, das neben der Reichsacht die Vernichtung aller Schriften *Luthers* anordnete, konnte jedoch nicht verhindern, daß zahlreiche Territorialfürsten und Städte sich der Reformation anschlossen.

Der evangelische Glauben breitete sich rasch in Deutschland und in Nordeuropa aus und wurde von vielen der partikular eingestellten Fürsten geschützt. Überall bildeten sich Gemeinden evangelischer Christen, die sich um die von *Luther* ins Deutsche übersetzte Bibel scharten. Über das ganze Land verbreitet, machte sie den Menschen nicht nur Gottes Wort direkt zugänglich, sondern legte auch in den durch Dialekte getrennten deutschen Landesteilen eine für alle Deutschen gültige Schriftsprache fest.

Luthers Kampf gegen die Autorität der katholischen Kirche weckte zugleich aber auch sozialrevolutionäre Vorstellungen, die er selbst nicht teilte. So brachen unmittelbar nach Bekanntwerden des Wormser

Titelbild der Bibel in der Übersetzung Martin Luthers, 1534

Edikts in Erfurt und Wittenberg Aufstände aus, die sich gegen die überkommene kirchliche Ordnung wandten. Kirchen wurden gestürmt, Altäre und Kirchenschätze geplündert und Bilder zerstört. In Thüringen verkündete *Thomas Münzer* den Anbruch eines neuen Reiches, ohne Kirche und Staat.

Die Bauern forderten im Namen des Evangeliums Gleichberechtigung und wandten sich gegen das Bestreben der Grundherren, alte Bauernrechte, wie den Anteil an der Jagd und der Waldnutzung, abzuschaffen. Außerdem erhöhten die Grundherren die Gerichtsabgaben, Frondienste und Zinsleistungen, die viele der Bauern nicht mehr erbringen konnten. Auch minderten Überbevölkerung und Güterzersplitterung die landwirtschaftliche Produktion, in die sich die Fürsten mehr und mehr einmischten. Als das deutsche Gewohnheitsrecht schließlich in weiten Teilen Deutschlands durch das Römische Recht ersetzt wurde, das die bestehenden bäuerlichen Rechtsverhältnisse nicht berücksichtigte, bildeten die Bauern Geheimbünde, die sich „gegen alle unguten Neuerungen" richteten. Nach ersten Erhebungen zwischen 1513 und 1515 brach 1525 in Südwest- und Mitteldeutschland ein Aufstand großen Umfangs aus. Die Bauern hatten in zwölf Artikeln Gemeinde- und persönliche Freiheit verlangt. Sie forderten, daß die Gemeinden ihre Pfarrer selbst wählen und die Kirchenabgaben verwalten, daß Jagd, Fischfang und Nutzung des Waldes frei sein sollten, daß das überkommene Recht nicht geändert werden dürfe, daß sie dienen könnten, „wie die Eltern gedient haben", die bisherigen Dienstleistungen nicht erhöht und daß sie, wie die Bibel verkünde, frei würden.[7]

Diese Forderungen stießen bei kleineren Reichsständen, einigen Rittern und dem Kleinbürgertum der fränkischen Reichsstädte auf große Sympathie.

Da die meisten Fürsten aber Verhandlungen mit den Bauern ablehnten, kam es trotz *Luthers* Ermahnung, Frieden zu bewahren, zum Kampf. Der Aufstand dehnte sich schnell von Schwaben über das Elsaß, die Alpenländer, Franken und Thüringen bis an den Harz hin aus. Die Bauern organisierten sich in „christlichen Vereinigungen" zur militärischen Durchsetzung ihrer Forderungen und zwangen die Herren, diese Forderungen zu erfüllen. Abgestoßen vom falschen Verständnis der christlichen Freiheit und von den Exzessen der Bauern, wandte sich *Luther,* der anfänglich zwischen Bauern und Fürsten zu vermitteln suchte, in einer Schrift „Wider die räuberischen und mörderischen Rotten der Bauern" und forderte die Fürsten auf, die Rebellen unbarmherzig mit „Hauen, Stechen und Würgen" zu unterdrücken.[8] Ihm schien gegenüber dem Versuch der Bauern und von Teilen des Kleinbürgertums, die kirchliche Reformation zu einer sozialen und politischen Revolution auszunutzen, jede Maßnahme zur Wiederherstellung der Ordnung gerechtfertigt.

Mit dem Krieg verloren die Bauern ihre letzten Rechte, durften keine Waffen mehr tragen und sich nicht mehr versammeln. Zwar gelangten sie in der 2. Hälfte des 16. Jahrhunderts erneut zu materiellem Wohlstand, einen eigenen Willen aber konnten sie nicht mehr äußern, sondern lebten für Jahrhunderte entrechtet als Untertanen der Landesherren, die sich auch künftig jeder demokratischen Bewegung in Deutschland erfolgreich widersetzten.

Auch die reichsunmittelbare Ritterschaft hatte ihre politische Geltung eingebüßt. Durch die neuen Landsknechtsheere ihrer militärischen Aufgabe beraubt, gerieten die Ritter politisch je länger je mehr in Abhängigkeit von den Landesherren, die die Reichsunmittelbarkeit der Reichsritterschaft und die der Reichsstädte gleichermaßen als Herausforderung des eigenen Machtanspruchs ansahen und danach trachteten, sie in ihre Territorien einzuverleiben, um ein geschlossenes Staatsgebiet zu erhalten.

Durch den Beschluß des Reichstags zu Speyer im Jahre 1526, den Ständen auch die Entscheidung in der Glaubensfrage in Verantwortung vor Gott und Kaiser zu überlassen, entstanden die „lutherischen Landeskirchen", die dem Landesherrn in seinem Territorium neben der höchsten weltlichen Gewalt auch die höchste geistliche einräumten. Der Gläubige wurde zum Untertan, der ohne Recht auf Widerstand die von Gott eingesetzte Obrigkeit anzuerkennen hatte.

Schließlich mußte auch der Kaiser diese Entwicklung anerkennen. Im Augsburger Religionsfrieden von 1555 wurde die Gleichberechtigung des katholischen und lutherischen Bekenntnisses reichsrechtlich verankert. Das Reich überließ den Einzelstaaten die Regelung des Glaubens. Die Fürsten und Reichsstädte erhielten ein neues Recht, das ihre

Territorialhoheit stärkte – sie konnten ihre Konfession frei wählen. Die Untertanen der Landesherren aber mußten sich nach dem Grundsatz „*cuius regio, eius religio*"[9] der von der Obrigkeit gewählten Konfession anschließen. Widersetzten sie sich der getroffenen Wahl, so blieb ihnen nur die Auswanderung. Lediglich in den Reichsstädten wurden religiöse Minderheiten geduldet und geschützt. Damit war die konfessionelle Spaltung im Reich besiegelt. Unberücksichtigt ließ dieser Friede jedoch die Reformierten, die Anhänger des Schweizer Reformators *Ulrich Zwingli* und des französischen Reformators *Johann Calvin*.

Wie *Luther,* so sahen auch *Zwingli* in Zürich und *Calvin* in Genf in der Bibel die alleinige Grundlage christlichen Lebens, gedachten aber im Gegensatz zu *Luther* den Erfolg der Verkündigung des Wortes Gottes nicht allein Gott anheimzustellen, sondern diesen Erfolg mit Hilfe obrigkeitlicher Maßnahmen voranzutreiben. Beide Reformatoren wollten also mit dem kirchlichen zugleich auch das staatliche Leben ordnen. Ohne Ansehen der Person führten sie die strengste Kirchenzucht durch und ahndeten Verfehlungen mit weltlichen Strafen. Eine demokratisch eingerichtete Kirchenorganisation beteiligte die Laien wesentlich stärker am Gemeindeleben, als dies in der lutherischen Kirche der Fall war.

Da *Calvin* der Auffassung war, daß der christliche Staat verpflichtet sei mitzuhelfen, die Herrschaft Gottes unter den Menschen aufzurichten, war er auch von dem Recht der Gläubigen überzeugt, gegen jede weltliche Macht Widerstand zu leisten, die dieser Verpflichtung nicht nachkam und gegen den Willen Gottes regierte. Damit erkannte er das Widerstandsrecht an und machte den Calvinismus zum Wegbereiter der modernen Demokratie.

Die strenge Zucht in den straff organisierten Gemeinden und die kämpferische Grundhaltung der Gemeindemitglieder, die eigene kirchliche und gesellschaftliche Ordnung gegen jede dieser Ordnung abträgliche kirchliche und weltliche Macht zu verteidigen, sowie das große missionarische Bewußtsein, zur Ausbreitung des Reiches Gottes erwählt zu sein, gaben dem Calvinismus eine innere Festigkeit und äußere Stoßkraft, die das Luthertum nicht kannte. Außerdem erzog die unnachsichtige, wenn auch oft äußerliche Moral zu einer Arbeitsamkeit, die in der Leistung und im Erfolg zugleich auch die Bestätigung eines Gott wohlgefälligen Lebens sah. So blühten die calvinistischen Gemeinwesen auf und wurden zu Trägern eines vom Religiösen her sich rechtfertigenden Kapitalismus.

Mit dem Calvinismus gelangte die Reformation zu weltweiter Bedeutung und gewann in der Schweiz, in verschiedenen Teilen Deutschlands, so besonders in der Kurpfalz, in Frankreich, in den Niederlanden, in England, Schottland und später in Nordamerika prägenden Einfluß.

Die Ausbreitung der Reformation aber rief innerhalb der katholischen Kirche Reformkräfte wach, die darauf drangen, die eigene Kirche zu festigen und die verlorenen Gebiete wieder zurückzugewinnen. Auf dem Konzil zu Trient, das von 1545 bis 1565 mit größeren Unterbrechungen tagte, gingen die Vertreter der katholischen Christenheit an die Erneuerung des kirchlichen Lebens. Bestehende Mißstände wie Pfründenhäufung, Ablaßhandel und die mangelnde Kirchenzucht wurden beseitigt, die Vorbildung und die Beaufsichtigung der Geistlichen, die Erziehung der Jugend und die Fürsorge für die sozial Schwachen neu geregelt.

In Glaubenssachen jedoch machte man den Protestanten keine Zugeständnisse. Neben der Bibel galt die kirchliche Tradition weiterhin als Glaubensquelle, und der sakramentale Charakter der Kirche und des Priestertums wurden neu bestätigt. Auch wurde die Inquisition erneuert und verschärft und sollte wie die Zensur und der Index verbotener Bücher über die Reinerhaltung der katholischen Lehre wachen. Ihr Ziel sah die Reformbewegung in der Zurückführung der verweltlichten Kirche zu ihrer eigentlichen, religiösen Aufgabe, die, seelsorgerisch, zentralistisch und missionarisch ausgerichtet, sich von den evangelischen Kirchen abgrenzen und den eigenen verlorengegangenen Machtbereich zurückgewinnen sollte. Das Papsttum selbst aber war gestärkt aus der konziliaren Bewegung hervorgegangen und gewann in dem von *Ignatius von Loyola* 1534 gegründeten Jesuitenorden ein hervorragendes Instrument, seinen Einfluß weltweit zur Geltung zu bringen.

Dieser straff zentralistisch verfaßte Orden wurde der eigentliche Träger der Gegenreformation. Auf ein tätiges Leben ausgerichtet, zu absolutem Gehorsam verpflichtet, widmeten sich die Jesuiten besonders der Schulbildung der höheren Stände und der Mission in Ostasien, Afrika und Amerika. Sie bauten Kirchen, errichteten vorzügliche Schulen, betrieben Volksmission, besetzten die Lehrstühle an den Universitäten und wirkten als Lehrer und Beichtväter an Fürstenhöfen. Auch beeindruckten sie als volkstümliche Prediger die Massen des breiten Volkes, deren soziale Not sie zu lindern trachteten. Im Reich, wo sich der Orden für die politische Einigung der katholischen Mächte gegenüber den Reformierten und Lutheranern einsetzte, gewann er dem Katholizismus große Teile Süddeutschlands zurück.

Die religiöse Auseinandersetzung im 16. und 17. Jahrhundert war in Europa zugleich aber immer auch ein politisches Ringen um die Erhaltung der kaiserlichen Macht gegenüber den partikularistischen Bestrebungen der deutschen Landesherren, dem nationalstaatlichen Machtanspruch Frankreichs und Englands und den Unabhängigkeitsbestrebungen der Niederlande. Dabei galt es gleichzeitig, die Bedrohung der abendländischen Welt durch die Türken abzuwehren.

Karl V., der letzte Vertreter der mittelalterlichen und universalen Kaiseridee, hatte jedoch weder die geistlichen noch die politischen Gegensätze überwinden können. Zwar hatte er die Macht seines Hauses beträchtlich erweitert, hatte in der Neuen Welt seiner Krone riesige Gebiete unterworfen, die religiöse und politische Einheit in Europa aber hatte er nicht wiederhergestellt. Auch unter seinem Nachfolger, dem von Spanien aus herrschenden *Philipp II.*, dessen oberster Grundsatz war, die königliche Autorität aufrechtzuerhalten, und der in allen seinen Ländern dem König und der Kirche gegenüber unbedingten Gehorsam forderte, vertieften sich die bestehenden Gegensätze nur und führten nach einer Periode unangefochtener Vorherrschaft sowohl im Mittelmeerraum als auch im nördlichen Teil Europas zur endgültigen Umgestaltung der mittelalterlichen Welt. England stieg im Kampf gegen Spanien zu einer selbstbewußten, mächtigen Seemacht auf, und ein Teil der spanischen Niederlande – das spätere Holland – errang durch Krieg Unabhängigkeit und Freiheit und löste sich von der Herrschaft der Habsburger. Mit ihrer politischen Unabhängigkeit bewahrten sich beide Länder auch ihre religiöse, so daß die Versuche einer Rekatholisierung in England und Holland fehlschlugen. Auch Frankreich hatte sich gegen die spanische Übermacht nicht nur behaupten können, sondern erlangte in der ersten Hälfte des 17. Jahrhunderts ein Übergewicht über Spanien. Der Calvinismus, der sich insbesondere im Westen und Süden Frankreichs ausgebreitet hatte, hatte allerdings der von den spanischen Habsburgern um die Mitte des 16. Jahrhunderts geforderten und in blutigen Bürgerkriegen gegen die Hugenotten durchgesetzten Rekatholisierung weichen müssen.

Auch in Deutschland standen die österreichischen Habsburger eindeutig zur alten Kirche und waren nicht bereit, sich mit dem 1555 in Augsburg getroffenen Kompromiß abzufinden.

Zu Beginn des 17. Jahrhunderts verbanden sie sich mit der unter Führung Bayerns stehenden katholischen Fürstenpartei, der Liga, gegen die evangelischen Reichsstände, die in der „Union" zusammengeschlossen waren. Beide Religionsparteien trieben von nun an eine eigene Politik und schlossen Abkommen mit auswärtigen Mächten, die Liga mit Spanien und dem Papst, die Union mit Frankreich, England und den Generalstaaten.

Das ohnmächtige Reich

1618–1648	Der Dreißigjährige Krieg *(Karte 5)*
1629	Restitutionsedikt
1630–1635	Kriegseintritt König *Gustav Adolfs von Schweden*
1635	Friede zu Prag – Beginn des europäischen Macht-kampfes
1648	Westfälischer Friede

Der Krieg, der die Gefahr einer weiteren Ausbreitung des Protestantismus bannen sollte, wurde durch einen unbedeutenden Zwischenfall in Prag ausgelöst. Er vollzog sich zunächst vorwiegend in der Auseinandersetzung der evangelischen Reichsstände mit der Liga. In dem für die Bevölkerung so leidvollen und grausamen Kampf gelang es dem habsburgischen Kaiser *Ferdinand II.*, mit Hilfe des 1625 zum Herzog von Friedland erhobenen *Albrecht von Wallenstein* und dessen aus seinen privaten Mitteln aufgestellten Heeres die Oberhand zu gewinnen, so daß der Kaiser in der Lage war, von den Evangelischen den seit 1552 protestantisch gewordenen Kirchenbesitz zurückzufordern. Mit dieser Forderung sahen aber nicht nur die protestantischen, sondern auch die katholischen Fürsten ihre Selbständigkeit entschieden bedroht. Da rettete *Gustav Adolf von Schweden* den deutschen Protestantismus vor der Vernichtung. Nach seinem Tod kam es 1635 zum Frieden von Prag, der das Restitutionsedikt weitgehend zurücknahm und den Religionskrieg beendete, das Reich aber nun zum Schlachtfeld der europäischen Mächte, insbesondere Frankreichs und Schwedens gegen Habsburg, machte. Eine neue Epoche europäischer Geschichte hatte begonnen, in der nicht die Religion, sondern die Staatsraison der sich festigenden Nationalstaaten bestimmend war.

Der Friedensschluß von 1648 bestätigte die neuen Machtverhältnisse. Die Habsburger Hegemonie war endgültig beseitigt und die europäische Mitte ausgeschaltet.

Als Großmächte blieben Frankreich und Schweden bestehen, die beide ihre Grenzen in das Deutsche Reich hatten vorschieben können. Die Schweiz und die Niederlande wurden selbständig und unabhängig und schieden aus dem Reichsverband aus. Deutschland aber wurde zu einem Bund souveräner Kleinstaaten, die das Recht erhielten, mit anderen Mächten Verträge abzuschließen, außer gegen Kaiser und Reich. Unter den mehr als 360 Einzelstaaten hatten nur Österreich, Brandenburg-Preußen, Sachsen, Bayern und Hannover größeres Gewicht. Die übrigen Staaten waren ohnmächtige Überbleibsel des alten Kaiserreichs geworden, in dem der Kaiser selbst jegliche Macht endgültig verloren hatte. Sein Recht, im Namen des Reiches über Bündnisse, Krieg und Frieden zu beschließen, war von der Zustimmung des Reichstages abhängig, der sich seit 1663 zu einem ständigen Gesandtenkongreß gewandelt hatte und, da er für die Gültigkeit seiner Beschlüsse der Einstimmigkeit bedurfte, handlungsunfähig war.

Was die religiösen Verhältnisse anlangte, so bestätigte der Westfälische Friede den Augsburger Religionsfrieden und bezog in ihn auch die Calvinisten ein. Norddeutschland blieb vorwiegend protestantisch, der Süden – Österreich, Böhmen und Mähren, Bayern und die Oberpfalz – katholisch.

Die trostlosen wirtschaftlichen Verhältnisse verstärkten die politische Ohnmacht des deutschen Volkes. Die Bevölkerung – durch den Krieg stark dezimiert – lebte in den zerstörten Städten und Dörfern in Armut, Not und Elend. Ackerbau, Handwerk und Handel lagen darnieder. Riesige Schulden, Scharen von Bettlern und entlassene, die deutschen Lande verunsichernde Soldaten lähmten den wirtschaftlichen Neuanfang. Zu dem bereits nach dem Bauernkrieg zu Rechtlosigkeit und politischer Ohnmacht verurteilten Landvolk gesellte sich jetzt das städtische Bürgertum, dessen wirtschaftliche Bedrängnis es zu politischer Bedeutungslosigkeit herabsinken ließ. Somit bestimmten bis ins 19. Jahrhundert im wesentlichen die Fürsten und die adlige Gesellschaft die politische Entwicklung Deutschlands, die von fremden Mächten abhängig blieb.

Nach Beendigung des Dreißigjährigen Krieges waren Deutschlands eigentliche Herren Frankreich und Schweden. Beide hatten die Bürgschaft für die Durchführung der Friedensbestimmungen übernommen und waren darauf bedacht, die fürstliche „Libertät" zu schützen. Beiden Mächten war durch den Friedensschluß die Rolle des Schiedsrichters zugefallen, die das Recht einschloß, jederzeit in die innerdeutschen Verhältnisse einzugreifen. Während Schweden seinen Einfluß auf die deutsche Entwicklung nur vorübergehend zur Geltung brachte und seine Vormachtsstellung in der Ostsee bald an Rußland abtreten mußte, war es Frankreich gelungen, eine bis ins 19. Jahrhundert andauernde Hegemonie in Europa zu errichten und die Geschichte Deutschlands weitgehend zu beeinflussen.

Dem Wandel im System der Großmächte Europas entsprach der Wandel, der sich in der gesellschaftlichen und staatspolitischen Struktur der einzelnen Staaten Europas selbst vollzogen hatte. Hier setzte sich vor allem in Frankreich, in den deutschen Staaten und in dem sich unter *Peter dem Großen* (1688–1725) nach Westen hin öffnenden Rußland während des 17. Jahrhunderts der Absolutismus durch.

In ihm verkörperte der König oder Fürst die Allgewalt des Staates,

Groß Europisch Kriegs-Balet/ getantzet durch die Könige vnd Potentaten/ Fürsten vnd Respubliken/
auff dem Saal der betrübten Christenheit.

Einführung.

Kompt her jhr New-Zeitungs leute/
Schauet an / was jetzig wird heute/
Jn einem Fürstlichen Balet/
Welch ihr Bley entsehen thut.
Sehet/ wie Christen Potentaten/
Einander hassen/ verrahten/
Land vnd leut alles drauff geht/
Vmb tantzen diß Balet.
Der Delphin in Franckreich / oder junge
König der Meister im Balet.

Der 1. Gang.

Bin ich gleich noch jung von Jahren
Spanien wird mein Macht erfahren
Mein Fuß ich will sehen thun.
Zu tantzen in diß Balet.

2. St.
Denn Trommel vnd Pistoleten
denen unsere Füß recht treten.
Nach der Pfeiff von teutschem Tact
Da der Tantz geht strack.

3.
Kompt Spanien auch ans tantzen
Ich seh schon der Sieger-Crantzen
Auff ein jedes Haupt gesetzt
Durch Gewein diß Balets.

4.
Ich seh die Ehr gnug jng winnen
Durch die wolgeschliffene Sinnen/
Schwedens Fürst der Held Gustav
Sprang der Cabriolen prav.

5.
Torff entsehen der folgt rum wieder
Vnd fügt nach dem Tantz sein Glieder
Springt noch wol den Böhmischen Tantz
Vmb ein grünen Lorber Krantz.

6.
Don Jan ist auch im Tantz kommen
Hat mich bey der Hand genommen
Jhm sher ich recht lich liensand
Nun tantze er im Balet zuhand.

7. Von Saphoyen vnd L. zu Hessen.
Mit mir zum Tantz fertig worden/
Biß diß Balet wird zu ende
Oder biß zu Ruhe wend.

8. Castilien vnd seine Bundsgenossen.
Nicht auch/ ich will so noch wagen/
Soll ich nach Monsieur was fragen?
Ich folg der Spielman Maß /Thon
Vnd solt kosten mir mein Kron.

9.
Solte mich Monsieur braveren
Ich will jhm wol tantzen lehren/
Alt Ductores wol auschiefft.

10. Römische Kaiser.
So lang ich han mein Arme rühren/
Will ich dieser Tantz auffführen
Ich hab Castilien an Hand
Der schur mir treulich Beystandt.

11. Hertzog von Bayern.
Dantzen kan mich nicht ergetzen/
Könt ich mich nur recht drauff schwetzen/
Vor mich ist da fein erhalt
Ich mach mir mein Beutel kalt.

12. Schweden Todt.
Hier star mun der kluge Springer/
Der berühmt Römer Zwinger/
Der noch in seinem letzen Tantz
Gewann ein grünen Lorber Krantz.

13. Könige von Böhmen.
Es war wol der erst von allen
Der früh wol ist gefallen/
Auff mangel guten Beystandt
Es test mir mein Cron vnd land.

14. Churfürst von Sachsen.
Diß spiel thut mich fast verdrießen
Ich möcht gern was Ruh genießen/
Such zu treten auß dem Tantz
Doch nach so hoh zu der Schantz.

15. Chur Brandenburg.
Laß frey einander beißen/
Für mich ist Tantz vnd Schauspiel gewinnen/
Ech ich den Tantz auffgehet/
Bin ich frey darauff gekert.

16. König von Dennmarck.
Das hat mein Tasch wol vernehmen/
Jch bin an die Ech gekommen/
Schweden hat mich darzu bracht/
Eh ich heraus war bedacht.

17. Lottringen.
Wie auch die von Lottringen/
Krah/ ich in theile mer vnd springen/
Doch der Thon der geb / was bech/
Eui sihn nicht wol im Vermög.

18. Cantons der Schweitzer.
Wir han sen an beyden Seyten/
Vnbußlehten zwischen beyden/
Die zu lagen nach dem Tact/
Der im Spiel am besten knack.

19. Die Italianische Fürsten vnd Stände.
Wir müssen Balet sch Balern/
Vnd zwar mit weisen Gebarben/
Jhr bißweil zu gern die Mittelhaß/
Das niemancz in hoch gienge was.

20. Fürst Ragozi.
Am Tantz werd mich lassen mercken/
Solang ich die Cronen stercken/
Wen ein Fuß stehen vad/
Der ander auffs Schweb Tackpaß.

21. Türkische Kaiser.
Jch lawre auch auff meine Schantzen/
Vnd mu im Balet zu tantzen/
Dann durch solch Vneinigkeit/
Sen ich meine Flüsse auß gespreit.

22. Thur Mayntz/ Cölln vnd Trier.
So tantzen kan vns nicht erquicken/
Mehr Vnheyls werd vns zu rücken/
So der Herr der vall regiert
Teutschlandes Plagen nicht abkehrt.

23. Römischen Papst.
Auff jedes mir muß ich passen/
Nach solch will muß ich die Weis fassen
Wann ich seh der Breß tonet nur
Nach dem stel ich die Mensur.

24. Cardinal.
Der uns war mit muß laß sch miciren/
Jm sz nur wir müsiciren/
Demnach krafft deß sesten Gelts
Wird vns Spielwerck an st. st.

25. König in Engelland.
Jch seh auch zum Tantz gekommen/
Das hat mein Schatz wol vernommen/
Mein Vorlag wer mir geschickt/
Herr mit[z] Essex nicht verruckt.

Jch seh gern mein Füß setzen
Nach der Spielleut alt Gesetzen
Thun zu hoch/ aber nichts taug
Das hat P.L. M im Aug.

26. Zanckschiger Pöbel.
Weh o Fürsten wehzusammen/
Vor dem Himmel thut euch schamen/
Mein Zanckspöffel die ich geb
Machen das all z schürt vnd beb.

Haße o Fürsten/ laßt euch rahten/
Jhr müßt nach euren eygnen Schaden
Da wisern ihr nicht außführer
Wirdz diß Hager-Büß mit Schwerd
laßt den Frech wieder zunehmen.

Thur euch alles zancken schämen/
Keiner sey mit dem vergnüget/
Was ihm Gott hat marrstut.
Ein jeder Mensch in Fremden
Voll vergnüglich/ ruhen/ weiden.

Dann das heilige Fried gewinn.

Was das heilige Fried gewinn.

Register der Namen der Königen/ Potentaten/
Fürsten vnd Stände/ die allhier gepraesen-
tieret werden/ vnd in diesem Balet
gezeichnet sen.

A. Der Delphin / oder junge König zum Franckreich/
B. Der Königin Portugal. C. Der König von Braman.
D. Gbenno Darstallon. E. Der König von Castillien.
F. Der König L. Zu Hessen vnd Saphoen. H. Der König
von Dennmarck. J. Der König von Schweden Tobt. K.
Der König von Böhmen. L. Der Churfürst von Brandenburg. M. Der Churfürst von Brandenburg. N. Die Herzogen zu
Lottringen. O. Der Cantons der Schweitzer. P. Die Ita-
lianischen Fürsten. Q. Der Fürst Ragozi. R. Der türkische
Kaiser. S. Chur Mayntz/ Cölln vnd Trier. T. Der Römische
Papst. U. Der Cardinal. X. Der König von Engelland. Y.
Der Gemeine Pöbel. Z. Der König vnd die Schweb.
Aa. Der Regiment vnd sen Zwispältig.

Flugblatt aus dem 30jährigen Krieg

dem sich alle anderen Interessen, auch die religiösen und sittlichen, unterzuordnen hatten. Der Herrscher, der als einzige Quelle von Gesetz und Macht anerkannt wurde (*„princeps legibus solutus"*[10]), konnte von den Gesetzen losgelöst regieren und war allein Gott Rechenschaft schuldig. Die mittelalterliche Ständegesellschaft verlor ihre verbrieften Rechte und Freiheiten und geriet, dem Fürsten untertan, in dessen alleinige Abhängigkeit.

Wurden so die Ständevertretungen in den meisten Staaten des europäischen Kontinents von einer politischen Mitverantwortung ausgeschlossen, gelang es dem Parlament in England, das im Namen des souveränen Volkes handelte, die 1215 in der Magna Charta verbrieften Rechte zu sichern und auszubauen. Dort sah sich der gleichfalls nach absoluter Macht strebende König 1689 gezwungen, dem Parlament die gesetzgebende Gewalt und die damit verbundene Aufsichtspflicht zu belassen und sich auf die ausführende Gewalt zu beschränken.

Die Entstehung des deutschen Dualismus

1640–1688	*Friedrich Wilhelm, der Große Kurfürst*
1683–1699	Türkenkriege
1713–1740	*Friedrich Wilhelm I.*
1740–1780	*Maria Theresia*
1740–1786	*Friedrich der Große*
1740–1748	Österreichischer Erbfolgekrieg
1756–1763	Siebenjähriger Krieg

Unter den absolutistischen Herrschern in Deutschland gewannen die österreichischen Habsburger und die in Brandenburg-Preußen regierenden Hohenzollern neue Macht und Ansehen.

Im Kampf gegen die Türken, die im Bündnis mit Frankreich 1683 Wien belagerten, gelang es Österreich mit Hilfe Polens und Venedigs und einer Reihe deutscher Staaten, die Türken zurückzudrängen und gleichzeitig seine Stellung in Südosteuropa zu festigen. Als Vielvölkerstaat und europäische Großmacht hatte Österreich hinfort neben der überlieferten außenpolitischen Zielrichtung, die sich auf das Reich richtete, neue, nach Südosten und Osten hin orientierte Interessen. Zu dem bestehenden österreichisch-französischen Gegensatz trat der Gegensatz, den Österreich künftig mit der nach Westen expandierenden Großmacht Rußland auszufechten hatte.

In Brandenburg-Preußen schufen zu gleicher Zeit die Hohenzollern einen starken Militär- und Beamtenstaat, der alle Schichten der Gesell-

Maria Theresia im Kreise ihrer Familie (links: Kaiser Franz Stephan, neben und hinter dem kaiserlichen Paar seine Söhne und Töchter)

schaft in seinen Dienst stellte. Der Adel des Landes rückte in die Offizier- und Beamtenstellen ein, die Bürger pflegten Handel und Gewerbe, und die rechtlosen Bauern sorgten für billige Lebensmittel und dienten im Heer. Zunächst mit der inneren Kolonisation des Landes beschäftigt, siedelten die Hohenzollern Glaubensvertriebene aus Frankreich und Salzburg an, förderten Landwirtschaft, Handel und Gewerbe und bauten die Land- und Wasserwege in ihrem Territorium aus. Zentralistisch organisierte Behörden kontrollierten das Finanzwesen des Staates, der „alles für das Volk, aber nichts durch das Volk"[11] besorgte.

Unter *Friedrich dem Großen,* dem aufgeklärten Absolutisten, der sich als ersten Diener dieses Staates bezeichnete und religiöse Toleranz sowie die Unabhängigkeit der Richter im Innern seines Landes zur Geltung brachte, stieg Preußen durch die Eroberung der österreichischen Provinz Schlesien zur Großmacht auf. Im Siebenjährigen Krieg, in dem sowohl die europäischen als auch die weltpolitischen Gegensätze der Zeit ausgetragen wurden und England durch seinen Sieg über den französischen Rivalen in Nordamerika und Indien den Grund zu seinem Weltreich legte, gelang es dem mit England verbündeten Preußen, diese Stellung gegen die in einer Koalition vereinigten Österreicher, Franzosen und Russen zu behaupten.

Friedrich II. besichtigt ein Bataillon seiner Leibgarde

Damit gewann am Ende des 18. Jahrhunderts ein neues Moment in der deutschen Geschichte die Oberhand: der Dualismus zwischen Österreich und Preußen, der das Schicksal der Deutschen bis über die Mitte des 19. Jahrhunderts bestimmte und schließlich 1866 von *Bismarck* zugunsten Preußens entschieden wurde.

Das politische Geschehen, bestimmt durch das Machtstreben der nach den Grundsätzen der Staatsräson agierenden souveränen Staaten Europas, wurde seit Beginn des 18. Jahrhunderts teils begleitet, teils getragen durch die geistige Bewegung der Aufklärung. Sie ergriff die Gebildeten aller europäischen Völker und wurde zu einer politischen Macht, die schließlich in der Französischen Revolution den absoluten Staat überwand und völlig neue Formen des Zusammenlebens hervorbrachte. Ausgehend von einem unbedingten Vertrauen in die Erkenntniskraft der Vernunft und der optimistischen Zuversicht, daß der rationalen Erkenntnis auch deren praktische Ausführung folgen werde, begann die Aufklärung alle bisherigen Ansichten über Religion, Staat, Gesellschaft und Wirtschaft einer kritischen Betrachtung zu unterziehen und die Umsetzung ihrer gewonnenen Erkenntnisse in die staats- und gesellschaftspolitische Realität zu fordern.

Während aber in den westlichen Staaten Europas und in Nordamerika die Ideen der Aufklärung auf ihre politische Verwirklichung drängten, blieb in Deutschland der Zwiespalt in der Entwicklung seines geistigen und seines politischen Lebens bestimmend. In zahllose Kleinstaaten zerrissen und von Despoten beherrscht, die über ihre machtpolitischen und wirtschaftlichen Verhältnisse lebten, entbehrte das Reich der politischen Mitte, von der aus sich eine politische und wirtschaftliche Umgestaltung im Sinne der Aufklärung hätte vollziehen können. Außerdem gab es, anders als etwa in Frankreich, in den deutschen Landen außer in den Reichsstädten kein selbstbewußtes Bürgertum. Da ein politisch und wirtschaftlich erstrebenswertes Ziel, das für alle Deutschen hätte verbindlich sein können, nicht in unmittelbarer Reichweite lag, richteten sich die Blicke der Gebildeten entweder auf ein imaginäres Reich der Zukunft oder zurück in die große Vergangenheit des mittelalterlichen Kaisertums.

Am Vorabend der Französischen Revolution hatte der Sturm und Drang das geschichtliche und nationale Bewußtsein der Deutschen zwar neu erweckt, die Fürsten selbst aber mit seinem Gedankengut nicht erreichen können. Auch die von der Aufklärung postulierte Freiheit blieb vorderhand die Sehnsucht all derer, die sich mit *Immanuel Kant* gegen ihre Entmündigung wandten und die sie beherrschende Fremdbestimmung abzuschütteln wünschten.

Diese Fremdbestimmung, eine politische Realität sowohl für die Bevölkerung als auch für die vielen im kleinstaatlichen Egoismus sich verzehrenden machtlosen Potentaten, führte schließlich zur endgültigen Auflösung des Alten Reiches. Damit wurde zugleich aber auch der Weg frei, die innerdeutschen Verhältnisse im Geiste der Zeit neu zu ordnen. Die Sturmflut der Französischen Revolution und die Truppen *Napoleons* rüttelten die Deutschen auf und bereiteten den Boden, auf dem sich schließlich eine einheitliche, ihren Nachbarn ebenbürtige Nation bilden konnte.

3 Deutschland und die Französische Revolution

Die Aufklärung und ihre Wirkung

1583–1645	Hugo Grotius
1588–1679	Thomas Hobbes
1632–1704	John Locke
1689–1755	Charles de Montesquieu
1694–1778	Voltaire
1712–1778	Jean-Jacques Rousseau
1729–1781	Gotthold Ephraim Lessing
1724–1804	Immanuel Kant
1762–1814	Johann Gottlieb Fichte
1770–1831	Georg Wilhelm Friedrich Hegel
1749–1832	Johann Wolfgang von Goethe
1759–1805	Friedrich Schiller
1732–1809	Joseph Haydn
1756–1791	Wolfgang Amadeus Mozart
1770–1827	Ludwig van Beethoven
1767–1845	August Wilhelm Schlegel
1772–1829	Friedrich Schlegel
1773–1853	Ludwig Tieck
1776–1848	Joseph von Görres
1778–1842	Clemens Brentano
1781–1831	Achim von Arnim
1785–1863	Jacob Grimm
1786–1859	Wilhelm Grimm
1768–1834	Friedrich Daniel Ernst Schleiermacher
1779–1861	Friedrich Carl von Savigny
1776–1831	Barthold Niebuhr
1795–1886	Leopold von Ranke

Der Beginn einer neuen weltgeschichtlichen Epoche am Ende des 18. Jahrhunderts ist durch die Gründung von Staatswesen gekennzeichnet, die sich selbst ausschließlich auf das Naturrecht beriefen, auf jenes Recht also, das, in der Natur des Menschen begründet, von Zeit und Ort sowie von jeder menschlichen Rechtsetzung unabhängig ist und im Unterschied zum positiven Recht, dem vom Menschen geschaffenen, geschichtlich gewordenen und daher einem ständigen Wandel unterworfenen Recht, ewig feststehendes Recht darstellt. ,,Das Naturrecht ist so unveränderlich, daß es selbst von Gott nicht verändert werden kann, so wenig Gott bewirken kann, daß zweimal zwei nicht vier ist."[1] Dieses von der Vernunft geforderte Recht ist nach *Grotius* zugleich gottgewolltes Recht. Die Beziehungen der Individuen und Völker untereinander sollten daher allein nach der Vernunft geregelt werden.

Der Staat wurde nun nicht mehr wie im Mittelalter als eine von Gott eingerichtete und von Kaiser und Kirche zu erhaltende Ordnung betrachtet. Auch sah man in ihm im Gegensatz zur Zeit des Absolutismus kein Instrument, das dem Herrscher in die Hand gegeben ist, um seine Macht gegenüber den Beherrschten uneingeschränkt zur Geltung zu bringen. Vielmehr galt der Staat jetzt als eine zweckmäßige, durch freiwilligen Zusammenschluß freier Menschen zustande gekommene ,,rechtliche Organisation der Pluralität der Interessen der ein bestimmtes Gebiet bewohnenden Menschen"[2], die das Ziel verfolgt, die Freiheit und das Glück ihrer Mitglieder zu sichern und zum Nutzen aller zu wirken. In diesem Sinne definierte *John Locke* den Staat als eine Vereinigung von Menschen, ,,einzig und allein zu dem Zweck geschaffen, um ihre bürgerlichen Interessen zu vertreten, zu behaupten und zu entwickeln"[3]. Diese Interessen bestünden in der Wahrung der natürlichen Rechte des Lebens, der Freiheit und des Eigentums. Um sie zu sichern, entwickelte *Locke* die Grundsätze des Repräsentativsystems und der Gewaltenteilung, was zugleich die gedankliche Überwindung des Absolutismus bedeutete.

Wie *Locke* verlangte auch der französische Schriftsteller und Staatsdenker *Charles de Montesquieu* die Trennung der Gewalten, da ohne eine solche die Freiheit für den einzelnen nicht zu erlangen sei. ,,Jeder Staat" – so heißt es in seinem 1748 erschienenen Buch ,,Vom Geist der Gesetze" – ,,weist drei Arten von Gewalten auf, die gesetzgebende Gewalt, die Gewalt, welche die Angelegenheiten des Völkerrechts vollzieht, und die Gewalt, welche die Dinge des bürgerlichen Rechts vollzieht. Vermöge der dritten Gewalt bestraft der Fürst oder die Obrigkeit die Verbrechen oder schlichtet die Streitigkeiten unter den Bürgern. Man nennt diese dritte die richterliche Gewalt, die andere dagegen einfach die vollziehende Gewalt des Staates.

Sind gesetzgebende und vollziehende Gewalt vereint, so lebt keine Freiheit, denn man muß befürchten, daß dieselbe Person tyrannische Gesetze gibt und sie zugleich vollzieht. Wird die richterliche von der gesetzgebenden und vollziehenden Gewalt nicht getrennt, so gibt es ebenfalls keine Freiheit. Denn ist sie mit der gesetzgebenden vereint, so wird der Richter zugleich Gesetzgeber. Geht sie mit der vollziehenden Gewalt zusammen, so kann der Richter zugleich Unterdrücker werden.

Aber alles wäre verloren, wenn derselbe Mann oder dieselbe Behörde, gleich ob der Vornehmen oder des Volkes alle drei Gewalten zugleich ausübte. Freilich müßte in einem freien Staate jeder vernünftige Mensch sich selbst regieren und also das gesamte Volk die gesetzgebende Gewalt ausüben. Da dies aber in großen Staaten praktisch unmöglich und noch in kleinen schwer zu verwirklichen ist, so muß das Volk durch seine Vertreter beschließen, was es nicht unmittelbar tun kann."[4]

Freiheit aber bedeutete den Aufklärern, tun zu dürfen, was das Gesetz fordert, nicht tun zu müssen, was Willkür und fremde Gewalt gebieten.

Außerdem wurde jetzt festgestellt, daß alle Menschen als gleiche geschaffen sind und am Recht gleichermaßen Anteil haben.

In diesem Sinne formulierte dann das Mitglied der Gesetzgebenden Versammlung von Virginia, *Thomas Jefferson:* ,,Folgende Wahrheiten erachten wir als selbstverständlich: daß alle Menschen gleich geschaffen sind; daß sie von ihrem Schöpfer mit gewissen, unveräußerlichen Rechten ausgestattet sind; daß dazu Leben, Freiheit und das Streben nach Glück gehören; daß zur Sicherung dieser Rechte Regierungen unter den Menschen eingesetzt werden, die ihre rechtmäßige Macht aus der Zustimmung der Regierten herleiten; daß, wann immer irgendeine Regierungsform sich als diesen Zielen abträglich erweist, es Recht des Volkes ist, sie zu ändern oder abzuschaffen und eine neue Regierung einzusetzen und diese auf solchen Grundsätzen aufzubauen und ihre Gewalten in der Form zu organisieren, wie es ihm zur Gewährleistung seiner Sicherheit und seines Glückes geboten zu sein scheint."[5]

Und die französische Nationalversammlung erklärte am 26. August 1789: „Die Menschen werden frei und an Rechten gleich geboren und bleiben es. Die gesellschaftlichen Unterschiede können nur mit dem allgemeinen Nutzen begründet werden.

Der Zweck jeder staatlichen Vereinigung ist die Erhaltung der natürlichen und unverjährbaren Menschenrechte. Das sind die Rechte auf Freiheit, Eigentum, Sicherheit und Widerstand gegen die Unterdrückung.

Der Ursprung jedes Hoheitsrechts liegt wesentlich in der Nation.

Keine Körperschaft, kein Individuum kann mit einer Machtvollkommenheit bekleidet werden, die nicht ausdrücklich von ihr ausgeht. Die Freiheit besteht in der Macht, alles das zu tun, was einem anderen nicht schadet; die Ausübung der natürlichen Rechte eines jeden Menschen hat also nur die Grenzen, die den anderen Gliedern der Gesellschaft die gleichen Rechte und ihren Genuß sichern. Diese Grenzen können nur durch das Gesetz bestimmt werden."[6]

In Nordamerika wurde ein Großteil dieser Ideen Wirklichkeit. Mit der Unabhängigkeitserklärung vom 4. Juli 1776 hatten die selbstbewußt gewordenen Siedler eine Verfassung geschaffen, die ihre künftige staatliche Organisation auf die Grundlage der allgemeinen Menschenrechte stellte, die sie nach innen und außen zu verteidigen entschlossen waren. Unter der Führung des Oberbefehlshabers der amerikanischen Armee und des späteren ersten Präsidenten der Vereinigten Staaten von Amerika, *George Washington,* schüttelten sie das englische Joch ab und erkämpften sich die Freiheit. Desgleichen gelang es dem französischen Bürgertum 1789, den Absolutismus im eigenen Lande zu überwinden und die Vorrechte des Feudalismus zu beseitigen. Die Verfassung von 1791 trug ihrer revolutionären Forderung nach Freiheit und Gleichheit Rechnung. Frankreich wurde zu einer auf den Menschenrechten und der Gewaltenteilung gegründeten Monarchie. Wenngleich auch die Revolution in ihrem stürmischen Verlauf von ihren anfänglich gesteckten Zielen abrückte, so hatte doch das Bürgertum die Initiative ergriffen und die Sache des Staates zu seiner eigenen gemacht.

Im Gegensatz zu Amerika und Frankreich aber „haben wir es in Deutschland mit einer Bewegung des Geistes viel mehr ... als mit einer der Sachen zu tun"[7]. Hier gab es weder einen geschlossenen Staat noch ein selbstbewußtes Bürgertum, das sich gegen dessen Übergriffe aufzulehnen wagte. Jeder Versuch einer starken Persönlichkeit, sich von der Bevormundung eines der zahlreichen kleinen Fürsten zu befreien, blieb isoliert und ohne Widerhall. Ein politisches Zentrum, von dem aus die Impulse über das ganze Reich hätten fortwirken können, gab es – anders als in Frankreich – nicht. Eine Auflehnung gegen die durch den Absolutismus verursachten politischen Zustände konnte sich jeweils nur gegen einen der vielen Fürsten richten, niemals das ganze System treffen. Ohne ein allen Deutschen gemeinsames politisch und wirtschaftlich erstrebenswertes Ziel aber ließen sich die Ideen der Aufklärung nicht in eine neue, von Grund auf zu verändernde politische Wirklichkeit umsetzen.

Daraus erklärt sich der tiefe Zwiespalt in der Entwicklung des geistigen und des politischen Lebens in Deutschland in der zweiten Hälfte des

18. Jahrhunderts und um die Jahrhundertwende. Während das politische Leben von den beiden deutschen Großmächten, dem Fürstentum, dem Adel und hohen Beamtentum bestimmt wurde, wurde die geistige Entwicklung von dem von diesen Kräften unterjochten Bürgertum getragen.

Entscheidende Antriebe hatten diese geistigen Kräfte in der ersten Hälfte des 18. Jahrhunderts von der kirchlichen Volksfrömmigkeit des katholischen Deutschland und vom Pietismus erhalten, der an die Stelle der alten kirchlichen Formen ein religiöses Persönlichkeitsideal setzte. Allem Rationalismus feind, wandte er sich nicht an das Denken und die Vernunft, sondern an die irrationalen Fähigkeiten des Menschen. Er verband Glauben mit Frömmigkeit und Tugendstreben, betrieb individuelle Seelsorge und religiöse Jugendunterweisung und sprach in seiner Liederdichtung Gefühl und Glaubenskraft an. Die sozialen

Aktivitäten des Pietismus fanden ihren großartigsten Ausdruck in den Stiftungen des Theologen und Pädagogen *August Hermann Francke* in Halle, in denen er die Idee der christlichen Nächstenliebe in praktische evangelische Erziehung umzusetzen suchte.

Aus diesen irrationalen seelischen und religiösen Bereichen entsprang auch das musikalische Schaffen *Johann Sebastian Bachs* (1685–1750) und *Georg Friedrich Händels* (1685–1759). *Friedrich Gottlieb Klopstocks* (1724–1803) „Messias", das Epos, das den Beginn der großen deutschen Dichtung kennzeichnet, entstand gleichfalls aus des Dichters verinnerlichtem religiösen Empfinden.

Johann Sebastian Bach

Starke Impulse erfuhr diese Bewegung auch von England und Frankreich. *William Shakespeare* (1564–1616), der in seiner Dichtung das Menschsein in allen seinen Höhen und Tiefen umspannt, öffnete den Blick für die Weite menschlichen Seins, und *Jean Jacques Rousseaus* Ruf „Zurück zur Natur" weckte unter den Gebildeten ein neues Lebensgefühl.

Begründer des deutschen „bürgerlichen Trauerspiels" und Wegbereiter einer deutschen Nationalliteratur wurde *Gotthold Ephraim*

Lessing, der in seinen Dramen Vernunft und Toleranz, also Ideale der Aufklärung, in zeitlos gültiger Form eindrucksvoll darstellte. Als bedeutendster Anreger des geistigen und künstlerischen Lebens in Deutschland in der zweiten Hälfte des Jahrhunderts gilt *Johann Gottfried Herder* (1744–1803). Er erfaßte als erster die Geschichtlichkeit des Menschen. Seine Anregungen entzündeten die schöpferische Kraft *Johann Wolfgang von Goethes,* dessen erste Dramen und Gedichte sich von den starren Regeln französischer Vorbilder befreiten und so einen Neuanfang der deutschen Dichtung bildeten. In seinem Werk, das alle Dichtungsgattungen umfaßt und darüber hinaus auch kunstkritische, philosophische und naturwissenschaftliche Schriften enthält, fand das Zeitalter der deutschen Geistesbildung in übergreifender Weise Ausdruck und Deutung. Antike wie Mittelalter, christlicher Erlösungsglaube wie dichterische Selbstverwirklichung fügen sich darin zu einem einheitlichen Humanitätsideal zusammen, das in den Möglichkeiten der „Persönlichkeit"[8] den Schlüssel zum Verständnis von Welt und Leben sieht. *Friedrich Schiller,* der große Dramatiker und Gedankenlyriker der deutschen Literaturgeschichte und bis heute mit *Goethe* der bedeutendste Dichter deutscher Sprache, vertrat eine an *Kant* orientierte ethische Lebenshaltung, ein politisches, von nationalen Ideen getragenes Geschichtsverständnis sowie ein ästhetisches Bildungsprogramm und machte sich in der Auseinandersetzung mit den Ideen der Französischen Revolution zum Anwalt der Freiheit des Menschen innerhalb seiner natürlichen und gesellschaftlichen Grenzen.

Zur gleichen Zeit definierte *Immanuel Kant* in Königsberg die die Moderne einleitende Geistesbewegung der Aufklärung als den „Ausgang des Menschen aus seiner selbstverschuldeten Unmündigkeit" und rief seine Zeitgenossen auf, den Mut aufzubringen,

Johann Wolfgang v. Goethe

sich endlich ihres Verstandes zu bedienen und sich von der sie unterjochenden Fremdbestimmung zu lösen, um zur freien, selbstverantwortlichen Entfaltung der in ihnen angelegten Begabungen zu kommen. Für die dabei zu treffenden Entscheidungen forderte er, daß der Mensch so handle, daß die Maxime seines „Willens jederzeit zugleich als Prinzip einer allgemeinen Gesetzgebung gelten könne"[9], und stellte damit das sittliche Grundgesetz auf, den kategorischen Imperativ der moralischen Vernunft oder der vernunftbestimmten Moral.

Christoph Willibald Gluck, Joseph Haydn, Wolfgang Amadeus Mozart und *Ludwig van Beethoven* führten die abendländische Musik in Deutschland zur höchsten Blüte und zur Weltgültigkeit. *Gluck* (1714–1787) stellte die deutsche Oper gleichwertig neben die italienische. *Haydn* entwickelte die Symphonie zu ihrer klassischen Form. *Mozarts* Genius und universale Begabung führten der Konzert- und Kammermusik sowie der Kirchenkomposition einen reichen Fundus an wertvollsten Schöpfungen zu und erhoben Symphonie und Oper zur vollendeten Schönheit, und *Beethovens* schöpferische Subjektivität bereicherte über die Förderung und Entwicklung der eigenen Kunst hinaus das gesamte kulturelle Bild seiner und der nachfolgenden Zeit. Die zwingende Kraft seiner Musik wies weit über die Klassik hinaus, und die Auseinandersetzung mit ihr blieb Gegenstand der abendländischen Geistesgeschichte.

Als Gegenströmung zur Aufklärung und zur Klassik entwickelte sich die am Ende des Jahrhunderts einsetzende Geistesbewegung der deutschen Romantik. Von *Rousseau, Herder* und dem jüngeren *Goethe* ausgehend, verherrlichten die Vertreter dieser literarischen Richtung als individualistisch empfindende Weltbürger zunächst die Freiheit und die Natur. Mit der Übertragung ihrer Ideen auf Staat und Recht gelangten die Romantiker jedoch bald zu der Überzeugung, daß entsprechend ihrem Glauben an die organische Entwicklung, in der letztlich alle Vernunft zu suchen sei, auch Staat und Recht aus der Natur und der Entwicklung des Volkes hervorgegangen und damit Teile ihres Wesens seien. So lenkten sie den Blick auf Eigenart, Lebensform und Geschichte der einzelnen Völker.

Damit entstand ein neues nationales Bewußtsein, das sich unter dem Druck der napoleonischen Besatzung sehr schnell verfestigen sollte. Das Leben eines Volkes wurde jetzt in seinem inneren Zusammenhang verstanden, Volksgeist und Volkstum wurden im Volkslied (1805 „Des Knaben Wunderhorn" – *Achim von Arnim, Clemens Brentano*) und Volksmärchen (*Gebrüder Grimm*), in Volksbüchern (*Görres*) und Volksbräuchen (*Turnvater Jahn*), in der Sprache (*Jakob Grimm*), dem Recht (*Savigny*) und der Religion (*Schleiermacher*) erweckt. Die Geschichtswissenschaft suchte die Vergangenheit anhand von Quellen aus sich heraus als Ergebnis einer schöpferischen Entwicklung zu verstehen. *Barthold Georg Niebuhr* begründete diese historische Betrachtungs- und Darstellungsweise, die später durch *Leopold von Ranke* ihre meisterhafte Ausbildung erfuhr. Im politischen Alltag der Deutschen führte dies alles dazu, daß die von der Aufklärung, der Klassik und der Romantik postulierte Freiheit im Zusammenhang mit der Französischen Revolution und den napoleonischen Kriegen von den geistig führenden Schichten auf ihre politische Umsetzung geprüft wurde. Dabei vertrauten sie – im letzten unpolitisch – auf die befreiende Macht des Geistes, die der schmachvollen Vergangenheit und Gegenwart zum Trotz die Deutschen in eine eigenständige, in freier, selbstverantwortlicher Mitwirkung zu gestaltende menschenwürdige Zukunft führen würde.

Revolutionskriege, Ende des Reiches und die Entstehung des deutschen Nationalgefühls

1789	Französische Revolution
1791	Die erste Verfassung
1792	Ausbruch der Revolutionskriege – Sturz der Monarchie und Errichtung der Republik
1793	Hinrichtung *Ludwigs XVI.* – Diktatur der Jakobiner
1793–1797	Die erste Koalition
1795	Friede von Basel
1795–1799	Das Direktorium
1797	Friede von Campo Formio
1798–1799	Der ägyptische Feldzug
1798–1801	Die zweite Koalition
1799	*Napoleon Bonaparte* Erster Konsul der Franzosen
1801	Friede von Lunéville
1803	Reichsdeputationshauptschluß
1804	Kaiserkrönung *Napoleons* – Code civil
1805	Die dritte Koalition
1805	Friede von Preßburg
1806	Rheinbund
1806	Niederlage Preußens bei Jena und Auerstedt
1807	Friede zu Tilsit – Kontinentalsperre

Der Krieg in Nordamerika und vor allem die revolutionären Ereignisse in Frankreich wurden als die Zeichen einer neuen Zeit zunächst auch in Deutschland lebhaft begrüßt. Die Abschaffung aller Feudallasten und Privilegien, die Erklärung der Menschen- und Bürgerrechte, die Einziehung des Kirchengutes, die Aufhebung der Klöster und Orden, die Verstaatlichung der Schulen, die Einführung der Zivilehe, die Befreiung der Juden aus dem Ghetto und die verfassungsmäßige Beschrän-

kung der absoluten Herrschaft des Königs durch die französische Nationalversammlung entsprachen Forderungen, die das aufgeklärte Bürgertum in den einzelnen deutschen Staaten teilte.

Als sich die Französische Revolution jedoch mehr und mehr radikali-
sierte und sich im Verlaufe ihrer Entwicklung von der großen Idee
ihres Ursprungs entfernte, wich die anfängliche Sympathie der Deutschen einer immer stärker werdenden Kritik. Man war rechts des
Rheins nicht bereit, die Freiheit um diesen Preis zu erringen. So gewann das Moment der „Ordnung" auch bei den Gebildeten den Vorrang.

Die „alten Mächte", voran Österreich und Preußen, hatten sich schon
zu Anfang der Französischen Revolution entschieden auf die Seite
dieser „Ordnung" gestellt und sich aus Furcht vor einem Übergreifen
der revolutionären Bewegung auf ihre Länder dem Gedanken einer
Solidarität der Throne gegenüber der Revolution verschrieben. Da auf
der anderen Seite der Glaube der Franzosen, daß es Frankreichs
Bestimmung sei, die neuen Ideen in die übrigen Völker Europas zu
tragen, Teil des revolutionären Bekenntnisses war, drängte man auf
beiden Seiten zum Krieg.

Dieser wurde im April 1792 von der gesetzgebenden Versammlung in
Paris erklärt. Nach anfänglichen Erfolgen der österreichisch-preußischen Truppen gelang es den französischen Revolutionsheeren, die
verbündeten Armeen zurückzuwerfen und Savoyen, Nizza und die
Städte Basel, Speyer, Worms, Mainz und Frankfurt zu besetzen.

Ein Manifest des Herzogs *Karl Wilhelm Ferdinand von Braunschweig,*
des Führers der Verbündeten, hatte – in völliger Verkennung der Lage
– die Franzosen aufgefordert, sich gegen die Revolution zu wenden
und „ohne Verzug zur Vernunft, zur Gerechtigkeit, zur Ordnung und
zum Frieden zurückzukehren". Darüber hinaus drohte der Herzog,
„daß wenn das Schloß der Tuilerien gestürmt oder sonst verletzt, wenn
die mindeste Gewalttat oder Beleidigung Ihren Majestäten dem
König, der Königin und der ganzen königlichen Familie widerfährt,
wenn nicht unmittelbar für die Sicherheit, ihr Leben und ihre Freiheit
gesorgt wird, die Verbündeten eine exemplarische und für alle Zeiten
denkwürdige Rache nehmen und die Stadt Paris einer militärischen
Exekution und einer gänzlichen Vernichtung, die Empörer selbst, die
diese Attentate verschuldet haben, dem verdienten Tode überliefern
werden".[10] Empörung und ein Anschwellen der revolutionären Leidenschaften in Paris waren die unmittelbaren Folgen. Die Monarchie
wurde gestürzt, und die Jakobiner errichteten ihre Diktatur.

Als 1793 sich zunächst England, dann Spanien, der Papst, Neapel,
die Toscana, Venedig, Sardinien und Portugal der österreichisch-preußi-

schen Koalition anschlossen, weitete sich der Krieg aus. Frankreich verlor die eben erst eroberten Gebiete in den Niederlanden. Mainz und das linke Rheinufer wurden von den Preußen und Österreichern zurückgewonnen, Toulon von den Engländern belagert, und in Frankreich selbst erhoben sich Royalisten und Girondisten gegen die jakobinische Schreckensherrschaft. In dieser für das revolutionäre Frankreich fast ausweglosen Situation organisierte der ehemalige Ingenieur-Offizier Graf *Lazare Nicolas Carnot* im Auftrag des Konvents die levée en masse, die alle Franzosen ,,bis zu dem Tage, an dem die Feinde vom Boden der Französischen Republik vertrieben sein werden"[11], dauernd zum Wehrdienst verpflichtete und erstmals in der Neuen Geschichte eine ganze Nation bedingungslos, uneingeschränkt in den Dienst der Landesverteidigung stellte.

,,Die jungen Männer ziehen in den Kampf; die verheirateten schmieden Waffen und tragen Lebensmittel herbei; die Frauen fertigen Zelte und Kleider und dienen in den Lazaretten; die Kinder zupfen altes Leinen zu Charpie; die Greise lassen sich auf die öffentlichen Plätze tragen, um den Mut der Krieger anzuspornen, sie mit Haß gegen die Könige und Liebe zur Einheit der Republik zu erfüllen."[11]

Damit begann ein neues Moment die Entwicklung zu bestimmen. An die Stelle der weltbürgerlichen Ideale, von der die Französische Revolution ausgegangen war, trat die nationale Idee, die dem nun anbrechenden Jahrhundert das Gepräge geben sollte. Dieser unter dem Druck einer leidenschaftlichen Minderheit gegen den Obrigkeitsstaat des alten Europa mobilisierte Nationalismus verband sich mit den alten machtpolitischen Gegensätzen zwischen Frankreich auf der einen Seite und England und Österreich auf der anderen. Wie einst die Monarchie, so drängten jetzt die Jakobiner nach den natürlichen Grenzen an den Ozean, den Rhein und die Alpen. Zur alten französischen Tradition trat die Entschlossenheit, die Größe und den Ruhm der Nation im Kampf mit den überkommenen Gegnern Österreich und England nicht nur zu behaupten, sondern machtvoll zu entfalten.

Als Preußen, das nach der im Bund mit Österreich und Rußland durchgeführten polnischen Teilung durch seine eigenstaatlichen Interessen im Osten festgelegt war, 1795 aus der Koalition ausschied und in einem Sonderfrieden mit Frankreich sich zur Abtretung der linksrheinischen deutschen Gebiete bereit fand, eröffnete es Frankreich die Möglichkeit, über die Festigung seiner Stellung in den wiedereroberten Gebieten in den Niederlanden und im Elsaß hinaus eine französische Hegemonie in Europa zu errichten. Es bescherte damit zugleich aber auch Nord- und Mitteldeutschland eine zehnjährige Friedensperiode, die die kulturelle Blütezeit der deutschen Klassik hervorbrachte.

In einem beispiellosen Siegeszug zwang *Napoleon Bonaparte,* dem das Direktorium den Oberbefehl über die französischen Truppen in Italien übertragen hatte, die Österreicher in Norditalien zum Frieden und zur Abtretung des linken Rheinufers, der österreichischen Niederlande und Oberitaliens. Der Versuch *Bonapartes,* die Engländer in Ägypten empfindlich zu treffen, schlug jedoch fehl.

Dagegen blieb *Napoleon* – seit 1799 durch Staatsstreich 1. Konsul der Franzosen – auf dem Kontinent siegreich. Dort hatte sich eine zweite Koalition mit England, Österreich und Rußland gegen ihn gebildet. 1801 diktierte er Österreich erneut einen Frieden, der die endgültige Abtretung des linken Rheinufers festsetzte und England isolierte. Ganz im Sinne der traditionellen Anti-Habsburgpolitik suchte *Napoleon* jetzt das Reich so zu organisieren, daß die französische Vorherrschaft unangetastet blieb. Dem durch die vorangegangenen Friedensschlüsse geschwächten Österreich sollte mit einem territorial vergrößerten Preußen eine zweite deutsche Großmacht als Gegengewicht gegenübergestellt werden. Gleichzeitig gedachte *Napoleon,* die kleineren, österreich-freundlichen Reichsstände durch selbständige lebens- und bündnisfähige Mittelstaaten zu ersetzen, deren staatliches Eigeninteresse eher auf einen Bund mit Frankreich als auf einen solchen mit einer der beiden deutschen Großmächte gerichtet sein mußte.

Zur Entschädigung der weltlichen Fürsten, die linksrheinische Besitzungen verloren hatten, wurden 1803 im Reichsdeputationshauptschluß nach französischem Vorbild die meisten geistlichen Fürstentümer säkularisiert und 45 Reichsstädte sowie 1500 Reichsritterschaften mediatisiert. Den durch die Säkularisierung eingezogenen weltlichen Besitz der katholischen Kirche erhielten, außer in Bayern und Österreich, meist protestantische deutsche Fürsten, insbesondere aber die preußischen Hohenzollern. Die mediatisierten Städte und Stände wurden den einzelnen Landesherren unterstellt. Die Hansestädte Hamburg, Bremen und Lübeck behielten ihre Selbständigkeit, ebenso die Reichsstädte Nürnberg, Augsburg und Frankfurt am Main. Im Süden entstanden mit Baden, Württemberg und Bayern kraftvolle Mittelstaaten. Wenngleich diese territoriale Neuordnung ganz von den Bedürfnissen Frankreichs ausging, so hat sie doch zugleich auch die unhaltbare staatliche Kleinwelt beseitigt, die seit dem Untergang der Staufer das Reich zu politischer Ohnmacht verurteilt hatte. Auch hätte ohne diese von *Napoleon* erzwungene Flurbereinigung ein modernes Staatsleben in Deutschland sich nicht entfalten können.

Als *Napoleon* schließlich 1806 sechzehn mittlere und kleinere deutsche Staaten des Westens und Südens zum Rheinbund zusammenschloß und diese allesamt aus dem deutschen Reichsverband ausschie-

Die Rheinbundfürsten huldigen Napoleon

den, hatte das deutsche Reich aufgehört zu bestehen. Nachdem *Franz II.*
bereits 1804 die habsburgischen Erblande unter Bruch der Reichsverfassung zum Kaisertum Österreich zusammengefaßt hatte, legte er
am 6. August 1806 die Krone des „Heiligen Römischen Reiches deutscher Nation" nieder.
Damit war der Untergang des Alten Reiches auch de jure besiegelt und
der Weg frei für eine staatliche Neuordnung, nach der die Deutschen
sich so sehr sehnten.
Die Vorherrschaft *Napoleons* auf dem Kontinent aber war jetzt unan-
greifbar geworden. Einzig England blieb unbesiegt und konnte seine
Stellung gegenüber dem Korsen behaupten. Die Vernichtung der französischen Flotte bei Trafalgar hatte allerdings den ehrgeizigen Plänen
Napoleons, England direkt anzugreifen, ein für allemal ein Ende gesetzt. Dagegen besiegte er die Verbündeten der Briten, die Österreicher und Russen, bei Austerlitz und zwang im Frieden zu Preßburg
Österreich zu weiteren Gebietsabtretungen in Süddeutschland und
Italien. Auch das nach einer 10jährigen Friedenspause 1806 völlig isoliert gegen *Napoleon* kämpfende Preußen erlitt eine vernichtende militärische Niederlage, die den Zusammenbruch des preußischen Staates herbeiführte.

Das französische Empire erstreckte sich nun bis zur Elbe, und *Napoleon* – auf der Höhe seiner Macht – diktierte einen Frieden, der seine Stellung endgültig abzusichern schien. Rußland, das aus dem Bündnis gegen Napoleon ausschied, trat der von *Napoleon* gegen England gerichteten Kontinentalsperre bei und erhielt dafür Zugeständnisse in der Türkei und in Finnland. Preußen blieb als Staat dank der Fürsprache des Zaren zwar bestehen, mußte aber alle westelbischen Besitzungen an das für *Napoleons* Bruder *Jerome* neugegründete Königreich Westfalen abtreten. Die preußischen Erwerbungen aus der 2. und 3. polnischen Teilung kamen an das Herzogtum Warschau, das *Napoleon* dem König von Sachsen unterstellte. Danzig erhielt eine französische Garnison und wurde Freie Stadt. Außerdem besetzten die Franzosen alle preußischen Festungen, verlangten eine Kontribution von unbestimmter Höhe und setzten die maximale Heeresstärke der Preußen auf 42 000 Mann fest.

In den unter napoleonischer Herrschaft stehenden Gebieten erfuhren die Verwaltungsorganisation, das Rechtsleben, das soziale Leben und die Wirtschaft eine völlige Umgestaltung nach dem Vorbild der aus der Französischen Revolution stammenden rechtlichen, sozialen und wirtschaftlichen Ideen. Die Leibeigenschaft, die ständische Ordnung, die Vorrechte von Adel und Geistlichkeit wurden beseitigt. An ihre Stelle traten die bürgerliche Gleichheit, die religiöse Freiheit und die Beseitigung der zum Teil noch aus dem Mittelalter stammenden Bindungen im wirtschaftlichen Bereich. Das Recht wurde reformiert und durch die Anwendung des *Code civil* vereinheitlicht. Die Zentralisierung der Verwaltung und die Bildung moderner Ressortministerien traten an die Stelle feudaler Sonderrechte und der daraus erwachsenen staatlichen Zersplitterung. Auch begannen die deutschen Staaten ihre Souveränität über Schule und Kirche zu festigen. All dies weckte weithin Bewunderung für den genialen jungen Kaiser.

Erbitterte Gegnerschaft erwuchs *Napoleon* jedoch aus der Gewalttätigkeit, mit der der von immer maßloserem Machtwillen getriebene Herrscher die verbündeten und eroberten Länder in seine Dienste zwang. Die gegen England gerichtete Kontinentalsperre erwies sich bei mancherlei Vorteilen im einzelnen – es entstanden neue kontinentale Industrien und Ersatzprodukte – auf die Dauer als eine Schädigung des Wirtschaftslebens auf dem Kontinent. Auch die Heranziehung der Deutschen zum französischen Heeresdienst wurde ebenso wie die finanziellen Opfer, die *Napoleon* von den in seinem Machtbereich liegenden Staaten forderte, in steigendem Maße als unbillige Härte empfunden. Desgleichen sträubte man sich gegen das fremde kulturelle Element, das mit der Einführung der französischen Sprache in den besetzten Gebieten die bodenständige Kultur zu verdrängen drohte. So war es nicht verwunderlich, daß sich im gesamten Machtbereich *Napoleons* Kräfte regten, die das Joch der Fremdherrschaft abzuschütteln entschlossen waren. Zwar sah man in den Ideen der Französischen Revolution auch in Deutschland die Grundlage für die Neuordnung des politischen Lebens. Dem messianischen Nationalismus der Franzosen jedoch setzte man, je länger je mehr, die Forderung nach einer eigenen, in Freiheit und Selbstverantwortung vorzunehmenden Gestaltung des politischen Lebens entgegen. Eine Verwirklichung dieser Forderung setzte allerdings voraus, daß man das Joch der napoleonischen Herrschaft abschüttelte und sich im Kampf gegen den Kaiser und Frankreich verband.

In der Verfolgung dieses Ziels entstand ein neues Gemeinschaftsgefühl, das das Verhältnis der Deutschen zu ihrem Land entscheidend veränderte. An die Stelle der unreflektierten Liebe zur unmittelbaren Heimat, die dieses Verhältnis bisher charakterisierte, trat ein neues Bewußtsein, das die Teilnahme am staatlichen und nationalen Leben als eine sittliche Aufgabe begriff und im Dienst für das neuentdeckte gemeinsame Vaterland eine allen Deutschen verbindliche Pflicht erkannte. So erwuchs den Deutschen unter äußerem Druck ein Nationalbewußtsein, das ihrem künftigen politischen Streben eine neue Richtung geben sollte.

Reformen in Preußen und Österreich

1807–1808   Reformen des Reichsfreiherrn *Karl vom und zum Stein*
1810   *Wilhelm von Humboldt* gründet die Universität Berlin
1811–1812   Reformen des Fürsten *Karl August von Hardenberg*

Der Sieg *Napoleons* über die beiden deutschen Großmächte Preußen und Österreich führte in beiden Staaten zu der Überzeugung, daß die Ursachen der Niederlage und des Zusammenbruchs in dem überkommenen politischen System zu suchen seien, in dem „die Obrigkeit mit ihrer disziplinierenden Kontrolle"[12] das Volk von aller Teilnahme am staatlichen Leben ferngehalten hatte. Als die überkommenen staatlichen Strukturen unter dem Ansturm der Französischen Revolution, die „die ganze Nationalkraft des französischen Volkes in Tätigkeit gesetzt"[12] hatte, zusammenbrachen, suchten die Reformer, insbesondere in Preußen, nach Wegen, das staatliche Leben an die neuen Gegebenheiten anzupassen. Sie waren bereit, von dem Gegner zu lernen, sich „die Resultate der Revolution zuzueignen"[13] und auf der Grundlage der geistigen Erneuerung, die sich in Deutschland seit der Aufklärung vollzog, eine dem neuen Bewußtsein und den durch *Napoleon* geschaffenen neuen Machtverhältnissen adäquate staatliche Ordnung zu schaffen. Dabei hatten ihre bedeutendsten Träger, der Reichsfreiherr *Karl vom und zum Stein, Karl August von Hardenberg, Barthold Niebuhr, Gerhard von Scharnhorst* und *August Neidhardt von Gneisenau,* die allesamt keine geborenen Preußen waren, das Interesse aller Deutschen im Auge. So äußerte der Reichsfreiherr *vom Stein* am 20. November 1812 in St. Petersburg: ,,Ich habe nur ein Vaterland, das heißt Deutschland, und da ich nach alter Verfassung nur ihm und keinem besonderen Teil desselben angehöre, so bin ich auch nur ihm, und nicht einem Teil desselben von ganzem Herzen ergeben. Mir sind die Dynastien in diesem Augenblick großer Entwicklung vollkommen gleichgültig, es sind bloße Werkzeuge; mein Wunsch ist, daß Deutschland groß und stark werde, um seine Selbständigkeit, Unabhängigkeit und Nationalität wieder zu erlangen, und beides in seiner Lage zwischen Frankreich und Rußland zu behaupten; das ist das Interesse der Nation und ganz Europas; es kann auf dem Wege alter zerfallener und verfaulter Formen nicht erhalten werden: ... mein Glaubensbekenntnis ist Einheit.''[14]

Um dem Interesse der Nation gerecht zu werden, bedurfte es aber des Interesses und der Mitarbeit der Bürger, denen der Staat die Möglichkeit schaffen mußte, ,,ihr Glück nach eigenem Gutdünken und zur eigenen Befriedigung zu besorgen''[15]. ,,Es kam darauf an, gesetzlich die Möglichkeit aufzustellen, daß jeder im Volke seine Kräfte frei in moralischer Richtung entwickeln könne, und auf solche Weise das Volk zu nötigen, König und Vaterland dergestalt zu lieben, daß es Gut und Leben ihnen gern zu Opfer bringe.''[16] Jeder einzelne, der ,,in seiner Weise tut und wirket''[17], war aufgerufen, sich im Kampf gegen den Feind zu verbinden und zum Wohle des Ganzen zu wirken.

Entsprechend dem aus dem deutschen Idealismus stammenden Geist zielten die von *Stein* eingeleiteten Reformen nun darauf ab, Verantwortungsfreude und Bürgersinn, Nationalbewußtsein und Vaterlandsliebe zu wecken und dem Volke die Freiheit zu geben, die notwendig war, sich in diesen Tugenden zu üben.

In einem stufenweisen Ausbau der Selbstverwaltung sollten zunächst in den Gemeinden, dann in den Kreisen, den Provinzen und schließlich in Gesamtpreußen Volksvertretungsorgane geschaffen werden, in denen die Bürger die öffentlichen Angelegenheiten mitberaten und mitbeschließen würden. Die Bauern sollten frei werden, und die Berufsschranken sollten fallen.

Als Minister des preußischen Königs gelang es *Stein* dann auch, einen

Karl Reichsfreiherr vom und zum Stein

Karl August Freiherr v. Hardenberg

Gerhard Joh. David v. Scharnhorst

August Neidhardt v. Gneisenau

Teil seiner Reformideen zu verwirklichen. Ein Edikt vom Oktober 1807 verordnete die Freiheit im Besitz und Gebrauch des Grundeigentums und die Aufhebung aller Gutsuntertänigkeit oder Leibeigenschaft. Nach dem Martinitag von 1810 sollte es nur noch freie Leute geben. Damit erhielten alle Bauern die persönliche Freiheit und Freizügigkeit. Die Hand- und Spanndienste jedoch blieben vorerst noch bestehen. Die bürgerlichen Berufe aber waren von nun an auch den Angehörigen des Adels zugänglich.

1808 schuf die Städteordnung die Selbstverwaltung in den Gemeinden. Die Bürger hatten jetzt das Recht, Stadtverordnete zu wählen, die ihrerseits den Magistrat kürten. Außerdem erhielten die Gemeinden die Haushaltsautonomie, regelten das Armen- und Schulwesen selbst und führten im Namen des Staates die Geschäfte der Polizei. Schließlich gelang es *Stein,* in einer Behördenreorganisation Verwaltung und Justiz zu trennen und die Verwaltung selbst zu modernisieren. Nach *Steins* Entlassung, die der preußische König auf Betreiben *Napoleons* im November 1808 vollzog, setzte *Hardenberg* dessen Werk fort. Er säkularisierte die geistlichen Güter, führte 1811 die Gewerbefreiheit ein, regulierte die bäuerlichen Verhältnisse, so daß die Bauern die Hand- und Spanndienste, die Gefälle- und Zinszahlungen durch Geld ablösen und das von ihnen bewirtschaftete Land zu Eigentum erwerben konnten. 1812 verordnete Hardenberg die Judenemanzipation, die die Juden zu vollberechtigten Staatsbürgern machte, und zentralisierte unter Aufgabe des von *Stein* verfochtenen Selbstverwaltungsprinzips die Verwaltung, indem er den gewählten Landrat durch den vom König ernannten Kreisdirektor ersetzte.

Alle diese Reformen wurden durch die von *Gerhard von Scharnhorst, Neidhardt von Gneisenau* und *Hermann von Boyen* durchgeführte Reform des preußischen Heeres ergänzt. Nach französischem Vorbild zog die allgemeine Wehrpflicht jeden Preußen zum Heeresdienst ein. Die im alten Söldnerheer *Friedrichs des Großen* übliche Werbung und Körperstrafe wurden abgeschafft, die alten Befreiungen vom Waffendienst aufgehoben und die Offiziersstellen nicht mehr nach Herkunft, sondern nach Bildung und Verdienst besetzt. So setzte sich auch in diesem Teil der Reform der sittliche Impuls durch, ,,der das Wesen der neuen Nationalidee in der Freiheit und Würde der Persönlichkeit"[18] erblickte. Die so reformierte Armee sollte sich nach dem Willen der Reformer gliedern in die Linie als der aktiven Truppe, die Landwehr, die alle nicht der aktiven Truppe angehörenden wehrfähigen Männer erfassen sollte und als der eigentliche Kern des Volksheeres gedacht war, und den Landsturm, eine Art Miliz, gebildet aus den ältesten Wehrfähigen und den zum aktiven Dienst Untauglichen. Wenngleich die Landwehr dem Verdikt *Napoleons* zum Opfer fiel und der Adel der beabsichtigten Heeresreform Widerstand entgegensetzte, so gelang es den Reformern doch, den Grund für einen Neuanfang zu legen, der als letztes Ziel die Opferbereitschaft freier Männer im Dienst des Staates verfolgte.

Staatsreform und Heeresreform aber wären ohne die Reform des Bildungswesens unvollständig geblieben. Unter *Wilhelm von Humboldt* wurde die Volksschule nach den Erziehungsgedanken *Johann Heinrich*

Pestalozzis, der auf die naturge-
mäße Entfaltung der der Persönlichkeit innewohnenden Anlagen
und Kräfte zielte, umgestaltet.
Die Höhere Schule erhielt durch
Humboldt Form und Inhalt, die
in ihren Grundzügen bis heute
Geltung haben, und die von ihm
gegründete Berliner Universität
wurde zum eigentlichen Vorbild
der deutschen Universitäten, die
die Freiheit von Forschung und
Lehre „in der universalen Weite
wissenschaftlicher Arbeit"[19] als
unabdingbare Voraussetzung
ihres Wirkens betrachten.

Wilhelm Freiherr v. Humboldt

Auch Österreich suchte unter Reichsgraf *Johann Philipp von Stadion-
Warthausen* sein Staatswesen zu erneuern und die Bevölkerung zur
verantwortlichen politischen Mitarbeit aufzurufen. Die inneren
Schwierigkeiten des Vielvölkerstaates der Habsburger, die Finanznot,
die Unordnung in der Verwaltung und die politische Gleichgültigkeit
weiter Teile der Bevölkerung erwiesen sich aber als unüberbrückbare
Hindernisse, so daß sich das Hauptstreben der Reformer bald auf das
Nahziel des Befreiungskampfes gegen die *napoleonische* Unterdrük-
kung richtete. Diesem Ziel diente auch die Einführung der allgemeinen
Wehrpflicht und die Reorganisation der österreichischen Armee durch
den volkstümlichen Erzherzog *Karl.*

Nach dem Sturz *Stadions* 1809 lenkte sein Nachfolger, Graf *Klemens
von Metternich,* in die alte absolutistische Politik zurück, die allein ihm
Gewähr zu bieten schien, der Gefahr einer durch den nationalen
Gedanken geförderten Auflösung der österreichischen Monarchie
wirksam zu begegnen.

Die Befreiung von der napoleonischen Herrschaft

1808–1809	Erhebung in Spanien und Österreich
1812	Die „Große Armee" in Rußland
1813–1814	Die Befreiungskriege
1815	Die Hundert Tage – Waterloo

Der Sturz *Stadions* und die Aufgabe des Reformkurses in der Habsburger Monarchie waren die Folge der militärischen Niederlage, die

– nach einem ersten Sieg über die französischen Truppen – dem 1809 begonnenen Befreiungskampf Österreichs gegen *Napoleon* bei Wagram ein jähes Ende setzte. Zwar hatten die reorganisierte österreichische Armee und die in dieser Armee kämpfenden Freiwilligenverbände den Glauben an die militärische Unüberwindlichkeit *Napoleons* erschüttern können, doch mußte, da Österreich allein gegen *Napoleon* stand, ihm ein durchgreifender Erfolg versagt bleiben. Einen Nationalkrieg, wie ihn die Spanier seit 1808 mit Hilfe englischer Waffen gegen *Napoleon* führten, konnte Österreich nicht entfesseln, weil die Monarchie der Habsburger selbst ein Nationalitätenstaat war. So war Österreich gezwungen, im Friedensschluß zu Wien weitere Gebiete an Bayern und *Napoleon* abzutreten und den Versuch, die Führung in Deutschland im Kampf gegen *Napoleon* zu übernehmen, endgültig aufzugeben.

Von allen Gegnern, die sich dem Herrschaftsanspruch *Napoleons* entgegenstellten, war lediglich England unbesiegt geblieben. Die Kontinentalsperre, die das Inselreich in die Knie hätte zwingen sollen, erwies sich als eine Maßnahme, die – da sie ihr politisches Ziel nicht erreichte – sich gegen ihren Verursacher selbst wendete. Durch einen wirtschaftlichen Boykott war England, das die Meere beherrschte, nicht zu besiegen. Dagegen stellte die Wirtschafts- und Handelssperre einen substantiellen Eingriff in das Wirtschaftsleben der europäischen Völker dar, den diese auf Dauer nicht ertragen konnten. Darüber hinaus zwang dieses System, sollte es erfolgreich abgesichert werden, *Napoleon* und die französische Nation zu einer fortdauernden Überspannung ihrer Kräfte und zu einer Übersteigerung des französischen Machtanspruchs. Schweden wurde in die Sperre gezwungen und Dänemark, das sich dem Tilsiter System anschloß, verlor bei der englischen Beschießung von Kopenhagen die Flotte.

Als die Engländer, die sich die Volkserhebung der Spanier zunutze machten, auf der Pyrenäenhalbinsel Truppen landeten, war *Napoleons* Stellung auch auf dem Kontinent nicht mehr unangefochten. „Dieser unglückliche Krieg war eine wahrhaftige Plage, die erste Ursache von Frankreichs Unglück", er „. . . hat mich zugrunde gerichtet"[20]. So urteilte später *Napoleon* selbst, als er als Gefangener Englands auf St. Helena Rückschau hielt.

Die Wende brachte die Abkehr Rußlands von dem System von Tilsit und die Wiederannäherung des Zaren an England. *Napoleon* beantwortete diese diplomatischen Vorkehrungen *Alexanders I.* im Juni 1812 mit einem militärischen Einfall in Rußland. Ein großes französisches Heer, ergänzt durch deutsche, italienische, niederländische und polnische Truppen, sollte in einem Überraschungskrieg den russischen

Widerstand brechen und noch vor Einbruch des Winters Moskau erobern. Dieses Vorgehen *Napoleons* entsprach der inneren Logik seiner
Politik, die ihn zwang, seine Herrschaft über das europäische Festland
zu sichern und England – die einzige Macht, die die französische
Hegemonie und *Napoleons* Weltherrschaftspläne anfocht – zur Anerkennung seines Herrschaftsanspruchs zu zwingen. Trotz des riesigen
Aufgebots von 700 000 Mann, die *Napoleon* unter seinen Befehl ge-
preßt hatte, scheiterte der geniale Feldherr an der Weite des russischen
Raumes, der Strenge des russischen Winters und der Leidenschaft der
sich gegen den Fremdherrscher aufbäumenden Völker.

Nach ersten siegreichen Schlachten konnte die große Armee zwar
Mitte September des Jahres 1812 in Moskau einziehen, eine Bleibe zur
sicheren Überwinterung fand sie dort allerdings nicht. Die Russen hatten, kaum war ihre Hauptstadt erobert worden, diese in Flammen aufgehen lassen, so daß der Korse sich um die Hoffnung auf einen baldigen
Friedensschluß betrogen sah, der seine kontinentalen Eroberungen hätte absichern können. Zum Rückzug gezwungen, unzulänglich ausgerüstet und ernährt, von russischen Kosaken aus dem Hinterhalt angegriffen und ständig bedroht, schleppten sich die Truppen des Kaisers durch
die unendlichen Weiten der feindlich frostigen Winterlandschaft und
wurden schließlich beim Übergang über die Beresina von den Russen
völlig aufgerieben. Als dann am 30. Dezember 1812 der Kommandeur
des preußischen Hilfskorps, General *Ludwig Graf von Yorck,* auf eigene Verantwortung das preußische Zwangsbündnis mit *Napoleon* auf-
kündigte und mit den Russen die Neutralität seines Korps verabredete,
begann *Napoleons* kunstvoll errichtetes Herrschaftssystem auseinan-
derzubrechen. Mit diesem Vorgehen setzte sich *Yorck* zwar in Gegensatz zu seinem König, glaubte aber unter den veränderten Zeitumständen so und nicht anders handeln zu müssen. Sich rechtfertigend schrieb
er am 3. Januar 1813 an *Friedrich Wilhelm III.:* „Solange alles im gewöhnlichen Gang ging, mußte jeder treue Diener den Zeitumständen
folgen; das war seine Pflicht. Die Zeitumstände aber haben ein ganz anderes Verhältnis herbeigeführt, und es ist ebenfalls Pflicht, diese nie
wieder zurückkehrenden Verhältnisse zu benutzen. Ich spreche hier die
Sprache eines alten treuen Dieners, und diese Sprache ist die fast allgemeine der Nation."[21]

Und in der Tat sah der entschlußlose preußische König, dessen „persönliche Abneigung gegen den Krieg"[22] durch die Friedenspartei der
reformfeindlichen konservativen Kräfte seiner Umgebung „bis ins
Unendliche gesteigert"[22] wurde, sich schließlich gezwungen, den
Reformern nachzugeben. Noch zauderte *Friedrich Wilhelm III.,* sich
offen zu bekennen, da Österreich in abwartender Haltung verharrte, er

aber zunächst nur in Einklang mit Österreich zu handeln bereit war. Da aber gelang es dem Freiherrn *vom Stein,* Ostpreußen zu einer allgemeinen Volksbewaffnung zu bestimmen. Nun entschloß sich auch *Friedrich Wilhelm* – den Zeichen der Zeit folgend –, mit Rußland ein Bündnis zur gemeinsamen Niederwerfung *Napoleons* zu schließen. In einem Aufruf wandte er sich an das preußische Volk und erklärte: ,,So wenig für Mein treues Volk als für Deutsche bedarf es einer Rechenschaft über die Ursachen des Krieges, welcher jetzt beginnt. Der Frieden (von Tilsit), der die Hälfte Meiner Untertanen Mir entriß, schlug uns tiefere Wunden als selbst der Krieg. Zu deutlich sahen wir, daß des Kaisers Verträge mehr noch wie seine Kriege uns langsam verderben mußten; Brandenburger, Preußen, Schlesier, Pommern, Litauer! bleibt eingedenk der Güter, die unsere Vorfahren blutig erkämpften: Ehre, Unabhängigkeit! Große Opfer werden gefordert; ihr werdet jene leicht bringen, für das Vaterland, für euren angeborenen König. Keinen anderen Ausweg gibt es als einen ehrenvollen Frieden oder einen ruhmvollen Untergang. Auch diesem würdet ihr getrost entgegengehen um der Ehre willen."[23]

Nun erfolgte, nachdem Ostpreußen vorangegangen war, eine allgemeine Volkserhebung. Freiwillige aus allen deutschen Staaten strömten nach Breslau – dem Aufenthaltsort des preußischen Königs –, sammelten sich zum Krieg gegen *Napoleon* und hofften auf die Befreiung und Erneuerung des Reiches. ,,Deutschland steht auf, der preußische Adler erweckt in allen treuen Herzen durch seine kühnen Flügelschläge die große Hoffnung einer deutschen, wenigstens norddeutschen Freiheit. Meine Kunst seufzt nach ihrem Vaterland."[24] So jubelte und hoffte einer der jungen Freiwilligen, der Dichter *Theodor Körner,* dem Schwung und der Leidenschaft der allgemeinen Erhebung unmittelbaren Ausdruck gebend. Groß war das Wagnis, aber das Ziel, Frieden und Freiheit in einem alle Deutschen einigenden Reich zu schaffen, schien dieses Wagnis zu fordern und zugleich sittlich zu rechtfertigen.

Noch einmal gelang es *Napoleon,* den Sieg über den Feind zu erringen. Bei Großgörschen und Bautzen unterlagen die preußischen und russischen Truppen den französischen Mannschaften. Die hohen Verluste, die *Napoleon* bei diesem Treffen erlitt, bestimmten ihn jedoch, dem schon fast am Boden liegenden Feind einen von Österreich vermittelten Waffenstillstand zu gewähren. *Metternich* war bereit, *Napoleon* die Rheingrenze zuzugestehen, forderte aber für Österreich Illyrien und die Auflösung des Rheinbundes und des Herzogtums Warschau. Als der französische Kaiser diese Machtminderung ablehnte, trat Österreich der Koalition der Großmächte England, Rußland und Preußen bei und entschied damit endgültig über *Napoleons* Schicksal.

In der Völkerschlacht bei Leipzig unterlag er den verbündeten Heeren, kehrte mit den Trümmern seiner geschlagenen Armee nach Frankreich zurück, wohin die Alliierten ihm folgten, und verzichtete in Fontainebleau auf Herrschaft und Krone. Die Sieger setzten die Bourbonen wieder in ihre angestammten Rechte ein und gestanden Frankreich die Grenzen von 1792 zu. *Napoleon* erhielt die Insel Elba als Wohnsitz und souveränen Besitz.

Der Friede, 1814 in Paris geschlossen, war nicht von langer Dauer. Die Uneinigkeit der Siegermächte über die Neuordnung Europas und die Unzufriedenheit der Franzosen mit den nach Frankreich zurückgekehrten Bourbonen erweckten in *Napoleon* neue Hoffnungen, seine Herrschaft wieder aufzurichten. Überraschend landete er in Frankreich, wo ihm Heer und Volk erneut zufielen. Bei Waterloo unterlag sein letztes Aufgebot den preußischen und englischen Gegnern. Sie zwangen ihn zur erneuten Abdankung und verbannten ihn nach St. Helena, wo er 1821 starb.

Napoleons Reich war zerbrochen. Er selbst war an dem Versuch gescheitert, mit den durch die Französische Revolution freigesetzten Kräften die kontinentale Hegemonie Frankreichs zu erweitern. Seine Herrschaft hatte in dem von ihm besetzten Europa die nationalen Leidenschaften geweckt, gegen die er seinen Anspruch nicht hatte durchsetzen können. Nationalbewußtsein und Freiheitsstreben hatten sich seiner Idee von einem rational durchorganisierten „Universalstaat" widersetzt und sich im Kampf der Ideen als stärker erwiesen.

Die Neuordnung Europas und Deutschlands

1814–1815   Wiener Kongreß
1815   Wiener Schlußakte – Zweiter Pariser Friede
    (Karte 6)

Mit dem endgültigen Sieg der Verbündeten über *Napoleon* waren mehr als zwanzig Jahre fast ununterbrochener Kriege zu Ende gegangen. Die Umwälzungen der Französischen Revolution und der napoleonischen Herrschaft hatten das Gesicht Europas verändert. Grenzen waren neu gezogen, alte Dynastien gestürzt und neue auf den Thron erhoben worden. An die Stelle ehemals bestehender Staaten waren solche von *Napoleons* Gnaden getreten. Die Bevölkerung in weiten Teilen des Kontinents war durch die Kriegseinwirkungen und Kontributionen verarmt. Über drei Millionen Tote hatten die Kämpfe gefordert. Die Menschen sehnten sich nach Frieden, Sicherheit und nach einer neuen staatlichen Ordnung, die ihrem jüngst erwachten Selbstwertgefühl entsprach. Die Frage, wie nach all diesen Wirren nun ein dauerhafter Friede erreicht und gesichert werden könnte, beschäftigte alle, die an der Niederringung *Napoleons* mitgewirkt hatten: Patrioten und Staatsmänner gleichermaßen.

Zielte der Wunsch der Patrioten auf die Überwindung der nationalstaatlichen Zerrissenheit und die Wiederaufrichtung der Reichseinheit, die als Postulat darzustellen nach den Worten *Johann Gottlieb Fichtes* „die Deutschen jetzt berufen"[25] waren, so sahen die Fürsten, allen voran *Metternich,* in dieser Forderung nach nationaler Einheit eine Gefahr für den Frieden Europas. Die öffentliche Meinung in Deutschland aber war geprägt von den großen Ideen des Jahrhunderts, Freiheit, Volk, Vaterland, die sich jedoch angesichts der bestehenden europäischen Machtverhältnisse mit dem Gefühl der Resignation verbanden und eine entscheidende Änderung der deutschen Verhältnisse in eine fernere Zukunft verwiesen.

Den Geist der Zeit in Deutschland zusammenfassend, schrieb *Goethe* im Dezember 1813: „Glauben Sie ja nicht, daß ich gleichgültig wäre gegen die großen Ideen Freiheit, Volk, Vaterland. Nein, diese Ideen sind in uns; sie sind ein Teil unseres Wesens, und Niemand vermag sie von sich zu werfen. Auch liegt mir Deutschland warm am Herzen. Ich habe oft einen bitteren Schmerz empfunden bei dem Gedanken an das deutsche Volk, das so achtbar im einzelnen und so miserabel im ganzen ist. Eine Vergleichung des deutschen Volkes mit anderen Völkern erregt uns peinliche Gefühle, über welche ich auf jegliche Weise hinwegzukommen suche; und in der Wissenschaft und in der Kunst habe ich die Schwingen gefunden, durch welche man sich darüber hinwegzuheben vermag. Aber der Trost, den sie gewähren, ist doch nur ein leidiger Trost und ersetzt das stolze Bewußtsein nicht, einem großen, geachteten und gefürchteten Volke anzugehören. In derselben Weise tröstet auch nur der Glaube an Deutschlands Zukunft."[26]

In der Tat, die Aufrichtung eines großen, starken, geachteten und gefürchteten Reiches im Herzen Europas lag keineswegs im Interesse der europäischen Großmächte. Großbritannien, Österreich, Preußen und Rußland hatten sich noch während des Kampfes gegen *Napoleon* darauf geeinigt, nach dem Kriege das Gleichgewicht Europas wiederherzustellen und durch Verträge zu sichern. Vornehmlich in diesem Rahmen sahen die Staatsmänner in Wien die Lösung der ihnen gestellten Aufgabe. Ausgehend von den Grundsätzen der Legitimität, der Restauration und der Solidarität der Fürsten waren die Regierungen bestrebt, die Beziehungen der europäischen Mächte untereinander auf eine für alle beteiligten Mächte verbindliche Rechtsgrundlage zu stellen. Dabei galten als legitim alle Regierungen, die sich auf ein historisches Herrschaftsrecht stützen konnten. Waren solche Regierungen von *Napoleon* beseitigt worden, so sollten diese wiederhergestellt, die Besitzrechte vertraglich festgelegt und gegen jeden Friedensstörer solidarisch verteidigt werden. Unter diesen Voraussetzungen konnte auch Frankreich, wo das legitime Königtum der Bourbonen in seine alten Herrschaftsrechte wiedereingesetzt worden war, als fünfte der europäischen Großmächte ein Mitspracherecht bei den Wiener Verhandlungen beanspruchen.

Der eigentliche Sieger im Kampf um die Zertrümmerung der französischen Hegemonie in Europa war ohne Zweifel England. Das Wort seines Abgesandten, Lord *Castlereagh,* hatte neben dem *Metternichs* auf dem Kongreß entscheidendes Gewicht. Auch gab es zwischen den Interessen Englands und Österreichs keinerlei Gegensätze. Im Gegenteil, beide Mächte waren bestrebt, Rußlands und Frankreichs Expansionsdrang einzugrenzen und jeweils die eigene Machtposition gegenüber diesen beiden Staaten abzusichern.

So sah England in der Sicherung seiner europäischen Gegenküste eine der wichtigsten Voraussetzungen sowohl zur Wiederherstellung des europäischen Gleichgewichts als auch zur Festigung seiner eigenen maritimen Vormachtsstellung, die durch den Besitz Gibraltars, Zyperns, Maltas, Helgolands, Ceylons und des Kaplandes unanfechtbar geworden war. Englands Gegenküste durfte nach britischen Vorstellungen nicht im Besitz einer der fünf europäischen Großmächte sein. Da Österreich nicht länger mehr willens war, die westliche Flankendeckung Deutschlands gegenüber Frankreich zu übernehmen, sondern seine Machtstellung im Südosten Europas auszubauen suchte, war es bereit, auf die Niederlande zu verzichten, die zusammen mit Holland nun zum Königreich der Vereinigten Niederlande zusammengefaßt wurden. Ein Bollwerk gegen das im Norden um Finnland vergrößerte Rußland sah England in Schweden, das zwar Vorpommern an Preußen abtreten mußte, dafür aber durch Norwegen reichlich entschädigt wurde.

Schließlich trat *Castlereagh* zusammen mit *Metternich* und dem französischen Außenminister *Charles Maurice de Talleyrand* den russischen Annektionswünschen in Polen entgegen. So blieb das 1807 von *Napoleon* aus preußischen und österreichischen Teilen errichtete Herzogtum Warschau als Königreich Polen mit eigener Verfassung, Verwaltung und Armee erhalten, wurde jedoch auf Betreiben des Zaren *Alexander I.* über einen russischen Vizekönig in Personalunion mit Rußland verbunden. Damit ging Rußland als stärkste Kontinentalmacht aus den Friedensverhandlungen hervor.

Österreich, das nicht nur die Niederlande, sondern auch seine süddeutschen Besitzungen, den Sundgau im Oberelsaß und den Breisgau in Baden, preisgab, gewann Tirol und Kärnten zurück, annektierte Krain, Triest, Galizien und die Lombardei und wurde südosteuropäische Großmacht.

Frankreich konnte dank der staatsmännischen Überlegenheit *Talleyrands* über die meisten Gesandten des Kongresses seine europäische Großmachtstellung zurückgewinnen und zum großen Leidwesen der deutschen Patrioten das Elsaß behalten. Voller Stolz berichtete *Talleyrand Ludwig XVIII.:* ,,Frankreich steht nicht mehr vereinsamt in Europa da... Ew. Majestät besitzen heute ein Bündnisgefüge, wie man es sonst in fünfzigjährigen Verhandlungen nicht hätte errichten können. Sie handeln heute in Gemeinschaft mit zweien der größten Mächte und mit drei Staaten zweiten Ranges und werden bald mit allen Staaten verbunden sein, deren Grundsätze und politische Ziele nicht umstürzlerisch sind. In einer so großen und so glückhaften Wandlung kann man nur das Walten der Vorsehung erblicken, das sich auch in der Thronerhebung Ew. Majestät so sichtbarlich dargetan hat."[27]

Die territorialen Veränderungen in Deutschland selbst waren tiefgreifend und schufen völlig neue Machtverhältnisse in Mitteleuropa, ohne jedoch die deutsche Frage selbst zu lösen. ,,Die Deutschen waren allerdings in einem besonderen Zustande, wie keine der anderen Nationen, mit denen sie verbündet den Sieg errungen hatten. Rußland und England, Schweden, desgleichen auch Preußen und Österreich standen da in alter fester Gestalt und brauchten die Früchte des Sieges nur an sich zu ziehen und in das Bestehende aufzunehmen. Polen und Italien, schon längst ohne Selbständigkeit und auch von *Napoleon* nur mit einem Scheine derselben betört oder gereizt, folgten dem Lose der Eroberung, wobei sie nicht wesentlich zu verlieren schienen. Spanien, Portugal, Dänemark standen, wenn auch erschüttert, auf altem Boden. Die Niederlande erfreuten sich eines gewonnenen neuen Bestandes, die Schweiz ihrer teilweisen Erneuerung und allseitig ausgesprochenen Sicherheit. In Deutschland war alles zersetzt, das Aufgelöste zum Teil wieder neugebunden, zum Teil preisgegeben."[28]

In dem Maße, in dem Österreich aus dem Reich herausgewachsen war, festigte Preußen seine Stellung im Reich, wurde durch den Erwerb des Rheinlandes und Westfalens zum unmittelbaren Nachbarn Frankreichs, gewann den nördlichen Teil Sachsens und mit Posen, Thorn und Danzig eine günstige Verbindung zu seinen östlichen Gebieten. Die Preußen auf dem Wiener Kongreß zugesprochenen Gebiete verbanden diese deutsche Großmacht nicht nur mit den Problemen Westeuropas, sondern bestimmten durch die Fortdauer der Zweiteilung seines staat-

Sitzung des Deutschen Bundestages in Frankfurt am Main, 1817

lichen Gebietes im Norden Deutschlands gleichzeitig auch die expansive Richtung seiner künftigen Politik.

Der Großmacht im Norden standen im Süden Deutschlands mit Baden, Württemberg und Bayern drei deutsche Mittelstaaten gegenüber, die ebensowenig wie die übrigen in Mitteldeutschland gelegenen, durch die Rangerhöhung ihrer Fürsten unter *Napoleon* in ihrem Selbstgefühl bestärkten Staaten bereit waren, ihre Souveränität zugunsten eines deutschen Einheitsstaates aufzugeben. Ihre Politik ,,hat gar kein Interesse als den Flor und die Erhaltung des lieben Hauses. Was wäre das nur für ein Unglück, wenn das liebe Haus nicht erhalten würde, wenn ein anderes an seine Stelle käme?"[29] Der dynastische Egoismus, die Angst des Vielvölkerstaates Österreich vor den nationalen und liberalen Kräften innerhalb der Habsburger Monarchie und schließlich die Furcht Englands, Frankreichs und Rußlands vor den unberechenbaren Folgen, die sich ergäben, ,,wenn eine Masse wie die deutsche, zu einem Ganzen gemischt, aggressiv würde"[30], bestimmten die in Wien versammelten Staatsmänner schließlich zu der Errichtung des Deutschen Bundes.

Dieser Bund schloß 35 souveräne Einzelstaaten und die vier Freien Städte, Frankfurt a. M., Bremen, Hamburg und Lübeck, zu einem losen Staatenbund zusammen zum Zwecke der ,,Erhaltung der äußeren und inneren Sicherheit Deutschlands und der Unabhängigkeit und Unverletzbarkeit der einzelnen deutschen Staaten"[31].

Das Organ des Bundes, der Bundestag, der als ein ständiger Gesandtenkongreß in Frankfurt a. M. unter dem Vorsitz Österreichs tagte, bedurfte zur Beschlußfassung mindestens einer Zweidrittelmehrheit, in vielen Fällen gar der Einstimmigkeit. Dadurch nur selten handlungsfähig, erfuhr sein Geschäftsgang eine weitere Komplikation durch die Tatsache, daß drei ausländische Fürsten ebenfalls Mitglied des Bundes waren: der englische König als König von Hannover, der dänische König als Herzog von Holstein und der König der Vereinigten Niederlande als Großherzog von Luxemburg.

Als einziges Zugeständnis an die Gedanken der Zeit enthielt die Bundesakte die Zusicherung, den Bürgern in den Bundesstaaten landständische Verfassungen und Pressefreiheit zu geben. Abgesehen von einigen Kleinstaaten und seit 1818 von den süddeutschen Mittelstaaten, die durch die neuen Verfassungen den Zusammenschluß und die Integration ihrer verschiedenen neuerworbenen Landesteile auch staatsrechtlich zum Ausdruck bringen konnten, hielt man sich aber vorderhand nicht an diese Bestimmung.

Der Abschluß des zweiten Pariser Friedens am 20. November 1815 schließlich besiegelte das Werk der Wiederaufrichtung des europäischen Staatensystems. Ohne Zweifel, die weise Mäßigung aller an diesem Werk beteiligten Staatsmänner bescherte Europa eine lange Friedenszeit. Die fünf europäischen Großmächte hatten zu einer Ordnung gefunden, die – bestimmt durch das von England sorgsam überwachte Gleichgewicht der Mächte – die äußere Gestalt Europas für vier Jahrzehnte festlegte. Frankreich wurde auf die Grenzen des Jahres 1790 zurückverwiesen und Rußland in seinem Drang nach dem Westen an der Weichsel gestoppt. England, nunmehr ohne Furcht vor einer hegemonialen Macht auf dem Kontinent, konnte seine Herrschaft zur See und in den Kolonien ungestört ausbauen. Österreich hatte seine Stellung im Südosten Europas gefestigt und Preußen im Norden Deutschlands eine nicht mehr zu erschütternde Machtposition gewonnen.

Das Problem des deutschen Dualismus jedoch blieb ungelöst. An diesem Problem und an der Tatsache, daß das neugeschaffene Staatensystem den Ideen der Zeit nicht Rechnung getragen, die nationale und liberale Bewegung in Deutschland selbst nicht berücksichtigt, sondern bekämpft hatte, sollte die in Wien geschaffene Ordnung zerbrechen. Die in der Folge einsetzende Auseinandersetzung zwischen den nationalen und konstitutionellen Gedanken und der im besonderen durch *Metternich* vertretenen überkommenen staatlichen und gesellschaftlichen Ordnung bestimmte dann auch weithin den politischen und geistigen Inhalt der Geschichte des 19. Jahrhunderts.

4 Das Zeitalter der Restauration

1815	Die Heilige Allianz – Gründung der Burschenschaft in Jena
1816	*Hallers* „Restauration der Staatswissenschaft" – Ende der preußischen Reformen
1817	Wartburgfest der Deutschen Burschenschaft
1819	Ermordung *August von Kotzebues* durch *Karl Ludwig Sand* – Karlsbader Beschlüsse
1821–1829	Griechischer Befreiungskampf
1823	*Monroe*-Doktrin
1830	Julirevolution in Frankreich – Aufstände in Belgien, Spanien, der Schweiz und Polen – Unruhen in Deutschland
1832	Das Hambacher Fest
1834	Der Deutsche Zollverein
1837	Die Göttinger Sieben
1840–1861	*Friedrich Wilhelm IV.*
1840–1841	Die Rheinfrage – Frankreich auf seiten Ägyptens gegen die europäischen Großmächte – Rettung der Türkei im Dardanellenvertrag

Europa im Zeichen der Heiligen Allianz

„Die Zeit schreitet in Stürmen vorwärts; ihren ungestümen Gang gewaltsam aufhalten zu wollen, wäre ein eitles Unternehmen. Nur durch Festigkeit, Mäßigung und Weisheit, durch vereinte und in der Vereinigung wohlberechnete Kraft, seine verheerenden Wirkungen zu mildern: das allein ist den Beschützern und Freunden der Ordnung noch übrig geblieben... Das Ziel läßt sich sehr einfach bezeichnen, es ist heute nichts mehr und nichts minder als die Erhaltung des Bestehenden. In diesem Punkte, mit welchem alles gerettet ist, ja selbst das Verlorene zum Teil noch wiedergewonnen werden kann, müssen alle Anstrengungen des einzelnen und alle gemeinschaftlichen Maßregeln der in gleichem Sinn und gleichem Interesse Verbundenen zusammentreffen... In Zeiten, wie die jetzigen sind, ist der Übergang vom alten zum neuen Bau mit größeren Gefahren verknüpft als die Rückkehr vom Neuen zu dem bereits erloschenen Alten."[1] Diese Gedanken *Metternichs,* die er in einem Brief an den badischen Minister *Wilhelm von Berstett* nach Beendigung des Wiener Kongresses niederschrieb, beherrschten die Politik der nun folgenden dreiunddreißig Jahre, die allgemein als Jahre des Übergangs ohne bemerkenswerte politische Ereignisse angesehen werden. Versteht man unter bemerkenswerten Ereignissen Kriege, Revolutionen und Großkonflikte,[2] so mag diese Charakteristik stimmen. Zieht man aber in Betracht, daß die politische Ordnung des Wiener Kongresses mit der auf dem Kongreß vorgenommenen Neugestaltung im Deutschen Bund gegen die Bedürfnisse der Zeit selbst stand und die nationalen und konstitutionellen Ideen des beginnenden Jahrhunderts die politische Realität der Jahrhundertmitte vorbereiteten, so waren die Ereignisse dieser 33 Jahre sehr wohl bemerkenswert. Eine nicht mehr zu übersehende Opposition gegen die von den Fürsten Europas betriebene Politik begann sich zu regen und schließlich zu offenem Widerstand zu formieren. Die sich entwickelnden Gegensätze führten zu einer neuen gesellschaftlichen Ordnung und bereiteten gleichzeitig die kriegerischen Auseinandersetzungen vor, die in der zweiten Jahrhunderthälfte die Gestalt Europas erneut veränderten.

Zunächst jedoch fanden sich die Herrscher der europäischen Staaten in dem Bestreben zusammen, das von *Metternich* dargelegte politische Ziel zu erreichen und die nach 1815 entstandene europäische Ordnung zu erhalten. Dabei konnten sie ihren Anspruch auf das ihnen durch den Wiener Kongreß zugestandene Herrschaftsgebiet und auf den Gehorsam ihrer Untertanen durch die legitimistische Theorie rechtfertigen, die der Berner Patrizier *Carl Ludwig von Haller* in seinem sechsbändigen Werk über „Die Restauration der Staatswissenschaften" dargelegt hatte. In diesem Werk, das dem Zeitalter den Namen und das Programm gab, hatte *Haller* im Widerspruch zu allen Lehren vom Staatsvertrag und der Volkssouveränität den von den Fürsten vertretenen Herrschaftsanspruch begründet. „Die Fürsten... herrschen nicht aus anvertrauten, sondern aus eigenen Rechten... Es ist ihnen keine Gewalt von dem Volk übertragen worden..., sondern sie besitzen diese Macht und die damit verbundene höhere Freiheit durch sich selbst... Sie sind also nicht von dem Volk gesetzt oder geschaffen, sondern sie haben im Gegenteil dieses Volk... nach und nach um sich her versammelt, in ihren Dienst aufgenommen. Die Fürsten sind nicht... die ersten Diener des Staates,... nicht die obersten Beamten des Volkes, nicht bloß das Oberhaupt des Staates... (wie dies das falsche Prinzip des bürgerlichen Kontrakts, der Volkssouveränität und delegierter

Volksgewalt voraussetzt), sondern die Fürsten sind... unabhängige Herren..., (die) ihre eigene Sache regieren..."[3] Die Entschlossenheit der Fürsten Europas, den *Status quo* im zwischenstaatlichen Bereich aufrechtzuerhalten und den absoluten Fürstenstaat auf der Grundlage des Gottesgnadentums wiederherzustellen, führte dann zu den seit 1815 einsetzenden reaktionären außen- und innenpolitischen Maßnahmen der politisch führenden Mächte. So schlossen auf Veranlassung des Zaren *Alexander I.* Rußland, Österreich und Preußen die Heilige Allianz und verpflichteten sich, ihre Untertanen patriarchalisch zu regieren, ,,Religion, Frieden und Gerechtigkeit zu schützen" und sich gegen ,,alle revolutionären Regungen ,,an jedem Ort Hilfe und Beistand zu leisten"[4]. Darüber hinaus verabredeten die fünf europäischen Großmächte, auftretende Streitfragen künftig durch Verhandlungen auf internationalen Kongressen und Konferenzen zu schlichten und gegebenenfalls bei Unruhen und Revolutionen aufgrund eines gemeinsam herbeigeführten Beschlusses militärisch zu intervenieren.

Schon 1820 sollte diese Absichtserklärung Tat werden. Auf dem Kongreß von Laibach verständigten sich die östlichen Großmächte gegen englischen Widerstand zu der Entsendung österreichischer Truppen, um die Aufständischen in Italien niederzuschlagen, und zwei Jahre später entschieden sie auf dem Kongreß von Verona, französische Truppen zur Niederwerfung der Unruhen nach Spanien zu entsenden. In Deutschland, dem ,,Kongreß Europa im kleineren"[5], hatte Österreich die Führung übernommen. Der Bund wachte über den Interessen der Fürsten. ,,Als Verhinderer, nicht als Beweger"[6] wandte er sich gegen die Nationalbewegung, die in den Befreiungskriegen gegen *Napoleon* den deutschen Fürsten willkommen gewesen war, deren Kraft und Freiheitsliebe sie jetzt aber als eine Bedrohung und existentielle Gefahr erkannten und bekämpften. Fast allgemein bedienten sich Herrscher und Ministerien der Polizei und der Zensur. Mißtrauisch beobachteten sie die ,,demagogischen Umtriebe" der akademischen Jugend, die, in den Schlachten gegen *Napoleon* politisch reif geworden, sich gegen die geistige Welt ihrer Väter wandte. Diese Welt, Feind ,,jeden großen Gedankens und Entschlusses, ... verliebt in den ewigen Frieden", war bereit, ,,alles gut sein (zu) lassen"[7] und sich mit dem in Wien geschaffenen Zustand abzufinden. Getragen von der neuen Erfahrung des Gemeinschaftserlebnisses im Kriege und von dem Stolz auf den Sieg über *Napoleon,* schloß sich ein Teil dieser Studenten 1815 in Jena zur Deutschen Burschenschaft zusammen, um ,,die im Großen verfehlte Einheit wenigstens im eigenen Lebensbereich der Universität herzustellen"[8] und einen auf ,,Freiheit und Einheit zu begründenden deutschen Nationalstaat"[9] zu erstreben. Als äußeres Kennzeichen der Bewegung wählten sie die Farben Schwarz-Rot-Gold, die zu den Farben der deutschen Einigungsbewegung wurden und 1848 und 1919 vorübergehend als Reichsfarben, dann 1949 als die Farben der Bundesrepublik Deutschland die von den Burschenschaftlern angestrebte demokratisch freiheitliche Ordnung symbolisieren.

Die Ziele der Burschenschaftler formulierte der Student der Jurisprudenz und spätere Präsident der Deutschen Nationalversammlung in Frankfurt, *Heinrich von Gagern,* in einem Brief an seinen Vater: „... wir wünschen unter den einzelnen Staaten Deutschlands einen größeren Gemeinsinn, größere Einheit in ihrer Politik und in ihren Staatsmaximen, keine eigene Politik der einzelnen, sondern das engste Bundesverhältnis; überhaupt, wir wünschen, daß Deutschland als ein Land und das deutsche Volk als ein Volk angesehen werden könne. So wie wir dies so sehr als möglich in der Wirklichkeit wünschen, so zeigen wir dies in der Form unseres Burschenlebens. Landsmannschaftliche Parteien sind verbannt, und wir leben in einer deutschen Burschenschaft, im Geist als ein Volk, wie wir es in ganz Deutschland gerne in der Wirklichkeit täten. Wir geben uns die freieste Verfassung, so wie wir sie gerne in Deutschland möglichst frei hätten, insoweit es dem deutschen Volke angemessen ist. Wir wünschen eine Verfassung für das Volk nach dem Zeitgeiste und nach der Aufklärung desselben, nicht daß jeder Fürst seinem Volke gibt, was er Lust hat und wie es seinem Privatinteresse dienlich ist. Überhaupt wünschen wir, daß die Fürsten davon ausgehen und überzeugt sein möchten, daß sie des Landes wegen, nicht aber das Land ihretwegen existiere. Die bestehende Meinung ist auch, daß überhaupt die Verfassung nicht von den einzelnen Staaten ausgehen solle, sondern daß die eigentlichen Grundzüge der deutschen Verfassung gemeinschaftlich sein sollten, ausgesprochen durch die Deutsche Bundesversammlung."[10]

In diesem Sinne lud im Oktober 1817 die Jenaer Burschenschaft zur 300-Jahr-Feier der Reformation und zur Erinnerung an die Völkerschlacht bei Leipzig vom 16.–18. Oktober 1813 die Studenten aus ganz Deutschland zu einer Feierstunde auf der Wartburg in Thüringen ein. Ihr Bekenntnis zur Einheit Deutschlands und die Forderung nach politischem Mitspracherecht waren unüberhörbar. So verlangte der 19 Jahre alte Student der Philosophie und Theologie *Ludwig Rödiger* nicht nur ein „einiges Vaterland der Gerechtigkeit"[11], so wie es die Fürsten während der Notzeit der Befreiungskriege versprochen hatten, sondern verkündete auch selbstbewußt: „Wer bluten darf für das Vaterland, der darf auch davon reden, wie er ihm am besten diene im Frieden."[12]

Als dann zwei Jahre später der Burschenschaftler *Karl Ludwig Sand* den in russischen Diensten stehenden Dichter *August von Kotzebue* ermordete, schritt *Metternich* zur Tat und setzte mit Hilfe des Bundes die „Karlsbader Beschlüsse" durch. Diese Beschlüsse sahen die Überwachung der deutschen Universitäten durch Regierungsbevollmächtigte vor, verboten die Burschenschaften, ordneten die Zensur an, setzten eine Zentraluntersuchungskommission „zur näheren Untersuchung der in mehreren Bundesstaaten entdeckten revolutionären Umtriebe"[13] ein und erließen eine Exekutionsordnung. *Metternich*, der zunächst darauf bedacht war, dem Deutschen Bund keinerlei übergreifende Kompetenzen einzuräumen, war jetzt – um die Ruhe in Deutschland wiederherzustellen – zu dergleichen Zugeständnissen bereit.

Aus gleichem Anlaß führte *Friedrich Wilhelm III.* die in Karlsbad gefaßten Beschlüsse in Preußen mit aller Strenge durch. Er ordnete die Verhaftung *Friedrich Ludwig Jahns* an, des Begründers des Turnvereins und Mitbegründers der Burschenschaften, und suspendierte *Ernst Moritz Arndt*, der in seinen Schriften leidenschaftlich für die staatliche Einheit Deutschlands eingetreten war, von seinem Amt als Professor in Bonn. Selbst Männer wie *Stein, Gneisenau* und *Schleiermacher* wurden als „Demagogen" verdächtigt. Die begonnenen Reformen wurden verlangsamt oder aufgehoben. Die Durchführung der Selbstverwaltung auf dem Lande unterblieb, und die Bauernbefreiung wurde zugunsten der Stärkung des Großbesitzes in ihr Gegenteil verkehrt, was wiederum zur Entstehung eines ländlichen Proletariats führte.

Auch setzte der preußische König dem Eigenleben der lutherischen und reformierten Gemeinden ein Ende. Mit der von ihm dekretierten Preußischen Union zwischen Lutheranern und Reformierten begründete er die preußische evangelische Landeskirche, richtete das vom alten absolutistischen Staat fast völlig aufgegebene staatliche Kirchenregiment wieder auf und brachte so die Kirche in seine Abhängigkeit. Damit schuf er den spezifisch preußischen Protestantismus, der – ähnlich dem nach 1815 von *Pius VII.* wiederbelebten, die unbedingte Autorität des Papstes anerkennenden Katholizismus – ein politisches Gepräge hatte und den für die Zeit nach 1815 so charakteristischen Bund von Thron und Altar institutionalisierte. Durch die Schaffung des preußischen Staatsrates, in dem die Spitzen aller Behörden zusammengefaßt wurden, kam der von *Stein* beklagte schwerfällige Beamtenapparat erneut zu Einfluß und Macht. Von Mitwirkung und Mitverantwortung im Steinschen Sinne war nicht länger mehr die Rede, eher von einem nahezu absoluten Regiment „von besoldeten Buchgelehrten, interesselosen, ohne Eigentum seienden Buralisten", die „unbekannt, unbemerkt, ungerühmt"[14] des Königs Befehle ausführten.

Das Bürgertum, erneut von jeder Teilnahme am politischen Leben ausgeschlossen, zog sich in sich zurück, entfaltete jenen Reichtum des Gemüts, des Familiensinns und der geschäftlichen Tüchtigkeit, der die Kultur des Biedermeier mit seiner Wiederholung des gotischen Baustils, seiner Hausmusik und seiner eigenen Kunstfertigkeit prägte. Wenngleich dieses Zurückweichen des seit dem Spätmittelalter an wirtschaftlichen Aufschwung gewöhnten und zum Teil hochgebildeten Bürgertums vor der staatlichen Autorität zu diesem Zeitpunkt nur von vorübergehender Dauer war, so blieb die Flucht vor der politischen Wirklichkeit für das Verhalten des deutschen Volkes im weiteren Verlauf seiner „Nationalbildung"[15] symptomatisch.

Hierbei erwies sich der Einfluß des Philosophen *Georg Wilhelm Friedrich Hegel* wohl am nachhaltigsten. Seine Staatsidee war von übergreifender Absolutheit. „Im Staat allein hat der Mensch vernünftige Existenz ... Alles, was der Mensch ist, verdankt er dem Staat; er hat nur darin sein Wesen. Allen Wert, den der Mensch hat, alle geistige Wirklichkeit, hat er durch den Staat ... Der Staat ist nicht um der Bürger willen da; man könnte sagen, er ist der Zweck, und sie sind seine Werkzeuge."[16]

Der politische Liberalismus und die Auswirkungen der französischen Julirevolution

In krassem Gegensatz zu dieser Staatsauffassung stand die Staatsauffassung der Liberalen, deren politische und wirtschaftliche Interessen gerade die Beseitigung einer solchen staatlichen Bevormundung verlangten und deren Freiheitsbegriff dem Staat lediglich Schutzfunktionen zuerkannte, die durch eine Verfassung zu definieren waren.

Die Liberalen hatten sich außerhalb Deutschlands, in Spanien und Italien, bereits 1820 gegen die Herrschaft der Restauration erhoben. Während diese Freiheitsbewegungen jedoch von Frankreich und Österreich gewaltsam unterdrückt werden konnten, scheiterte der Versuch einer Einmischung der Heiligen Allianz in Lateinamerika, wo unter der Führung *Simon Bolivars* die spanischen und portugiesischen Kolonien um ihre Unabhängigkeit kämpften, an dem Widerstand der Vereinigten Staaten von Amerika und an dem Einspruch Englands. Für die Vereinigten Staaten erklärte deren Präsident *James Monroe:* „Es ist unmöglich, daß die verbündeten Mächte ihr politisches System auf irgendeinen Teil eines der beiden Kontinente ausdehnen könnten, ohne unseren Frieden und unser Glück zu gefährden; auch kann niemand glauben, daß wir eine solche Einmischung, gleich welcher Art, mit Gleichgültigkeit ansehen könnten ...."[17] Damit erhoben die USA erstmals Anspruch auf ihre Vormachtstellung in den beiden amerikanischen Kontinenten, stellten in der nach ihrem Präsidenten genannten *Monroe*-Doktrin den Grundsatz „Amerika den Amerikanern" auf und erklärten eine europäische Intervention in Amerika zum Kriegsfall.

England, das sich in seinen Handelsinteressen beeinträchtigt sah, wies ein Eingreifen der europäischen Mächte gleichfalls zurück. Dabei wußte sich die britische Regierung den Anschein zu geben, als Vorkämpfer der Freiheit gegen die reaktionären Regierungen des Kontinents für die Interessen der in ihrer Entfaltung bedrohten Länder einzutreten. Diese Freiheitspropaganda wurde in der Folge ein wesentliches Mittel englischer Weltpolitik.

Zur gleichen Zeit erhoben die Griechen sich gegen ihre türkischen Unterdrücker. Wiederum nahm England Partei für die Freiheitskämpfer, ebenso Preußen und Bayern. Der bayerische König entsandte später sogar ein Hilfskorps. Die Gebildeten Europas erwärmten sich für die Sache der Griechen, und *Goethe* nannte sich einen gemäßigten Philhellenen.

Daß orthodoxe Christen eine islamische Herrschaft als legitim anerkennen sollten, stellte für das Oberhaupt der Orthodoxie, den Kaiser von Rußland, der zugleich der Initiator der Heiligen Allianz war, ein besonderes Problem dar. *Metternich* jedoch sah in dem griechischen Aufstand ein gefährliches Vorbild für die von Österreich regierten Völker, fürchtete Machtveränderungen auf dem Balkan und verteidigte die Interessen der Türkei. Daran zerbrach die bisherige Allianz der Großmächte. Rußland trat 1825 gegen die Türkei in den Krieg ein, Frankreich und England verwandten sich für die Griechen. Schließlich vermittelte Preußen 1829 den Frieden von Adrianopel, der Griechenland zu einer selbständigen Monarchie machte.

Die durch diese Ereignisse aufgeworfene orientalische Frage aber schuf in der Folge wechselnde Spannungen zwischen Österreich, Rußland und England um die Vorherrschaft über die Meerengen und den Balkan.

Als dann im Juli 1830 in Frankreich abermals eine Revolution ausbrach, war die Ruhe in Europa zu Ende. Die liberalen und nationalen Gedanken traten erneut kraftvoll hervor und bestimmten in immer stärkerem Maße die Entwicklung, die schließlich zu der großen Krise der Jahrhundertmitte, der Revolution von 1848, führte. Mit *Ludwig XVIII.,* einem Bruder des 1793 hingerichteten Königs *Ludwig XVI.,* waren in Frankreich die Bourbonen wieder zur Regierung gekommen. Die Verfassung, die der König nach 1814 erlassen hatte, war nach englischem Vorbild entworfen und machte Frankreich zur konstitutionellen Monarchie. Die Exekutive lag bei der Krone, die Legislative bei einem in zwei Kammern geteilten Parlament, wobei die Mitglieder der ersten Kammer vom König ernannt, die der zweiten Kammer nach dem Zensuswahlrecht aus einer verhältnismäßig kleinen Gruppe französischer Staatsbürger gewählt wurden. Der Adel, der nun aus der Verbannung zurückkehrte, drängte auf die Wiederherstellung der alten Zustände, wollte seine Privilegien und Güter wiederhaben und geriet so in Gegensatz zu dem Bürgertum, das entschlossen war, an den Ergebnissen der Revolution festzuhalten. Als der Nachfolger *Ludwigs XVIII.*, *Karl X.*, im Sommer 1830 das Wahlrecht einschränkte und die Pressezensur verschärfte, gingen Studenten und Arbeiter in Paris gewaltsam vor. *Karl X.* mußte abdanken, und die Abgeordneten ernannten den Herzog *Louis Philippe von Orleans* zum „König der Franzosen". Er regierte nach dem Grundsatz der parlamentarischen Monarchie. An die Stelle des Adels, der unter der bourbonischen Restauration wieder eine führende Rolle übernommen hatte, trat erneut die Bourgeoisie, bereit, die „Herrschaft der Gesetze und die Aufrechterhaltung der Nation zu sichern"[18].

Im gleichen Jahr kam es auch zum Aufstand in den Vereinigten Niederlanden. Hier hatte der Wiener Kongreß den katholischen, gewerbetreibenden und seit der Französischen Revolution demokratisierten und französisch gesinnten Süden mit dem protestantischen, handeltreibenden Norden vereint. Um die holländische Unterdrückung abzuschütteln, erhob sich der Süden und forderte den Anschluß an Frankreich, dem sich England jedoch widersetzte.

Es kam zur Bildung eines Königreiches Belgien, das durch Beschluß der 1831 in London stattfindenden Konferenz der Großmächte neutralisiert wurde und dessen Neutralität alle fünf Großmächte garantierten. Damit hatte England sein bereits 1815 erklärtes Ziel, die Gegenküste nicht in den Besitz einer der europäischen Großmächte gelangen zu lassen, erneut erfolgreich durchsetzen können.

Die revolutionären Ereignisse in Frankreich hatten aber nicht nur in Westeuropa zu einer Änderung des *Status quo* geführt, sondern wurden auch im Süden und Osten Europas ebenso wie in Mitteleuropa zum Anstoß neuer Unruhen und Aufstände. Auf der Pyrenäenhalbinsel brach der Bürgerkrieg erneut aus. Italien wurde von einer Revolutionswelle überflutet, in der Schweiz setzte das Bürgertum eine Liberalisierung der Kantonsverfassung durch, und in Polen erhob sich jener Landesteil, den der Wiener Kongreß an Rußland gegeben hatte. Nach einjährigem heldenhaftem Freiheitskampf siegte die russische Übermacht, auf deren Seite auch Preußen getreten war. Damit verloren die Polen die letzten Reste einer bescheidenen Autonomie.

In Deutschland, wo sich das liberale Bürgertum für die Polen begeistert hatte, hatten nach den Enttäuschungen der Reaktionszeit die alten Forderungen der Patrioten nach politischer Mitverantwortung im Rahmen einer Verfassung, nach rechtsstaatlichen Garantien, Pressefreiheit, Geschworenengerichten, Volksmiliz und nach einem engeren Zusammenschluß der Einzelstaaten in einem Bundesstaat einen zunehmend größeren Teil der Bevölkerung erfaßt. Der Gegensatz zwischen diesen Forderungen und der reaktionären Haltung der einzelnen Regierungen führte in fast allen deutschen Staaten zu einer bisher nicht gekannten Radikalisierung der liberalen Bewegung. In Braunschweig mußte der Herzog weichen, und hier ebenso wie in Sachsen, Kurhessen und Hannover wurden nach heftigen Unruhen in den größeren Städten Verfassungen erlassen. Der badische Landtag von 1831 stellte die in der Reaktionszeit abgeänderte Verfassung wieder her und griff die Fragen der Bundesreform, der Pressefreiheit, der Zehntablösung und der Geschworenengerichte erneut auf.

In diesem Kampf gegen die staatliche Bevormundung, die von den restaurativen Kräften in den Kirchen beider Konfessionen gestützt wurde, griffen auch die Dichter der Nachromantik ein, die sich selbst als Junges Deutschland bezeichneten. *Ludwig Börne* und *Heinrich Heine* waren ihre literarischen Vorkämpfer. Sie traten für die Emanzipation des Bürgers ein, forderten die Gleichstellung der Frau mit dem Mann, volle bürgerliche Gleichberechtigung des Judentums, Freiheit der Literatur, der Presse und des Theaters und die Beschränkung der absoluten fürstlichen Macht durch eine Verfassung und sprachen von Volkssouveränität, die in der Errichtung der Republik ihr eigentliches Ziel erblickte.

Die gleichen radikalen Forderungen beherrschten dann auch die erste große politische Demonstration in Deutschland, zu der die Radikal-Liberalen *Philipp Jakob Siebenpfeiffer* und *Georg August Wirth* aufgerufen hatten und die etwa 30000 Studenten und Bürger am 27. Mai 1832 auf dem Hambacher Schloß bei Neustadt a. d. Hardt zusammenführte. Unter der schwarz-rot-goldenen Flagge, dem Symbol der Freiheit, prophezeite *Siebenpfeiffer*: „Ja, es wird kommen der Tag, wo ein gemeinsames deutsches Vaterland sich erhebt." In dieser Hoffnung ließ er dieses freie einige Deutschland hochleben und mit ihm „jedes Volk, das seine Ketten bricht und mit uns den Bund der Freiheit schwört ... Vaterland, Volksfreiheit, Völkerbund hoch!"[19]

Hatte das Hambacher Fest schon die Regierungen in Sorge und Unruhe versetzt, so erregte sie der „Frankfurter Wachensturm" vom 3. April 1833 vollends. Burschenschaftler erstürmten, gemeinsam mit einigen Bürgern, die Frankfurter Hauptwache und läuteten Sturm, bis

Das Hambacher Fest, 1832

Truppen anrückten. Um die Monarchien zu sichern, hatte *Metternich* bereits vor dem Hambacher Fest auf geeignete Maßregeln gedrängt. Diese wurden jetzt vom Deutschen Bund eilends angenommen. Die Ausführungsbestimmungen entsprachen den früheren Karlsbader Beschlüssen. Die Rechte der Abgeordneten in den einzelnen deutschen Staaten wurden eingeschränkt, Rede- und Versammlungsfreiheit aufgehoben, die Zensur verschärft. Wieder wurde eine Zentraluntersuchungskommission eingesetzt, diesmal in Frankfurt am Main. Diese leitete eine zweite und schärfere Demagogenverfolgung ein. Hunderte von Oppositionellen verschwanden für lange Zeit in den Gefängnissen. Die liberale und nationale Bewegung verstummte vorübergehend. Ein neuer Emigrantenstrom ergoß sich in die Nachbarländer und in die USA. Viele dieser Emigranten – geächtete Intellektuelle, Studenten, radikale Handwerker und Gesellen – versuchten durch die Herausgabe von Zeitschriften und Flugblättern, die über die Grenze nach Deutschland geschmuggelt wurden, auf die politische Entwicklung in ihrem Heimatland Einfluß nehmen. 1834 gründeten radikale Republikaner in Paris den ,,Bund der Geächteten", von dem sich bald eine sozialistische Gruppe abspaltete, die sich ,,Bund der Gerechten" nannte, idealsozialistische Vorstellungen einer Gütergemeinschaft vertrat und zu der 1844 *Karl Marx*, als er nach Paris kam, Kontakte knüpfte.

Als schließlich 1837 der König von Hannover die Verfassung suspendierte, sollte sich erweisen, daß die Politisierung der Gesellschaft in Deutschland in einem Maße vorangeschritten war, daß dergleichen willkürliche Maßnahmen nicht mehr so ohne weiteres hingenommen wurden. Wortführer des allgemeinen Protestes waren sieben Professoren der Göttinger Universität. „Hier gilt es Deutschland", erklärte einer dieser „Göttinger Sieben", der Historiker *Friedrich Christoph Dahlmann*. „Kann eine Landesverfassung vor den Augen des Bundes wie ein Spielzeug zerbrochen werden. ... dann ist über Deutschlands nächste Zukunft entschieden."[20]

Der Deutsche Zollverein

Trotz der Radikalisierung der liberalen Bewegung und trotz der Tatsache, daß eine immer größere Öffentlichkeit von dem nationalen und liberalen Bewußtsein beherrscht wurde, blieben konkrete politische Erfolge aus. Da geschah von ganz anderer Seite ein wichtiger Schritt auf die nationale Einigung hin.

Nachdem es dem Deutschen Bund nicht gelungen war, die Zölle, die die deutschen Territorien auch wirtschaftlich voneinander trennten, abzubauen und damit den Forderungen des schwäbischen Professors, Abgeordneten und späteren Konsuls der Vereinigten Staaten, *Friedrich List*, nach Schaffung eines einheitlichen deutschen Wirtschaftsraumes zu entsprechen, glückte es den zähen Bemühungen Preußens, durch den Abschluß von Zollverträgen mit den meisten Staaten des Deutschen Bundes *Lists* Gedanken einer Zolleinigung zu verwirklichen.

Preußen, dessen rheinische Provinzen von seinen übrigen Landesteilen durch eine Reihe anderer Staaten getrennt waren und das weder einen direkten Zugang zur Nordsee noch eine Kontrolle über die Elb-, Weser- und Rheinmündung hatte, war durch die den Binnenhandel lähmenden Zollschranken in seiner wirtschaftlichen Entfaltung in besonderem Maße gehemmt. Zwar hatte Preußen durch die Zollgesetzgebung vom Mai 1818 das Land zu einem einheitlichen Zollgebiet zusammengefaßt und das Prinzip eines gemäßigten Freihandels eingeführt, doch waren die übrigen deutschen Staaten noch nicht bereit, das preußische Zollsystem zu übernehmen, und litten weiterhin unter dem unglücklichen handelspolitischen Zustand, über den *Friedrich List* so bewegt Klage geführt hatte: „Achtunddreißig Zoll- und Mautlinien in Deutschland lähmen den Verkehr im Innern und bringen ungefähr dieselbe Wirkung hervor, wie wenn jedes Glied des menschlichen Körpers unterbunden wird, damit das Blut ja nicht in ein anderes überfließe. Um von Hamburg nach Österreich, von Berlin in die Schweiz zu handeln, hat man zehn Staaten zu durchschneiden, zehn Zoll- und Mautordnungen zu studieren, zehnmal Durchgangszoll zu bezahlen. Wer aber das Unglück hat, auf einer Grenze zu wohnen, wo drei oder vier Staaten zusammenstoßen, der verlebt sein ganzes Leben mitten unter feindlich gesinnten Zöllnern und Mautners, der hat kein Vaterland. Trostlos ist dieser Zustand für Männer, welche wirken und handeln möchten. Mit neidischen Blicken sehen sie hinüber über den Rhein, wo ein großes Volk vom Kanal bis an das Mittelländische Meer, vom Rhein bis an die Pyrenäen, von der Grenze Hollands bis Italien auf freien Flüssen und offenen Landstraßen Handel treibt, ohne einem Mautner zu begegnen."[21]

Mit dem 1834 gegründeten „Deutschen Zollverein" entstand endlich ein zusammenhängender Wirtschaftsraum, in dem 23 Millionen Menschen lebten und über dessen einheitlichen Markt der immer stärker anwachsende Absatz der innerdeutschen Produktion von nun an nach einheitlichen Richtlinien abgewickelt werden konnte. Im Auslandsgeschäft folgte der Zollverein einem gemäßigten Freihandel und befreite fast alle eingeführten Waren von Steuern. Die dadurch entstehenden Vorteile für die im Anlaufen begriffene Industrialisierung lagen auf der Hand.

Politisch aber teilte der Deutsche Zollverein den Bund in zwei Bundeskörper. Der politische Dualismus in Deutschland, der zugleich auch ein wirtschaftlicher und geographischer war, war durch die Selbstisolierung Österreichs zuerst auf wirtschaftlichem Gebiet beseitigt worden. Die aus diesem wirtschaftlichen Zusammenschluß für das Metternichsche System sich ergebenden Konsequenzen waren den Zeitgenossen zweifellos bewußt. Preußens Finanzminister *Friedrich von Motz*, der den Hauptanteil an dem geglückten Werk hatte, hatte die abzusehenden Folgen in einer Denkschrift an seinen König folgendermaßen formuliert: „. . . wenn es staatswissenschaftliche Wahrheit ist, daß Ein-, Aus- und Durchgangszölle nur die Folge politischer Trennung verschiedener Staaten sind, so muß es umgewandt auch Wahrheit sein, daß Einigung dieser Staaten zu einem Zoll- und Handelsverbande zugleich Einigung zu einem und demselben politischen System mit sich führt."[22]

Der durch diese preußische Initiative dem Staat der Hohenzollern zugewachsene Prestigegewinn kam dem neuen König *Friedrich Wilhelm IV.* zugute, der 1840 den Thron bestieg und von dem sich die nationale Bewegung in Deutschland viel erhoffte. Daß diese Hoffnungen trogen und der in spätromantischen Vorstellungen versponnene Monarch sich nach der alten Ordnung sehnte, wurde, zur Enttäuschung aller, die sich von Preußen entscheidende Anstöße für die politische Einigungsbewegung versprachen, nur allzu bald offenbar. Zwar hatte der neue König seine Regierungszeit mit einer Reihe von liberalen Maßnahmen eingeleitet, die neben der Freilassung der politischen Gefangenen eine Lockerung der Zensur und die Rehabilitation der unter seinem Vater verfolgten Patrioten wie *Friedrich Ludwig Jahn* und *Ernst Moritz Arndt* sowie die Wiedereinstellung einiger der Göttinger Gelehrten zur Folge hatten. Eine moderne Verfassung jedoch, „ein beschriebenes Blatt", war er nicht bereit zuzugestehen. Wie sein Vater, so sträubte auch er sich, das Verfassungsversprechen – gegeben in den Zeiten der Not vor 1815 – einzulösen. Erst als der fortschreitende Eisenbahnbau eine finanzielle Anleihe erforderlich machte, die ohne die Einwilligung des Landtags nicht zu tätigen war, entschloß sich *Friedrich Wilhelm IV.* 1847, die Provinziallandstände nach Berlin einzuberufen. Daß er mit der Einberufung des Vereinigten Landtags aber keinerlei konstitutionelle Absichten verband, tat der König gleich bei der Eröffnung des Landtags kund: „Es drängt mich zu der feierlichen Erklärung, daß es keiner Macht der Erde je gelingen soll, mich zu bewegen, das natürliche, gerade bei uns durch seine innere Wahrheit so mächtig machende Verhältnis zwischen Fürst und Volk in ein konventionelles konstitutionelles zu wandeln, und daß ich es nun nimmermehr zugeben werde, daß sich zwischen unsern Herr Gott im Himmel und dieses Land ein beschriebenes Blatt, gleichsam als eine zweite Vorsehung, eindränge, um uns mit seinen Paragraphen zu regieren und durch sie die alte, heilige Treue zu ersetzen. Zwischen uns sei Wahrheit. Von einer Schwäche weiß ich mich gänzlich frei. Ich strebe nicht nach eitler Volksgunst ... Ich strebe allein danach, meine Pflicht nach bestem Wissen und nach meinem Gewissen zu erfüllen und den Dank meines Volkes zu verdienen, sollte er mir auch nimmer zuteil werden."[23] Damit wurde offenbar, daß in Preußen eine Änderung des autoritären Regimes auf gütlichem Weg unter keinen Umständen zu erwarten war.

In der Zwischenzeit hatte das deutsche Nationalgefühl durch das Vorgehen Frankreichs eine weitere Stärkung erfahren. Die französische Kolonial- und Eroberungspolitik in Afrika war bei dem Versuch, die gegen die Türkei gerichteten hegemonialen Bestrebungen des Paschas von Ägypten, *Mehemet Ali*, zu unterstützen, in Gegensatz zu England, Rußland und Österreich geraten. Diese Mächte waren nicht bereit, eine weitere Schwächung der Türkei im Mittelmeerraum hinzunehmen. Frankreich sah sich gezwungen, den Dardanellenvertrag zwischen den Großmächten und der Türkei anzuerkennen. Dieser sperrte die Meerengen für alle nicht türkischen Kriegsschiffe und gewährleistete die Unantastbarkeit der Türkei. In die Isolierung gedrängt, suchte man in Paris die diplomatische Niederlage wettzumachen und richtete die Blicke auf den Rhein.

In einhelliger Empörung wandten sich die Deutschen gegen diese neuerliche Bedrohung. Die vormals von Napoleon ausgelöste antifranzösische Bewegung lebte schlagartig wieder auf, und die an dieser Bewegung orientierten nationalen Stimmungen führten die Deutschen über ihre Ländergrenzen hinweg innerlich zusammen. In *Nikolaus Beckers* Lied „Sie sollen ihn nicht haben, den freien deutschen Rhein" und *Max Schneckenburgers* „Wacht am Rhein" ebenso wie in dem ein Jahr später von *Hoffmann von Fallersleben* geschriebenen Deutschlandlied mit seinem programmatischen Schlußvers „Einigkeit und Recht und Freiheit für das deutsche Vaterland" erkannten sich alle, denen ein freiheitliches, einiges, die Rechte seiner Menschen achtendes und von seinen Nachbarn respektiertes Deutschland am Herzen lag. Sie alle, die jungen Patrioten in den Burschenschaften und die liberalen, auf wirtschaftlichen Fortschritt bedachten Bürger, spürten, daß das von *Metternich* errichtete System am Ende war und die Kräfte und Energien, die auf eine gesellschaftliche und nationale Emanzipation drängten, nicht länger mehr bändigen konnte.

5 Die Revolution von 1848

Der Sonderbundskrieg in der Schweiz und der Ausbruch der Revolution in Frankreich

Am Vorabend der schicksalhaften Ereignisse des Jahres 1848 war die Unzufriedenheit mit den obwaltenden Zuständen allgemein geworden. Vom Ärmelkanal bis an die Grenze des russischen Kaiserreiches drängte eine mündig gewordene Öffentlichkeit auf die Durchsetzung ihrer politischen und sozialen Forderungen, die in Deutschland und Italien durch die ungestillte Sehnsucht nach nationaler Einheit und nationaler Unabhängigkeit eine nahezu alle Schichten einigende Überhöhung erfuhren. Wirtschaftliche Schwierigkeiten, Arbeitslosigkeit, Mißernten, Verknappung der Lebensmittel und steigende Preise bei einer in fast allen Ländern stark anwachsenden Bevölkerung steigerten die politische Erregung. Gewaltmaßnahmen von seiten der Regierungen fruchteten nichts. Im Gegenteil, sie stachelten den verbreiteten Unmut der in sozialer und politischer Gärung begriffenen Gesellschaften vermehrt an und stärkten den Oppositionswillen der unterdrückten Volksmassen.
Die ersten Anstöße zu der nun einsetzenden heftigen und blutigen Auseinandersetzung zwischen dem konservativen System Metternichscher Prägung und der von breiten Volksschichten ungestüm erstrebten fortschrittlichen und freiheitlichen Neuordnung gingen von

der Schweiz aus. Dort hatte der Wiener Kongreß die helvetische Einheitsrepublik durch einen losen Staatenbund ersetzt, der zweiundzwanzig politisch und religiös unterschiedlich orientierte Kantone umfaßte. 1831 war es den vorwiegend protestantischen Kantonen gelungen, die Aristokratie in ihren Gebieten zu beseitigen und ihre Verfassungen nach demokratischen Gesichtspunkten auszubauen. Aus Sorge vor einer Majorisierung vereinigten sich die katholisch-konservativen Kantone zu einem Sonderbund, der sich den Bestrebungen der Demokraten, die Kantone zu einem Bundesstaat zusammenzuschließen, widersetzte. Als 1847 Genf und St. Gallen auf die Seite der radikal-demokratischen Kantone traten und diese mehrheitlich die Auflösung des Sonderbundes der katholischen Kantone forderten, kam es zum Bürgerkrieg, der mit dem Sieg des bundesstaatlichen Gedankens endete. An die Stelle des Staatenbundes trat ein starker, unitarisch ausgerichteter Bundesstaat mit einer demokratischen Verfassung, die Militär Post, Münze, Maß, Gewicht und Zölle zentralisierte, dem Volk wichtige Grundrechte garantierte, im übrigen aber die Souveränität der einzelnen Kantone grundsätzlich anerkannte.

Dieser Sieg der volkstümlich-demokratischen Bewegung wirkte unmittelbar auf die übrigen europäischen Länder zurück. Auch die Welle politischer, liberaler und nationaler Unruhen, die seit der Wahl des reformfreudigen *Pius IX.* zum Papst 1846 Italien durchzog und die im Januar des Jahres 1848 mit dem Aufruhr in Sizilien neu aufbrandete und dort mit englischer Hilfe ebenfalls zur Einsetzung einer liberalen Regierung und zum Erlaß einer Verfassung führte, ermutigte die auf Änderung sinnenden Kräfte des übrigen Europa.

Der eigentliche revolutionäre Funke aber, der mit einem Schlage die aufgestauten Energien zur Explosion bringen sollte, entzündete sich auch dieses Mal wieder in Frankreich.

Nach der Julirevolution von 1830 war die Bourgoisie in Frankreich durch die bürgerfreundliche Politik des französischen Königs *Louis Philippe* zum eigentlich politisch und wirtschaftlich bestimmenden Faktor geworden. Dagegen wandten sich die Kleinbürger und Arbeiter, die sich um die Früchte der Julirevolution betrogen fühlten. Sie forderten politische Gleichberechtigung und anstelle des Zensuswahlrechtes, das die Vermögenden begünstigte, das allgemeine geheime Wahlrecht. Außerdem verlangten sie in Anbetracht der um sich greifenden Arbeitslosigkeit als Folge der ganz Europa erschütternden Wirtschaftskrise ein verbrieftes Recht auf Arbeit. Wahlrechtsdemonstrationen der Studenten und Arbeiter führten vom 22.–24. Februar 1848 zum Barrikadenkampf, zur Abdankung des Königs und zur Ausrufung der Republik. Die provisorische Regierung des Lyrikers *Alphonse de Lamartine* verpflichtete sich, das von den Arbeitern geforderte Recht auf Arbeit zu garantieren, richtete zur Beseitigung der Arbeitslosigkeit Nationalwerkstätten ein, die den Beschäftigten einen Mindestlohn garantierten, und verkündete das allgemeine und gleiche Wahlrecht. Die Krise bereitete sich vor, als sowohl das Kleinbürgertum, das sich vor der sich radikalisierenden proletarischen Bewegung fürchtete, als auch die Bauern, die durch erhöhte Steuern zur Finanzierung der Nationalwerkstätten herangezogen wurden, sich auf die Seite des Großbürgertums schlugen und die Wahlen zur Nationalversammlung eine eindeutige bürgerliche Mehrheit ergaben. Trotz dieser Wahlniederlage hoffte die radikale Minderheit in Massendemonstrationen eine neue Regierung zu erzwingen. Als schließlich die Regierung, durch die kritische Finanzlage des Staates und die Radikalisierung der Arbeiter in den Nationalwerkstätten veranlaßt, die Schließung der völlig unrentablen Nationalwerkstätten verfügte, kam es zum offenen Konflikt. In der Junischlacht wurden die Arbeitermassen in Paris durch das Militär niedergeschlagen, und Prinz *Louis Napoleon,* ein Neffe *Napoleons I.,* wurde im November 1848 durch Volksabstimmung auf 10 Jahre zum Präsidenten gewählt. Damit hatten Bauern, Kleinbürgertum und Großbürgertum über das Proletariat gesiegt, das erstmals klassenbewußt in den Gang der Ereignisse eingegriffen und dem bürgerlichen Moment das soziale entgegengesetzt hatte. Als Folge davon bestimmte künftig die Furcht vor dem erstmals 1848 erlebten Schreckgespenst eines proletarischen Umsturzes die sozialen und innenpolitischen Auseinandersetzungen aller europäischen Industriestaaten in starkem Maße.

Die Revolution in Deutschland

Die Nachrichten von den Pariser Februarereignissen schlugen in Deutschland wie ein Blitz ein. Von vielen erwartet, erhofft und zugleich befürchtet, überraschten die sich nun in Deutschland überstürzenden Ereignisse fast jedermann. All das, worum man seit 1815 so zäh gerungen hatte, schien nun über Nacht Wirklichkeit zu werden. *Carl Schurz,* der als Student an den Ereignissen im März 1848 aktiv teilnahm und später nach Amerika emigrierte, wo er zu hohen Ehren gelangte, erinnerte sich im Alter: „Demokratie war in aller Munde und jeder hielt es für selbstverständlich, daß, wenn die Fürsten versuchen sollten, dem Volke die geforderten Rechte und Freiheiten vorzuenthalten, Gewalt und nicht wie bisher Bittschriften die Antwort sein würde."[1] Und dennoch, die bürgerlichen Kräfte, die Fortschritt und Bewegung erstrebten und förderten, hatten die Revolution nicht eigentlich gewollt. „Auch die aufs beste ausgehende Revolution ist eine schwere Krise, die Gewissen verwirrend, die innere Sicherheit unterbrechend und nicht minder alle Staatsverträge gefährend"[2], schrieb *Friedrich Christoph Dahlmann*, der Führer der Göttinger Sieben in seiner „Politik" und drückte damit aus, was viele Liberale dachten. „Sie wollten die nationale und liberale Reform ohne revolutionären Bruch, der Besitz und Bildung in Gefahr brachte, und sie schöpften jede Möglichkeit aus, um zu einer Vereinbarung mit den Fürsten und Regierungen zu kommen. Die Revolution wurde ihnen schließlich mehr durch den Zwang der Umstände als durch eigenen Entschluß aufgedrängt."[3]

Wie in Frankreich, so hatten sich auch in Deutschland im Verlauf des gesellschaftlichen Emanzipationsprozesses die Akzente verschoben. Die soziale Ausweitung der nationalen Bewegung hatte neue, z. T. konvergierende Zielsetzungen entstehen lassen. Die liberalen Bürger, die radikalen Demokraten, die Bauern und die Arbeiter erhofften alle für sich die Erfüllung ihrer Forderungen.

Die allgemeine wirtschaftliche Not, der Mangel an Grundnahrungsmitteln, die Teuerung, die Arbeitslosigkeit und die häufig auftretenden Epidemien, die die deutschen Staaten in gleichem Maße heimsuchten wie das übrige Europa, gefährdeten die Existenz insbesondere der Arbeiter und Bauern. Aber auch die Handwerker wurden durch die um die Mitte des Jahrhunderts rasch um sich greifende Wirtschaftskrise stark betroffen. Zahlreiche Konkurse mittlerer und kleinerer Unternehmen nahmen auch ihnen Arbeit und Brot. Daß diese materielle Not ein ebenso brennendes Problem war wie der Verlust der geistigen Freiheit, hatte *Georg Büchner*, der wie *Heinrich Heine* aus Deutschland emigrieren mußte, deutlich gemacht: „Der materielle Druck, unter welchem ein großer Teil Deutschlands liegt, ist ebenso traurig und schimpflich als der geistige; und es ist in meinen Augen bei weitem nicht so betrübend, daß dieser oder jener Liberale seine Gedanken nicht drucken lassen darf, als daß viele tausend Familien nicht imstande sind, ihre Kartoffeln zu schmälzen."[4]

Ausschlaggebend für die revolutionäre Erhebung in Deutschland aber wurde im Gegensatz zu Frankreich nicht das Aufbäumen der um ihre Existenz ringenden unterbürgerlichen Schichten, sondern das von den revolutionären Vorgängen in Frankreich überrollte und zum Handeln gezwungene Bürgertum. Dieses Bürgertum hatte sich noch vor Ausbruch der französischen Februarrevolution über alle partikular-staatlichen Grenzen hinweg zu einer einheitlichen politischen Bewegung zusammengefunden, in der sich die liberalen und nationalstaatlichen Elemente verbanden und in der die Gelehrten die Führung übernommen hatten. Auf den Germanistentagen der deutschen Professoren 1846 und 1847 in Frankfurt a.M. und Lübeck war es ebenso wie auf der Versammlung demokratischer Politiker in Offenburg und liberaler Parlamentarier in Heppenheim an der Bergstraße zu gesamtdeutschen Begegnungen gekommen, bei denen die Forderung nach der Bildung eines gesamtdeutschen Verfassungsstaates erneut erhoben wurde. In gleichem Sinne stellte dann der liberale Abgeordnete in der 2. Badischen Kammer, *Friedrich Daniel Bassermann*, noch vor Ausbruch der Februarrevolution in Paris den Antrag: „Die Kammer möge in einer Adresse an Seine Königliche Hoheit die Bitte richten, auf geeignete Weise dahin wirken zu wollen, daß durch Vertretung der deutschen Ständekammern am Bundestage ein sicheres Mittel zur Erzielung gemeinsamer Gesetzgebung und einheitlicher Nationaleinrichtungen geschaffen werde."[5]

Bassermanns gemäßigter Antrag, der in ganz Deutschland Aufsehen und Beifall fand, sollte nicht mehr zum Tragen kommen. Unter dem Eindruck der Ereignisse in Paris meldeten sich jetzt die Radikalen zu Wort und verlangten auf einer Volksversammlung bei Mannheim am 27. Februar Pressefreiheit, Schwurgerichte, Vereinsfreiheit, Volksbewaffnung und die Einberufung eines deutschen Parlaments, Forderungen, die nun überall in den deutschen Staaten übernommen und in Flugblättern bekannt gemacht wurden. „Allgemeine Volksbewaffnung mit freier Wahl der Offiziere. Ein deutsches Parlament, frei gewählt durch das Volk. Jeder deutsche Mann, sobald er das 21. Jahr erreicht hat, ist wahlfähig als Urwähler und wählbar zum Wahlmann. Auf je 1000 Seelen wird ein Wahlmann ernannt, auf je 100 000 Seelen ein Abgeordneter zum Parlament. Jeder Deutsche, ohne Rücksicht auf Rang, Stand, Vermögen und Religion kann Mitglied dieses Parlamentes werden, sobald er das 25. Lebensjahr zurückgelegt hat. Das Parlament wird seinen Sitz in Frankfurt haben und seine Geschäfte selbst entwerfen. Unbedingte Pressefreiheit. Vollständige Religions-, Gewissens- und Lehrfreiheit. Volkstümliche Rechtspflege mit Schwurgerichten. Allgemeines deutsches Staatsbürgerrecht. Gerechte Besteuerung nach dem Einkommen. Wohlstand, Bildung und Unterricht für alle. Schutz und Gewährleistung der Arbeit. Ausgleichung des Mißverhältnisses von Kapital und Arbeit. Volkstümliche und billige Staatsverwaltung. Verantwortlichkeit aller Minister und Staatsbeamten. Abschaffung aller Vorrechte."[6]

Zusammenrottungen in den Städten und auf dem Lande, wo die Bauern die Ablösung der feudalen Lasten und die Regelung der Landverteilung durchzusetzen hofften, verliehen dem allgemeinen Volksbegehren Nachdruck, und die Fürsten beeilten sich zuzugestehen, was sie jahrzehntelang verweigert hatten: Verfassungen und überfällige Reformen. In Baden, Württemberg, in Hessen-Darmstadt, Bayern, Sachsen und Hannover wurden gemäßigte Liberale in die Regierung berufen. Der ständige Kongreß der Gesandten der Mitgliedsländer des Deutschen Bundes, der Bundestag in Frankfurt, proklamierte jetzt die 1832 nach dem Hambacher Fest von ihm verbotene schwarz-rot-goldene Fahne als deutsche Flagge und gab seine Zustimmung zum Zusammentritt eines Vorparlaments, dessen Aufgabe der badische Politiker *Gustav von Struve* mit folgenden Worten darlegte: „Eine lange Zeit tiefster Erniedrigung lastet auf Deutschland. Sie läßt sich bezeichnen durch die Worte: Knechtung, Verdummung, Aussaugung des Volkes... Die Not des Volkes ist unerträglich geworden. Sie hat sich in Oberschlesien bis zur Hungerpest gesteigert. Daher haben sich alle Bande gelöst, welche das deutsche Volk an die bisherige sogenannte Ordnung der Dinge geknüpft hatte, und es ist die Aufgabe der Versammlung deutscher Männer, welche sich am 31. März d. J. zu Frankfurt a. M. vereinigt hat, neue Bande vorzubereiten, mit denen das gesamte deutsche Volk zu einem freien und großen Ganzen umschlungen werden soll."[7]

Zum Zeitpunkt dieser Rede hatte die Revolution bereits auf die beiden deutschen Großmächte übergegriffen und auch dort die Regierungen zum Nachgeben gezwungen. Im Gegensatz zu den süddeutschen Mittelstaaten jedoch, wo der Liberalismus sich in den Landtagen schon frühzeitig eine politische Ausgangsbasis geschaffen hatte, war Österreich noch völlig den feudalen Lebensformen verhaftet und stand bis zum März des Jahres 1848 gänzlich im Zeichen Metternichscher Obstruktion. Auch führte die Tatsache, daß in dem Vielvölkerstaat der Habsburger das von *Metternich* so gefürchtete und niedergehaltene Nationalbewußtsein der nichtdeutschen Völker erwacht war und diese jetzt leidenschaftlich ihre Freiheit und eine Verfassung verlangten, zu einer weiteren Zuspitzung der revolutionären Situation.

Eingaben an die Regierung und den kaiserlichen Hof, die auf lang überfällige Verwaltungs- und Wirtschaftsreformen, auf die Beseitigung der Zensur, die Lockerung der polizeilichen Überwachung und auf die Einberufung der Stände drängten, blieben unbeantwortet. Diese reaktionäre, die geringsten Zugeständnisse ablehnende und in Anbetracht der Ereignisse in Paris und den deutschen Mittelstaaten unverständliche Haltung führte schließlich am 13. März zu einem Volksaufstand in Wien. Studenten, Bürger und Arbeiter der Stadt strömten zusammen und forderten Pressefreiheit, Geschworenengerichte, Kontrolle über den Staatshaushalt, eine Verfassung und vor allem den Sturz des verhaßten *Metternich*. Der Kaiser gab nach und ließ *Metter-*

nich fallen. Dieser floh nach London und machte damit vorübergehend den Weg frei für die Revolution. Die bisherigen Minister dankten ab, der kaiserliche Hof entwich nach Innsbruck, und die bewaffneten Massen und die Studenten rissen die Macht an sich.

Gleichzeitig erhob sich Oberitalien gegen die österreichische Herrschaft, in Prag beriet ein Slawenkongreß über die Loslösung von Österreich, die Kroaten erstrebten einen südslawischen Staat und die Ungarn, die sich im Kampf gegen die österreichischen Truppen hatten behaupten können, riefen unter der Führung *Ludwig von Kossuths* die Republik aus. Das Habsburgerreich drohte auseinanderzufallen.

Dieses Geschehen, das die deutsche Großmacht im Südosten ihrer ersten Zerreißprobe unterwarf, riß auch Deutschlands Großmacht im Nordosten des Reiches in den Strudel des revolutionären Umsturzes. Unter dem Eindruck der Märzereignisse schien es, als wollte *Friedrich Wilhelm IV.*, der den Liberalen lange die regelmäßige Berufung des Vereinigten Landtags verweigert hatte, jetzt, da auch in Berlin Demonstrationen zu befürchten waren, einlenken. In einem am 18. März erlassenen königlichen Patent gestand er Pressefreiheit, Bürgerbewaffnung, Abzug des Militärs und eine Verfassung zu und bekannte sich zu einer Bundesreform mit Bundesrepräsentation. Noch am gleichen Tag versammelte sich die Volksmenge vor dem Berliner Schloß, um dem König zu danken. Irritiert von den Truppen, die sich trotz des Versprechens des Königs, das Militär abzuziehen, noch im Schloßhof befanden, begehrte die Menge auf. Begeisterung wich einer rasch um sich greifenden Feindseligkeit. *Friedrich Wilhelm IV.*, durch die Drohungen gegen die Schloßwache beunruhigt, gab den Befehl, den Schloßplatz zu räumen. Plötzlich fielen zwei Schüsse. Wiewohl versehentlich ausgelöst, versetzten sie die Menge in Wut und Entrüstung. Über die nun ausbrechende Panik berichtet ein Augenzeuge: „Haufen flüchteten durch die Königstraße; Bürger kommen, aufgeregt bis zur rasenden Wut, knirschend, bleich, atemlos. Sie rufen: ‚Man hat auf dem Schloßplatze soeben auf uns geschossen.‘ Wut- und Rachegeschrei erhebt sich durch die Königstraße, durch die ganze Stadt. Als ob sich die Erde öffnete, brauste es durch die Stadt; das Straßenpflaster wird aufgerissen, die Waffenläden werden geplündert, die Häuser sind erstürmt, Beile, Äxte werden herbeigeholt. 12 Barrikaden erheben sich im Nu in der Königstraße, aus Droschken, aus Omnibuswagen, aus Wollsäcken, aus Balken, aus umgestürzten Brunnengehäusen bestehend, tüchtige musterhaft gebaute Barrikaden."[8]

Blutige Straßenkämpfe folgten. Erschüttert über das Blutvergießen gab der König noch in der Nacht nach und erklärte sich in einem Aufruf „An meine lieben Berliner" bereit, gegen die Räumung der

Barrikaden die Soldaten in das Schloß zurückzuziehen. Entgegen dieser königlichen Weisung räumten die Truppen aber jetzt die ganze Stadt, die damit in die Hand der Revolutionäre fiel. Die Aufständischen zwangen das Königspaar, die gefallenen Barrikadenkämpfer im Schloßhof zu ehren. Zwei Tage später ritt der König durch die Straßen seiner Hauptstadt und verkündete: „Deutschland ist von innerer Gärung ergriffen und kann durch äußere Gefahr von mehr als einer Seite bedroht werden. Rettung aus dieser doppelten dringenden Gefahr kann nur aus der innigsten Vereinigung der deutschen Fürsten und Völker unter einer Leitung hervorgehen. Ich übernehme heute diese Leitung für die Tage der Gefahr. Mein Volk, das die Gefahr nicht scheut, wird Mich nicht verlassen, und Deutschland wird sich Mir mit Vertrauen anschließen. Ich habe heute die alten deutschen Farben angenommen und Mich und Mein Volk unter das ehrwürdige Banner des Deutschen Reiches gestellt. Preußen geht fortan in Deutschland auf."[9]

Damit hatte auch in Preußen die Revolution gesiegt. Das adlige Offizierskorps fühlte sich durch die Schwäche des Königs verraten und zog sich grollend zurück. *Friedrich Wilhelm IV.*, dessen romantisches Ideal von dem Treueverhältnis zwischen Fürst und Volk zerbrochen war, stellte die liberale Opposition in die Regierungsverantwortung und berief eine preußische Nationalversammlung nach Berlin zur Ausarbeitung einer liberal-demokratischen Verfassung.

Durch den Sturz *Metternichs* und den Sieg der Revolution in Wien und Berlin waren nun beide Großmächte von einer bestimmenden Mitwirkung bei der Lösung der deutschen Frage ausgeschaltet. Auch war eine Bundesreform durch Bund und Regierungen jetzt nicht mehr möglich. Die Entscheidung lag nun einzig und allein beim deutschen Volk. Das in Frankfurt zusammengetretene Vorparlament, zu dem alle gegenwärtigen und früheren Kammerabgeordneten eingeladen worden waren und zu dem sich 574 Mitglieder versammelten – hervorgegangen aus der Volksbewegung also und somit revolutionären Ursprungs –, beschloß mit Zustimmung des Bundestages die Einberufung einer Nationalversammlung zur Feststellung der deutschen Reichsverfassung. Ein vom Vorparlament gewählter Fünfzigerausschuß sollte als gesamtdeutsche Übergangs-Institution die Wahl der konstituierenden Nationalversammlung vorbereiten und in Zusammenarbeit mit den Regierungen durchführen. Die radikalen Abgeordneten des Vorparlaments jedoch, die für eine dauernde Übernahme der Reichsgewalt durch das einem unmittelbar revolutionären Akt entsprungene Vorparlament eintraten, verließen daraufhin Frankfurt und unternahmen im Schwarzwald eine republikanische Erhebung, die aber von den Bun-

Eröffnung der Nationalversammlung in der Paulskirche, 18. Mai 1848

destruppen schnell niedergeschlagen wurde. So konnte entsprechend dem Beschluß der gemäßigten Mehrheit des Vorparlaments die Wahl der Abgeordneten für die Nationalversammlung stattfinden.

Diese zogen am 18. Mai 1848 in die Frankfurter Paulskirche ein. Es waren überwiegend Männer mit juristischer Bildung, Richter, Staatsanwälte, Verwaltungsbeamte, Rechtsanwälte, in geringerer Zahl Professoren, Schriftsteller, Vertreter der Landwirtschaft, Kaufleute und einige wenige mittlere Beamten und Handwerker, kein einziger Arbeiter, kurz eine Versammlung gebildeter und angesehener Bürger mit edlen Absichten, erfüllt von hohen Idealen und begleitet von großen Erwartungen.

Die vornehmste Aufgabe des Parlaments formulierte der von der Versammlung zum Präsidenten gewählte vormalige liberale hessische Minister *Heinrich von Gagern*: „Wir sollen schaffen eine Verfassung für Deutschland, für das gesamte Reich. Der Beruf und die Vollmacht zu dieser Schaffung, sie liegen in der Souveränität der Nation."[10] Bevor die Nationalversammlung aber ihre Beratungen über die Verfassung aufnahm, versuchte sie eine provisorische Zentralgewalt zu errichten. Die Frage, ob das Parlament dabei auf die einzelstaatlichen Regierungen und ihren Mitspracheanspruch Rücksicht nehmen sollte, entschied

Heinrich von Gagern im Sinne der Parlamentsmehrheit, indem er verkündete: „Ich tue einen kühnen Griff, und ich sage Ihnen: Wir müssen die provisorische Zentralgewalt selbst schaffen."[11] Zum Reichsverweser, d. h. zum provisorischen Verwalter des Reiches, wählte die Nationalversammlung – mit Blick auf die Präsidialmacht Österreich – den liberalen Erzherzog *Johann*, ein Mitglied des Hauses Habsburg. Dieser berief seinerseits ein Reichsministerium. In ihm erhielt ein Anhänger Preußens als der zweiten Großmacht die politische Leitung, der Fürst *Karl zu Leiningen*.

Zwar übertrug nun der Deutsche Bundestag seine Befugnisse auf den auch von den einzelstaatlichen Regierungen anerkannten Reichsverweser, doch blieben dieser und die von ihm gebildete Exekutive ohne wirkliche Macht. Weder die Mittelstaaten noch die Großmächte waren nämlich gewillt, ihr Heer dieser Regierung zu unterstellen, indem sie es auf den Reichsverweser vereidigten. Auch verfügte die neugebildete Zentralregierung weder über feste Einnahmen noch über einen entsprechenden Verwaltungsapparat.

Die völlige Ohnmacht der Frankfurter Nationalversammlung und der neuen provisorischen Regierung erwies sich auch an der für den innen- und außenpolitischen Fortgang der Revolution bedeutsamen schleswig-holsteinischen Frage. Die beiden Herzogtümer, die nach einem alten Vertrag auf ewig ungeteilt bleiben sollten, waren seit Jahrhunderten mit Dänemark in Personalunion verbunden. Gleichzeitig gehörte aber Holstein dem Deutschen Bund an. Die Dänen gaben sich 1848 eine neue Verfassung, in die sie das meist von Deutschen bewohnte Schleswig gegen deren Willen mit einschlossen. Daraufhin sagte sich die deutsche Bevölkerung von der dänischen Herrschaft los und erklärte einen einheimischen Prinzen zum rechtmäßigen Erben beider Herzogtümer. In der jetzt einsetzenden kriegerischen Auseinandersetzung mußten die von der Nationalversammlung zu Hilfe gerufenen siegreichen preußischen Truppen auf Drängen Englands und Rußlands mit den Dänen einen Waffenstillstand schließen, der die deutschen Ansprüche auf die Herzogtümer größtenteils preisgab. Trotz der Welle nationaler Entrüstung, die nun durch Deutschland ging, billigte die Frankfurter Nationalversammlung unter dem Druck der Verhältnisse den Vertrag.

An dem unglücklichen Ausgang der schleswig-holsteinischen Frage mußte die Nationalversammlung erkennen, daß das Programm der nationalen Einheit gegen den Willen der europäischen Großmächte nicht zu erfüllen war. Man bemühte sich daher, endlich die Verfassung zu erstellen. Zunächst einigten sich die Abgeordneten über die Grundrechte der Deutschen. Sie sollten einer späteren Verfassung vorangestellt werden und die Gewähr für Rechtstaatlichkeit im künftigen Gesamtstaat bieten. Als Gesetz am 27. Dezember 1848 erlassen und in die Reichsverfassung vom 28. März 1849 aufgenommen, wurden sie – wie in der Bundesrepublik Deutschland – einklagbares Recht. Persönliche Freiheit und Rechtsgleichheit, Freiheit des wirtschaftlichen Lebens, des Gewerbes, Freizügigkeit, Rechtssicherheit gegen willkürliche Verhaftung, gegen richterliche und polizeiliche Übergriffe, Pressefreiheit, Freiheit des religiösen Bekenntnisses, des Vereins- und Versammlungsrechtes, der Wissenschaft und die freie Berufswahl waren die Grundsätze, die jetzt unter allgemeiner Zustimmung erstmals in Deutschland in einer Verfassungsurkunde formuliert wurden. Damit stifteten die Abgeordneten der Paulskirche eine Tradition, die in der Weimarer Reichsverfassung 1919 und im Grundgesetz der Bundesrepublik Deutschland 1949 weitergeführt wurde. Die soziale Frage jedoch blieb bei der Grundrechtsformulierung 1848 unberücksichtigt. Schwieriger als die Beratungen über die Grundrechte gestalteten sich die über die eigentliche Reichsverfassung. Dabei waren drei Grundprobleme zu lösen: das nationale, das bundesstaatliche und das konstitutionelle Problem. An diesen drei Fragen schieden sich die Parteien. Schon die erste, die Frage nach dem Umfang des Reiches, teilte die Versammlung in Kleindeutsche und Großdeutsche. Die Kleindeutschen plädierten für ein Deutschland, das unter der Führung Preußens mit dem preußischen König als erblichem Kaiser einen engeren Bund bilden sollte, die Großdeutschen dagegen sprachen für ein Reich, das Österreichs deutsche Teile oder sogar die Habsburger Monarchie als Ganzes mit einschloß.

In der Frage, wie das künftige Bundesverhältnis gestaltet werden sollte, entschieden sich die Kleindeutschen mehrheitlich für eine eher unitarische Lösung, traten also für eine starke, von den Einzelstaaten möglichst unabhängige Reichsgewalt ein, vertreten durch Reichstag und Reichsministerium. Die Großdeutschen dagegen plädierten für einen föderalistischen Staat, der den Einzelstaaten weitgehende Selbständigkeit beließ und so nicht nur ein Reich mit zwei Großmächten ermöglichte, sondern auch die den Deutschen eigene politische und kulturelle Dezentralisation.

Was die Entscheidung der Regierungsform betraf, so traten die gemäßigten Abgeordneten der Frankfurter Paulskirche für eine konstitutionelle Monarchie ein, die kleine radikale Minderheit für die Errichtung einer Republik.

Zunächst hatten die Großdeutschen in der Paulskirche die Mehrheit, aber ihr Plan der Einbeziehung Deutsch-Österreichs scheiterte an dem Einspruch des wiedererstarkten Habsburgerreiches, dessen leitender Minister, Fürst *Felix von Schwarzenberg*, im November 1848 im österreichischen Reichstag erklärte: „Österreichs Fortbestand in staatlicher Einheit ist ein deutsches wie ein europäisches Bedürfnis... Erst wenn das verjüngte Österreich und das verjüngte Deutschland zu neuen und festeren Formen gelangt sind, wird es möglich sein, ihre gegenseitigen Beziehungen staatlich zu bestimmen."[12] Diesem politischen Leitgedanken entsprechend, forderte *Schwarzenberg* nach der Oktroyierung einer Gesamtstaatsverfassung für das Habsburgerreich in einer Note vom 9. März 1849 die Aufnahme des österreichischen Gesamtstaates mit Ausnahme der italienischen Provinzen in einen deutschen Staat. Daraufhin rückten viele großdeutsch Gesinnte von ihrer bisherigen Position ab. *Karl Theodor Welcker,* der liberale Staatsrechtslehrer und Politiker, der zunächst für die großdeutsche Idee eingetreten war, stellte jetzt den Antrag, dem König von Preußen „die in der Verfassung festgestellte erbliche Kaiserwürde" zu übertragen.[13] Schließlich entschied sich die Nationalversammlung am 27. März 1849 mit 267 gegen 263 Stimmen für die kleindeutsche Lösung.

Am nächsten Tag wählte die Versammlung mit 290 Stimmen bei 248 Enthaltungen *Friedrich Wilhelm IV.* von Preußen zum Deutschen Kaiser. Wenige Tage danach trug eine 32köpfige Delegation der Nationalversammlung unter Führung ihres Präsidenten *Eduard Simson* dem preußischen König die Kaiserwürde an. *Friedrich Wilhelm IV.* aber lehnte ab und erklärte, diese Würde nur annehmen zu können mit dem freien Zugeständnis der gekrönten Häupter, der Fürsten und Freien Städte Deutschlands. Die wahren Gründe für die Ablehnung der Kaiserkrone aber hatte er bereits zuvor in einem Brief an den preußischen Gesandten in London, *Josias von Bunsen*, genannt. „Die Krone ist erstlich keine Krone. Die Krone, die ein Hohenzoller nehmen dürfte, wenn die Umstände es möglich machen könnten, ist keine, die eine, wenn auch mit fürstlicher Zustimmung eingesetzte, aber in die revolutionäre Saat geschossene Versammlung macht..., sondern eine, die den Stempel Gottes trägt, die den, dem sie aufgesetzt wird, nach der heiligen Ölung ‚von Gottes Gnaden' macht... Die aber, die Sie... leider meinen, verunehrt... mit ihrem Ludergeruch der Revolution von 1848... Einen solchen imaginären Reif, aus Dreck und Letten gebacken, soll ein legitimer König von Gottes Gnaden und nun gar der König von Preußen... tragen? Ich sage es Ihnen rund heraus: Soll die tausendjährige Krone deutscher Nation, die 42 Jahre geruht hat, wieder einmal vergeben werden, so bin ich es und meinesgleichen, die sie vergeben werden..."[14]

Mit der Ablehnung der Kaiserkrone durch *Friedrich Wilhelm IV.* war das Werk der Paulskirche gescheitert. Die deutschen Großmächte beriefen ihre Abgeordneten aus Frankfurt ab. Ein Rest, das sogenannte

Friedrich Wilhelm IV. empfängt die „Kaiserdeputation" der Nationalversammlung, 2. April 1849

„Rumpfparlament", berief eine aus fünf linksgerichteten Abgeordneten bestehende Reichsregentschaft, verlegte seinen Sitz nach Stuttgart und wurde dort am 18. Juni 1849 auf Verlangen der preußischen Regierung von der württembergischen Regierung gewaltsam aufgelöst.

Der Sieg der Reaktion

Die Haltung *Friedrich Wilhelms IV.* entsprang den realen Machtverhältnissen, wie sie sich zwischenzeitlich gestaltet hatten. Das Frankfurter Parlament, von der Verfassungsdiskussion gänzlich in Anspruch genommen, war von den gegenläufigen Zeitereignissen rasch überrollt worden. Es hatte zu lange gewartet, bis es zu Entscheidungen gekommen war, und darüber den günstigen Augenblick versäumt, in dem die Großmächte mit ihren inneren Auseinandersetzungen beschäftigt und durch sie gelähmt waren. Außerdem hatte die Paulskirche die Loyalitätsbindungen der Armeen und auch der Untertanen an ihre Landesherren unterschätzt. Sowohl in Österreich als auch in Preußen hatten die alten Mächte ihr verlorengegangenes Selbstvertrauen wiedergefunden und mit Hilfe des Heeres und des Beamtentums ihre Herrschaft neu aufgerichtet. Militärische Siege in Italien, Böhmen und Ungarn hatten die Rettung der in Auflösung begriffenen Donaumonarchie gebracht, und in Wien selbst war eine zweite Revolutionswelle erfolgreich niedergeschlagen worden.

Auch in Preußen hatte sich das Blatt zugunsten der konservativen Kräfte gewendet. *Friedrich Wilhelm IV.* hatte das zu Beginn der Revolution berufene liberale Ministerium entlassen und durch ein militärisches ersetzt. Berlin, einst von den Truppen geräumt, war wiederbesetzt, die aus freien und allgemeinen Wahlen hervorgegangene preußische Nationalversammlung aufgelöst und eine vom König oktroyierte Verfassung verkündet worden. Sie hielt bei weitgehend liberalem Inhalt im einzelnen an dem monarchischen Prinzip fest und legte die Exekutive in die Hand des Königs, der ohne Beteiligung des Parlaments die Minister ernannte und über Krieg und Frieden entschied. Der Sieg der Reaktion in Österreich und Preußen aber wirkte unmittelbar auf die übrigen deutschen Staaten zurück, in denen die alten Mächte sehr bald Ruhe und Ordnung in ihrem Sinne neu etablierten. In einem letzten verzweifelten Aufbegehren versuchten die linken Demokraten in Dresden, in der Pfalz und in Baden den Regierungen die Anerkennung der Reichsverfassung mit Gewalt abzuzwingen. Ohne Aussicht auf Erfolg unterlagen sie der Übermacht der preußischen Truppen, die unter der Führung des Prinzen *Wilhelm,* des Bruders *Friedrich Wilhelms IV.*, die Aufstände niederschlugen. Damit war der Versuch der Reichsgründung durch die Paulskirche endgültig gescheitert.

Kaum länger als ein Jahr hatte diese Revolution gedauert, deren Anstoß von außen kam und die während der Märzereignisse des Jahres 1848 ihre höchste Kraftentfaltung erlangte, deren Elan aber bald erlahmte und die sich im Juni 1849 schließlich totlief. Im Augenblick ihres größten Schwunges schien sie den Deutschen ihre lang ersehnten Wünsche nach Freiheit und Einheit zu erfüllen. Ein frei gewähltes deutsches Parlament war in Frankfurt zusammengetreten, um eben diese Hoffnungen einzulösen und Freiheit und Einheit zu schaffen. Daß dies das Vermögen der in der Paulskirche zusammengekommenen Männer überforderte, dessen wußte sich später *Carl Schurz* zu entsinnen: „Das Parlament litt an einem Übermaß von Geist, Gelehrsamkeit und Tugend und an einem Mangel an derjenigen politischen Erfahrung und Einsicht, die erkennt, daß der wahre Staatsmann sich hüten wird, die Gunst der Stunde zu verscherzen, indem er durch eigensinniges Bestehen auf dem Minderwesentlichen die Erreichung des Wesentlichen gefährdet. Die Welt hat wohl nie eine politische Versammlung gesehen, die eine größere Zahl von edlen, gelehrten, gewissenhaften und patriotischen Männern in sich schloß, und es gibt vielleicht kein ähnliches Buch, reicher an gründlichem Wissen und an Mustern hoher

Beredsamkeit als die stenographischen Berichte des Frankfurter Parlaments. Aber ihm fehlte das Genie, das die Gelegenheit erkennt und rasch beim Schopf ergreift – es vergaß, daß in gewaltsam bewegter Zeit die Weltgeschichte nicht auf den Denker wartet. Und so sollte ihm alles mißlingen."[15]

Dem Parlament blieb aber nicht dadurch allein der Erfolg versagt. Ohne militärische, finanzielle und administrative Machtmittel war der Selbstbehauptungswillen und die noch immer vorhandene Lebenskraft der deutschen Dynastien nicht zu brechen. Auch war die revolutionäre Bewegung in sich selbst nicht einig. Das liberale Bürgertum fürchtete das radikale Element, das sich in den großen Städten mit dem plötzlich aufkommenden proletarischen verband. Und wie in Frankreich wehrte es sich dagegen und schlug sich, bevor es seine eigene Welt der Zerstörung aussetzte, auf die Seite der Ordnung und damit – wenn auch ungewollt – auf die der alten Mächte. Und schließlich und endlich war die deutsche Frage eingebettet in das Kraft- und Spannungsfeld der europäischen Großmächte, die allesamt um die Erschütterung des mühsam wiederhergestellten Mächtegleichgewichtes bangten.

Der französische Außenminister *Jules Bastide* meinte dazu im Juli 1848: ,,Ich schätze, daß die Einigung Deutschlands aus diesem 40-Millionen-Volk eine für seine Nachbarn ganz anders beunruhigende Macht entwickeln wird, als Deutschland es heute ist, und von diesem Augenblicke an weiß ich nicht, welches Interesse wir haben, diese Einigung zu wünschen, geschweige denn zu fördern."[16]

Und zum Zeitpunkt, als das Frankfurter Parlament den künftigen Umfang des Reiches diskutierte, ließ sich der russische Botschafter in Berlin, Baron *Peter von Meyendorff*, vernehmen: ,,Preußen will durch seinen Vorschlag, in Deutschland einen Bundesstaat als Kern des Zusammenschlusses zu bilden, selbst die Könige mediatisieren und Österreich ausschalten. Um diesen äußersten Fall zu vermeiden, muß man von jeder Seite auf den Gedanken einer mehr oder weniger versteckten Mediatisierung verzichten und zu den Organisationsformen des einstigen Deutschen Bundes zurückkehren – mit dem Vorbehalt, daß man Preußen wieder die Leitung der wirtschaftlichen Interessen und der außenpolitischen Gesetzgebung überlasse, die Österreich selbst noch nicht ausüben kann ... Aber es gibt noch einen Stein des Anstoßes. Man sagt, daß Österreich mit der ganzen Masse seiner nichtdeutschen Staaten in Deutschland eintreten oder ganz daraus ausscheiden wolle. Nun, das würde eine in anderer Weise schwerer wiegende Neuerung sein als alles, was Preußen vorschlägt. Das europäische Gleichgewicht würde ohne Zweifel durch die Schaffung einer Zentralgewalt an der Spitze eines vereinigten Deutschland gefährdet sein, aber dies würde noch viel mehr der Fall sein, wenn 25 Millionen österreichischer Untertanen plötzlich mit den 45 Millionen Deutschen vereinigt würden und diese ganze Masse durch ein staatliches Band zusammengeschlossen würde ... Wir können nicht ernsthaft dieser Fusion zustimmen."[17] Als dann *Friedrich Wilhelm IV.* nach dem Scheitern der Reichsgründung durch die Paulskirche über Verhandlungen mit den deutschen Fürsten versuchte, eine kleindeutsche Union zustande zu bringen, mit einem Reichstag und einer Verfassung und dem preußischen König als Oberhaupt, da legte Österreich ein Veto ein, und Rußland beeilte sich, dieses Veto zu unterstützen. In Olmütz unterwarf sich der preußische König dem vereinigten österreichisch-russischen Willen und gab seine Unionspläne auf.

Die Erleichterung, die Preußens westlicher Nachbar darüber empfand, vertraute der französische Bevollmächtigte in London, *Drouyn de l'Huys,* seinem Tagebuch an: „Frankreich hat sich immer zum Ziele gesetzt, die Bildung unabhängiger Staaten in Deutschland zu begünstigen oder ihre Erhaltung zu sichern und die Vereinigung aller Elemente, aus denen sich das deutsche Volk zusammensetzt, in einer einzigen Körperschaft zu verhindern ... Die Überlegenheit Frankreichs beruht auf seiner nationalen Einheit; sein Hauptinteresse ist zu verhindern, daß sich in Europa Körperschaften bilden, die mächtiger als Frankreich selbst werden, indem sie Völker, die heute verschiedenen Herrschaften unterworfen sind, in einem einzigen Staat zusammenballen. Alles, was diesem Einigungsbestreben entgegenwirkt, alles, was die Zerspaltung der großen Völker aufrechterhält, ist uns nützlich."[18] Daß dieses Einigungsstreben, das versucht hatte, die Deutschlandregelung von 1815 rückgängig zu machen und an die Stelle des Deutschen Bundes ein Deutsches Reich zu setzen, ins allgemeine Bewußtsein gedrungen war, gab der Revolution eine über das Ephemere hinausreichende übergeordnete Bedeutung. Auch war die „deutsche Frage" durchdacht und die Problematik des österreichischen Vielvölkerstaates für die Entscheidung dieser Frage erkannt worden. Die Grundrechte waren erstmals formuliert und fanden Eingang in die Verfassungen der deutschen Einzelstaaten, vor allem in die Reichsverfassung von 1919 ebenso wie in das Bonner Grundgesetz vom 23. Mai 1949. Der Freiheitsgedanke hatte das Volk ergriffen und die Gesellschaft politisiert. Überdies hatte das liberale Bürgertum begreifen gelernt, daß der Wunsch, aus den Kräften der liberalen Idee einen deutschen Staat aufzubauen, zu seiner Verwirklichung der realen Macht bedurfte und daß dieser Staat nicht nur die nationale, sondern in gleichem Maße auch die soziale Frage zu lösen haben würde. Ohne diesen durch die Revolution ausgelösten Lernprozeß ist die spätere deutsche Einigung nicht denkbar. Die Neuordnung des politischen und gesellschaftlichen Lebens, die nun in Deutschland einsetzte, brachte die Abwendung von dem Idealismus, der die Männer der Paulskirche beseelt hatte, und die Hinwendung zu einem „starken Realismus und Materialismus"[19]. Politik wurde künftig als Realpolitik verstanden, d. h. als die Verbindung von Ideal und Macht.

„Kurz vor 1848 notierte sich der preußische Schriftsteller-Diplomat *Varnhagen von Ense* das folgende merkwürdige Wort eines Bekannten in sein Tagebuch: ,In der Hauptstadt merkt man das noch nicht so, aber in den Handels- und Provinzstädten wächst ein Geschlecht heran, das, alle idealen Bestrebungen vergessend oder gar ihnen feindlich, dreist und roh auf das rohe Wirkliche hinstürmt und bald nichts wird gelten lassen, als was die äußeren Bedürfnisse und Genüsse betrifft.' Diese Generation war 1848 noch gar nicht zum Zuge gelangt. Sie kam daran in den fünfziger und sechziger Jahren; sie machte Deutschland zum Industriestaat; für sie, in ihrem Sinn wurde das Reich gegründet, dessen Charakter sich dann von dem Traum der besten Achtundvierziger recht wesentlich unterscheiden sollte."[19]

6 Die Industrialisierung und die soziale Frage

1769 *James Watt* erhält Patent auf eine Dampfmaschine
1775 Erfindung der Spinnmaschine in England
1786 Erfindung des mechanischen Webstuhls in England
1814 *George Stephenson* baut die erste Lokomotive
1818 Aufhebung der Binnenzölle in Preußen
1824 Aufhebung des Koalitionsverbots in England
1825 Gründung der ersten deutschen Technischen Hochschule in Karlsruhe
1826 Einführung der Gasbeleuchtung in Berlin
1833 Erfindung des elektromagnetischen Telegraphen durch *Carl Friedrich Gauß* und *Wilhelm Eduard Weber* – Erste englische Fabrikgesetzgebung – Gründung des Rauhen Hauses
1834 Errichtung des Deutschen Zollvereins
1835 Erste deutsche Eisenbahnlinie für den Personenverkehr Nürnberg–Fürth
1836 Gründung von Spinnereien und Webereien in Eßlingen und Augsburg: Beginn der Industrialisierung Süddeutschlands
1837 Erste deutsche Eisenbahnlinie für den Güterverkehr Leipzig–Dresden – Gründung der Diakonissen-Anstalt in Kaiserswerth – *Samuel F. B. Morse* entwickelt den ersten brauchbaren Schreibtelegraphen
1839 Erstes Arbeiterschutzgesetz in Preußen
1840 *Justus von Liebig* begründet die Agrikulturchemie
1841 *Friedrich List* veröffentlicht sein Werk über das „Nationale System der politischen Ökonomie" – *August Borsig* und *Joseph Anton von Maffei* beginnen mit der Produktion von Lokomotiven
1842 Aufnahme des Dampfschiffverkehrs Bremen–New York
1845 Der Arzt und Physiker *Julius Robert von Mayer* veröffentlicht das von ihm gefundene Gesetz von der Erhaltung der Energie – Fertigstellung der Eisenbahnlinie Berlin–Hamburg
1847 Gründung der Firmen *Siemens* und *Halske* – Einrichtung der Hamburg-Amerika-Linie – *Karl Marx* und *Friedrich Engels* verfassen das „Manifest der Kommunistischen Partei"

1853   Gründung der Darmstädter Bank, der ersten großen Bank für
       Handel und Industrie
1863   *Ferdinand Lassalle* gründet den Allgemeinen Deutschen
       Arbeiterverein
1867   *Werner von Siemens* entdeckt das dynamo-elektrische
       Prinzip – *Nikolaus Otto* beendet die Entwicklung seines
       atmosphärischen Gasmotors

Beginn der Industrialisierung in England

Das Scheitern der revolutionären Bewegung von 1848 und die Enttäuschung der Deutschen über den fehlgeschlagenen Versuch, das nationale Zusammengehörigkeitsgefühl staatlich zu verwirklichen und der
Nation gegen den partikularen Egoismus der deutschen Einzelstaaten
einen einheitlichen Staat zu schaffen, lösten eine tiefgreifende Ernüchterung und zugleich grundlegende Neuorientierung in allen gesellschaftlichen Schichten aus. Ein auf das Nächstliegende gerichteter
praktischer Sinn verdrängte große Gedanken. Das Volk, Bürger und
Bauern und Lohnarbeiter, aber auch die einzelstaatlichen Regierungen
wandten sich den konkreten Auseinandersetzungen mit den Forderungen des Tages zu.

Diese Forderungen entsprachen der jetzt auch in Deutschland sich
stürmisch entwickelnden Industrie und der damit einsetzenden wirtschaftlichen Prosperität, die die deutschen Staaten aus der Enge pro-
vinzieller wirtschaftlicher Rückständigkeit und Bedeutungslosigkeit
herausführte und die Menschen über alle einzelstaatlichen Grenzen
hinweg in der Dynamik ihres wirtschaftlichen Strebens zu neuen Ge-
meinsamkeiten verband. Weithin begannen Industrialisierung und
technische Entwicklung als Grundlage des täglichen Lebens die alten
Ordnungen endgültig zu beseitigen und gleichsam revolutionär den
„Aufbruch in die Modernität"[1] einzuleiten.

Die Führung auf diesem Weg in eine neue Zeit hatte auch hier – wie
vorher in England und Frankreich – das Bürgertum übernommen. An
der aktiven Mitgestaltung des deutschen politischen Lebens nach 1849
weitgehend gehindert, konzentrierte es nun all seine Energien auf das
rasch aufblühende Wirtschaftsleben, das einen grundlegenden Wandel
der materiellen und kulturellen Lebensformen und der Gesellschaft
herbeiführen sollte.

Dieser Wandlungsprozeß, den man wegen der umfassenden Veränderungen, die er in allen Bereichen des menschlichen Lebens auslöste,
gemeinhin als „industrielle Revolution" bezeichnet, hatte im letzten
Drittel des 18. Jahrhunderts in England begonnen. Die völlig neuen

gewerblichen Produktionsverfahren und Produktionsverhältnisse verursachten dort zuerst durchgreifende gesellschaftliche, politische und
kulturelle Wandlungen, die schon die Zeitgenossen als revolutionär
empfanden und mit den großen Umbrüchen – der amerikanischen und
Französischen Revolution –, die das 19. Jahrhundert einleiteten,
gleichsetzten.[2]
Eine starke Bevölkerungsvermehrung um die Mitte des 18. Jahrhunderts, die ihre Ursachen in der Verbesserung der medizinisch-hygieni-
schen Bedingungen, in der ansteigenden Zahl der Eheschließungen
und dem daraus resultierenden Geburtenanstieg, der Steigerung der
landwirtschaftlichen Erzeugung und dem Anbau der aus Amerika
stammenden neuen Feldfrucht, der Kartoffel, hatte, ließ das Bedürfnis
nach vermehrter Gütererzeugung entstehen. Vermehrte Gütererzeugung aber war nur möglich, wenn die herkömmlich handwerklich betriebene gewerbliche Produktion mit Hilfe maschineller Kräfte umgestaltet wurde. Die Suche nach solchen Kräften führte zu einer Reihe
technischer Erfindungen, die die natürlichen Antriebskräfte von
Mensch, Tier, Wasser und Wind durch künstliche ersetzten und
schließlich die industrielle Revolution einleiteten.
James Watts Dampfmaschine, der Kokshochofen, der mechanische
Webstuhl und die Spinnmaschine revolutionierten die Produktions-

Technisierung der Landwirtschaft: Dampfbetriebene Dreschmaschine

technik im Bergbau, in der Eisenerzeugung und in der Textilfabrikation und ermöglichten die Massenproduktion, die den durch die Bevölkerungsexplosion hervorgerufenen Bedarf an Gütern ungeheuer steigerte und die maschinelle Massenproduktion als notwendig, nützlich und gewinnsteigernd erst rechtfertigte.

Produziert wurden diese Güter in den Fabriken von einer an Zahl ständig zunehmenden Fabrikarbeiterschaft, die sich aus dem ansteigenden Geburtenüberschuß rekrutierte. Außerdem war die unterbäuerliche Schicht gezwungen worden, das Land zu verlassen, weil durch die nach der Bauernbefreiung einsetzende Agrarreform eine Flurbereinigung und damit eine Umstrukturierung der bäuerlichen Besitzverhältnisse erfolgt war. Der Großgrundbesitz hatte zahllose klein- und mittelbäuerliche Betriebe aufgesogen, so daß sich die nun erwerbslos gewordenen Kleinbauern und Häusler in den im Entstehen begriffenen Fabriken eine neue Existenzgrundlage zu schaffen suchten.[3]

Industrialisierung, technische Entwicklung, Modernisierung der Landwirtschaft und Bevölkerungszunahme bedingten einander. Ein industrielles Unternehmen aber forderte mehr. Es verlangte vor allem ausreichend Geld zur Errichtung industrieller Großanlagen, Risikobereitschaft, Gewinnstreben sowie unternehmerischen Sinn und Fleiß.

Die Siege über Spanien, über die Niederlande und über Frankreich hatten England im 17. und 18. Jahrhundert zur führenden Handelsmacht werden lassen, die über die größte Handelsflotte der Welt verfügte und durch den Sieg über das Imperialsystem *Napoleons I.* eine unangefochtene politische und kommerzielle Vormachtstellung einnahm. Der englische Außenhandel wurde zur ergiebigen Quelle des Volkswohlstandes und sammelte gewaltige Kapitalien an, die nach Anlage suchten und in den neuen Fabriken gewinnbringend angelegt werden konnten. Zusammen mit dem Arbeitsethos des calvinistisch-puritanischen Bürgertums, seiner Suche nach immer rationelleren Arbeitsmethoden, seiner Freude am unternehmerischen Risiko, seinem religiös gerechtfertigten Gewinnstreben und seiner persönlich bescheidenen Lebensführung bildeten die angesammelten Vermögen die Grundlage für den wirtschaftlichen Aufstieg des Landes.

Sollten Technik und privatkapitalistisches Gewinnstreben wirklich zur Entfaltung gelangen, so bedurfte es darüber hinaus aber auch der wirtschaftspolitischen Freiheit. Der Staat durfte den wirtschaftlich tätigen Menschen nicht länger an der Entfaltung der ihm zu Gebote stehenden Kräfte hindern. Die Überzeugung *Calvins*, daß dem wirtschaftlich Erfolgreichen Gottes Segen in besonderer Weise zuteil würde, benötigte zu ihrer Durchsetzung einen solchen Freiraum. „Wenn Gott Euch einen Weg zeigt, auf dem Ihr ohne Schaden für Eure

Seele oder für andere in gesetzmäßiger Weise mehr gewinnen könnt als auf anderem Wege und Ihr dies zurückweist und den mindergewinnbringenden Weg verfolgt, dann durchkreuzt Ihr einen der Zwecke Eurer Berufung. Ihr weigert Euch, Gottes Verwalter zu sein und seine Gaben anzunehmen, um sie für ihn gebrauchen zu können, wenn er es verlangen sollte. Nicht freilich für Zwecke der Fleischeslust und Sünde, wohl aber für Gott dürft Ihr arbeiten, um reich zu sein."[4]

Entsprechend diesem von dem englischen Theologen und Puritaner *Richard Baxter* bereits 1665 formulierten Auftrag suchte *Adam Smith* dann auch hundert Jahre später die neue Produktionsweise zu rechtfertigen. Er schrieb in seinem 1776 erschienenen Werk über „Eine Untersuchung über Natur und Wesen des Volkswohlstandes": „Da nun aber der Zweck jeder Kapitalanlage Gewinnerzielung ist, so wenden sich die Kapitalien den rentabelsten Anlagen zu, d. h. denjenigen, in denen die höchsten Gewinne erzielt werden. Indirekt wird aber auf diese Weise auch die Produktivität der Volkswirtschaft am besten gefördert. Jeder glaubt, nur sein eigenes Interesse im Auge zu haben, tatsächlich aber erfährt so indirekt auch das Gesamtwohl der Volkswirtschaft die beste Förderung ... Welche Kapitalanlage wirklich die vorteilhafteste ist, das kann jeder Einzelne besser beurteilen als etwa der Staat. Das natürliche Bestreben jedes Menschen, seine Lage zu verbessern, ist, wenn er sich mit Freiheit ... geltend machen darf, ein so mächtiges Prinzip, daß es nicht nur allein und ohne alle Hilfe die Gesellschaft zum Wohlstand und Reichtum führt, sondern auch hundert unverschämte Hindernisse überwindet, mit denen die Torheit menschlicher Gesetze es nur allzuoft zu hemmen suchte."[5]

Adam Smith, der wie die Calvinisten und Puritaner in der Arbeit und Sparsamkeit die Quelle des Reichtums erblickte, war überzeugt, daß die Triebfeder wirtschaftlichen Handelns im wohlverstandenen Eigeninteresse des Menschen zu suchen sei, das sich innerhalb der das menschliche Miteinander regelnden Grundsätze frei entfalten können müsse. So kam *Smith* zu seiner Forderung nach wirtschaftlicher Freiheit für den einzelnen, die ihm allein den Fortschritt der Gesellschaft zu garantieren schien. Fortschritt der Gesamtheit war seiner Auffassung nach gleichbedeutend mit der Summe allen Fortschritts der Individuen. Dieser Fortschritt der Individuen aber ergab sich ihm aus der vernünftigen Erwägung des eigenen Nutzens, der zwangsläufig zum Nutzen aller führen mußte, sofern das Individuum die Freiheit besaß, im Interesse seines Nutzens handeln zu können. „Jeder Mensch hat, solange er nicht die Gesetze der Gerechtigkeit verletzt, vollkommene Freiheit, sein eigenes Interesse auf seine eigene Weise zu verfolgen und sowohl seinen Gewerbefleiß und sein Kapital mit dem Gewerbefleiß und den

Kapitalien anderer Menschen oder anderer Klassen von Menschen in Konkurrenz zu bringen."[6] Dabei verstand es sich für *Smith* von selbst, daß die Forderung nach freier wirtschaftlicher Entfaltung auch ein Gebot im zwischenstaatlichen Handel zu sein hatte: „Zwischen was für Orten auch der auswärtige Handel getrieben werden mag, so haben doch beide zwei besondere Vorteile von ihm. Es führt jenen Überschuß ihres Boden- und Arbeitsproduktes, nach dem bei ihm keine Nachfrage herrscht, aus und bringt dafür etwas anderes zurück, wofür bei ihnen Nachfrage herrscht ... Diese großen und wichtigen Dienste leistet der auswärtige Handel unausgesetzt allen Ländern, zwischen denen er betrieben wird."[6] Auch fördere der Freihandel den Wirtschaftsfrieden, sei doch „der Wohlstand eines Nachbarvolkes, so gefährlich er auch im Kriege und in der Politik sein mag, im Handel gewiß nur vorteilhaft", um so mehr, als ein Volk, „das sich durch den auswärtigen Handel bereichern möchte"[6], dies am sichersten dann zustande bringe, „wenn die benachbarten Völker alle reich, gewerbetätig und handeltreibend sind"[6].

In eben diesem Sinne schrieb der Unternehmer *Matthew Boulton* schon 1769 an *James Watt*: „Zwei Motive begeistern mich, Ihnen meine Hilfe anzubieten und zwar meine Zuneigung zu Ihnen und zu einem lukrativen, sinnvollen Projekt. Um den größtmöglichen Gewinn zu erzielen, dachte ich, eine Fabrik in der Nähe der meinen zu errichten, an meinem Kanal, wo ich alle für die Herstellung von Maschinen notwendigen Einrichtungen erstellen würde und von wo aus wir die ganze Welt mit Maschinen aller Größe versorgen könnten. Ich finde es nicht lohnend, nur für drei Grafschaften zu produzieren, wohl aber, die ganze Welt zu beliefern."[7]

Ein wesentliches Merkmal ertragreichen Wirtschaftens sah *Adam Smith* in der die kapitalistische Unternehmung charakterisierenden Arbeitsteilung. Er erklärte, daß man die „Vermehrung in der Quantität des Erarbeiteten, die infolge der Arbeitsteilung die nämliche Zahl Leute herzustellen imstande ist", dreierlei verschiedenen Umständen verdanke: „Erstens der gesteigerten Geschicklichkeit bei jedem einzelnen Arbeiter, zweitens der ersparten Zeit, welche gewöhnlich bei den Übergängen von einer Arbeit zur anderen verloren geht, und endlich der Erfindung einer Menge von Maschinen, welche die Arbeit erleichtern und abkürzen und einen einzigen Menschen instand setzen wird, die Arbeit vieler zu verrichten."[8] Der Wert der Arbeit selbst ebenso wie der des gefertigten Produkts aber bestimme sich nach dem Verhältnis von Angebot und Nachfrage.

Diese Lehre bedeutete den Bruch mit dem früheren Wirtschaftssystem, dem Merkantilismus. Dieser hatte unter staatlicher Lenkung das Kapital im Lande investiert und danach getrachtet, sich durch Einfuhrverbote für Fertigwaren und Exportprämien eine aktive Handelsbilanz zu sichern und lediglich den Import von Rohstoffen erlaubt, im übrigen das Staatsgebiet selbst aber als eine große geschlossene, von Zollschranken umgebene autarke Wirtschaftseinheit betrachtet.

Unter *Adam Smith* und seinen Nachfolgern, die wie insbesondere *David Ricardo* die neue Lehre weiter ausbildeten, vollzog sich nun in England zuerst der Übergang von dieser überlieferten Wirtschaftsform zu jenem wirtschaftlichen Liberalismus, der die völlige Gleichheit aller vor dem Gesetz, den Freihandel, die Gewerbefreiheit und die Freizügigkeit als oberstes Prinzip verfocht. Von den Baumwollindustriellen in Manchester erstmals in die Praxis umgesetzt, bestimmte er als sogenanntes „Manchestertum" aufs wirkungsvollste den Auf- und Ausbau der englischen Industrie. Die neugeschaffenen technischen Kapazitäten wurden ökonomisch bis aufs Äußerste ausgenutzt, die Produktion, das Kapital und das persönliche Vermögen unter Ausschaltung aller feudalen und staatlich-bürokratischen Hemmnisse vermehrt und soziale Bedenken weitgehend zurückgestellt.

Die daraus resultierende Not für die sozial Schwachen führte in der Frühzeit des Kapitalismus in England und später in Belgien, Frankreich und Deutschland zu Verhältnissen, die die im Wandel begriffene Gesellschaft mit schwerwiegenden Problemen konfrontierte.

In seinen „Notizen von einer Reise nach England" hat *Alexis de Tocqueville* 1835 Glanz und Elend dieser Periode am Beispiel Manchesters aufs eindruckvollste dargestellt. „Eine wellige Ebene oder vielmehr eine Anhäufung kleiner Hügel. Am Fuß dieser Hügel ein nicht sehr breiter Fluß, . . . zwei Bäche, . . . drei Kanäle, von Menschenhand gemacht. Über dieses . . . wasserreiche Gebiet, zu dessen Bewässerung Natur und Kunst beigetragen haben, sind wie durch Zufall Paläste und Hütten verstreut. Alles in der äußeren Erscheinung der Stadt bekundet die Macht des einzelnen Menschen, nichts die geregelte Gewalt der Gesellschaft. Auf Schritt und Tritt enthüllt die menschliche Freiheit ihre eigenwillige und schöpferische Kraft. Nirgends erweist sich die langsame und stetige Tätigkeit der Regierung . . . Oben auf den vorhin beschriebenen Hügeln erheben sich dreißig oder vierzig Fabriken. Ihre sechs Stockwerke ragen in die Luft. Ihr unabsehbarer Bereich kündet weithin von der Ballung der Industrie. Um sie herum liegen, wie willkürlich verstreut, die kümmerlichen Behausungen der Armen; man gelangt zu ihnen auf zahlreichen gewundenen Pfaden . . . Die Straßen, welche die noch schlecht zusammengefügten Teile der Stadt miteinander verbinden, bieten, wie alles übrige, das Bild eines hastigen und noch unvollendeten Werkes: Die eilfertige Leistung einer gewinnsüch-

tigen Bevölkerung, die Geld anzuhäufen sucht, um mit einem Schlag alles übrige zu haben, und die bis dahin die Annehmlichkeiten des Lebens verschmäht. Einige dieser Straßen sind gepflastert, aber die meisten weisen Buckel und schlammigen Boden auf, in dem der Fuß des Passanten oder der Wagen des Reisenden einsinkt. Kehrichthaufen, Gebäudetrümmer, Wasserlachen finden sich hier und da vor den Häusern der Einwohner oder auf den ... öffentlichen Plätzen. In diesem übelriechenden Labyrinth, mitten in dieser weiten und düsteren Wüste von Ziegelsteinen, ragen hin und wieder schöne Steinpaläste empor, deren kannelierte Säulen das Auge des Fremden überraschen ... Wer aber vermag das Innere jener abseits gelegenen Viertel zu beschreiben, der Schlupfwinkel des Lasters und des Elends, welche die gewaltigen Paläste des Reichtums mit ihren scheußlichen Windungen umfangen und erdrücken? Auf einem Grund, der tiefer liegt als der Fluß und von allen Seiten von mächtigen Werkstätten beherrscht wird, erstreckt sich ein sumpfiges Gelände ... Dort enden gewundene und enge Gäßchen zwischen einstöckigen Häusern, deren schlecht zusammengefügte Bretter und zerbrochene Fensterscheiben schon von weitem eine Art letzten Asyls ankünden, das der Mensch zwischen Elend und Tod bewohnen kann. Unter diesen elenden Behausungen befindet sich eine Reihe von Kellern, zu denen ein halb unterirdischer Gang hinführt. In jedem dieser feuchten und abstoßenden Räume sind zwölf bis fünfzehn menschliche Wesen wahllos zusammengepfercht ... Ein dichter schwarzer Qualm liegt über der Stadt. Die Sonne scheint hindurch als strahlenlose Scheibe. In diesem trüben Tageslicht bewegen sich unaufhörlich dreihunderttausend menschliche Wesen. Tausend Geräusche ertönen unablässig in diesem feuchten und finsteren Labyrinth ..., die Schritte einer geschäftigen Menge, das Knarren der Räder, die ihre gezahnten Ränder gegeneinander reiben, das Zischen des Dampfes, der dem Kessel entweicht, das gleichmäßige Hämmern des Webstuhls, das schwere Rollen der sich begegnenden Wagen ... Ständig drängt sich die Menge in dieser Stadt, aber ihre Schritte sind hart, ihre Blicke teilnahmslos, ihr Aussehen düster und roh."[9]
Da die liberale Wirtschaftsauffassung jede gesetzliche Regelung des Verhältnisses zwischen Arbeitgeber und Arbeitnehmer ablehnte, wurden die dem Fabrikanten als dem absoluten Gesetzgeber hilflos ausgelieferten Arbeiter rücksichtslos ausgebeutet. Niedrige Löhne zwangen sie zu Arbeitszeiten von 12 bis 14 und mehr Stunden mit sehr kurzen Eß- und keinerlei Ruhepausen. Sonntags- und die billigere Frauen- und Kinderarbeit wurden die Regel. Die Familie löste sich auf, die Jugend verwahrloste, der Alkoholismus nahm überhand, und Hunger und Krankheit grassierten in den Elendsvierteln.[10]

In dieser Situation griffen die Arbeiter zur Selbsthilfe. Nach Aufhebung des Koalitionsverbotes 1824 kam es zur Gründung von Gewerkschaften, den Trade Unions, die gegen die unerträglichen Arbeits- und Lebensbedingungen angingen, Arbeiterunterstützungskassen und eine Arbeiter-Selbstversorgung einrichteten und so zum organisierten Kampf für soziale Reformen, aber auch für politische Gleichberechtigung aufbrachen. Gleichzeitig beschränkte eine erste Fabrikgesetzgebung die Arbeitszeit für Jugendliche auf 12 Stunden, für Kinder auf acht und verbot jegliche Nachtarbeit für Kinder und Jugendliche. 1850 verfügte ein zweites Fabrikgesetz den zehnstündigen Arbeitstag und setzte Fabrikinspektoren ein, deren Berichte vom Parlament halbjährlich veröffentlicht wurden. Diese Maßnahmen führten schließlich gegen Ende des 19. Jahrhunderts zu einer allmählichen Besserung der allgemeinen Lage des englischen Industrieproletariats.

So war England bis zur Jahrhundertmitte dank seiner liberalen Wirtschaftsprinzipien, aber auch dank seiner günstigen Lage, seiner Kohle- und Erzvorkommen, seiner Verkehrswege, der Küstengewässer, der schiffbaren Flüsse, des Kanalsystems und des weitverzweigten Eisenbahnnetzes und nicht zu vergessen dank des Gleichgewichts seiner Staatsfinanzen und der Stabilität seiner auf den Goldreserven aus den englischen Kolonien beruhenden Währung zum Industriestaat geworden und versorgte alle Kontinente mit seinen Industrieprodukten. Die mit der industriellen Revolution eingetretenen Veränderungen im übrigen Europa zeichneten sich hingegen erst wesentlich später ab.

Die Industrialisierung Westeuropas und Deutschlands

Belgiens Wirtschaft war die erste auf dem Kontinent, die durch die industrielle Umwälzung geformt wurde. Englische Unternehmer und englisches Kapital förderten bereits um die Jahrhundertwende den Aufbau von Fabriken, und unmittelbar nach der belgischen Staatsgründung im Jahre 1830 begann die neue Regierung, nach den von *George Stephenson* vorgelegten Entwürfen ein nationales Eisenbahnnetz anzulegen. In der Folge entwickelte sich Belgien nicht nur zum dichtest bevölkerten Land Europas, sondern gleichzeitig zu einem England ebenbürtigen Industriestaat.

Frankreichs Industrialisierung vollzog sich weniger rasch. Die große Zahl der selbständigen, durch hohe Steuerabgaben verarmten Landwirte, die Staatsverschuldung gegen Ende des 18. Jahrhunderts, die Französische Revolution und die sich daran anschließenden zahlreichen Kriege bildeten retardierende Momente, die den Prozeß des wirtschaftlichen Umbruchs erst nach der Julirevolution von 1830 wirklich in Gang brachten. Zwar förderte die von *Napoleon* verhängte Kontinentalsperre den Aufbau einer nationalen Industrie, doch blieb diese überwiegend den Zielen der merkantilistischen Politik des 17. und 18. Jahrhunderts verhaftet und produzierte in der Hauptsache Luxuswaren und Fertigfabrikate für den gehobenen Bedarf. Auch hinderte das bis 1825 geltende englische Ausfuhrverbot von Maschinen zunächst jede technische Umstellung der französischen Betriebe. Die reformfreudige und bürgerfreundliche Politik *Louis Philippes* machte dann aber auch in Frankreich den Weg für die Durchsetzung der Industrialisierung frei. Die Mechanisierung der Produktionsvorgänge schritt rasch voran, Handel und Gewerbe blühten auf, und der Eisenbahnbau wurde in Angriff genommen. Mit dem Eindringen der Maschinen in die Industrie entstanden aber nicht nur mächtige Unternehmen, die sich in den Regionen von Paris, Lille, Rouen und einigen Gebieten im Elsaß und in Lothringen konzentrierten, sondern auch ein Heer von Lohnarbeitern, dessen Lebensverhältnisse und Arbeitsbedingungen ebenso miserabel waren wie die in der Frühzeit der englischen Industrie. Ohne jeden Schutz waren sie, sowohl was die Löhne als auch was die Arbeitszeit anging, der bereits politisch in Parteien organisierten Bourgeoisie ausgeliefert. Die wegen der starken Parzellierung der bäuerlichen Betriebe vom Land in die Städte strömenden Bauernsöhne vermehrten das Proletariat, das sich nun auch als eigene Bevölkerungsgruppe zu betrachten begann. Krisen, Arbeitslosigkeit, Teuerung und Lebensmittelnot verschärften die soziale Situation, die sich bis 1847 gefährlich zuspitzte. Unzählige Industrie- und Handwerksbetriebe stellten die Produktion ein. In den Städten gab es weder Arbeit noch Brot.

Hungerrevolten der Handwerker und Arbeiter brachen aus, die schließlich in den erbitterten Kämpfen des Revolutionsjahres von 1848 kulminierten. Unter der Führung der Sozialisten *Louis Auguste Blanqui* und *Jean Joseph Louis Blanc* forderten die Arbeiter von der neuen Regierung die Einlösung des von *Blanc* schon 1840 proklamierten Rechtes auf Arbeit, die die Gesellschaft zu schaffen hatte und in den Nationalwerkstätten für kurze Zeit auch schuf.

Die Wahl *Louis Napoleons* zum Präsidenten der Französischen Republik stellte jedoch den alten Zustand wieder her und drängte die soziale Frage erneut in den Hintergrund. Die Industrialisierung wurde energisch vorangetrieben, der Eisenbahnbau vollendet und Frankreichs Stellung als bedeutendster Industriestaat nach England und mächtigster Staat auf dem Kontinent gesichert.

Schließlich wurde auch Deutschland von der industriellen Revolution erfaßt. Daß sich die Entwicklung zur modernen Industriegesellschaft hier wesentlich langsamer und schwieriger gestaltete und erst um die Jahrhundertmitte deutlicher abzuzeichnen begann, hatte seine Ursache in den besonderen staatlichen und politischen Verhältnissen Mitteleuropas, die sich sowohl demographisch als auch sozial grundlegend von denen Englands und Frankreichs unterschieden.

Während die westlichen Nachbarn Deutschlands am Ende des 18. Jahrhunderts zu starken, in sich geschlossenen Staatswesen herangewachsen waren, in denen ein selbstbewußtes Bürgertum sich ein politisches Mitspracherecht erkämpft hatte, konservierten in Deutschland über 300 deutsche Fürsten und Fürstbischöfe und über tausend freie Reichsstädte, freie Reichsritter und Reichsabteien eine erstarrte Ständegesellschaft, in der der Feudaladel den Ton angab und absoluten Vorrang vor den Angehörigen des unabhängigen, gebildeten, industriell und kommerziell tätigen Bürgertums hatte.

Von den 20 Millionen Einwohnern des so zerrissenen und feudal strukturierten „Heiligen Römischen Reiches Deutscher Nation" lebten um 1800 17 Millionen auf dem Lande, adligen und kirchlichen Grundherren untertan. In den etwa 4000 Städten, die mit Ausnahme einiger weniger wie u. a. Berlin (172 000), Hamburg (130 000) und Frankfurt a. M. (48 000) nicht mehr als 1500 Einwohner zählten, verhinderten die Handwerker-Zünfte jede freie wirtschaftliche Entfaltung. Sie schlossen jegliche Konkurrenz von vornherein aus, monopolisierten den Absatz der einzelnen Gewerbe einer bestimmten Stadt, setzten die Preise fest und verhinderten gleichzeitig durch strenge Zunftregeln das Eindringen Fremder in das eigene Absatzgebiet, um so das Auskommen der ortsansässigen Handwerksmeister zu sichern. Die Stadtregierungen vermochten diesem Übel wenig abzuhelfen. In einer Tagebucheintragung aus dem Anfang des 19. Jahrhunderts führte ein Zeitgenosse wegen der aus dieser starren Haltung sich ergebenden Konsequenzen bewegte Klage: „Frankfurt ist von Fabriken fast ganz entblößt. Als Ursache wird vor allen Dingen der Zunftzwang angegeben. Ein Fabrikant kann (keine Belegschaft) von eigenen Arbeitern halten, ohne fast mit allen Innungen in Händel zu geraten. Der ... Wagenfabrikant in Offenbach würde hier gezwungen sein, seine zahlreichen Bedürfnisse von hiesigen Schmieden, Schlossern, Schreinern ..., Sattlern, ... Lackierern usw. verfertigen zu lassen. Er würde dabei ... tausenderlei Vorteile entbehren ... Zwar (will man) die hiesigen Zünfte ... (einschränken). Dies aber gehört zu den delikatesten Gegenständen (für die Stadtregierung)."[11]

Auch die Aufklärung, deren Zentrum sich um 1750 von England über Frankreich nach Deutschland verlagert hatte, war nicht in der Lage, die politischen, gesellschaftlichen und wirtschaftlichen Zustände zu ändern. Noch 1828 beklagte *Goethe* in seinen Gesprächen mit *Eckermann* die unzulängliche Fähigkeit der Deutschen, theoretische Erkenntnisse in die Praxis des Alltags umzusetzen: „Könnte man nur den Deutschen, nach dem Vorbilde der Engländer, weniger Philosophie und mehr Tatkraft, weniger Theorie und mehr Praxis beibringen …"[12] Daß die Romantik, die seit 1790 das deutsche Geistesleben zu durchdringen begann, vor der im Wandel begriffenen Welt mit ihrem Sinn für die Realien, das materielle Kalkül, die Manufakturen und die Fabriken, die Technik und die Bürokratie in ein idealisiertes Mittelalter zurückwich, war bei ihrer einseitigen Fixierung auf das völkische kulturelle Erbe nur konsequent.

Die eigentliche Wende für das „arme, müde, vielgeteilte Deutschland"[13] brachte die französische Expansion unter *Napoleon* und die Besetzung Deutschlands durch seine Armeen. Die durch den französischen Kaiser veranlaßte staatliche Neugliederung Mitteleuropas im Reichsdeputationshauptschluß von 1803, das Ende des Alten Reiches und die im freiheitlichen Geiste der Französischen Revolution unternommenen Reformen beschleunigten den Auflösungsprozeß der ökonomischen Struktur der Feudalgesellschaft und begünstigten die Ausbildung von kapitalistisch-industriellen Produktionsmethoden. Leibeigenschaft und Zunftzwang wurden zuerst in den Rheinbundstaaten und in den französisch besetzten westlichen Provinzen Preußens, in den folgenden Jahrzehnten dann auch in fast allen deutschen Staaten aufgehoben. Die Einführung der Gewerbefreiheit in Preußen 1807 und 1811, die Städteordnung von 1808 und die Judenemanzipation von 1810 ebenso wie der Ausbau der Volks-, Real- und Berufsschulen[14] bildeten weitere Voraussetzungen für die sich anbahnende Umstrukturierung des wirtschaftlichen Lebens in Deutschland.

Ein anderer entscheidender Faktor für diesen Umwälzungsprozeß war die nach der Jahrhundertwende auch in Deutschland einsetzende Bevölkerungsvermehrung, die die Gesamtzahl der im Gebiet des Deutschen Reiches lebenden Menschen bis zur Jahrhundertmitte um über 10 Millionen anwachsen ließ. Das hatte ähnliche Ursachen wie 50 Jahre zuvor in England und wurde durch die Einführung der Gewerbefreiheit, der Bauernbefreiung und der sie begleitenden Agrarreform begünstigt. Die 1807 aus der Erbuntertänigkeit entlassenen Bauern konnten jetzt erstmals ohne Erlaubnis ihrer Gutsherren heiraten, was die Zahl der Eheschließungen plötzlich vervielfachte und steigende Geburtenziffern zur Folge hatte.

Dieser Bevölkerungszuwachs und die durch die Bauernbefreiung und die Einführung der Gewerbefreiheit bedingte Auflösung der traditio-

nellen agrarisch-handwerklich-ständischen Sozialordnung setzten eine
stetig zunehmende Zahl von Arbeitskräften auf dem Lande frei, die,
soweit sie ihr Heil nicht in der Auswanderung suchten, in die Städte
drängten, deren unterentwickelte Wirtschaft den Massenandrang jedoch nicht verkraftete. Die Folge waren Massenverarmung und Mas-
senverwahrlosung in bisher unbekanntem Ausmaße, was geradezu
nach Industrialisierung schrie. „Es ist also die Armut eine andere
geworden, als sie ehedem war", schrieb der Schweizer Dichter *Jeremias
Gotthelf* 1841, „sie hat ein eigenes Leben erhalten, diese Armut. Sie ist
eine Wucherpflanze geworden ... Sie ist erblich, ansteckend geworden. Eine krebsartige Wunde im Völkerleben. Ein eigentliches Pest-
übel unserer Zeit."[15]
Anders als in England, wo die Freisetzung der ländlichen Arbeitskräfte
mit einer landwirtschaftlichen Produktionssteigerung und merklichen
Produktivitätsfortschritten zusammenfiel und die für die Industrialisierung notwendige Kaufkraft bereitstellte, blieb in Deutschland aber
infolge der rückständigen Agrartechnik eine solche Steigerung der
landwirtschaftlichen Produktivität aus und damit auch die entsprechende Zunahme der landwirtschaftlichen Massenkaufkraft. Der Nachfra-
geanstoß, der schließlich die Industrialisierung in Gang setzen sollte,
kam hier aus einer ganz anderen Richtung, nämlich vom Eisenbahnbau
und damit von der Industrie selbst.
Zwar hatte die Verhängung der Kontinentalsperre durch *Napoleon*
auch in Deutschland, vor allem in Sachsen, Schlesien, im Wuppertal
und am Rhein, zur Gründung von Fabriken geführt, die in der Hauptsache die Textilherstellung und Textilverarbeitung in modernen Produktionsverfahren betrieben. Als aber nach dem Zusammenbruch der
napoleonischen Herrschaft die zurückgestauten englischen Waren den
deutschen Markt erneut überschwemmten, waren viele dieser Fabriken
nicht mehr konkurrenzfähig. Auch hatten Handel und Gewerbe in den
Kriegsjahren schwer gelitten und Hungersnöte infolge von Mißernten
nach dem Friedensschluß die allgemeine Not verstärkt. Ebenso hatte
die Tatsache, daß der auf dem Wiener Kongreß ins Leben gerufene
Deutsche Bund keinen einheitlichen deutschen Wirtschaftsraum zu
schaffen vermochte, die Industrialisierung gebremst.
Da stellte Preußen 1818 mit einer sein eigenes zersplittertes Staatsgebiet einigenden Zollgesetzgebung einen ersten aufnahmefähigen Markt
her, der 1834 trotz des Widerstandes des Großteils der süd- und
mitteldeutschen Regierungen und insbesondere Österreichs unter Führung Preußens im Deutschen Zollverein auf 18 weitere Bundesstaaten
ausgeweitet werden konnte. Damit war die von *Friedrich List* und den
meisten süd- und mitteldeutschen Kaufleuten und Fabrikanten gefor-

derte Aufhebung der zahlreichen, den Bund wirtschaftlich ruinierenden Zollsysteme verwirklicht worden.

In der Folge faßte der Deutsche Zollverein die meisten deutschen Staaten zu einem einheitlichen Absatzgebiet zusammen. Dies wiederum ermunterte die staatlichen Bürokratien und die Unternehmer, die notwendigen Investitionen vorzunehmen, dieses Gebiet auch verkehrstechnisch zu erschließen und zu verbinden und damit erst eigentlich in einen modernen, kapitalträchtigen Wirtschaftsraum umzuwandeln. „Der Zollverein und das Eisenbahnsystem sind siamesische Zwillinge; zu gleicher Zeit geboren . . . eines Geistes und Sinnes, unterstützen sie sich wechselseitig"[16], so schrieb *Friedrich List* 1841, nachdem er bereits zuvor nicht müde geworden war, auf die Bedeutung eines guten Verkehrsnetzes für den Nationalwohlstand hinzuweisen: „Der wohlfeile, schnelle, sichere und regelmäßige Transport von Personen und Gütern ist einer der mächtigsten Hebel des Nationalwohlstandes und der Zivilisation nach all ihren Verzweigungen."[17] Und wie der Nationalökonom *Friedrich List* sah *Friedrich Harkort*, der Eisen- und Maschinenfabrikant von der Ruhr, in der Eisenbahn die Quelle des Wohlstandes eines Landes und den Wegbereiter eines Gemeinsinnes, der partikulare Interessen zum Nutzen des Ganzen überwindet.[18] Und in der Tat erwies sich der Bahnbau als der eigentliche Motor einer erfolgreichen Industrialisierung. Nachdem am 7. Juli 1835 die erste deutsche Personenbahn zwischen Nürnberg und Fürth eingeweiht wor-

Erschließung moderner Verkehrswege (bei Erlangen)

den war, konnte bereits 1837 die erste größere Bahnstrecke von Leipzig nach Dresden eröffnet werden. Andere Strecken folgten, und 1850 gab es bereits 6000 km deutsche Eisenbahnlinien, die das Land von Ost nach West und Süd nach Nord durchzogen und den Anschluß an die übrige industrielle Welt herstellten. Mit dem Bau der Eisenbahnen entstand eine eigene Industrie. Schienen, Lokomotiven, Wagen mußten gebaut werden, Strecken waren zu trassieren, Tunnels zu graben und Brücken zu errichten. Die Nachfrage nach Kohle und Eisen stieg rapide. Das Schwergewicht der industriellen Produktion verlagerte sich ins Ruhrgebiet, wo seit den fünfziger Jahren mit Hilfe dampfgetriebener Fördermaschinen die riesigen Kohlenflöze erschlossen wurden. Gleichzeitig kam die Koksverhüttung machtvoll in Gang. Die neugegründeten Maschinenfabriken in Berlin und Sachsen belieferten bald nicht nur den inländischen Markt, sondern begannen auch Frankreich und selbst England mit ihren Erzeugnissen zu versorgen.

Die Firma *Krupp* – eine der ersten Gußstahlfabriken in Deutschland –, 1816 wegen Verschuldung stillgelegt, von ihrem Gründer *Friedrich Krupp* 1818 erneut eröffnet, war 1826 schwer verschuldet an den Sohn *Friedrich Krupps, Alfred Krupp,* übergegangen, der selbst, Arbeiter seines Betriebes, kaum das Notwendigste zum Leben hatte. Als 1834 die ersten Gußstahlräder für die Eisenbahn geliefert werden mußten, hatte *Krupp* den Auftrag erhalten. Die Firma weitete sich aus, die Zahl der Arbeiter stieg von 11 im Jahre 1831 auf 62 an. 1846 zählte der Betrieb bereits 122 Beschäftigte, die 1849 auf 683 anwuchsen und um die Jahrhundertmitte die Zahl 1700 überschritten. Jetzt fabrizierte *Alfred Krupp* neben den nahtlosen Gußstahlrädern auch Geschütze, von denen er über die Hälfte ins Ausland lieferte.

Friedrich Harkorts Dampfmaschinen, Webstühle, Heizapparate und hydraulische Pressen eroberten bald das gesamte Ruhrgebiet, und das von ihm gebaute erste deutsche Dampfschiff durchfuhr im Winter 1836 die Rheinmündung, um über die Nordsee in die Weser einzufahren. Sechs Jahre später eröffnete die Stadt Bremen von Bremerhaven aus den regelmäßigen Dampfverkehr nach New York. *August Borsig*, der 1841 in Berlin die erste Lokomotive geliefert hatte, baute in den zehn darauffolgenden Jahren 500 weitere. *Karl Anton Henschel* in Kassel und *Joseph Anton von Maffei* in München taten es ihm nach.

Den Eisenbahnen und der Schwerindustrie war nun endlich auch in Deutschland der große Durchbruch gelungen. Kohleförderung, Eisenverarbeitung, Maschinen- und Bahnbau setzten den pauperisierten Bevölkerungsüberschuß in Arbeit und Brot, regten die Nachfrage nach Gebrauchsgütern, insbesondere Textilien an, deren Produktion nun ebenfalls zügig aufgenommen wurde.

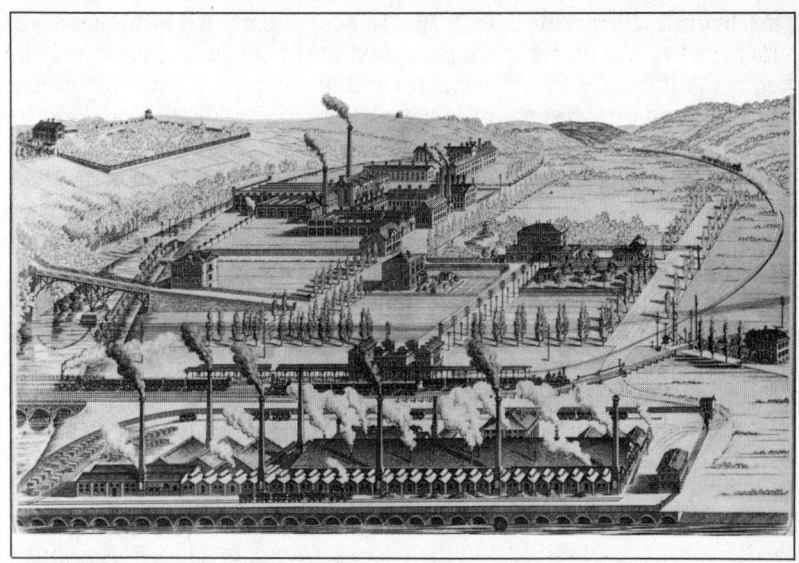

Ansicht eines Eisenwalzwerks in Hagen um 1860

Mit dem Verkehr entwickelte sich auch das Nachrichtenwesen. 1833 erfanden die Göttinger Professoren *Carl Friedrich Gauß* und *Wilhelm Eduard Weber* den magnetischen Nadeltelegraphen, der dann durch den Amerikaner *Samuel Finley Breese Morse* und den Deutschen *Werner von Siemens* praktisch verwendbar gemacht wurde. *Siemens* war es auch, der 1848 das erste Landkabel legte, nachdem es ihm gelungen war, elektrische Drähte durch Guttapercha zu isolieren. Wenige Jahre später verbanden Unterseekabel Europa mit den anderen Erdteilen und versorgten Regierungen, Großkaufleute und Zeitungen mit aktuellen Nachrichten, die schließlich dank der von dem Amerikaner *William Bullock* erfundenen Rotationsschnellpresse schnelle und weite Verbreitung fanden.

Neben dem wirtschaftlichen und industriellen Zentrum Deutschlands, dem Ruhrgebiet, entwickelten sich weitere an der Saar, in Preußen, Schlesien, Sachsen und den süddeutschen Staaten, deren Infrastruktur dank der modernen Verkehrs- und Kommunikationsverhältnisse so angelegt war, daß sie zu einem großen Wirtschaftsgebiet zusammenrückten. Die Städte wuchsen und erhielten seit 1850 ein neues Gesicht. Immer mehr Kapital floß in die Industrie, es entstanden die ersten größeren Privatbanken, und die Skepsis, die zu Beginn der dreißiger Jahre noch allenthalben vorgeherrscht hatte, wich der Euphorie des Fortschritts.

Das liberale Bürgertum, 1849 um seine politischen Hoffnungen gebracht, hatte ein neues Betätigungsfeld und ein neues Ziel: mitzuwirken am Aufbau des Industriestaates und damit am Aufbau einer neuen Zeit, in der die Hoffnung, über die wirtschaftliche Unabhängigkeit die politische zu erlangen, erneut die Geister beflügelte.

Aus den neu gegründeten Technischen Hochschulen, deren erste 1825 in Karlsruhe ins Leben gerufen worden war, aus Darmstadt, München, Dresden und Stuttgart kamen Techniker, die ihren Sinn auf die Realien richteten. An den klassischen Universitäten setzten sich die empirisch-experimentellen Naturwissenschaften gegen die idealistische Naturphilosophie mit ihrer universalen Betrachtungsweise durch und eroberten sich durch ihre Spezialforschungen einen weltweit geachteten Rang. So gelang dem aus Neuß am Rhein stammenden, an den Universitäten von Löwen und Lüttich forschenden *Theodor Schwann* der Nachweis, daß Tiere wie Pflanzen aus Zellen bestehen. Der Heilbronner Arzt und Physiker *Julius Robert von Mayer* berechnete das mechanische Äquivalent der Wärme. Der an den Universitäten Bonn, Heidelberg und Berlin wirkende Physiker und Physiologe *Hermann Ludwig Ferdinand von Helmholtz* wurde der Schöpfer der physiologischen Optik und Akustik, der wissenschaftlichen Theorie der Ton- und Farbenempfindungen und der modernen Elektrizitätslehre. Der Physiker *Gustav Robert Kirchhoff* und der Chemiker *Robert Bunsen* entdeckten gemeinsam in Heidelberg die Spektralanalyse, die der naturwissenschaftlichen Forschung neue, in die Zukunft gerichtete Wege eröffnete. Der als Lehrer für Naturgeschichte und Physik an der Oberrealschule in Brünn tätige Augustinermönch *Gregor Mendel* erforschte an Pflanzen die Vererbungsgesetze. *Justus von Liebig*, Chemieprofessor in Gießen und München, leitete mit seinen Forschungen den Aufschwung der deutschen chemischen Wissenschaft ein und revolutionierte mit seiner Agrikulturchemie die Bodenbestellung, und der ehemalige Artillerieoffizier *Werner von Siemens* entdeckte das dynamo-elektrische Prinzip, das die Starkstromtechnik einleitete und dem Prozeß der Industrialisierung bisher ungeahnte Dimensionen eröffnete.

Zur gleichen Zeit kämpfte *Friedrich List* für die Erziehung der Deutschen zur Industrie und forderte im Gegensatz zur Freihandelslehre von *Adam Smith* und der „klassischen Nationalökonomie" Schutzzölle für die junge deutsche Industrie. War diese Industrie aber erst erstarkt und der englischen Konkurrenz gewachsen, dann sah auch *List* den Zeitpunkt gekommen, zum Freihandel überzugehen. In einer nationalen Wirtschaftspolitik erblickte er die notwendige Voraussetzung zur Verwirklichung der Freiheit und des wahren Friedens in der Welt, da nur von nationaler Grundlage aus die künftige Union aller Nationen zu erreichen sei. Er war überzeugt, daß das anbrechende naturwissenschaftliche und technische Zeitalter die Menschen auf eine höhere Stufe des Daseins erheben werde, sie besser, glücklicher, freier und zufriedener mache.

Zum Zeitpunkt, da *List* diese Gedanken in seinem 1841 erschienenen Werk über „Das nationale System der politischen Ökonomie" niederschrieb, war aber die Masse der Menschen in Deutschland alles andere als glücklich und frei. Zwar hatte das Bürgertum als ,,die treibende Kraft in der modernen kapitalistischen Wirtschaft . . .", als ,,die einzige, produktive, d. h. schaffende, schöpferische Kraft"[19] den Feudalismus ökonomisch beseitigt, politisch jedoch blieben die alten Herrschaftsstrukturen weitgehend erhalten. Die Fürsten, Mittelpunkt der staatlichen Macht, bestimmten mit ihren Höfen auch weiterhin das gesellschaftliche Leben.

Der Zugewinn an wirtschaftlicher Macht für das Bürgertum, den es im wesentlichen seinem Pioniergeist, seiner ,,schöpferischen Initiative" und unternehmerischen Leistung verdankte, bedingte jedoch gleichzeitig eine zunehmende Verelendung breiter Schichten der Bevölkerung. Dem kapitalbesitzenden Unternehmer stand infolge der fortschreitenden Industrialisierung eine immer größer werdende Zahl an besitzlosen Arbeitern gegenüber.

Auch in Deutschland steigerte zu Beginn des 19. Jahrhunderts die Landwirtschaft dank der von *Albrecht Thaer* eingeführten Fruchtwechselwirtschaft, dank einer verbesserten Agrartechnik und insbesondere dank der von *Justus von Liebig* propagierten künstlichen Düngung ihre Erträge beträchtlich. Gleichzeitig wurden durch die rationelleren Produktionsverfahren aber auch hier wie vorher in England Arbeitskräfte freigesetzt, so daß der Zuzug in die Städte zunahm. Dort erhofften sich sowohl die um ihre Existenz ringenden Kleinbauern als auch die durch den Einsatz von Maschinen arbeits- und brotlos gewordenen Heimarbeiter und Handwerker bessere Lebens- und Arbeitsmöglichkeiten.

Gerade letztere hatten sich in der ersten Jahrhunderthälfte gegen die heraufziehende Herrschaft der Maschine verzweifelt gewehrt. Die Angst vor diesem überhandnehmenden Maschinenwesen, das sich nach den Worten *Goethes* wie ein Gewitter heranwälzte[20] und in dem *Jeremias Gotthelf* ein schleichendes Ungeheuer erblickte, dessen Köpfe er ,,ringsum wachsen und klaffen" sah[21], hatte schon die Arbeiter in England und in Frankreich zum offenen Aufruhr geführt.

Als der harte Konkurrenzkampf der schlesischen Unternehmer gegen die billigen englischen Textilexporte die in Heimarbeit produzierenden Weber an den Rand ihrer Existenz brachte, trieben auch hier Not und

Elend die Arbeiter zum Aufstand. Ihre Verzweiflung schlug sich in jenem Lied nieder, das 1844 überall in den Textildistrikten gesungen wurde und dessen Verse *Gerhart Hauptmann* 1893 in sein jene Vorgänge nachzeichnendes Drama „Die Weber" aufgenommen hat:

„Hier wird der Mensch langsam gequält,
Hier ist die Folterkammer,
Hier werden Seufzer viel gezählt
Als Zeugen von dem Jammer.
Ihr seid die Quelle aller Not,
Die hier den Armen drücket,
Ihr seid's, die ihm das trockene Brot
Noch von dem Munde rücket.
Ihr fangt stets an zu jeder Zeit,
Den Lohn herabzubringen,
Und andre Schurken sind bereit,
Dem Beispiel nachzuringen."[22]

Die soziale Frage und die soziale Bewegung in Deutschland

Um die Jahrhundertmitte, als die Industrialisierung in vollem Gange war, war das Heer der Arbeitsuchenden schließlich so gewachsen, daß ähnlich wie zuvor in England die soziale Frage sich vor dem Hintergrund des Siegeszuges von Technik und Kapitalismus immer bedrohlicher abhob. Zwar hatte der Ausbau des Verkehrs und der Schwerindustrie einen Teil des Bevölkerungsüberschusses in Arbeit und Lohn setzen können. Da jedoch die deutsche Industrie sich immer noch heftig gegen die ausländische Konkurrenz zu wehren hatte, suchten ihr die Unternehmer durch rigorosen Lohndruck zu begegnen. Bald sanken die Löhne unter das Existenzminimum. Frauen und Kinder waren vielfach zur Mitarbeit in den Fabriken gezwungen und verschärften dadurch nicht nur die Lage der Arbeitsuchenden auf dem Arbeitsmarkt, sondern drückten gleichzeitig auf das Lohnniveau, was die Auswegslosigkeit zu perpetuieren schien.
Auch zwangen die Unternehmer ihre Arbeiter vielfach, sich ihren kärglichen Lohn in Waren auszahlen zu lassen, die in Geschäften ausgegeben wurden, die den Fabrikanten selbst gehörten. „Angefaulte Kartoffeln, abgegangener Speck, ranzige Butter"[23] waren dann der Verdienst. Diesem Übelstand konnte erst 1849 abgeholfen werden, als der preußische Staat ein Gesetz erließ, das die Unternehmer zwang, ihre Arbeiter mit Geld zu entlohnen.
Die Arbeitsbedingungen selbst waren schlecht und hart und die Arbei-

ter ohne rechtliche Absicherung der Willkür der Fabrikherren preisgegeben. Fehlender Versicherungsschutz, kurze Kündigungsfristen und harte Disziplinarordnungen machten ihnen das Leben zur Qual. Hinzu kamen die langen Arbeitszeiten, die Ende der vierziger Jahre sich „bis zu 15, 16, 17 und mehr Stunden"[24] ausdehnten und erst nach den sechziger Jahren durch staatliche Verordnung auf 12 Stunden reduziert wurden. Dabei hausten die Arbeiterfamilien in den über Nacht expandierenden Städten auf die unerträglichste Weise. In einem 1843 verfaßten Bericht an *Friedrich Wilhelm IV.* prangerte die romantische Dichterin *Bettina von Arnim* diese Zustände vehement an: „Das Hauptproletariat findet man in entlegenen Gassen und Stadtteilen, sogenannten schlechten Winkeln . . ., einer großen Anzahl erbärmlicher Hütten, die sich draußen vor dem Hamburger Tor links und rechts weit hinziehen. In diesem Viertel findet man auch die sogenannten Familienhäuser ..., einzelne große Häuser, im ganzen sieben, die mitten unter diesen elenden Hütten stehen, und in welchen sich zusammen 2500 Menschen in 400 Gemächern befinden. Die Einrichtung ist entstanden durch Privatspekulation; weder der Staat noch die ‚Gemeinde‘ ist darauf gefallen, der Masse von Armen solche größere Asyle statt ihren schlechten stinkenden Höhlen zu geben . . . Die Stuben sind, wie schon die Zahl derselben beweist, im allgemeinen klein und regelmäßig; dennoch aber wohnen in solchen Stuben oft zwei Familien zusammen. Ein Seil, welches quer durch die Stube gezogen ist, trennt die beiden Einwohner . . . Große Familien werden dem ausdrücklichen Reglement gemäß nicht geduldet, es sind meist einzelne hilflose Arme, teils Familien von 3 bis 4 Personen. Die Miete beträgt gewöhnlich zwei Taler für den Monat."[25]

Ein Übel besonderer Art war die Kinderarbeit. Es gab Fälle, da die Kinder bereits mit vier Jahren „morgens früh um 5 Uhr in kaltem oder nassem Wetter weinend und widerstrebend von der Mutter"[26] zur Arbeitsstätte geschleppt wurden. Gewöhnlich begannen die Kinder jedoch im Alter von acht Jahren zu arbeiten, wobei ihr Arbeitstag bis zu 14 Stunden dauern konnte, die Sonn- und Feiertage nicht ausgenommen. Dementsprechend war ihr Gesundheitszustand und, da für den Schulbesuch keine Zeit blieb, ihr Ausbildungsstand. Dazu berichtete einer der staatlichen Fabrikinspektoren in Preußen: „Diese unglücklichen Geschöpfe entbehren des Genusses frischer Luft, sind schlecht gekleidet, schlecht genährt und verbringen ihre Jugend in Kummer und Elend. Bleiche Gesichter, matte und entzündete Augen, geschwollene Leiber, aufgedunsene Backen, aufgeschwollene Lippen und Nasenflügel, Drüsenanschwellungen am Hals, böse Hautausschläge und asthmatische Anfälle unterscheiden sie in gesundheitlicher Be-

ziehung von anderen Kindern derselben Volksklasse, welche nicht in
Fabriken arbeiten. Nicht weniger verwahrlost ist ihre sittliche und
geistige Bildung."[27]

Erst als der preußische Staat 1839, besorgt um seinen Heeresersatz, ein
erstes Arbeiterschutzgesetz erließ, wurde die Beschäftigung von Kindern unter neun Jahren in Fabriken und Bergwerken untersagt, die
Nacht-, Sonn- und Feiertagsarbeit verboten und die Arbeitszeit der
Jugendlichen unter 16 Jahren auf 10 Stunden begrenzt. Was Wunder,
wenn einer der Abgeordneten des 5. rheinischen Provinziallandtages
1837 im Verlauf der ersten Kinderschutzdebatte erklärte: Beobachte
man ,,das ganze Leben eines Menschen, der schon als Kind harte
Sklavenarbeit verrichten mußte", so sei ,,sein ganzes Leben entbeh-
rend(!)". Er habe ,,mit Mühseligkeiten aller Art zu kämpfen" und sei
,,mit den Seinigen der Pein und dem Hunger preisgegeben" und froh,
,,endlich am Rande des Grabes, ... seines Lebens quitt und ledig zu
sein"[28]. Und der Industrielle *Friedrich Harkort* warnte: ,,Dieses
Gefolge der Industrie, häufig ohne feste Heimat, ohne Hoffnung oder
Zukunft, ... fängt an, durch seine bedenklich wachsende Zahl der
Wohlfahrt der bürgerlichen Gesellschaft gefährlich zu werden."[29]

In der Tat, die Bourgeoisie, die – wie *Marx* und *Engels* es im Kommunistischen Manifest formuliert hatten – die Naturkräfte unterjocht, die
Maschinerie geschaffen, die Chemie auf Industrie und Ackerbau angewendet, die Dampfschiffahrt, die Eisenbahnen und den elektrischen
Telegraphen in Gang gebracht und ganze Weltteile urbar gemacht
hat,[30] zerstörte damit gleichzeitig die jahrhundertealte Arbeits- und
Sozialverfassung und Lebensweise. Damit schuf sie zugleich die Unsicherheit der wirtschaftlichen Existenz für die Masse der Bevölkerung
und eine zunehmende Zahl von Lohnabhängigen, die, in ihrer Macht-
losigkeit von der unpersönlichen Fabrikarbeit unterjocht, ohne Eigentum und ohne in die Gesellschaft integriert zu sein, als Industrieprole-
tariat in scharfem Gegensatz zu eben dieser Bourgeoisie stand. Wie in
England, so waren auch in Deutschland zwei Klassen entstanden, ,,zwi-
schen denen kein Verkehr und keine Sympathie bestand, die einander
in ihrem Wollen, Denken und Fühlen sowenig wie die Bewohner
verschiedener Planeten verstanden, die durch eine verschiedene Erziehung gebildet, durch eine verschiedene Nahrung ernährt wurden, die
sich nach verschiedenen Sitten richteten und über die nicht dieselben
Gesetze geboten"[31].

Die ersten Maßnahmen, den Arbeitern in Deutschland zu helfen, gingen von einzelnen Gläubigen der beiden großen Kirchen aus, deren
christliches Verantwortungsgefühl durch die herrschenden sozialen
Mißstände wachgerüttelt worden war. Nachdem im August des Jahres

1848 der evangelische Heidelberger Stadtpfarrer *Karl Zittel* in der Nationalversammlung die Christen beider Konfessionen aufgefordert hatte, ,,von nun an . . . den Geist der Zeit zu erfassen und auf denselben im Geist des Christentums zu wirken", um so und nicht anders die soziale Frage, ,,die so gewaltig in allen Verhältnissen an uns herantritt"[32], zu lösen, erklärte der Katholik *Wilhelm von Ketteler*, der spätere Bischof von Mainz, im Oktober des gleichen Jahres: ,,Die schwerste Frage, die bei allen gesetzlichen Bestimmungen, bei allen Staatsformen noch nicht gelöst ist, das ist die soziale Frage"[33], sie zu lösen sei der Kirche vorbehalten. Tätige Nächstenliebe und christliche Gesinnung sollten also der Not steuern. In diesem Geist hatte *Johann Hinrich Wichern* schon 1833 ein evangelisches Erziehungsheim ge-

Bischof Wilhelm Emanuel Freiherr   Johann Hinrich Wichern
v. Ketteler

gründet, das ,,Rauhe Haus" in Hamburg, das sich der entwurzelten und verwaisten Kinder annahm. 15 Jahre später rief er die Innere Mission ins Leben, die ihre Missionsaufgabe als eine christlich-soziale Aufgabe an Armen, Kranken und Notleidenden erfüllen sollte. Das Diakonissenhaus Pastor *Theodor Fliedners*, das 1839 in Kaiserswerth die Arbeit aufnahm, diente der Ausbildung von Krankenschwestern, die gleichfalls im Geiste christlicher Nächstenliebe in allen Teilen

Deutschlands tätig wurden. Auch die von Pastor *Friedrich von Bodelschwingh* in Bethel errichteten Wohlfahrtsanstalten entfalteten bald eine segensreiche Tätigkeit. Auf katholischer Seite eröffnete der Kaplan *Adolf Kolping* Heime für wandernde Handwerksgesellen, aus denen 1846, auch auf Initiative *Wilhelm von Kettelers*, die ersten katholischen Gesellenvereine hervorgingen, die materielle Vorsorge für Krankheit und Alter mit christlicher Bildungspflege verbanden.

Dem Bemühen, das Los der Arbeiterschaft zu bessern, galt auch die Reformarbeit der praktischen Arbeiterbewegung, die sich 1848 in der „Allgemeinen Deutschen Arbeiterverbrüderung" organisiert hatte. Unter Führung *Stephan Borns*, des Schriftsetzers und späteren Professors für neuere Literaturgeschichte in Basel und Herausgebers der „Baseler Nachrichten", setzte sich dieser Arbeiterverband für höhere Löhne, die Verkürzung der Arbeitszeit, die Arbeiterfürsorge in Krankheits- und Invaliditätsfällen, die Einrichtung von Kreditkassen für den Bau von Wohnungen, die Beseitigung der indirekten Steuern, die Einführung der progressiven Einkommensteuer, die Unentgeltlichkeit des Unterrichts, die volle Freizügigkeit und für das Recht auf Koalitionsfreiheit ein. Alle diese Forderungen hoffte man mit Hilfe des allgemeinen und gleichen Wahlrechts durchzusetzen.

Wenngleich die nach 1849 einsetzende Reaktion die Aktivitäten des Verbandes in den einzelnen örtlichen, über ganz Deutschland agierenden Vereinen vorübergehend unterdrückte, so breitete sich die organisierte Arbeiterbewegung doch weiter aus und entfachte um die Mitte der fünfziger Jahre eine der größten Streikbewegungen in der bisherigen deutschen Geschichte.

Als 1858 dann unter der sogenannten Neuen Ära des Prinzregenten *Wilhelm* in Preußen eine gemäßigt-liberale Regierung die Reaktionszeit beendete, meldete sich auch die Arbeiterschaft erneut zu Wort. Im Mai 1863 gelang es schließlich dem Kaufmannssohn aus Breslau, *Ferdinand Lassalle*, mit der Gründung des „Allgemeinen Deutschen Arbeitervereins" die Interessen der Arbeiter erstmals auch politisch wirksam zu artikulieren. In systemimmanenter Reformarbeit hoffte er über das allgemeine gleiche und direkte Wahlrecht der Arbeiterschaft politische Macht zu erringen und die Demokratisierung des Staates zu erkämpfen. Die Aufgabe dieses Staates sollte es sein, „die große Sache der freien individuellen Assoziation des Arbeiterstandes fördernd und entwickelnd in seine Hand zu nehmen"[34] und den Arbeitern die notwendigen Mittel zur Gründung von Produktionsgenossenschaften bereitzustellen, mit Hilfe derer die Unternehmer und dessen Gewinne ausgeschaltet werden würden. Im Gegensatz zum Liberalismus erstrebte *Lassalle* eine staatliche Kontrolle der Wirtschaft, die ihm eine gerechtere Verteilung der Einkommen zu garantieren schien, „einen Staat also, welcher unter die Herrschaft der Idee des Arbeiterstandes gesetzt ... mit freier Lust und vollkommenster Konsequenz die Entwicklung einer Summe von Glück, Bildung, Wohlsein und Freiheit" ... vollbringen würde, „wie sie ohne Beispiel dasteht in der Weltgeschichte"[35]. Den Staat auf diese Weise im Sinne und zugunsten der Massen einzurichten, dazu konnte selbst ein soziales Königtum verhelfen, eine Möglichkeit, die *Lassalle* im Gedankenaustausch mit dem preußischen Konfliktminister *Otto von Bismarck*

Ferdinand Lassalle

aussprach. Reformen erstrebten auch die Liberalen. So hatten einzelne weitsichtige Unternehmer, allen voran *Harkort* und *Krupp,* schon zu Beginn der vierziger Jahre Fabrikkassen zur gegenseitigen Unterstützung ihrer Arbeiter in Krankheits- und Invaliditätsfällen gegründet und den Wohnungs- und Schulbau für Betriebsangehörige vorangetrieben.

Zu Beginn der sechziger Jahre nahmen dann auch die von dem liberalen Bürgertum unterstützten Arbeiterbildungsvereine ihre Tätigkeit auf, deren Ziel es war, „den Arbeiterstand durch Bildung zu heben und sein Los durch Selbsthilfe zu verbessern"[36].

Mit diesen Bestrebungen knüpfte man an die von dem demokratischen Abgeordneten in der preußischen Nationalversammlung, *Hermann Schulze-Delitzsch*, vertretene Idee der Arbeiterselbsthilfe an, die dieser durch die Errichtung von Spar- und Kreditkassen und die Beteiligung an Konsumgenossenschaften schon 1849 realisiert hatte. Auch suchten diese Vereine zwischen Arbeitgeber und Arbeitnehmer, zwischen Kapital und Arbeit einen geordneten Rechtszustand zu schaffen und durch gemeinsames Handeln die Interessengegensätze auszugleichen. Alles dies hoffte man „frei von allem Parteihader, frei von allem Kastengeist, einander die Hand reichend zu gemeinsamem Wirken"[37] erreichen zu können. Eine Politisierung und Verselbständigung der Arbeiterschaft wollten die Liberalen auf alle Fälle verhindern, den individuellen sozialen Aufstieg jedoch fördern, um so jegliches Denken in Kategorien des Klassenkampfes auszuschalten.

Genau darin aber erblickten *Karl Marx* und *Friedrich Engels* den Sündenfall schlechthin. *Marx,* als Nachkomme einer jüdischen Gelehrtenfamilie 1818 in Trier geboren, interpretierte die Menschheitsgeschichte als Abfolge von Klassenkämpfen. Daß der ,,Vierte Stand", die unterdrückte Arbeiterklasse, gegenüber dem besitzenden Bürgertum die gleiche geschichtliche Mission zu erfüllen habe wie vorher der ,,Dritte Stand" gegenüber der Feudalaristokratie, stand für ihn außer Frage, zumal ,,die aus dem Untergang der feudalen Gesellschaft hervorgegangene moderne bürgerliche Gesellschaft . . . die Klassengegensätze nicht aufgehoben hat"[38]. Anders als *Stephan Born* und *Ferdinand Lassalle,* anders aber auch als alle übrigen um eine Lösung der sozialen Frage innerhalb des bestehenden Gesellschaftssystems Bemühten zielte *Marx* auf die revolutionäre politische Aktion zum Umsturz der bestehenden Gesellschaftsordnung, jede Zusammenarbeit mit bürgerlichen Richtungen als ein ,,Aufgeben des Prinzips" verwerfend.

Im Gegensatz zu dem älteren französischen und deutschen Sozialismus *François Noel Babeufs, Louis Auguste Blanquis, Etienne Cabets, Wilhelm Weitlings* und des *Moses Hess*, der, da die wirtschaftliche Ungleichheit dem sittlichen Gefühl widerspreche, eine gerechte Verteilung des materiellen Besitzes und die rechtliche und wirtschaftliche Gleichheit des Vierten Standes erstrebte, gründete *Marx* seinen Sozialismus auf die Notwendigkeit einer historischen Entwicklung, die das kapitalistische Wirtschaftssystem dank der ihm immanenten Gesetze zwangsweise zu Fall bringe. Aus dem Studium der Geschichte und der Betrachtung der wirtschaftlichen Gegebenheiten seiner Zeit, die *Marx* in streng methodischer Weise analysierte, entwickelte er zusammen mit dem 1820 geborenen Elberfelder Fabrikantensohn *Friedrich Engels* seine Lehre vom historischen Materialismus, deren wissenschaftlichexakten Charakter er nicht müde wurde zu betonen. Niedergelegt zunächst 1847 im Kommunistischen Manifest und 1848 in der Schrift ,,Lohnarbeit und Kapital", hat *Marx* im ,,Kapital", dessen erster entscheidender Band 1867 erschien, diese geschichtsphilosophischen, gesellschaftsanalytischen und politischen Ideen weiter ausgebaut und dargestellt.

Ausgehend von der Geschichtsphilosophie *Hegels*, nach der die Geschichte dialektisch vorwärtsschreitet, d. h. aus dem Kampf der Gegensätze (These und Antithese) das Neue (Synthese) hervorbringt, das die Gegensätze beseitigt und damit die Menschheit auf eine höhere Stufe hebt, kamen *Marx* und *Engels* zu der Überzeugung, daß ,,die Geschichte aller bisherigen Gesellschaft die Geschichte von Klassenkämpfen"[38] sei. Hatte *Hegel* die treibende Kraft, die die beständige Veränderung in der Menschheitsgeschichte verursacht, im Kampf der

Karl Marx   Friedrich Engels

Manifest

der

Kommunistischen Partei.

Ein Gespenst geht um in Europa—das Gespenst des Kommunismus. Alle Mächte des alten Europa haben sich zu einer heiligen Hetzjagd gegen dies Gespenst verbündet, der Papst und der Czar, Metternich und Guizot, französische Radikale und deutsche Polizisten.

Wo ist die Oppositionspartei, die nicht von ihren regierenden Gegnern als kommunistisch verschrieen worden wäre, wo die Oppositionspartei, die den fortgeschritteneren Oppositionsleuten sowohl, wie ihren reaktionären Gegnern den brandmarkenden Vorwurf des Kommunismus nicht zurückgeschleudert hätte?

Zweierlei geht aus dieser Thatsache hervor.

Der Kommunismus wird bereits von allen europäischen Mächten als eine Macht anerkannt.

Es ist hohe Zeit daß die Kommunisten ihre Anschauungsweise, ihre Zwecke, ihre Tendenzen vor der ganzen Welt offen darlegen, und den Mährchen vom Gespenst des Kommunismus ein Manifest der Partei selbst entgegenstellen.

Zu diesem Zweck haben sich Kommunisten der verschiedensten Nationalität in London versammelt und das folgende Manifest entworfen, das in englischer, französischer, deutscher, italienischer, flämmischer und dänischer Sprache veröffentlicht wird.

Der Beginn des Ende 1847/Anfang 1848 von Marx und Engels verfaßten Kommunistischen Manifests

Ideen erblickt, so sahen *Marx* und *Engels* in der Art der Gütererzeugung und des sich daraus ergebenden sozialen Schichtungs- und Spannungsverhältnisses, im Kampf der Klassen also, die Grundlage für alles politische und geistige Geschehen.

Dieser Kampf der gesellschaftlichen Klassen, Motor des historischen Prozesses, sei stets abhängig von der ökonomischen Struktur, dem Unterbau der jeweiligen Gesellschaft, und nicht von den geistigen, religiösen, politischen Verfassungen, ihrem ideologischen Überbau. „Was beweist die Geschichte der Ideen anders, als daß die geistige Produktion sich mit der materiellen umgestaltet?"[38] Solche Änderungen der Produktionsverhältnisse aber seien, folge man der Hegelschen Dialektik, Folge und zugleich Ursache der Klassenkämpfe, denn jedes Produktionsverhältnis schaffe sich in der ausgebeuteten Klasse seine eigene Antithese, durch die es in der Synthese, dem neuen Produktionsverhältnis, schießlich aufgehoben werde.

In ihrer Analyse der besonderen kapitalistischen Produktionsverhältnisse und damit der kapitalistischen Gesellschaft übernahmen *Marx* und *Engels* die Preis- und Lohntheorie *David Ricardos* und wandten sie auf den in der Industrie beschäftigten Lohnarbeiter an, der im Unterschied zum mittelalterlichen Handwerker über keinerlei Produktionsmittel, wie etwa über Werkzeuge oder Stoffe, verfüge, sondern lediglich über seine Arbeitskraft, die er – wolle er leben – als Ware verkaufen müsse. Der Wert dieser Arbeitskraft aber, so führten *Marx* und *Engels* aus, werde wie bei jeder anderen Ware bestimmt durch den Wert der zur Produktion dieser Ware nötigen Arbeitszeit, der sich nach den „Existenz- und Fortpflanzungskosten" des Arbeiters bemesse, die entsprechend den jeweiligen Kulturbedingungen verschieden seien. Arbeite der Arbeiter länger als diese „gesellschaftlich notwendige Arbeitszeit", so produziere er mehr Werte, als für die eigene Reproduktion benötigt würden. Dieser Mehrwert falle ausschließlich dem Kapitalisten zu, der damit über ein bestimmtes Quantum unbezahlter fremder Arbeit verfüge und dadurch sein Kapital vermehre.

Je größer aber die Kapitalanhäufung sei, desto größer sei die Rationalisierung und Mechanisierung und damit die Produktivität. Arbeitskräfte könnten eingespart werden, die Zahl der Lohnabhängigen wachse, es entstehe eine „industrielle Reservearmee", die ihrerseits den Lohn drücke. Als Folge davon sinke „der moderne Arbeiter..., statt sich mit dem Fortschritt der Industrie zu heben, ... immer tiefer unter die Bedingungen seiner eigenen Klasse herab. Der Arbeiter wird zum Pauper, und der Pauperismus entwickelt sich noch schneller als Bevölkerung und Reichtum."[38]

Den so angehäuften Mehrwert setze der Kapitalist wieder in der Produktion ein und schaffe neue Produktionsmittel, die – bald in der Hand einiger weniger konzentriert – die Konkurrenz der kleineren Kapitalisten aus dem Felde schlage, die ihrerseits in das Proletariat herabfielen. Die wachsende Größe der Betriebe führe zu einer ständigen Steigerung des Produktionsumfanges. Die dadurch entstehende Überproduktion finde, da die Konsumkraft der ausgebeuteten Massen herabgesetzt sei, keine Käufer mehr, die Märkte seien überfüllt, der Warenabsatz stagniere. Die dadurch entstehenden zyklisch wiederkehrenden Krisen verschärften sich. Die Produktivkräfte erwiesen sich für die immer enger werdenden bürgerlichen Verhältnisse als zu gewaltig.

Dem erzeugten Reichtum stehe eine überhandnehmende Armut entgegen, so daß die Scheidung der Menschen in die stets kleiner werdende Zahl der Kapitalisten und die ungeheure Masse der Proletarier schließlich zum Zusammenbruch des kapitalistischen Systems führe. „Die Waffen, womit die Bourgeoisie den Feudalismus zu Boden geschlagen hat, richten sich jetzt gegen die Bourgeoisie selbst. Aber die Bourgeoisie hat nicht nur die Waffen geschmiedet, die ihr den Tod bringen, sie hat auch die Männer gezeugt, die diese Waffen führen werden."[38] Der entscheidende Umschlag setze ein. Die kapitalistischen Betriebe würden durch das klassenbewußte Proletariat übernommen. „Der ganze Überbau der Schichten, die die offizielle Gesellschaft bilden", werde „in die Luft gesprengt"[38], das Ende der bürgerlichen Gesellschaft sei da.

Der Revolution folge die Diktatur des Proletariats, der proletarische Klassenstaat. „Das Proletariat wird seine politische Herrschaft dazu benutzen, der Bourgeoisie nach und nach alles Kapital zu entreißen, alle Produktionsinstrumente in den Händen des Staates, d. h. des als herrschende Klasse organisierten Proletariats zu zentralisieren und die Masse der Produktionskräfte möglichst rasch zu vermehren.

Es kann dies natürlich zunächst nur geschehen vermittelst despotischer Eingriffe in das Eigentumsrecht und in die bürgerlichen Produktionsverhältnisse, durch Maßregeln also, die ökonomisch unzureichend und unhaltbar erscheinen, die aber im Laufe der Bewegung über sich selbst hinaus treiben und als Mittel zur Umwälzung der ganzen Produktionsweise unvermeidlich sind."[38]

„Sind im Laufe der Entwicklung die Klassenunterschiede verschwunden und ist alle Produktion in den Händen der assoziierten Individuen konzentriert, so verliert die öffentliche Gewalt den politischen Charakter. Die politische Gewalt im eigentlichen Sinn ist die organisierte Gewalt einer Klasse zur Unterdrückung der andern. Wenn das Proletariat im Kampf gegen die Bourgeoisie sich notwendig zur Klasse vereint, durch eine Revolution sich zur herrschenden Klasse macht und als herrschende Klasse gewaltsam die alten Produktionsverhältnisse aufhebt, so hebt es mit diesen Produktionsverhältnissen die Existenzbedingungen des Klassengegensatzes, der Klasse überhaupt und damit seine eigene Herrschaft als Klasse auf. An die Stelle der alten bürgerlichen Gesellschaft mit ihren Klassen und Klassengegensätzen tritt eine Assoziation, worin die freie Entwicklung eines jeden die Bedingung für die freie Entwicklung aller ist."[38]

Sei dieser Zustand erst erreicht, so sei auch die Selbstentfremdung des Menschen aufgehoben. Die Arbeit sei nicht länger mehr ein verkäufliches Mittel, sondern wieder bestimmender Bestandteil des menschlichen Wesens, das, von der Abhängigkeit seines eigenen Produkts gelöst, seine Begehrlichkeiten wieder beherrsche. Die unangemessene Mehrerzeugung von Gütern, die immer neue Bedürfnisse wecke, gleichzeitig die Begehrlichkeit steigere und Trieben wie Gier, Betrug, Machttrieb und Ausbeutung Vorschub leiste, finde jetzt, da der Widerstreit zwischen Privateigentum und Proletariat aufgelöst sei, ihr Ende. Der Mensch, der sich selbst fremd geworden sei, gewinne sich jetzt total wieder und eigne sich die Welt erneut an. Die angehäufte Arbeit diene nun dazu, „den Lebensprozeß der Arbeiter zu erweitern, zu bereichern, zu fördern", und vermehre nicht mehr wie in der bürgerlichen Gesellschaft das Wohl einiger weniger.[38]

Daß dieses von *Marx* und *Engels* gemeinsam errichtete Gedankengebäude mit seinem Bemühen um historische und zukunftsweisende Erkenntnis angreifbar und im letzten utopisch war, haben schon die Zeitgenossen betont. Ohne Zweifel zählen die ökonomischen Faktoren und Interessen zu den einflußreichsten Kräften der Geschichte. Die Historie deshalb aber zu einer bloßen Geschichte von ökonomisch fundierten Klassenkämpfen einzuengen und zu deformieren, hieße das wirkliche Geschehen selbst leugnen. Es läßt sich an der utopischen Natur dieses Gedankengebäudes nicht rütteln. In der Hoffnung auf ein Reich, in dem die Menschen harmonisch zusammenleben, in dem Freude, Gerechtigkeit und Freiheit herrschen, spiegeln sich die säkularisierte positive Anthropologie der französischen Aufklärung und die uralte Sehnsucht nach dem Paradies wider, aus dem der Fluch Gottes die ersten Menschen vertrieb. Dennoch haben die in sozialökonomische Lehrsätze verpackten Hoffnungen auf Erlösung von den Übeln dieser Welt die Arbeiter mobilisiert. Der glühende Schlußappell an die Proletariermassen der ganzen Erde, sich zu vereinigen, die Ketten abzustreifen und eine Welt zu gewinnen,[38] hat dem irrationalen Glaubensbedürfnis gerade der breiten Massen Hoffnungen gegeben, die alle kommunistischen Gesellschaftstheorien, Dogmenzwänge, wirtschaftlichen Mißerfolge und gesellschaftlichen Ungerechtigkeiten überdauerten. Kein Zweifel, die Faszination dieser Lehre lag und liegt in ihrer Doppelsinnigkeit: Sie ist die mystische Prophetie, die gleichzeitig wissenschaftlich argumentiert und damit sowohl der Irrationalität als auch der Wissenschaftsgläubigkeit des Industriezeitalters Rechnung trägt. Während *Marx* und *Engels* 1847, als sie das Kommunistische Manifest veröffentlichten, noch an eine baldige gewaltsame Verwirklichung ihres Zieles glaubten und auch später noch im Blick auf die Geschehnisse in Frankreich von kurzzeitigen Revolutionserwartungen und -hoffnungen durchdrungen waren, fanden sie sich nach 1871 mit dem Gedanken einer länger andauernden Evolution ab, in deren Verlauf die kapitalistische Gesellschaft zum Untergang heranreifen würde.

Politisch aber hatten *Marx* und *Engels* den kontinentalen Arbeiterbewegungen mit dem Kommunistischen Manifest und dem „Kapital", trotz der auch von den Führern dieser Arbeiterbewegung immer wieder nachgewiesenen Irrigkeit wesentlicher Grundannahmen und Zukunftsprognosen, ein einheitliches Agitationskonzept gegeben, das im künftigen Kampf um die politische und gesellschaftliche Gleichstellung des „Vierten Standes" von den sozialdemokratischen Parteien Europas und den Gewerkschaften immer wieder eingesetzt wurde.

Jedoch allen marxistischen Prophezeiungen und allen Appellen an die internationale Solidarität der Arbeiterklasse zum Trotz und ohne Rücksicht auf die freihändlerischen Wünsche der Liberalen bestimmte nicht der soziale, sondern der nationale Gedanke den weiteren Verlauf der deutschen Geschichte im 19. Jahrhundert. In seinem starken Drang nach nationaler Einheit ersehnte das deutsche Bürgertum und Kleinbürgertum nun, nachdem der mißlungene Einigungsversuch durch die Paulskirche die Erfüllung der nationalen Hoffnungen und Wünsche erneut zunichte gemacht hatte, mehr denn je die das Einigungswerk vollendende politische Tat. Dabei verflochten sich nach der Jahrhundertmitte solche Hoffnungen mit dem Bemühen um wirtschaftliche Expansion, die gleichfalls dringend eines nationalen Rahmens zu bedürfen schien, um sich gleichrangig neben den übrigen Industriestaaten zu behaupten. Auch sollte die soziale Frage entgegen den Erwartungen von *Marx* und *Engels* nicht im internationalen, sondern im nationalstaatlichen Zusammenhang erneut gestellt werden und in der Auseinandersetzung mit den nationalen Kräften und Bedingtheiten zu ersten Lösungen führen.

7 Die nationale Einigung durch Bismarck

1850	Revision der preußischen Verfassung und ihre Anerkennung durch *Friedrich Wilhelm IV.* – Olmütz
1851	Wiederherstellung des Deutschen Bundes – Ernennung *Otto von Bismarcks* zum Bundestagsgesandten – Beginn der Zollvereinskrise – Staatsstreich *Louis Napoleons* – Aufhebung der österreichischen Verfassung
1852	Tod des Fürsten *Schwarzenberg* – Kaiserkrönung *Napoleons III.*
1853	Erneuerung der Zollvereinsverträge
1853–1856	Krimkrieg
1858	Übernahme der preußischen Regierung durch den Prinzregenten *Wilhelm* und Beginn der „Neuen Ära" in Preußen
1859	Gründung des Deutschen Nationalvereins
1859–1861	Italienischer Einigungskrieg
1861	Ausrufung *Victor Emanuels* von Piemont-Sardinien zum König von Italien – Tod *Camillo Cavours*
1861–1865	Sezessionskrieg in Nordamerika
1861	Krönung *Wilhelms I.* zum preußischen König
1862	Heereskonflikt in Preußen – Ernennung *Bismarcks* zum preußischen Ministerpräsidenten – Verfassungskonflikt in Preußen
1863	Der Frankfurter Fürstentag – Die Konvention Alvensleben
1864	Deutsch-dänischer Krieg
1865	Vertrag zu Gastein
1866	Krieg Preußens gegen Österreich und seine Bundesgenossen
1867	Gründung des Norddeutschen Bundes – Umbildung des österreichischen Kaiserreiches in die Doppelmonarchie Österreich-Ungarn
1868	Eröffnung des deutschen Zollparlaments
1870	Vatikanisches Konzil – Spanische Thronkandidatur des Erbprinzen *Leopold von Hohenzollern-Sigmaringen*
1870–1871	Deutsch-französischer Krieg
1871	Gründung des Deutschen Reiches

Das Ringen der alten und neuen Mächte

Dem raschen und umfassenden industriellen Fortschritt in Deutschland um die Jahrhundertmitte stand nach der ungelösten Krise von 1848 eine politische Realität gegenüber, die den durch die wirtschaftliche Umwälzung hervorgerufenen gesellschaftlichen Veränderungen nicht mehr länger gerecht wurde. Die vorindustriellen konservativen Mächte waren nach wie vor nicht bereit, dem Bürgertum auch politisch eine seiner wirtschaftlichen Bedeutung angemessene Rolle einzuräumen. Dennoch konnten auch sie nicht übersehen, daß der Wunsch der Deutschen gewachsen war, ihrer erstarkten wirtschaftlichen Macht ein entsprechendes staatliches Gefüge zu geben.

Zwar war es der Wirtschaftstätigkeit gelungen, die enge räumliche Begrenztheit innerhalb Deutschlands zu sprengen und so die Voraussetzungen für eine auch von den einzelstaatlichen Regierungen gewünschte wirtschaftliche Prosperität zu schaffen, die Überwindung der Kleinstaaterei jedoch war nicht erreicht worden. Und obwohl, wie der preußische Historiker *Johann Gustav Droysen* 1854 klagte, „alles im Wanken, in unermeßlicher Zerrüttung, Gärung, Verwilderung, alles Alte verbraucht, gefälscht, wurmstichig, rettungslos"[1] war, hatten die dynastischen Interessen der deutschen Könige und Fürsten und der Argwohn der auswärtigen Mächte das Neue verhindert und der Nation den einheitlichen Staat versagt, in dem sie sich hätte selbst verwirklichen können. Der Stolz des deutschen Bürgertums auf die von ihm erarbeitete Verfassung hatte ebenso wie der Versuch, aus den Kräften der liberalen Idee einen deutschen Staat aufzubauen, eine empfindliche Niederlage erlitten und das politische Selbstwertgefühl der Deutschen schwer getroffen.

„Wer Deutschland regieren will, muß es sich erobern; à la *Gagern* geht es nun einmal nicht"[2], so hatte Prinz *Wilhelm von Preußen*, der spätere König und deutsche Kaiser, 1849 nach der Niederwerfung der letzten verzweifelten Versuche, die deutsche Einheit schließlich gewaltsam zu erringen, zynisch vermerkt und damit nicht nur die bestehenden Machtverhältnisse schlaglichtartig beleuchtet, sondern auch die einzig mögliche Zukunftsperspektive zur Lösung der nationalen Frage aufgezeigt.

Daß der einmal in Gang gekommene historische Prozeß nicht aufzuhalten war, davon war auch der vom Gottesgnadentum der königlichen Macht durchdrungene Prinz sehr wohl überzeugt, erklärte er doch weiter: „Ob die Zeit zu dieser Einheit schon gekommen ist, weiß Gott allein! Aber daß Preußen bestimmt ist, an die Spitze Deutschlands zu kommen, liegt in unserer ganzen Geschichte – aber das Wann und Wie:

Darauf kommt es an."[2] Sollte Deutschland also zur Nation werden, so schien das Wie, folgte man der Feststellung *Wilhelms*, vorgeformt: Deutschland mußte erobert werden, und diese Eroberung würde sich – wie bereits auf dem Gebiet der Wirtschaft durch den Zollverein geschehen – unter der Führung Preußens vollziehen. Dazu würde es einer Politik bedürfen, die das Wünschbare an der Realisierbarkeit wog, von den bestehenden Machtverhältnissen ausging, sie nach ihrer Gewichtigkeit ordnete, um sie sich schließlich dem einmal gesetzten Zweck entsprechend dienstbar zu machen. Realpolitik nannten die Zeitgenossen diese Art der Politik und meinten damit in erster Linie den Primat des Handelns vor dem Denken. Das Wann dagegen lag zum Zeitpunkt, da der preußische Prinz gerade den ersten Einigungsversuch der Deutschen so erfolgreich hatte verhindern helfen, noch im dunkeln der Zukunft und schien durch die schroffen Parteiungen der nun einsetzenden Reaktion mehr denn je in weite Ferne gerückt. Denn zunächst sollten noch einmal die alten Gewalten die Oberhand erlangen, in Deutschland sowohl als auch in Europa.

Nachdem die beiden Versuche, Deutschland zu einigen, gescheitert waren – der aus der populären Bewegung der Paulskirche hervorgegangene ebenso wie der unter preußischer Initiative und Führung von den deutschen Fürsten in Erfurt unternommene –, traten im Dezember 1850 die deutschen Einzelstaaten in Dresden zu einer Konferenz zusammen, um über die Reform des Deutschen Bundes zu beraten, der dann ab Mai 1851 in Frankfurt am Main erneut die Arbeit aufnahm.

Hatten schon die Beratungen in Dresden gezeigt, daß sich das kurz vorher in Olmütz von Österreich gedemütigte Preußen in seinem Anspruch auf Parität und den alternierenden Vorsitz der Bundesversammlung gegen die Vormachtansprüche der Donaumonarchie nicht durchsetzen konnte, so wurde jetzt offenbar, daß Österreich und dessen Ministerpräsident, Fürst *Schwarzenberg,* an der geschichtlich überkommenen Führungsstellung im Bund unter allen Umständen festzuhalten entschlossen waren. Im Gegensatz zur vorrevolutionären Zeit *Metternichs* aber waren im Widerstand gegen die revolutionären Kräfte das Machtbewußtsein und der Machtwille der deutschen Staaten beträchtlich gewachsen, so daß sich der Dualismus der beiden deutschen Großmächte in der Folge immer stärker zuspitzte und letztlich die eigentliche Aufgabe des Gesandtenkongresses unmöglich machte, den Anschluß an die vorrevolutionären Zustände zu finden. Einigkeit allerdings bestand unter den in Frankfurt versammelten Regierungen in der Entschlossenheit, die im Innern ihrer Staaten eingetretene Liberalisierung rückgängig zu machen.

In Österreich hob Fürst *Schwarzenberg* die Märzverfassung im Dezember 1851 wieder auf und setzte eine absolutistische und zentralistische, auf Armee und Kirche gestützte Herrschaft der Regierung durch. Die Gemeindeselbstverwaltung wurde beseitigt, die innere Sicherheit durch scharfe Polizeimaßnahmen aufrechterhalten und eine einheitliche Verwaltung mit Hilfe einer straff organisierten Bürokratie durchgesetzt.

Schließlich sollte eine moderne, von dem aus Elberfeld stammenden calvinistischen *Karl Ludwig von Bruck* geleitete Wirtschaftspolitik die Kronländer fest zusammenschließen. *Bruck* hob die Zollschranken zwischen Österreich und Ungarn auf, erstrebte eine Anbindung des österreichischen Handels- und Wirtschaftsgebietes an den Deutschen Zollverein und baute im Innern der Monarchie das Postwesen sowie das Eisenbahn- und Straßennetz aus. Daneben schuf er eine moderne Organisation von Handel und Gewerbe mit Handelskammern und Handelsgerichten und gründete eine Zentralseebehörde in Triest.

Während in Österreich der bürokratische Polizeistaat herrschte, blieb in Preußen die Verfassung bestehen. Dennoch hatte auch hier der unter dem Einfluß seiner konservativen Freunde, der „Kamarilla“, stehende *Friedrich Wilhelm IV.* jede freie politische Regung unterdrückt. Presse, öffentliches Leben und die Beamtenschaft wurden erneut von der Polizei und der reaktionären Bürokratie überwacht, die Schule dem neugegründeten Oberkirchenrat unterstellt und politische Vereine, Arbeitervereine und Streiks verboten. Das desillusionierte Bürgertum wich vor dem Druck der wiedererstarkten alten Ordnungsmächte und wohl auch aus Furcht vor der proletarischen Revolution zurück und konzentrierte seine Aktivitäten auf die Bereiche, die *Max Weber* mit dem Begriff „Besitz und Bildung“ als charakteristisch für das Bürgertum im 19. Jahrhundert überhaupt bezeichnete, auf die Wirtschaft, die akademische Lehre und die Forschung.

Auch die Verfassung selbst, die im Dezember 1848 von *Friedrich Wilhelm IV.* oktroyiert worden war, büßte ihren liberalen Inhalt weitgehend ein und wurde den tatsächlich bestehenden Machtverhältnissen angepaßt. Vom König am 31. Januar 1851 beschworen, ersetzte sie das gleiche Wahlrecht durch das Dreiklassenwahlrecht, das in Preußen bis 1918 bestand. Dieses Wahlrecht teilte die Bevölkerung nach ihrer Steuerleistung in drei Klassen ein, deren Gesamtstimmen gleichviel zählten, so daß „tausend Reiche soviel“ galten „wie hunderttausend Arme“[3]. In indirektem und öffentlichem Verfahren hatte jede der drei Klassen Wahlmänner zu wählen, die ihrerseits die Abgeordneten kürten, die in der Zweiten Kammer das Volk vertraten. Um den konservativen Einfluß zu stärken, gestaltete die Regierung die Erste Kammer zum Herrenhaus um, schloß die Wahlmöglichkeit aus und schuf eine Versammlung des preußischen Hochadels und der meist aus dem Kleinadel stammenden Rittergutsbesitzer, die der König nach Gutdünken zu erblichen Mitgliedern berief, sowie von Vertretern von etwa 30 größeren Städten und der sechs preußischen Universitäten. Da bei der Gesetzgebung Krone, Herrenhaus und Abgeordnetenhaus zuzustimmen hatten, schien das reaktionäre Element endgültig gesichert. Dies um so mehr, als gerade die zwar wirtschaftlich unbedeutenden, daher aber um so mehr nach politischer und gesellschaftlicher Macht strebenden alteingesessenen Rittergutsbesitzer ihren Einfluß bei Hofe erneut geschickt zur Geltung zu bringen wußten und ihre Stellung in Heer und Beamtentum festigen konnten.

Auch im übrigen Deutschland wurden im August 1851 auf Antrag Österreichs und Preußens die Grundrechte formell aufgehoben und die Revision der einzelstaatlichen Verfassungen im reaktionären Sinne angestrebt. Als die Gegensätze zwischen den beiden deutschen Großmächten jedoch anwuchsen und eine Kooperation zwischen Österreich und Preußen, wie sie zu Zeiten *Metternichs* geherrscht hatte, unmöglich machten, entfielen die Voraussetzungen, deren die am Bund versammelten Regierungen bedurften, um auf die Gestaltung der innenpolitischen Verhältnisse der mittleren und kleineren Staaten gemeinsam einzuwirken. Aus diesem Grunde war es nicht verwunderlich, daß sich die Politik am Bundestag zu Frankfurt je länger je mehr jenen Fragen zuwandte, die die Stellung der deutschen Einzelstaaten und insbesondere die der beiden deutschen Großmächte im bundesdeutschen und europäischen Spannungsverhältnis betrafen.

Das erste dieser Spannungsverhältnisse, das bundesdeutsche, erfuhr durch die Hartnäckigkeit, mit der Fürst *Schwarzenberg* an seiner Politik festhielt, die Vormachtstellung des Vielvölkerstaates in Mitteleuropa zu festigen, eine entscheidende Zuspitzung, als der österreichische Regierungschef sich anschickte, am Bundestag den Beitritt der Donaumonarchie zum Zollverein durchzusetzen. Gestützt auf die handels- und wirtschaftspolitischen Pläne seines Handelsministers *Bruck,* suchte er die wirtschaftliche Führung Preußens in den Ländern des deutschen Bundes zu Fall zu bringen und damit Preußen die stärkste Grundlage seiner deutschen Politik zu nehmen. Die Mittelstaaten, die anfänglich zwischen den materiellen Vorteilen, die ihnen eine Mitgliedschaft in dem von Preußen geführten Zollverein brachte, und der Furcht vor dem preußischen Übergewicht im Bund schwankten, versagten sich schließlich den österreichischen Plänen und votierten für eine Verlängerung der Zollvereinsverträge in dem bisherigen Rahmen. Dieser Sieg Preußens, an dessen Zustandekommen der Preußische Gesandte beim

Bundestag, *Otto von Bismarck*, maßgeblichen Anteil hatte, rettete die zweite deutsche Großmacht nicht nur vor der wirtschaftspolitischen Isolierung, sondern sicherte gleichzeitig auch den weiteren materiellen Aufschwung der übrigen im Zollverein zusammengeschlossenen deutschen Staaten. Diese paßten sich in der Folge Preußens liberaler wirtschaftlicher Gesetzgebung an und gaben damit dem freihändlerischen Prinzip gegenüber dem von Österreich favorisierten schutzzöllnerischen den Vorzug.

Durch Handelsverträge, die der unter preußischer Führung neu konsolidierte, von freihändlerischen Tendenzen geprägte Zollverein zuerst mit Frankreich und dann auch mit England abschloß, fand die deutsche Wirtschaft schließlich Zugang zu den westeuropäischen Märkten und somit den Anschluß an die Weltwirtschaft. Mit dem realen Gewinn, den Preußen durch sein entschiedenes Vorgehen in dieser Auseinandersetzung mit Österreich-Ungarn einbringen konnte, stärkte es gleichzeitig auch sein Ansehen, dessen es in den nun aufziehenden europäischen Krisen so dringend bedurfte, wollte es seine eigenen staatlichen Interessen gegenüber denen der deutschen Mittelstaaten und dem auf seinem Führungsanspruch beharrenden österreichischen Kaiserreich durchsetzen. Dabei ebnete der plötzliche Tod *Schwarzenbergs,* des konsequentesten und wirkungsvollsten Verfechters der österreichischen Großmachtpolitik in Mitteleuropa, am 5. April 1852 Preußen ebenso den Weg wie das tatkräftige Eintreten *Bismarcks* für die Interessen seines Staates.

Geboren am 1. April 1815, repräsentierte der neue preußische Geschäftsträger am Bundestag die beiden Grundpfeiler des preußischen Staates, die Aristokratie und die Bürokratie. Sohn eines märkischen Adligen aus ostelbischer Junkerfamilie und einer aus altem Gelehrten- und hohen Beamtengeschlecht stammenden Bürgerlichen, war *Otto von Bismarck* nach einer auf dem Gut seiner Väter in Pommern verbrachten Kindheit auf Drängen der ehrgeizigen Mutter früh nach Berlin gekommen, um dort die Schule zu besuchen. Nach Absolvierung seiner Gymnasialzeit schrieb er sich zum Studium der Jurisprudenz in der Göttinger Universität ein, wechselte nach einem Jahr an die Berliner Universität über, wo er sein Examen ablegte. Danach versuchte er sich im Staatsdienst, verbrachte ein Jahr als Referendar am Regierungspräsidium in Aachen, dann dreieinhalb Monate in Potsdam. Der Routine des Beamtenlebens bald überdrüssig, meldete *Bismarck* sich als Freiwilliger beim Potsdamer Gardejägerbataillon, ging 1836 nach Greifswald, um seinen Militärdienst zu beenden, und besuchte die landwirtschaftliche Hochschule im benachbarten Eldena.

In diese Zeit fiel sein Entschluß, nicht mehr in den Staatsdienst zurück-

zukehren. Die Gründe dafür nannte *Bismarck* in einem Brief an seine
Cousine, die Gräfin *Bismarck-Bohlen*, die – an seinen Patriotismus
appellierend – versucht hatte, diesen Entschluß rückgängig zu machen.
In diesem Brief schrieb der Dreiundzwanzigjährige u. a.: „Daß mir von
Hause aus die Natur der Geschäfte und der dienstlichen Stellung
unserer Staatsdiener nicht zusagt, daß ich es nicht unbedingt für ein
Glück halte, Beamter und selbst Minister zu sein, daß es mir ebenso
respektabel und unter Umständen nützlicher zu sein scheint, Korn zu
bauen als administrative Verfügungen zu schreiben, daß mein Ehrgeiz
mehr danach strebt, nicht zu gehorchen, als zu befehlen; das sind *facta*,
für die ich außer meinem Geschmack keine Ursache anzuführen weiß,
indessen, dem ist so . . . Die Wirksamkeit des einzelnen Beamten bei
uns ist wenig selbständig, auch die des höchsten, und bei den andern
beschränkt sie sich schon wesentlich darauf, die administrative Maschinerie in dem einmal vorgezeichneten Geleise fortzuschieben. Der
preußische Beamte gleicht dem Einzelnen im Orchester; mag er die
erste Violine oder den Triangel spielen, ohne Übersicht und Einfluß
auf das Ganze muß er sein Bruchstück abspielen, wie es ihm gesetzt ist,
er mag es für gut oder schlecht halten. Ich will aber Musik machen, wie
ich sie für gut erkenne, oder gar keine . . .“[4] Dieses Selbstporträt erfuhr
später, als *Bismarck* dann auf ganz andere, ungewöhnliche Weise,
gleichsam als Außenseiter, erneut in den Staatsdienst eintrat, eine
frappante Bestätigung.
Wieder auf das Gut seiner Familie zurückgekehrt, blieb er, von Unruhe
und Rastlosigkeit getrieben, unzufrieden mit jedem Zustand, in dem er
sich gerade befand, und ging, nachdem er vorher in der intensiv betriebenen Lektüre *Shakespeares, Byrons, Louis Blancs, Voltaires, Spino-
zas* und *Schillers* die Ruhe, die er suchte, nicht fand, auf Reisen. Er
durchstreifte England, Frankreich und die Schweiz und erwog, bei der
britischen Armee in Indien zu dienen, als ihm der Vater „in einem
tränenfeuchten Brief, der von einsamem Alter, Sterben und Wiederse-
hen sprach, die Heimkehr anbefahl“[5].
In diesem Lebensabschnitt kam der Landedelmann über seinen Freund
Moritz von Blankenburg in engen Kontakt mit den pommerschen
Pietisten, einem Kreis von Christen, die an die wortwörtliche Auslegung der Bibel glaubten und strenge Orthodoxie in der Religion mit
unbeweglichem Konservatismus in der Politik verbanden. Dieser
Gruppe gehörten viele der einflußreichsten Adligen an, u. a. *Leopold
von Gerlach*, der spätere Adjutant *Friedrich Wilhelms IV.*, der *Bismarck* dann bei Hofe am meisten fördern sollte.
In diesem Kreis lernte *Bismarck* auch *Johanna von Puttkamer*, seine
spätere Frau, kennen. Durch sie gewann der bis dahin von einem

virulenten Skeptizismus durchdrungene *Bismarck* ein neues Verhältnis zu Gott, das es ihm ermöglichte, die Vergänglichkeit alles Menschlichen zu transzendieren. So konnte er später schreiben: ,,Ich bin Gottes Soldat, und wo er mich hinschickt, da muß ich gehen, und ich glaube, daß er mich schickt und mein Leben zuschnitzt, wie er es braucht."[6] Sein rastloses Umherstreifen, sein scheinbares Aufbegehren und sein beißender Sarkasmus wichen einer neuen Zielstrebigkeit. Nach dem Tode seines Vaters siedelte er 1845 vom Kniephof nach Schönhausen, dem zweiten Familiengut an der unteren Elbe, über, wurde Deichhauptmann und ließ sich von der dortigen Ritterschaft zum Stellvertreter des Parlamentsabgeordneten nominieren. Als dieser erkrankte, wurde *Bismarck* an dessen Stelle in den Vereinigten Landtag gewählt. Damit begann *Bismarcks* politische Laufbahn. Rasch erwarb er sich den Ruf eines erzkonservativen Junkers, der zum Erstaunen und zur Bewunderung seiner konservativen Freunde mit rückhaltloser Offenheit, herausfordernder Kühnheit und schneidender Polemik für das Ansehen und die Macht des preußischen Staates und der preußischen Krone eintrat. Als dann die Revolution im März 1848 Staat und Monarchie bedrohte, nahm er leidenschaftlich Partei für die Erhaltung dieses Staates und seiner Monarchie, überzeugt, daß nur sie die deutsche Frage zu lösen imstande seien.

Da *Bismarck* zu jenem Zeitpunkt in der gegenseitigen Anlehnung von Österreich und Preußen eine notwendige Voraussetzung sah, die deutschen nachrevolutionären Verhältnisse im friedlichen und partnerschaftlichen Einvernehmen neu zu ordnen, ernannte ihn *Friedrich Wilhelm IV.*, der nach dem Scheitern seiner Unionspolitik – allen nationalen politischen Träumereien entsagend – die gleichen Wünsche und Ansichten hegte, zum Bundestagsgesandten in Frankfurt am Main. Noch bevor *Bismarck* den unbedingten Anspruch seines Landes auf Gleichberechtigung mit dem um Macht und Einfluß rivalisierenden Österreich in Frankfurt anmelden konnte, hatte er in einer Rede, in der er das preußische Einlenken in Olmütz vor der Zweiten Kammer vehement verteidigt hatte, erklärt: ,,Die einzige gesunde Grundlage eines großen Staates, und dadurch unterscheidet er sich wesentlich von einem kleinen Staat, ist der staatliche Egoismus."[7] Die zunächst österreich-freundliche Gesinnung des preußischen Gesandten schlug daher in dem Augenblick in ihr Gegenteil um, als er erkennen mußte, daß dieser staatliche Egoismus als Grundlage politischen Handelns von Österreich nicht nur nicht anerkannt wurde, sondern daß die Habsburger Monarchie alles tat, die natürlichen Interessen Preußens in Deutschland seinen eigenen ehrgeizigen Zielen, Deutschland an den Vielvölkerstaat anzuschließen, zu opfern. Nüchtern urteilte er jetzt: „Österreich bedarf zur Durchführung seiner inneren germanisierenden Zentralisations-Politik der Belebung seiner Beziehungen zu Deutschland, d. h. auf wienerisch: einer straffen Hegemonie über den Bund; dabei sind wir ihm im Wege, wir mögen uns an die Wand drücken, wie wir wollen, ein deutsches Preußen von 17 Millionen bleibt immer zu dick, um Österreich so viel Spielraum zu lassen, als es erstrebt. Unsere Politik hat keinen anderen Exerzierplatz als Deutschland, schon unserer geographischen Verwachsenheit wegen, und gerade diesen glaubt Österreich dringend für sich zu gebrauchen, für beide ist kein Platz nach den Ansprüchen, die Österreich macht, also können wir uns auf die Dauer nicht vertragen. Wir atmen einer dem anderen die Luft vor dem Munde fort, einer muß weichen, oder der andere ‚gewichen werden‘, bis dahin müssen wir Gegner sein, das halte ich für eine unignorierbare Tatsache, wie unwillkommen sie auch sein mag."[8]

So wenig sich das Bündnis der beiden deutschen Großmächte aus der Zeit vor 1848 wiederherstellen ließ, so wenig konnte die europäische Staatengemeinschaft zu den vorrevolutionären friedlichen Zuständen zurückfinden.

In Frankreich hatte der im Dezember 1848 mit überwiegender Mehrheit von den Franzosen zum Präsidenten der Republik gewählte *Louis Napoleon Bonaparte* durch Staatsstreich eine plebiszitäre Diktatur errichtet und das bonapartistische Kaisertum wiederhergestellt, das – sollte es Bestand haben – der innen- und außenpolitischen Erfolge bedurfte. Wie zuvor *Napoleon I.*, so erließ auch *Napoleon III.* eine Verfassung, die mit scheinlegalen Mitteln dem Kaiser alle Macht im Staate übertrug, die dieser auch durch eine straff durchgeführte Zentralisation handhabe. Um der Klassengegensätze im Innern Herr zu werden, versuchte *Napoleon* sich durch eine planmäßige und großzügige Förderung der modernen Industriewirtschaft die Gunst des Bürgertums zu sichern, die Bauern durch Verbesserung des Landbaus zu gewinnen und schließlich die Arbeiter durch den Ausbau der Arbeiterfürsorge in sein System zu integrieren. Darüber hinaus schloß er einen engen Bund mit der Kirche, der die Gläubigen auf seine Seite bringen sollte. Die Erfolge blieben nicht aus. Das Verkehrsnetz konnte rasch erweitert, die großen Städte modernisiert und saniert und Paris, das unter ihm sein heutiges Stadtbild erhielt, wieder Mittelpunkt des gesellschaftlichen Lebens in Europa werden.

Mit der gleichen Dynamik, die *Napoleon III.* im Innern seines Landes entfaltete, ging er auch an die Umgestaltung der außenpolitischen Verhältnisse, die Frankreich aus der Isolierung führen sollten, in der sich das Land seit 1815 befand. Hierbei machte er sich die nationalstaatlichen Bestrebungen der europäischen Völker zunutze und erregte dadurch die Sorge und das Mißtrauen der legitim-konservativen Mächte, die das „Second Empire" ebenso wie das Kaiserreich des ersten *Napoleon* als eine revolutionäre Schöpfung betrachteten und daher prinzipiell ablehnten.

Daß mit dieser Einstellung auf die Dauer Frankreichs Drang, im europäischen Mächtekonzert einen entscheidenden Part zu spielen, nicht eingedämmt werden konnte, war eine staatsmännische Einsicht, die *Bismarck* vorurteilsfrei formulierte. Er lehnte dieses auf Frankreich und seine fehlende Legitimität angewandte Prinzip ab und erklärte: „Frankreich interessiert mich nur insoweit, als es auf die Lage meines Vaterlandes reagiert, und wir können Politik nur mit dem Frankreich treiben, welches vorhanden ist, dieses aber aus den Kombinationen nicht ausschließen."[9]

Diese Kombinationen erfuhren aber gerade jetzt durch das Vorgehen des russischen Zaren *Nikolaus I.*, des reaktionärsten Herrschers im europäischen Staatensystem und eigentlichen Hüters der legitimen Ansprüche, eine völlige Umgestaltung. Er hatte an der Besiegung der Revolution in Mittel- und Südeuropa durch die militärische Hilfe, die er Österreich in Ungarn gewährt hatte, einen entscheidenden Anteil. Daher glaubte *Nikolaus I.* den Zeitpunkt gekommen, die Nachfolge des in Auflösung begriffenen Osmanischen Reiches auf dem Balkan antreten, Konstantinopel unterwerfen und dadurch den freien Ausgang vom Schwarzen Meer in das Mittelmeer erobern zu können.

Nachdem die Forderung des Zaren, ihm das Protektorat über die orthodoxen Christen im Osmanischen Reich zu übertragen, von der türkischen Regierung abgelehnt worden war, ließ *Nikolaus I.* die Donaufürstentümer, die Moldau und die Walachei (das heutige Rumänien), besetzen und löste damit einen Krieg aus, „der die bisher noch einigermaßen festen Beziehungen des europäischen Staatensystems endgültig auflösen sollte"[10].

Englands Interesse an einem ungefährdeten Seeweg nach Indien aber gebot ebenso wie seine Furcht, daß Rußland „Europa mit einem eisernen Gürtel umgeben"[11] und damit das europäische Gleichgewicht empfindlich stören werde, die Erhaltung der Türkei und führte Großbritannien gegen Rußland in den Krieg.

Auf Englands Seite stellte sich *Napoleon III.*, der in dem zwischen England und Rußland aufbrechenden Konflikt eine Chance sah, die alte Mächtekonstellation zu durchbrechen, Frankreich aus der Isolierung zu lösen und sich den Weg zur Hegemonie in Europa zu ebnen. Österreich, dessen eigene Interessen auf dem Balkan durch das russische Vorgehen unmittelbar berührt wurden, mußte die unter russischem Schutz sich abzeichnende Errichtung selbständiger Balkanstaaten ebenso fürchten wie die Nationalstaatspolitik *Napoleons III*. In der Hoffnung, durch ein Zusammengehen mit den Westmächten Frankreich an einer Änderung des *Status quo* in Italien zu hindern, ließ die Wiener Regierung, ohne in den Kampf aktiv einzugreifen, ihre Truppen drohend an der Balkangrenze aufmarschieren und schwächte dadurch die russische Kriegsführung auf der Krim. Als Rußland dann im Juli 1854 die Donaufürstentümer räumte, besetzten die österreichischen Truppen zusammen mit den türkischen die freigewordenen Länder. Ein Bündnisvertrag mit England und Frankreich schließlich vollendete die Wende in Österreichs außenpolitischen Beziehungen und machte die Donaumonarchie zum tödlichen Rivalen Rußlands.

Lediglich Preußen blieb – da der König selbst sich zwischen den Anhängern der in Berlin miteinander ringenden russischen und antirussischen Partei nicht entscheiden konnte – neutral und gewann dadurch das Wohlwollen des Zarenreiches für seine künftigen politischen Aktionen.

Rußland aber, auf der Krim von den Engländern und Franzosen besiegt, mußte sich in Paris, wo unter dem Vorsitz des von seiner Isolierung befreiten, in neuem Ruhm und wiedergewonnener Macht strahlenden Frankreich der Friedenskongreß stattfand, dem Spruch der Westmächte beugen. Die Moldau und die Walachei erhielten ihre Selbständigkeit, das Schwarze Meer wurde zum neutralen Meer erklärt und ebenso wie der Bosporus für alle Kriegsschiffe gesperrt.

Das entscheidende Ergebnis für den weiteren Prozeß der europäischen Staatenbildung aber war die Tatsache, daß dieser Krieg das ganze kunstvolle System, das von *Metternich* 1815 errichtet worden war, zerbrochen hatte.

Rußland und Österreich waren zu Feinden geworden. Ihr an der Orientfrage aufgebrochener Gegensatz sollte von nun an bis zum Ende der Habsburgermonarchie 1918 einen konstanten europäischen Konfliktstoff bilden. Gleichzeitig aber hatte sich Österreich durch seine unentschlossene Haltung die beiden Westmächte entfremdet und überdies durch sein erfolgloses Bemühen, den Deutschen Bund gegen Rußland für seine eigenen Balkaninteressen zu aktivieren, die deutschen Klein- und Mittelstaaten zu stärkerer Anlehnung an Preußen veranlaßt. Großbritannien, der eigentliche Sieger, hatte nicht nur die Türkei vor dem russischen Zugriff bewahrt, sondern auch seine eigene Stellung im Mittelmeer gefestigt, das nun, da der Bau des Suezkanals in greifbare Nähe rückte, eine überragende Bedeutung gewonnen hatte. Außerdem festigte der Sieg über Rußland auch die britischen Positionen in Indien, Afghanistan, Persien und China.

Die Feindschaft der Randmächte Europas aber befreite die Staaten des Deutschen Bundes und insbesondere Preußen von dem bisherigen von Österreich und Rußland ausgeübten Druck. *Bismarcks* Voraussage war eingetroffen, daß die großen Krisen das Wetter bildeten, welches Preußens Wachstum fördere. Die zweite deutsche Großmacht, von der Rußland nicht mehr als wohlwollende Neutralität erwartet hatte, hatte sich nicht nur die Freundschaft mit seinem östlichen Nachbarn erhalten können, sondern gleichzeitig auch seine Stellung in dem von Österreich enttäuschten und ihm entfremdeten Deutschen Bund gestärkt, so daß sich, wie *Bismarck* in seiner Denkschrift vom März 1858 bemerkte, ,,auch vor dem Auge Deutschlands die Umrisse Preußens wieder in ihrer natürlichen Größe und Bedeutung''[12] abzuzeichnen begannen.

Die militärische Niederlage der reaktionärsten Großmacht auf dem europäischen Kontinent, deren absolutistisches Herrschaftssystem sich im Innern starr und uneingeschränkt erhalten hatte, wo Zensur und Geheimpolizei jede Kritik an den systemerhaltenden Einrichtungen, der Adelsherrschaft, der Leibeigenschaft der Bauern und der russisch-orthodoxen Kirche, unterdrückten, schuf ,,Raum und Luft für neue Bewegung''[13] und setzte dem Wirken der nachrevolutionären reaktionären Kräfte im übrigen Europa ein Ende. Damit hatten sich auch die Hoffnungen der Liberalen erfüllt, die sie auf eine solche Änderung der politischen Großwetterlage gesetzt hatten.

War die vom liberalen Bürgertum getragene Nationalbewegung durch die Ereignisse auch in den Hintergrund gedrängt worden, tot war sie nicht. Im Gegenteil, sie trat nun erneut mächtig hervor und wußte sich immer lauter und deutlicher zu artikulieren. Die öffentliche Meinung wurde zu einem Faktor in Deutschland, den die Regierungen nicht mehr länger überhören konnten und den zu berücksichtigen *Bismarck* in seiner Märzdenkschrift von 1858 nachdrücklich empfohlen hatte.

Unter dem Eindruck der Ereignisse verstärkte sich diese erneute Hinwendung zum nationalen Gedanken insbesondere bei den Völkern Europas, deren Wille zu politischer Selbstentfaltung der Nation nach innen und außen bislang erfolgreich unterdrückt worden war. Aber auch in den seit langem politisch geeinten Ländern wie Frankreich und England kam es zu einer Stärkung des nationalen Bewußtseins, so daß das jeweilige Staatsvolk mehr und mehr Anteil an Gesetzgebung und Regierung forderte und für die Größe des eigenen Landes eintrat. Gleichzeitig wurde hier die öffentliche Meinung sensibilisiert für Hoffnungen und Wünsche derjenigen Völker, die noch um ihre innere Geschlossenheit rangen.

Es war nicht verwunderlich, daß gerade das Frankreich *Napoleons III.* die Situation nutzte, um im Bündnis mit dem Nationalismus auf das in Bewegung geratene Staatensystem einzuwirken in der Hoffnung, die kontinentale Machtstellung Frankreichs weiter zu stärken und als Vorkämpfer gegen die Grenzen von 1815 neue Bundesgenossen zu gewinnen. Die Gelegenheit dazu bot eine zweite internationale Krise, die, von Italien ausgehend, die europäischen Mächte drei Jahre nach dem Krimkrieg wiederum in Unruhe versetzte. Die italienische Einigungsbewegung, die ebenso wie die deutsche Nationalbewegung in den Revolutionsjahren von 1848/49 gescheitert war, hatte sich unter der Führung König *Victor Emanuels von Piemont-Sardinien* und dessen Ministerpräsidenten Graf *Camillo Cavour* gegen die größtenteils landfremden Dynastien der italienischen Partikularstaaten und gegen Österreich neu formiert und verlangte die Befreiung Italiens von der österreichischen Vorherrschaft und den nationalen Einheitsstaat.

Während nach der italienischen Erhebung von 1848 in den einzelnen italienischen Herzogtümern die liberalen Reformen und versprochenen Verfassungen der Reaktion zum Opfer gefallen waren, hatte *Victor Emanuel* seinem Land eine Verfassung gegeben, die *Cavour* die Möglichkeit bot, Piemont-Sardinien zu einem liberalen Musterstaat auszubauen, das Bürgertum in den Staat zu integrieren und selbst die republikanisch gesinnten Patrioten zu gewinnen. Nachdem er so den „Staat mit der allgemeinen Sache"[14] hatte verbinden können, bedurfte er jetzt der Unterstützung durch eine auswärtige Großmacht, um sein Ziel zu erreichen, Österreich aus Italien zu vertreiben und das Land zu einigen.

Da bot *Napoleon III.* für den Fall eines österreichischen Angriffs seine Hilfe an, schloß mit *Cavour* ein Bündnis und verpflichtete sich, Piemont gegen Österreich militärisch zu unterstützen. Als Gegenleistung erwartete er die Abtretung Savoyens und Nizzas. Mit der ihm eigenen überlegenen Staatskunst rüstete *Cavour* das Land nun für die kommende Auseinandersetzung, so daß sich seine Absicht verwirklichte, daß „am Tage, da der Kampf beginnen soll..., alle Welt sagen muß: Piemont hat recht"[15]. Ein österreichisches Ultimatum, das am 19. April 1859 von der piemontischen Regierung die sofortige Einstellung aller Rüstungen forderte, machte schließlich auch die diplomatischen Bemühungen der Großmächte, den Frieden zu retten, zunichte.

Damit war für *Napoleon* der Bündnisfall gegeben. In zwei blutigen Schlachten, bei Magenta und Solferino, deren mörderisches Grauen den jungen Schweizer *Henri Dunant* zu seinem leidenschaftlichen Eintreten für die Gründung des Roten Kreuzes führte, besiegten die verbündeten Franzosen und Italiener die Österreicher und rückten so das Kriegsziel, Italien bis zur Adria zu befreien, in greifbare Nähe. Da trat Preußen für Österreich ein und machte mobil.

Um jeder Einmischung zuvorzukommen, ließ *Napoleon* seine Verbündeten fallen und schloß mit dem österreichischen Kaiser den Frieden von Villafranca, in dem Österreich sich zur Abtretung der Lombardei verstand, die *Napoleon* an *Victor Emanuel* weitergab. Wenngleich der Erfolg zunächst hinter den Erwartungen zurückblieb, so war die Einigungsbewegung selbst nicht mehr aufzuhalten. In der Toscana, in Parma und in Modena erhob sich das Volk gegen die zurückgekehrten Regenten und forderte, ebenso wie in der Romagna, dem größten Teil des Kirchenstaates, in Volksabstimmungen den Anschluß an Piemont. Den Widerstand Frankreichs gegen dieses Anschlußbegehren beschwichtigte *Cavour* dadurch, daß er Savoyen und Nizza an Frankreich abtrat. Auch begann *Cavour* jetzt den gefeierten Nationalhelden *Giuseppe Garibaldi* zu unterstützen, als dieser mit seinen Freischaren in Sizilien und Unteritalien die regierenden Bourbonen verjagte. Die Absicht *Garibaldis,* die italienische Einheitsrepublik zu errichten, wußte *Cavour* jedoch zu verhindern. Schließlich vollendete er mit Hilfe der piemontischen Truppen die Einigung. Als am 17. März 1861 *Victor Emanuel* von den Abgeordneten ganz Italiens zum König ausgerufen wurde, war die äußere Einheit – wenn auch unvollkommen – erreicht. Venetien war noch im Besitz der Habsburger Monarchie und sollte erst 1866 nach dem preußisch-österreichischen Waffengang an Italien kommen. Rom verblieb in der Hand des Papstes, den *Napoleon*, der der Unterstützung des französischen Klerus bedurfte, schützte, so daß *Victor Emanuel* zunächst Turin, später Florenz als Hauptstadt wählen mußte. 1870 jedoch befreite der Sturz *Napoleons* Rom von der französischen Besatzung und gab dem Königreich seine natürliche Hauptstadt.

Das Werk *Cavours,* das mit Hilfe Frankreichs, der Rückendeckung Rußlands und der Sympathien Englands zustande gekommen war, hatte die europäischen Völker tief berührt, hatte hier doch die liberal nationale Bewegung sowohl über die Maßlosigkeit der Nationalisten als auch über das Mißtrauen der europäischen Mächte gesiegt und sich allen Widerständen zum Trotz den nationalen Verfassungsstaat erkämpft. Gleichzeitig hatte die Verwirklichung der italienischen Staatsgründung aber auch deutlich werden lassen, daß der Einigungswille eines Volkes sich offenbar nur mit den Mitteln des Krieges erfüllen ließ, so daß in der zweiten Jahrhunderthälfte der Machtgedanke das öffentliche Bewußtsein immer stärker beherrschte und das politische Denken sich mehr und mehr an dem tatsächlichen und erhofften Zuwachs an wirtschaftlich-technischer und militärischer Macht des nationalen Staates orientierte. Dies sollte sich in der kriegerischen Auseinandersetzung der Nord- und Südstaaten in Nordamerika ebenso erweisen wie bei der Staatsgründung der Deutschen, dem Werk eines einzigen Mannes, *Bismarcks*, das dieser – gestützt auf die militärische Macht Preußens – gegen alle widerstrebenden europäischen und innerdeutschen Kräfte zu schaffen vermochte.

Die Lösung der deutschen Frage

Der italienische Krieg hatte die öffentliche Meinung in Deutschland von neuem leidenschaftlich mobilisiert und das unbefriedigte nationale Bedürfnis vehement geweckt. Dabei stellte sich den Zeitgenossen wiederum mit aller Deutlichkeit das Problem der ungelösten deutschen Frage als das eigentliche Hindernis auf dem Weg zur Vollendung der nationalen Einheit.

Bismarck und mit ihm einige wenige Wortführer, wie der liberale Politiker *Ludwig Bamberger*, der Jenaer Philosophieprofessor *Constantin Rößler* und der Sozialist *Ferdinand Lassalle*, forderten die Ausnutzung der Lage zugunsten Preußens. So schrieb *Bismarck,* damals preußischer Gesandter in Petersburg, am 5. Mai 1859 an den Generaladjutanten des Prinzregenten *Wilhelm*, den General Graf *Gustav von Alvensleben*: „Die gegenwärtige Lage hat wieder einmal das große Los für uns im Topf, falls wir den Krieg Österreichs mit Frankreich sich scharf einfressen lassen und dann mit unseren ganzen Armeen nach Süden aufbrechen, die Grenzpfähle im Tornister mitnehmen und sie entweder am Bodensee oder da, wo das protestantische Bekenntnis aufhört vorzuwiegen, wieder einschlagen. Wo ist denn außer uns noch ein europäischer Staat, dem 18 oder, wenn ich die Katholiken in Oberbayern und Oberschwaben abrechne, 14 Millionen zwischen seinen eigenen schlecht zusammengefügten Gliedern umherliegen und nichts weiter von ihm wollen als ihm angehören? Alle diese Leute schlagen sich 24 Stunden, nachdem wir sie in Besitz genommen haben, für uns besser als je für ihre frühere Obrigkeit, besonders wenn der Prinzregent ihnen den Gefallen tut, das Königreich Preußen in ein Königreich Deutschland umzutauschen.“[16] Demnach war *Bismarck* willens, zusammen mit Frankreich und Piemont-Sardinien und unter dem Beistand einer wohlwollenden russischen Neutralität gegen Österreich zu marschieren, die Habsburgermonarchie aus dem Deutschen Bund zu drängen und so die deutsche Frage gewaltsam zu lösen.

Jedoch waren weder die neue preußische Regierung noch die sich in den Zeitungen und zahllosen Flugschriften artikulierende öffentliche Meinung bereit, Österreich preiszugeben, sondern fanden sich in einer nahezu einhelligen Frontstellung zum Schutze der Donaumonarchie als eines deutschen Bundesstaates gegen Frankreich zusammen. Daß es dennoch nicht zum aktiven Eingreifen des bereits mobilisierten preußischen Heeres in den italienisch-österreichischen Krieg kam, lag einmal an der Haltung des Prinzregenten, der den Oberbefehl über alle deutschen Bundeskontingente beanspruchte, und zum anderen an Napoleons überraschender Friedensinitiative, mit der er einer preußischen Intervention zuvorkam.

Was blieb, waren Verstimmungen und Enttäuschungen sowohl bei den auswärtigen Mächten als auch in Preußen selbst und in den Mittelstaaten. Wieder einmal hatte sich erwiesen, daß die Interessen der beiden deutschen Großmächte zu verschiedenartig waren, als daß sie sich auf einen Nenner hätten bringen lassen, und daß der Deutsche Bund selbst im Spiel dieser Interessen sich als zu schwach erwies, um zu irgendeiner Zeit in irgendeiner Form ein eigenes Gewicht zu entwickeln. Die Folge war ein Wiederaufleben der Idee der Paulskirche, die Lösung der deutschen Frage durch einen von Preußen geführten Bundesstaat herbeizuführen.

Der starke Drang nach Einheit und das italienische Vorbild führten dann auch im Herbst 1859 in Frankfurt a. M. zur Gründung des Deutschen Nationalvereins, in dem sich liberale und gemäßigte Demokraten aus den verschiedenen deutschen Bundesländern „zum Zwecke der Einigung und freiheitlichen Entwicklung des deutschen Vaterlandes"[17] zusammenschlossen und dessen Mitglieder in ihrer überwiegenden Mehrheit ihre Hoffnungen auf Preußen setzten. Auch fand in diesen Jahren die ungestillte Sehnsucht des deutschen Bürgertums nach nationaler Einheit, wie in der Zeit der Metternichschen Reaktion, in den Sänger-, Schützen-, Trachten- und Turnerfesten Ausdruck und vordergründige Erfüllung, und die Hundertjahrfeier zum Geburtstag *Schillers* am 10. November 1859 gestaltete sich zu einer eindrucksvollen Demonstration eines ungebrochenen nationalen Willens.

Schließlich machte sich die Geschichtswissenschaft zur Verkünderin moderner politischer Forderungen und ließ sich bei der Darstellung der Vergangenheit wesentlich durch die Parteinahme für die Probleme der Gegenwart leiten.

Die optimistische Grundstimmung der Zeit aber schlug sich nieder in dem Fortschrittsglauben dieses Jahrhunderts, nach dem „der natürliche Gang der Dinge das Zeitgemäße und Vernünftige"[18] hervorbringe, nämlich den deutschen Nationalstaat unter preußischer Führung mit Billigung der Liberalen.

Von diesem Glauben waren die liberalen Schichten in Deutschland zu diesem Zeitpunkt um so eher durchdrungen, als sie der Thronwechsel in Preußen mit neuen Hoffnungen erfüllt hatte. Prinz *Wilhelm* hatte als Regent 1858 die Nachfolge seines unheilbar geistig erkrankten Bruders, *Friedrich Wilhelm IV.*, angetreten, ein gemäßigtes liberales Ministerium ernannt und in einer Ansprache am 8. November 1858 den neuen Ministern erklärt: ,,In Deutschland muß Preußen moralische Eroberungen machen, durch eine weise Gesetzgebung bei sich, durch Hebung aller sittlichen Elemente und durch Ergreifung von Einigungs-Elementen, wie der Zollverband es ist, der indes einer Reform wird unterworfen werden müssen.‘‘[19]

Dies waren Imperative einer Politik, die bei den Liberalen hochgespannte Erwartungen weckte und den Großherzog *Friedrich von Baden,* den Schwiegersohn des Prinzregenten, zu seiner enthusiastischen Zuschrift veranlaßte: ,,Die Gegenwart ist nun – dank Deiner väterlichen Fürsorge – eine schönere denn jemals.‘‘[20] Den Hinweis des neuen Herrschers, die Regierung müsse sich ,,nicht fort und fort treiben lassen, liberale Ideen zu entwickeln‘‘[19], überhörten die solchermaßen Hochgestimmten ebenso wie den auf die ,,dringende, wenn auch kostspielige Verbesserung des Heerwesens‘‘[21]. Die ersten Neuwahlen unter dem Prinzregenten brachten dann auch einen großen Sieg der Liberalen, der wiederum nicht ohne Wirkung auf das übrige Deutschland blieb.

Bald jedoch wurde die Kluft zwischen dem politischen Willen des Prinzregenten und den Hoffnungen, die er bei den Liberalen geweckt hatte, offenbar. Nüchterner und härter als sein Bruder, war *Wilhelm* von einem starken preußischen Machtbewußtsein beseelt und nach den Erfahrungen der Krise von 1859, als im Zuge der Mobilmachung die Mängel der preußischen Heeresverfassung offenkundig geworden waren, mehr denn je entschlossen, sein Programm einer Militärreform zu verwirklichen.

Den Auftrag, diese Reform auszuarbeiten, hatte der neue Kriegsminister *Albrecht von Roon* erhalten, der im Februar 1860 im Abgeordnetenhaus eine entsprechende Gesetzesvorlage einbrachte. Das neue Gesetz sah neben einer Erhöhung der Truppenstärke und der damit verbundenen jährlichen Einberufungen, die entsprechend der von 11 auf 18 Millionen angewachsenen Bevölkerung künftig 63 000 statt wie bisher 40 000 Rekruten ziehen sollten, eine Stärkung der aktiven Truppe, der sogenannten Linie, auf Kosten der Reserve und vor allem der Landwehr vor. Außerdem wurde die bereits im Wehrgesetz von 1814 festgelegte dreijährige Dienstzeit, die nach einer vorübergehenden Verkürzung auf zwei Jahre seit 1852 wieder bestand, erneut gesetzlich vorgeschrieben.

Die Abgeordneten, die mehrheitlich bereit waren, der Vorlage grundsätzlich zuzustimmen, wandten sich jedoch sowohl gegen die dreijährige Dienstzeit als auch gegen die vorgesehene Überführung der jüngeren Jahrgänge der Landwehr in die Reserve der aktiven Truppe. In der Beibehaltung der Landwehr aber, die noch am ehesten das „Volk in Waffen" im Sinne der preußischen Heeresreformer aus der Zeit der Befreiungskriege verkörperte, und insbesondere in der Wiedereinführung der zweijährigen Dienstzeit sah die Mehrheit der Abgeordneten liberale Forderungen grundsätzlicher Art, deren Erfüllung oder Verweigerung über die Frage Parlamentsheer oder Königsheer entscheiden würde.

Wilhelm, seit dem Tode *Friedrich Wilhelms IV.* am 2. Januar 1861 König von Preußen, war jedoch entschlossen, die überlieferten Ansprüche der Krone, die in der Armee ein außen- und innenpolitisches Machtmittel sah, auch gegen die von ihm beschworene Verfassung zu verteidigen. Damit sprengte die Militärreform ihren militärisch-technischen Rahmen und wurde zum Prüfstein der Neuen Ära und ihres tatsächlichen liberalen Inhalts. *Leopold von Gerlach*, der Altkonservative, erkannte frühzeitig den Zusammenhang: *Wilhelm*, so meinte er, „welcher die Ära des Liberalismus begonnen, greift also jetzt das gründlichst liberale Institut der preußischen Monarchie an, um es zu töten ... Lassen sich die Liberalen diese Maßregel gefallen, so haben sie keine wahre Kraft."[22]

Und in der Tat, um einen Bruch zu vermeiden, bewilligte das Abgeordnetenhaus zweimal für jeweils ein Jahr die Kosten für die Heeresvermehrung, vertagte damit die Entscheidung und hoffte weiter auf Verständigung mit dem Monarchen. Dieser war jedoch nicht bereit, dem Parlament ein Recht auf Mitsprache in Militärangelegenheiten einzuräumen, und hielt an der dreijährigen Dienstpflicht seiner Soldaten fest.

Auch der im Dezember 1861 neugewählte Landtag, in dem die neugegründete Fortschrittspartei, die sich aus dem radikalen Flügel der Altliberalen gebildet hatte, 100 Sitze erhielt und die Konservativen nur noch 24 Mandate erringen konnten, brachte keine Annäherung der Standpunkte. Im Gegenteil, der Kampf verschärfte sich. Die Abgeordneten strichen die Kosten der Reorganisation für das Haushaltsjahr 1862, und der König löste im März 1862, nachdem das Herrenhaus die Entscheidung des Abgeordnetenhauses verworfen hatte, das Parlament auf. Als dann die Neuwahlen am 6. Mai der alten Opposition neue Stimmenzugewinne brachten, lehnte das Abgeordnetenhaus die Bewilligung der Reorganisationskosten endgültig ab. Damit sah sich die Regierung der rechtlichen Mittel beraubt, die Heeresreorganisation aufrechtzuerhalten, und trat, da sie nicht bereit war, die verfassungsmäßige Grundlage aufzugeben, zurück. Noch im Juli 1862 hatte *Bis-*

marck in einem Brief an den Kriegsminister *Roon* geäußert: „Je länger sich die Sache hinzieht, desto mehr sinkt die Kammer in der öffentlichen Achtung ... Sie wird müde werden, hoffen, daß der Regierung der Atem ausgeht."[23] Im September schien das Gegenteil dieser Voraussage eingetroffen zu sein. Der König, der an der Durchführung der Reorganisation und insbesondere an der von ihm für unumgänglich gehaltenen dreijährigen Dienstzeit festhielt, war eher entschlossen, zugunsten seines liberal gesinnten Sohnes abzudanken, als sich einem Kompromiß zu beugen. Dies um so mehr, als der Heereskonflikt sich zum Verfassungskonflikt auszuweiten begann. Auf die verfassungsrechtliche Frage, wie bei einem Konflikt zwischen Krone und Parlament zu verfahren sei, gab die Verfassung, die in Budget- und Gesetzesfragen von einer Übereinstimmung der beiden Gewalten ausging, keine Antwort. Die Konservativen griffen daher zu der sogenannten Lückentheorie, die der Regierung das Recht zusprach, bis zur Einigung die Verfassungslücke zu überbrücken und die für die Staatsgeschäfte notwendigen Mittel auch ohne Zustandekommen eines Budgetgesetzes zu erheben. Daß diese Verfassungsinterpretation das vornehmste Recht eines jeden Parlaments, das Steuerbewilligungsrecht, völlig entwertete, staatsrechtlich nicht haltbar war und überdies „den Liberalismus im Kern seines Staats- und Rechtsgefühls"[24] verletzte, war den Zeitgenossen und auch dem König wohl bewußt. *Wilhelms* Abdankung hätte den Konflikt beigelegt, gleichzeitig aber auch die Macht der Krone empfindlich geschwächt, das Parlament zum eigentlichen Träger der staatlichen Verantwortung gemacht und damit dem weiteren Verlauf der deutschen Geschichte sicherlich eine andere Richtung gegeben.

Die Zeit für eine solche Wende war aber noch nicht reif. Einmal war, wie *Lassalle* an *Marx* geschrieben hatte, das Volk „wenig entmonarchisiert", sondern „überwältigend königstreu"[25], und zum anderen verlangte der kollektive Wille einen machtvollen Staat. Dieser allein schien in der Lage zu sein, ihm die nationale Macht, die er erstrebte, zu geben. Und wer diesem kollektiven Willen zur Verwirklichung verhelfen würde, „dem wird sie" – wie der Publizist *Julius Fröbel* es 1859 prophezeit hatte – „Ehre geben, mehr Ehre, als er sich ausdenken kann"[26].

So kam es, daß *Wilhelm* den Mann zum Ministerpräsidenten berief, von dem er befürchtete, „daß er alles auf den Kopf stellen würde"[27], nachdem dieser ihm in einer langen Unterredung im Schloß zu Babelsberg versichert hatte, daß er als brandenburgischer Edelmann und Vasall die Macht der Krone gegen das Parlament mit allen Mitteln behaupten wolle und bereit sei, nicht nur für die vom König erwünschte Militärreorganisation einzutreten, sondern auch gegen die Majorität und ohne ein verfassungsmäßig zustande gekommenes Budget zu regieren. Für *Bismarck* selbst aber bedeutete diese Berufung den ersehnten Eintritt in die große Politik, auf die er durch die langen Jahre seiner bisherigen politischen Karriere als Gesandter am Bundestag in Frankfurt am Main und als preußischer Botschafter in Petersburg und Paris gründlich vorbereitet war.

Ausgestattet mit glänzenden Gaben des Geistes, von leidenschaftlicher Willensstärke und einem herrischen Machtwillen, verband *Bismarck* vorurteilsfreie Phantasie mit der Schärfe des politischen Urteils und dem untrüglichen Gefühl für das praktisch Durchsetzbare. Mut und Sieg gleichsetzend, empfand er politische Niederlagen als persönliche Schmach und war unbändig in seinem Haß politischen Gegnern gegenüber, deren Schwächen er bissig bis zur Ungerechtigkeit bloßstellte.

Treue empfand er nur für seine Aufgabe, für sein Land und für seinen König. Seine reiche, aber widersprüchliche Natur konnte bei aller Hochfahrenheit sich bis zur Demut unterwerfen unter das, was er das Walten Gottes nannte. Konservativ und revolutionär, hatte er eine tiefe Einsicht in das das Zusammenspiel der großen Mächte regulierende Maß. Frei von jeder Hybris, wußte er sich zu bescheiden, wenn die Umstände danach waren. Die Fähigkeit, die politischen Kräfte abzuschätzen, sie zu seinem und der staatlichen Macht Vorteil zu nutzen, bewahrte ihm bei aller Verstricktheit in die Ereignisse den kühlen Blick. Als Staatsmann groß in seiner Zeit, als Persönlichkeit großmütig und kleinlich zugleich, wurde er verehrt und angefeindet wie keiner seiner Zeitgenossen. Im Guten wie im Bösen richtunggebend für das Geschick seines Volkes, blieb und bleibt er im Urteil der Geschichte schwer zu messen.

Wie seine Person, so ist auch sein Werk immer wieder in Frage gestellt worden. Entstanden aus dem Geist seiner monarchischen Staatsgesinnung, war seine Schöpfung in den Augen der westeuropäischen Welt immer zeitfremd und bedrohlich. Für Deutschland selbst barg sie innere Spannungen und führte zu einer einseitigen Überschätzung der materiellen Machtmittel, die im weiteren Verlauf der Ereignisse zu einer förmlichen Spaltung der Nation führte.

Nachdem der König ihn berufen hatte, stand *Bismarck* nicht nur vor der Aufgabe, den Heereskonflikt beizulegen, sondern er mußte auch die deutsche Frage angehen, um in deren Lösung zugleich die preußischen Probleme aufgehen zu lassen. Für beide Aufgaben schien er den Liberalen der ungeeignetste Mann, gegen den sie sich leidenschaftlich wandten und den sie als die verkörperte Reaktion aus vollem Herzen haßten.

So wenig bedeutsam die Sachfrage der Heeresreform für den neuen Regierungschef war, so sehr war ihm daran gelegen, sich den König zu verpflichten. Fest entschlossen, den Willen des Herrschers zu dem seinen zu machen und so die Grundlagen für seine eigene Machtstellung zu schaffen, nahm er den Kampf mit dem sich jedem Annäherungsversuch versagenden Parlament auf.

Kaum eine Woche nach seiner Berufung versuchte *Bismarck* zunächst, den bestehenden Konflikt als zu tragisch aufgefaßt herunterzuspielen, appellierte aber gleichzeitig an die nationalen Empfindungen der Abgeordneten. Die Form jedoch, in die er seine Überlegungen kleidete, daß ohne ein starkes Heer sich die nationalen Sehnsüchte und Wünsche nicht verwirklichen ließen, war nicht dazu geeignet, die Kommissionsmitglieder zu gewinnen. Im Gegenteil, seine Rede empörte sie und die Öffentlichkeit tief und festigte für lange Zeit das Bild, das die Liberalen von ihm als einem gewissen- und grundsatzlosen Gewaltmenschen entworfen hatten. ,,Nicht auf Preußens Liberalismus sieht Deutschland, sondern auf die Macht... Preußen muß seine Kraft zusammenhalten auf den günstigen Augenblick, der schon einigemal verpaßt ist... Nicht durch Reden und Majoritätsbeschlüsse werden die großen Fragen der Zeit entschieden – das ist der Fehler von 1848 und 1849 gewesen –, sondern durch Eisen und Blut.''[28]

Die europäische Öffentlichkeit ebenso wie Preußens Liberale deuteten diese Worte *Bismarcks* als Ankündigung einer brutalen Kriegs- und Eroberungspolitik. Des Ministerpräsidenten Hinweis, daß die Regierung ein starkes Heer brauche, um den allgemein gewünschten deutschen Nationalstaat – ein mit Preußen verbundenes und von ihm geführtes kleindeutsches Reich – durchzusetzen, übersahen die Abgeordneten. Dies war um so erstaunlicher, als die Überzeugung, daß ohne Krieg die deutsche Einheit nicht zu gewinnen sei, spätestens seit den Ereignissen in Italien und Nordamerika auch bei ihnen Platz gegriffen hatte.

Die bei den deutschen Politikern und Intellektuellen sowie bei einem breiten Publikum hervorgerufene Empörung über die provokative Rede des ,,prahlenden Junkers, der Deutschland unterjochen will''[29], erschreckte auch den König und stimmte selbst *Bismarcks* Freunde bedenklich, die wie *Roon* von geistreichen Exkursen sprachen, die den Konflikt nur unnötig verschärften.

Ohne Zweifel, die Gegensätze zwischen Regierung und Parlament waren nun unüberbrückbar geworden. Das Abgeordnetenhaus setzte die für die Heeresreform geforderten Mittel von neuem herab, das Herrenhaus aber versagte dem verkürzten Budget seine Zustimmung, so daß ein Budgetgesetz wiederum nicht zustande kam. Da griff *Bismarck* die juristisch unhaltbare Lückentheorie auf und erklärte, die

Regierung müsse, da die Staatsgeschäfte nicht stillstehen könnten, ohne die in der Verfassung vorgesehene Grundlage geführt werden und die als notwendig erachteten Ausgaben auch ohne bewilligtes Budget tätigen. Damit war das parlamentarische Budgetbewilligungsrecht illusorisch und der Heereskonflikt endgültig zum Verfassungskonflikt geworden.

Der neuerlichen Auflösung des Abgeordnetenhauses folgte der Aufruf der Fortschrittspartei zur Steuerverweigerung, den *Bismarck* mit immer schärferen Obstruktionsmaßnahmen beantwortete. Die Beamten, die der Opposition angehörten, wurden gemaßregelt, die Wahlen amtlich beeinflußt, und die Pressefreiheit wurde eingeengt. Vergebens hatte der Kronprinz in einer öffentlichen Ansprache gegen diese an *Metternichs* Karlsbader Beschlüsse erinnernde Politik protestiert. Gleichwohl ging die so unterdrückte Opposition aus jeder Wahl gestärkt hervor, konnte sich aber bei dem durch die preußische Verfassungskonstruktion garantierten natürlichen Übergewicht der Regierung nicht durchsetzen. Ohnmächtig mußte sie mit ansehen, wie *Bismarck* vier Jahre lang ohne verfassungsmäßig bewilligtes Budget regierte und die Heeresreform im Sinne des Königs durchführte.

Während der innenpolitische Kampf um die Heeresvorlage und die damit verbundene Verfassungs- und Machtfrage sich mehr und mehr zuspitzten, zwangen Ereignisse außerhalb Preußens die Regierung zu einer Reihe weitreichender außenpolitischer Entscheidungen.

Im Januar 1863 erhoben sich die Polen gegen die russische Herrschaft. Wie im Jahre 1830, so wandten sich auch dieses Mal die Sympathien der deutschen und europäischen Liberalen den Aufständischen zu, und England, Frankreich und Österreich suchten die Russen unter Druck zu setzen, damit sie den Polen die lang erstrebten Freiheitsrechte gewährten. *Alexander II.* schien zu Zugeständnissen an die Polen bereit, sofern das Land weiterhin in Personalunion mit dem Zarenreich verbunden bliebe. *Bismarck* seinerseits nahm demonstrativ gegen die Polen Stellung und entsandte den General *Gustav von Alvensleben* nach Petersburg. Dieser schloß mit dem Zaren eine Konvention, die die russischen und preußischen Truppenführer ermächtigte, sich in der Unterdrückung des Aufstandes gegenseitig Beistand zu leisten und, wenn nötig, zum Zwecke der Verfolgung der Aufständischen die jeweilige Staatsgrenze zu überschreiten. Damit hatte sich *Bismarck*, der in einem Staat Polen eine Gefahr für die preußischen Ostprovinzen sah, nicht nur die russische Neutralität für seine spätere Politik der Reichseinigung gewonnen, sondern auch die Gefahr eines französisch-russischen Bündnisses gebannt. In der Beibehaltung der guten Beziehungen zu Rußland aber sah *Bismarck* eine der wesentlichen Grundlagen seiner künftigen europäischen Politik. „Ziemlich einsam einer Welt von Zorn und Haß"[30] gegenüberstehend, verlor er sein Ziel, Preußen die Hegemonie in Deutschland zu erkämpfen, nicht aus dem Auge.

In dieser Zeit, in der sich die Liberalen Europas einhellig gegen *Bismarcks* Verhalten empörten und sein Kredit als Staatsmann tief gesunken war, versuchte der österreichische Kaiserstaat noch einmal die deutsche Frage in seinem Sinne zu lösen. Österreichs Ministerpräsident *Anton Ritter von Schmerling* legte im August 1863 einen Plan zur Reform des Deutschen Bundes vor, der durch Einrichtung eines fünfköpfigen Direktoriums, eines aus den einzelstaatlichen Parlamenten zu besetzenden Delegiertenparlaments und eines periodisch tagenden Fürstenrats den Bund auf eine großdeutsch-föderalistische Basis stellen sollte. *Bismarck* wandte sich entschieden gegen diesen Plan, der Preußen als eines der fünf Direktoriumsmitglieder weiterhin in Abhängigkeit von den übrigen Staaten bringen mußte, und schlug stattdessen das Alternat vor, das Österreich und Preußen eine gleichberechtigte Stellung an der Spitze des Bundes geben würde. Auch lehnte er das Delegiertenparlament ab und trat offiziell für ein aus direkten Wahlen der Bevölkerung hervorgehendes Bundesparlament ein. Mit dem Aufgreifen der revolutionären Forderung von 1848 nach einer direkt gewählten Nationalrepräsentation ließ *Bismarck* erstmals die Umrisse seiner künftigen Nationalpolitik deutlich werden, die über die Integration der liberalen Grundforderungen in die „großpreußische" Machtpolitik zur Gründung des „kleindeutschen" Reiches führen sollte.

Zur Verwirklichung der österreichischen Vorstellungen lud Kaiser *Franz Joseph I.* die deutschen Fürsten zur Beratung nach Frankfurt am Main ein. *Bismarck* verhinderte, daß *Wilhelm* der Einladung folgte, und brachte – da die deutschen Fürsten, die alle nach Frankfurt gekommen waren, mit Österreich allein kein Bundesverhältnis eingehen wollten – die Verhandlungen zum Scheitern.

Als Konfliktminister schien *Bismarck,* der allen großdeutschen Versuchen erbittert entgegentrat, die führende Stellung Preußens endgültig verspielt zu haben. Da trat ein Ereignis ein, das die Lage von Grund auf änderte und Preußen Gelegenheit bot, im Zusammengehen mit Österreich, das sich unmittelbar nach dem ergebnislosen Verlauf des Frankfurter Fürstentages noch einmal um eine direkte Aussöhnung mit dem preußischen Rivalen bemühte, die deutsche Frage voranzubringen und sie für sich zu entscheiden.

Der Tod König *Friedrichs VII.* von Dänemark ließ die seit 1848 umstrittene Frage von Schleswig-Holstein wiederaufleben und brachte Österreich dazu, in den nun beginnenden Streit an der Seite Preußens einzugreifen.

Die politische Zugehörigkeit der Herzogtümer Schleswig und Holstein zu Deutschland bzw. zu Dänemark war äußerst kompliziert und bildete seit 1848, als die Dänen erstmals versucht hatten, ihre Verfassung auf Schleswig auszudehnen, ein politisches Problem, das sowohl den Deutschen Bund als auch die europäischen Großmächte beschäftigte. Seit 1460 in Personalunion mit Dänemark verbunden, bildeten Schleswig und Holstein eine Realunion mit einem gemeinsamen Landtag, doch gehörte nur Holstein zum Deutschen Bund. Ein alter Freibrief des Dänenkönigs hatte beiden Herzogtümern für alle Zeiten Unteilbarkeit zugesichert, die nun von dänischer Seite bestritten, von der deutschen Nationalbewegung jedoch heftig reklamiert wurde. Da bis auf das von Dänen bewohnte Nordschleswig die Herzogtümer eine deutsche Bevölkerung hatten, votierten diese für Deutschland und widersetzten sich der von den Dänen angestrebten staatlichen Eingliederung.

Als in der Revolution von 1848 die Herzogtümer ihre Loslösung von Dänemark durchsetzten, griffen die Großmächte ein und stellten die vor der Revolution bestehende Personalunion zwischen der dänischen Krone und den beiden Herzogtümern wieder her. Diese keinen der Beteiligten zufriedenstellende Lösung führte in der Folge zu fortwährenden Auseinandersetzungen. Da erließ nach dem Todesfall von 1863 die dänische Krone eine Verfassung für das ganze Land, einschließlich der Provinz Schleswig. Dies bedeutete einen eindeutigen Bruch des Londoner Protokolls, da Schleswig mit dem Erlaß der Verfassung Dänemark einverleibt wurde.

In Deutschland forderte die von einer Welle nationaler Leidenschaften getragene Öffentlichkeit die Befreiung der Herzogtümer von Dänemark und die Einsetzung des nächst erbberechtigten *Friedrich von Augustenburg* zum Herzog der beiden Länder. *Bismarck* dagegen griff diese Leidenschaft nicht auf, sondern stellte sich, um eine eindeutige Machtposition für ein Vorgehen gegen Dänemark zu gewinnen, auf den Boden des Londoner Protokolls und forderte nichts weiter als die Zurücknahme der dänischen Gesamtstaatsverfassung. In der Gewißheit, daß die Großmächte die flagrante Verletzung des Londoner Protokolls nicht hinnehmen würden, suchte er sich zunächst die Neutralität der Großmächte zu sichern und gleichzeitig die Bundesgenossenschaft Österreichs zu gewinnen. Sein eigentliches Ziel aber, das er anfänglich wohl zu verschweigen wußte, war die Annexion der Herzogtümer durch Preußen. In diesem Sinne äußerte er in der Neujahrsnacht von 1863 auf 1864 gegenüber seinem Schwager, *Otto von Arnim:* „Die (Schleswig-Holsteiner) müssen einmal Preußen werden. Das ist das Ziel, nach dem ich steuere; ob ich es erreiche, steht in Gottes Hand.

Aber ich könnte nicht verantworten, preußisches Blut vergießen zu lassen, um einen neuen Mittelstaat zu schaffen, der am Bunde mit den anderen immer gegen uns stimmen würde."[31]

Dem Vielvölkerstaat Österreich, dessen Existenz in entscheidendem Maße von der Beachtung der europäischen Rechtskonventionen abhing, blieb in dieser Situation nichts anderes übrig, als sich ebenfalls auf den Rechtsstandpunkt des Londoner Protokolls zurückzuziehen und wie schon 1848 die nationaldeutsche Bewegung in Schleswig-Holstein fallenzulassen. So geriet die österreichische Politik in Abhängigkeit von der preußischen, und *Bismarck* konnte mit Fug und Recht erklären, daß „es noch nicht dagewesen" sei, „daß die Wiener Politik in diesem Maße en gros et en détail von Berlin aus geleitet wurde"[32].

Um Holstein vor den dänischen Ansprüchen zu schützen, setzten beide deutschen Großmächte gemeinsam noch im Dezember am Bundestag den Beschluß einer Bundesexekution durch, in deren Verfolg Bundestruppen in Holstein einrückten. Die Dänen jedoch, die kampflos über die Eider zurückgewichen waren, hielten nach wie vor an der Gesamtstaatsverfassung fest und ließen das Ultimatum, mit dem Preußen und Österreich am 16. Januar 1864 die Aufhebung dieser Gesamtstaatsverfassung gefordert hatten, unbeantwortet. Daraufhin überschritten österreichische und preußische Truppen die Eider, besetzten ganz Jütland und zwangen den dänischen König im Frieden zu Wien, Schleswig und Holstein an sie gemeinsam – nicht an den Deutschen Bund – abzutreten. Damit hatte sich, wie vorher in Italien, so jetzt auch in Deutschland, das Nationalitätenprinzip durchgesetzt.

Die beiden Sieger stellten die Herzogtümer zunächst unter eine gemeinsame Verwaltung durch Zivilkommissare. Im Gegensatz zu Preußen, das hierbei schon aus geographischen Gründen ein Übergewicht erlangte, war für das Habsburgerreich der Anteil an der Herrschaft über die unteilbaren Herzogtümer wertlos. Dem Angebot Wiens, im Tausch gegen schlesisches Gebiet Berlin die Alleinherrschaft im Norden abzutreten, widersetzten sich *Bismarck* und der König. Daraufhin suchte Österreich eine neue Lösung, nahm die Forderung der öffentlichen Meinung auf, propagierte die Einsetzung des *Augustenburgers* und stellte einen entsprechenden Antrag am Bundestag.

In dieser gespannten Lage brachte der Vertrag von Gastein neuerlichen Aufschub. Das Kondominium wurde aufgegeben, Österreich erhielt die Verwaltung Holsteins, Preußen die Schleswigs mit dem Kieler Hafen und das Recht zum Bau des durch holsteinisches Gebiet verlaufenden Nordostsee-Kanals.

Bismarcks Absicht, in jedem Fall die preußische Hegemonie über Norddeutschland zu errichten, trat von nun an immer deutlicher hervor. Sein Zweckbündnis mit Österreich dauerte nur so lange, als es diesem Ziele diente. Die deutsche Frage, die über die Kriegsereignisse in den Hintergrund getreten war, beherrschte erneut die politische Auseinandersetzung und drängte mächtiger denn je nach einer Entscheidung. Österreich, in Italien gedemütigt, mit Rußland verfeindet und von den Westmächten gemieden, hatte sich auch in Deutschland selbst durch sein Vorgehen in der schleswig-holsteinischen Frage die Sympathien verscherzt. Isoliert, von *Bismarck* in die Enge getrieben, suchte es nun, Verlorenes wiederzugewinnen, und wehrte sich entschieden gegen weitere einseitige preußische Maßnahmen.

Nachdem offenbar wurde, daß eine Dauerverständigung zwischen Österreich und Preußen und damit eine Zweierherrschaft in Deutschland nicht möglich war, gingen beide Mächte daran, diplomatische Vorbereitungen für den Fall einer gewaltsamen Lösung der deutschen Frage zu treffen. Eine gewaltsame Lösung aber war nur möglich, wenn in einer kriegerischen Auseinandersetzung der beiden Großmächte Frankreich und Rußland neutral blieben.

Napoleon III., der den Drang der europäischen Völker nach nationaler Einheit für unabänderlich hielt und diesen Drang für die französischen Ziele des Umsturzes des Wiener Systems ausnutzen wollte, begünstigte die Ausdehnung Preußens in Norddeutschland. Auch rechnete er mit einem langen Krieg, der ihm eine Schiedsrichterrolle zuspielen mußte. *Bismarck* seinerseits verstand es, durch unverbindliche Wendungen in *Napoleon* die Vorstellung zu wecken, daß Preußen für die französiche Bereitschaft, die preußische Expansion in Norddeutschland durch wohlwollende Neutralität zu unterstützen, zu Kompensationen etwa in der Luxemburgfrage oder in Belgien bereit sei. So befürwortete *Napoleon* Preußens Bündnis mit Italien, das am 8. April 1866 „für den Fall, daß Preußens Unterhandlungen über die Bundesreform scheitern und dies genötigt ist, die Waffen zu ergreifen"[33], für die Dauer von drei Monaten abgeschlossen wurde.

Nun drängte *Bismarck* auf eine rasche Entscheidung. Er ließ am Bundestag erneut einen Antrag auf Berufung eines Nationalparlamentes stellen, das aus allgemeinen, direkten Wahlen hervorgehen und die Reform der Bundesverfassung beraten sollte. Dabei hoffte er bis zum letzten Augenblick durch ein Nachgeben Österreichs und durch dessen Zugeständnis, Preußen in Norddeutschland die führende Rolle zuzuerkennen, den drohenden Krieg vermeiden zu können. Als jedoch Österreich im Gegenzug zu *Bismarcks* Antrag die Entscheidung des Bundestages in der schleswig-holsteinischen Frage anrief, erklärte Preußen den Gasteiner Vertrag für gebrochen. Es ließ seine Truppen in das bisher von Österreich verwaltete Holstein einrücken und trat aus dem Bund

aus, nachdem der Bundestag dem österreichischen Antrag, die Bundestruppen gegen Preußen zu mobilisieren, in modifizierter Form gefolgt
war und teilmobil gemacht hatte. Die Teilmobilisierung der Bundes-
armee gegen Preußen und die Erklärung der Berliner Regierung, daß
mit Vollzug dieser Teilmobilmachung der Bundesvertrag gebrochen sei,
aber bedeutete den Krieg.

Die Entscheidung über die Erringung der Vormachtstellung in
Deutschland fiel auf dem böhmischen Kriegsschauplatz. Nachdem die
preußischen Truppen in einer Woche fast ganz Mitteldeutschland erobert hatten, siegten sie über die vereinigten Sachsen und Österreicher
bei Königgrätz. Gleichzeitig marschierten italienische Truppen nach
Venetien und wurden von den Österreichern bei Custozza geschlagen.

Am Tag nach der kriegsentscheidenden Schlacht bei Königgrätz intervenierte *Napoleon* und forderte Preußen und Italien auf, sofort einen
Waffenstillstand mit Österreich zu schließen. Die Italiener lehnten die
Vermittlung ab, da sie das zwischenzeitlich von Wien den Franzosen
überlassene Venetien nicht von *Napoleon* als Geschenk entgegennehmen wollten, und überschritten den Po. Preußen dagegen war zu einem
Waffenstillstand bereit, wenn dieser ihm die Gewähr dafür böte, die
wichtigsten Kriegsziele in einem Friedensvertrag festzuschreiben.

Als wichtige Kriegsziele nannte *Bismarck* die Auflösung des Deutschen Bundes, den Ausschluß Österreichs aus Deutschland, die Anerkennung eines Norddeutschen Bundes unter preußischer Führung, den
Zusammenschluß der süddeutschen Staaten in einem entsprechenden
Bund, die Vereinigung der Elbherzogtümer mit Preußen und die
Annexion norddeutschen Gebietes, das die Westprovinzen Preußens
mit dem alten Staatsgebiet verbinden würde.

Unter der Voraussetzung, daß *Bismarck* an der Mainlinie als Südgren-
ze festhalte, anerkannte *Napoleon* diese Bedingungen, so daß *Bismarck* nun unter Verzicht auf alle Demütigungen Österreichs und vor
allem unter Verzicht auf Annexionen in Österreich und Sachsen sowie
auf die Rückgewinnung alten hohenzollernschen Gebietes in Bayern auf
einen raschen Friedensschluß drängte. König *Wilhelm* jedoch, der in
Österreich und Sachsen die Hauptschuldigen am Krieg erblickte, war
ebenso wie seine siegreichen Generäle zunächst nicht bereit, sich mit
den Bismarckschen Bedingungen zufriedenzugeben. Im Gegensatz zu
dem zur Mäßigung ratenden *Bismarck* wollten sie den Krieg bis zum
Einzug in Wien fortsetzen und die Besiegten mit Kontributionen und
Gebietsabtretungen bestrafen. Erst nach heftigen Auseinandersetzungen gelang es *Bismarck*, sich mit Unterstützung des Kronprinzen
durchzusetzen. Dabei mußte er seinem König vorhalten, Preußen hätte
„nicht eines Richteramtes zu walten, sondern deutsche Politik zu trei-

Schlacht von Königgrätz, 3. Juli 1866

ben; Österreichs Rivalitätskampf gegen uns sei nicht strafbarer als der unsrige gegen Österreich; unsere Aufgabe sei Herstellung und oder Anbahnung deutschnationaler Einheit unter Leitung des Königs von Preußen"[34].

Die nun einsetzenden Verhandlungen mit Österreich führten schnell zu einem befriedigenden Abschluß. Einem am 26. Juli 1866 in Nikolsburg geschlossenen Vorfrieden folgte einen Monat später der endgültige Friede von Prag, der außer dem Verlust Venetiens, das über Frankreich zu Italien kam, Österreich keine weiteren Gebietsabtretungen zumutete. Österreich gab seine Zustimmung zur Auflösung des Deutschen Bundes und zur Errichtung des Norddeutschen Bundes, verzichtete auf seine Anrechte auf Schleswig-Holstein und erklärte sich mit der Annexion Hannovers, Kurhessens, Nassaus und Frankfurts durch Preußen einverstanden. Außerdem gestand *Bismarck* auf nachdrücklichen Wunsch *Napoleons* Baden, Württemberg und Bayern eine international unabhängige Existenz zu. Er erreichte aber, daß diese Staaten sich in geheimen Schutz- und Trutzbündnissen bereit fanden, ihre Streitkräfte im Kriegsfall unter den Oberbefehl des preußischen Königs zu stellen.

Der Sieg Preußens bei Königgrätz brachte mit einem Schlage allen Deutschen die tiefgreifende Veränderung der politischen Verhältnisse in Europa ins Bewußtsein. Gewertet und gefeiert als Grundstein für die lang ersehnte deutsche Einheit, wandelte er auch das Urteil der Liberalen über *Bismarck* und seine Politik. Hatten vor Beginn dieses letzten deutschen Bruderkrieges *Bismarcks* Gegner sich über den „Frevel an allen Grundsätzen des Rechts und der Moral" lautstark entsetzt und

über die „Schamlosigkeit einer solchen grauenhaften Frivolität"[35] empört, mit der dieser Krieg in ihren Augen angezettelt worden war, so
beugten sie sich nun „vor dem Genie eines *Bismarck,* (dem) deutschen
Cavour und *Garibaldi* ... Wie wunderbar" – so ließ sich einer der Zeitgenossen vernehmen – „hat der Mann alle Fäden des großartigen Ge-
webes gesponnen, wie fest und sicher, daß keiner derselben riß, wie
genau hat er alle Mittel und Hebel gekannt und benutzt – seinen
König, *Napoleon*, sein Heer, die Verwaltung, Österreich und seine
Kräfte – kurz ein Meisterstück der Berechnung!... Was uns Uneinge-
weihten als freventlicher Übermut erschien, es hat sich hinterher herausgestellt als unerläßliches Mittel zum Ziel... ich gebe für einen
solchen Mann der Tat... hundert Männer der liberalen Gesinnung,
der machtlosen Ehrlichkeit."[36]
Und der Historiker *Heinrich von Treitschke*, der vor 1866 *Bismarck*
noch verdammt hatte, erkannte in *Bismarcks* Vorgehen nach Königgrätz das Walten der Vernunft in der Geschichte. Ebenso bekannte der
liberale Historiker und Politiker *Hermann Baumgarten*, „jetzt ein
neues Leben beginnen zu wollen mit bescheidener Hingebung und
wahrer Treue, mit aufrichtigem Gehorsam gegen die großen Offenba-
rungen, die uns in diesem Jahr zuteil geworden sind"[37].
Bismarck, der den Besiegten gegenüber hatte Mäßigung walten lassen,
reichte nun im Triumph seines Erfolges auch seinen innenpolitischen
Gegnern die Hand und bat durch den Monarchen das neu gewählte
Abgeordnetenhaus um Indemnität, um die nachträgliche Zustimmung
also für alle Ausgaben, die die Regierung seit 1862 ohne gesetzliche
Grundlage getätigt hatte, und somit gleichzeitig um die Billigung der
Regierungsmaßnahmen während der Zeit des Verfassungskonflikts.
Damit erkannte *Bismarck* das Budgetrecht des Parlaments grundsätz-
lich an, betonte jedoch gleichzeitig die verfassungsmäßigen Rechte der
Krone und machte auch in der Frage der militärischen Kommandoge-
walt keinerlei Zugeständnisse. Was er suchte, war die Versöhnung mit
den Liberalen, deren Unterstützung er zu der verfassungsmäßigen
Ausgestaltung des Norddeutschen Bundes dringend bedurfte.
Dieses Vorgehen *Bismarcks* führte zu einer völligen Veränderung der
innenpolitischen Fronten. Die Linksliberalen und die Rechtskonserva-
tiven versagten sich der von ihm angestrebten Verständigung. Während sich der Teil der Konservativen, der den Rechtsstandpunkt der
Regierung aus den vergangenen Jahren und die Besonderheit Preußens
nicht preisgeben wollte, von *Bismarck* abwandte, verharrten die Vertreter einer gesinnungsstrengen Politik innerhalb der Fortschrittspartei
bei ihrer grundsätzlichen Rechtsverwahrung und damit in der Opposition zur Regierung. So kam es über die Indemnitätsvorlage zur Spal-

tung sowohl der Fortschrittspartei, von der sich die gemäßigten Liberalen trennten, um sich in der Nationalliberalen Partei neu zu formieren, als auch der Konservativen Partei, wobei sich die *Bismarck* unterstützende Minderheit in der Freikonservativen Partei sammelte. Auf beide Parteien konnte sich *Bismarck* in den nun folgenden 12 Jahren stützen. So bedeutsam die Beilegung des inneren Konfliktes für den Fortgang des nationalstaatlichen Prozesses war, so folgenreich wurde die damit eingeleitete Entwicklung für die Machtstruktur des künftigen deutschen Staates. Die Ideale des Rechts und der Freiheit waren vor den nationalen Ambitionen der Deutschen in den Hintergrund getreten und hatten anders als in Italien, wo Liberalismus und Nationalismus einen ausgewogenen Bund eingegangen waren, der Macht ihren Tribut entrichtet. Die anfängliche Hoffnung der Liberalen, nach Erringen der Einheit den neuen Staat freiheitlich bestimmen zu können, scheiterte schließlich an dem sich durchsetzenden Machtanspruch der Krone, der bis zum Ende des Ersten Weltkrieges trotz des sich nun etablierenden Konstitutionalismus stets die letzte und eigentliche Entscheidung zufiel.

Nachdem *Bismarck* so die Gefolgschaft einer zuverlässigen Parlamentsmehrheit gewonnen hatte, schloß er fünf Tage nach Abschluß des Prager Friedens mit den Staaten nördlich des Mains einen Vertrag, in dem sich die Partner verpflichteten, einen Bundesstaat zu gründen und ihm unter Mitwirkung eines aus allgemeinen, gleichen und direkten Wahlen hervorgegangenen Parlaments eine Verfassung zu geben. Diese Verfassung führte dann auch die norddeutschen Staaten mit Sachsen und dem um Hannover, Kurhessen, Nassau und die Reichsstadt Frankfurt vergrößerten Preußen im Norddeutschen Bund zu einer Föderation zusammen, in der die Kompetenz zwischen dem Bund und den Einzelstaaten so verteilt war, daß neben der Einheit nach außen auch die nötige Einheit nach innen gesichert war. Als reines Organisationsstatut enthielt sie im Gegensatz zur Verfassung der Paulskirche keinen Grundrechtskatalog und war von *Bismarck* mit Absicht so formuliert, daß die einzelstaatlichen Verfassungen in ihrem Wert erhalten blieben.

Die Exekutive lag beim Bundespräsidium, das der König von Preußen innehatte. Ihm kam das Recht zu, den Bund völkerrechtlich zu vertreten, über Krieg und Frieden zu entscheiden, den Oberbefehl über die Bundestruppen auszuüben, die beschlossenen Gesetze zu verkünden und auszufertigen und den Bundeskanzler zu benennen. Die Legislative verteilte die Verfassung auf zwei Gewalten: zum einen auf den aus allgemeinen, gleichen und freien Wahlen hervorgegangenen Reichstag und zum anderen auf den eigentlichen Träger der Bundesgewalt, den

Bundesrat. Letzterer wurde aus Vertretern der einzelnen Bundesstaaten gebildet und beriet und beschloß unter dem Vorsitz des Bundeskanzlers über die dem Reichstag vorzulegenden Gesetzesvorlagen ebenso wie über die vom Reichstag gefaßten Beschlüsse. Da Preußen im Bundesrat mit einem Stimmenanteil von 14 zu 26 nicht überstimmt werden konnte und überdies über das Bundespräsidium verfügte, war seine hegemoniale Stellung gesichert. Jedoch hatte *Bismarck* versucht, die partikularen Empfindlichkeiten der Kleinstaaten zu schonen und insbesondere in allen Angelegenheiten der Kulturgesetzgebung die Vielgestaltigkeit des deutschen Lebens zu erhalten.

In den Augen der Opposition allerdings war, wie der Sozialdemokrat *August Bebel*, der dem Reichstag seit 1867 angehörte, feststellte, „die norddeutsche Bundesverfassung ein Werk, das nicht die Rechte enthielt, auf deren Gewährung eine konstitutionelle Volksvertretung bestehen mußte. Keine Grundrechte, kein Steuerbewilligungsrecht, keine Ministerverantwortlichkeit, keine Diäten. Dafür den eisernen Militäretat und eine große Machtstellung des Bundeskanzlers."[38] Und in der Tat gründete der neue Bundesstaat nicht auf der Volkssouveränität, sondern auf der Macht der preußischen Monarchie und war ebenso wie später das Deutsche Reich, das diese Verfassung mit wenigen Abweichungen übernahm, ganz auf die Persönlichkeit *Bismarcks* zugeschnitten.

Vorderhand aber ließen die Liberalen und mit ihnen die Mehrheit des deutschen Volkes sich von dem Strom ihrer nationalen Wünsche tragen und warteten darauf, daß *Bismarcks* hoffnungträchtiger Satz, mit dem er seine Rede vom 11. März 1867 während der Generaldebatte des konstituierenden Reichstages des Norddeutschen Bundes über den Verfassungsentwurf schloß, sich alsbald verwirkliche: „Setzen wir Deutschland, sozusagen, in den Sattel! Reiten wird es schon können."[39]

Der Weg dahin war 1867 jedoch mit erheblichen außenpolitischen Hindernissen versehen. Königgrätz hatte nicht nur die Deutschen wachgerüttelt, sondern auch die europäischen Großmächte erschreckt und in Furcht und Mißtrauen versetzt. „Die Welt stürzt ein", rief der italienische Kardinalstaatssekretär *Giacomo Antonelli*, als er vom Sieg der Preußen erfuhr, und in England kommentierte der Spectator: „Dreißig (!) Dynastien sind beiseite gefegt worden. Das Schicksal von zwanzig Millionen Menschen hat sich auf immer verändert. Das politische Gesicht der Welt hat sich verwandelt ... Preußen ist in einem einzigen Augenblick der Sprung zur führenden Großmacht Europas geglückt."[40]

Auch der französische Politiker und Historiker *Adolphe Thiers* stellte fest, daß seit 400 Jahren Frankreich von keinem gleich großen Unglück betroffen worden sei wie von der Errichtung des Norddeutschen Bundes.[41] Und Österreich, die geschlagene zweite deutsche Großmacht, suchte – aus Deutschland verdrängt – seine innere Lähmung zu überwinden, indem es sein Schwergewicht in den europäischen Südosten verlagerte und sich an die Lösung des Nationalitätenproblems seines Staates machte. Es lockerte den Staatsverband föderalistisch auf und kam den Nationalwünschen der Madjaren entgegen. So erfolgte unmittelbar nach der österreichischen Niederlage in einem Ausgleich mit Ungarn die Umgestaltung des habsburgischen Kaiserreiches in die Doppelmonarchie Österreich-Ungarn. Ungarn mit Kroatien und Siebenbürgen wurde eine weitgehende Autonomie eingeräumt, die auswärtigen Angelegenheiten und der Oberbefehl über das Militär jedoch einem gemeinsamen Ministerium unterstellt, das dem Herrscher als Kaiser von Österreich und König von Ungarn direkt zugeordnet war.

Die Reichsgründung

In Deutschland, wo der Wunsch nach Vollendung der nationalen Einheit sich immer ungeduldiger artikulierte, verfolgte *Bismarck* vor allem mit Rücksicht auf Frankreich die Politik einer schrittweisen Annäherung an den Süden Deutschlands, dessen Selbstgefühl er nicht durch überstürzte Aktionen verletzen wollte. Wohl wissend, daß er die nationalen Hoffnungen nicht enttäuschen durfte, bremste er dennoch das in der Öffentlichkeit überhandnehmende Ungestüm, mit dem „Leute außerhalb der Geschäfte nach dem Stein der Weisen (suchten), der sofort die deutsche Einheit herstellen könne"[42]. Mahnend schrieb er an den preußischen Gesandten in München: „Wir können die Uhren vorstellen, die Zeit geht aber deshalb nicht rascher, und die Fähigkeit zu warten, während die Verhältnisse sich entwickeln, ist eine Vorbedingung praktischer Politik."[42] So lehnte *Bismarck* alle weitergehenden Eingriffe in die bestehenden Verhältnisse ab, insbesondere aber den Wunsch Badens, dem Norddeutschen Bund beizutreten, um so mehr, als *Napoleon* Preußen nicht im Zweifel darüber ließ, daß jede Überschreitung der Mainlinie Krieg bedeuten würde.

Seit dem Scheitern der kaiserlichen Außenpolitik 1866, die Preußens Aufstieg zur neuen europäischen Großmacht nicht zu verhindern wußte, und seit dem glücklosen Verlauf der französischen Imperialpolitik in Mexiko war das Ansehen *Napoleons III.* in Frankreich gesunken. Das Wirtschaftsleben des im Innern durch Krisen erschütterten Landes stockte, die Arbeiter waren unzufrieden, der Staat war

verschuldet, und immer mehr Bürger lehnten sich gegen die Alleinherrschaft des Kaisers auf und forderten Mitwirkung an der Regierung.
Auf der Suche nach einem sichtbaren außenpolitischen Erfolg strebte
Napoleon 1867 danach, Luxemburg zu erwerben, das bis zur Auflösung des Deutschen Bundes Bundesfestung war und in dem Preußen
das Besatzungsrecht hatte.

Bismarck war bereit, das Land preiszugeben, und auch der holländische König, der zugleich Großherzog von Luxemburg war, zeigte sich
gegen den Verkauf des Großherzogtums an *Napoleon* nicht abgeneigt.
Die leidenschaftliche Erregung der deutschen Öffentlichkeit jedoch
zwang *Bismarck* zu einem Ausgleich, der den drohenden Krieg verhinderte. Eine von der englischen Regierung angeregte Konferenz machte
Luxemburg zu einem neutralen Staat, die preußische Besatzung zog ab,
aber die Mitgliedschaft des Großherzogtums im Zollverein blieb erhalten.

Damit war der europäische Friede gerettet. *Bismarck*, dem von militärischer Seite geraten worden war, die diplomatisch günstige Situation
zu einem Präventivkrieg zu nutzen, lehnte hier wie auch sonst aus
sittlich-religiösen Gründen mit Entschiedenheit ab und erklärte gegenüber *Robert von Keudell*, einem seiner diplomatischen Mitarbeiter:
„Man darf nicht Krieg führen, wenn es mit Ehren zu vermeiden ist; die
Chance günstigen Erfolges ist keine gerechte Ursache, einen großen
Krieg anzufangen."[43]

Daß dieser Krieg aber – sollte Deutschland zur Einheit finden –
irgendwann einmal doch kommen würde, das fürchtete auch *Bismarck*.
1868 äußerte er zu *Carl Schurz:* „Nie werde ich einem Krieg zustimmen, der sich irgend vermeiden läßt, geschweige denn einen solchen
Krieg herbeiführen. Aber dieser Krieg mit Frankreich, der wird kommen, der wird uns vom Kaiser der Franzosen aufgedrängt werden.
Louis Napoleon hat durch zweierlei viel von seinem Ansehen eingebüßt, erstens durch den abenteuerlichen Krieg in Mexiko, der ein
erstaunlicher Fehler und eine phantastische Torheit war, und zweitens
dadurch, daß er Preußen so mächtig werden ließ, ohne irgendeine
‚Kompensation‘ zu erlangen, irgendeinen Erwerb an Land, welches
den Franzosen wie eine glänzende Errungenschaft seiner Diplomatie
erscheinen konnte. Es war bekannt, daß er eine solche ‚Kompensation‘
erstrebte und daß ich sie ihm, ehe er sich's versah, wegmanövriert
habe. Er ist sich wohl bewußt, daß er viel von seinem Ansehen eingebüßt hat, viel mehr, als er missen kann, und daß dieser Verlust, wenn er
nicht bald wieder ersetzt wird, seinem Kaisertum gefährlich zu werden
vermöchte. So wie er also annehmen kann, daß sein Heer wieder in
guter Ordnung und kriegsbereit ist, wird er Anstrengungen machen,

jenes Prestige, das für ihn eine Lebensfrage ist, wiederzuerlangen. Dazu wird er unter irgendeinem Vorwande Streit mit uns anfangen. Ich glaube nicht, daß er persönlich diesen Krieg herbeisehnt, ich glaube sogar, er würde ihn lieber vermeiden; aber seine unsichere Lage wird ihn dazu treiben. Wir müssen natürlich darauf vorbereitet sein, und wir sind es auch. Wir werden siegen, und das Ergebnis wird gerade das Gegenteil von dem sein, was *Napoleon* anstrebt, nämlich die vollständige Einigung Deutschlands und wahrscheinlich auch der Sturz *Napoleons*."[44]

Die Krise, die *Bismarck* vorausgesagt hatte, trat ein, als im Herbst 1868 in Spanien die absolutistisch regierende Königin *Isabella II.* durch eine Militärrevolte gestürzt wurde und die spanischen Cortes dem Erbprinzen *Leopold von Hohenzollern-Sigmaringen* die Krone anboten. Dieser gehörte dem katholischen Zweig der Hohenzollern an und war mit einer Schwester des Königs von Portugal verheiratet. Im Gegensatz zu den Hohenzollern, die nicht geneigt waren, dieses Angebot zu akzeptieren, setzte sich *Bismarck* in der Hoffnung, Frankreich durch ein deutschfreundliches Spanien auf friedlichem Wege zu halten, mit ganzer Kraft für die Annahme ein und gewann schließlich die Zustimmung sowohl des Erbprinzen als auch die König *Wilhelms*. Bevor jedoch das spanische Parlament die Wahl vornehmen konnte, wurde die Sache bekannt und entfesselte in Frankreich einen Sturm der Entrüstung. In höchster Erregung erklärte der französische Außenminister, Herzog *Antoine-Agénor-Alfred von Gramont*, vor der Kammer, daß die Regierung nicht dulde, ,,daß eine fremde Macht einen ihrer Prinzen auf den Thron *Karls V.* setzt und dadurch zu unserem Schaden das jetzige Gleichgewicht der Mächte Europas stört und die Interessen und die Ehre Frankreichs in Gefahr bringt. Sollte es dazu kommen, so würden wir, stark durch Ihre Unterstützung, meine Herren, und durch die der Nation, unsere Pflicht ohne Zaudern und ohne Schwäche erfüllen."[45]

Die öffentliche Meinung, von den Leitartikeln der Pariser Blätter bis zur Siedehitze gesteigert, verlangte, daß Preußen die Thronkandidatur zurückziehe oder sich schlage. In dieser Lage gab Prinz *Leopold* nach und nahm – da er nicht den Anlaß zu einem großen Krieg geben wollte – im Einverständnis mit König Wilhelm seine Kandidatur zurück. *Bismarck*, der mit einer solchen kriegerischen Auseinandersetzung erst nach dem Tode des schwerkranken Kaisers rechnete, hatte geglaubt, durch die Thronkandidatur die Stellung *Napoleons* gegen den französischen Nationalismus und die militärischen Leidenschaften stützen zu können. Er sah sich jedoch getäuscht und schien sich mit einer diplomatischen Niederlage abfinden zu müssen. Da beugte sich die französi-

sche Regierung einem Kammerantrag, der das Ministerium aufforderte, „Preußen (nicht) so wohlfeilen Kaufes davonkommen zu lassen"[46] und darauf bestand, von Preußen besondere Garantien zu verlangen. Daraufhin wies – den Bogen überspannend – der französische
Außenminister seinen Geschäftsträger in Berlin, Graf *Vincent Benedetti*, an, von König *Wilhelm* eine Erklärung zu verlangen, daß dieser
den Verzicht billige und auch künftig niemals zugestehen werde, daß
ein Mitglied des Hauses Hohenzollern die spanische Krone annehme.
Benedetti entledigte sich dieses Auftrages in Bad Ems, wo der König
zur Kur weilte. Dieser lehnte die französische Forderung in höflicher
Form ab und betonte, daß er Garantien für eine Zukunft, die niemand
kenne, nicht geben könne. Eine nochmalige Audienz, die *Wilhelm* dem
französischen Botschafter in Aussicht gestellt hatte, erachtete der König – nachdem sich Prinz *Leopold* zwischenzeitlich offiziell erklärt
hatte – für entbehrlich. Ein Flügeladjutant übermittelte *Benedetti* den
königlichen Entschluß und ließ den Botschafter gleichzeitig wissen, daß
der König die Sache als erledigt ansehe und ihm nichts weiter mitzuteilen habe. *Bismarck*, den *Wilhelm* über diese Vorgänge telegraphisch
unterrichten ließ, wobei er seinem Minister gleichzeitig anheimstellte,
Benedettis Forderung und ihre Zurückweisung den preußischen Gesandtschaften und der Presse mitzuteilen, parierte den französischen
Angriff und holte zum Gegenstoß aus. Er kürzte die königliche Depesche und veröffentlichte als konzentrierte Redaktion folgenden Text:
„Nachdem die Nachrichten von der Entsagung des Erbprinzen von
Hohenzollern der Kaiserlich Französischen Regierung von der Königlich Spanischen amtlich mitgeteilt worden sind, hat der französische
Botschafter in Ems an S. M. den König noch die Forderung gestellt, ihn
zu autorisieren, daß er nach Paris telegraphiere, daß S. M. der König
sich verpflichte, niemals wieder seine Zustimmung zu geben, wenn die
Hohenzollern auf die Kandidatur wieder zurückkommen sollten. S. M.
der König hat es darauf abgelehnt, den französischen Botschafter
nochmals zu empfangen, und demselben durch den Adjutanten vom
Dienst sagen lassen, daß S. M. dem Botschafter nichts weiter mitzuteilen habe."[47] Diese „sehr viel schärfere Form" mußte – so *Bismarcks*
Voraussicht – in Paris „den Eindruck des roten Tuches auf den gallischen Stier machen"[47]. Mit einem Schlag waren die Rollen vertauscht.
Jetzt war Frankreich gezwungen, die Niederlage hinzunehmen oder
gegen Deutschland Krieg zu führen, das vor aller Welt der Beleidigte
war. Der Jubel und die Begeisterung über *Bismarcks* Antwort auf die
französische Herausforderung überfluteten ganz Deutschland. Im Norden ebenso wie im Süden sammelten sich die Kräfte der Nation zur
Vollendung der deutschen Einheit. *Napoleon* aber, in seiner Stellung

im Innern seines Landes aufs schwerste gefährdet, außenpolitisch durch die überzogene Politik seiner Regierung isoliert, erklärte am 19. Juli den Krieg.

Rasch drang die in kürzester Zeit mobil gemachte, zahlenmäßig überlegene deutsche Armee in Frankreich ein, erzwang sich in einer Reihe von Grenzschlachten den Weg nach Metz, das mitsamt der französischen Rheinarmee eingeschlossen wurde. Die zweite französische Armee unter Marschall *Patrice Maurice MacMahon*, die Metz entsetzen sollte, wurde nach Norden zurückgeworfen, bei Sedan von zwei deutschen Armeen umfaßt, in die Festung hineingedrängt und zur Kapitulation gezwungen. Zusammen mit fast 90 000 Mann geriet auch *Napoleon*, der sich bei *MacMahons* Armee befand, in deutsche Kriegsgefangenschaft. Zwei Tage darauf wurde in Paris die Republik ausgerufen. Die neue provisorische Regierung unter *Jules Favre* und *Léon Gambetta* beschloß die Fortführung des Krieges, da *Bismarck* die von ihr gestellten Bedingungen, „keinen Zollbreit Landes und nicht einen einzigen Stein der französischen Festungen preiszugeben"[48], ablehnte. Während die deutschen Truppen nach Paris vorstießen und die Stadt belagerten, organisierte *Léon Gambetta* als Haupt der republikanischen Regierung der nationalen Verteidigung nach dem Vorbild der großen Revolution die Levée en masse und leitete von Tours, später von Bordeaux aus den Volkskrieg. In schweren Kämpfen wurden die neuaufgestellten französischen Heere, die gegen Paris vordrangen, zurückgewiesen. Schließlich zwangen Hunger und Bürgerkrieg das von den Deutschen eingeschlossene und auf Drängen *Bismarcks* schließlich auch unter Beschuß genommene Paris zur Kapitulation.

Nach dem Fall von Paris kam es zum Abschluß eines allgemeinen Waffenstillstandes. In Bordeaux bildete die neugewählte französische Nationalversammlung eine Regierung und schuf damit die Voraussetzungen für den Beginn der Friedensverhandlungen. Schon am 1. März 1871 unterzeichnete Ministerpräsident *Adolphe Thiers* den Vorfrieden von Versailles, dem am 10. Mai der endgültige Friedensschluß von Frankfurt am Main folgte.

Neben einer Kriegsentschädigung, die auf fünf Milliarden Francs festgesetzt wurde, sah sich Frankreich gezwungen, das Elsaß und den größeren Teil Lothringens an Deutschland abzutreten. Im Bewußtsein der Deutschen war die Annexion dieses Gebietes eine notwendige Wiedergutmachung geschichtlichen Unrechts und die Eingliederung der bis 1648 in deutschem Besitz befindlichen Territorien in das eben gegründete Reich der selbstverständliche territoriale Siegespreis. Auch *Bismarck* war in der Überzeugung, „daß ein dauerhafter Gegensatz zwischen Paris und Berlin"[49] künftig unvermeidbar sei, nicht bereit, den Gegner wie 1866 zu schonen. Im Gegenteil, er setzte „alles daran, Frankreich vor allem geostrategisch so weit zu schwächen, daß vernünftiges Erfolgskalkül die französische Politik in Zukunft davon abhalten werde, eine Revision der angestrebten Ergebnisse des Krieges in Mitteleuropa im Alleingang zu versuchen"[49]. Die Zukunft aber sollte erweisen, daß das Reich und seine Politik durch die Annexion von Elsaß und Lothringen mit einer Hypothek belastet wurde, die nicht abzuzahlen war, und Deutschland sich die unerbittliche und unüberwindliche Feindschaft Frankreichs zuzog.

Unter dem Eindruck des Siegesjubels von Sedan ging *Bismarck* daran, das Werk der politischen Einheit Deutschlands zu vollenden. Im Gegensatz zu den Liberalen und dem Kronprinzen, die einen Einheitsstaat mit verantwortlicher Regierung anstrebten, verfolgte *Bismarck* das Ziel der Erweiterung des Norddeutschen Bundes zum Deutschen Kaiserreich. In der Absicht, das geschichtlich gewachsene Selbstgefühl der süddeutschen Staaten zu schonen, suchte er jeden direkten Zwang zu vermeiden und machte geltend, daß der freiwillige Beitritt dieser Staaten zum bestehenden Bund den besten Schutz gegenüber der nationalen Volksbewegung wie gegenüber künftigen Angriffen Frankreichs biete. Allerdings war ihm die nationale Begeisterung der Deutschen ein willkommener Bundesgenosse bei den mühevollen Verhandlungen mit den süddeutschen Staaten, wo vor allem Württemberg und Bayern starke Vorbehalte anmeldeten. Ihrem Drängen nach einer besonderen Stellung im Bund nachgebend, räumte er beiden Staaten Sonderrechte auf den Gebieten des Militär-, Post-, Eisenbahn- und Steuerwesens ein und gestattete Bayern, eigene Gesandtschaften im Ausland zu unterhalten. Dadurch erleichterte Bismarck ihnen den Vertragsabschluß, der die Präsidialrechte, die Preußen im Norddeutschen Bund besaß, auf alle deutschen Staaten ausdehnte.

Im Interesse der Einheit hielt *Bismarck* die Umbenennung von Präsidium und Bund in Kaiser und Reich – seit Beginn des Jahrhunderts Inbegriff der nationalen Sehnsüchte und des nationalen Einigungsstrebens – für unbedingt geboten. Trotz der widerstrebenden Haltung des preußischen Königs, der zurecht fürchtete, die neue Würde könne den Glanz des altpreußischen Königstitels verdunkeln, gelang es *Bismarck,* seinen König umzustimmen, indem er den bayrischen König *Ludwig II.* dafür gewann, in einem von ihm vorentworfenen Brief *Wilhelm* die Kaiserkrone anzutragen. Dennoch hatte sich der preußische König nicht mit dem verfassungsrechtlich allein möglichen Titel eines „Deutschen Kaisers" abfinden wollen, sondern wünschte – um den Machtzuwachs des Hauses Hohenzollern deutlich zu machen – Kaiser von Deutschland zu sein. Der leidige Streit, der den deutschen Partikularis-

Die Kaiserproklamation in Versailles, 18. Januar 1871

mus noch einmal in grellem Licht hervortreten ließ, überschattete schließlich selbst die Feier der Kaiserproklamation im Spiegelsaal des Schlosses von Versailles, während der – die ganze Frage geschickt umgehend – der badische Großherzog ein Hoch auf „Kaiser Wilhelm" ausbrachte. Die Kämpfe um die deutsche Einigung aber fanden an diesem 18. Januar 1871 ihr Ende.

In einer liberalen Glückwunschadresse jener Tage stand zu lesen, daß *Bismarck* im Kriege vollführt habe, was das Bürgertum in Friede und unter der Ägide der Freiheit zu erreichen gehofft hatte. „Das Völkerrecht der Schlachten hat nun auf andere Weise, aber durchaus in unserem Sinne, entschieden ... Unser Glaubensbekenntnis ist Einheit."[50] Dieses Glaubensbekenntnis war seit den Napoleonischen Eroberungskriegen und insbesondere seit dem Versuch der Paulskirche, den Fürsten ein auf der Grundlage der Volkssouveränität gegründetes Reich abzutrotzen, nicht mehr verstummt. Im Gegenteil, dieser Wunsch war lauter geworden, je mehr diese Fürsten versuchten, ihre Herrschaft gegen die Bedrohung, die in der Durchsetzung dieses Wunsches lag, zu schützen. Nun hatten die fürstlichen Obrigkeiten, gelenkt von *Bismarck,* das Reich geschaffen und ließen, gleichsam unter Ausschluß der Öffentlichkeit, draußen in fremdem Land im Prunkschloß seiner besiegten Nachbarn unter militärischem Zeremoniell das Haupt der preußischen Militärmonarchie, Kaiser *Wilhelm,* hochleben. Die bürgerliche Deputation, die unter Führung des früheren Präsidenten der Frankfurter Nationalversammlung, des späteren Reichstagspräsidenten im Norddeutschen Bund, *Eduard Simson,* nach Versailles gekommen war, um *Wilhelm* zu bitten, die deutsche Kaiserkrone anzunehmen, nahm sich im Reigen dieser altehrwürdigen Obrigkeiten zwar bescheiden genug aus, knüpfte aber doch an die Tradition von 1848/49 an. Denn dies stand außer Zweifel: Im Bewußtsein der großen Mehrheit der Deutschen bedeutete die am 18. Januar 1871 erfolgte Erweiterung des Norddeutschen Bundes die eigentliche Reichsgründung. Jetzt endlich hatte die deutsche Nationalbewegung den Staat, den sie sich wünschte und der, groß und mächtig, den übrigen europäischen Staaten gleichkam.

Ergriffen und dankbar faßte *Heinrich von Sybel*, der liberale Historiker, die Empfindungen der Zeit in einem Brief an seinen Kollegen *Hermann Baumgarten* zusammen: „Wodurch hat man die Gnade Gottes verdient, so große und mächtige Dinge erleben zu dürfen? Und wie wird man nachher leben. Was zwanzig Jahre der Inhalt alles Wünschens und Strebens gewesen, das ist nun in so unendlich herrlicher Weise erfüllt! Woher soll man in meinen Lebensjahren noch einen neuen Inhalt für das weitere Leben nehmen?"[51] Allerdings war der Staat anders, als viele sich ihn gewünscht hatten, zu militärisch, zu autoritär. Und dennoch, trotz aller Probleme, die seine Verwirklichung, seine innere Gestaltung und äußere Begrenzung bargen, der Staat war endlich da. Daß er die vielfältigen Probleme lösen würde, daran zweifelte in der Stunde seiner Gründung keiner, am wenigsten das Bürgertum, das im Glauben an den Fortschritt hochgestimmt in die Zukunft sah und über dem allgemeinen Jubel auch die Freiheit zu erringen hoffte. Dieser Hoffnung Ausdruck gebend, erklärte *Carl Eckhard*, der Führer der badischen Liberalen im Karlsruher Landtag: „Jetzt muß man an dem großen Werk weiterarbeiten und dem nun geeinigten Deutschland mit der Zeit erringen, was unserem Einigungswerk die letzte und höchste Weihe erteilt – eine gesunde Entwicklung des gesamten Verfassungslebens des deutschen Staates. Wie die deutschen Krieger von Sieg zu Sieg eilten, und so die Einigung Deutschlands ermöglichten, so wird, bei gleicher Tapferkeit der politischen Streiter, mit Gottes Hilfe auch die Freiheit in das neu entstandene Reich ihren siegreichen Einzug halten."[52]

8 Das Reich unter der Führung Bismarcks

1870	Erstes Vatikanisches Konzil
1871	Reichsverfassung
1872	Dreikaiserverständigung
1873	Maigesetze
1878	Schutzzollgesetzgebung – Sozialistengesetz – Berliner Kongreß
1879	Zweibund Deutschlands mit Österreich-Ungarn
1882	Dreibund Deutschlands mit Österreich-Ungarn und Italien
1883–1884	Kranken- und Unfallversicherung
1884–1885	Gründung von deutschen Kolonien
1887	Mittelmeerentente – Rückversicherungsvertrag mit Rußland – Orientdreibund
1888	Dreikaiserjahr: Tod Kaiser *Wilhelms I.* – Tod *Friedrichs III.* – Regierungsantritt *Wilhelms II.*
1889	Invaliditäts- und Altersversicherung
1890	*Bismarcks* Entlassung

Die Verfassung des neuen Reiches

Das Deutsche Reich war gegen die Erwartungen vieler und insbesondere gegen die seines Gründers unerwartet schnell zur politischen Wirklichkeit geworden. Anders als bei dem Einigungsversuch der Paulskirche und dem darauffolgenden der preußischen Krone, bei denen die europäischen Großmächte mißtrauisch darüber wachten, daß das europäische Gleichgewicht nicht gestört und eine grundlegende Veränderung der europäischen Mitte unter allen Umständen verhindert würde, hatte Europa sich dem übermächtig gewordenen Begehren der nationalen Bewegung dieser europäischen Mitte nicht nur nicht in den Weg gestellt, sondern wie im Falle Frankreichs das Einigungswerk durch eine zunächst zaudernde und schwankende, dann in ihrer Überreaktion fahrlässige Politik eher beschleunigt. Die allgemeinen nationalen Tendenzen in Deutschland, durch *Bismarck* erfolgreich zur Geltung gebracht, hatten sich schließlich durchgesetzt und drückten sich aus in dem Stolz, endlich ohne fremde Hilfe errungen zu haben, was die übrigen europäischen Völker schon viel früher erreicht hatten. Der schon am Vorabend der kriegerischen Auseinandersetzung mit Frankreich hervorgebrochene Enthusiasmus, den der preußische König nicht für möglich gehalten hatte und der ihn, als er ihn gewahr wurde, mit „kompletter Angst"[1] erfüllte, erfuhr nach der Reichsgründung eine nahezu alle Deutschen ergreifende sakrale Überhöhung. „Für Deutschland hatte die Kaiserkrönung in Versailles den Wert eines Schöpfungsaktes", so wußte sich später *Gerhart Hauptmann* zu erinnern. „Es kam über unser Volk ein Bewußtsein von sich selbst. Es hatte eine Reihe großer Männer, mit *Bismarck* an der Spitze, hervorgerufen, auf denen die Augen der Welt mit Staunen und Grauen, vor allem jedoch mit Bewunderung ruhten. Der Stolz auf sie, auf ihre Siege, die Siege des Volkes, teilte sich jedem, auch mir kleinem Jungen mit, und ich stand nicht an, meinem Blute einen Anteil, ein Mitverdienst an solchen Erfolgen zuzuschreiben."[2]

Mit dem Bewußtsein „von sich selbst" und dem Gemeingefühl der Nation, „ein Mitverdienst" an diesem Erfolg zu haben, verband sich die Überzeugung, daß mit Kaiser und Reich ein Neuanfang gesetzt war, der die so gewonnene staatliche Einheit auch praktisch wirksam werden lassen würde.

Den Rahmen, in dem dies geschehen sollte, setzte die am 16. April 1871 erlassene Reichsverfassung, die – im wesentlichen das Werk *Bismarcks* – die Verfassung des Norddeutschen Bundes auf das Deutsche Reich übertrug.

Gegründet auf die freiwillige Übereinkunft der Fürsten und freien Städte, war das neue Staatsgebilde ein Bundesstaat, dem 25 Einzelstaaten und das Reichsland Elsaß-Lothringen angehörten.

Den Repräsentanten dieser Einzelstaaten, den 22 Fürsten und den Senaten der drei Freien Städte, kam die Souveränität im Reich zu. Ihre 58 Bevollmächtigten traten im Bundesrat zusammen. Dieser war das wichtigste Organ des Reiches und der Verfassung nach der eigentliche Träger der Reichsgewalt. Er hatte über die Gesetzesvorlagen für den Reichstag zu beschließen und über die vom Reichstag gefaßten Beschlüsse zu entscheiden. Außerdem besaß er die ausführende Gewalt. Den Vorsitz im Bundesrat und die Leitung der Geschäfte führte der vom Kaiser ernannte Reichskanzler.

Erblicher Bundespräsident war der König von Preußen, der in dieser Eigenschaft den Titel „Deutscher Kaiser" führte. Er vertrat den neuen Staat völkerrechtlich, entschied mit Zustimmung des Bundesrates über Krieg und Frieden, schloß Bündnisse und Verträge mit auswärtigen Mächten, beglaubigte die Gesandten, übte den Oberbefehl über die

Streitkräfte aus, verkündete die von ihm ausgefertigten, vom Bundesrat und Reichstag mehrheitlich beschlossenen Reichsgesetze und
ernannte und entließ den Reichskanzler.

Diesem oblag die Leitung der Reichsgeschäfte. Alle vom Kaiser im
Namen des Reiches erlassenen Anordnungen und Verfügungen bedurften zu ihrer Gültigkeit der Gegenzeichnung des Kanzlers, der – da
der Kaiser als Fürst dem Volk nicht verantwortlich war – dadurch die
Verantwortlichkeit übernahm und diese zwar nicht juristisch, doch
aber moralisch auch dem Reichstag gegenüber zu vertreten hatte. An
der Spitze der sich nach und nach entfaltenden Reichsverwaltung standen als Ressortminister die Staatssekretäre, die dem Reichskanzler
direkt unterstellt waren und seit 1878 ebenfalls mit der Verantwortung
betraut werden konnten. Außerdem unterstand dem Kanzler als dem
Vorsitzenden des Bundesrates das einzige „Reichsland" Elsaß-Lothringen, das zwar Abgeordnete in den Reichstag entsenden konnte, im
Bundesrat aber nicht vertreten war.

Der in allgemeiner, gleicher, direkter und geheimer Wahl nach dem
Grundsatz des Mehrheitswahlrechtes auf fünf Jahre gewählte, in öffentlichen Sitzungen tagende Reichstag stellte die Vertretung des Volkes dar. Er verkörperte als solche die national-staatliche Einheit gegenüber dem Partikularismus der Einzelstaaten. Seine aus den einzelnen Parteien hervorgegangenen Abgeordneten genossen Immunität,
waren an Aufträge und Instruktionen nicht gebunden und bis 1906

Die erste Sitzung des Reichstags, 21. März 1871

ohne Diäten. Sie wirkten bei der Gesetzgebung mit, hatten das Recht zur Gesetzesinitiative und nahmen das Budgetrecht wahr. Für das Zustandekommen eines Reichsgesetzes bedurfte es jedoch der Übereinstimmung der Mehrheit von Reichstag und Bundesrat. Der Reichstag hatte weder Einfluß auf die Besetzung des Kanzleramtes noch auf die Regierungsbildung oder die Ausübung der Exekutive. Er wurde vom Kaiser berufen, eröffnet und geschlossen. Einer vorzeitigen Reichstagsauflösung mußte der Bundesrat zustimmen.[3]

Im Gegensatz zu dem Verfassungswerk der Paulskirche, das sich auf die Volkssouveränität gründete und eine starke Zentralgewalt erstrebte, war die Bismarcksche Reichsverfassung monarchisch-konstitutionell und föderalistisch. Den Liberalen schien sie auf Kosten der Einheit zu große Konzessionen an den Partikularismus der Einzelstaaten zu enthalten. Dennoch sollten sich die starken föderativen Elemente der Reichsverfassung in der Folge eher als einheitsfördernd denn als einheitshemmend erweisen und den Einzelstaaten, insbesondere den süddeutschen mit ihrer historisch gewachsenen Andersartigkeit, das Hineinwachsen in das Reich erleichtern. Preußen hatte von den 58 Bundesratsstimmen 17 inne, so daß der größte der deutschen Bundesstaaten politisch und militärisch dominierte, zumal die Exekutive im Reich mit derjenigen Preußens verbunden war und die Verfassung der Präsidialmacht ein Vetorecht in Militär- und Finanzfragen und in Fragen, die die Reichsverfassung betrafen, einräumte. Der Kaiser war zugleich preußischer König, der Kanzler preußischer Ministerpräsident, und die Staatssekretäre des Reiches hatten üblicherweise Sitz und Stimme im preußischen Staatsministerium. Auch wirkten Reichsgedanke und Reichstag zugunsten der Einheit, und das deutsche Nationalgefühl, das mit diesem Reich einen Bezugspunkt gewonnen hatte, sollte sich künftig allen partikularstaatlichen Bestrebungen überlegen erweisen. Problematisch für die Zukunft aber blieb die in der Reichsverfassung festgeschriebene völlige Unabhängigkeit der exekutiven Gewalt vom Reichstag, der nach seiner Zusammensetzung zwar eine moderne demokratische Institution war, der aber nach seinen Befugnissen der Machtfülle eines demokratischen Parlamentes entbehrte. Die Regierung war von dem Reichstag unabhängig und ihm nur moralisch und historisch verantwortlich. Die aus diesem Mißverhältnis von zeitgemäßem Anspruch und unzeitgemäßer Wirklichkeit entstandenen Spannungen sollten nun weitgehend die Innenpolitik im neuen Reich und das Verhältnis des Kanzlers zu den im Reichstag vertretenen Parteien bestimmen.

Innenpolitik

Bismarck, der sich bei der Schaffung des Deutschen Reiches so erfolgreich der bürgerlichen Nationalbewegung bedient hatte, ging nun daran, im Bündnis mit diesen durch die Vollendung der politischen Einigung in ihrem Selbstbewußtsein gestärkten Kräften den Ausbau des Reiches ins Werk zu setzen. Während der politische Liberalismus aber in seinem optimistischen Fortschrittsglauben für die Verwirklichung eines liberalen Rechtsstaates eintrat, der auch der Dynamik und den Bedürfnissen der sich durchsetzenden industriellen Gesellschaft gesellschaftspolitisch gerecht werden sollte, glaubte *Bismarck*, dem diese Welt mit ihren modernen gesellschaftlichen Entwicklungsfaktoren der Demokratie, des Parlamentarismus und der beginnenden Wirtschaftsdemokratie innerlich fremd und suspekt war, diese Kräfte „bändigen und die Erfüllung bzw. Nichterfüllung ihrer Ansprüche nach Maßgabe der Staatsraison bestimmen zu können"[4]. Die Staatsraison gebot dem Kanzler des jungen Reiches, die Bereitschaft der stärksten Partei im neuen Reichstag, der Nationalliberalen Partei, die 1871 von 382 Parlamentssitzen 118 innehatte, zu nutzen, auf der Basis des Erreichten und in Anerkennung eines realpolitischen Erfolgsrezeptes mit *Bismarck* zusammenzuarbeiten. Wenngleich für den Kanzler eine solche Zusammenarbeit befristet und rein taktischer Natur blieb, so zeitigte sie doch eine Reihe von Maßnahmen, namentlich auf wirtschaftlichem und rechtlichem Gebiet, bei denen die Liberalen ihre Vorstellungen weitgehend durchsetzen konnten. Dafür waren sie im Gegenzug bereit, *Bismarck* in den für ihn entscheidenden Fragen der monarchischen Gewalt und der nationalen Verteidigung beträchtliche Zugeständnisse zu machen.

Schon 1872 trat dem einheitlichen Handelsgesetzbuch, das noch vom Bundestag des Norddeutschen Bundes ausgearbeitet und bis 1865 in allen deutschen Staaten eingeführt worden war, das Reichsstrafgesetzbuch an die Seite. Ein Jahr später folgte die Gesetzgebung auf dem Gebiet des Privatrechts, so daß mit der Erarbeitung eines Bürgerlichen Gesetzbuches begonnen werden konnte. Dieses wurde 1896 verabschiedet, trat am 1. Januar 1900 in Kraft und ist bis heute gültig. 1879 erfolgte die Vereinheitlichung des Prozeß- und Gerichtswesens. Eine einheitliche Gerichtsverfassung beseitigte die letzten Reste gutsherrlicher Gerichtsbarkeit, führte die Trennung von Rechtspflege und Verwaltung ein, legte den Instanzenweg vom Amtsgericht über das Landgericht und Oberlandesgericht zum Reichsgericht fest, klärte die Zuständigkeit der Gerichte und die Verfahrensgrundsätze. In dem 1879 in Leipzig eingesetzten Reichsgericht trat schließlich die Gerichtshoheit des Reiches auch nach außen hin in Erscheinung. Ebenso schuf die liberale Reichstagsmehrheit auf dem Gebiet des Verkehrswesens durch eine Reihe von Gesetzen weitere materielle Grundlagen der Reichseinheit. Eine Münzreform stellte die bisher geltende Silberwährung auf die Goldwährung um und führte die Mark als Währungseinheit ein, die die bis 1878 gültigen Landesmünzen ersetzte. Den Notenverkehr im Reich regelte die 1875 gegründete Reichsbank. Außerdem konnte die Einheit von Maß und Gewicht erreicht werden. Meter, Liter und Kilogramm traten an die Stelle der bisherigen, in den einzelnen Ländern völlig unterschiedlichen Maß- und Gewichtsnormen. Auch wurden die Gewerbefreiheit und die damit verbundene Freizügigkeit, die durch die Gewerbeordnung im Norddeutschen Bund 1869 verwirklicht worden war, auf das Reich ausgedehnt. Ebenso wurde das Postwesen durch den Ausbau der Reichspost den modernen wirtschaftlichen Gegebenheiten angepaßt und einer eigenen Verwaltung, dem Reichspostamt, unterstellt, dem *Heinrich Stephan* als Staatssekretär vorstand. Dieser regte die 1874 in Bern erfolgte Gründung des Weltpostvereins an und organisierte auch das Fernmelde- und Fernsprechwesen in Deutschland aufs vorbildlichste. Dagegen scheiterten *Bismarcks* Versuche, dem Reich über den Erwerb der Eisenbahnen vom Reichstag unabhängige Einnahmen zu sichern, am Widerstand der Einzelstaaten, die ihrerseits auf diese Finanzquelle nicht verzichten wollten. So sah *Bismarck* sich genötigt, das Reichsbahnwesen auf Elsaß-Lothringen zu beschränken und sich mit der Verstaatlichung der preußischen Eisenbahnen zu begnügen.

Der liberalen Gesetzgebung im Reich entsprach in Preußen die 1872 erlassene Kreisordnung, die den Gutsherren der sechs östlichen Provinzen die Leitung der Polizei und der Dorfverwaltung nahm, und die, ebenso wie die 1875 in Kraft getretene Provinzialordnung, die kommunale bzw. provinzielle Selbstverwaltung stärkte.

So reibungslos die Zusammenarbeit zwischen der Regierung und der liberalen Reichstagsmehrheit auf diesen Gebieten vonstatten ging und so sehr *Bismarck* deren liberale Gesichtspunkte in der Wirtschaftspolitik berücksichtigte, indem er staatliche Eingriffe und Kontrollen in die Wirtschaft weitestgehend vermied, so schwierig gestalteten sich die Verhandlungen, die weniger die Durchsetzung allgemein rechtlicher und wirtschaftlicher Aspekte als vielmehr solche machtpolitischer Art zum Gegenstand hatten. Dies zeigte sich sehr deutlich bei den Beratungen zum Reichspressegesetz und insbesondere bei denen zum Militäretat. Hier konnte ein Konsens nur erreicht werden, nachdem die Liberalen, um die Zusammenarbeit mit dem Kanzler nicht zu gefährden, wie beim Reichspressegesetz prinzipielle Positionen räumten oder –

wie in der Frage des Militäretats – sich zum Kompromiß bereitfanden. Gerade der in der Frage des Militäretats getroffene Kompromiß war von weitreichender Bedeutung, um so mehr, als der Reichstag dadurch an Macht verlor und sich die Möglichkeit einer schrittweisen Parlamentarisierung des Systems verbaute.

Nachdem 1867 der Reichstag des Norddeutschen Bundes die Heeresausgaben auf vier Jahre pauschal bewilligt hatte und diese Bewilligung 1871 noch einmal auf drei Jahre verlängert worden war, forderten *Bismarck* und der Chef des Generalstabs, Graf *Helmuth von Moltke*, 1874 eine dauernde gesetzliche Festsetzung der Friedenspräsenzstärke des neuen Heeres. Die Liberalen jedoch waren nicht bereit, von ihrem Grundsatz der jährlichen Budgetbewilligung abzurücken, da sie sonst das Budgetrecht als einen wesentlichen Bestandteil ihrer realen Macht aufgegeben hätten. Mit Rücksicht auf das vorherrschende Nationalgefühl, das gerade der Armee als der Vollstreckerin der deutschen Einheit besondere Sympathien entgegenbrachte, verständigten sich Nationalliberale und Fortschrittler jedoch mit *Bismarck,* indem sie die Friedensstärke des Heeres auf sieben Jahre festlegten und sich damit allerdings gleichzeitig ihres vollen Budgetrechts begaben. *Bismarck* begrüßte den Kompromiß, weil er ihn für mehr als eine Legislaturperiode vom Reichstag unabhängig machte und außerdem die machtpolitische Gefahr bannte, die von einer sich der Kontrolle des Parlaments völlig entziehenden Armee ausgehen mußte.

Daß sich die Liberalen in dieser für sie so entscheidenden Frage der Budgetbewilligung für den Militäretat zu einem solchen Kompromiß bereitfanden, hatte seine Ursache nicht nur in der von der Reichstagsmehrheit beachteten progouvernementalen Haltung der deutschen Öffentlichkeit, sondern auch in der Tatsache, daß die Regierung auf einem anderen Gebiete sich mitten in der schwersten Krise des jungen Reiches befand, in der die Nationalliberalen von ihrer Herkunft und ihren Zielen her natürliche Bundesgenossen *Bismarcks* waren.

Diese Krise hatte ihren Ursprung in der Spannung zwischen der katholischen Kirche und dem modernen Staat und führte seit der Jahrhundertmitte nicht allein in Deutschland, sondern auch in Österreich, in Italien, in der Schweiz und in Frankreich zu einer Machtprobe zwischen staatlicher und kirchlicher Gewalt. Ausgehend von dem 1869 von Papst *Pius IX.* nach Rom einberufenen Vatikanischen Konzil, das die Lehre von der Unfehlbarkeit des Papstes in Fragen des Glaubens und der Sitte gegen den Widerstand der deutschen und französischen Bischöfe zum Dogma erklärte, zog der nun ausbrechende Konflikt das gesamte öffentliche Leben dieser Staaten in den Streit der Parteiungen.

Die Liberalen Europas sahen in der päpstlichen Maßnahme einen
Angriff auf den modernen Fortschrittsglauben und den Rückfall in den
Geist des Mittelalters, der das Prinzip der Gewissensfreiheit ernstlich
zu gefährden schien. Schon 1864, als derselbe Papst erstmals gegen die
modernen Anschauungen und Lehren mit einem Katalog über die
„Hauptirrtümer unserer Zeit"[5] zu Felde gezogen war und sowohl eine
Versöhnung als auch einen Vergleich „mit dem Fortschritt, dem Liberalismus und der modernen Kultur"[5] kategorisch ablehnte, hatten sie
die päpstliche Haltung als eine Kampfansage begriffen. Nun glaubten
sie sich gegen eine weitere Bedrohung ihrer Grundsätze entschieden
zur Wehr setzen zu müssen.

In Deutschland, wo der politische Katholizismus sich im Spätherbst
1870 zunächst in Preußen, seit 1871 dann im gesamten Reich zu einer
eigenen Partei, der Zentrumspartei, zusammengeschlossen hatte und
wo, anders als in Österreich, Italien und Frankreich, die katholische
Bevölkerung in der Minderheit war, nahm die nun einsetzende Auseinandersetzung besonders heftige Formen an.

Für *Bismarck* ging es dabei im Gegensatz zu den Liberalen nicht um
die Erhaltung freiheitlicher Prinzipien und die Abwehr restaurativer
Kräfte, sondern um die Durchsetzung der staatlichen Autorität gegenüber der römischen Kurie als einer unabhängigen politischen Macht,
„zu deren unabänderlichen Eigenschaften" – so *Bismarcks* übertriebe-
ne Formulierung – „derselbe Trieb zum Umsichgreifen gehört"[6], der
jede Großmacht auszeichnet. Die Konzilsangelegenheiten selbst waren
daher für ihn von Anfang an nur insoweit von Bedeutung, als sie über
den religiösen Bereich hinausreichten und staatliche Interessen tan-
gierten. In diesem Sinne telegrafierte er Graf *Harry von Arnim*, dem
preußischen Gesandten beim päpstlichen Stuhl, im Mai 1869: „Für
Preußen gibt es verfassungsmäßig wie politisch nur einen Standpunkt,
den der vollen Freiheit der Kirche in kirchlichen Dingen und der
entschiedenen Abwehr jeden Übergriffs auf das staatliche Gebiet."[7]

Dieser Grundsatz der Freiheit der Kirche war in Preußen schon im
Jahre 1848 ausgesprochen worden. Er war verfassungsmäßig verankert
und hatte der Kirche bedeutende Rechte eingeräumt wie das freie
Ernennungsrecht der Geistlichen, die geistliche Aufsicht über die
Schulen, die Ordens- und Vereinsfreiheit und die freie Verwaltung. Den
Kirchen beider Konfessionen diesen Freiraum zu erhalten, hatte sich
dann auch *Bismarck* angelegen sein lassen und religiöse Gegensätze,
die den Frieden zu stören drohten, schon im Ansatz unterbunden. So
war er 1867 dem Wunsch der italienischen Regierung, sich der preußischen Unterstützung gegen den Papst zu versichern, entschieden ent-
gegengetreten mit der Erklärung: „Die katholische Bevölkerung

Deutschlands hat denselben Anspruch wie die evangelische auf Berücksichtigung ihrer religiösen Überzeugungen. Diese Rücksicht verbietet diesem Staat mit gemischter Bevölkerung, gegen das Oberhaupt der katholischen Kirche in einer Weise vorzugehen, welche die Herzen der gläubigen Katholiken verletzen würde."[8] Und zu den Bestrebungen in Italien, den Rest-Kirchenstaat dem Königreich einzuverleiben, hatte er unzweideutig geäußert: „Es ist eine Vorbedingung für das Verhalten Preußens zu Italien, daß dem Papsttum eine Stellung verbleibt, welche auch von den deutschen Katholiken als eine würdige anerkannt werden wird."[8] Nun aber traten Ereignisse ein, die *Bismarck* veranlaßten, die von ihm bisher gewahrte Neutralität gegenüber dem Vatikanischen Konzil aufzugeben. Die innerhalb der katholischen Kirche entstandene Opposition, die sich gegen das Unfehlbarkeitsdogma richtete, schloß sich zu altkatholischen Gemeinden zusammen, die den Schutz des Staates anriefen. Der Streit brach offen aus, als sich beamtete Theologen diesen Gemeinden anschlossen und daraufhin von der Kirchenbehörde die Lehrbefugnis entzogen bekamen. Da aber beriefen sich die Betroffenen auf ihre Stellung als Staatsbedienstete. So entstand eine Situation, die die alte Machtfrage nach dem Verhältnis zwischen Staatshoheit und Kirchenhoheit neu stellte und den Staat zwang, sein Interesse zur Geltung zu bringen.

Zwischenzeitlich hatte das durch die Klammer der katholischen Konfession zusammengehaltene Zentrum, das überraschend als zweitstärkste Partei aus den Reichstagswahlen von 1871 hervorgegangen war, gefordert, der Reichskanzler möge zur Wiederherstellung der weltlichen Herrschaft des Papstes wirken, die diesem nach Abzug der französischen Schutztruppen aus dem Kirchenstaat von der italienischen Regierung entzogen worden war. Außerdem verlangte die von *Ludwig Windthorst*, dem ehemaligen Minister *Georgs V.*, des Königs von Hannover, geführte Zentrumsfraktion die Übernahme der Artikel der preußischen Verfassung, die die Unabhängigkeit der Religionsgemeinschaften gegenüber dem Staat garantierten, in die Reichsverfassung. Beide Forderungen wurden von der Mehrheit des Reichstags und von *Bismarck* abgelehnt, da ihre Erfüllung einmal die Einmischung in das innere Leben eines anderen Volkes bedeutet hätte und zum anderen die Kulturhoheit der Einzelstaaten des Reiches und damit seine föderalistische Struktur angetastet hätte.

Hinzu kam die Polenfrage. In den polnischen Landesteilen Preußens zeigte sich die katholische Kirche äußerst polenfreundlich, unterstützte die polnische Nationalbewegung und sah auf die Ausbreitung der polnischen Sprache. „Der Polonismus", so schrieb *Bismarck*, die Frage polemisch zuspitzend, an den Zaren, „hat seine Hauptstütze und seinen mächtigsten Hebel für die Einwirkung auf das Volk im Lande und auf ausländische Sympathien in dem Katholizismus, und die Kirche wird die Hingabe der Polen niemals abweisen, vielmehr, um sich ein so wirkungsvolles Werkzeug zu erhalten, immer ihrerseits polonisieren."[9] Dies alles führte dazu, daß *Bismarck* daranging, das Verhältnis zwischen Kirche und Staat neu zu regeln, wobei er zunächst versuchte, die Unterstützung der Kurie und des deutschen Episkopats gegen die Partei zu gewinnen, von der er fälschlicherweise behauptete, daß sie gegen den Staat mobil gemacht habe.[10] Diese Partei, die sich 1870 zur wirksamen „Vertretung katholischer Interessen in Parlamenten"[11] zusammengefunden hatte, sammelte alle, die in Opposition zu *Bismarcks* Reich standen: die Hannoveraner, die Elsässer und die Polen. Sie alle galten dem Kanzler als reichsfeindlich. Gegen sie zog er nun – da die Kurie sich weigerte, mäßigend auf das Zentrum einzuwirken – zu Felde. Damit entbrannte in Preußen und im Reich jene sich rasch eskalierende und von *Bismarck* mit zunehmender Härte geführte Auseinandersetzung, die einer der bedeutendsten Wissenschaftler seiner Zeit, der Arzt und liberale Abgeordnete *Rudolf Virchow*, einen „großen Kulturkampf"[12] nannte. *Bismarck* dagegen sah darin nicht mehr und nicht weniger als den uralten „Machtstreit zwischen Königtum und Priestertum"[13] und hat sich durch diese stark überzogene Sicht der Dinge in eine Kampfstellung begeben, die seiner Politik schadete.

Die ersten Maßnahmen, die zur Abgrenzung der kirchlichen von der staatlichen Macht führten, waren die Aufhebung der katholischen Abteilung im preußischen Kultusministerium und der Erlaß des Schulaufsichtsgesetzes. „Die katholische Abteilung des Kultusministeriums, ursprünglich gedacht als eine Einrichtung, vermöge deren katholische Preußen die Rechte ihres Staats in den Beziehungen zu Rom vertreten sollten", war nach Auffassung *Bismarcks* „zu einer Behörde geworden, die inmitten der preußischen Bürokratie die römischen und polnischen Interessen gegen Preußen vertrat"[14]. Sie wurde jetzt mit der evangelischen Abteilung zu einer Abteilung für geistliche Angelegenheiten vereinigt. Das Schulaufsichtsgesetz setzte die staatliche Schulaufsicht an die Stelle der bisherigen geistlichen und betraf beide Konfessionen, was *Bismarck* nun auch in Gegensatz zu den staatskirchlich gesinnten evangelischen Altkonservativen brachte, die dem Kanzler die Gefolgschaft versagten und mit ihm brachen.

Diesen preußischen Maßnahmen zur Stärkung der staatlichen Gewalt gegenüber der kirchlichen entsprach im Reich der auf Wunsch der bayerischen Regierung als Zusatz zum Strafgesetzbuch aufgenommene „Kanzelparagraph", der den Geistlichen verbot, in Ausübung ihres Berufes „Angelegenheiten des Staates in einer den öffentlichen Frieden gefährdenden Weise"[15] zu erörtern. Damit konnte jede Behandlung politischer Fragen auf der Kanzel kriminalisiert werden. Sechs Monate später erging, ebenfalls auf bayerischen Antrag, das „Gesetz betreffend den Orden der Gesellschaft Jesu", das den Jesuiten die Errichtung von Niederlassungen im Deutschen Reich untersagte und den Ordensmitgliedern Aufenthaltsbeschränkungen auferlegte.

Den Höhepunkt der Auseinandersetzung aber bildeten die in Preußen erlassenen Maigesetze. Nachdem die Schutzbestimmungen für die Unabhängigkeit der katholischen Kirche in der preußischen Verfassung aufgehoben worden waren, verweigerte nun der Staat die Anstellung von Geistlichen, die nicht die vorgeschriebenen Prüfungen an staatlichen Schulen und Universitäten abgelegt hatten, und setzte einen staatlichen Gerichtshof für kirchliche Angelegenheiten ein. 1874 wurden die Maigesetze ergänzt durch die Einführung der Zivilehe und das Zivilstandsregister. Damit waren künftig nur die vor dem Standesbeamten vollzogenen Eheschließungen rechtsgültig. Auch fiel von nun an die Beurkundung des Personenstandes in ausschließlich staatliche Kompetenz. Beide Gesetze wurden 1875 vom Reich übernommen. Schließlich stellte der Staat alle Zuschüsse an die katholische Kirche ein und intervenierte in die Verwaltung der Bistümer.

Papst *Pius IX.* jedoch erklärte all diese Gesetze für ungültig, verbot den Geistlichen und Laien, sie zu befolgen, drohte mit dem großen Kirchenbann und ermahnte sie: „Stellt der Verfolgung in Eurem Vaterland das Gebet und die Standhaftigkeit entgegen; gebraucht die Mittel der Presse wie des öffentlichen Wortes; handelt mit ebensoviel Besonnenheit wie Festigkeit."[16] Genau dies taten katholische Bevölkerung und Klerus. Sie widersetzten sich den staatlichen Zwangsmaßnahmen und gründeten – von ihrem Bürgerrecht der freien Meinungsäußerung und der Vereinsfreiheit reichlich Gebrauch machend – Zeitungen und katholische Vereine. Die Bischöfe, von denen bis 1878 jeder zweite im Reich für abgesetzt erklärt worden war, ebenso wie die Mehrzahl der Priester waren weder durch Geldbußen noch durch Verhaftungen, Gefängnisstrafen und Ausweisungen dazu zu bringen, ihren Widerstand aufzugeben. Die Kirchengemeinden, deren Pfarrstellen 1878 größtenteils verwaist waren, standen fest zur Kirche, und das Zentrum konnte seine Anhänger in kürzester Zeit nahezu verdoppeln. Schon zu den Wahlen zum preußischen Landtag 1873 ebenso wie zu den Reichstagswahlen 1874 gelang es der Partei, die Zahl ihrer Abgeordneten von 52 auf 90 bzw. von 63 auf 91 zu vergrößern.

Bismarck, der mit einem solch geschlossenen Widerstand der Geistlichkeit und des katholischen Bevölkerungsteils nicht gerechnet hatte, gab schließlich nach und brach in der realistischen Einschätzung dieser für den Staat auswegslos gewordenen Lage den Kampf ab. Er milderte zunächst die Durchführung der Kampfgesetze und setzte sie mit Ausnahme des Kanzelparagraphen, der Schulaufsicht, der Zivilehe und des Jesuitengesetzes, das erst 1917 aufgehoben wurde, allmählich außer Kraft. Erleichtert wurde *Bismarcks* Einlenken durch die versöhnliche Haltung *Leos XIII.*, der nach seiner erfolgten Wahl den Frieden mit Preußen und Deutschland wiederherzustellen suchte.

Der Abbau des Kulturkampfes bedeutete zugleich aber auch das Ende der Zusammenarbeit *Bismarcks* mit den Nationalliberalen. Bereits während des Kampfes hatte *Bismarck* immer wieder – wenn auch vergeblich – versucht, die Zugeständnisse an die Liberalen einzuschränken, um sich – ähnlich wie vor Ausbruch des Streites, als er die Möglichkeit einer friedlichen Verständigung mit der Kurie erwog – die Chance einer flexiblen Handhabung der Auseinandersetzung zu bewahren. So hatte er in einer Rede im preußischen Herrenhaus 1873 betont, daß dieser Kampf „des Papstes mit dem deutschen Kaiser" wie jeder andere Kampf zu beurteilen sei und seine Friedensschlüsse, seine Haltepunkte und seine Waffenstillstände habe.[17] Im Gegensatz zu den Liberalen schienen ihm daher administrative, jederzeit revidierbare Maßnahmen als das geeignetere Instrument zur Durchsetzung seiner Ziele als eine Gesetzgebung, die in ihrer Verbindlichkeit die Regierung langfristig festlegte. Wenngleich *Bismarck* – von den Konservativen verlassen und angefeindet und vom Zentrum bekämpft – sich im Verlauf dieser Auseinandersetzung von den ihn unterstützenden Liberalen immer stärker hatte mitreißen lassen, so suchte er jetzt, nachdem der Mißerfolg dieser Politik offenbar geworden war, den Ausgleich.

Aber es waren nicht nur kirchenpolitische Erwägungen, die *Bismarck* eine Abwendung von den Nationalliberalen und eine Annäherung an die Konservativen und das Zentrum nahelegten. Das Jahr 1878 brachte auch in der Handelspolitik und der Sozialpolitik die große Umkehr. Die unmittelbar nach der Reichsgründung einsetzende Hochkonjunktur hatte, gefördert durch den Milliardensegen der französischen Kriegsentschädigung, überall im Reich neue Unternehmen entstehen lassen, die dank der liberalen Wirtschaftspolitik des Zollvereins den allgemeinen Wohlstand im Reich rasch vermehrten. Das Manchestertum mit seinen Forderungen nach freier Marktwirtschaft und Freihandel konnte sich soweit durchsetzen, daß selbst die Konservative Partei im Interesse des preußischen Getreideexports sich dem freihändlerischen Grundsatz zugewandt hatte.

Die 1873/74 einsetzende, bis 1895 anhaltende wirtschaftliche Rezession bzw. Stagnation brachte jedoch einen tiefen Stimmungsumschwung. Die Wirtschaftskrise wurde ausgelöst durch den Wiener Börsenkrach

von 1873 und ließ aufgrund der engen wirtschaftlichen Verflechtung
auch in Deutschland den Kurswert der Aktien rapide sinken, vernich-
tete zahllose Unternehmen, machte viele Tausende von Arbeitern brotlos. Unsicherheit und Pessimismus breiteten sich aus. Die in dem 1876
gebildeten Zentralverband Deutscher Industrieller zusammengeschlossenen Unternehmer riefen nun gemeinsam mit den Großgrundbesit-
zern nach dem Schutz des Staates und forderten, um wenigstens den
heimischen Markt zu behaupten, die Einführung von Schutzzöllen. Insbesondere die Eisenindustriellen und die Besitzer der Baumwoll-
spinnereien waren gegen die billigen englischen Produkte wehrlos und
sahen sich in ihrer Existenz ebenso bedroht wie die Landwirte, die mit
den durch die Entwicklung der Dampfschiffahrt und den fortschreitenden Ausbau des Eisenbahnnetzes billiger gewordenen Getreideeinfuh-
ren aus Amerika, aus Indien und aus Osteuropa nicht mehr konkurrie-
ren konnten. So entschloß sich *Bismarck* zu einem wirtschaftspolitischen Kurswechsel. Nachdem Deutschland – wie der Kanzler, die deutschen Exportmöglichkeiten herunterspielend und an die nationalen
Ressentiments appellierend, behauptete – bisher durch die ausländischen Einfuhren „die Ablagerungsstätte aller Überproduktion des
Auslandes geworden war"[18], war *Bismarck* jetzt bemüht, „der einheimischen nationalen Arbeit und Produktion im Felde sowohl wie in der
Stadt und in der Industrie sowohl wie in der Landwirtschaft den Schutz
zu gewähren, den wir leisten können, ohne unsere Gesamtheit in wichtigen Interessen zu schädigen"[18]. Die Einführung von Zöllen auf Eisen,
Holz, Getreide und Vieh schützte aber nicht nur den heimischen
Markt, sondern sollte gleichzeitig auch die Einnahmen des Reiches erhöhen, das finanziell von den Einzelstaaten abhängig war. Letztere ent-
richteten zur Deckung der gemeinschaftlichen Ausgaben entsprechend
ihrer Bevölkerungszahl jährlich neu festzusetzende Beiträge, sogenannte Matrikularbeiträge, an die Reichsregierung. Dadurch wurde
diese nach den Worten *Bismarcks* in die Rolle eines lästigen Kostgän-
gers und mahnenden Gläubigers der Bundesstaaten gedrängt. Auch die
Steuerreformpläne, die eine Reihe von indirekten Steuern bzw. Mono-
polen auf Tabak, Kaffee, Tee, Zucker, Branntwein, Bier und Wein vor-
sahen, sollten dem Reich nicht nur gegenüber den Bundesstaaten, sondern auch gegenüber dem Bewilligungsrecht des Reichstags eine
größere Unabhängigkeit verschaffen und dadurch die Reichsorganisa-
tion festigen.

Da die Mehrheit der Nationalliberalen diese Politik der Schutz- und
Finanzzölle nicht mitmachen wollte und *Bismarck* obendrein den auf
eine Parlamentarisierung des Reiches gerichteten Bestrebungen dieser
Partei mißtraute, verhandelte er mit *Windthorst*, dessen Partei ihn in

der Frage des Zolltarifs ebenso unterstützte wie die Konservativen.
Auch entschied sich der kleinere Teil der Nationalliberalen für den
Kanzler, der größere jedoch schloß sich mit der Fortschrittspartei zur
Deutschfreisinnigen Partei zusammen und bildete mit den Sozialdemo-
kraten die Opposition.

Mit der Schutzzollpolitik gab *Bismarck* seine bisherige Abstinenz in
wirtschaftspolitischen Fragen auf. Dabei kam der Sozialpolitik als einer
entscheidenden Komponente des im wirtschaftlichen und gesellschaftlichen Umbruch befindlichen Reiches eine besondere Bedeutung zu,
um so mehr, als *Bismarck* in der nach der Reichsgründung immer
stärker anwachsenden Arbeiterbewegung die Hauptgefahr für die
monarchische Ordnung und den Bestand des Reiches zu erkennen
glaubte.

Mit der sprunghaften Aufwärtsentwicklung der Industrie in der zweiten Jahrhunderthälfte hatte sich die Bevölkerungsstruktur grundlegend
geändert. Die bisher überwiegend agrarische Bevölkerung Deutschlands konzentrierte sich nach der Reichsgründung dank der rechtlich
verbrieften Freizügigkeit und der Gewerbefreiheit in zunehmendem
Maße in den aufstrebenden und an Zahl rasch anwachsenden kleinen,
mittleren und großen Städten. In diesen Städten stand dem zu beschei-
denem Besitz gekommenen Bürgertum und der kapitalistischen Groß-
bourgeoisie eine immer breitere Schicht von abhängigen Lohnarbeitern gegenüber, denen die Freiheiten des ökonomischen Liberalismus
nur zum Nachteil gereichten. In dem immer mehr auseinanderstreben-
den Gesellschaftsgefüge blieben die Arbeiter schutz- und rechtlos sowohl der Willkür der Unternehmer als auch den Wechselfällen des
Lebens, der Krankheit und der Arbeitslosigkeit preisgegeben. Daher
versuchte die Arbeiterschaft, durch gewerkschaftliche und politische
Zusammenschlüsse ihre verzweifelte Lage zu ändern. Nachdem 1861
zuerst in Sachsen, dann 1867 im Norddeutschen Bund das Koalitions-
verbot aufgehoben worden war, gelang es ihr, Gewerkschaften und
Arbeiterparteien zu gründen, von denen zunächst der von *Lassalle*
1863 ins Leben gerufene Allgemeine Deutsche Arbeiterverein mit
seinen politischen Forderungen der Unterstützung der kleindeutschen
Reichsgründung und der Erkämpfung des allgemeinen, gleichen
Stimmrechtes Anhänger und Einfluß gewann. *Lassalles* früher Tod
und die weitgehende Verwirklichung seiner politischen Forderungen
beraubte die Lassalleaner ihrer Bedeutung und führte sie der von
Wilhelm Liebknecht und *August Bebel* 1869 gegründeten Sozialdemokratischen Arbeiterpartei zu. Diese Partei vertrat im Gegensatz zu der
dem Staatsgedanken zugewandten Partei *Lassalles* den marxistischen
Klassenkampfgedanken und verwarf den bestehenden Staat als Instru-

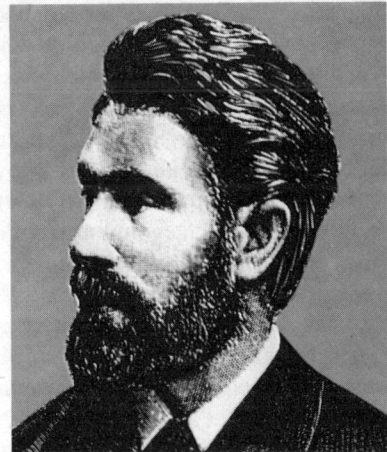

Wilhelm Liebknecht   August Bebel

ment bourgeoiser Klassenherrschaft. „Die Sozialdemokratie darf unter keinen Umständen und auf keinem Gebiet mit den Gegnern verhandeln. Verhandeln kann man nur, wo eine gemeinsame Grundlage besteht. Mit prinzipiellen Gegnern verhandeln heißt sein Prinzip opfern. Wer mit Feinden parlamentelt, parlamentiert, wer parlamentiert, paktiert."[19] Entsprechend dieser Erklärung *Liebknechts* enthielt dann auch das Eisenacher Programm der Sozialdemokratischen Arbeiterpartei vom 8. August 1869[20] eine Reihe marxistisch-demokratisch-revolutionärer Gesellschaftsforderungen, die allerdings mit Rücksicht auf die Anhänger *Lassalles* durch pragmatisch im bestehenden System durchzusetzende Forderungen ergänzt und dadurch in ihrer revolutionären Stoßkraft abgeschwächt wurden.

Bismarck war von der Notwendigkeit einer Verbesserung der sozialen Lage der Arbeiter überzeugt. Bereits im November 1871 erklärte er: „Nur die Aktion der gegenwärtig herrschenden Staatsgewalt kann der Verwirrung der sozialistischen Bewegung Halt gebieten, indem sie realisiert, was in den sozialistischen Forderungen als berechtigt erscheint, und mit der Staats- und Gesellschaftsordnung vereinbart."[21] Die den bestehenden Staat negierende sozialistische Bewegung jedoch war er entschlossen, mit allen ihm zu Gebote stehenden Mitteln zu bekämpfen.

Die Furcht vor der in seinen Augen revolutionären Unberechenbarkeit dieser Bewegung teilte *Bismarck* mit dem Bürgertum insgesamt, das unter dem Eindruck des Aufstandes der Pariser Kommune vom März 1871 und ihren erbittert geführten Straßenkämpfen die „rote Gefahr" überbewertete und sich auf lange Zeit gegen alle auch noch so berechtigten sozialen Forderungen des Arbeiterstandes sperrte.

Nachdem ein erster Versuch des Kanzlers, die sozialdemokratische Bewegung durch Ausnahmegesetze zu bekämpfen, am Widerstand der um die freiheitlichen Prinzipien des Rechtsstaates bangenden Liberalen im Reichstag gescheitert war, nutzte *Bismarck* zwei gegen den Kaiser im Mai und Juni 1878 unternommene Attentate, um seine repressive Politik gegenüber der Partei *Bebels* und *Liebknechts* durchzusetzen. Mit dem „Gesetz gegen die gemeingefährlichen Bestrebungen der Sozialdemokratie"[22] vom 28. Oktober 1878 wurden alle Vereine, die sozialdemokratischen, sozialistischen oder kommunistischen Bestrebungen dienten, verboten, ihre Betätigung unter Strafe gestellt und die Parteifunktionäre dem polizeilichen Zugriff ausgesetzt. Dieses Gesetz, das auf drei Jahre befristet, bis 1890 regelmäßig erneuert wurde, erfüllte *Bismarcks* Erwartungen jedoch nicht. Die Partei wurde nicht zerstört, sondern nahm im Gegenteil an Anhängerschaft zu und konnte die Zahl ihrer Abgeordneten im Reichstag von neun im Jahre 1878 auf fünfunddreißig im Jahre 1890 erhöhen. Auch fühlte sich der Großteil der Arbeiterschaft durch *Bismarcks* Repressionspolitik diskriminiert und aus der nationalen Gemeinschaft ausgeschlossen. Je länger, je mehr versteifte sie sich klassenbewußt in ihrer ablehnenden Haltung gegenüber dem Staat und begann in Gewerkschaften, Parteischulen, Sportklubs, zahllosen geselligen Vereinen und mit eigenen Publikationsorganen die ihr aufgezwungene Sonderstellung innerhalb der Gesellschaft auszubauen.

Bismarck, entschieden gewillt, „eine jede Bestrebung" zu fördern, „welche positiv auf Verbesserung der Lage der Arbeiter gerichtet ist"[23], hoffte durch ein Eingehen auf die Wünsche der arbeitenden Klassen, durch „Gesetzgebung und Verwaltung" über alle Verbote hinaus, „der Sozialdemokratie die Wurzeln"[24] abzugraben, die Arbeiter in ihrer Existenz zu sichern und damit gleichzeitig die Ursache für die sozialen Spannungen zu beseitigen.

In diesem Sinne erging 1881 die von *Bismarck* veranlaßte und von ihm selbst verlesene kaiserliche Botschaft an den Reichstag, die die ins Auge gefaßten staatlichen Schutz- und Fürsorgemaßnahmen ankündigte und *Bismarcks* Ringen um die Herstellung des inneren Friedens eindrucksvoll verdeutlichte: „Wir halten es für Unsere kaiserliche Pflicht", so ließ sich Kaiser *Wilhelm* vernehmen, „dem Reichstage diese Aufgabe von Neuem ans Herz zu legen, und würden Wir mit umso größerer Befriedigung auf alle Erfolge, mit denen Gott Unsere Regierung sichtlich gesegnet hat, zurückblicken, wenn es Uns gelänge, dereinst das Bewußtsein mitzunehmen, dem Vaterland neue und dau-

ernde Bürgschaften seines inneren Friedens und den Hilfsbedürftigen
größere Sicherheit und Ergiebigkeit des Beistandes, auf den sie Anspruch haben, zu hinterlassen."[25] Diesen Anspruch zu verwirklichen
war nach *Bismarcks* Überzeugung allein Aufgabe des Staates: ,,Der
Staat muß die Sache in die Hand nehmen. Nicht als Almosen, sondern
als Recht auf Versorgungen, wo der gute Wille zur Arbeit nicht mehr
kann. Wozu soll nur der, welcher im Kriege erwerbsunfähig geworden
ist oder als Beamter durch Alter, Pension haben, und nicht auch der
Soldat der Arbeit."[26]

Die soziale Grundeinstellung *Bismarcks* fand in den Fürsorgegesetzen
der folgenden Jahre ihre praktische Verwirklichung. Das Krankenversicherungsgesetz von 1883 bestimmte die Errichtung von öffentlichen
korporativen Verbänden mit Krankenkassen zur Zahlung von Krank-
heitskosten und Krankengeldern. 1884 folgte das Unfallversicherungsgesetz, das die Zahlung der Kosten des Heilverfahrens und eine Rente
für die Dauer der Erwerbsunfähigkeit vorsah, und 1889 schließlich
wurde das Gesetz über die Invaliditäts- und Altersversicherung verkündet. Die Mittel waren zum Teil von den Arbeitgebern, zum Teil
von den Arbeitnehmern aufzubringen, während das Reich lediglich
Zuschüsse zur Invaliden- und Altersversicherung beisteuerte.

Ohne Zweifel wirkten sich die soziale Gesetzgebung und ihr Ausbau in
späteren Jahren für das deutsche Volk segensreich aus. Sie war das
Werk *Bismarcks*, der mit diesen Gesetzen zugunsten der arbeitenden
Massen gegen den Widerstand der Liberalen und der Sozialdemokraten den Grundstein staatlicher Sozialpolitik legte, die noch heute für
das Verhältnis zwischen Staat und Bürger charakteristisch ist.

Die Erwartungen des Kanzlers, die Arbeiterschaft mit dem Staate
auszusöhnen, erfüllten sich jedoch nicht. Die Sozialdemokratie lehnte
die Gesetzgebung ab, da sie fürchtete, daß die Arbeiterschaft dadurch
in noch größere Abhängigkeit von dem bestehenden Staat geraten
würde. Auch versagte sich *Bismarck*, der über die Versicherungsgesetze
nicht hinausging, ihren Forderungen nach einer Arbeiterschutzgesetzgebung mit Arbeitszeit-, Frauen- und Kinderarbeits- sowie Schiedsge-
richtsregelungen. Gleichviel, der Kanzler hatte versucht, mit seinem sozialpolitischen Programm den Zwecken des Staates zu entsprechen, zu
denen er neben der Landesverteidigung und dem allgemeinen Verkehrswesen auch die Hilfe für die Notleidenden rechnete.[27]

Und doch offenbarten sich gerade in diesem sozialpolitischen Bereich
die Grenzen der Staatskunst *Bismarcks*. Der Widerspruch zwischen
seiner Sozialpolitik und seinem Sozialistengesetz bestimmte bis zu *Bismarcks* Sturz die innenpolitische Szene, die weniger durch eine in der
Sache begründete Opposition der liberal und demokratisch gesinnten

Abgeordneten gekennzeichnet war als vielmehr durch deren Widerstand gegen die selbstherrliche Regierungsweise des Kanzlers und das Warten auf den Thronwechsel, von dem sie sich eine neue liberalere Ordnung der Dinge versprachen. Selbst der 1878 unter dem Eindruck der tätlichen Angriffe auf den Kaiser gewählte Reichstag, in dem die Konservative Partei und die Reichspartei mit 115 Mandaten den parlamentarischen Ausschlag gaben, zeigte sich dem Kanzler nicht in allem gefügig, ganz zu schweigen von dem von 1881–1886 durch seine wechselnden Majoritäten beherrschten Reichstag. Erst das Zusammengehen der Konservativen, der Reichspartei und der Nationalliberalen, die bei der Wahl von 1887 ein sogenanntes Kartell bildeten, um in ihren Wahlkreisen den von diesen drei Parteien aussichtsreichsten Kandidaten durch gegenseitige Unterstützung zur Wahl zu verhelfen, sicherte der Regierung eine zuverlässige Mehrheit. Mit dieser Mehrheit setzte *Bismarck* eine Heeresverstärkung und die Festlegung der Heeresausgaben auf abermals sieben Jahre ebenso durch wie eine die Reichseinnahmen steigernde Zucker- und Branntweinsteuer. Allerdings gelang es *Bismarck* nicht, seine Steuerpläne in der Weise zu realisieren, wie es ihm zur inneren Befestigung des Reiches notwendig erschien und die ihn vom Bewilligungsrecht des Reichstages unabhängig gemacht hätte. Ebenso scheiterte sein wiederholter Versuch, die Eisenbahnen in Reichsbesitz zu bringen. Auch wollte er der Unzufriedenheit der Elsässer und Polen nicht steuern, die sich durch die verordneten Regierungsmaßnahmen diskriminiert sahen und daher in ihrem nationalen Eigenbewußtsein verharrten.

Außenpolitik

Waren die Energien *Bismarcks* in bezug auf die innenpolitische Ausgestaltung des Reiches darauf gerichtet, die divergierenden Interessen der modernen Entwicklungskräfte dem Primat der staatlichen Macht unterzuordnen, so galten seine außenpolitischen Bemühungen dem Versuch, das 1871 Gewonnene zu erhalten und durch eine maßvolle Politik das durch das Erstarken der europäischen Mitte gänzlich veränderte europäische Mächtesystem neu auszubalancieren.
Der Sieg Deutschlands über Frankreich zwang die fünf europäischen Großmächte, sich außenpolitisch neu zu orientieren. Zum ersten Mal seit Jahrhunderten hatte Deutschland seine Zerrissenheit und Uneinigkeit überwunden, war aus dem Schatten und der Bevormundung der Randmächte herausgetreten und hatte ein Gewicht erlangt, das die übrigen Mächte zu fürchten begannen. „Der Krieg zwischen Frank-

reich und Deutschland", so charakterisierte der Führer der Opposition im englischen Unterhaus, *Benjamin Disraeli*, wenige Wochen nach der Kaiserproklamation die neu entstandene Situation, „bedeutet die deutsche Revolution und hat größeres politisches Gewicht als die Französische Revolution des vergangenen Jahrhunderts. Wir stehen vor einer neuen Welt; neuen unbekannten Gefahren müssen wir uns gewachsen zeigen. Wir pflegen in diesem Hause die Frage des europäischen Gleichgewichts zu besprechen. Was aber hat sich ereignet? Das Gleichgewicht der Macht ist völlig zerstört, und das Land, das die Auswirkungen dieses großen Wechsels am stärksten zu spüren bekommt, ist England."[28]

Diese „neue Welt" im friedlichen Miteinander zu gestalten und Deutschland in ihr durch die Erhaltung des Gleichgewichts der Mächte einen gesicherten Platz zu schaffen blieb *Bismarcks* ganzes Bestreben, um das er bis zum Ende seiner Kanzlerschaft mit allen ihm zu Gebote stehenden Energien rang. Dabei erkannte er im Gegensatz zu der großen Mehrheit seiner Zeitgenossen den engen Handlungsspielraum, der Deutschland gesetzt war. „Wir liegen mitten in Europa. Wir haben mindestens drei Angriffsfronten. Frankreich hat nur seine östliche Grenze, Rußland nur seine westliche Grenze, auf der es angegriffen werden kann. Wir sind außerdem der Gefahr der Koalitionen nach der ganzen Entwicklung der Weltgeschichte, nach unserer geographischen Lage und nach dem vielleicht minderen Zusammenhang, den die deutsche Nation bisher in sich gehabt hat im Vergleich mit anderen, mehr ausgesetzt als irgendein anderes Volk."[29]

Die Möglichkeit, Deutschland vor einem konzentrischen Druck der europäischen Staaten zu bewahren, die eine Stärkung des Reiches nur soweit zulassen würden, als ihre eigene Unabhängigkeit unangetastet blieb, und damit zugleich die Existenz des jungen Reiches zu sichern, sah *Bismarck* in einer konsequent durchgeführten Aufrechterhaltung des *Status quo*. So betonte er sofort nach der Reichsgründung sowohl in amtlichen Erlassen als auch in seinen Reichstagsreden, daß das Deutsche Reich saturiert sei, es also keine territorialen Ansprüche mehr habe, und daß das Reich nichts weiter „will, als sich selbst in Frieden überlassen bleiben und sich friedlich weiterentwickeln"[30]. In diesem Sinne bemühte er sich peinlich, jeden Anschein zu vermeiden, daß die deutsche Politik irgendein anderes Ziel als das der Friedenssicherung verfolge, und leitete auch aus diesem Grunde erst in den letzten Jahren seiner Kanzlerschaft mit größter Zurückhaltung eine deutsche Kolonialpolitik ein.

Auf die Aufrechterhaltung des *Status quo* zielte auch *Bismarcks* Politik gegenüber Frankreich. Da der Friede zu Frankfurt zu keiner echten

Versöhnung mit Frankreich geführt hatte und die Franzosen weder die Niederlage noch den Verlust Elsaß-Lothringens verschmerzen konnten, rechnete der Kanzler mit der französischen Gegnerschaft und suchte den westlichen Nachbarn des Reiches möglichst lange schwach und damit bündnisunfähig zu halten. Dies, so meinte er, müsse um so eher gelingen, als er Frankreich im Innern durch die Rivalität zwischen Republikanern und Monarchisten gelähmt glaubte. Überzeugt, daß eine Republik im monarchischen Europa nur schwer Bündnispartner finde, hoffte *Bismarck* auf den Sieg der demokratischen Republik gegenüber der bündnisfähigeren monarchischen Restauration, die überdies in viel größerem Maße auf außenpolitische Erfolge angewiesen sein würde und daher in den Augen *Bismarcks* für Deutschland weitaus gefährlicher sein mußte. Ende 1872 schrieb er an den Grafen *Harry von Arnim*, jetzt deutscher Botschafter in Paris: ,,Unser Bedürfnis ist, von Frankreich in Ruhe gelassen zu werden, und zu verhüten, daß Frankreich, wenn es uns den Frieden nicht halten will, Bundesgenossen finde. Solange es solche nicht hat, ist uns Frankreich nicht gefährlich, und solange die großen Monarchien Europas zusammenhalten, ist ihnen keine Republik gefährlich.''[31] Auch den Nachfolger Graf *Arnims*, den Fürsten *Chlodwig von Hohenlohe*, instruierte er zwei Jahre später, daß Deutschland vor allem daran interessiert sei, ,,daß Frankreich nicht so mächtig im Innern und so angesehen nach außen werde, um Verbündete zu gewinnen''[32]. Was *Bismarck* während der fast zwei Jahrzehnte seiner Reichskanzlerschaft zu erreichen versuchte, war eine politische ,,Gesamtsituation, in welcher alle Mächte außer Frankreich unser bedürfen und von Koalitionen gegen uns durch ihre Beziehungen zueinander nach Möglichkeit abgehalten werden''[33]. Diesem Ziel, die europäischen Mächte so in Beziehung zum Deutschen Reich zu setzen, daß Frankreich keine Bündnispartner finden könne und damit die Hoffnung verlöre, seine Gegnerschaft jemals kriegerisch zum Austrag bringen zu können, dienten nun alle von *Bismarck* mit immer wechselnden Mitteln und wechselndem Erfolg unternommenen außenpolitischen Schritte.

Unter den europäischen Mächten, mit denen Deutschland in engere Beziehungen treten konnte, kamen, da England in seiner Isolation verharrte, nur Rußland und Österreich in Frage. *Bismarck*, dessen Erfolge vor 1871 nicht zuletzt durch die guten Beziehungen zwischen Berlin und Petersburg möglich geworden waren, suchte nun unter den veränderten Verhältnissen das freundschaftliche Einvernehmen mit Rußland aufrechtzuerhalten, und machte – ohne dabei die eigene Entscheidungsfreiheit zu verlieren – dieses zum Angelpunkt seiner auswärtigen Politik. Auch gelang ihm die Versöhnung mit Österreich, dem er schon 1866 durch sein maßvolles Vorgehen in Nikolsburg die Wiederannäherung an seinen Rivalen ermöglicht hatte und das nun nach 1871 von seiner ehemals großdeutschen Politik endgültig Abstand nehmen mußte.

Trotz der Interessengegensätze zwischen Rußland und Österreich im Orient gelang es *Bismarck* schon 1872, ein Abkommen der drei Kaiser zustande zu bringen, dessen zunächst lockere Form am 22. Oktober 1873 dahingehend schriftlich fixiert wurde, daß die Kaiser ihre Absicht bekundeten, „den gegenwärtig in Europa herrschenden Friedenszustand zu befestigen und die Möglichkeiten eines Krieges, die ihn stören könnten, zu entfernen" und im Falle einer Gefährdung des Friedens durch eine andere Macht „ohne Aufsuchung oder Abschließung neuer Bündnisse sich zunächst untereinander zu verständigen, um sich so über eine gemeinsam zu verfolgende Linie zu einigen"[34].

Daß dieses auf der Grundlage des monarchischen Gedankens abgeschlossene, außenpolitisch defensive Bündnis aber kein sehr festes Gebilde war, zeigte sich schon 1875, als *Bismarck* versuchte, Frankreich, das im Begriff war, seine Armee zu reorganisieren, politisch unter Druck zu setzen. Durch einen von ihm veranlaßten Zeitungsartikel mit der Überschrift „Ist der Krieg in Sicht?" glaubte *Bismarck,* Paris vor überhitzten Rüstungen warnen zu müssen. Da intervenierte nicht nur Großbritannien, sondern auch Rußland und plädierte in Berlin für die Erhaltung des Friedens. Die Tatsache, daß der Friede keineswegs bedroht war, spielte im Verlauf der Krise selbst kaum eine Rolle. Bedeutsam dagegen wurde der Umstand, daß weder die Regierungen der beiden Randmächte noch deren ebenfalls durch die Presse alarmierte Öffentlichkeit bereit waren, eine weitere Machtsteigerung Deutschlands auf Kosten Frankreichs hinzunehmen, und im Falle eines deutschen Angriffs gewillt schienen, für das bedrohte Frankreich Partei zu ergreifen. In Umrissen offenbarte sich blitzartig eine Konstellation, wie sie nach *Bismarcks* Sturz für das Reich zum Verhängnis werden sollte. *Bismarck* selbst wurde in seiner Auffassung bestärkt, daß jede Gefährdung des europäischen Friedens auch Deutschlands Stellung in Europa schwächen und daß das Reich außenpolitisch noch größere Vorsicht walten lassen müsse. Hatte die Krieg-in-Sicht-Krise die politische Zusammenarbeit der drei Kaisermächte ernstlich erschüttert, so sollte das Abkommen durch die im gleichen Jahr ausbrechende Orientkrise vollends gegenstandslos werden.

Ausgehend von dem sich 1875 gegen die türkische Herrschaft richtenden Aufstand in Bosnien und der Herzegowina geriet der ganze Balkan gegen die Türkei in Bewegung. Rußland, das sich in seinen Großmachtinteressen unmittelbar betroffen fühlte, versuchte unter dem

Druck der einflußreichen, auf die Vereinigung aller Slawen in einem Großreich unter russischer Führung zielenden nationalistischen panslawistischen Partei zunächst ein europäisches Mandat zum Eingreifen zu erhalten. Zu diesem Zweck sollte Deutschland eine Konferenz der Großmächte einberufen. *Bismarck*, der nicht bereit war, Rußlands Balkan-Ansprüche gegenüber der Türkei vorbehaltlos zu unterstützen, lehnte diese Bitte ab, ließ aber dem Zaren in einem Schreiben *Wilhelms I.* mitteilen, daß Deutschland im Falle eines russisch-türkischen Krieges zum Dank für die russischen Dienste von 1870 wohlwollende Neutralität bewahren werde.

Nach dem Sieg der Türken über die Balkanvölker schlug Rußland im Herbst 1876 Österreich einen gemeinsamen militärischen Angriff gegen die Türkei vor und drohte gleichzeitig, im Weigerungsfalle Österreich selbst den Krieg zu erklären. Dennoch lehnte die Wiener Regierung ab. Da machte *Bismarck* deutlich, daß er im Interesse des Reiches und des europäischen Gleichgewichts weder eine lebensbedrohende Schwächung Rußlands noch Österreichs hinnehmen könne. Der Zar, zum Einlenken gezwungen, verständigte sich erneut mit dem österreichischen Kaiser über die Abgrenzung ihrer Interessen in der europäischen Türkei und eröffnete im Sommer 1877 den Krieg, der mit dem Sieg Rußlands über die Türkei endete. Im Frieden von San Stefano im März 1878 verloren die Türken nahezu ihren gesamten europäischen Besitz. Serbien, Montenegro und Rumänien wurden unabhängig, ebenso Bulgarien, das allerdings den Türken tributpflichtig blieb. Rußland erhielt große Gebiete in Asien und auf dem Balkan Bessarabien. England und Österreich weigerten sich jedoch, eine solche Machtausweitung Rußlands auf Kosten der Türkei hinzunehmen. Ein europäischer Konflikt größten Ausmaßes schien nahezu unvermeidbar. *Bismarck*, der sich auf keinen Fall in eine solche Auseinandersetzung hineinziehen lassen wollte, suchte eine Position zwischen den Fronten. In diesem Sinne erklärte er vor dem Reichstag am 19. Februar 1878, Berlin erstrebe nicht mehr als die Rolle „eines ehrlichen Maklers, der das Geschäft wirklich zustande bringen will", sicher, „zwischen England und Rußland unter Umständen ebensogut Vertrauensperson sein (zu) können (wie)... zwischen Österreich und Rußland"[35].

Es zeugt von dem internationalen Ansehen des deutschen Reichskanzlers und von dem Vertrauen, das man in ihn setzte, daß es ihm gelang, im Sommer 1878 alle an der orientalischen Frage interessierten Mächte zum Berliner Kongreß zu versammeln. Die Unsicherheit und das Mißtrauen, mit denen man dem Deutschen Reich nach seiner Gründung begegnet war, waren der Bereitschaft gewichen, den von *Bismarck* angesammelten moralischen Kredit zu nutzen und die Frie-

Bismarck auf dem Berliner Kongreß, 1878

densbemühungen des Kanzlers als feste Größe in das politische Kalkül einzubeziehen.

In der Tat gelang es *Bismarck* in einem Monat angestrengten Bemühens, einen Ausgleich zustande zu bringen. Allerdings blieb das Balkanproblem selbst mit seinen gefährlichen Spannungen ungelöst. Da England aber wegen seiner Mittelmeerstellung an einer Erhaltung des schwachen türkischen Reiches interessiert war und Österreich jede entscheidende Verstärkung der russischen Machtposition auf dem Balkan ablehnte, sah Rußland sich gezwungen, einzulenken und einen Teil der eben im Kriege gewonnenen Positionen zu räumen. Es verzichtete auf die Errichtung Großbulgariens, stimmte der Rückkehr der Türkei auf den Balkan zu und fand sich damit ab, daß England eine Garantie des asiatischen Besitzes der Türkei übernahm sowie für die Erweiterung der russischen Machtsphäre auf dem Balkan und in Asien von der Türkei Zypern erhielt. Auch mußte Rußland in Kauf nehmen, daß Österreich als Ausgleich für die Veränderungen auf dem Balkan und zur Sicherung gegen Serbien das Besatzungs- und Verwaltungsrecht in Bosnien und der Herzegowina zugesprochen wurde.

Für Deutschland bedeutete das Ergebnis des Berliner Kongresses eine beträchtliche Abkühlung des deutsch-russischen Verhältnisses, da Rußland den Grund für seinen erzwungenen Rückzug in der mangelhaften Unterstützung durch *Bismarck* sah. Über dem Gefühl, in Berlin um die Früchte des Sieges gebracht worden zu sein, vergaß man in Petersburg völlig, daß *Bismarck* das russische Reich vor einem großen Krieg bewahrt hatte, den erfolgreich zu bestehen es bei der Erschöpfung seiner militärischen und materiellen Kräfte kaum instande gewesen wäre. Auch machte sich unter dem Einfluß der panslawistischen Bewegung darüber, daß die deutsche Diplomatie in den Augen der Russen den Schuldschein von 1870 nicht eingelöst hatte, eine wachsende Verstimmung breit, die sich schließlich zu einer allgemeinen deutschfeindlichen Haltung auswachsen und das bisher gute deutschrussische Verhältnis nachhaltig beeinträchtigen sollte.

Da das Dreikaiserbündnis praktisch aufgehört hatte zu bestehen und Deutschland von der erstrebten politischen Gesamtsituation, wie sie *Bismarck* im Kissinger Diktat als wünschenswert für die Stellung des Reiches unter den europäischen Mächten skizziert hatte, weiter als je zuvor entfernt war, suchte der Kanzler, dem „der Gedanke an Koalitionen böse Träume" verursachte[36], nach anderen Bündnissen. „Wir hatten" – so führte *Bismarck* im Rückblick aus – „gegen zwei der europäischen Großmächte siegreiche Kriege geführt; es kam darauf an, wenigstens einen der beiden mächtigen Gegner, die wir im Felde bekämpft hatten, der Versuchung zu entziehen, die in der Aussicht lag, im Bunde mit anderen Revanche zu nehmen. Daß Frankreich das nicht sein konnte, lag für jeden Kenner der Geschichte und der gallischen Nationalität auf der Hand."[36] Da überdies England trotz der auf dem Berliner Kongreß vollzogenen Annäherung an Deutschland die Politik der *splendid isolation* nicht aufgeben wollte, blieb nur Österreich-Ungarn. Aus den unmittelbar nach dem Berliner Kongreß zwischen *Bismarck* und dem österreichisch-ungarischen Außenminister *Gyula Andrassy* aufgenommenen Unterhandlungen ging dann schon im Oktober 1879 der Abschluß eines geheimen Defensivbündnisses hervor, dessen Ratifizierung *Bismarck* durch den an der überlieferten dynastischen Freundschaft mit Rußland hängenden Kaiser nur unter Androhung seines Rücktritts durchzusetzen wußte. Dieser Zweibund verpflichtete die beiden Mächte zu wechselseitiger Hilfe bei einem russischen Angriff, zu wohlwollender Neutralität beim Angriff einer anderen Macht und, falls die angreifende Macht von Rußland unterstützt würde, wiederum zu gegenseitiger Hilfe. Die Tatsache, daß Österreich Bündnishilfe für den Fall eines französischen Angriffs auf das Reich nicht zu geben bereit war, nahm *Bismarck* in Kauf, da es ihm nicht wahrscheinlich schien, daß Frankreich ohne fremde Hilfe angreifen würde. Auch war das Bündnis von *Bismarck* keineswegs als Option gegen das Zarenreich gedacht. Wohl aber sollte die Verbindung mit Österreich die Stellung des Reiches Rußland gegenüber eher verstärken und dadurch, daß es über das Bündnis regulierend auf die österreichische Politik einzuwirken hoffte, Deutschland auch Rußland gegenüber wieder bündnisfähig machen.

So war *Bismarck* zur gleichen Zeit sehr darauf bedacht, den Draht nach Petersburg nicht abreißen zu lassen, damit dieses keinen Rückhalt bei Frankreich suchte. Dabei wußte er den russisch-englischen Gegensatz in Asien und im Orient zu nutzen und Rußland wieder an Deutschland heranzuziehen. Diese Politik führte 1881 dazu, daß das Drei-Kaiser-Einvernehmen wieder auflebte und Rußland, Österreich-Ungarn und Deutschland einen Neutralitätsvertrag schlossen. Alle drei Mächte sicherten sich für den Fall eines Angriffs einer vierten Großmacht wohlwollende Neutralität zu, versprachen einander die gegenseitige Achtung ihrer Interessen und im Falle eines Krieges mit der Türkei die Verständigung über ihre Kriegsziele. Wenngleich der auf drei Jahre begrenzte, 1884 nochmals verlängerte Vertrag wegen des Panslawismus in Rußland geheimgehalten werden mußte, so band er doch den russischen Zaren und die russische Regierung, sicherte den Frieden in Osteuropa und bewahrte Deutschland vor der Gefahr eines Zweifrontenkrieges. Dennoch, dieses Dreikaiserbündnis hatte nur so lange Bestand, als der russisch-österreichische Gegensatz nicht erneut durch eine orientalische Krise entfacht wurde.

Bismarck erkannte diese Schwäche sehr wohl und begrüßte daher die zwischen England, Frankreich und Italien aufbrechenden Gegensätze im Mittelmeerraum, die die Interessen dieser Mächte vorübergehend nach Afrika verlagerten. Ihre Bemühungen konzentrierten sich auf Ägypten und Tunis, auf Länder also, die nominell noch unter türkischer Oberhoheit standen, wirtschaftlich aber in erster Linie von Frankreich und England beherrscht wurden und deren geographische Lage für alle drei Mächte strategisch von Bedeutung war. Hatten England und Frankreich sich bereits auf dem Berliner Kongreß über die Abgrenzung ihres Interessengebietes geeinigt und Ägypten mit dem für die Briten als Verbindung zwischen dem Mittelmeer und dem Indischen Ozean existentiell wichtigen Suezkanal England, Tunis aber Frankreich zugesprochen, so war Italien leer ausgegangen. Dies führte, als die Franzosen Tunis 1880 besetzten und die Schutzherrschaft über das von über 10 000 Italienern besiedelte Land übernahmen, zu einer Neuorientierung der bis dahin frankreichfreundlichen italienischen Politik. Italien schloß sich den Mittelmächten an und trat dem Zweibund bei, der sich so zu einem Dreibund erweiterte. Nach dem 1882 abgeschlossenen Vertrag war der Bündnisfall für alle drei Mächte gegeben, wenn Frankreich und Rußland gemeinsam angriffen. Griff Frankreich Italien an, so hatten die beiden anderen Partner Hilfe zu leisten. Wurde dagegen Deutschland von Frankreich angegriffen, so erhielt es nur den Beistand Italiens, nicht aber den Österreich-Ungarns. Bei einem Angriff einer anderen Großmacht jedoch verpflichteten sich die Mächte gegenseitig zur Wahrung wohlwollender Neutralität. Keine Geltung sollte der Vertrag gegen England besitzen, da Italien mit seinen langen, offenen Küsten von der die See beherrschenden Macht abhängig war. 1883 schließlich schloß sich Rumänien in einem Geheimvertrag dem Dreibund an. Damit hatte *Bismarck* die Mittelmächte in einem Sicherheitssystem verbunden, das Frankreich ausschloß und so die Gefahr der gegen das Reich gerichteten möglichen Koalitionen auf ein Mindestmaß zurückführte.

Dennoch ließen sich die Schwächen des Systems nicht verkennen. Der italienisch-österreichische Gegensatz war lediglich in den Hintergrund getreten. Italien hatte seine Ansprüche weder auf Südtirol noch auf Triest aufgegeben. Auch war der Dreibund nur so lange von Wert, als England ihn begünstigte. Wandte sich England von Mitteleuropa ab, so mußte Italien die Partner preisgeben. Ebenso hing die Sicherung nach Osten weitgehend von dem Vermögen der deutschen Regierung ab, Wien und Petersburg in ihren südöstlichen Ambitionen zu bremsen und sich die Entscheidungsfreiheit von der österreichischen oder russischen Regierung nicht aus der Hand nehmen zu lassen.

Daß *Bismarck* sich diese Entscheidungsfreiheit unter allen Umständen zu bewahren gedachte, sollte sich schon kurz darauf erweisen, als der 1885 zwischen Bulgarien und Serbien ausgebrochene Krieg den Gegensatz zwischen Rußland und Österreich wieder scharf hervortreten ließ und sich die Gefahr eines großen europäischen Krieges erneut abzuzeichnen begann. Rußland, darauf bedacht, seinen Einfluß in Bulgarien auszunutzen, um die dortigen Zustände endgültig in seinem Sinne zu ordnen, fühlte sich durch Österreich, das sich auf seiten Serbiens in den Konflikt eingemischt hatte, empfindlich beeinträchtigt. In dem ein Jahr zuvor auf drei Jahre verlängerten Dreikaiserbündnis hatte die Wiener Regierung den vorherrschenden Einfluß Rußlands in Bulgarien anerkannt und sich darüber hinaus verpflichtet, sich vor Ergreifen kriegerischer Maßnahmen mit den Vertragspartnern zu verständigen. Im Hinblick auf das Vorgehen der Wiener Regierung erklärte nun *Bismarck*, für den „die ganze orientalische Frage... keine Kriegsfrage" war und der nicht bereit war, sich „wegen dieser Frage... das Leitseil um den Hals werfen zu lassen, um (sich) mit Rußland zu brouillieren"[37], daß es österreichische Interessen gebe, für die Deutschland sich nicht einsetzen könne.

Die Situation war um so gefährlicher, als gleichzeitig mit dieser Krise auf dem Balkan in Frankreich die Revanchebewegung neuen Auftrieb gewonnen und in General *Georges Boulanger*, dem Kriegsminister, und *Paul Déroulède*, dem Präsidenten der französischen Patriotenliga, zwei einflußreiche Repräsentanten gefunden hatte. Gegen die doppelte

Gefahr von Osten und Westen versuchte *Bismarck* sich abzusichern, indem er zum einen nach Möglichkeiten Ausschau hielt, England näher an das Reich heranzuführen, und zum anderen versuchte, das zwischenzeitlich unwirksam gewordene Dreikaiserbündnis durch ein zweiseitiges deutsch-russisches Bündnis zu ersetzen.

Nachdem zu Beginn des Jahres 1887 der Dreibund zwischen Deutschland, Österreich und Italien erneuert worden war, gelang es *Bismarck,* ein Abkommen auf den Weg zu bringen, an dem Deutschland zwar selbst nicht beteiligt war und das dennoch England über den Dreibund an Deutschland heranführte: das Mittelmeerabkommen. Darin kamen England, Italien und Österreich-Ungarn überein, den *Status quo* im Mittelmeer, in der Adria, im Ägäischen und im Schwarzen Meer aufrechtzuerhalten. Außerdem sagte Italien England in Ägypten seine Unterstützung zu, das dafür Italiens Ambitionen in Tripolis und der Cyrenaika zu fördern versprach. Als im Mai 1887 auch Spanien in einem Abkommen mit Italien versprach, für den *Status quo* im Mittelmeer einzutreten und mit Frankreich keinen Vertrag zu schließen, der sich gegen Italien, Deutschland oder Österreich richtete, schien, nachdem Wien und Berlin dem Abkommen beigetreten waren, die Gefahr von Westen gebannt. Schließlich gelang am Ende des gleichen Jahres der Abschluß eines Orientabkommens zwischen Österreich-Ungarn, Italien und England, in dem die drei Mächte die Aufrechterhaltung des *Status quo* im Orient und die Unabhängigkeit der Türkei verabredeten und außerdem festlegten, daß die Türkei ihre Hoheitsrechte über Bulgarien nur an Rußland abtreten dürfe.

Auch wußte sich *Bismarck* mit dem Zaren zu verständigen. In einem geheimen Neutralitätsvertrag, dem sogenannten Rückversicherungsvertrag, verpflichteten sich Rußland und Deutschland, wohlwollende Neutralität zu wahren, wenn eine der beiden Mächte durch eine dritte angegriffen würde. Weiter enthielt der Vertrag die Anerkennung und Förderung der russischen Interessen in Bulgarien und versprach in einem „ganz geheimen Zusatzprotokoll" wohlwollende Neutralität und moralische und diplomatische Hilfe, wenn Rußland sich gezwungen sehen sollte, die Zugänge zum Schwarzen Meer zu besetzen. Damit sicherte der Vertrag Deutschland gegen ein russisch-französisches Bündnis und deckte Rußland gegen einen englischen Angriff.

Wie alle Bündnisse *Bismarcks,* so war auch dieses Bündnis darauf angelegt, Deutschland vor feindlichen Koalitionen zu bewahren, den Krieg zu vermeiden und den Frieden zu erhalten. Kaiser *Wilhelm* gegenüber erklärte der Kanzler: „Es bleibt der Vertrag des Kaisers von Rußland mit Eurer Majestät wenigstens ein Band, welches erhöhte Möglichkeit gewährt, Rußland in der Bahn des Friedens und der monarchischen Politik festzuhalten. Wäre Rußland für die nächste Zukunft ganz ohne Vertrag mit uns oder mit Österreich, so würde uns jede Kontrolle der Bahnen, welche die russische Politik gehen könnte, fehlen."[38] Wenngleich *Bismarck* in dem Vertrag mit Rußland auch kein zuverlässiges Mittel sah, eine russisch-französische Verbindung zu verhindern, so sah er in ihm doch ein Instrument, eine solche Verbindung zumindest zu erschweren. Auch schien ihm der Vertrag um so notwendiger, als sein Versuch, mit England zu einem Verteidigungsbündnis zu kommen, von dem englischen Regierungchef *Robert Arthur Salisbury* zurückgewiesen wurde.

Im ganzen aber spiegelte das Vertragssystem, das *Bismarck* seit 1879 aufgebaut hatte, die immer komplizierter werdende Lage Europas wider, wobei die Vertragsabschlüsse im einzelnen „letztlich der Herbeiführung solcher politischen Konstellationen (dienten), bei denen die praktische Anwendung der Bündnisse gerade überflüssig werden sollte"[39]. Gewichte und Gegengewichte waren so verteilt, daß sie *Bismarck* die Freiheit des Handelns beließen und damit seinem tiefeingewurzelten Wunsch, den Frieden zu erhalten, entgegenkamen. „Wir haben keine kriegerischen Bedürfnisse, wir gehören zu den – was der alte Fürst *Metternich* nannte: saturierten Staaten, wir haben keine Bedürfnisse, die wir durch das Schwert erkämpfen könnten"...[40] Dies hat der Kanzler immer wieder betont und, jedem Gedanken eines Präventivkrieges entgegentretend, stets unterstrichen, daß sein „Rat ... nie dahin gehen (werde), einen Krieg zu führen deshalb, weil er später vielleicht doch geführt werden muß"[41], und, an Frankreich gewandt, versicherte er wiederholt: „Wir werden nie Händel suchen, wir werden Frankreich nie angreifen."[41]

Gerade die Annäherung Rußlands und Frankreichs im Krisenjahr 1887 aber hatte *Bismarck* die größte Sorge bereitet. Daß seine Nachfolger nicht erkannten, welch entscheidende Bedeutung in dem kunstvollen System vertraglicher Absicherungen das Bündnis Deutschland mit Rußland hatte, und den Rückversicherungsvertrag kündigten, wurde dem Reich zum Verhängnis und ließ die schlimmsten Befürchtungen *Bismarcks* Realität werden. Die imponierende militärische Macht des Reiches sah *Bismarck* lediglich als Mittel an, den eigenen Bündniswert zu erhöhen und den möglichen Gegner abzuschrecken. Stets achtete er darauf, daß das Militär den Primat der Politik respektierte. Auch sah er die Stellung des Reiches innerhalb der europäischen Pentarchie immer kontinentaleuropäisch und versagte sich allen weltpolitischen Ambitionen. Seine Politik suchte das historisch Gewordene ebenso anzuerkennen wie die legitimen Rechte anderer Nationen. „Jede Großmacht", so äußerte er vor dem Reichstag 1888, „die außerhalb ihrer Interessensphäre auf die Politik der anderen Länder zu drücken und einzuwirken und die Dinge zu leiten sucht, die periklitiert außerhalb des Gebietes, welches Gott ihr angewiesen hat, die treibt Machtpolitik und nicht Interessenpolitik, die wirtschaftet auf Prestige hin. Wir werden das nicht tun ..."[42] Die eigenen Interessen und damit zugleich den Frieden zu schützen, dazu dienten ihm die Verträge, die ihm dadurch dauerhaft erschienen, „daß man die Verträge hält und daß durch die Verträge keiner von dem anderen abhängiger wird, als seine eigenen Interessen es vertragen"[43]. Und doch ist es *Bismarck* bei all seinem staatsmännischen Geschick nicht gelungen, das um Elsaß-Lothringen geschmälerte Frankreich von seinem Revanchestreben abzubringen. Auch hatte er sich durch seine Haltung auf dem Berliner Kongreß Rußland zum Feind gemacht und, indem er sich Österreich zuwandte, die Annäherung Rußlands und Frankreichs vorprogrammiert.

Kolonialpolitik

Auch die deutsche Kolonialpolitik blieb für *Bismarck* an die europäische Gesamtsituation gebunden. Er stand ihr lange Zeit nicht nur mit großer Skepsis gegenüber, sondern lehnte sie in Anbetracht der unsicheren außenpolitischen Lage des Reiches zunächst überhaupt ab. Erst in den 80er Jahren, als es zwischen England und Rußland und England und Frankreich über deren koloniale Interessen in Afghanistan und dem Sudan zu schweren Spannungen kam, entschloß sich *Bismarck*, dem Schutzbegehren hanseatischer Kaufleute für ihre überseeischen Handelsniederlassungen stattzugeben. So wurde das von dem Bremer Kaufmann *Adolf Lüderitz* 1883 in Südwestafrika an der Bucht von Angra Pequena von den Eingeborenen erworbene Gebiet 1884 unter den Schutz des Reiches gestellt. Im gleichen Jahr hißte *Gustav Nachtigal* als Reichskommissar für Westafrika die deutsche Flagge in Togo und Kamerun, und im Jahr darauf erhielten die von dem niedersächsischen Pfarrersohn *Karl Peters* durch Verträge mit den eingeborenen Häuptlingen gewonnenen ostafrikanischen Gebiete einen kaiserlichen Schutzbrief. Auch in der Südsee konnten die Deutschen Fuß fassen. Hier hatte die 1884 gebildete Neu-Guinea-Kompanie unter Führung des Bankiers *Adolf von Hansemann* Land erworben, das unter dem Namen Kaiser-Wilhelm-Land zusammen mit den vor der Küste liegenden Inselgruppen, dem Bismarck-Archipel und den Marschall-Inseln, gleichfalls unter die Oberhoheit des Reiches kam.
Dennoch blieb die deutsche Kolonialpolitik zu diesem Zeitpunkt Episode. Den Anspruch auf Weltgeltung, wie sie der Historiker *Heinrich*

von Treitschke und der im Dezember 1882 gegründete Deutsche Kolonialverein forderten, verwarf *Bismarck* ebenso wie den Gedanken, Kolonien als Siedlungsgebiet für deutsche Auswanderer zu erwerben. Für ihn konnte es lediglich darum gehen, Stützpunkte für den deutschen Handel zu schaffen, die den kaufmännischen Unternehmungen die Protektion gewährten, deren sie im überseeischen Konkurrenzkampf mit den Kaufleuten anderer europäischer Mächte bedurften. „Dabei", so versicherte *Bismarck* im Juni 1884 dem Reichstag, „habe ich mich sehr sorgfältig bemüht, ausfindig zu machen, ob wir nicht in unberechtigter Weise in wohlerworbene ältere Rechte anderer Nationen eingriffen."[44] Allerdings hat *Bismarck* in dem französisch-englischen Gegensatz in Ägypten und im Kongo für Frankreich Partei ergriffen in der Hoffnung, Frankreich durch die Befriedigung seiner kolonialen Ansprüche mit der 1871 geschaffenen Lage auszusöhnen. Auch arbeitete er auf der in Berlin unter seinem Vorsitz vom Dezember 1884 bis Februar 1885 tagenden Kongokonferenz eng mit Frankreich zusammen, so daß das völlig isolierte England die Bildung eines neutralen Kongostaates unter dem belgischen König *Leopold II.* ebenso akzeptieren mußte wie den freien Handel und die freie Flußschiffahrt in Mittelafrika, die das englische Handelsmonopol in diesem Raum zunichte machten. Gleichwohl gelang es dem Kanzler, den Bruch mit dem Inselstaat zu vermeiden und sich, nachdem im März 1885 in Frankreich das kolonialorientierte Ministerium *Ferry* gestürzt worden war, England erneut anzunähern.

Der Eintritt in die Kolonialpolitik hatte zweifellos in der Tatsache, daß *Bismarck* den Energien des deutschen Bürgertums ein Betätigungsfeld zu sichern und dem deutschen Volk eine neue nationale Aufgabe zu geben hoffte, auch einen innenpolitischen Aspekt. Dies änderte jedoch nichts an *Bismarcks* Überzeugung, daß Deutschland, für das der Kolonialerwerb ohnehin nur sehr begrenzte Möglichkeiten bereithielt, außerhalb Europas keine Lebensinteressen hatte, sondern gemäß seiner kontinentalen Mittellage europäische Politik treiben mußte. Dennoch war nicht abzustreiten, daß in Europa bereits das Zeitalter des Imperialismus angebrochen war und die nach *Bismarck* heranwachsende Generation danach drängte, über den kontinentalen Rahmen hinaus sich den auf sie zukommenden weltpolitischen Aufgaben zu stellen. Inwieweit diese Generation in der Lage sein würde, diese Aufgaben wirklich zu bewältigen, ohne die ihr gesetzten kontinentalen Grenzen zu sprengen, mußte die Zukunft erweisen. Ohne Zweifel war dies auch eine Frage der Einsicht in das, was *Bismarck* die Imponderabilien nannte, in die moralischen und psychologischen Hintergründe und Wirkungen der Politik also, und zugleich eine Frage des verantwortungsbewußten und zurückhaltenden Umgangs mit der politischen Macht, deren sittliche Grenzen *Bismarck* stets einzuhalten verstanden hat.

Bismarcks Sturz

Kaum neun Monate, nachdem *Bismarck* – gleichsam als Höhepunkt seiner auf die Erhaltung des Friedens in Europa gerichteten diplomatischen Bemühungen – Rußland auf drei Jahre vertraglich festzulegen vermocht hatte, starb Kaiser *Wilhelm I.* wenige Tage vor seinem 91. Geburtstag. Vier Wochen zuvor hatte der Kanzler in einer seiner letzten großen Reichstagsreden die Nation beschworen, den Frieden nicht nur zu lieben, sondern ihn zu pflegen und durch die Beherrschung der Situation und der eigenen Emotionen wahre Stärke und wahre Überlegenheit zu zeigen. Gleichzeitig hielt er Rückschau auf die bisherige preußisch-deutsche Außenpolitik, die er im Dienste des nun verstorbenen preußischen Königs und deutschen Kaisers gestaltet hatte. Der Rückhalt, den er durch *Wilhelm I.* dabei erfahren hatte, war eine der Voraussetzungen seines Erfolges. Auf die Loyalität und Beständigkeit des Monarchen konnte er sich auch dann verlassen, wenn dieser sich – in der Sache gegenteiliger Auffassung – nur widerstrebend und oft erst nach harten Kämpfen *Bismarcks* Sicht der Dinge unterwarf. Es lag in der Charaktergröße *Wilhelms I.*, das Genie *Bismarcks* unumwunden anzuerkennen. Der Kanzler dankte ihm dadurch, daß er seinerseits vorbehaltlos für die Rechte des Thrones eintrat und das Prinzip der monarchischen Autorität in Preußen und Deutschland fest verankerte.

Um so mehr fürchtete *Bismarck* aber gerade in den achtziger Jahren das von vielen erhoffte, vermeintlich liberale Regime des Kronprinzen *Friedrich*, der jedoch – zum Zeitpunkt des Thronwechsels schwer erkrankt – keinen Einfluß mehr auf das politische Geschehen nehmen konnte. Als *Friedrich III.* nach einer Regierungszeit von 99 Tagen starb, ging die Krone an dessen 29 jährigen Sohn über. Damit wurden alle Erwartungen jener Generation zunichte, „die als Erben der geistig-politischen Bewegung von 1848 vergeblich darauf warteten, die liberalen Ideen im Reich und in Preußen zu verwirklichen"[45].

Den ungestümen Geltungsdrang des jungen *Wilhelm II.* in ruhige Bahnen zu lenken, dazu war *Bismarck* allerdings nicht in der Lage. *Wilhelms* Bewunderung für den greisen Staatsmann, dem er nach dem Tode *Wilhelms I.* in jugendlicher Euphorie als Ausdruck seines „innigsten Herzenswunsches" zugerufen hatte, „noch lange... das Reichsbanner hochzuhalten"[46], wich in dem Augenblick einer gereizten Feindseligkeit, als der Kanzler sich dem politisch unerfahrenen und unreifen, von überzogenem Selbstbewußtsein gekennzeichneten öffentlichen Auftreten des Monarchen entgegenstellte. Ungeachtet der Tatsache, daß das Kaiserreich eine konstitutionelle Monarchie war, strebte der nach Macht drängende Monarch danach, wenigstens einen Teil der Funktionen des Kanzlers selbst zu übernehmen. So hatte er nach einer von Hofprediger *Adolf Stoecker* überlieferten Äußerung im August 1888 erklärt: ,,Sechs Monate will ich den Alten verschnaufen lassen, dann regiere ich selbst."[47] Damit rächten sich, wie Staatsminister *Robert Lucius von Bellhausen* feststellte, ,,manche Lehren, welche *Bismarck* dem jungen Herrn in früheren Jahren gegeben hat, seine Souveränitätsrechte vor allem wahrzunehmen, die größte Rücksichtslosigkeit zu üben gegen Beschlüsse und Wünsche von Ministerien und Parlamenten"[48].

Der Konflikt zwischen Kaiser und Kanzler brach offen aus, als *Wilhelm II.*, der seinen Regierungsantritt nicht mit einer rigiden Auseinandersetzung mit der Sozialdemokratie belasten wollte, im sozialpolitischen Bereich eine *Bismarck* völlig konträre Haltung einnahm. Nachdem es *Wilhelm II.* im Mai 1889 gelungen war, durch sein persönliches Eingreifen den im Ruhrgebiet ausgebrochenen, sich schnell auf alle Grubengebiete Deutschlands ausbreitenden, von schweren Ausschreitungen begleiteten Bergarbeiterstreik beizulegen, wobei er die Arbeitgeber zu Lohnkonzessionen an die Arbeiter zwang, drängte er zur Sicherung des sozialen Friedens auf eine ausreichende Arbeiterschutzgesetzgebung. *Bismarck* dagegen war entschlossen, an seiner bisherigen Politik festzuhalten, das Sozialistengesetz zu verlängern und die Sozialdemokratie, in der er den alleinigen Urheber der sozialen Unzufriedenheit sah, verschärft zu bekämpfen. Jetzt aber verweigerte sich auch der Reichstag *Bismarck*. Das allgemeine Unbehagen über *Bismarcks* Innenpolitik wurde vollends deutlich, als die Reichstagswahlen vom Februar 1890 durch den Sieg der bisherigen Opposition und vor allem durch die großen Stimmengewinne, die die Sozialdemokratie verzeichnen konnte, dem Kanzler die parlamentarische Mehrheit entzogen.

In dieser Situation suchte *Bismarck* nach Mitteln zur Aufrechterhaltung seiner Macht und erwog neben den noch verbleibenden Möglichkeiten, sich mit der Volksvertretung zu verständigen, auch die Möglichkeit, mit Hilfe eines Staatsstreiches sich von der verfassungsgemäßen Bindung an den Reichstag zu befreien. In einem Konflikt dieses Ausmaßes aber hätte *Bismarck* des unbedingten Rückhalts des Kaisers bedurft, eines Rückhalts, den *Wilhelm II.* um so weniger zu geben bereit war, als er ihn ganz in die Abhängigkeit *Bismarcks* gezwungen haben würde.

In diesem Stadium der Krise brachte *Bismarck* eine Kabinettsorder aus dem Jahre 1852 in Erinnerung, wonach der Verkehr des Herrschers mit den Staatsbeamten ausschließlich über den verantwortlichen Minister erfolgen soll. Nur so glaubte *Bismarck* den vielerlei Einflüssen, denen sich *Wilhelm* zugänglich gezeigt hatte, steuern und einer immer stärker wachsenden eigenen Isolierung entgehen zu können. Damit aber war der Bruch zwischen dem Monarchen und seinem Kanzler endgültig geworden. In einer letzten dramatischen Aussprache verlangte der Kaiser die Aufhebung der ihn angeblich in seiner Souveränität einschränkenden Kabinettsorder und erklärte darüber hinaus, die ursprünglich zwischen ihm und *Bismarck* verabredeten Militärforderungen im Reichstag beschränken und die in Aussicht genommene Auflösung des Reichstags vermeiden zu wollen. Außerdem kritisierte der Kaiser, daß *Bismarck* ohne sein Wissen am Tage zuvor den Zentrumsführer *Windthorst* empfangen hatte, und bestritt ihm das Recht, ohne seine Erlaubnis mit Parlamentariern überhaupt zu verhandeln.

Wenngleich es die Auseinandersetzungen über die Innenpolitik waren, die zu dem Zerwürfnis zwischen dem an politischer Erfahrung reichen, machtgewohnten, freilich auch selbstherrlichen Kanzler und dem nach Selbstregierung strebenden, vitalen, dabei unsicheren und unreifen Monarchen geführt haben, so rückte eine Frage von höchster außenpolitischer Bedeutung *Bismarcks* unbestrittene Autorität noch einmal in den Mittelpunkt der Ereignisse. Der Zar hatte seinen Botschafter, Graf *Paul Schuwalow*, beauftragt, mit *Bismarck* oder dessen Sohn *Herbert* Verhandlungen über eine Verlängerung des Rückversicherungsvertrags zu führen. Der Abschluß dieses Vertrages aber sollte nicht mehr zustande kommen.

In der Zwischenzeit hatte *Bismarck* seinen vom Kaiser ungeduldig erwarteten Abschied eingereicht. In der Absicht, sein Rücktrittsgesuch zu veröffentlichen, verschwieg er die von jedermann verurteilten innenpolitischen Gründe und lenkte taktisch klug das Schwergewicht seiner Differenzen mit dem jungen Monarchen auf die Außenpolitik. Anklagend stellte er fest, daß es ihm unmöglich sei, eine auswärtige Politik im Sinne des Kaisers zu führen. „Ich würde damit alle für das Deutsche Reich wichtigen Erfolge in Frage stellen, welche unsere auswärtige Politik seit Jahrzehnten im Sinne der beiden hochseligen Vorgänger Eurer Majestät in unseren Beziehungen zu Rußland unter ungünstigen Verhältnissen erlangt hat und deren über Erwarten große Bedeutung mir *Schuwalow* nach seiner Rückkehr aus Petersburg bestätigt hat."[49]

Mit *Bismarck* war mehr als nur eine außergewöhnliche Persönlichkeit abgetreten. Schon die Zeitgenossen erkannten, daß eine Epoche zu Ende gegangen und eine neue Zeit mit all den schicksalhaften Fragen an die Zukunft heraufgezogen war. Erleichterung auf der einen, bange Zukunftserwartung auf der anderen Seite beherrschten die Gemüter, in Deutschland sowohl als im übrigen Europa. So äußerte der Dichter *Theodor Fontane* kurz nach *Bismarcks* Sturz am 1. Mai 1890 in einem Brief an einen Freund: „*Bismarck* hat keinen größeren Anschwärmer gehabt als mich, meine Frau hat mir nie eine seiner Reden oder Briefe oder Äußerungen vorgelesen, ohne daß ich in ein helles Entzücken geraten wäre, die Welt hat selten ein größeres Genie gesehn, selten einen mutigeren und charaktervolleren Mann und selten einen größeren Humoristen. Aber Eines war ihm versagt geblieben: Edelmuth; das Gegenteil davon, das zuletzt die häßliche Form kleinlichster Gehässigkeit annahm, zieht sich durch sein Leben (ohne den begleitenden infernalen Humor wäre er schon früher unerträglich gewesen) und an diesem Nicht-Edelmuth... steckt die Wurzel der wenigstens relativen Gleichgültigkeit, mit der ihn selbst seine Bewunderer haben scheiden sehn... lauter schlimme Kapitel, so schlimm, daß man froh sein muß, aus dieser Geschichte heraus zu sein, aus einer Geschichte, die sich schließlich derart auf die Forderung unbedingter Bismarckanbetung zuspitzte, daß alle freie Bismarckbewunderung darin unterging. Es ist ein Glück, daß wir ihn los sind, und viele, viele Fragen werden jetzt besser, ehrlicher, klarer behandelt werden als vorher. Er war eigentlich nur noch Gewohnheitsregent, tat was er wollte, ließ alles warten und forderte nur immer mehr Devotion. Seine Größe lag hinter ihm; sie bleibt ihm in der Geschichte und in den Herzen des deutschen Volkes, aber was er in den letzten 3 Jahren davon verzapft hat, war nicht weit her."[50]

Und der Berliner Historiker *Friedrich Meinecke* wußte sich zu erinnern: „Nur einmal habe ich, nicht lange Zeit, auf *Wilhelm II.* ernstlich zu hoffen vermocht, und zwar gerade bei der Entlassung *Bismarcks*, die doch sonst weithin das Vertrauen zu ihm ins Wanken brachte. Außenpolitisch war ich damals nicht genug unterrichtet, um die Gefahren zu ahnen, die nun aufstiegen. Aber die sozialpolitischen Erlasse des Kaisers und der Widerstand *Bismarcks* gegen eine Sozialreform großen Stils schienen mir einen Moment großer historischer Notwendigkeit heraufgeführt zu haben, wo das schwere Opfer der Entlassung *Bismarcks* unvermeidlich wurde. Eine ungeheuer ernste Stimmung lag über dem Bismarckgeburtstagsessen... am 1. April 1890... Ich fuhr mit *Koser* zusammen nach Hause, er tiefbetrübt und beklommen, während ich zu ihm meinte: ‚Der Kaiser zieht einen gewaltig hohen

Wechsel auf die Zukunft. Wenn er ihn einlöst, ist er historisch gerechtfertigt...' Es ist ihm nicht gelungen, ihn einzulösen."[51]
Erhofften sich in Deutschland nach der Erstarrung des innenpolitischen Lebens in *Bismarcks* letzten Regierungsjahren mit *Fontane* und *Meinecke* viele nun von *Wilhelm II.* neue, auf eine innere Reform des Reiches angelegte, die Klassengegensätze überwindende Impulse, so herrschte bei den Nachbarn Deutschlands nach dem Ausscheiden des Staatsmannes, dessen Politik ihnen den Frieden bewahrt hatte, eher ein Gefühl banger Sorge vor einer ungewissen, unkalkulierbaren Zukunft.
Über die Reaktion der öffentlichen Meinung Frankreichs berichtete der deutsche Geschäftsträger in Paris, Freiherr *Wilhelm von Schoen*: „Die außergewöhnlich ernste und mit wenigen Ausnahmen achtungsvolle Sprache, mit welcher die französische Presse sich über den Rücktritt des Fürsten *von Bismarck* geäußert hat, zeigt, wie tief der Eindruck dieses Ereignisses hier gewesen ist. So sehr auch diese Presse seit Jahren bemüht gewesen ist, die deutsche Politik zu verlästern, ihr aggressive Pläne anzudichten, in jedem politischen Ereignis die intrigierende Hand des Fürsten *von Bismarck* zu entdecken und in persönlicher Verunglimpfung desselben sich zu erschöpfen, so wenig ist sie nun geneigt, den Weggang des deutschen Staatsmannes zu bejubeln. Sie ist im Gegenteil nahezu einstimmig darin, das Ereignis als ein für Frankreich keineswegs erfreuliches zu bezeichnen, und zollt, teils widerstrebend und verdeckt, teils offen und gern, der Friedenspolitik des gewesenen Reichskanzlers eine verspätete Anerkennung. Die Zukunft erscheint ihr nunmehr besorgniserregend; die Befürchtung liege nahe, daß die deutsche Politik kriegerischen Verwicklungen zustrebe oder zugetrieben werde, daß europäische Fragen sich zu unlösbaren Knoten verschlingen könnten, nachdem die kundige Hand des Meisters zur Lösung fehle."[52]
Den Eindruck, den die Entlassung *Bismarcks* in Petersburg hinterlassen hat, gab der dortige deutsche Militärattaché folgendermaßen wieder: „Die Anfeindungen und Verdächtigungen, mit denen sie den Fürsten *Bismarck* seit dem Berliner Kongreß verfolgt hatten, waren plötzlich vergessen; man sah es ein, daß man in ihm nicht einen Feind, sondern einen Freund Rußlands verloren hatte, und beklagte in ihm den Mann, der fast drei Jahrzehnte lang die sicherste Bürgschaft guter Beziehungen zwischen den beiden benachbarten Reichen gewesen sei und in gewisser Weise den Frieden zwischen beiden garantiert habe; man war zu der Überzeugung gekommen, daß Rußland es eigentlich ihm zu verdanken habe, wenn es seit dem letzten Türkenkriege in Ruhe und Frieden hätte leben, seine Finanzen verbessern und seine Rüstungen vervollständigen können, und so trat an die Stelle der

„Der Lotse verläßt das Schiff" (Karikatur aus „Punch" zur Entlassung Bismarcks, März 1890)

Freude ein aufrichtiges Bedauern über sein Scheiden aus dem öffentlichen Wirken... Nun fehlt den Russen plötzlich in ihren Zukunftsberechnungen dieser sichere Faktor; an seine Stelle ist ‚das Ungewisse', ‚Geheimnisvolle der neuen Ära', wie sie es nennen, getreten, und dieses Dunkel der Zukunft erzeugt bei ihnen ein großes Unbehagen; das Selbstvertrauen und die bisherige Überzeugung, die Geschicke Europas zu lenken, sind verschwunden. Mit einer gewissen Bangigkeit sehen sie den von ihnen mit Gewißheit infolge des Rücktritts des Fürsten *Bismarck* erwarteten großen, allgemeinen Umwälzungen und durchgreifenden Veränderungen entgegen und ergehen sich in hypothetischen Betrachtungen über die Richtungen, in denen sich dieselben bewegen könnten, besonders aber über die zukünftige Politik Deutschlands."[53]

Die englische Wochenzeitschrift „Punch" schließlich stellte kurz und bündig fest: „Der Lotse geht von Bord"[54] und zeigte in einem den Vorgang karikierenden Bild einen seine Genugtuung und seine Selbstzufriedenheit kaum verbergenden *Wilhelm II.* als Kapitän, der nun, wieder Herr seines Schiffes, sich bereit hält, eigenen Kurs aufzunehmen.

Der sichtlich erleichterte Kaiser aber erklärte befreundeten Herrschern heuchlerisch: „Gott ist mein Zeuge, wenn ich in mancher Nacht im Gebet gerungen und gefleht habe, das Herz dieses Mannes zu erweichen und mir das furchtbare Ende zu ersparen, ihn von mir gehen zu lassen." So telegraphierte er an Kaiser *Franz Joseph,* und den König von Sachsen ließ er wissen: „Mir ist so weh, als hätte ich noch einmal meinen Großvater verloren. Aber von Gott ist Bestimmtes zu tragen, auch wenn man darüber zugrunde gehen sollte. Das Amt des wachhabenden Offiziers auf dem Staatsschiff ist mir zugefallen. Der Kurs bleibt der alte, Volldampf voran!"[55] Kurz darauf jedoch offenbarte

Wilhelm II. das, was er wirklich dachte: „Es handelte sich um die Frage, ob die Dynastie *Hohenzollern* oder die Dynastie *Bismarck* regieren solle."[56] Und nach dem Tode *Bismarcks* 1898 vermerkte er: „*Bismarck*, Herr der Situation und des Reiches, das Haus Hohenzollern so gut wie nichts. Da habe ich meine furchtbare Aufgabe erkannt, die Krone zu retten vor dem überwältigenden Schatten des Ministers. Als er seine gefährlichen Ränke gegen mich spann und selbst vor Hochverrat nicht zurückschreckte, streckte ich ihn nieder."[56]

Zweifellos war der Schatten des großen alten Mannes übermächtig geworden und lastete schwer auf dem Reich, seiner eigenen, ganz auf ihn zugeschnittenen Schöpfung. „Alles hängt ganz allein von *Bismarck* ab"[57], so urteilte der hochkonservative Botschafter General *Hans Lothar von Schweinitz*, und der nationalliberale Politiker *Ludwig Bamberger* stellte fest, daß *Bismarcks* ungeheure Autorität „die Bahnen bestimmt (habe), in denen sich die Institutionen, die Gesetze und, was noch wichtiger ist, die Geister bewegen"[58]. Dabei ist es *Bismarck* entgangen, daß, wie *Max Weber* in seiner akademischen Antrittsrede 1895 in Freiburg feststellte, „unter ihm das Werk seiner Hände, die Nation, der er die Einheit gab, langsam und unwiderstehlich ihre ökonomische Struktur veränderte und eine andere wurde, ein Volk, das andere Ordnungen fordern mußte als solche, die er ihm geben und denen seine cäsarische Natur sich einfügen konnte"[59].

Das neue, immer stärker von Wissenschaft und Industrie geprägte Zeitalter hätte in der Tat andere Akzente verlangt. Akzente, die der wirtschaftlichen Expansion Rechnung getragen hätten und, die Vorrechte der überkommenen Adelsgesellschaft abbauend, in Demokratie und Parlamentarismus hätten münden müssen. *Bismarck* selbst hatte diese neue Zeit nicht verstanden. Fast schaudernd bemerkte er bei einem Besuch des Hamburger Hafens 1896, wo er all der sich jagenden Geschäftigkeit, der Kräne und der Schiffe ansichtig wurde: „Es ist eine neue, veränderte Welt, ein neues Zeitalter."[60]

Dennoch bleibt die Tatsache, daß Deutschland ihm seine Einigung verdankt, bei aller berechtigten Kritik an der Art, wie er die Einigung erreicht und den Reichsbau ausgeführt hatte, das für die europäische Geschichte der zweiten Hälfte des 19. Jahrhunderts eigentlich entscheidende Ereignis. Auch bedeutet sein Wirken für den Frieden nach der Gründung des Reiches unbestreitbar die große Leistung einer im Dienste der Zusammenarbeit der Völker geführten Politik.

9 Das Wilhelminische Zeitalter

1890	Beginn des Neuen Kurses – Nichterneuerung des Rückversicherungsvertrages mit Rußland
1892–1894	Französisch-russischer Zweibund – Militärkonvention und Bündnisvertrag
1898	Spanisch-amerikanischer Krieg – Erwerbung von Kiautschou durch Deutschland – Faschoda-Krise
1899–1902	Burenkrieg
1900	Deutsches Flottengesetz
1901	Letztes britisches Bündnisangebot an Deutschland
1902	Bagdadbahn – Englisch-japanisches Bündnis
1904	Englisch-französische Entente
1904–1905	Russisch-japanischer Krieg
1905–1906	Erste russische Revolution – Erste Marokko-Krise
1906	Konferenz von Algeciras
1907	Englisch-russische Entente
1908	Annexion Bosniens durch Österreich
1911	Zweite Marokko-Krise
1912–1913	Balkankriege – Mission *Haldane*
1913–1914	Rüstungswettlauf der Großmächte
1914	Eröffnung des Panamakanals – Ermordung des österreichischen Thronfolgers
	(Karte 7)

Wandlungen in der inneren Struktur des Reiches

Zum Zeitpunkt, da *Wilhelm II. Bismarcks* Rücktritt erzwang, stand das Reich im Begriff, sich industriell und wirtschaftlich zur führenden Macht Europas emporzuarbeiten. Neu erschlossene Absatzgebiete steigerten den deutschen Anteil am Welthandel gewaltig. Schon um die Jahrhundertwende konnte der englische Vorsprung in der Industrieproduktion nahezu eingeholt, der in der Gesamtproduktion sogar überholt werden, so daß Deutschland hier unmittelbar nach den Vereinigten Staaten rangierte.[1]
Lebten und arbeiteten im Jahr der Reichsgründung die Einwohner des Reiches noch überwiegend auf dem Land und in den Klein- und

Mittelstädten, so änderte sich jetzt dieses Bild fast plötzlich. An der Ruhr, im mitteldeutschen Braunkohlegebiet, in Sachsen, in Schlesien, in Berlin und in Süddeutschland entstanden große Industriezentren, die um 1900 bereits 54% der seit 1871 von 41 auf über 50 Millionen angewachsenen Reichsbevölkerung aufnahmen. Mit der Verstädterung Deutschlands änderte sich aber auch die berufliche und damit die soziale Struktur der Bevölkerung. Der Anteil der Erwerbstätigen in der Land- und Forstwirtschaft, der um 1871 noch etwa 50% betrug, verringerte sich bis zur Jahrhundertwende um mehr als 15%. Dadurch überstieg die Anzahl der Beschäftigten in der Industrie, im Bergbau, im Handel und im öffentlichen Dienst diejenige im Sektor der Agrarwirtschaft. Ebenso ging infolge des riesigen Bedarfs an Arbeitskräften und infolge der Beendigung der freien Landnahme in den Vereinigten Staaten von Amerika die Auswanderung, die in den 20 *Bismarck*-Jahren die Millionengrenze überschritten hatte, stark zurück. Sie konnte von der Einwanderung aus Österreich-Ungarn, den russischen Teilen Polens, aus Italien und Südosteuropa ausgeglichen werden.

Der rapiden industriellen Ausdehnung entsprach der rasche Aufschwung der deutschen Landwirtschaft. Als produktionsfördernd wirkte neben den ständig steigenden Preisen die durch zunehmende Anwendung geschäftsmäßiger und wissenschaftlicher Methoden rationellere Organisation der landwirtschaftlichen Betriebe. Der Ertrag an Getreide und insbesondere der an Kartoffeln nahm in den letzten 30 Jahren des 19. Jahrhunderts um mehr als die Hälfte gegenüber den zurückliegenden 70 Jahren zu. Dennoch war die Versorgung der Bevölkerungsmassen ohne die stetig ansteigende Ausfuhr von Industrieerzeugnissen nicht möglich, um so mehr, als die Nachfrage nach hochwertigeren Nahrungsmitteln wie Mehl und Fleisch mit dem wachsenden Wohlstand beträchtlich stieg. Zudem mußte die Ausfuhr noch den erheblichen Bedarf der Industrie an Rohstoffen wie Baumwolle, Erze und Kautschuk decken. So wurde Deutschland in zunehmendem Maße von der Behauptung und Ausweitung seiner Absatzmärkte in der Welt und von der ausländischen Einfuhr abhängig.

Welch überragende Bedeutung die Industrie für die nationale Wirtschaft hatte, skizzierte zu Beginn der 80er Jahre ein Zeitgenossen am Beispiel Berlins. „Wenn wir einige flüchtige Streiflichter auf die Industrie und das Gewerbe Berlins werfen, so haben wir es in den meisten Fällen mit kolossalen Ziffern zu tun. Wir greifen nur einige Zweige heraus. Ungeahnte Dimensionen hat z. B. im letzten Dezennium die Bierproduktion angenommen, die stärker als die jeder anderen Stadt Deutschlands ist, da sie 56 Brauereien mit einem jährlichen Malzverbrauch von ca. 850 000 Zentnern beschäftigt. Ihr altes Renommee haben sich die Eisengießereien und Maschinenbauanstalten zu bewahren gewußt; diese ,Werkstätten der modernen Zyklopen' versorgen einen großen Teil Deutschlands und des Auslands mit ihren Fabrikaten – hat doch die Borsigsche Maschinenfabrik von 1841 an, wo sie der ,Maschinenkönig' gründete, bis heute weit über 3000 Lokomotiven hergestellt und so den eisernen Ruhm Berlins nach allen Weltteilen getragen. Neben diesen gewaltigen Maschinen werden jährlich hunderttausende von Nähmaschinen exportiert, da Berlin allein an hundert dieser Fabriken besitzt, denen zirka 300 Maschinenbau-Anstalten und Eisengießereien, welche über 20 000 Arbeiter beschäftigen, gegenüberstehen. Eine erst in den letzten Jahrzehnten zu seltener Blüte gekommene Industrie ist die der Konfektion, für welche Berlin zum Zentralpunkt Deutschlands geworden ist. Die Anfertigung von Damenmänteln nimmt in dieser Branche wieder einen Hauptplatz ein, denn den jährlichen Umsatz, der allein in Mänteln in Berlin gemacht wird, schätzt man auf 50 Millionen Mark, und ca. 60 000 Arbeiter und Arbeiterinnen finden dabei regelmäßige Beschäftigung; auch der Export ist ein ganz bedeutender, er betrug 1883 allein nach Amerika und England je 12 Millionen Mark."[2]

Neben der Schwer- und Textilindustrie entfalteten sich die mit dem Fortschritt der Naturwissenschaften aufs engste zusammenhängenden modernen Industriezweige der Elektrotechnik und der auf die Herstellung von künstlichen Farben und von künstlichem Dünger spezialisierten chemischen Industrie wie auch der pharmazeutischen Industrie.

Desgleichen zog der Bergbau immer mehr Arbeitskräfte an. Der Abbau der Steinkohle drang in größere Tiefen vor, und die Ausnutzung der im Tagebau gewonnenen Braunkohle erlangte für die Erzeugung elektrischer Energie und in Verbindung mit der chemischen Industrie eine bisher ungeahnte Verwendungsbreite. Die am Ende des Jahrhunderts im Elsaß erschlossenen Kalivorkommen schließlich verschafften Deutschland ein Weltmonopol.

Hand in Hand mit der fortschreitenden Industrialisierung vollzog sich eine gewaltige Ausweitung des Verkehrswesens. 1895 konnte der Nord-Ostsee-Kanal eingeweiht und der Bau eines Teils des projektierten Mittellandkanals begonnen werden. Ebenso überzog ein immer dichter gewordenes Eisenbahnnetz das gesamte Reichsgebiet. Um 1900 lag Hamburg als Güterumschlagplatz an dritter Stelle hinter New York und Antwerpen, aber noch vor London, Liverpool und Marseille, und die Hamburg-Amerika-Linie entwickelte sich zur größten Reederei der Welt. Die seit 1887 durch britisches Gesetz vorgeschriebene Kennzeichnung deutscher Waren mit „Made in Germany" erwies sich je länger je mehr als Empfehlung für gute Qualität.

Automobil aus dem Jahre 1897

Gleichzeitig griff die Technik mit all ihren Errungenschaften immer stärker in das Leben ein, veränderte die Lebensgewohnheiten jedes einzelnen und bescherte den Zeitgenossen neben all den Segnungen der modernen Medizin und den großen Erleichterungen in der Familien- und Arbeitswelt außer der Begeisterung über die neuen Errungenschaften auch die Angst, von diesen gewaltigen Umwälzungen überrollt und beherrscht zu werden. So heißt es in einem Roman der Zeit: „... die Merkwürdigkeiten, die da entstanden... trugen... helle, harte, scharfe Züge. Sie rasten in Windeseile über Gewohnheiten, Bräuche und Zeiten dahin. Veränderten die Physiognomie der Stadt, zerbrachen die Gehäuse, in denen sich jahrhundertelang das Leben abgespielt hatte. Es war die Zeit, da keuchend, hinwälzend über Wünsche, Sentimentalitäten, nachdenkliche Seufzer das Automobil seinen Einzug hielt. Umwandelnd mit jäher Plötzlichkeit, wie keine Änderung bisher, das Stadtbild – wie ein greifbarer Ausdruck des rasenden Tempos der Entwicklung. Stiller und gleichsam unterirdisch hatte im Vergleich mit diesem despotischen Eindringling das Telefon gewirkt. Langsamer, unmerklich von den von Pferden gezogenen Wagen in Schienenwege lenkend, schließlich die elektrische Kraft benutzend, hatte der Übergang zu den elektrischen Bahnen sich vollzogen. Das Automobil aber raste eines Tages dahin, ohne Vorgänger, ohne Anleitung, ohne Andeutungen. Es war da. Und es schrie den Menschen zu: ‚Ich überhole euch!‘ Und es überholte sie alle. Am meisten die Verwegenen, die darin saßen und es zu lenken wähnten. Während sein Geist den ihren lenkte, prägte, formte.“[3] Wenige Jahre, nachdem sich das

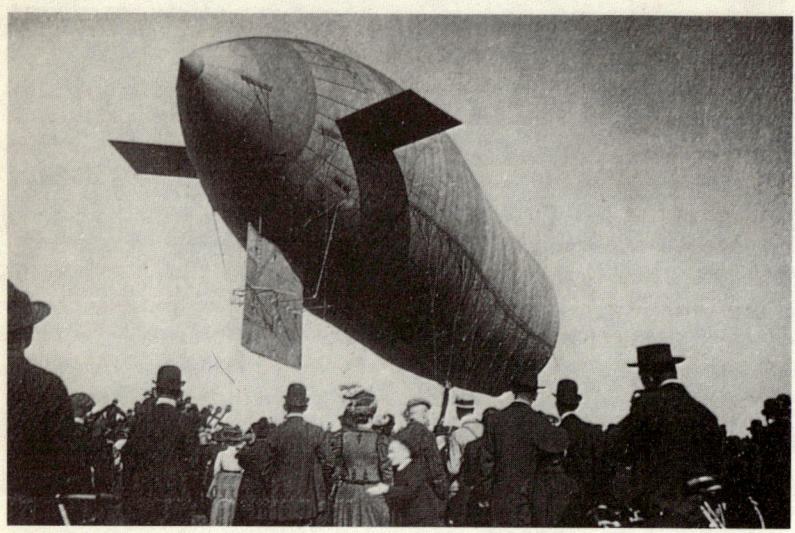

Landung des ersten „Parseval"-Luftschiffes in München am 14. Oktober 1909

von *Gottlieb Daimler* und *Karl Benz* erbaute Auto anschickte, die Straße zu erobern, begann Graf *Ferdinand von Zeppelin* mit seinen Arbeiten am Luftschiff, und *Otto Lilienthal* baute den ersten Flugapparat.

Das Vordringen der Maschinenarbeit, die Betonung der technischen Neuerungen und der ungewöhnliche wirtschaftliche Aufschwung hatten eine Vielschichtigkeit der Interessen zur Folge. Diese versuchten die einzelnen sozialen Gruppen nun innerhalb des sich im Wandel begriffenen gesellschaftlichen Gefüges zur Geltung zu bringen. Soziale und wirtschaftliche Kooperationen begannen das deutsche Parteienwesen und die gesamte deutsche Innenpolitik immer nachhaltiger zu beeinflussen und den Wirtschaftsliberalismus des 19. Jahrhunderts stark einzuschränken.

So wurden im letzten Jahrzehnt vor der Jahrhundertwende die Gewerkschaften zu einer Massenorganisation, die sich neben den sozialen und gesellschaftlichen Forderungen der Arbeiterschaft der ganz konkreten, mit dem Arbeitsverhältnis des einzelnen Arbeiters verbundenen Nöte annahm und für die Verbesserung der Existenzbedingungen der Arbeiterschaft kämpfte. Entsprechend der weltanschaulich-politischen Einstellung teilte sich die Gewerkschaftsbewegung in eine sozialistische, liberale und christliche Richtung. Dabei wurden die seit 1860 bestehenden sozialistischen Gewerkschaften, nachdem sie sich 1890 in der „Generalkommission der Freien Gewerkschaften Deutschlands" zusammengeschlossen hatten, unter Führung *Carl Legiens* zur stärksten Gewerkschaftsorganisation in Europa.

Neben den Freien Gewerkschaften, die trotz mancher Spannungen immer in enger Beziehung zu der Sozialdemokratischen Partei standen und je länger je mehr die Partei im revisionistischen Sinne beeinflußten, spielten die liberal-national ausgerichteten Hirsch-Dunckerschen Gewerkvereine eine untergeordnete Rolle.

Gewichtiger und zahlenmäßig stärker wurden die 1894/95 gegründeten christlichen Gewerkschaften. Ihre politische Stütze war die Zentrumspartei. Sie vertraten wie die Freien Gewerkschaften die Interessen der Arbeiter unter Anwendung gewerkschaftlicher Kampfmittel. Im Gegensatz zu diesen jedoch lehnten sie den Klassenkampf als mit der christlichen Ethik unvereinbar ab, erkannten aber die Klassengegensätze der bestehenden Gesellschaftsordnung an. Im Einverständnis mit der Soziallehre der katholischen Kirche, die Papst *Leo XIII.* 1891 in der *Enzyklika Rerum Novarum* verkündet hatte, waren sie überzeugt, daß das Gemeinwohl als Ziel der politischen Ordnung nur mit Hilfe der Gesetzgebung und der Staatsgewalt zu erreichen sei.[4]

Auf protestantischer Seite war der von dem Pfarrer *Friedrich Naumann* 1896 gegründete Nationalsoziale Verein bestrebt, die Arbeiterschaft in das Kaiserreich zu integrieren, indem er für die Durchsetzung gewerkschaftlicher Rechte und für eine demokratische Regierungsform in Deutschland eintrat.

Gleich den Arbeitern fanden sich auch die übrigen sozialen Gruppen in Interessenverbänden zusammen. Neben die bereits in den 70er Jahren zur Durchsetzung des Schutzzolls gegründeten, die Interessen der Industriellen in der Wirtschaftspolitik wahrnehmenden Unternehmerverbände traten in den 90er Jahren die Arbeitgeberverbände, die die sozialpolitischen Interessen der Industriellen gegenüber dem Staat und den Gewerkschaften vertraten.

1893 gründeten die Landwirte gleichfalls einen Interessenverband, der neben hohen Schutzzöllen die Errichtung von Landwirtschaftskammern und steuerpolitische Begünstigung der Landwirtschaft forderte und durch die Aufstellung eigener Kandidaten zu den Reichstagswahlen großen Einfluß gewann. Da der Bund im wesentlichen eine Interessenvertretung der Großagrarier war und daher seine Anhänger auch in den Ministerien und in der Verwaltung hatte, war seine Macht sowohl der der Gewerkschaften als auch der der Unternehmer überlegen.

Waren alle diese Zusammenschlüsse in ihrer Zielsetzung vorwiegend sozialpolitisch und wirtschaftspolitisch orientiert, so entstanden in der Wilhelminischen Epoche auch Verbände mit rein politischer Zielsetzung. Die meisten bildeten den Nährboden für imperialistische und

nationalistische Strömungen. Diese besonders aus dem Bürgertum rekrutierten Vereinigungen waren der Alldeutsche Verband, der
Deutsche Kolonialverein und der Deutsche Flottenverein. Alle drei, in
den 90er Jahren ins Leben gerufen, agitierten für eine aktive Außen-,
Kolonial- und Flottenpolitik. Dabei propagierten sie die Errichtung
der deutschen Hegemonie in Europa als Voraussetzung für eine aus-
greifende Weltmachtpolitik im Stile Englands.

Die Agitation dieser ihre sozialen, wirtschaftlichen und politischen
Interessen verfechtenden Organisationen hatte eine starke und unmittelbare Rückwirkung auf die Parteien. Diese hatten sich seit Einführung des allgemeinen, gleichen Wahlrechts und seit der durch die
fortschreitende Industrialisierung bedingten gesellschaftlichen Um-
schichtung von lockeren, weltanschaulich geprägten Honoratiorenver-
einigungen zu in sich geschlossenen Organisationen umgebildet. Da die
Interessenverbände die Parteien, bei denen sie Rückhalt suchten, auch
finanziell unterstützten, insbesondere durch Zuschüsse zu den Wahl-
kämpfen, die ehemals von den Kandidaten selbst finanziert worden
waren, gewannen sie Einfluß auf die Aufstellung der Kandidatenliste
und damit auf die Zusammensetzung des Parlaments.

So konnte sich der gewerkschaftliche Flügel in der Sozialdemokratischen Partei seit der Jahrhundertwende immer stärker durchsetzen und
dank des allgemeinen Konjunkturaufschwungs und der steigenden
Reallöhne die revisionistischen Tendenzen in der Partei stärken. Die
faktische Abkehr vom revolutionären Marxismus war trotz des Wider-
strebens der Parteiführung nicht mehr aufzuhalten. Auch bewirkte die
legalistische Praxis die Wandlung der ideologisch marxistisch ausgerichteten Partei zur Reformpartei. Trotz aller praktischen Abwendung
von der marxistischen Ideologie jedoch blieb die Sozialdemokratische
Partei eine in das allgemeine Parteienspektrum nicht zu integrierende
Außenseiterpartei.

Der bürgerliche Liberalismus, der schon in der Zeit *Bismarcks* seine
Integrationskraft nicht hatte wiedergewinnen können, war ohne Mas-
senbasis und beschränkte sich auf das protestantische Bildungsbürgertum und Teile des Besitzbürgertums. Er propagierte in der Nationalliberalen Partei eine nationalistische und restaurative Politik.

Die zeitweise in mehrere Parteien gespaltenen Linksliberalen, die ihr
Wählerreservoir vorwiegend in den freien Berufen, Teilen des Hand-
werks und Handels besaßen, befürworteten eine parlamentarische Monarchie britischen Musters. Ihre allmähliche Aufgeschlossenheit für
soziale Probleme führte in Einzelfällen – besonders in den letzten
Jahren des Kaiserreiches – zu einem Zusammengehen mit den Sozialdemokraten.

Straff organisiert, sammelte das Zentrum als konfessionelle Minderheitspartei im protestantisch-preußisch geprägten Kaiserreich alle sozialen Schichten innerhalb des katholischen Volksteils. Die Partei mied jede einseitige Bindung an einzelne Interessenverbände und verfolgte eine Politik des sozialen Ausgleichs, indem sie versuchte, Unternehmer-, Bauern- und Arbeiterinteressen zu integrieren. Gleich den Liberalen und Konservativen deutsch-national, unterstützte das Zentrum im Parlament die nationalen, kolonialen und imperialistischen Tendenzen der Zeit.

Die konservativen Parteien, deren nicht numerische Stärke auf den traditionellen Führungsschichten von Grundadel und Militär, protestantischer Geistlichkeit und Bürokratie beruhte, versuchten, ihre Vorrechte zu bewahren, vertraten die Monarchie „von Gottes Gnaden" und die imperialistische Großmachtpolitik. Während die Deutsch-Konservative Partei durch den mächtigsten agrarischen Interessenverband des Kaiserreiches, den „Bund der Landwirte", eine breite Basis gewann und sozial-reaktionäre Maßnahmen befürwortete, organisierten sich bei den im Reichstag als Deutsche Reichspartei firmierenden „Freikonservativen" in erheblichem Maße Industrielle.

Ballsouper am Hofe Kaiser Wilhelms II.

Den vielschichtigen und gegensätzlichen Interessen der Verbände und Parteien entsprach die zwischen den verschiedenen Gesellschaftsgruppen bestehende Spannung, die auch nach dem Abgang *Bismarcks* nicht ausgeglichen werden konnte und die Nation weiterhin streng in verschiedene, sich teilweise feindlich gegenüberstehende Klassen teilte. Verursacht durch die wirtschaftliche und soziale Entwicklung zur Industriegesellschaft auf der einen Seite und die überkommene feudale Struktur auf der anderen, machte diese Spannung eine der Zeit entsprechende politische Anpassung unmöglich.

Als entscheidendes Hemmnis erwies sich hier nach wie vor das Herrschaftsinteresse des Adels, der in der Tradition überkommener gesellschaftlicher Verhältnisse stand, seine Positionen zäh verteidigte und sich von den übrigen Gesellschaftsschichten abgrenzte. Seine privilegierte Stellung im Heer, in der Diplomatie und der höheren Staatsverwaltung blieb unangetastet und wurde in Preußen noch durch das Dreiklassenwahlrecht unterstrichen.

Das Bürgertum erreichte über die Wirtschaft gleichfalls eine entscheidende Stellung in vielen Bereichen des Staates, der Gesellschaft und der Kultur, war aber im Gegensatz zum Adel durch den herrschenden Konstitutionalismus von den Schaltzentren politischer Macht weitgehend ausgeschlossen.

Wie sehr Adel und Bürgertum ihrem jeweiligen Gesellschafts- und Lebenskreis verhaftet waren, beschrieb *Theodor Fontane* in einem Brief: „Sie wissen so gut wie ich oder besser als ich, daß es in unsrem guten Lande Preußen (wie übrigens in jedem andren Lande auch) etablierte Mächte gibt, denen man sich unterwirft. Diese Mächte sind verschieden: Geld, Adel, Offizier, Assessor, Professor. Es kommt nun darauf an, daß einen das Leben, in Gemäßheit der von einem vertretenen Spezialität, richtig einrangiert. Ist man aber aus seiner richtigen Rubrik 'raus, so ist das Elend da. Bankiersöhne sind in Offiziers- und Professorenkreisen der größten Nichtachtung ausgesetzt, Offiziere werden in Bankierkreisen wie Hungerleider behandelt."[5]

Die Basis der Gesellschaftspyramide bildeten die Bauern und Arbeiter. Jede dieser beiden Schichten jedoch war in sich selbst vielfach gegliedert. Kleinbauern, Handwerker und Arbeiter lebten in bescheidenen, zum Teil kümmerlichen Verhältnissen, wenngleich sich Lebens- und Arbeitsverhältnisse seit der Jahrhundertwende ständig verbesserten. Wirkliche Not bestand allerdings noch für die kinderreichen Arbeiterfamilien, für die Arbeitsunfähigen und die Witwen mit kleinen Kindern. Frauenarbeit war unterbezahlt, die Frau im Berufsleben in ihren Aufstiegschancen dem Manne gegenüber generell benachteiligt. Frauen als Hörerinnen an den Universitäten gab es erstmals 1891.

Berliner Volksküche

Als bewußter Protest gegen die starren, überlieferten Formen und Standesgegensätze entstand am Ende des 19. Jahrhunderts die Jugendbewegung. Sich gegen das Großstadtleben auflehnend, wollten die jungen Menschen auf Wanderfahrten ein neues Verhältnis zum Volk und zur Natur gewinnen. Auf der Suche nach Vorbildern erstrebten sie in bewußter Anknüpfung an die Befreiungskriege das Zusammenrücken aller Schichten und Klassen. Im Aufbegehren gegen Elternhaus und Schule verlangten sie nach größerer persönlicher Freiheit, die sie auf die Gesellschaft und den Staat zu übertragen gedachten, um darüber zu einer echten Gemeinschaft zu finden.

Der Umbruch im geistigen und kulturellen Leben Deutschlands setzte im Gegensatz zum wirtschaftlichen und gesellschaftlichen Leben erst wesentlich später ein. Die vorherrschenden Tendenzen waren vielmehr bis um 1910, als der Expressionismus in Deutschland begann, eine breite Wirkung zu zeigen, gekennzeichnet durch die anhaltende Auseinandersetzung mit der Spätromantik des 19. Jahrhunderts und durch einen Pluralismus von historisch geprägten Orientierungen. Der schnell wachsende Wohlstand führte vielfach zur Veräußerlichung des Lebens und zu einer Überbewertung des Materiellen. Besitz, Erfolg, Ansehen und Macht gewannen eine bisher nicht gekannte Bedeutung. Ein unbedingtes Zutrauen zu Rationalismus und Wissenschaft beherrschte die große Masse. Der durch den Positivismus geförderte

Die Jugendbewegung um 1910

Fortschrittsglaube wurde zunehmend zersetzt durch den auf *Arthur Schopenhauer* zurückgehenden Kulturpessimismus und einen spürbaren Relativismus als Folge historischer Einsichten, wie sie von *Friedrich Nietzsche* in seinem Werk „Vom Nutzen und Nachteil der Historie für das Leben" und später von *Ernst Troeltsch* in der Abhandlung über den „Historismus und seine Probleme" formuliert wurden.

Die Wissenschaften blühten mächtig auf und begannen sich immer stärker zu spezialisieren. Den Spitzenleistungen der Technik stellten sich die der naturwissenschaftlichen und medizinischen Forschung an die Seite. Von besonderer Bedeutung für das ganze 20. Jahrhundert wurde *Sigmund Freuds* Konzept der Psychoanalyse und sein 1900 erschienenes Werk „Die Traumdeutung". Desgleichen erfuhren die Geisteswissenschaften, allen voran die Geschichtswissenschaft, eine immer deutlichere Differenzierung.

Neben dem Ausbau der naturwissenschaftlichen und technischen Lehr- und Forschungseinrichtungen an den Universitäten und den Technischen Hochschulen wurde 1911 die „Kaiser-Wilhelm-Gesellschaft zur Förderung der Wissenschaft"[6] ins Leben gerufen, die hervorragenden Gelehrten Gelegenheit zur Forschung gab, ohne sie zum Unterricht an den Universitäten zu verpflichten. Die an allen diesen Instituten geleistete Arbeit sicherte Deutschland in den exakten Wissenschaften lange Zeit eine führende Stellung. Gleichzeitig wurde das Schulwesen modernisiert und die Schüler der Oberschulen zum akademischen Studium und damit zu den höheren Staatsämtern zugelassen.

Trotz aller Fortschritte und wissenschaftlichen Leistungen machte sich aber gerade unter vielen führenden Geistern ein tiefer Kulturpessimismus breit, dessen Nährboden *Schopenhauers* Philosophie und der Historismus waren. Die in *Schopenhauers* Hauptwerk „Die Welt als Wille und Vorstellung" entwickelte pessimistische Ethik galt vielen als pädagogische Richtschnur. So hat *Nietzsche* in seiner „Dritten Unzeitgemäßen Betrachtung", die den charakteristischen Titel „*Schopenhauer* als Erzieher" trägt, die Wirkung und Bedeutung *Schopenhauers* in der zweiten Hälfte des 19. Jahrhunderts beispielhaft analysiert. Wie *Nietzsches* Schriften bei denen, die sich damit auseinandersetzten, aufgenommen wurden, darüber berichtet ein Zeitgenosse: „Es hat kaum eine Zeit gegeben, die so revisionsbeflissen war, so rücksichtslos sich an die ‚Umwertung aller Werte‘ machte wie das Zeitalter *Nietzsches*. Hätte er wohl in einer andren Epoche (Epoche) machen können? – Bewußt oder unbewußt beherrscht die Stimmung mehr Gemüter, als sich mancher in seiner Schulweisheit träumen läßt. Hat aber *Nietzsche* diesen Geist geschaffen? Er ist aus ihm herausgewachsen, hat ihn nur in die philosophische Formel gebracht! Nie hätte *Nietzsche* das ungeheure Aufsehen erregt, nie die begeisterte Gemeinde um sich geschart, wäre nicht der Boden so reif gewesen. So aber erschien er den ‚Seinen‘ als der Messias, ‚da die Zeit erfüllet war‘. Auch er löste – in seiner Art! – den Stummen die Sprache, machte die Blinden sehend. Das geheime Antichristentum, der unbewußte religiöse und ethische Nihilismus, zu dem vorher niemand sich zu bekennen wagte und der doch dumpf in den Gemütern brütete, er hatte nun seinen ‚Meister‘, sein ‚wissenschaftliches System‘."[7]

Daß diese Ideen Resonanz fanden, lag an der Unzufriedenheit der Zeit, die als Reaktion auf den Widerspruch zwischen den großen materiellen Erfolgen der technischen und industriellen Welt und der Nichtbewältigung der gerade durch sie hervorgerufenen sozialen und geistigen Spannungen sich gegen die bürgerliche Welt und die von ihr verkündeten Ideale auflehnte. Der Fortschritt wurde verdächtig. Staat und Gesellschaft, die in seinem Namen den einzelnen in einer umfassenden Ordnung disziplinierten, führten bei Teilen der intellektuellen Jugend zur Flucht in den Irrationalismus und in die Absage an jede überlieferte Autorität. Diesen Vorgang analysierend, schrieb der Berliner Philosoph *Friedrich Paulsen*: „Der intellektuelle Anarchismus ist die Reaktion des Subjekts gegen das lange Niedergeredet- und Niederkorrigiertwerden, dem es in der Schule und in der Kirche, in der Gesellschaft und im Staat ausgesetzt ist. Die Wirkung der langen

Disziplinierung ist, daß die korrekten Gedanken über alle Dinge, über historische und politische, über religiöse und moralische, über literarische und sprachliche, wozu wir durch lange Schulung und viele Prüfungen, durch öffentliche Meinungen und private Zurechtweisungen, durch patriotische Feste mit ewig wiederkäuender Beredsamkeit, durch Lockungen und Bedrohungen trainiert werden, uns schließlich so fad und abgeschmackt und unerträglich vorkommen, daß wir alles abreißen und von uns werfen, die korrekten Ansichten und die alten Wahrheiten, die konventionellen Größen und die abgegriffenen Heiligtümer, endlich auch die Logik und die Moral, und uns den Saturnalien der Paradoxie hingeben, das Fest der Umwertung aller Werte feiern."[8]

Eine allmähliche Abkehr vom Fortschrittsglauben – in den antinaturalistischen Konzepten auch vom Rationalismus und Positivismus – kam auch in der zeitgenössischen Literatur zum Ausdruck. Die Stilrichtung des literarischen Realismus, repräsentiert durch *Theodor Fontane* wie später dann durch *Thomas Mann,* wirkte neben dem Naturalismus französischer Provenienz in Deutschland nachhaltig weiter. Dem Naturalismus folgte als Gegenbewegung eine Neuerweckung der Romantik, die sogenannte Wiener Neuromantik, mit ihrer verfeinerten Innerlichkeit und ihrer Suche nach der schönen Form. Auch entstand in einigen Kreisen des deutschen Bürgertums, verursacht durch den beträchtlichen Wohlstand, eine neue Lebensform der Bohème und eine avantgardistisch geprägte Weltanschauung des modernen Ästhetizismus.

Auf den Theaterbühnen kamen neben klassischen Stücken die Naturalisten zur Aufführung, insbesondere *Gerhart Hauptmann.* Die Operette erlebte ihre Blütezeit mit *Johann Strauß, Franz Lehár* und *Karl Zeller,* und das neue Medium des Films begann sich erfolgreich zu entfalten.

In der Musik um 1900 dominierte die Tonkunst *Richard Wagners;* sie beeinflußte *Gustav Mahler* in seinem Frühwerk und ist bei *Richard Strauss* besonders in seinen symphonischen Dichtungen zu erkennen. Spätromantische Tendenzen zeigten sich bei *Max Reger* und *Hans Pfitzner,* während *Anton Bruckner,* aber auch der späte *Mahler* einen eigenen Stil ausprägten und sich somit dem Banne *Wagners* entzogen. Ausgesprochen neue Wege aber ging erst die zweite Wiener Schule mit *Arnold Schönberg* und seinen Schülern.

Malerei und Plastik standen zunächst unter dem Einfluß der offiziellen, von Wilhelm II. nachhaltig geförderten Kunst, die ihren Ausdruck in der Plastik der fürstlichen Standbilder der vom Kaiser initiierten Siegesallee in Berlin und der Malerei *Anton von Werners* mit ihren kolossalen Schlachten- und Uniformbildern fand. Gleich *Werner* bestimmte

Adolph von Menzel, dessen gestalterische Kraft sich in seinen Arbeiten zur friederizianischen Zeit entfaltete, nachhaltig die historischen Vorstellungen. Gegen die offizielle und akademische Kunst gewannen die von den französischen Impressionisten angeregten Stilrichtungen an Bedeutung, die von Malern wie *Max Liebermann* und *Lovis Corinth* seit Beginn der 90er Jahre zu eigenständiger Vollkommenheit geführt wurden. Eine Abkehr vom Historismus bedeuteten auch die Malerei des Jugendstils, weltanschaulich dem Ästhetizismus und dem Symbolismus verbunden, und der frühe deutsche Expressionismus, der – sich vom Ästhetizismus abwendend – das elementare Erlebnis zum Ausdruck bringen wollte.

Die Architektur forderte, in Abkehr von der wahllosen Nachahmung verschiedener Baustile und nachdem sich der um 1900 aufgekommene Jugendstil schon 1910 überlebt hatte, einen Stil der klaren Einfachheit und ehrlichen Zweckmäßigkeit. Sie erkannte die Möglichkeiten der Eisenkonstruktion und des Betonbaues.

Die von weiten Volksschichten getragene Massensportbewegung schließlich begann eine wachsende, alle Klassen- und Standesschranken überwindende Kraft zu entwickeln und trat erfolgreich neben die aus den Befreiungskriegen hervorgegangene deutsche Turnbewegung.

Eine Vielfalt von Entwicklungen und Bewegungen war also zu beobachten, die durch ihre Popularisierung über populärwissenschaftliche Darstellungen, Volksbibliotheken, Arbeiterbildungskurse und Volkshochschulen weite Schichten des Volkes erfaßte, die zugleich aber die gerade von den Gebildeten der Zeit stark empfundene Kulturkrise nicht überwand und der Gesellschaft den inneren Halt einer gesicherten Weltanschauung nicht zu geben vermochte.

Innenpolitik nach 1890

Dem Wandel der inneren Struktur des Reiches suchte die Politik des „Neuen Kurses" gerecht zu werden, die in einem zunächst breit angelegten Reformversuch die öffentlichen Verhältnisse in Deutschland aus der Unbeweglichkeit des letzten Jahrzehnts der Kanzlerschaft *Bismarcks* zu lösen trachtete. Den Anstoß dazu gab der junge Kaiser selbst. Mit seinem Vorsatz, persönlich „zu walten und zu regieren"[9], strebte er danach, die in der Reichsverfassung festgelegten Verantwortlichkeiten zu unterlaufen, und war entschlossen, den Kanzler des Reiches in die Rolle des Vollstreckers kaiserlicher Entscheidungen zu drängen. Da, wie er 1891 im brandenburgischen Provinziallandtag betonte, „Ich Meine ganze Stellung und Meine Aufgabe als eine Mir vom Himmel gesetzte auffasse und daß Ich im Auftrag eines Höheren, dem Ich später einmal Rechenschaft abzulegen habe, berufen bin"[10], wollte er ein halbabsolutistisches Regiment führen, das der in der Verfassung verankerten konstitutionellen Regierungsform zuwiderlief. Die Diskrepanz zwischen kaiserlicher Reformfreudigkeit auf der einen und dem Festhalten an überkommenen absolutistischen Vorstellungen auf der anderen Seite erkannten schon die Zeitgenossen als das eigentlich retardierende Moment einer den Erfordernissen der Zeit angemessenen Politik. So äußerte *Fontane* 1897: „Was mir an dem Kaiser gefällt, ist der totale Bruch mit dem Alten, und was mir an dem Kaiser nicht gefällt, ist das im Widerspruch dazu stehende Wiederherstellenwollen des Uralten . . . Er glaubt, das Neue mit ganz Altem besorgen zu können, er will Modernes aufrichten mit Rumpelkammerwaffen; er sorgt für neuen Most und weil er selber den alten Schläuchen nicht mehr traut, umwickelt er eben diese Schläuche mit immer dickeren Bindfäden und denkt: nun wird es halten. Es wird aber nicht halten."[11]

Ausgestattet mit hoher Intelligenz, schneller Auffassungsgabe, einem hervorragenden Gedächtnis und einer reichen Phantasie, war *Wilhelm II.* für alles Moderne und Neue in ungewöhnlichem Maße aufgeschlossen und wußte durch eine leidenschaftliche Beredsamkeit zu beeindrucken. Sein von Geburt an verkrüppelter linker Arm, sein schlechtes Verhältnis zu seinen Eltern und seine überaus strenge Erziehung jedoch hatten „ihn nicht zu einem wirklichen Selbstbewußtsein kommen lassen"[12]. Sprunghaft, von steter Unrast gejagt, fehlte ihm die Gründlichkeit seines Großvaters und die Bereitschaft zu ernster, steter, den Regierungsgeschäften angemessener Arbeit. Innerlich unsicher und unausgeglichen, in seiner Eitelkeit und Geltungssucht ständig auf Popularität bedacht, war er nicht in der Lage, eine bestimmte politische Konzeption mit fester Zielstrebigkeit zu verfolgen, so daß er, unberechenbar und Einflüssen und Schmeicheleien von außen erliegend, die politisch Verantwortlichen zur Verzweiflung brachte. Ohne Sinn für das rechte Maß und eigentlich politische Gefühl, schwankte er zwischen grenzenlosem Optimismus und schnell kapitulierender Niedergeschlagenheit. In seiner Überheblichkeit und dem Mangel an Selbstkritik war er „eine Gestalt nicht ohne Tragik, aber sicher ohne Größe"[12], von der *Eduard VII.*, der König von England, boshaft vermerkte, sie sei der „gänzendste Fehlschlag der Geschichte"[13]. Die eigene Unsicherheit hinter einem forschen und schneidigen Auftreten verbergend, suchte er die immer größer werdende Kluft zwischen seiner ihm durch den Zufall der Geburt zugefallenen großen Verantwortung und seiner Unfähigkeit, dieser Verantwortung gerecht zu werden, zu überwinden. Nicht zuletzt dadurch aber wurde er zum Repräsentanten der Schwächen seiner Generation in Deutschland.

Wilhelm II.

In der fast krankhaften Angst des jungen Kaisers vor starken, unabhängigen Charakteren, die seinen Ruhm hätten verdunkeln können, berief *Wilhelm II.* nach dem Abgang *Bismarcks* General Graf *Leo von Caprivi* zum Kanzler, in dem er einen an militärischen Gehorsam gewohnten Soldaten sah, bereit, sich seinem persönlichen Regiment zu beugen. Mit ihm ging *Wilhelm II.* an die Durchsetzung seiner sozialpolitischen Pläne, denen sich *Bismarck* so hartnäckig widersetzt hatte. Zunächst wurde das Sozialistengesetz nicht weiter verlängert und die Arbeiterschutzgesetzgebung für das Deutsche Reich in Angriff genommen, die die Sonntagsarbeit und die Fabrikarbeit von Kindern unter 13 Jahren verbot und die Arbeitszeit der Jugendlichen unter 16 Jahren auf 10, die der Frauen auf 11 Stunden täglich begrenzte. Durch die Einführung von Gewerbegerichten konnten Streitigkeiten zwischen Arbeitgebern und Arbeitnehmern geschlichtet und den Arbeitern eine höhere soziale Sicherheit gewährleistet werden. Mit diesen Reformen war nach den Worten des Führers der bayerischen Sozialdemokraten, *Georg von Vollmar,* ,,der größte Fluch, der auf dem Reich lag", gefallen und ,,der erste Schritt zur Besserung getan worden"[14].

Ansätze zu einem sozialpolitischen Ausgleich in Preußen brachte auch die Steuerreform, die die progressive Einkommensteuer und Vermögenssteuer einführte, die Erbschafts- und Gewerbesteuer neu ordnete und den Gemeinden die Gewerbe- und Grundsteuer überließ. Ebenso erfolgte durch eine Reform des preußischen Dreiklassenwahlrechts eine Neugruppierung der Steuerpflichtigen der verschiedenen Klassen in kleine Urwahlgemeinden.

Die auf Initiative *Caprivis* vor allem mit den europäischen Staaten abgeschlossenen Handelsverträge sollten der deutschen Industrie die Auslandsmärkte öffnen, ihr dadurch eine konstante Produktion sichern und der Arbeiterschaft die Arbeitsplätze erhalten. Deutschland seinerseits senkte die Einfuhrzölle für Vieh, Holz, Weizen und Roggen und gab damit einen Teil der bisherigen Schutzzollpolitik preis. Dies führte zur Herabsetzung des heimischen Brotpreises und trug in entscheidendem Maße zur Verbesserung des Lebensstandards der Arbeitermassen bei.

Gegen diese Verträge, bei denen erstmals die Sozialdemokraten im Reichstag für eine Regierungsvorlage gestimmt hatten, opponierten die Konservativen. Als Vertreter der Interessen des agrarischen Großgrundbesitzes traten sie von nun an, besonders unter dem Einfluß des mächtigen Bundes der Landwirte, *Caprivis* Wirtschaftspolitik entgegen. Der in Preußen und im Reich sich nach und nach wieder durchsetzende konservative Kurs führte auch in der Sozialpolitik zu neuen Kämpfen. *Wilhelm II.,* enttäuscht über die Haltung der Sozialdemokraten, von denen er als Dank für seine sozialpolitischen Initiativen die Aufgabe ihrer Opposition erwartet hatte, griff nun plötzlich wieder auf die Bismarcksche Kampfpolitik gegen die Arbeiterbewegung zurück und forderte ein neues Sondergesetz gegen die als Umsturzpartei gebrandmarkte Sozialdemokratische Partei. Als *Caprivi* sich dieser Politik des Kaisers widersetzte, wurde sein Sturz unvermeidlich. Sein Versuch, ,,die Nation nach der vorangegangenen Epoche großer Männer und Taten in ein Alltagsdasein zurückzuführen"[15] und den für dieses Alltagsdasein so dringend notwendigen sozialen Ausgleich herzustellen, war schließlich trotz einiger respektabler Anfangserfolge an dem widerspruchsvollen Vorgehen des Kaisers gescheitert.

Caprivis Nachfolger wurde der 75jährige Fürst *Chlodwig zu Hohenlo-*

he-Schillingsfürst, von 1866–1870 bayerischer Ministerpräsident und Außenminister, nach der Reichsgründung vorübergehend Botschafter in Paris und seit 1885 Statthalter von Elsaß-Lothringen. Seine Berufung war vom Kaiser als Übergangslösung gedacht und erregte bei den Zeitgenossen allgemeine Verwunderung. Der greise Reichskanzler besaß nicht mehr die Tatkraft, die sein Amt und insbesondere die schwierige, durch die unentschlossene, schwankende Haltung des Kaisers sich zunehmend komplizierende Lage im Reich erforderte. Ohne Verständnis für das brennendste Problem der Zeit, die soziale Frage, ließ er den Kräften freien Lauf, die sich gegen eine soziale Reformpolitik wandten. Von seinem Vorgänger übernahm er die noch unerledigte, auf eine Verschärfung der Strafen gegen politische Delikte zielende sogenannte Umsturzvorlage, legte sie im Dezember 1894 dem Reichstag vor, der den Gesetzentwurf rundherum ablehnte.

Nach diesem Mißerfolg suchte die Regierung das Koalitionsrecht, das den Arbeitskampfmethoden der Gewerkschaften Legalität verschafft hatte, einzuschränken, und *Wilhelm II.* drohte in einer Rede im September 1898 gar die Zuchthausstrafe an für jeden, der zum Streik auffordere oder Streikbrecher an der Arbeit hindere.[16] Damit brachte er aber nicht nur die Abgeordneten gegen sich auf, sondern auch das Volk, das sich in seinem Rechtsempfinden zutiefst getroffen fühlte. Mit dem Scheitern der Zuchthausvorlage im Reichstag begann zwar nach der Jahrhundertwende ein neuer Anlauf zur Beseitigung der gröbsten Mißstände, die Atmosphäre jedoch war durch die den Grundsatz der Rechtsgleichheit verachtende Politik der Regierung derart vergiftet, daß das Verhältnis zwischen Staat und Arbeiterschaft nachhaltig gestört blieb.

Die sprunghafte Aktivität, die *Wilhelm II.* in dieser zweiten Phase der Innenpolitik des Neuen Kurses an den Tag legte, führte bald zu immer stärker werdenden Reibungen zwischen dem Kanzler und dem Monarchen. Als *Wilhelm II.* 1897 die engsten Mitarbeiter *Hohenlohes* entließ, geriet dieser in eine zunehmende Isolierung und drängte schließlich auf seine Ablösung. Seine dabei vorgebrachten Motive waren für den Regierungsstil *Wilhelms II.* ebenso bezeichnend wie aufschlußreich. ,,Alles, was auf die auswärtige Politik Bezug hat, wird von S. M. und *Bülow* beraten und beschlossen. Die Fragen der inneren Politik bearbeiten die Ressortchefs ohne meine Mitwirkung, weil sie wissen, daß S. M. meinen Rat nicht hört. Ich werde in der Presse zur Verantwortung gezogen und werde im Reichstag Rede und Antwort stehen müssen, ohne eingeweiht zu sein. Alle Personalfragen werden ohne meinen Rat und sogar ohne meine Kenntnis entschieden."[17]

Die widersprüchlichen Vorstellungen und Wünsche *Wilhelms II.* mit dem Reichstag in Einklang zu bringen sollte nach dem Abgang des Fürsten *Hohenlohe* im Oktober 1900 die Aufgabe des seit 1897 mit der Leitung des Auswärtigen Amtes betrauten Diplomaten *Bernhard von Bülow*, des neuen Kanzlers, werden. In dem geistreichen, hochgebildeten, geschmeidigen Diplomaten und geschickten politischen Taktiker glaubte der Kaiser endlich ein Werkzeug gefunden zu haben, das geflissentlich und widerspruchlos ausführte, was er befahl. Da *Bülow* sich auch als Kanzler vorwiegend auf die Außenpolitik konzentrierte, hatte der auf Ausgleich bedachte Staatssekretär des Reichsamtes des Inneren, Graf *Arthur von Posadowsky-Wehner,* in der Innenpolitik weitgehend freie Hand. Durch die Aufgabe der bisherigen repressiven Politik gegenüber den Sozialdemokraten gelang es *Posadowsky*, die unter *Caprivi* begonnene Reformgesetzgebung erfolgreich fortzuführen. Das Krankenversicherungsgesetz und das Unfallversicherungsgesetz erfuhren wesentliche Verbesserungen. Die bisher fakultativen Gewerbegerichte wurden in Gemeinden mit über 20 000 Einwohnern obligatorisch, das Verbot der Kinderarbeit auf die Heimindustrie ausgedehnt und der Bau von Arbeiterwohnungen durch Staatszuschüsse gefördert. Da noch unter der Kanzlerschaft *Hohenlohes* auch die restriktiven Vereinsgesetze zurückgenommen worden waren, die den Vereinen verboten hatten, untereinander in Verbindung zu treten, waren wesentliche Forderungen der Gewerkschaften und der Sozialdemokraten erfüllt. Auch konnte bei der Erneuerung der 1904 auslaufenden Caprivischen Handelsverträge ein Ausgleich zwischen Industrie und Landwirtschaft erzielt werden, der durch eine maßvolle Anhebung der Zolltarife den Forderungen der Landwirtschaft entgegenkam und gleichzeitig den Industrieexport sicherte. Da dieser Kompromiß jedoch eine Verteuerung der allgemeinen Lebenshaltungskosten zur Folge hatte, bedeutete der neue Zolltarif mit seiner Rückkehr zu erhöhten Getreidezöllen eine der umstrittensten Maßnahmen dieser Regierung. Außerdem blieb das Reich weiterhin finanziell von den Einzelstaaten abhängig, reichte doch die 1906 eingeführte erste direkte Reichssteuer, die Erbschaftssteuer, bei weitem nicht aus, die stark angestiegene Reichsverschuldung abzudecken.

Hatte die Regierung *Bülows* bisher im Zentrum die sicherste parlamentarische Stütze, so führten die Auseinandersetzungen im Parlament über die 1904 in Deutsch-Südwestafrika ausgebrochenen Aufstände der Hereros und Hottentotten gegen die deutsche Herrschaft zum Bruch mit dieser Fraktion. Zusammen mit den Sozialdemokraten brachten die Zentrumsabgeordneten den zur Verstärkung der kolonialen Schutztruppe von der Regierung eingebrachten Nachtragshaushalt zu Fall. Daraufhin löste *Bülow* den Reichstag auf und führte im Bund mit den die Mehrheit bildenden konservativen und liberalen Parteien die Reichspolitik fort. *Posadowsky* jedoch mußte zurücktreten. Ihm, dem die Konservativen wegen seiner aktiven Sozialpolitik und die Liberalen wegen seines Zusammengehens mit dem Zentrum mißtrauten, folgte der bisherige preußische Innenminister *Theobald von Bethmann Hollweg*. Traten die Liberalen für eine Stärkung des Reichstags und die Abschaffung des Dreiklassenwahlrechts in Preußen ein, so wandten sich die Konservativen gegen eine Verschiebung des Kräfteverhältnisses zwischen Regierung und Reichstag und gegen eine Ablösung des preußischen Wahlrechts. Tatsächlich hatten sich jedoch die Akzente bereits verschoben. Der Reichstag gewann ständig an Bedeutung, und sein Einfluß gegenüber dem Bundesrat war gerade in bezug auf die Reichsfinanzreform noch unter der Regierung des *Reichskanzlers Bülow*, als er neue Reichssteuern beschlossen hatte, gewachsen. Dagegen konnten die Schwierigkeiten, die sich aus dem unterschiedlichen Wahlrecht im Reich und in dem größten Bundesland Preußen mit seiner völlig anderen, stets konservativen parteipolitischen Zusammensetzung für die Reichsregierung ergaben, bis 1918 nicht ausgeräumt werden.

Über die Wahlrechtsreformfrage zerbrach schließlich auch das Bündnis zwischen Liberalen und Konservativen. Zusammen mit der Daily-Telegraph-Affaire, die, ausgelöst durch ein politisch törichtes und die englische und die deutsche Öffentlichkeit gleichermaßen verletzendes kaiserliches Interview, das Ansehen des Kaisers schwer schädigte, führte sie zum Rücktritt *Bülows* und zu dem Ende des „persönlichen Regiments" *Wilhelms II*. In der Erbitterung über des Kaisers unbedachte, unverantwortliche Äußerung und in der Unzufriedenheit mit dem persönlichen Regiment des Monarchen fanden sich die Regierung, die Abgeordneten aller Parteien und das Volk einhellig zusammen. „Wie nie zuvor", so konstatierte der national-liberale Abgeordnete *Bassermann*, „ist in allen Kreisen Deutschlands ... das politische Interesse Deutschlands wachgerufen und das Gefühl erweckt, daß so die Dinge nicht weitergehen können ... Man fragt im Lande, was soll geschehen? Da kann nur das Eine gesagt werden: Wir wünschen sichere Garantien gegen das Eingreifen des persönlichen Regiments."[18] Die sicherste Garantie jedoch wäre ohne Zweifel eine Parlamentarisierung des Reiches gewesen. Dazu jedoch waren die meisten Parteien des Reichstages nicht wirklich bereit. Selbst die Linksliberalen, die in Zusammenarbeit mit den Sozialdemokraten ein verantwortliches Reichsministerium und damit eine parlamentarische Monarchie zu schaffen gedachten, wollten dies nicht mit einem radikalen Schnitt, sondern auf dem Wege der schrittweisen Reform erreichen. Von einer

Demokratisierung aber, wie sie den Zeitumständen lange entsprochen hätte, konnte nach wie vor keine Rede sein. Nicht einmal die längst überfällige Wahlrechtsreform in Preußen wurde durchgeführt. Auch im Reichstag war eine Fortführung der unter der Kanzlerschaft *Bülows* und seines Staatssekretärs für das Reichsamt des Inneren, *Posadowsky,* wiedereingeleiteten Reformpolitik wegen der starren Haltung der Konservativen nicht mehr möglich. Auf sie aber und auf die Nationalliberalen und das Zentrum war die Regierung angewiesen, wenn sie nicht die Hilfe der parlamentarischen Linken in Anspruch nehmen wollte. Dies allerdings hätte bedeutet, daß *Bethmann Hollweg,* der Nachfolger *Bülows,* sich gegen die den Konservativen nahestehende Führungsschicht, gegen das Offizierskorps, den überwiegenden Teil der höheren Beamten und gegen die von diesen unterstützten einflußreichen Interessenverbände wie den Bund der Landwirte, die Alldeutschen, den Kolonial- und den Flottenverein, hätte durchsetzen müssen. Doch fehlte dazu diesem Kanzler, der im Gegensatz zu seinem weltläufigen und glatten Vorgänger ,,ein schwerer Pflüger"[19] war, die Kraft, das politische Durchsetzungsvermögen und wohl auch die Entschlußfreudigkeit. Lediglich in der elsaß-lothringischen Frage brachte *Bethmann* eine Verfassungsreform zustande, die das Reichsland endlich als gleichberechtigtes Glied in den Reichsverband einbezog und ihm die Selbstverwaltungsrechte gab.

So war die Nation, deren konstitutionelle Regierungsform ihrer gesellschaftlichen Struktur nicht mehr entsprach, am Vorabend des Ersten Weltkrieges nach wie vor in Klassen und Gruppen geteilt. Weder den auf *Bismarck* folgenden Reichskanzlern noch dem Reichstag war es gelungen, den für die Entwicklung eines modernen Staatslebens so notwendigen inneren Ausgleich herbeizuführen. Das Machtvakuum, das nach *Bismarcks* Abgang entstanden war, blieb bis zum Ersten Weltkrieg erhalten, um so mehr, als die Regierungskunst in zunehmendem Maße durch das bloße Verwalten abgelöst worden war. ,,Deutschland war", so bemerkte später ein Zeitgenosse, ,,als der Weltkrieg begann, das wirtschaftlich stärkste, das bestverwaltete und schlechtest regierte Land Europas."[20]

Dennoch hatte sich im Gegensatz zur Zeit vor 1890 die allgemeine innenpolitische Lage entspannt. Verfassungskonflikt, Kulturkampf und Sozialistenverfolgung gehörten der Vergangenheit an. Der Reichstag, der eine Vielzahl neuer Gesetze verabschiedete, hatte an Bedeutung und Einfluß gewonnen. Eine allgemeine Prosperität hatte als Folge der nach 1895 einsetzenden wirtschaftlichen Blüte auch die Arbeiterklasse erfaßt, und obgleich das Deutsche Reich wie alle europäischen Staaten eine Klassengesellschaft und ein Klassenstaat war, wurde es von keiner der in seinem Innern rivalisierenden Kräfte in Frage gestellt.

Imperialismus und Kolonialismus der großen Mächte

Der Wandel in der inneren Struktur des Kaiserreiches und das innenpolitische Ringen der miteinander rivalisierenden gesellschaftlichen Kräfte vollzogen sich vor dem Hintergrund der tiefgreifenden Veränderung, die Staat und Politik der großen Mächte insgesamt erfaßt hatte, und waren mit dieser die überkommenen geistigen und politischen Wertmaßstäbe sprengenden Bewegung aufs engste verflochten. Neue, die nationalstaatlichen Kategorien überwindende Formen politischen Denkens und Handelns griffen, ausgehend von England, rasch auf die anderen Mächte über, und das britische Vorbild wirkte gerade in Deutschland beflügelnd auf das Lebensgefühl einer Generation, die den Sinn des Nationalen darin erblickte, „den deutschen Einfluß auf der Erdkugel auszudehnen"[21].

Diese neue, als imperialistisch bezeichnete Geisteshaltung leitete eine allgemeine Krise der modernen Staatenwelt ein. Ursprünglich meinte Imperialismus „nur die persönliche imperiale Herrschaft eines großen Herrschers über eine Mehrzahl von Territorien, mochten diese in Europa oder in Übersee liegen"[22]. Im späten 19. Jahrhundert löste sich der Begriff des Imperialismus dann „ab von den Spezifika eines durch die herausragende Stellung eines imperialen Herrschers bestimmten Systems und wurde allgemein aufgefaßt als Politik der Ausdehnung eines Nationalstaates über seine Grenzen hinaus, mit dem Ziel, abhängige Territorien in Übersee zu erwerben und diese, wenn möglich, in einem Weltreich zu vereinen"[22]. Danach bedeutete Imperialismus „die gewaltsame Ausdehnung staatlicher Herrschaft über in der Regel unterentwickelte Territorien, unter Mißachtung des Willens der Beherrschten, mit dem Ziel der Errichtung eines meist mit einer Rangerhöhung im Kreise der anderen Mächte verbundenen Kolonialreiches. Ideales Ziel ist dabei in der Regel die Erringung des Weltmachtstatus für den eigenen Staatsverband."[23] Eng verbunden damit war die Idee, die den Imperialismus als die notwendige Konsequenz der Schaffung von Nationalstaaten empfand. Die „entschlossene Ausdehnung des Nationalstaats, wenn nötig gar mit gewaltsamen Mitteln, und der Aufbau eines überseeischen Kolonialreiches erschienen einerseits als Voraussetzung der Erhaltung und kraftvollen Fortentwicklung der eigenen Nationalität, andererseits als Quell neuer Vitalität für die eigene Nation."[24] Daneben spielten die wirtschaftlichen Interessen der Industrienationen eine entscheidende Rolle und beschäftigten gleichfalls die um eine Interpretation des modernen Imperialismus bemühten bürgerlichen und marxistischen Theoretiker. Dabei überwog der Versuch, den Imperialismus als ein notwendiges Produkt der Wirtschafts- und Sozialstruktur der Industriestaaten zu deuten und den forcierten Kapitalexport sowie die Verbindung von Finanz- und Industriekapital zur Erklärungsgrundlage des Begriffs zu machen oder ihn auf die aggressiven Tendenzen der auf die Erhaltung ihrer Macht bedachten traditionellen Führungsschichten zurückzuführen.[25]

Die Wurzeln des Imperialismus aber waren verschiedener Art. Geistesgeschichtlich wuchs er aus der Verbindung der Ideologie des Nationalstaates mit dem Vulgärdarwinismus, der das Recht des Stärkeren über den Schwächeren proklamierte. Der eigentliche nationalstaatliche Gedanke, der jedem Volk das Recht zubilligte, sein politisches Schicksal selbst zu gestalten, verkehrte sich nun in sein genaues Gegenteil. Die führenden Mächte betrachteten sich als Träger der geschichtlichen Entwicklung und sahen im Verhältnis der Völker untereinander einen offenen oder versteckten Machtkampf, den sie, getragen von einem je eigenen rassischen, religiösen und zivilisatorischen Sendungsbewußtsein, auf Kosten der anderen Völker für sich zu entscheiden suchten.

Dabei führten die Engländer die Tradition des Puritanismus fort, als das von Gott auserwählte Volk den Auftrag zu haben, andere Völker zu erziehen. Aufklärung und Parlamentstradition mündeten in einen politischen Moralismus. So schrieb *Cecil Rhodes*, der erfolgreichste Verfechter der imperialistischen Ausdehnungspolitik in Afrika und Premierminister des englischen Kaplands, in seinem Testament: ,,Ich glaube, daß wir die erste Rasse der Welt sind und daß es um so besser für die menschliche Rasse ist, je mehr von der Welt wir bewohnen... Da Gott offenkundig die englische Rasse zu seinem auserwählten Werkzeug formt, durch welches er einen Zustand der Gesellschaft hervorbringen will, der auf Gerechtigkeit, Freiheit und Frieden gegründet ist, muß er offensichtlich wünschen, daß ich tue, was ich kann, um jener Rasse soviel Spielraum und Macht wie möglich zu geben... und so viel von der Karte Afrikas britisch rot zu malen als möglich... ''[26]

Die Franzosen beriefen sich ebenfalls auf ihre Überlegenheit als die aus Aufklärung und Revolution emporgewachsene ,,große Nation'' und waren mit *Jules Ferry* der Überzeugung, daß es ,,für die höheren Rassen ein Recht gibt, weil es für sie auch eine Pflicht gibt. Sie haben die Pflicht, die niederen Rassen zu zivilisieren.''[27]

Die Russen, durchdrungen von der Stellung Moskaus als Zentrum der orthodoxen Kirche, leiteten daraus ihren Führungsanspruch in der slawischen Welt ab. Und *Fedor Michailowitsch Dostojewskij* träumte in seinem „Tagebuch eines Schriftstellers" gar von einer Ausbreitung der russischen Zivilisation über ganz Asien: „Mit dem Streben nach Asien werden bei uns die geistigen Kräfte erwachen . . . In Europa waren wir nur Gnadenbrotempfänger und Sklaven, nach Asien kommen wir aber als Herren. In Europa waren wir Tataren, in Asien sind wir aber Europäer. Unsere zivilisatorische Sendung in Asien wird unsern Geist bestechen."[28]

Das junge Deutsche Reich, in dessen Gründung *Max Weber* den Ausgangspunkt einer deutschen Weltmachtpolitik sah, verlangte ebenfalls nach imperialer Größe. „Die Zeiten", so erklärte *Bülow,* „wo der Deutsche dem einen seiner Nachbarn die Erde überließ, dem anderen das Meer und sich selbst den Himmel reservierte ..., diese Zeiten sind vorüber. Wir wollen niemand in den Schatten stellen, aber wir verlangen auch unseren Platz an der Sonne."[29]

Desgleichen glaubten die Nachkommen der Pilgerväter, die Amerikaner, „als eine der großen Nationen der Welt" sich dieser „Bewegung, die der Verbreitung der Zivilisation und der Förderung der Rasse dient"[30], nicht entziehen zu dürfen.

Politisch zielte der Imperialismus auf ein den Nationalstaat überschreitendes Herrschaftsgebiet. In der Überzeugung, daß ein Zurückbleiben im Wettlauf der Großmächte um die noch unbeherrschten Teile der Erde dauernde Zweitrangigkeit bedeute, strebte jede Großmacht nach Hegemonie, die allein ihr Prestigebedürfnis zu befriedigen schien. In diesem Sinne richtete *Disraeli* 1872 in einer leidenschaftlichen Rede die Frage an das englische Volk, ob es sich künftig bescheiden wolle mit der zwar bequemen, aber untergeordneten Rolle einer Kontinentalmacht oder ob es ein wirklich großes Volk zu werden bereit sei, „ein imperialistisches Volk, dessen Söhne, wenn sie heranwachsen, sich zu jenen Höhen aufschwingen, wo sie nicht nur über die Achtung ihrer Landsleute, sondern über den Respekt der Welt gebieten"[31].

Wirtschaftlich schließlich war der Imperialismus ein direktes Ergebnis der industriellen Revolution. Die durch die fortschreitende Industrialisierung bewirkte Kapitalakkumulation führte zu einem starken Anwachsen der Produktionsmittel und damit zur Überproduktion, die nach neuen Märkten drängte. Gleichzeitig waren die Industrieländer mit ihrer rasch ansteigenden Bevölkerung auf die Erschließung neuer Rohstoffquellen angewiesen. Durch den steigenden Rohstoff- und Lebensmittelbedarf auf der einen und die Ausfuhr von Industriegütern auf der anderen Seite aber entstanden wirtschaftliche Abhängigkeiten, die ihrerseits wiederum den Drang, die wirtschaftlich abhängigen Gebiete auch politisch zu beherrschen, förderten und die politischen Gegensätze der Großmächte in verhängnisvoller Weise zuspitzten.

Mit Ausnahme des autokratisch regierten Zarenreiches, in dem die Masse des Volkes von den großen Bewegungen der Zeit ausgeschlossen blieb, gewährte die Öffentlichkeit der übrigen Mächte dem imperialistischen Anspruch seiner Führungseliten Gehör und teilweise leidenschaftliche Unterstützung. Dies um so mehr, als die wirtschaftlichen Vorteile einer imperialen Expansion vermeintlich allen Schichten des Volkes zugute kommen würden. Dabei stand auch die Arbeiterschaft nicht zurück, die, wie der deutsche Sozialdemokrat *Eduard Bernstein* betonte, nicht nur den zivilisatorischen Effekt einer solchen Machterweiterung unterstrich, sondern überzeugt war, daß das Proletariat als künftiger Erbe der Bourgeoisie ein Interesse an einer vernünftigen geographischen Ausdehnung der Nation haben mußte und daß dazu die Kolonien da seien, „man muß sie nur besetzen."[32]

Die imperialistische Geisteshaltung hatte sich zuerst in England durchgesetzt. Dort war infolge der frühen Industrialisierung das Streben der Wirtschaft nach Absatzmärkten und Rohstoffquellen schon bald zu einer stark expandierenden Kraft geworden. Zusammen mit den aus dem Puritanismus hervorgegangenen religiösen und zivilisatorischen Missionsideen und dem Wunsch, den heimischen Bevölkerungsdruck abzuleiten, führte sie zum Aufbau eines weit ausgreifenden Imperiums. Es war nach dem Abfall der amerikanischen Kolonien das zweite Empire, das die Briten errichteten und während der zweiten Hälfte des 19. Jahrhunderts teils durch friedlichen Neuerwerb, teils durch kriegerische Eroberung ständig ausbauten.

Ausgelöst wurde diese neue Phase des englischen Kolonialismus durch einen 1857 in Indien ausgebrochenen großen Aufstand, der sich gegen die Mißstände in der Verwaltung des Landes durch die Ostindische Kompanie richtete und der nur unter gewaltigen Anstrengungen von den Engländern niedergeschlagen werden konnte. Ein Jahr darauf beschloß das englische Parlament die Auflösung der Ostindischen Kompanie und die Umwandlung ihres Territorialbesitzes in eine Kronkolonie. Dieses dank seines Reichtums herrlichste „Juwel in der britischen Krone" zu behaupten und die Seewege, die das Mutterland mit seiner überseeischen Besitzung verbanden, zu sichern bestimmte von nun an die englische Politik und führte insbesondere von 1874 bis 1880 unter der Ministerpräsidentschaft *Disraelis*, des ersten Vertreters und konsequenten Verfechters des imperialistischen Gedankens, zur Etablierung des englischen Einflusses im Mittelmeer, am Persischen Golf und im Indischen Ozean. Durch den Ankauf von 51% der Suezkanalaktien sicherte sich Großbritannien 1875 für über 70 Jahre die Herrschaft über den von dem Franzosen *Ferdinand de Lesseps* 1869 fertiggestellten Suezkanal, der den Seeweg von den Britischen Inseln nach Indien um 10 000 km verkürzte. Zwei Jahre darauf veranlaßte *Disraeli* Königin *Victoria*, den Titel einer „Kaiserin von Indien" anzunehmen. Im gleichen Jahr eroberten die Engländer Belutschistan, gewannen 1878 zu den alten englischen Mittelmeerstützpunkten Gibraltar, Malta und dem 1838 besetzten Aden Zypern durch Vertrag, brachten Afghanistan durch Krieg in ihre Abhängigkeit und traten den Russen in der Türkei entgegen. 1882 folgte die Besetzung Ägyptens und durch die Inbesitznahme Ostafrikas die Sicherung der Westküste des Indischen Ozeans. Damit war die Abschirmung des indischen Besitzes gegen Westen vollzogen. Nach Osten hin sicherten die Briten ihre Kronkolonie, indem sie Burma besetzten und sich gegen die Franzosen erfolgreich zur Wehr setzten. Diese hatten 1884 von den Chinesen Tongking und Annam gewonnen und Laos, Kambodia und Kotchinchina besetzt. Als sich Frankreich schließlich anschickte, entlang des Mekong nach Bangkok vorzudringen, erzwang England die vertragliche Festlegung der beiderseitigen Einflußsphären und die Anerkennung der staatlichen Souveränität des Königreiches Siam.

Gleichzeitig wurde die von den Forschern *David Livingstone* und *Henry Morton Stanley* begonnene Erschließung des inneren Afrika vorangetrieben. *Cecil Rhodes* umklammerte in der Hoffnung, ganz Südafrika unter englische Herrschaft zu bringen, die weißen Burenrepubliken Transvaal und Oranje durch die Errichtung der riesigen Kolonie Rhodesia und plante den Bau einer 9000 km langen Telegraphen- und Bahnlinie vom Kap bis Kairo. Da die Buren die Forderung der Unterwerfung unter Englands Herrschaft ablehnten, ging England mit Waffengewalt vor. Nach dem von beiden Seiten mit grausamer Härte geführten Krieg sahen sich die Buren gezwungen, die britische Herrschaft anzuerkennen, erhielten jedoch bald darauf volle Selbstverwaltung und durch den Zusammenschluß der Kapkolonie mit Natal, Transvaal und dem Oranjefreistaat zur Südafrikanischen Union nach Kanada, Australien und Neuseeland den Dominionstatus. Das von *Rhodes* erträumte zusammenhängende Weltreich um den Indischen Ozean, von Kapstadt bis Kairo und durch Vorderasien bis Kalkutta, sollte allerdings erst nach dem Ersten Weltkrieg, und dann nur vorübergehend, Wirklichkeit werden.

In Frankreich herrschte seit der Übernahme des Ministerpräsidentenamtes durch *Jules Ferry* gleichfalls ein Kolonialfieber, das – obwohl die Franzosen darüber nie die Priorität der Kontinentalpolitik vergaßen – vorübergehend alle Schichten durchdrang und dazu führte, daß das Land nun die Erweiterung seines mit der Herrschaft über Algerien bereits seit 1830 gewonnenen nordafrikanischen Besitzes in Angriff nahm. 1881 besetzten die Franzosen Tunis und drangen weiter nach

Süden und Südosten bis zum Tschad-See vor. Gleichzeitig fügten sie
ihre um die Jahrhundertmitte gegründeten Niederlassungen an der
Westküste Afrikas, im Senegal, an der Elfenbeinküste und in Guinea
zu einem großen französisch-westafrikanischen Reich zusammen,
gründeten 1888 im Osten Djibouti am Roten Meer und planten den
Bau einer Eisenbahnlinie nach Abessinien. Mit dieser in west-östlicher
Richtung verlaufenden Expansion mußte Frankreich mit der in nord-
südlicher Richtung vorangetriebenen englischen Ausdehnungspolitik
in Konflikt kommen, um so mehr, als die Franzosen genau wie die
Engländer am Sudan und an den Quellwassern des Nil interessiert
waren. Im Jahr 1898 standen dann auch die Truppen beider Länder bei
Faschoda in Oberägypten einander gegenüber, und der drohende Krieg
konnte nur durch ein Nachgeben Frankreichs vermieden werden.
Schließlich einigten sich die beiden Kolonialmächte. Frankreich überließ England die Gebiete am oberen Nil, und England stimmte einer
weiteren Ausdehnung Frankreichs in Äquatorialafrika zu, so daß es
zusammen mit Belgien die Vorherrschaft im Westen und im Inneren
des schwarzen Kontinents behaupten konnte.

Hinter der im großen Stil betriebenen Überseepolitik seiner westlichen
Nachbarn wollte auch Deutschland nicht zurückstehen. Als der größte
Industriestaat neben England und die erste militärische Macht auf dem
Kontinent strebte das junge Reich danach, nun auch seinen politischen
Einfluß selbstbewußt und laut weltweit zur Geltung zu bringen und das
unter *Bismarck* gewonnene Kolonialgebiet zu erweitern. Eine Kriegsflotte sollte den deutschen Handel auf den Weltmeeren schützen und
den imperialen Forderungen des Reiches Nachdruck verleihen. Dennoch blieben die tatsächlichen Erfolge der neuen „Weltpolitik" gering
und die kolonialen Erwerbungen weit hinter denen *Bismarcks* zurück.
Sie beschränkten sich auf wenige, z. T. fast wertlose Gebiete im Stillen
Ozean und in China und nahmen sich gegenüber den englischen, französischen und russischen Eroberungen äußerst bescheiden aus. So besetzten die Deutschen 1897 das Gebiet von Kiautschou mit der bald
aufblühenden Stadt Tsingtau, gewannen im Jahr darauf aus spanischem
Besitz die Karolinen-, Marianen- und Palau-Inseln und 1899 durch
Vertrag mit England und den Vereinigten Staaten einen Teil Samoas.
Lediglich der Bau der Bagdadbahn wurde zu einem größeren weltpolitischen Unternehmen und weckte in der deutschen Öffentlichkeit die
Hoffnung auf weitausgreifende wirtschaftliche Betätigung und politische Einflußnahme im Nahen Osten. Bald jedoch sollte sich aber gerade
dieses Projekt, das sowohl den englischen als auch den russischen
Interessen zuwiderlief, als schwere politische und wirtschaftliche Belastung erweisen und das Mißtrauen der übrigen Mächte gegen die

Weltmachtansprüche Deutschlands bis zur offenen Feindseligkeit steigern.

Rußland dagegen konnte im 19. Jahrhundert sowohl nach Westen als auch nach Osten erfolgreich expandieren. Dabei kollidierten seine Interessen im Westen mit denen der Türkei, der Donaumonarchie und Großbritanniens. Infolge seines erzwungenen Rückzugs auf dem Balkan nach dem Berliner Kongreß richteten sich die russischen Ausdehnungsbestrebungen wieder stärker nach Ostasien, zum Persischen Golf und zu den Meerengen. Die Bestimmungen des Berliner Kongresses hatten es Rußland erlaubt, südlich des Kaukasus bis Kars in die Nähe der persischen Grenze vorzudringen. Da Turkestan bereits 1873 von den Russen erobert worden war und Rußland dann 1888 auch in Afghanistan vorrückte, fühlte sich England in Indien bedroht. Im Fernen Osten hatte Rußland schon 1858 die Provinz Amur von China gewonnen, zwei Jahre darauf Wladiwostock am Japanischen Meer gegründet, 1875 die Insel Sachalin besetzt und von China Port Arthur gepachtet. Die von 1891 bis 1904 erbaute 7000 km lange transsibirische Eisenbahn, die mit Genehmigung Chinas auch durch die Mandschurei führte, verband diese Gebiete schließlich mit der Hauptstadt des Reiches. Als sich das Zarenreich jedoch anschickte, auf die Mandschurei und nach Korea auszugreifen, stieß es mit der aufstrebenden Großmacht Ostasiens, mit Japan, zusammen.

Japan, 1854 aus seiner mehr als 200 Jahre andauernden Isolierung durch eine amerikanische Flotte zwangsweise herausgebrochen und gezwungen, seine Häfen dem Handel der Industriemächte zu öffnen, eignete sich in kürzester Zeit erfolgreich die Errungenschaften westlicher Zivilisation an. Eisenbahnen wurden angelegt, moderne Fabriken entstanden, Heer und Flotte wurden nach deutschem und britischem Vorbild aufgebaut, Schulen und Universitäten eingerichtet und das neue Staatswesen durch eine Verfassung nach Art der preußischen, die allein den der Krone verantwortlichen Ministern die Regierung übertrug, politisch geordnet. Durch diese Neuordnung sicherte sich Japan seine Unabhängigkeit und ging, gezwungen durch die zunehmende Übervölkerung und den gänzlichen Mangel an Rohstoffen, im letzten Jahrzehnt des 19. Jahrhunderts gleichfalls zu einer imperialistischen Politik über. Der Hauptdruck richtete sich dabei gegen das nahegelegene Festland, gegen Korea, die Mandschurei und Nordchina. Ein Angriff auf China brachte den Japanern 1894 raschen Erfolg. Allerdings zwang das Eingreifen der europäischen Mächte und der USA Japan zur Herausgabe der bereits in China gewonnenen Gebiete. In Korea stieß die japanische Expansion mit der russischen zusammen. Zur Absicherung seiner weiteren Politik schloß Japan 1902 ein Bündnis mit England,

griff 1904 Port Arthur an, ging in der unter russischem Einfluß stehenden
Mandschurei gegen Rußland vor und siegte schließlich zu Lande wie zur
See. In dem von dem amerikanischen Präsidenten vermittelten Frieden
von Portsmouth 1905 wurde Rußland gezwungen, die Mandschurei an
China zurückzugeben, und Japan erhielt die Oberhoheit über Korea,
Port Arthur und die Südhälfte der Insel Sachalin.

Rußland aber, das unter dem Eindruck der Niederlage gegen das junge
und bisher wenig beachtete Japan im Innern durch den Ausbruch einer
Revolution schwer erschüttert wurde und endlich zur Verfassungge-
bung schritt, wandte sich nach dem Scheitern seiner Ausdehnungspolitik in Ostasien wieder nach Westen und Süden und richtete seine
Blicke erneut auf Persien, den Vorderen Orient und den Balkan.

Wie Japan waren auch die Vereinigten Staaten von Amerika seit 1890
zu einer Weltmacht geworden, die über den amerikanischen Raum
hinausgriff. Am Ende des Jahrhunderts war der Kontinent erschlossen,
die noch um die Jahrhundertmitte unberührten Gebiete waren besiedelt und das Land war zur führenden Macht unter den Industrienationen emporgewachsen. Nicht zufällig verkündete ein Zeitgenosse seinen
Landsleuten: „Ob wir wollen oder nicht, die Amerikaner müssen jetzt
nach außen zu schauen beginnen. Die wachsende Produktion des Landes fordert es. Die Stimmung der Öffentlichkeit fordert es in steigendem Maße. Die Lage der USA zwischen zwei alten Welten und zwei
großen Ozeanen erhebt denselben Anspruch."[33]

In einem Krieg mit Spanien wurden die Philippinen erobert, Kuba
erworben und Hawaii mit Guam annektiert. Die von *James Monroe*
1823 aufgestellte Forderung nach dem Verzicht einer Einmischung der
europäischen Mächte in die inneren Verhältnisse der amerikanischen
Staaten wurde nun zum Mittel expansiver amerikanischer Politik und
diente dem imperialistisch gesinnten Präsidenten *Theodore Roosevelt*
als Rechtfertigung seines Vorgehens. In einer Botschaft verkündete er:
„Es ist nicht wahr, daß die Vereinigten Staaten irgendwelchen Land-
hunger verspürten . . . Jedes Land, das sich gut beträgt, kann auf unsere Freundschaft rechnen . . . Ständiges Übeltun und Unvermögen anderer Staaten . . . können schließlich das Eingreifen einer zivilisierten
Nation fordern; und in der westlichen Hemisphäre mag das Festhalten
an der Monroe-Doktrin die Vereinigten Staaten . . . in offenkundigen
Fällen solchen Übeltuns und Unvermögens zu Ausübung einer internationalen Polizeigewalt zwingen."[34]

Der Besitz Hawaiis und der Philippinen machte schließlich den Bau des
1914 fertiggestellten Panamakanals zu einer dringenden strategischen
und handelspolitischen Aufgabe und sicherte den USA die Vorherrschaft im mittelamerikanischen Meer und den Aufstieg zur Großmacht

im Fernen Osten. Im Gegensatz zu den europäischen Großmächten aber brachten die Vereinigten Staaten ihren imperialen Einfluß im großen und ganzen nicht durch militärische Eroberungen und die Errichtung von Schutzherrschaften zur Geltung, sondern durch die Gewährung von Darlehen, für die die Darlehensnehmer den Geldgebern wirtschaftliche Vorrechte abtreten mußten und dadurch nicht nur in wirtschaftliche, sondern auch in politische Abhängigkeit gerieten.

Um die Wahrung ihrer wirtschaftlichen Interessen ging es den Vereinigten Staaten auch in ihren Beziehungen zu China, wo sie sich für die Politik der „offenen Tür" stark machten.

China hatte bis zum Beginn des 19. Jahrhunderts mit Europa wenig Verbindung. Wohl war die erste Kunde vom Reich der Mitte bereits um 1300 durch *Marco Polo* nach Europa gekommen, und während des 17. und 18. Jahrhunderts hatten die Jesuiten über China und seine viertausendjährige Geschichte und Kultur berichtet. Als politische Mächte jedoch waren die europäischen Staaten erstmals 1727 und 1793 aufgetreten, als Rußland eine Handelsniederlassung und England eine Gesandtschaft in Peking eröffneten. Bald danach wurde das Land zu einem der wichtigsten Absatzgebiete europäischer Erzeugnisse und nahm besonders im englischen Außenhandel einen bedeutenden Platz ein. Englische Bemühungen, das hohe Gewinne abwerfende Opium als Bezahlung chinesischer Exportwaren zollfrei nach China zu importieren, führten 1840 zum Opiumkrieg, der Chinas Schwäche offenbarte und die Chinesen zwang, Schanghai und vier weitere Häfen dem Handel zu öffnen, Hongkong an England abzutreten und den europäischen Kaufleuten und Missionaren Privilegien einzuräumen. Damit begann eine Periode der Konzessionen an die Europäer und der Exterritorialität der von ihnen in Besitz genommenen Gebiete. Diese äußeren Mißerfolge führten zusammen mit den inneren Schwierigkeiten zu der christlich-sozialistisch beeinflußten Taiping-Rebellion, die mit europäischer Hilfe niedergeschlagen wurde. Der Aufstand, der die wirtschaftliche und finanzielle Organisation des Landes weitgehend zerstörte, stürzte die kaiserliche Dynastie der *Ch'ing* vollends in politische Ohnmacht, so daß das Land bis um die Jahrhundertwende allmählich auf den Stand einer Halbkolonie herabsank. Rußland, England, Frankreich, Deutschland und Japan gewannen, teils durch kriegerische Eroberungen, teils über Pachtverträge und die Festlegung von „Interessensphären", weite Gebiete des Landes. Der aufgestaute Haß gegen die Europäer entlud sich im Jahre 1900 in einem blutigen Aufstand und bürdete, nachdem ein europäisches Expeditionskorps die Aufständischen besiegt hatte, dem Land eine hohe Kriegsentschädigung auf. Die chinesische Monarchie aber konnte sich von diesen Schlägen nicht mehr erholen und wurde 1911 durch eine von dem Auslandschinesen *Sun Yat-sen* angeführte Revolution gestürzt.

So brachte die imperialistische Politik der europäischen Mächte die Völker Afrikas und Asiens in neue, ihre eigenen staatlichen und gesellschaftlichen Strukturen auflösende politische und wirtschaftliche Abhängigkeiten. Unter der technisch-ökonomisch überlegenen Zivilisation der Großmächte änderte sich allmählich die Denk- und Lebensweise der beherrschten Völker, die sich nun mehr und mehr am europäischen Beispiel zu orientieren begannen. Gleichzeitig schuf die imperialistische Politik durch die vielfachen Rivalitäten in aller Welt neue Reibungsflächen zwischen den europäischen Mächten. Im Fernen Osten und im Pazifik rangen Rußland, England, die USA und Japan um die Erweiterung ihres Einflusses, in Afrika waren es England, Frankreich und Deutschland, die sich den Vorrang streitig machten, im Nahen Osten Deutschland, England und Rußland und im Mittleren Osten das Zarenreich und Großbritannien. Diese durch den Zusammenstoß der jeweiligen Herrschaftsansprüche entstehenden Kolonialkrisen wirkten schließlich auf die Politik in Europa zurück und führten, ausgelöst durch die bestehenden kontinentalen Antagonismen, zu einer grundlegenden Veränderung der europäischen Mächtekonstellation.

Deutschlands Außenpolitik nach 1890

Die Wende in den Beziehungen der europäischen Mächte untereinander nahm ihren Anfang unmittelbar nach *Bismarcks* Sturz. Die Männer des „Neuen Kurses" verließen die Bahn der vorsichtigen europäischen Sicherungspolitik. Bei gleichzeitigem Eingreifen in die weltpolitischen Auseinandersetzungen gaben sie *Bismarcks* kompliziertes Bündnissystem preis, ohne es durch ein gleichwertiges zu ersetzen, befreiten dadurch Frankreich aus seiner Isolation und führten das Reich in einer Zeit zunehmender weltpolitischer Spannungen in eine fast vollständige Isolierung.

Der erste Schritt auf diesem den Verfall der Machtstellung Deutschlands einleitenden Wege war die Nichterneuerung des geheimen Rückversicherungsvertrages mit Rußland. *Caprivi* sah sich außerstande, hier die Politik seines Vorgängers fortzuführen. Resignierend erklärte er dem deutschen Botschafter in Rußland, „daß die größte Schwierigkeit, vor der er jetzt stehe, die Frage der Erneuerung des russischen Vertrages sei, denn er könne nicht wie Fürst *Bismarck* als Jongleur mit fünf Glaskugeln spielen, er könne nur zwei Glaskugeln gleichzeitig halten"[35]. Seine einmal erteilte Absage hielt *Caprivi* auch dann noch aufrecht, als Rußland in einem zweiten und dritten Vorstoß versuchte, mit seinem westlichen Nachbarn unter Einräumung weitgehender Zugeständnisse doch noch zu einer vertraglichen Bindung zu kommen. Ausschlaggebend für die starre Haltung des in außenpolitischen Angelegenheiten wenig erfahrenen Kanzlers war die weitgehend von dem Vortragenden Rat im Auswärtigen Amt, *Friedrich von Holstein*, ausgehende Beurteilung der politischen Lage. *Holstein*, der dank seiner Aktenkenntnis und Diensterfahrung nach den Worten Graf *Alfred von Waldersees* „im Auswärtigen Amt herrscht"[36], bestimmte unter wechselnden Kanzlern und Außenministern wesentlich die deutsche Außenpolitik der folgenden Jahrzehnte. Sein Konzept beruhte auf drei Prämissen. Er hielt eine Koalition zwischen Rußland und Frankreich auf Dauer für ausgeschlossen, war überzeugt, daß Bär und Walfisch, d. h. Rußland und England, sich niemals verständigen könnten, und glaubte, daß England infolge seiner Rivalitäten zu Frankreich in Nordafrika und zu Rußland im Vorderen Orient, in Persien, in Afghanistan und in Ostasien sich gezwungen sehen werde, auf Deutschland zuzukommen, so daß Deutschland den Vorteil der „freien Hand" und freien Wahl habe. Verhängnisvollerweise zerbrachen diese drei Prämissen nacheinander, und die zwischen 1898 und 1901 erneut und wiederholt sich bietenden Möglichkeiten eines Zusammengehens mit England verstrichen ungenutzt.

Wenngleich die Nichtverlängerung des Rückversicherungsvertrages die Kontakte nach Rußland nicht völlig und endgültig abschnitt, so erweckte das deutsche Vorgehen in Petersburg doch den Eindruck eines eindeutigen Kurswechsels der deutschen auswärtigen Politik. Der Eindruck verstärkte sich, als Deutschland im gleichen Jahr mit Großbritannien den Helgoland-Sansibar-Vertrag abschloß. Dieser regelte die strittigen Grenzfragen zwischen den beiden Mächten in Ostafrika und gewann Deutschland die der Nordseeküste vorgelagerte Insel Helgoland im Tausch gegen das vor der Küste Deutsch-Ostafrikas gelegene Sansibar. Rußland glaubte daraufhin an eine deutsche Option für England und fühlte sich ernstlich bedroht.

Nun wurde Wirklichkeit, was *Bismarck* seit 1871 so sehr gefürchtet hatte: Das in die Isolierung gedrängte Rußland entschloß sich, auf die bereits seit Ende der 80er Jahre von Frankreich betriebene Annäherung einzugehen. Nach dem von den Russen mit Begeisterung aufgenommenen Besuch eines französischen Flottengeschwaders in Kronstadt 1891 unterzeichneten im August 1892 die Generalstabschefs beider Mächte eine russisch-französische Militärkonvention, derzufolge beide Mächte sich gegenseitige Hilfe versprachen, falls Rußland von Österreich und Deutschland oder Frankreich von Italien oder

Deutschland oder von Italien im Bunde mit Deutschland angegriffen
würde. Nach langem russischen Zögern bestätigten die Außenminister
dieses Defensivbündnis und wandelten es im Januar 1894 in einen
förmlichen Vertrag um. Mit der Dauerhaftigkeit dieser Verbindung
stürzte die erste Säule der Politik *Holsteins*.

Nachdem Frankreich nun aus seiner Isolierung befreit war, bildeten
sich unter den Kontinentalmächten feste Bündnissysteme heraus, die
Deutschland im Konfliktfall in die Gefahr eines Zweifrontenkrieges
brachten. Dennoch zogen die verantwortlichen Staatsmänner nicht die
gebotenen Konsequenzen. Zwar hoffte der Kanzler, die mit dem Helgoland-Sansibar-Vertrag angeknüpften guten Beziehungen mit England ausbauen zu können, ließ aber von seinen Bemühungen ab, als die
liberale Regierung *William Ewart Gladstones* keine vertragliche Bindung an den Dreibund eingehen wollte.

Trotz des zwischenzeitlich abgekühlten deutsch-englischen Verhältnisses, das durch die kolonial- und weltmachtpolitische Aktivität des
Kaiserreiches und durch den von *Wilhelm II.* und der deutschen Marineleitung unter begeisterter Anteilnahme der deutschen Öffentlichkeit entschieden in Angriff genommenen Bau einer Kriegsflotte belastet worden war, gab es zwischen Deutschland und England keine
unüberwindlichen Gegensätze. *Joseph Chamberlain* erklärte im Frühjahr 1898 dem deutschen Botschafter in London, Graf *Paul von Hatz-
feld*, daß England seine bisherige Politik der *splendid isolation* aufgeben müsse und sich nach einem Bündnispartner umsehe. England sei
bereit, über den Ausgleich der bestehenden Differenzen zu einem
Verhältnis mit Deutschland zu kommen, das dem Beitritt Englands
zum Dreibund gleichkomme. Da die deutsche Regierung aber auf dem
Abschluß eines förmlichen, vom englischen Parlament zu ratifizierenden
Bündnisses bestand, England aber eine so weitgehende Bindung ablehnte, wurden die Verhandlungen nach über drei Jahren von deutscher Seite abgebrochen. Die deutsche Regierung hatte das Mißtrauen,
als Englands Festlandsdegen für englische Interessen mißbraucht zu
werden, nicht überwinden können. Auch fürchtete die Reichsregierung, gegen Rußland vorgeschoben zu werden, dessen Beziehungen zu
England sich durch die nach dem Bau der transsibirischen Bahn aufgenommene aktive Chinapolitik verschlechtert hatten. Überdies waren
Wilhelm II. und der Staatssekretär des Reichsmarineamtes, Großadmiral *Alfred von Tirpitz*, in Sorge, daß eine Bindung an England die
deutsche Bewegungsfreiheit im Flottenbau einschränken werde. Die
von England angedeutete Möglichkeit, im Falle eines Scheiterns der
Verhandlungen sich Frankreich und Rußland zu nähern, hielten sowohl *Bülow* als auch *Holstein* für eine leere Drohung.

In völliger Fehleinschätzung der weltpolitischen Lage, genährt durch die Faschoda-Krise zwischen Frankreich und England und durch das zeitweilige Zusammenwirken zwischen Deutschland und Rußland in Ostasien, glaubte man in Berlin vorübergehend gar an die Möglichkeit eines Zusammenschlusses zwischen dem Dreibund und dem französisch-russischen Zweibund zu einem Kontinentalblock gegen Großbritannien und war überzeugt, in jedem Fall die freie Wahl des Bündnispartners zu haben. Daß aber nicht Deutschland, sondern England die freie Wahl hatte, zeigte sich schon im Jahre darauf, als England aus seiner Isolierung heraustrat und als Gegengewicht gegen Rußland zunächst mit Japan ein Bündnis abschloß. Dieses verpflichtete beide Mächte zu gegenseitiger wohlwollender Neutralität beim Angriff einer und zur Bündnishilfe beim Angriff von mehr als einer Macht und sollte die Gefahr einer russischen Hegemonie in Ostasien bannen.

Gleichzeitig wandten sich die Engländer Frankreich zu, dessen Außenminister *Théophile Delcassé* schon in der Faschoda-Krise die Weichen für eine künftige Aussöhnung mit dem englischen Kolonialrivalen gestellt hatte. Da *Delcassé* das eigentliche Interesse französischer Politik in der Stärkung der kontinentalen Stellung seines Landes sah und weit mehr auf die Wiedergewinnung Elsaß-Lothringens als auf kolonialpolitische Erfolge fixiert war, suchte er die Briten für ein Zusammengehen mit Frankreich zu gewinnen. Er fand, nachdem Deutschland sich den englischen Wünschen versagt hatte, in London bereitwillig Gehör. Die Verhandlungen führten nun um so eher zum Erfolg, als der französische Außenminister, im Gegensatz zu *Bülow* und *Holstein*, nicht auf dem förmlichen Abschluß eines Bündnisses bestand, sondern sich mit einer Verständigung über die kolonialpolitischen Streitfragen beider Länder und einem umfassenden Interessenausgleich begnügte. Im April 1904 kam es dann zum Abschluß einer englisch-französischen *Entente cordiale*. Darin räumte England den Franzosen in Marokko besondere Nachbarschaftsinteressen und die Anwartschaft auf ein Protektorat ein, und Frankreich erkannte die Vorherrschaft der Engländer in Ägypten an. Spanien sollte, falls der Sultan von Marokko gezwungen sei, seine Souveränität aufzugeben, mit einem Teil Nordmarokkos abgefunden werden.

Wenngleich die deutsche Regierung und insbesondere *Holstein* die englisch-französische Annäherung nicht für wirklich dauerhaft hielten und damit rechneten, daß der im Februar 1904 ausgebrochene Russisch-japanische Krieg um Korea und die Mandschurei England zu einer Option für seinen Verbündeten Japan und Frankreich zu einer solchen für Rußland zwingen werde, so entbehrten derlei Spekulationen doch jeder faktischen Grundlage. Das Abkommen der beiden

Staaten störte weder das englisch-japanische noch das russisch-französische Verhältnis, da eine auf Japan und Rußland begrenzte Auseinandersetzung in Ostasien von England lediglich die Wahrung wohlwollender Neutralität forderte und die Bündnisverpflichtung für Frankreich aus dem Militärbündnis mit Rußland nur für den Fall eines Krieges gegen den Dreibund in Europa galt.

Im Gegenteil: Durch die gegen Japan erlittene Niederlage und die dadurch hervorgerufenen inneren revolutionären Unruhen geschwächt, nahm Rußland, nachdem die Japaner die russische Ausdehnung in Ostasien erfolgreich blockiert hatten, seine aktive Balkanpolitik wieder auf. Damit war für England, das zwischenzeitlich sein Interesse an dem sich auflösenden Osmanischen Reich verloren hatte, der Weg frei, sich mit Rußland über seine kolonialen Ziele in Asien zu verständigen. Nach dem Vorbild des englisch-französischen Vertrages kam – eifrig gefördert durch das mit Rußland verbündete Frankreich – ein Abkommen zustande, das die englisch-russischen Streitpunkte regelte. England verzichtete auf eine Einmischung in Tibet, Afghanistan blieb als neutraler Pufferstaat englisches Einflußgebiet und Persien, dessen Unabhängigkeit grundsätzlich anerkannt wurde, wurde in eine nördliche russische, eine südliche englische und, unter Einschluß des Küstengebietes am Persischen Golf, in eine mittlere neutrale Interessenzone geteilt. Damit war auch *Holsteins* zweite Prämisse entfallen.

Da überdies Deutschlands Dreibundpartner Italien sich schon 1902 in einem Geheimabkommen mit Frankreich verpflichtet hatte, gegen die französische Anerkennung des italienischen Interesses an Tripolis das französische Interesse an Marokko zu respektieren und sich Frankreich und Italien für den Fall, daß eine der beiden Mächte von einer dritten angegriffen würde, strikte Neutralität zugesagt hatten, war die Bündnissicherung Deutschlands durch den Dreibund fragwürdig geworden. Auch trug die zunehmende Verschlechterung der deutsch-englischen Beziehungen dazu bei, daß Italien sich mehr und mehr von Berlin und Wien abwandte und Deutschland mit Österreich-Ungarn in die völlige Isolierung geriet.

So hatte sich im Jahrzehnt vor Ausbruch des großen Krieges die europäische Mächtekonstellation gegenüber den 90er Jahren des 19. Jahrhunderts zum Verhängnis des Reiches völlig umgekehrt. Großbritannien war aus seiner *splendid isolation* herausgetreten und hatte sich in der Tripelentente dem französisch-russischen Zweibund angeschlossen. Italien, zwar nach wie vor im Dreibund, suchte immer stärker Anlehnung an die Entente. Rußland, in seinem ostasiatischen Expansionsversuch zurückgewiesen, hatte sich in Zentralasien freiwillig Grenzen gesetzt und verfolgte erneut seine südosteuropäischen

Ziele. Und das Deutsche Reich war, völlig isoliert, allein auf Österreich-Ungarn angewiesen. Seine Versuche, ein großes Kolonialreich aufzubauen, waren ebenso gescheitert wie diejenigen Italiens und offenbarten die Fragwürdigkeit deutscher Weltpolitik, die – wie auch seine kontinentale Politik – jede klare und weitreichende Konzeption vermissen ließ.

Der Weg in den Ersten Weltkrieg

Die verhängnisvollen Versäumnisse der deutschen Politik seit 1890 und die von dem lauten Auftreten *Wilhelms II.* ausgelösten Irritationen, die das Verhältnis der übrigen Mächte zueinander in Bewegung brachten und das zu Deutschland zunehmend belasteten, hatten nicht nur die Mächtekonstellation in Europa verändert, sondern gleichzeitig auch die Grundlage des friedlichen Miteinander, das europäische Gleichgewicht, gefährlich angetastet. Während der nun einsetzenden großen Krisen geriet dieses Gleichgewicht gänzlich aus der Balance, und alle Versuche, der immer explosiver werdenden Situation Herr zu werden, scheiterten an der mit jeder Krise wachsenden Furcht vor dem jeweils anderen Bündnislager. Deutschland glaubte sich eingekreist von einem Ring neidvoller Nachbarn, die dem Reich versagen wollten, was sie sich selbst zuerkannten. In Wahrheit hatte es sich jedoch selbst „ausgekreist". England, Frankreich und Rußland fürchteten die deutsche Militär- und Flottenmacht. Der nervösen Reizbarkeit und Aggressivität der Regierungen entsprachen die emotional aufgeladenen nationalistischen Empfindlichkeiten der Regierten, wobei eine erstmals gezielt eingesetzte Propaganda die feindseligen Gefühle bis zur Hysterie anwachsen ließ.

Trotz dieser gefährlichen Grundstimmung fehlte es nicht an verschiedenen Anläufen der verantwortlichen Staatsmänner. Die von beiden Seiten beschworene und ängstlich gewahrte Bündnistreue beschnitt dabei den politischen Handlungsspielraum ebenso wie die von allen Mächten betriebene Aufrüstung und der übermächtige Einfluß der eine kriegerische Auseinandersetzung vorherplanenden Militärs. Je länger je mehr bestimmten gerade sie durch ihre innerhalb der Bündnisse abgesprochenen gemeinsamen Aktionen die auswärtige Politik. Den Auftakt zu diesen letzten großen Auseinandersetzungen, die Europa schließlich in die Katastrophe des großen Krieges stürzten, bildeten die beiden Marokko-Krisen.

Nach der englisch-französischen Entente von 1904 begann Frankreich mit der „friedlichen Durchdringung" Marokkos. Dabei verfolgten die

Franzosen das Ziel, nicht nur die gesamte marokkanische Staatsschuld in ihrer Hand zu konzentrieren, sondern auch den Zoll und die Armee des Landes unter französische Kontrolle zu bringen. Deutschland, das zunächst die Marokko-Politik seines westlichen Nachbarn stillschweigend hingenommen hatte, meldete im Frühjahr 1905 seinen Anspruch auf Anerkennung seiner handelspolitischen Rechte an, so wie sie in einem früheren Vertrag allen europäischen Mächten zugestanden worden waren. Um diesem Anspruch und dem deutschen Verlangen auf eine internationale Regelung der Marokko-Frage Nachdruck zu verleihen, landete *Wilhelm II.* auf Drängen *Bülows* in Tanger, stattete dem Sultan einen Besuch ab und unterstrich in einer Rede die Souveränität des Landes. Die Ursache für das Vorgehen Berlins lag darin begründet, daß die deutsche Regierung in der Absicht, das Abkommen zwischen England und Frankreich zu neutralisieren, ihre alten Kontinentalbundpläne wieder aufgegriffen hatte. Der Zar wäre zum Abschluß eines deutsch-russischen Defensivbündnisses, das den sich anschließenden Beitritt Frankreichs vorsah, auch bereit gewesen, verlangte aber eine vorherige Unterrichtung des künftigen Partners. Damit aber mußten die Aussichten auf das Zustandekommen eines solchen Vertrages scheitern, da Frankreich freiwillig in eine derartige Regelung niemals einwilligen würde. Daher suchten *Bülow* und *Holstein* die Franzosen durch politischen Druck auf den von ihnen einmal eingeschlagenen Kurs zu zwingen. Frankreich jedoch reagierte mit Empörung, und Außenminister *Delcassé* war im Vertrauen auf die englische Hilfe entschlossen, selbst auf die Gefahr eines Krieges hin, Deutschlands Forderungen entgegenzutreten.

Der französische Ministerpräsident *Maurice Rouvier* lenkte mit Rücksicht auf das durch Krieg und Revolution geschwächte Rußland ein. Er schlug *Bülow* vor, die kolonialen Differenzen zwischen ihren beiden Staaten nach dem Muster der *Entente cordiale* zu regeln. *Bülow* und *Holstein* aber bestanden, um Frankreich international zu demütigen, auf einer allgemeinen Konferenz, die *Rouvier* schließlich gegen den Widerstand *Delcassés* zugestand, der daraufhin zurücktrat. Die Genugtuung, daß Frankreich in der Marokko-Frage zum Nachgeben gezwungen worden war, blieb jedoch ephemer, um so mehr, als sich Deutschland auf der von ihm erzwungenen internationalen Konferenz in der südspanischen Stadt Algeciras im Januar 1906 einem geschlossenen Block der anderen Mächte gegenübersah. Selbst Österreich drängte zum Entgegenkommen. Zwar wurde formell die Unabhängigkeit Marokkos anerkannt und die deutschen Forderungen durch die Überwachung der Bank von Marokko durch je einen französischen, englischen, spanischen und deutschen Zensor wenigstens teilweise erfüllt. Frankreich aber erhielt zusammen mit Spanien das Kommando über die marokkanische Polizei, so daß der überragende Einfluß Frankreichs in Marokko gewährleistet blieb und die Konferenz insgesamt mit einer eindeutigen diplomatischen Niederlage für Deutschland endete.

Die unmittelbare Folge der ersten Marokko-Krise war ein Wiederaufflammen der nationalen Leidenschaften in Deutschland und Frankreich. *Wilhelm II.*, in der Überzeugung, daß das französische Vordringen in Marokko nur mit Hilfe eines Krieges aufzuhalten sei, hoffte zunächst durch die Anerkennung der politischen Vorrangstellung Frankreichs in Marokko aus den Friktionen mit dem westlichen Nachbarn herauszukommen. Da die französische Regierung in einem Abkommen mit der deutschen Regierung 1909 schließlich die Souveränität des Sultanats grundsätzlich anerkannte und Deutschland eine freie wirtschaftliche Betätigung zusicherte, schien der Gegensatz der beiden Mächte auch beseitigt. Da besetzten französische Truppen aus Anlaß innerer Unruhen im April und Mai 1911 Rabat und Fez. Deutschland war durchaus willens, Marokko den Franzosen zu überlassen, verlangte aber zum Ausgleich für einen solchen Verzicht das französische Kongogebiet. Um den deutschen Verhandlungsanspruch energisch zu unterstreichen, veranlaßte der 1910 zum Staatssekretär des Auswärtigen Amtes ernannte *Alfred von Kiderlen-Wächter* die Entsendung des Kanonenbootes Panther nach dem westmarokkanischen Hafen Agadir. Frankreich aber lehnte, unterstützt durch England, die Forderung *Kiderlens* ab und zwang durch seine feste Haltung die deutsche Regierung, sich mit Teilen der französischen Kongokolonie, einem Zugang zum Kongofluß und einem schmalen Küstenstreifen zu begnügen.

Wiederum war das Reich unterlegen. Die Ententepartner England und Frankreich aber waren noch enger zusammengerückt. Unüberhörbar hatte der britische Schatzkanzler *David Lloyd George* im Verlauf der Krise gewarnt, daß England sich unter keinen Umständen aus Fragen ausschalten lassen könne, die seine Lebensinteressen berührten, auch nicht um den Preis des Friedens.[37]

Zu dem immer tiefer greifenden Gegensatz zwischen Deutschland und seinen beiden Nachbarn im Westen trat der mit der Annexion Bosniens durch Österreich-Ungarn im Jahre 1908 wieder akut werdende russisch-österreichische Gegensatz. Dadurch geriet das Deutsche Reich, das sich immer stärker an die Habsburgermonarchie anlehnte, auch im Osten in eine äußerst gefährliche Lage.

Im Sommer 1908 war durch die von der türkischen Armee getragene jungtürkische Revolution die historische Rivalität zwischen dem Zarenreich und Österreich-Ungarn erneut aufgebrochen. Der Sturz des

„Der kochende Kessel" (Karikatur aus „Punch" zur Balkankrise, 1908)

despotischen Sultans und die Errichtung eines am Vorbild der liberalen westlichen Regierungsform orientierten türkischen Verfassungsstaates schienen eine Straffung der Reichsverwaltung und eine energischere Behauptung der türkischen Rechte anzukündigen. Da erklärte zunächst Bulgarien, das seit dem Berliner Kongreß zwar selbständig war, aber noch unter türkischer Oberhoheit stand, seine Unabhängigkeit. Auch die Wiener Regierung nutzte die Lage und annektierte die bisher unter österreichischer Verwaltung stehenden türkischen Provinzen Bosnien und Herzegowina. Rußland nahm zunächst dieses einseitige Vorgehen Wiens hin, da Österreich seine Einwilligung zur Öffnung der Dardanellen für russische Kriegsschiffe gegeben hatte. Dann aber erhob es scharfen Protest, als sein Verbündeter Serbien diesem seine südslawische Sammlungspolitik gefährdenden Schritt heftig widersprach. Dem russischen Verlangen, daß eine Konferenz der Signatarmächte des Berliner Vertrages von 1878 über die bosnisch-herzegowinische Frage entscheiden solle, setzte Deutschland die Forderung einer vorhergehenden russischen Anerkennung des österreichischen Vorgehens entgegen. Da Rußland zu diesem Zeitpunkt nicht mit französischer Unterstützung rechnen konnte und England eine vermittelnde Rolle einnahm, gab die russische Regierung nach und erteilte Serbien den Rat, sich vorerst mit der Annexion der beiden Provinzen durch Österreich abzufinden. Damit war die Krise beendet, und die Mittelmächte hatten einen Erfolg davongetragen. Dieser Erfolg war allerdings teuer erkauft, da der ohnehin angeschlagene russische Stolz die erlittene Niederlage nicht verschmerzen konnte, die übrigen Großmächte der österreichischen Politik mißtrauten und die Tripelentente indirekt gestärkt wurde.

Nach den Erfolgen der Mittelmächte auf dem Balkan und Frankreichs Vordringen in Marokko erstrebte jetzt auch Italien einen sichtbaren Gewinn und entschloß sich, das zum Osmanischen Reich gehörende Tripolis zu erobern. Der nun ausbrechende Italienisch-türkische Krieg endete zugunsten der Italiener. Gleichzeitig rollte er die türkische Frage erneut auf und ermunterte die Balkanstaaten Serbien, Bulgarien, Griechenland und Montenegro, den Krieg gegen die Türkei zu beginnen mit dem Ziel, die Türken ganz aus Europa zu verdrängen. Rußland, das den Balkanbund zustande gebracht hatte, unterstützte dieses Kriegsziel. Nach ihrer Niederlage rief die Türkei die Vermittlung der europäischen Mächte an. Die Friedensverhandlungen brachten Europa hart an den Rand eines allgemeinen Krieges, da Österreich entschlossen war, eine Vergrößerung Serbiens bis zur Adria notfalls mit Gewalt zu verhindern. Schließlich gelang es den deutschen und englischen Politikern in Zusammenarbeit, den Frieden noch einmal zu retten. Deutschland konnte Österreich von einem gewaltsamen Vorgehen gegen Serbien abhalten, und die englische Zurückhaltung zwang Rußland, von einer bewaffneten Unterstützung Serbiens abzusehen. Auch schufen die Großmächte einen neuen unabhängigen Staat, Albanien, und hinderten dadurch die Serben, sich an der Adria festzusetzen. Da sich jedoch die Balkanstaaten über die Aufteilung des von Bulgaren, Serben und Griechen bewohnten Mazedoniens nicht einigen konnten, kam es zum zweiten Balkankrieg. Bulgarien, von Österreich ermuntert, griff Serbien und Griechenland an, auf deren Seite sich die Türkei und Rumänien stellten. Österreich, durch Deutschland abermals am aktiven Eingreifen in den Konflikt gehindert, konnte den Bulgaren die in Aussicht gestellte Hilfe nicht gewähren, so daß diese, plötzlich völlig isoliert, vernichtend geschlagen wurden. Damit war die bulgarische Hoffnung zunichte geworden, mit österreichischer Hilfe eine Vormachtsstellung unter den Balkanstaaten zu gewinnen. Der diplomatische Mißerfolg der Donaumonarchie aber und der russisch-serbische Erfolg gaben der panslawistischen Bewegung neuen Auftrieb und machten eine Begrenzung der auch weiterhin schwelenden Konflikte immer schwieriger. Prophetisch hatte *Karl Marx* schon 1853 vor den Gefahren des mächtig anschwellenden Panslawismus gewarnt: „Wenn Rußland", so *Marx'* Ausführungen, „einmal die österreichischen Schutzstaaten im Norden, Osten und Süden flankiert, ist es unvermeidlich, daß Österreich selbst ein Vasalle Rußlands wird. Und dann werden die unterbrochenen und wellenförmigen Westgrenzen Rußlands nach Ergänzung und Sicherung verlangen in dem Sinne, daß die natürliche Grenze Rußlands etwa von Danzig oder sogar von Stettin bis Triest verläuft. Und ebenso sicher, wie ein Sieg dem anderen und eine Annexion der anderen folgt, würde auch die Annexion der türkischen Balkanländer nur eine Vorbereitung sein für die ihr folgende Annexion Ungarns, Galiziens und Preußens. So würde denn jenes mächtige slawische Reich der Russen verwirklicht werden, von dem die fanatischen Panslawisten träumen."[38]

Angesichts dieser häufig bis nahe an die Katastrophe des allgemeinen Krieges führenden Krisen verstärkte die internationale Friedensbewegung ihre Anstrengungen. Sie war seit Ende des 19. Jahrhunderts aktiv und verfügte besonders in Westeuropa über einen größeren Anhang. Zu Hilfe kam ihr zweimal eine Initiative des russischen Zaren, die 1899 und 1907 zu den Haager Friedenskonferenzen führte. Allerdings sollte gerade hier deutlich werden, daß die beginnende Friedensbewegung sich gegen die überlieferte staatliche Machtpolitik nicht durchsetzen konnte. Keiner der beteiligten Staaten war willens, die als Eingriff in die staatliche Souveränität empfundenen Rüstungsbeschränkungen hinzunehmen, so daß die allgemeine Abrüstung auf beiden Konferenzen nicht einmal erörtert wurde. Erreicht wurden nur Detailabmachungen, die die Kriegsführung selbst betrafen, und die Einrichtung eines internationalen Schiedsgerichts, das jedoch nicht über politische Fragen entscheiden konnte.

Ebenso scheiterten alle Bemühungen zwischen England und Deutschland, zu einem wirklichen – nicht nur periodisch wirksamen – Ausgleich zu kommen. Zwar wurde die Verständigung in Einzelfragen nicht eingestellt und führte – wie im Falle des jahrelangen Streites um den Bau der Bagdadbahn – noch kurz vor Kriegsausbruch im Juni 1914 zu einem für beide Seiten profitablen Kompromiß, der England das Endstück der Bahn von Bagdad bis zum Persischen Meerbusen zusprach und Deutschland das Kolonialgebiet Portugals in Afrika in Aussicht stellte. Das gegenseitige Mißtrauen aber blieb, um so mehr, als die Flottenpolitik für *Wilhelm II.* zum ganz persönlichen Prestigebedürfnis geworden war und das Verhältnis der beiden Völker mit einer zunehmend verhängnisvollen Hypothek belastete. Zusammen mit seinem Großadmiral *Alfred von Tirpitz* und sehr vielen begeisterten Deutschen betrachtete der Kaiser die deutsche Flotte schließlich nicht mehr als Instrument der Politik, sondern er stellte umgekehrt die Politik in den Dienst des Flottenbaus. So war es kaum verwunderlich, wenn alle Versuche *Bülows* und *Bethmann Hollwegs*, ein deutsch-englisches Flottenabkommen zu erreichen, scheiterten. Auf britische Vorstöße in dieser Richtung reagierte *Wilhelm II.* äußerst empfindlich: „Wir werden uns niemals vorschreiben lassen, wie unsere Rüstung beschaffen sein soll ... Mit demselben Recht können Frankreich und Rußland dann eine Einschränkung unserer Rüstung zu Lande fordern. Sobald man unter irgendwelcher Firma einem fremden Staate erlaubt, in die eigene Rüstung hineinzureden, so dankt man ab."[39] Eine solche Einstellung nahm den verantwortlichen Männern der deutschen Politik den Verhandlungsspielraum, der für eine Verständigung mit England notwendig gewesen wäre. Das Verhältnis der beiden Mächte geriet durch das Sicherheits- und Prestigebedürfnis in ein ausweglose Dilemma. Deutschland, die stärkste Landmacht, suchte durch den Bau einer der englischen Seemacht ebenbürtigen Flotte das Risiko eines Zusammenstoßes für England so zu steigern, daß der Zusammenstoß selbst möglichst verhindert wurde. Und England wiederum vergrößerte seine Anstrengungen, um im Falle der Auseinandersetzung gewappnet zu sein.

So blieb auch der letzte große Verständigungsversuch, den der englische Kriegsminister *Richard Burdone Haldane* bei seinem Berlinbesuch im Februar 1912 unternahm, ergebnislos. Im Gegenteil, ein fieberhaftes Wettrüsten unter den europäischen Staaten führte, zusammen mit den militärischen Verpflichtungen der beiden Bündnisgruppen, zur verhängnisvollen Einengung der politischen Möglichkeiten, die immer tiefer werdende Kluft unter den Völkern Europas zu überbrücken. „Nie war ein großer europäischer Krieg der Sache nach so wahrscheinlich wie in den letzten Jahren vor 1914. Die Leute wußten das auch. Jeder Bürger konnte es wissen. Trotzdem glaubten sie nicht ernsthaft daran. Der Krieg war nahe für ihren Verstand, wenn sie diesen zu gebrauchen wünschten; er war nicht nahe für ihre Vorstellungskraft. Das kam daher, weil sie lange im Frieden gelebt und sich an ihn gewöhnt hatten, an eine solide, internationale Ordnung, an Banknoten, die man überall in Gold umwechseln konnte, an Reisen ohne Paß."[40] Auch Industrie und Wirtschaft waren von der sich abzeichnenden Kriegsgefahr keineswegs begeistert. Hatte doch die wirtschaftliche Expansion Deutschlands die Verbindung des Reiches mit den Industrienationen England und Frankreich, aber auch mit Rußland nur gefördert. Dennoch, die Gefahr, daß es auch so kommen konnte, wie es zwischen Japan und Rußland im Jahre 1904 gekommen war, lag auf der Hand. An diese Gefahr dachte *August Bebel*, der Führer der Sozialdemokraten und Vorsitzende ihrer Fraktion im Deutschen Reichstag, als er 1911 in seiner letzten außenpolitischen Rede im Parlament warnte: „Eines Tages kann die eine Seite sagen: Das kann nicht so weitergehen. Sie kann auch sagen: Halt, wenn wir länger warten, dann geht es uns schlecht, dann sind wir der Schwächere statt der Stärkere. Dann kommt die Katastrophe. Alsdann wird in Europa der große Generalmarsch geschlagen, auf den hin sechzehn bis achtzehn Millionen Männer, die Blüten der verschiedenen Nationen, ausgerüstet mit den besten Mordwaffen, gegeneinander als Feinde ins Feld rücken. Aber nach meiner Überzeugung steht hinter dem großen Generalmarsch der große Kladderadatsch – ja, Sie haben schon manchmal darüber gelacht; aber er kommt, er ist nur vertagt. Er kommt nicht durch uns, er kommt durch Sie selber . . . Sie treiben die Dinge auf die Spitze . . . Sie stehen heute auf dem Punkte, Ihre eigene Staats- und Gesellschaftsform zu untergraben . . . Was wird die Folge sein? Hinter diesem Krieg steht der Massenbankrott, steht das Massenelend, steht die Massenarbeitslosigkeit, die große Hungersnot."[41]

10 Der Erste Weltkrieg

1914 Ermordung des österreichischen Thronfolgers in Sarajewo (28. Juni) – Russische Gesamtmobilmachung (30. Juli) – Deutsche Mobilmachung und Kriegserklärung an Rußland (1. August) – Deutsche Kriegserklärung an Frankreich (3. August) – Kriegserklärung Englands an Deutschland (4. August) – Kriegserklärung Japans an Deutschland (23. August) – Bewegungskrieg im Westen und Osten (Marneschlacht und Schlacht bei Tannenberg) – Stellungskrieg im Westen (Herbst 1914 bis März 1918) – Stellungskrieg im Osten (Dezember 1914 bis Herbst 1917) – Eintritt der Türkei in den Krieg (Oktober)

1915 Italiens Kriegserklärung an Österreich (Mai) – Bulgariens Anschluß an die Mittelmächte (Oktober) – Eroberung Serbiens (November)

1916 Die Hölle von Verdun – Kriegseintritt Rumäniens an der Seite der Entente (August) – U-Boot-Frage – Deutsches Friedensangebot und Vermittlung des amerikanischen Präsidenten

1917 Kriegseintritt der Vereinigten Staaten von Amerika (6. April) – Innere Krise der europäischen Staaten und Friedensversuche – Februar- und Oktoberrevolution in Rußland

1918 Friede zu Brest-Litowsk (3. März) – Die deutschen Angriffsschlachten in Frankreich – Gegenoffensive der Alliierten – Zusammenbruch der Türkei, Bulgariens und Österreich-Ungarns – Revolution in Deutschland – *Scheidemann* ruft die Deutsche Republik aus (9. November) – Flucht *Wilhelms II.* in die neutralen Niederlande (10. November) – Waffenstillstand von Compiègne (11. November) – Konstituierung des Rates der Volksbeauftragten (12. November) – Abdankung *Wilhelms II.* (28. November)

Veranlassung und Ausbruch des Krieges

Die latente Kriegsgefahr, die die Völker und Staaten Europas seit Ausbruch der großen Krisen im Westen und Osten des Kontinents in Atem hielt, schlug in der Tat, ganz wie *Bebel* vorausgesagt hatte, plötzlich in die Katastrophe um. Das Verhängnis nahm seinen Lauf, nachdem der österreichische Thronfolger, Erzherzog *Franz Ferdinand,* und seine Gemahlin am 28. Juni 1914 in Sarajewo, der Hauptstadt Bosniens, einem Anschlag serbischer Verschwörer zum Opfer gefallen waren. Die mit Wissen der serbischen Regierung und der vorbereitenden Beteiligung serbischer Offiziere und Beamten von einem südslawischen Nationalisten ausgeführte Mordtat sollte den Mann aus dem Weg räumen, der zur Rettung der Doppelmonarchie Österreich-Ungarn einen föderalistischen, den einzelnen völkischen Gruppen weitgehende innere Autonomie einräumenden Umbau des Habsburgerreiches geplant hatte. Die Verwirklichung dieser Absicht jedoch mußte dem slawischen Nationalismus den Schwung seiner panslawistischen Agitation entziehen und die serbischen Hoffnungen auf Errichtung eines großserbischen Reiches zunichte machen.

Die österreichische Regierung wollte das von der europäischen Öffentlichkeit verurteilte Verbrechen zum Anlaß nehmen, den serbischen Staat, Rußlands Vorposten auf dem Balkan, „als politischen Machtfaktor auszuschalten"[1]. In Berlin erklärten sich *Wilhelm II.* und *Bethmann Hollweg* ohne Vorbehalt mit dem Plan einer österreichischen Aktion gegen Belgrad einverstanden und ließen Kaiser *Franz Joseph* durch den deutschen Botschafter in Wien versichern, daß der deutsche Kaiser „im Einklang mit seinen Bündnisverpflichtungen und seiner alten Freundschaft treu an der Seite Österreich-Ungarns stehen werde"[2]. Mit dieser „Blankovollmacht" ließ man aus Sorge, den letzten Bundesgenossen zu verlieren, Österreich freie Hand. Auch verband sich der Wille Berlins, Österreich nicht noch einmal in den Arm zu fallen, mit der Überzeugung, daß dies die letzte Gelegenheit für Wien sei, seine Großmachtstellung durch einen kleinen Krieg zu beweisen. In dem Glauben, daß weder Frankreich noch Rußland kriegsbereit seien, rechneten Kaiser und Kanzler zwar damit, daß sich der Konflikt zwischen Österreich und Serbien lokalisieren ließe, gingen dabei aber gleichzeitig auch das kalkulierte Risiko eines möglichen europäischen Krieges ein, jedoch ohne englische Beteiligung. Da stellte Österreich am 23. Juli 1914 an Serbien ein kurzfristiges Ultimatum, das die Teilnahme österreichischer Beamter an der Untersuchung der Verschwörung und die Unterdrückung jeder feindlichen Propaganda verlangte. Zwar ordnete daraufhin die serbische Regierung die Mobilmachung an, erklärte sich aber gleichzeitig mit den wesentlichen österreichischen Forderungen einverstanden und schlug vor, die noch strittigen Punkte bei dem Haager Schiedsgericht oder auf einer Konferenz der Großmächte zu regeln. Trotzdem erklärte Österreich, das zum Krieg gegen Serbien entschlossen war, am 28. Juli der Belgrader Regierung den Krieg.

Wilhelm II. hatte in der geschickt abgefaßten serbischen Antwort eine Genugtuung Österreichs und den Fortfall des Kriegsgrundes erblickt. Dennoch lehnte Berlin den englischen Vorschlag ab, die österreichisch-serbische Streitfrage vor eine europäische Konferenz zu bringen, und drängte stattdessen auf unmittelbare Verhandlungen zwischen Österreich und Rußland. Auch richtete die deutsche Regierung sowohl am 29. als auch am 30. Juli Warnungen an Wien, nicht leichtfertig einen Weltbrand zu entzünden.

Alle Versuche Deutschlands und Englands, den drohenden Krieg örtlich zu begrenzen, scheiterten schließlich an der am 29. Juli in Rußland angeordneten Mobilmachung, die durch ein beschwörendes Telegramm *Wilhelms II.* um einen Tag verzögert, am 30. Juli endgültig befohlen wurde. Nachdem ein auf zwölf Stunden begrenztes deutsches Ultimatum an die russische Regierung, jede Kriegsmaßnahme gegen Deutschland und Österreich-Ungarn einzustellen, unbeantwortet geblieben war, erklärte Deutschland am 1. August Rußland den Krieg. Jetzt setzte die fatale Voordnung militärischer Belange vor die politischen ein. Da der von dem ehemaligen Chef des deutschen Generalstabs, Graf *Alfred von Schlieffen*, schon 1905 ausgearbeitete deutsche Kriegsplan vorsah, daß Frankreich geschlagen sein müsse, bevor die russischen Truppen kriegsbereit seien, glaubten sich die Militärs nach der Kriegserklärung an Rußland nun gezwungen, sofort auch den Krieg gegen Frankreich zu beginnen. Auf die Berliner Anfrage, ob es sich in einem deutsch-russischen Krieg neutral verhalten werde, antwortete Paris ausweichend. Daraufhin erfolgte zwei Tage später die deutsche Kriegserklärung an Frankreich. Deutschland begab sich damit in die Rolle des Angreifers auch im Westen. Die Londoner Regierung hielt das entscheidende Wort noch zurück. Erst als am 3. August die deutschen Truppen, wie der *Schlieffen*-Plan es vorsah, in das neutrale Belgien einmarschierten, um die stark befestigte Ostgrenze der Franzosen zu umgehen und das französische Heer von Nordwesten her zu umfassen, gelang es der Kriegspartei im englischen Kabinett, die Öffentlichkeit und die Mehrheit der Regierung für den Krieg zu gewinnen und die rechtlich unverbindlichen militärischen Absprachen mit Frankreich zu realisieren. Über die weitreichenden Konsequenzen war sich der englische Außenminister *Edward Grey* völlig im klaren. Ahnungsvoll bemerkte er: „In Europa gehen jetzt die Lichter aus. Wir werden sie zu unseren Lebzeiten nicht mehr scheinen sehen.“[3] Die deutschen Bündnispartner Italien und Rumänien allerdings weigerten sich, den Bündnisfall als gegeben zu betrachten, und blieben vorläufig neutral. In den letzten Augusttagen schloß sich schließlich Japan den Alliierten Rußland, England und Frankreich an, während sich die Türkei aus Furcht vor dem russischen Hegemoniestreben im Orient mit den Mittelmächten verband.

So hatte der Mord von Sarajewo die lang aufgestauten Spannungen unter den Großmächten plötzlich zur Entladung gebracht. Die feste Kriegsabsicht Österreichs gegen die Serben, Rußlands Entschluß, zugunsten der großserbischen Bewegung zu intervenieren und seinen eigenen Expansionswillen gegen Österreich auf dem Balkan und gegen Deutschland im Orient durchzusetzen, Frankreichs nie überwundenes Revanchebegehren, Deutschlands Absicht, sein Gewicht in der Weltpolitik zur Geltung zu bringen, und endlich Englands Festhalten an der Entente aus Sorge vor einer Hegemonie Deutschlands in Europa, aber auch vor der Rußlands in Asien, dies alles hatte die große Auseinandersetzung heraufbeschworen. Wenngleich keine der Regierungen der europäischen Großmächte den bewußten Willen zu einem großen Krieg hatte, so gingen doch alle bewußt das Risiko eines solchen Krieges ein, weil sie nicht bereit waren, dieses Risiko auf eigene Kosten zu vermindern. Auch die deutsche Politik zielte nicht auf die Entfesselung eines europäischen Krieges und schon gar nicht auf einen Präventivkrieg zu Weltmachtzwecken. Aber dadurch, daß Berlin im Verlauf der Krise ganz entschieden auf die Seite seines einzigen Bundesgenossen trat und Wien mit seinen Zusicherungen einen „Blankoscheck" gab, riskierte es den allgemeinen Krieg und wußte, daß es dies tat. Sein Versuch, mäßigend auf die österreichische Politik einzuwirken, kam zu spät und wurde überdies illusorisch durch das Vorgehen der militärischen Führung, die – die Diplomatie ausschaltend – in der Endphase der Krise das Gesetz des Handelns bestimmte. Ohne Wissen des Kaisers oder Kanzlers hatte der Chef des deutschen Generalstabes, *Helmuth von Moltke*, am 30. Juli in einem Telegramm auf eine beschleunigte Anordnung der allgemeinen Mobilmachung in Österreich-Ungarn gedrängt und gleichzeitig versichert, daß Deutschland unbedingt mitgehen werde. Militärische Erwägungen konterkarierten so die politischen und lösten jene verhängnisvolle Kettenreaktion aus, die Deutschland mit dem Odium des Angreifers belud. Der Friede, den alle wünschten, aber doch nicht wollten,[4] wurde zunichte. Er wich der bewaffneten Konfrontation, die die beiden nach 1907 entstandenen Bündnislager in einen Krieg stürzte, von dem Europa sich nie wieder erholen sollte.

Wie überall in Europa, so führte die „Befreiung" von dem Druck ständiger Kriegsdrohung auch in Deutschland die Menschen in patriotischer Begeisterung zusammen. In dem Glauben an das sittlich-moralische Recht der Verteidigung gegen einen neidvollen, habgierigen und machthungrigen Feind vertrauten die Massen der Führung. Eine Welle

Kriegsbegeisterung Anfang August 1914 in Berlin

nationaler Hochstimmung durchflutete das Land. „Einen Kriegsausbruch wie den von 1914 wird es in der Weltgeschichte nicht mehr geben"[5], wußte sich *Carl Zuckmayer* zu erinnern, und *Max Weber* feierte den Augenblick, schrieb von diesem „großen und wunderbaren Krieg"[6] und daß es herrlich sei, ihn noch zu erleben. „Es geht los", war das geflügelte Wort dieser Stunde. „Es geht durch Mark und Bein . . . und plötzlich, eh man's sich versieht, hat sich ein Zug gebildet, keiner kennt den andern, aber alle beherrscht das eine ernste Gefühl: Krieg, Krieg und alle gehören zusammen . . . und dann klingt es ernst und feierlich zum abendlichen Himmel empor: ‚Es braust ein Ruf wie Donnerhall, wie Schwertgeklirr und Wogenprall, zum Rhein, zum deutschen Rhein!' "[7]

Der Kaiser, oft leidenschaftlich kritisiert in den zurückliegenden Jahren, wurde vorübergehend zum Symbol der neugefundenen Einheit der Nation. Auch er, getragen von dem überwältigenden Vertrauensbeweis, verkündete nun: „Ich kenne keine Parteien und keine Konfessionen mehr; wir sind heute alle deutsche Brüder und nur noch deutsche Brüder."[8] Selbst die von diesem Kaiser als „vaterlandslose Gesellen" geschmähten Sozialdemokraten sprachen von einem großen geschichtlichen Ereignis, von einer Schicksalsstunde, in der sie wahr zu machen gedächten, was sie immer betont hätten, und erklärten durch den Führer ihres radikalen Flügels, *Hugo Haase:* ,,Wir lassen in der Stunde der Gefahr das Vaterland nicht im Stich."[9] Eins mit dem ,,ganzen deutschen Volk ohne Unterschied der politischen und religiösen Überzeugung", waren sie bereit, ,,den uns von der russischen Barbarei aufgezwungenen Kampf aufzunehmen und mit dem letzten Blutstropfen für Deutschlands Unabhängigkeit, Ruhm und Größe einzutreten"[10]. Staunend stellte ein Zeitgenosse fest: ,,Es war wundersam, in den Tagen des Kriegsausbruchs zu erleben, wie das große Gewitter, das auf uns niedergegangen, nicht nur die Stickluft der politischen Lage geändert, sondern auch das Volk gehoben, zu seinen alten Idealen zurückgeführt hat."[11] Ohne Zweifel resultierte diese Begeisterung und Einmütigkeit aus der Unwissenheit. Niemand hatte eine Vorstellung davon, wie der Krieg wirklich sein würde. Man glaubte an die gerechte Sache und an einen schnell zu beendenden Krieg, der sich nicht wesentlich von den Konflikten der 60er Jahre des 19. Jahrhunderts unterscheiden würde. Nur zu bald jedoch sollte die Stimmung umschlagen, die Begeisterung Haß hervorrufen und das elementar erlebte und geglaubte Gefühl der Gemeinschaft erneut den tiefen Gegensätzen weichen, die, nur für sehr kurze Zeit überdeckt, mit den fortdauernden Schrecken des Krieges neu aufbrachen.

Verlauf des Krieges bis zum Kriegseintritt der USA

Anders als alle früheren Kriege zog der Erste Weltkrieg fast sämtliche Völker der Erde in Mitleidenschaft. Geführt wurde er von Millionenheeren an durchgängigen, Tausende von Kilometer langen Fronten. Schlachten dauerten Tage, Wochen oder gar Monate. Ausrüstung und Kriegsmaterial brachten in ihrer technischen Überlegenheit die kämpfende Truppe in ohnmächtige Abhängigkeit. Auch blieb die Kriegführung nicht auf die Front beschränkt, sondern erfaßte in zunehmendem Maße alle Bereiche des täglichen Lebens. Eine gründliche und unmäßig geführte Propaganda erregte die Leidenschaften der im Krieg befindlichen Nationen und vergiftete das Zusammenleben der Völker nachhaltig. In Deutschland sicherte das Kriegsrecht den Militärs im zivilen und politischen Bereich ein ständig wachsendes Übergewicht und zerbrach schließlich die bei Kriegsausbruch im Begeisterungsrausch gefundene Einheit der Nation. Der Kaiser, der hier hätte vermittelnd eingreifen müssen, unternahm einen solchen Versuch erst gar nicht und vermerkte kategorisch: ,,Die Politik hält den Mund, bis Strategie ihr das Reden wieder erlaubt."[12] Auch waren der Reichskanzler *Bethmann Hollweg* und seine beiden Nachfolger, *Georg Mi-*

chaelis und Graf *Georg von Hertling*, zu schwach, sich gegenüber den divergierenden Kräften und Interessen durchzusetzen und den Primat der Politik zu erzwingen. Das Machtvakuum füllten die Militärs, die, wie vor allem die Generäle *Paul von Hindenburg* und *Erich Ludendorff*, ohne politische Sachkenntnis zu den eigentlichen Entscheidungsträgern wurden. So erfaßte der Krieg bald alle Lebensbereiche. Er endete mit dem Sieg der Ententemächte und der Niederlage der Mittelmächte, wobei die wirtschaftliche Überlegenheit der Alliierten, besonders nach dem Kriegseintritt Amerikas, den Ausschlag gab.

Zunächst jedoch schienen sich die Planungen des deutschen Generalstabs zu bewähren. Die Mittelmächte Deutschland und Österreich-Ungarn hatten an der Westfront, der Ostfront und der Front im Südosten gleichzeitig zu kämpfen. Diesen Nachteil eines Mehrfrontenkrieges, den die Militärs seit Zuspitzung der politischen Lage nach der Jahrhundertwende als die im Falle einer kriegerischen Auseinandersetzung eintretende Ausgangssituation einkalkuliert hatten, suchte der deutsche Kriegsplan dadurch auszugleichen, daß er durch den Einsatz aller verfügbaren Kräfte eine schnelle Entscheidung im Westen suchte, den Osten so lange hinhaltend verteidigte und die Operationen im Südosten ganz den österreichischen Truppen überließ.

Tatsächlich konnten die deutschen Truppen noch im August 1914 Belgien unter völkerrechtswidriger Verletzung der Neutralität überrennen und nach Nordfrankreich bis vor Paris vorrücken. Allerdings gelang es nicht, das feindliche Heer zu umklammern und so einen kriegsentscheidenden Erfolg zu erringen. General *Joseph Joffre*, der Oberbefehlshaber des französischen Heeres, trat nun zum Gegenangriff an und brachte in einer dreitägigen Schlacht den deutschen Vormarsch an der Marne zum Stehen. Nun folgte der Wettlauf zum Meer, der die angestrebte Umfassung des Gegners doch noch erzwingen und gleichzeitig die Kanalhäfen in deutsche Hände bringen sollte. Nach unendlich blutigen Kämpfen, in denen drei aus Kriegsfreiwilligen gebildete Korps, die Blüte der deutschen Jugend, geopfert wurden, scheiterte auch diese Offensive. Damit erstarrten die großen Bewegungsschlachten zum Stellungskrieg. Die feindlichen Heere gruben sich entlang einer geschlossenen Frontlinie von der Nordsee über Verdun bis zur Schweizer Grenze ein. Alle Versuche, diese Front von der einen oder anderen Linie her zu durchbrechen, scheiterten bis zum Kriegsende unter schwersten Blutopfern auf beiden Seiten an der Zähigkeit ihrer Verteidiger. Dieses Ringen forderte von 1916 an vom deutschen Soldaten mehr ,,als von irgendeinem seiner Verbündeten und Gegner ... Kaum ernährt, lange nicht abgelöst, abgeschnitten von aller Hoffnung, je wieder aus dieser Hölle herauszukommen, während um

ihn seine Kameraden fallen oder verwundet werden"[13], hielt er vier
Jahre durch, „vier Jahre, die der Seele zu viel waren"[14].

An der Ostfront drangen zunächst entgegen den deutschen strategischen Berechnungen starke russische Kräfte nach Süden und Westen
vor, eroberten Galizien und marschierten in das nördliche Ungarn ein.
In Ostpreußen drängten zwei russische Heere die schwachen deutschen
Verbände zurück, wurden dann aber bei Tannenberg und an den
Masurischen Seen von dem Oberbefehlshaber der 8. Armee, *Hindenburg*, und seinem Generalstabschef *Ludendorff* geschlagen. Nun rückten die Deutschen zur Entlastung ihres österreichischen Verbündeten
nach Osten vor, gewannen Galizien zurück, eroberten Warschau und
besetzten Litauen und Kurland. Dennoch, eine Entscheidung des Krieges brachten diese Kämpfe ebenfalls nicht, obgleich der Bewegungskrieg an dieser Front bis zum Oktober 1915 anhielt. Von da an entstand auch im Osten, von Riga bis Rumänien, eine geschlossene Front.

Die Südfront schließlich wurde von den österreichisch-ungarischen
Truppen verteidigt. Sie gelangten zunächst bis über Belgrad hinaus
nach Osten, mußten dann jedoch ganz Serbien wieder preisgeben und
sich seit Mai 1915 gegen das in den Krieg gegen die Mittelmächte
eingetretene Italien verteidigen. Konnten die Italiener, die den Erwerb Tirols und Triests anstrebten, die Mittelmächte im Felde auch
nicht ernstlich gefährden, so band der italienische Kriegsschauplatz
doch ständig starke Truppenteile, die an den übrigen Fronten fehlten.

Eine Entlastung dagegen bot die an der Seite Deutschlands und Österreich-Ungarns kämpfende Türkei. Durch die erfolgreiche Sperrung der
Dardanellen unterbrach sie die Verbindung der westeuropäischen En-
tentestaaten mit Rußland und schnitt damit das industriearme Zarenreich von der Zufuhr wichtigen Rüstungsmaterials ab. Der auf Betreiben des damaligen englischen Marineministers *Winston Churchill* erfolgte Flottenangriff eines englisch-französischen Geschwaders blieb
unter schweren Verlusten im Feuer der Sperrforts und im Minengürtel
des Bosporus stecken. Auch die verspätet eingesetzten Landungstrup-
pen erzielten keinerlei Erfolge.

Als dann Bulgarien im Oktober 1915 an die Seite der Mittelmächte
trat, konnte auch Serbien wieder zurückerobert werden, so daß im
Herbst 1915 der Weg von Berlin über Konstantinopel nach Bagdad in
deutscher Hand war. Die deutschen Armeen operierten nun von der
Ostsee durch Mittel- und Südosteuropa bis tief in den Vorderen Orient
hinein und konnten so ein Zusammenwirken der Ententemächte am
Sund und den türkischen Meerengen verhindern. Rumänien, das im
August 1916 den Krieg an Österreich erklärte, wurde rasch niederge-
worfen und besetzt. Seine Kornfelder und Ölquellen bedeuteten bei

der wirtschaftlich äußerst zugespitzten Lage für die Mittelmächte eine dringend benötigte Hilfe.

Trotz bedeutender Waffenerfolge wurde die Lage sowohl für Deutschland als auch für Österreich-Ungarn immer kritischer, ein Ende des Krieges aber war nicht abzusehen. Während die Truppen der Mittelmächte die Heimat schützten und zum Teil tief in Feindesland standen, gelang es England, sowohl in den Kolonien als auch auf den Meeren seine Überlegenheit uneingeschränkt zur Geltung zu bringen. Die deutschen Kolonien halfen dagegen dem Mutterland nichts; sie wurden rasch besetzt.

Nachhaltiger und folgenschwerer jedoch als alle militärischen Operationen wirkte sich für die Mittelmächte die britische Blockade in der Nordsee zwischen Schottland und dem südlichen Norwegen aus, ein Gebiet, das England gleich zu Kriegsbeginn völkerrechtswidrig zum Sperrgebiet erklärt hatte. Kein deutsches Handelsschiff sollte mehr auslaufen, und neutrale Schiffe, die deutsche Häfen anlaufen wollten, versuchte man aufzubringen und ihre Ladung zu beschlagnahmen. England begründete sein Vorgehen damit, daß im modernen Krieg die Kampfkraft des Gegners nicht allein vom Heer, sondern auch von der in der Industrie und der Landwirtschaft arbeitenden Bevölkerung abhänge und daher die Unterbrechung der Zufuhr, sowohl von Rohstoffen als auch von Lebensmitteln, notwendig und gerechtfertigt sei. Um dem britischen Vorgehen zu begegnen, entschloß sich die deutsche Flottenführung zur Gegenblockade und zum Einsatz von Unterseebooten gegen die englischen Zufahrtswege. Nach dem internationalen Seekriegsrecht durften Schiffe aber nur dann versenkt werden, wenn sie nachweislich Kriegsmaterial an Bord hatten. Der uneingeschränkte U-Bootkrieg setzte sich jedoch darüber hinweg und torpedierte seit Beginn des Jahres 1915 auch die Schiffe der Neutralen ohne jede Warnung. Auf den sofortigen Protest der Vereinigten Staaten hin wurde dieser U-Bootkrieg wieder eingestellt, vom 1. Februar 1917 ab aber erneut aufgenommen.

Die deutschen Schlachtschiffe allerdings, der Stolz des Kaisers und das eigentliche Hindernis einer deutsch-englischen Annäherung, lagen ungenutzt vor Anker. Bei ihrer einzigen Feindberührung im Skagerrak, im Mai 1916, gelang es ihnen zwar, der englischen Flotte empfindliche Verluste beizubringen, die Blockade aber oder gar die englische Herrschaft zur See vermochten sie nicht zu brechen.

Mit dem Anhalten der Blockade wurde der Mangel an Rohstoffen schließlich so prekär, daß die deutsche Regierung Ende 1916 die bereits bestehende Zwangsbewirtschaftung einschneidend verschärfte. Zwar hatte der Industrielle *Walther Rathenau* schon zu Beginn des

Krieges die Bewirtschaftung der kriegswichtigen Rohstoffe angeregt und die vorhandenen Produktionsmöglichkeiten auf den Kriegsbedarf hin organisiert. Ein genügender Ausgleich für die fehlenden ausländischen Zufuhren aber konnte damit nicht geschaffen werden. Auch die neuen Herstellungsverfahren zur Ersatzbeschaffung kriegswichtiger Stoffe, wie etwa das zur Munitionsherstellung erfundene Haber-Bosch-Verfahren für die Gewinnung von Stickstoff aus der Luft oder die vielen Ersatzstoffe für den zivilen Bedarf, kompensierten den Mangel nicht. Auch ging der Ertrag der Landwirtschaft durch das Fehlen vollwertiger Arbeitskräfte und den Mangel an Futter- und Düngemitteln unaufhaltsam zurück. Die über die schon 1915 eingeführten Lebensmittelkarten geregelte Zuteilung von Brot und Kartoffeln wurde zunehmend geringer. Als dann die Kartoffelernte des Jahres 1916 mißriet und nicht einmal die Hälfte gegenüber derjenigen des Jahres 1915 betrug, mußte die Steckrübe als Ersatz dienen. Der Hunger wurde immer unerträglicher, und da der Krieg fortdauerte, begannen die Menschen in der Heimat zu resignieren. Ende 1916 erließ der Reichstag das Gesetz über den vaterländischen Hilfsdienst und begann damit das von *Ludendorff* unter dem Eindruck des Materialaufwandes der Schlachten entworfene Hindenburg-Programm zu realisieren. Dieses Programm sah die Umstellung der gesamten Erzeugung auf Kriegsbedarf und den Zivildienst für alle Nichtwaffenfähigen vom vollendeten 17. bis zum vollendeten 60. Lebensjahr vor und konzentrierte so alle Kräfte der Heimat auf den Kriegseinsatz.

Auch zerbrach der Burgfrieden von 1914, und die vertagten innenpolitischen Gegensätze entzündeten sich aufs neue. Insbesondere die Kriegszieldiskussion und die Friedensbereitschaft einzelner Parteien entfachten einen leidenschaftlichen Streit, der die nationale Einheit ernstlich gefährdete. Die militärischen Erfolge der beiden Anfangsjahre ließen weite Kreise, vor allem die Konservativen und Nationalliberalen, das Erreichte überschätzen. Sie forderten einen Siegfrieden, der Deutschland für seine Opfer entschädigen sollte, und erstrebten zur Sicherung des Reiches umfangreiche Gebietserwerbungen: im Westen die Erzgruben von Briey und Longwy, die Maaslinie und die politische und wirtschaftliche Angliederung Belgiens an Deutschland mit dem Verfügungsrecht über die flandrische Küste und Lüttich, im Osten die Angliederung Polens und des Baltikums. Demgegenüber traten die Sozialdemokratische Partei, die Fortschrittspartei und das Zentrum für einen Verständigungsfrieden ohne Annexionen und Entschädigungen ein.

Dennoch bewilligte die Mehrheit der Sozialdemokratischen Partei nach wie vor die von der Regierung geforderten Kriegskredite, setzte sich für die Mitarbeit der Gewerkschaften in der Rüstungsindustrie ein und unterstützte so die Kriegführung. Angesichts der steigenden materiellen Not und der Leiden des Krieges trennte sich jedoch der linke Flügel von der Partei und begründete im Frühjahr 1917 die Unabhängige Sozialdemokratische Partei, die nun offen den Kampf gegen die Fortführung des Krieges aufnahm. Der große, durch die unzureichende Lebensmittelversorgung verursachte Frühjahrsstreik der Munitionsarbeiter und eine Marinemeuterei im Sommer 1917 offenbarten neue innenpolitische Gefahren.

Angesichts dieser Lage bemühte sich der Reichskanzler um den Ausgleich der Gegensätze, kündigte eine Politik der Neuorientierung an und setzte sich für die Forderung nach einer Reform des preußischen Dreiklassenwahlrechts ein. Die in der Osterbotschaft des Kaisers erwähnte programmatische Ankündigung, daß nach den von allen gleichermaßen erbrachten „gewaltigen Leistungen des deutschen Volkes in diesem furchtbaren Krieg . . . für das Klassenwahlrecht in Preußen kein Raum mehr"[15] sei, weckte jedoch den erbitterten Widerstand der Konservativen. Die Mehrheitssozialdemokraten, das Zentrum und die Liberalen, die im Reichstag die Mehrheit besaßen, rückten nun unter Führung des Zentrumsabgeordneten *Matthias Erzberger* näher zusammen. Da sie überzeugt waren, daß keine Aussicht mehr auf einen Sieg bestand und dieser auch nicht durch den uneingeschränkten U-Bootkrieg erzwungen werden konnte, erklärten sie in einer gemeinsam ausgearbeiteten Friedensresolution, „einen Frieden der Verständigung und dauernden Versöhnung der Völker anzustreben"[16]. *Bethmann Hollweg*, der den uneingeschränkten U-Bootkrieg gegen seine Überzeugung gedeckt hatte, aber nicht zurückgetreten war und sich auch in der Wahlrechtsfrage nicht durchsetzen konnte, hatte schließlich seinen politischen Kredit nach allen Seiten hin verspielt. Von den Parteien verlassen, wurde er durch die Oberste Heeresleitung gestürzt. *Wilhelm II.*, der als einziger den Kanzler hatte halten wollen, beugte sich dem Willen *Hindenburgs* und *Ludendorffs* und verlor damit endgültig jeden politischen Einfluß. Von nun an fiel die Leitung der Reichspolitik *Ludendorff* zu, der im Namen *Hindenburgs* die militärischen und politischen Maßnahmen bestimmte und den Nachfolgern *Bethmann Hollwegs* seinen Kurs aufzwang.

Inzwischen hatte sich auch die militärische Lage zugunsten der Ententemächte entscheidend geändert. Zwar hatte die Überspannung der Kräfte auch bei dem Gegner zu schweren inneren Krisen geführt. Doch gelang es sowohl *David Lloyd George* in England als auch *Georges Clemenceau* in Frankreich, alle inneren Widerstände zu brechen und die Energien der beiden Nationen auf das eine große

Ziel des endgültigen Sieges über Deutschland zu konzentrieren. Dabei war ihnen die mit der Fortdauer des Krieges wachsende Hoffnung auf amerikanische Hilfe die wertvollste Stütze. Diese Hoffnung erfüllte sich nun im Frühjahr 1917 und brachte die Wende in dem Völkerringen. Die amerikanische Kriegserklärung war die Antwort auf die unter dem starken Einfluß von Admiral *Tirpitz* getroffene Entscheidung, den uneingeschränkten U-Bootkrieg wieder aufzunehmen. Da die Heeresleitung keine Möglichkeit gesehen hatte, „das Ende des Krieges" anders als „unter vollem Einsatz aller Waffen"[17] zu beschleunigen, hatte *Ludendorff*, blind gegen die politischen Auswirkungen, diese Entscheidung gegen den Widerstand *Bethmann Hollwegs* durchsetzen können. Der erhoffte militärische Erfolg blieb aus, die politische Katastrophe, der Kriegseintritt der USA aber, beschleunigte den militärischen Niedergang der Mittelmächte.

Da überdies der österreichische Verbündete nach dem Tode Kaiser *Franz Josephs* im November 1916 der sich immer stärker auflehnenden, nach Autonomie und staatlicher Selbständigkeit strebenden Nationalitäten nicht mehr Herr wurde und hinter dem Rücken Deutschlands zur Herbeiführung eines baldigen Friedensschlusses geheime Verbindungen mit der Entente angeknüpft hatte, blieben auch die unternommenen Friedensbemühungen ohne Erfolg.

Noch vor Eintritt der USA in den Krieg dachte Deutschland mit seinen Verbündeten erstmals daran, den Frieden herbeizuführen. Nachdem der zum wiederholten Male unternommene Versuch, in geheimen Verhandlungen einen Sonderfrieden mit Rußland zustande zu bringen, gescheitert war, schlug das Reich im Namen der Mittelmächte den Ententemächten im Dezember 1916 vor, Verhandlungen über die Beendigung des Krieges einzuleiten. Da diese Offerte jedoch keine konkreten Bedingungen nannte, weil die deutsche Politik noch immer erwartete, den *Status quo* insbesondere auch hinsichtlich Belgiens ändern zu können, und nur von Frieden und Aussöhnung sprach, wurde sie von den feindlichen Regierungen abgelehnt. Daraufhin forderte der amerikanische Präsident *Woodrow Wilson* die kriegführenden Mächte auf, ihre genauen Bedingungen bekanntzugeben, und erklärte in einer Senatsrede einen Frieden ohne Sieg als das für alle verbindliche Ziel. Dazu aber war in diesem Augenblick keine der beiden Seiten bereit. Desgleichen wurde, kurz nachdem die Friedensresolution der Mehrheitsparteien im deutschen Reichstag veröffentlicht worden war, am 1. August 1917 eine Friedensnote des Papstes *Benedikt XV.* von den Ententemächten verworfen. Diese Friedensnote verlangte von Deutschland die volle Wiederherstellung der Unabhängigkeit Belgiens. Die Heeresleitung und die immer noch auf einen Siegfrieden hoffenden Rechtsparteien widersetzten sich jedoch einer solchen Bedingung, so daß die deutsche Regierung ausweichend auf den päpstlichen Vorschlag reagierte. Da auch die Ententemächte auf der Wiedergewinnung Elsaß-Lothringens für Frankreich bestanden, scheiterte die päpstliche Initiative.

So endete das Schicksalsjahr 1917, ohne daß die ausgebluteten, kriegsmüden und erschöpften Nationen endlich zur Ruhe gekommen wären. Frankreich hatte sich in einem erbitterten Stellungskrieg behaupten können, und Englands Herrschaft zur See war ungebrochen. Deutschland aber stand nun, nachdem die USA und mit ihnen fast alle Länder Süd- und Mittelamerikas in den Krieg eingetreten waren, 28 Staaten, darunter sechs Großmächten, gegenüber, ohne daß es von seinen eigenen Bündnispartnern viel zu erwarten hatte. Und dennoch war die Oberste Heeresleitung noch immer der Auffassung, daß ein deutscher Waffensieg vor dem Eintreffen der Amerikaner in Europa möglich sei, und damit ein für Deutschland vorteilhafter Friede. Die Ende Oktober erfolgreich durchgeführte Offensive in Italien und die Herbstereignisse in dem geschlagenen Rußland schienen die entscheidende Entlastung zu bringen, die, trügerisch genug, sich als verhängnisvolle Fehleinschätzung erweisen sollte.

Die bolschewistische Revolution und Rußlands Ausscheiden aus dem Krieg

Nach den Anfangserfolgen, die die russischen Truppen zu Beginn des Krieges gegen Österreich in Galizien und gegen schwache deutsche Streitkräfte in Ostpreußen errungen hatten, drängte die im August 1914 unter *Hindenburg* und *Ludendorff* eingeleitete Gegenoffensive das zaristische Rußland in die Defensive. Zwar hatten die Russen 1916 und 1917 versucht, durch verschiedene Offensiven die seit 1915 festen Fronten in Bewegung zu bringen, doch waren alle diese Versuche an der steigenden Demoralisierung und Kriegsmüdigkeit der russischen Verbände gescheitert. Die ungenügende Organisation und Koordination der militärischen Aktionen beeinträchtigten dabei ebenso sehr den Kampfgeist und Widerstandswillen der kämpfenden Truppe wie die infolge der Unterbrechung der Nachschubwege durch die Mittelmächte verursachten Versorgungsschwierigkeiten. Der einen hohen Blutzoll fordernde Krieg, der empfindliche Mangel an Arbeitskräften in der Heimat und der zunehmende Hunger in den großen Städten steigerten schließlich die Unzufriedenheit des autokratisch beherrschten Volkes bis zum offenen Aufruhr gegen das Regime. Zu spät kam der Anfang

des Jahres 1917 unternommene Vorstoß der Briten im Vorderen
Orient, deren weiteres Vordringen die Russen mit Rüstungsmaterial
und Lebensmitteln hätte versorgen können, zu spät auch jede Gegen-
maßnahme des Zaren zur Unterdrückung der inneren Unruhe.

Hatte die russische Dynastie die revolutionären Ereignisse nach der
Niederlage im Russisch-japanischen Krieg durch den Erlaß einer Verfassung, die Einrichtung eines Parlaments und das Versprechen, eine
umfassende Agrarreform durchzuführen, noch zu steuern vermocht, so
stand sie nun dem Umsturz ohnmächtig gegenüber. Die 1905 eingerichtete Volksvertretung, die Duma, ließ sich nicht länger auf die ihr
zudiktierte scheinkonstitutionelle Rolle beschränken, sondern schaltete sich jetzt nach der revolutionären Erhebung der Soldaten, Bauern
und Arbeiter entgegen dem Befehl des Zaren, der ihre Auflösung
verlangt hatte, in das Geschehen ein und bildete eine neue provisorische Regierung. Mitte März wurde Zar *Nikolaus II.* zum Rücktritt
gezwungen. Die zum großen Teil aus fortschrittlichen Bürgerlichen
bestehende neue Regierung hoffte, die Revolution in die von ihr gewünschten Bahnen lenken zu können und in Rußland eine bürgerlich-
demokratische Republik zu errichten. Presse-, Versammlungs- und
Vereinsfreiheit wurden gewährt, eine verfassunggebende Versammlung in Aussicht gestellt und den politisch Verfolgten und Verbannten
die Rückkehr in die Heimat gestattet. Da die neuen Machthaber ausdrücklich am Krieg festhielten und sich auch nicht an die längst überfällige Landreform heranwagten, also auf die beiden das Volk allein
interessierenden Fragen Frieden und Land keine oder nur eine unbe-
friedigende Antwort gaben, setzten sie sich gegen die in den Regimen-
tern, in den Dörfern und in den Fabriken gebildeten Soldaten-, Bau-
ern- und Arbeiterräte immer weniger durch. Diese betrachteten sich je
länger je mehr als die einzig legitimen Vertreter des Volkes, und der
mächtigste unter den russischen Räten, der Petersburger Sowjet, begann als Nebenregierung die Macht der provisorischen Regierung in
Frage zu stellen. Als dann unter dem Kriegsminister der neuen Regierung, dem Sozialrevolutionär *Alexander Feodorowitsch Kerenskij*, die
erschöpfte russische Armee im Juni zu einer letzten Offensive in Galizien antrat, wurde die bestehende Krise beschleunigt. Die Soldaten
drängten nach Hause, um bei der Aufteilung des Landes dabei zu sein.
Revoltierende Armee-Einheiten und Matrosen versuchten schließlich
im Juli, die Hauptstadt in ihre Gewalt zu bringen. Zwar konnte der
Putsch durch die noch gemäßigte Mehrheit in den Sowjets und durch
die Regierung niedergeschlagen werden. Auch gelang es *Kerenskij*, der
an die Spitze der provisorischen Regierung getreten war, im September
eine militärische Gegenrevolution unter General *Lawr Kornilow*

erfolgreich zu beenden. Der ,,Übergang von der ersten Etappe der Revolution . . ., die der Bourgeoisie die Macht gab, zur zweiten Etappe der Revolution, die die Macht in die Hände des Proletariats und der ärmsten Schichten der Bauernschaft legen muß"[18], jedoch war nicht mehr aufzuhalten.

Den Zeitpunkt dieser von *Wladimir Iljitsch Lenin,* dem Führer der Bolschewisten, geforderten Machtübernahme gedachte er allerdings allein zu bestimmen. Seit Mitte April in Petersburg, wohin er mit Billigung der deutschen Obersten Heeresleitung, die ,,Rußland rechtzeitig zu revolutionieren und dadurch die Koalition zu sprengen"[19] hoffte, aus der Schweiz über Schweden gelangt war, hatte er zunächst versucht, mit der wirksamen Parole ,,Alle Macht den Sowjets" die Position der Regierung zu schwächen. In den Sowjets aber waren die bolschewistischen Anhänger *Lenins* gegenüber den Sozialrevolutionären und den gemäßigten russischen Sozialdemokraten, den Menschewisten, im Sommer 1917 noch in der Minderheit. Die Untätigkeit der Regierung *Kerenskij* in der Land- und Friedensfrage und die revolutionäre Dynamik und Disziplin ebenso wie eine geschickt eingesetzte Propaganda jedoch brachten den Bolschewisten zwischen August und Oktober 1917 die gewünschte Mehrheit, so daß die Partei *Lenins* im Oktober wieder aktionsfähig wurde. Ein revolutionäres Militärkomitee des Petersburger Sowjets unter Leitung *Leo Trotzkis,* des späteren Organisators der Roten Armee, rief im November die Petersburger Regimenter zum Aufstand gegen die Regierung auf. Nach einer planmäßig vorbereiteten, raschen Besetzung aller öffentlichen Gebäude, vor allem der Telegraphen- und Postämter und der Bahnhöfe, gelang es den Putschisten dann am 7. November, die Gewalt in der Hauptstadt an sich zu reißen und die Regierung zur Abdankung zu zwingen. Der allrussische Sowjetkongreß der Arbeiter billigte am Tage darauf die bolschewistische Machtübernahme, nachdem die rechte Mehrheit der Sozialrevolutionäre und die Menschewisten aus Protest gegen die Gewaltanwendung die Versammlung verlassen hatten. Mit dem am 8. November gebildeten, von *Lenin* geleiteten Rat der Volkskommissare hatte sich die erste Sowjetregierung konstituiert, die nun in einem ,,Dekret über den Frieden" den allgemeinen Waffenstillstand anbot und in einem zweiten ,,Dekret über das Land" die Aufteilung des Grundbesitzes bekanntgab sowie die Kontrolle der Produktion durch die Arbeiter ankündigte. Die sich rasch auf Moskau und die anderen Städte des Landes ausbreitende Revolution ging bald daran, in der ,,Allrussischen Außerordentlichen Kommission", der Tscheka, die Geheimpolizei zu organisieren und die Gegner der Bolschewisten systematisch auszuschalten.

Die letzte Hürde war die verfassunggebende Versammlung, die am 5. Januar 1918 zusammentrat. Dort entschied sich aufgrund rechtmäßiger, auch von den Bolschewisten befürworteter Wahlen eine Mehrheit für die sozialistische Demokratie gegen die bolschewistische Diktatur. Nach tumultartigen Störungen ließ *Lenin* die Versammlung nach dem ersten Verhandlungstag auflösen und vollzog damit nach seinen eigenen Worten ,,die vollständige und offene Liquidation der demokratischen Idee zugunsten des Gedankens der Diktatur des Proletariats"[20]. Der sozialistische Rätestaat war Wirklichkeit geworden. Die Partei der Bolschewisten wurde in Russische Kommunistische Partei umbenannt und Moskau zur Regierungshauptstadt erklärt. Eine erste Verfassung der Russischen Sozialistischen Föderativen Sowjetrepublik vom 10. Juli 1918 verkündete die Diktatur des Proletariats, die den Grundsatz der Volkssouveränität lediglich der Theorie nach wahrte. Auch wurde die Einrichtung der Räte aus der Zeit der Revolution beibehalten. Da die wahlberechtigten und wählbaren Arbeiter, Bauern und Soldaten der neuen Roten Armee sowie die Parteifunktionäre aber zunächst nur die Lokalräte in direkter Wahl wählen konnten und alle übrigen Räte, die Bezirks- und Provinzialräte und schließlich der Allrussische Rätekongreß sich aus den Abgeordneten der jeweils nächstunteren Räte rekrutierten, konnte von einer demokratischen Wahl nicht die Rede sein. Außerdem hatten alle Räte für ihren Zuständigkeitsbereich die gesetzgebende und vollziehende Gewalt zugleich. Der tausend Abgeordnete zählende Sowjetkongreß wählte als höchstes gesetzgebendes, verwaltendes und kontrollierendes Organ ein Zentralexekutivkomitee, dem der die laufenden Geschäfte führende, aus 18 Ressortchefs bestehende Rat der Volkskommissare übergeordnet wurde. Neben diesem System der Räte und der Verwaltung stand die Partei, die ihre Richtlinien von einem politischen Büro, dem Politbüro, erhielt. Ihr Organisationsbüro war für die Besetzung der wichtigen Stellen im Staat zuständig. Opposition wurde weder in der Partei noch im Staat geduldet, und alle oppositionellen Regungen wurden durch Verhaftung und Hinrichtung der Verdächtigen erstickt. Die entscheidende Macht fiel dem Generalsekretär der Partei zu, der in dieser Schlüsselstellung auch über den Staat gebot.

Der nun einsetzende völlige Umsturz der Gesellschaft, die Ermordung des Zaren und seiner Familie, die Enteignung und Liquidierung der bisher herrschenden Schichten und der politischen Gegner, das Verbot der Ausübung des orthodoxen Kults außerhalb der Kirchen, alle diese Maßnahmen stießen in weiten Kreisen des russischen Volkes auf Widerstand, der sich angesichts der Hungersnot und der inneren Zerrüttung in einem furchtbaren Bürgerkrieg entlud. In den blutigen, über drei Jahre anhaltenden Kämpfen gelang es *Lenin* und *Trotzki*, über die von den Alliierten unterstützten weißrussischen Verbände zu siegen und die Regierung der Bolschewisten durchzusetzen.

Lenins Sieg war teuer erkauft. Um „für eine gewisse Periode die Hände frei zu bekommen, um die sozialistische Revolution fortzusetzen und zu festigen"[21], hatte *Lenin* mit den Mittelmächten am 15. Dezember 1917 zunächst einen Waffenstillstand geschlossen, dem am 3. März 1918 der Friedensvertrag von Brest-Litowsk folgte. Die Oberste Heeresleitung nutzte die Schwäche der um ihre Existenz ringenden bolschewistischen Regierung rücksichtslos aus. Gegen die russische Forderung nach dem Selbstbestimmungsrecht der Völker und einem Frieden ohne Annexion und Kontributionen, aber auch gegen den Einspruch des Staatssekretärs des Auswärtigen Amtes, *Richard von Kühlmanns,* setzte die militärische Führung unter dem Einfluß von *Ludendorff* ein Friedensdiktat durch, das die Baltischen Staaten, Finnland, Polen und die Ukraine von Rußland abtrennte. Das russische Reich verlor große Teile seiner Bevölkerung, drei Viertel seiner Eisen- und Stahlindustrie und nahezu ein Viertel seiner Textilindustrie. Zwar begrüßten die der russischen Herrschaft entzogenen Völker ihre Freiheit und Selbständigkeit. Als jedoch deutsche Truppen die von den Russen geräumten Gebiete weiterhin besetzt hielten, schwand die Sympathie, die man Deutschland anfänglich entgegengebracht hatte. Die Westmächte aber wurden durch den Frieden von Brest-Litowsk in ihrem Entschluß bestärkt, den Krieg bis zum bitteren Ende fortzuführen, gab es für sie doch keinen Zweifel, daß Deutschland im Falle eines Sieges ihnen gleich harte Bedingungen auferlegen würde.

Den Mittelmächten allerdings brachten der Friede von Brest-Litowsk und der im Mai 1918 abgeschlossene Friede von Bukarest, der Rumänien Deutschland wirtschaftlich auslieferte, eine spürbare Entlastung. Auch wenn die Ostfront noch Truppen zur Sicherung der besetzten Gebiete beanspruchte, so wurde doch ein großer Teil der deutschen Heeresmacht frei, so daß das numerische Gleichgewicht im Westen vorübergehend wiederhergestellt werden konnte.

Militärische Niederlage und Ende des Kaiserreiches

Das Ausscheren Rußlands aus der Reihe der Gegner Deutschlands hatte in der Obersten Heeresleitung die Hoffnung geweckt, durch eine Großoffensive im Westen den Durchbruch durch die feindlichen Linien noch vor Eingreifen der amerikanischen Truppen erzwingen zu können, um damit eine Entscheidung des Krieges herbeizuführen. In vier von März bis Juli 1918 geführten Angriffsstößen an der Somme, bei Ypern, am Chemin des Dames und an der Marne versuchte *Ludendorff* vergeblich, den Gegner niederzuwerfen. Die Kräfte des deutschen Heeres waren erschöpft, Reserven waren nicht mehr vorhanden, und der Nachschub stockte. Da traten die Alliierten am 18. Juli unter dem Oberkommando von General *Ferdinand Foch* mit starken französischen, englischen und amerikanischen Verbänden zur Gegenoffensive an und zwangen die deutschen Truppen, das ganze seit Mai eroberte Gelände wieder preiszugeben. Der mit Einsatz der Panzerwaffe am 8. August bei Amiens vorgetragene Angriff nötigte die Deutschen schließlich, ihre Linien zurückzunehmen. Nur mit äußerster Mühe konnte das abgekämpfte deutsche Heer einen Durchbruch des an Menschen und Material weit überlegenen Gegners abwehren. Die militärische Niederlage jedoch war nicht abzuwenden, eine Tatsache, die Soldaten wie Heerführer zu ahnen begannen, wenngleich sie sich der Einsicht, besiegt zu sein, auch weiterhin verschlossen. ,,Wir können nicht siegen"[22], war seit Anfang September der Tenor aller von der Front nach Hause abgesandten Soldatenbriefe, und der Chef des Stabes der 7. Armee, General der Infanterie *Walther Reinhardt*, schrieb Anfang Oktober an seine Frau: ,,Wir müssen die Wirklichkeit sehen. Nachdem mehr als eine Million deutscher Männer ihr Leben für des Vaterlandes Kampf gegeben haben, sind die sterbebereiten nicht mehr alltäglich. Einen militärisch höchst ungünstigen Kampf nur um der Ehre willen fortzusetzen, kann man einer guten Truppe wohl, einem ganzen Volk aber schwer zumuten."[23]

Der Zusammenbruch zeichnete sich auch an den anderen Fronten ab. Am 15. September fand ein erfolgreicher Angriff der Ententemächte gegen die Bulgaren statt. Schon Ende September mußte dieses Land in einem Waffenstillstand seine Häfen und Eisenbahnen den Alliierten zur Verfügung stellen, so daß die gesamte Südflanke in der Front der Mittelmächte aufgerissen war. Rumänien konnte nicht mehr gehalten werden, die Verbindung zwischen Deutschland und der Türkei war unterbrochen und der Weg nach Konstantinopel für die Ententemächte frei. Gleichzeitig durchbrachen die Engländer die türkischen Linien in Palästina, nahmen Damaskus, Beirut, Aleppo und Mosul. Ende Oktober kapitulierte die Türkei. Der österreichische Kaiser *Karl* hatte, als die aus den verschiedensten Völkern stammenden Soldaten seiner Armee die Front einfach verließen, schon Mitte September dem Feind Friedensverhandlungen angeboten. Auch hoffte er durch Zugeständnisse an die einzelnen Nationalitäten seines Reiches den Bestand der Donaumonarchie noch retten zu können. Jedoch kamen alle diese Schritte zu spät. Die Alliierten sahen den Sieg in greifbarer Nähe und wollten unter dem Eindruck der deutschen Niederlage im Westen und verstärkt durch den Abfall der Bundesgenossen im Osten nicht Verhandlungen, sondern Kapitulation. Im übrigen hatten sie die Tschechen schon als Bundesgenossen anerkannt, die zusammen mit den Polen und den Kroaten auf ihre Unabhängigkeit drängten. Angesichts dieser Auflösungserscheinungen im österreichisch-ungarischen Staat und unter dem Eindruck des Zusammenbruchs Bulgariens und der Türkei verlor *Ludendorff* Ende September plötzlich die Nerven und forderte in Absprache mit *Hindenburg* die Regierung auf, ,,daß ohne jeden Verzug der Antrag auf Herbeiführung eines Waffenstillstandes gestellt würde bei dem Präsidenten *Wilson* von Amerika zwecks Herbeiführung eines Friedens auf der Grundlage seiner 14 Punkte"[24].

Das 14-Punkte-Programm, das *Wilson* zu Beginn des Jahres 1918 als Antwort auf die Friedensvorstellungen der Russischen Revolution und die Verhandlungen von Brest-Litowsk in einer Botschaft an den amerikanischen Kongreß entwickelt hatte, wollte die Wiederholung eines solch furchtbaren Völkerringens unmöglich machen. Der Weg dazu sollte ein Friede der Gerechtigkeit sein, auf der Grundlage des demokratischen Selbstbestimmungsrechtes der Völker. An die Stelle der überlieferten, durch geheime Abkommen gesicherten Macht- und Interessenpolitik hoffte der amerikanische Präsident, ,,eine allgemeine Vereinigung der Nationen unter Zugrundelegung einschlägiger Verträge" setzen zu können, die durch gegenseitige ,,Garantieleistungen für die politische Unabhängigkeit und die territoriale Unversehrtheit der großen wie der kleinen Staaten"[25] Friedensstörungen künftig ausschloß. Die freiwillige Zusammenarbeit der Nationen in einem solchen Völkerbund aber verlangte Staaten, die nicht autokratisch oder totalitär, sondern demokratisch regiert wurden. Die in diesem Programm niedergelegten Kriegsziele waren die volle Wiederherstellung Belgiens, die Rückgabe Elsaß-Lothringens an Frankreich, die Grenzziehung für Italien nach dem Gesichtspunkt der Nationalität, ein unabhängiges Polen mit Zugang zum Meer, die Befreiung der von der Türkei beherrschten Fremdvölker, innere Autonomie der Nationalitäten Österreich-Ungarns, eine Regelung der kolonialen Ansprüche unter Berücksichtigung der Belange der Eingeborenen, öffentliche Friedensverträge und die Freiheit der Meere.

Um einer möglichen Auflösung der politischen und staatlichen Ordnung in Deutschland zuvorzukommen, war in der Zwischenzeit ebenfalls auf Verlangen der Obersten Heeresleitung in einer ,,Revolution von oben" eine neue parlamentarische Regierung gebildet worden. Unter Führung des als liberal bekannten, für einen Versöhnungsfrieden eintretenden Prinzen *Max von Baden* aus den Mehrheitsparteien des Reichstags gebildet, beugte sie sich nur widerstrebend dem Druck der Obersten Heeresleitung, einen Waffenstillstand herbeizuführen. Umsonst warnte der Reichskanzler vor den innen- und außenpolitischen Folgen eines solch überstürzten Schrittes, der im Innern die Auflösung, die man durch die Parlamentarisierung zu verhindern gesucht hatte, beschleunigen und nach außen dem Gegner das ganze Ausmaß des militärischen Zusammenbruchs erst eigentlich ins Bewußtsein bringen mußte.

Auf die in der Nacht vom 3. zum 4. Oktober abgesandte Bitte um „sofortigen Abschluß eines Waffenstillstandes"[26] folgte nach einem längeren Notenwechsel mit der amerikanischen Regierung dann am 23. Oktober eine Antwort, die von Deutschland die sofortige Räumung der besetzten Gebiete und die unverzügliche Einstellung des U-Bootkrieges verlangte. Außerdem machte *Wilson* deutlich, daß „die Regierung der Vereinigten Staaten mit keinem anderen als mit den Vertretern des deutschen Volkes"[27] zu verhandeln bereit sei und gab damit das Signal für den Zusammenbruch der Monarchie.

Ludendorff, der sich einer Kapitulation zunächst widersetzte und die Truppen zur Fortsetzung des Kampfes aufforderte, entzog sich schließlich der Verantwortung und bat um seine Entlassung. Zur gleichen Zeit beschloß der Reichstag durch eine Verfassungsänderung den Übergang zum parlamentarischen Regierungssystem, und in Preußen wurde das Dreiklassenwahlrecht endlich abgeschafft. Viel zu spät eingeleitet, um sich politisch noch stabilisierend auswirken zu können, gingen diese längst überfälligen Veränderungen unter im Strudel der Ereignisse. Veranlaßt durch die Auflehnung der Mannschaften der Hochseeflotte, die auf Befehl der Marineleitung noch einmal in den Krieg eingreifen sollten, kam es Ende Oktober in Wilhelmshaven zur Meuterei, die in wenigen Tagen auf die übrigen deutschen Häfen übergriff. Der Rücktritt *Wilhelms II.* wurde nun unvermeidlich. Gegen ihn, den man für die Hinauszögerung des Kriegsendes verantwortlich machte, richteten sich der Zorn und die Erbitterung weiter Kreise des Volkes. Am 7. November brach in München die Revolution aus und griff auf Berlin über, wo sich streikende Arbeiter mit den Soldaten verbanden.

Die sich rasch auf die übrigen großen Städte und deutschen Staaten ausbreitende Revolution stürzte alle Dynastien, auch die der Hohenzollern. *Wilhelm II.*, für den sich keine Hand rührte, floh nach Holland ins Exil.

In Berlin rief der Sozialdemokrat *Philipp Scheidemann* die Republik aus. Prinz *Max von Baden* trat zurück und übergab *Friedrich Ebert* das Amt des Reichskanzlers. Eine neue Regierung, der Rat der Volksbeauftragten, mußte nun, wie *Ludendorff* am 1. Oktober vor den Chefs

2. Extraausgabe   Sonnabend, den 9. November 1918.

Vorwärts
Berliner Volksblatt.
Zentralorgan der sozialdemokratischen Partei Deutschlands.

Der Kaiser hat abgedankt!

Der Reichskanzler hat folgenden Erlaß herausgegeben:

Seine Majestät der Kaiser und König haben sich entschlossen, dem Throne zu entsagen.

Der Reichskanzler bleibt noch so lange im Amte, bis die mit der Abdankung Seiner Majestät, dem Thronverzichte Seiner Kaiserlichen und Königlichen Hoheit des Kronprinzen des Deutschen Reichs und von Preußen und der Einsetzung der Regentschaft verbundenen Fragen geregelt sind. Er beabsichtigt, dem Regenten die Ernennung des Abgeordneten Ebert zum Reichskanzler und die Vorlage eines Gesetzentwurfs wegen der Ausschreibung allgemeiner Wahlen für eine verfassunggebende deutsche Nationalversammlung vorzuschlagen, der es obliegen würde, die künftige Staatsform des deutschen Volk, einschließlich der Volksteile, die ihren Eintritt in die Reichsgrenzen wünschen sollten, endgültig festzustellen.

Berlin, den 9. November 1918. **Der Reichskanzler.**
Prinz Max von Baden.

Es wird nicht geschossen!

Der Reichskanzler hat angeordnet, daß seitens des Militärs von der Waffe kein Gebrauch gemacht werde.

Parteigenossen! Arbeiter! Soldaten!

Soeben sind das Alexanderregiment und die vierten Jäger geschlossen zum Volke übergegangen. Der sozialdemokratische Reichstagsabgeordnete Wels u. a. haben zu den Truppen gesprochen. Offiziere haben sich den Soldaten angeschlossen.

Der sozialdemokratische Arbeiter- und Soldatenrat.

der Obersten Heeresleitung zynisch erklärt hatte, „den Frieden schließen, der jetzt geschlossen werden muß. Sie sollen die Suppe jetzt essen, die sie uns eingebrockt haben."[28] Damit hatte der Mann, dessen un-

Scheidemann spricht nach Ausrufung der Republik von der Reichskanzlei aus
zu der Volksmenge in der Wilhelmstraße

heilvoller politischer Einfluß die Vorstellung eines Siegfriedens im
deutschen Volk lange und nachdrücklich genährt und der schließlich,
die militärische Niederlage eingestehend, zum Waffenstillstand gedrängt hatte, versucht, die Schuld an der Katastrophe auf die Parteien
abzuwälzen, die zum Verständigungsfrieden gemahnt hatten, solange
man noch hatte hoffen können, ihn durchzusetzen. Aus ihren Reihen
kamen nun die verantwortlichen Politiker. Die Parole der Militärs und

der Konservativen lenkte von dem eigenen Versagen ab und verkündete, daß das Heer, im Felde unbesiegt, von hinten von den Sozialisten, den Kriegsgegnern und den Novemberrevolutionären erdolcht und so um die Früchte des heldenhaften Kampfes gebracht worden sei. Diese Deutung, die den Tatsachen klar widersprach, aber von *Hindenburg* und *Ludendorff* gegen besseres Wissen verbreitet, von der auf die Plötzlichkeit des Zusammenbruchs nicht vorbereiteten, völlig überraschten deutschen Öffentlichkeit aufgegriffen und leidenschaftlich wiederholt wurde, sollte das politische Klima während der ganzen Zeit der Weimarer Republik unheilvoll vergiften.

Eine Verschleierung der geschichtlichen Verantwortung bedeutete auch die Tatsache, daß nicht ein Militär, sondern der Zentrumspolitiker *Matthias Erzberger*, der als einer der ersten für einen Verständigungsfrieden eingetreten war, auf Drängen der Heeresleitung die Führung der Waffenstillstandsdelegation übernahm. Sein Gang nach Compiègne ersparte den kaiserlichen Generälen, die den Waffenstillstand gefordert hatten, die Demütigung, ihre Niederlage vor aller Welt einzugestehen. Stattdessen belasteten sie den Parteipolitiker mit dem Odium der Schmach, das die militärische Kapitulation in den Augen vieler Deutscher hatte. Überdies waren die Bedingungen, unter denen Deutschland ein Waffenstillstand gewährt werden sollte, äußerst hart und übertrafen die schlimmsten Befürchtungen. Die Siegermächte forderten von dem ohnmächtigen Reich die Räumung der besetzten Gebiete in Frankreich, Belgien und Luxemburg sowie in Elsaß-Lothringen, die Freigabe des linken Rheinufers zur Besetzung durch die Alliierten, die Ablieferung aller U-Boote sowie großer Mengen an Waffen, Munition und Fahrzeugen, die Abrüstung der deutschen Hochseeflotte und die sofortige Rückbeförderung aller alliierten Kriegsgefangenen. Außerdem wurden die Friedensverträge von Brest-Litowsk und Bukarest für ungültig erklärt und die Hungerblokkade beibehalten. Nachdem *Hindenburg* auf Rückfrage hin erklärte, es sei unter allen Umständen abzuschließen, selbst dann, wenn Milderungen im einzelnen nicht zu erreichen seien, unterzeichnete *Erzberger* das von General *Foch,* dem Oberkommandierenden der Alliierten, ausgearbeitete Dokument. Mit den Worten: „Ein Volk von 70 Millionen leidet, aber es stirbt nicht"[29], vollzog er die Kapitulation, die dem vierjährigen Blutvergießen ein Ende setzte.

Das Kaiserreich, das man in den ersten Augusttagen 1914 angegriffen glaubte und zu dessen Verteidigung man hoffnungsfroh aufgebrochen war, war zusammengebrochen. „Zwei Millionen waren gefallen, das Volk war ratlos, die Feinde, die man 1914 besiegen zu können gehofft hatte, triumphierten . . . Für die Deutschen war die Welt verändert.

Deutscher Soldatenfriedhof in Neuville-St. Vaast

Kümmerlich ernährt und kümmerlich gekleidet gingen die deutschen Bürger durch die Straßen, sie hatten ihr Gold dem Vaterland geopfert, ihre Söhne waren gefallen oder in Gefangenschaft, und die, die heimgekehrt waren, waren grausam verändert."[30] Die Werte, an die die überwiegende Mehrheit der Deutschen 1914 geglaubt hatte, „waren nun erschüttert und wenn man vom Selbstbewußtsein einer Nation sprechen kann, so war dieses Selbstbewußtsein der Deutschen jetzt gefährdet"[30].

Aber nicht nur für die Deutschen war die Welt eine andere geworden. Ganz Europa hatte entsetzlich gelitten. Furchtbar waren die Opfer, die der Krieg an Blut und Gut gefordert hatte: nahezu zehn Millionen Menschenleben, zerstörte Städte und Dörfer, hoch verschuldete Staaten, zerrüttete Währungen, ein darniederliegender Welthandel, Hunger und Elend in weiten Teilen des ehedem so blühenden Kontinents. Auch hatten die Leidenschaften der Völker eine Flutwelle des Nationalismus entfesselt, die eine Versöhnung und einen Neuanfang fast unmöglich machte. Die Lichter des alten Europa waren in der Tat erloschen. Ob sie je wieder leuchten würden, mußte die Zukunft erweisen, an deren Gestaltung die Siegermächte nun einen entscheidenden Anteil nahmen. Das Erbe des wilhelminischen Deutschland aber hatte eine Republik anzutreten, die den Niedergang des Reiches nicht zu verantworten hatte, mit der Hypothek dieses Niedergangs jedoch aufs schwerste belastet war.

11 Die Weimarer Republik

Die Anfänge der Republik

Nach dem Zusammenbruch der alten Gewalten herrschten überall in Deutschland Ungewißheit und Unsicherheit. Über der Saat des Hasses – reichlich ausgestreut unter den verfeindeten Nationen – mußte „das Wort ‚Freiheit'... einen bitteren Klang"[1] bekommen, und viele der Zeitgenossen begannen mit *Ernst Jünger*, dem Schriftsteller und Frontoffizier, zu fürchten oder zu hoffen, daß „dieser Krieg nicht das Ende, sondern den Auftakt der Gewalt"[2] darstelle. Zunächst aber ließ die überwiegende Mehrheit des durch lange Übung an Gehorsam gewöhnten deutschen Volkes, enttäuscht und befremdet, geschehen, was als Ergebnis der militärischen Niederlage ihr unvermeidlich erschien. Die neue Staatsform der Republik, die, nur von wenigen gewollt, von niemandem erkämpft, den Deutschen zugefallen war, betrachteten sie als Resultat des verlorenen Kampfes. Und *Philipp Scheidemann*, der die Republik ausgerufen hatte, tat es, um einer entschlossenen Minderheit zuvorzukommen, die die Gunst des Augenblicks zu nutzen trachtete und Deutschland nach dem Vorbild Rußlands in eine Räterepublik umzugestalten hoffte. Daß die Alliierten die Blockade aufrechthielten, vergrößerte das allgemeine Elend. Hunger und Krankheit ließen viele Menschen in Deutschland verzweifeln. Die Furcht vor der Kälte des hereinbrechenden Winters, dem man sich aus Mangel an Brennmaterial schutzlos ausgesetzt sah, bedrängte Frauen, Kinder und Greise. Väter und Söhne, deren Hilfe man jetzt so dringend bedurft hätte, standen, soweit sie überlebt hatten, noch im Felde.

Auch war die politische Lage nach dem Ausbruch der Revolution Ende Oktober alles andere als ermutigend. Zwar hatten Revolution und Waffenstillstand die Spaltung zwischen den Sozialdemokraten und den Unabhängigen Sozialdemokraten überbrückt, so daß der Mehrheitssozialdemokrat *Friedrich Ebert*, dem Prinz *Max von Baden* das Reichskanzleramt übergeben hatte, eine Regierung, den Rat der Volksbeauftragten, mit je drei Vertretern aus beiden Parteien bilden konnte. Sehr bald aber zerbrach diese Einigkeit, und die Gegensätze traten erneut in aller Schärfe hervor. Während die Mehrheitssozialisten für die sofortige Einberufung einer aus allgemeinen, gleichen, geheimen und direkten Wahlen hervorgehenden Nationalversammlung zur Errichtung eines demokratisch-parlamentarischen Rechtsstaats eintraten, wollten die Unabhängigen Sozialdemokraten die durch die Revolution geschaffenen Machtverhältnisse festigen, um dann ebenfalls über die Einberufung einer Nationalversammlung eine sozialistische Republik zu errichten. Gegen beide Gruppen stand der von *Karl Liebknecht*, dem Sohn des Mitbegründers der Sozialdemokratischen Partei, und der polnischen Sozialistin *Rosa Luxemburg* 1917 gegründete Spartakusbund, der die Diktatur des Proletariats anstrebte.

In den nun ausbrechenden Auseinandersetzungen gelang es dem Vorsitzenden des Rats der Volksbeauftragten, *Friedrich Ebert*, sich durchzusetzen. Als ausgesprochener Gegner gewaltsamer Veränderungen, umsichtig und maßvoll, wußte der vom Sattlergesellen über die Gewerkschaftsarbeit in die Spitze seiner Partei aufgestiegene „wirkliche Staatsmann"[3] die Grenzen der deutschen Revolution von 1918/19 richtig einzuschätzen. Diese waren nach dem späteren Urteil *Eduard Bernsteins*, des Vorkämpfers des Revisionismus der Vorkriegszeit, in-

folge des Mangels an revolutionären Kräften sehr eng gezogen. „Die Republik konnte wohl mit bestimmten bürgerlichen Parteien und Klassen, nicht aber mit allen den Kampf aufnehmen, ohne sich in eine unhaltbare Lage zu bringen. Sie konnte die große auf sie gefallene Last nur tragen, wenn sie erhebliche Teile des Bürgertums an ihrem Bestand und ihrer gedeihlichen Entwicklung interessierte ... die Heranziehung der bürgerlich-republikanischen Parteien zur Regierung (war) ein Gebot der Selbsterhaltung der Republik gewesen. Sie war aber auch zugleich eine Lebensnotwendigkeit für Deutschland als Nation."[4]
Da überdies die Gewerkschaften, die sich als die eigentlich „berufene Vertretung der Arbeiterschaft"[5] ansahen, angesichts der schwierigen Lage am Ende des verlorenen Krieges eine Sozialisierung der großen Betriebe für undurchführbar hielten und bereit waren, unter Anerkennung ihrer konkreten, die Arbeitszeit, die Arbeitsbedingungen und den Arbeitslohn betreffenden Forderungen die Führung dieser Betriebe der bisherigen Führungsschicht, den Unternehmern, zu überlassen, mußte jede radikale politische Lösung von vorneherein ausscheiden. Daß mit dieser gewerkschaftlichen Entscheidung gleichzeitig der Versuch des sozialen Ausgleichs zwischen den großen Lagern der Arbeitgeber und der Arbeitnehmer unternommen wurde, bildete ein neues gesellschaftspolitisches Moment und fand in der nicht zuletzt durch die persönlichen Beziehungen zwischen *Carl Legien,* dem Vorsitzenden der gewerkschaftlichen Zentralkommission, und dem Ruhrindustriellen *Hugo Stinnes* am 15. November 1918 zustande gekommenen „Zentralarbeitsgemeinschaft" sichtbaren Ausdruck. Im übrigen stellte die Arbeiterschaft nur etwa ein Drittel der Bevölkerung dar und konnte sich im Gegensatz zu Rußland nicht mit den Bauern verbinden, da die Landbevölkerung in Deutschland selbst in Gegenden, wo sie in der sehr abhängigen Stellung des Landarbeiters überwog, sich zu keiner Zeit der sozialistischen Bewegung angeschlossen hatte. Den Ausschlag für *Eberts* Sieg aber gab – neben dem Bündnis zwischen Arbeitnehmern und Arbeitgebern – die Tatsache, daß sich die Mehrheitssozialisten dafür entschieden, sich der Unterstützung des Heeres, dessen Offizierskorps und des Beamtentums zu vergewissern. Mit ihrer Hilfe konnten sie die Ausweitung der Revolution in den wirtschaftlich-sozialen Bereich eindämmen. Daß diese Entscheidung gleichzeitig die Übernahme traditionsgebundener, republikfremder und selbst republikfeindlicher Elemente in den neu zu schaffenden Staat bedingte, waren die Mehrheitssozialisten bereit, als das kleinere Übel in Kauf zu nehmen, wohl auch in der Hoffnung, dieses kleinere Übel nach und nach beseitigen zu können.
Die revolutionären Sozialisten jedoch hielten an ihren eigenen Zielen

fest und ließen sich davon auch nicht durch Mehrheitsbeschlüsse in den Soldaten- und Arbeiterräten abbringen. Die drei Vertreter der Unabhängigen traten aus der Regierung aus und wurden durch Abgeordnete aus den Reihen der Sozialdemokratischen Partei ersetzt. Eine weitere Spaltung der Arbeiterbewegung wurde schließlich auf dem am 30. Dezember 1918 stattfindenden Kongreß des Spartakusbundes in Berlin herbeigeführt, als die Radikalen unter Führung *Karl Liebknechts* und *Rosa Luxemburgs* sowie des Vertreters von *Lenin* in Deutschland, *Karl Radek,* die Kommunistische Partei gründeten. Sie erklärten die Regierung *Ebert* für abgesetzt und begannen am 6. Januar in Berlin mit dem Spartakus-Aufstand eine aussichtslose Revolte. Diese wurde, wie später der Aufstand in Hamburg und die kurzlebigen Räterepubliken in München, Braunschweig und Bremen, von den unter dem Befehl des Mehrheitssozialdemokraten und Mitglieds des Rats der Volksbeauftragten, *Gustav Noske,* stehenden, aus Resten der alten Armee gebildeten freiwilligen Verbänden blutig unterdrückt.

Zu den inneren Unruhen traten die an der deutschen Grenze im Osten durch die Polen vorgetragenen Angriffe. Bereits zwei Tage nach dem Berliner Spartakus-Aufstand erließ die Reichsregierung einen Aufruf zur Bildung eines freiwilligen Grenzschutzes, der diese Übergriffe abwehren sollte.

Trotz all dieser Bedrohungen konnten die von dem Allgemeinen Kongreß der Arbeiter- und Soldatenräte beschlossenen Wahlen zur verfassunggebenden Nationalversammlung schon am 19. Januar 1919 abgehalten werden. Um die Wähler warben die Sozialdemokraten, die Unabhängigen Sozialdemokraten, das Zentrum, die Bayerische Volkspartei, die aus der ehemaligen Fortschrittspartei hervorgegangene Deutsche Demokratische Partei, die Deutsche Volkspartei – Anhänger des monarchietreuen Flügels der früheren Nationalliberalen Partei – und die aus den konservativen und völkischen Gruppen hervorgegangene Deutschnationale Volkspartei. Die Kommunisten beteiligten sich nicht an der Wahl.

In ihren Wahlaufrufen hatten sich außer den Unabhängigen Sozialdemokraten alle übrigen um die Gunst der Wähler bemühten Parteien zu „der allein möglichen parlamentarischen Regierungsform bekannt"[6], die einer „auf dem festen Fundament des allgemeinen Volkswillens"[7] aufgebauten Zentralgewalt die notwendige Autorität verschaffen und „der Desorganisation, die wir leider in Deutschland haben"[7], ein Ende bereiten sollte. Daß diese Ordnung „nach dem Sturz der Monarchie nicht die Form der sozialistischen Republik erhalten"[8] dürfe, sondern die einer demokratischen Republik, dafür wollten alle diejenigen kämpfen, die sich sowohl der von den Deutschnationalen favorisierten monarchischen Restauration als auch dem von den Unabhängigen Sozialisten geforderten Experiment der Sozialisierung widersetzten.

Die Wahl brachte bei einer Wahlbeteiligung von 83% fast vier Fünftel aller Stimmen den Sozialisten, den Demokraten und dem Zentrum, den Parteien also, die seit 1917, als sich ihre Reichstagsabgeordneten erstmals im Interfraktionellen Ausschuß zusammengefunden hatten, für die Parlamentarisierung Deutschlands eingetreten waren. Die Sozialdemokratische Partei war, wie im Reichstag von 1912, stärkste Partei, hatte aber trotz eines erheblichen Stimmengewinns nicht die erhoffte Mehrheit errungen. Mit 37,9% der abgegebenen Stimmen blieb sie auf die Zusammenarbeit mit dem Zentrum und der Deutschen Demokratischen Partei angewiesen. Sie bildeten die „Weimarer Koalition", hinter der 76,2% der Wähler standen. Damit hatte sich das deutsche Volk angesichts der drohenden inneren und äußeren Gefahren eindeutig gegen das Rätesystem und gegen die Sozialisierung, aber auch gegen die Rückkehr zur Monarchie entschieden. Diese Entscheidung war durch die kämpferisch demokratische Haltung der sozialdemokratischen Führung, die mit den Gewerkschaften die Mehrheit der Arbeiter hinter sich hatte, erst möglich geworden.

Nachdem dann die Nationalversammlung wegen der in Berlin zu befürchtenden Unruhen am 6. Februar in Weimar, dem Symbol des

Eröffnungsrede Friedrich Eberts in der Nationalversammlung in Weimar, Februar 1919

humanistischen Erbes der deutschen Klassik, zusammentrat, wählten die Abgeordneten zunächst *Friedrich Ebert* zum Reichspräsidenten, der die von dem Rat der Volksbeauftragten bisher ausgeübte Regierungsgewalt an die Nationalversammlung zurückgegeben hatte, und bevollmächtigten seine Partei, ein neues Kabinett zu bilden. *Ebert* nahm das Amt an und versprach, ,,als der Beauftragte des ganzen deutschen Volkes zu handeln, nicht als Vormann einer einzigen Partei"[9]. Als das von allen zu erstrebende Ziel bezeichnete er, ,,den Frieden zu erringen, der der deutschen Nation das Selbstbestimmungsrecht sichert, die Verfassung auszubauen und zu behüten, die allen deutschen Männern und Frauen die politische Gleichberechtigung verbürgt, dem deutschen Volke Arbeit und Brot zu schaffen, sein ganzes Wirtschaftsleben so zu gestalten, daß die Freiheit nicht Bettlerfreiheit, sondern Kulturfreiheit werde"[9]. Mit dieser programmatischen Erklärung hatte der Reichspräsident die Aufgaben der Republik benannt, deren Lösung Abgeordnete und Regierung zu erledigen haben würden und von deren Bewältigung die Stabilität des neuen Staatswesens entscheidend abhing.

Nachdem am 16. Februar das Reichskabinett von der Sozialdemokratischen Partei, der Deutschen Demokratischen Partei und dem Zentrum mit dem Sozialdemokraten *Philipp Scheidemann* als Kanzler gebildet worden war, konnte die Nationalversammlung die Beratungen über die künftige Verfassung des Reiches aufnehmen, die schließlich am 31. Juli von den Abgeordneten in namentlicher Abstimmung angenommen und vom Reichspräsidenten am 11. August 1919 verkündet wurde.[10] Zum Zeitpunkt der bisher schwersten Krise der Nation zustande gekommen, versuchte diese sehr stark auf die Ideen von 1848 zurückgreifende Verfassung, sowohl im Reich als auch in den Ländern die Demokratie zu sichern. Beruhend auf dem Grundsatz der Volkssouveränität, behielt die neue Republik den Namen Deutsches Reich, dessen schwarz-rot-goldenes Symbol aber an die Ideale der Revolution von 1848 anknüpfte und nicht an das schwarz-weiß-rote Symbol des Bismarckreiches.

Im Gegensatz zu der von den Urhebern der Verfassung vorgesehenen Neugliederung des Reiches in eine Anzahl gleich großer Länder, die u. a. eine Auflösung des preußischen Staates bedingt hätte, blieb der Reichsaufbau des Bismarckreiches erhalten. Aus Sorge um die Gefährdung der Einheit Deutschlands erhielt das Reich als oberster Träger der Gesetzgebung jedoch ein Übergewicht über die Länder, das die Bismarcksche Verfassung nicht gekannt hatte. Die Reservatrechte der Einzelstaaten wurden aufgehoben und die unitarische Klammer, nämlich das dem Reich zugesprochene Recht, direkte Steuern zu erheben,

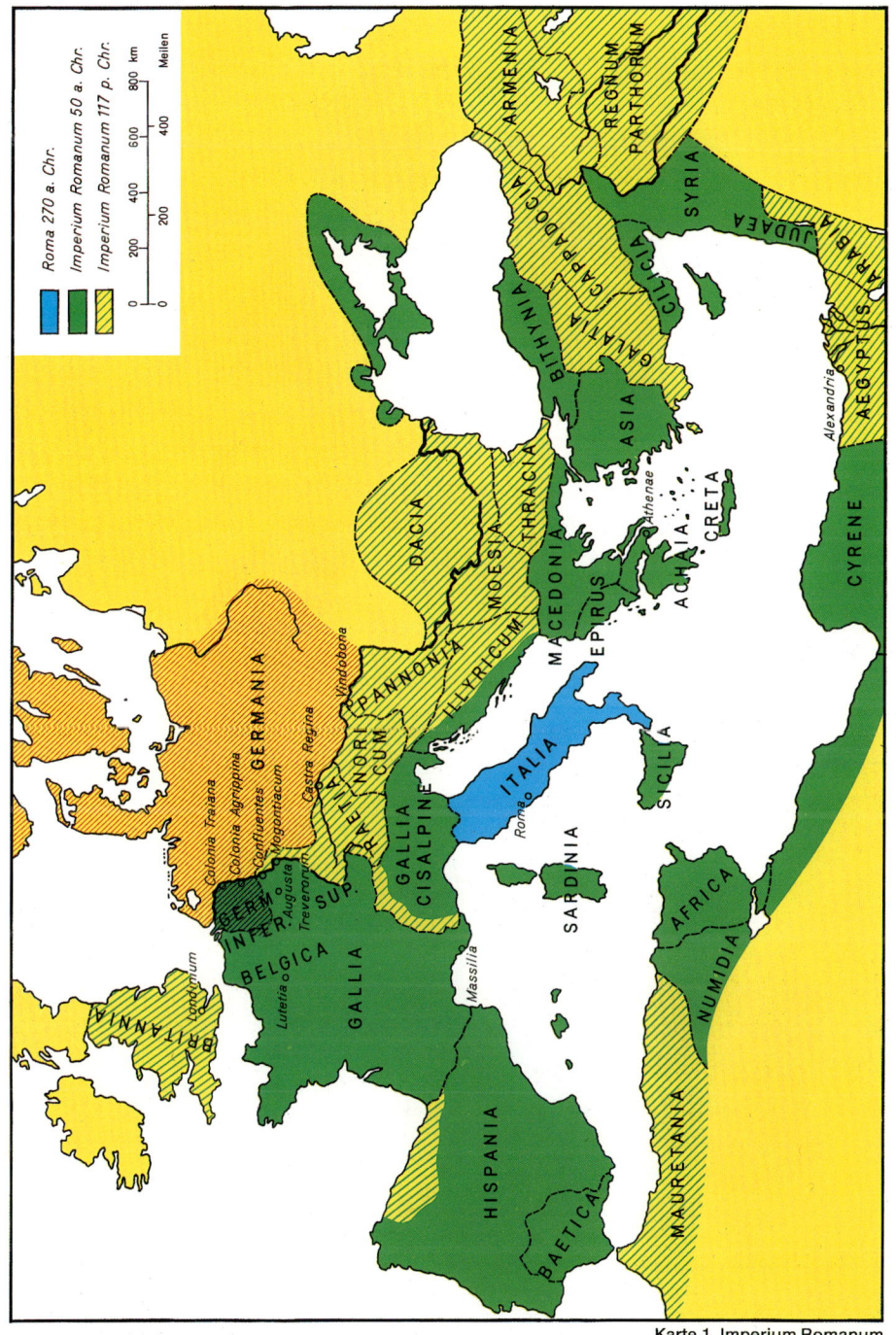

0   200   400   600   800 km

0   200   400 Meilen

ARMENIA

REGNUM
PARTHORUM

CAPPADOCIA

SYRIA

BITHYNIA

GALATIA

CILICIA

JUDAEA

ARABIA

ASIA

AEGYPTUS

Alexandria

Athenae
ACHAIA

CRETA

CYRENE

DACIA

MOESIA

THRACIA

MACEDONIA

EPIRUS

PANNONIA

ILLYRICUM

NORI
CUM

Vindobona

GERMANIA

Colonia Traiana
Colonia Agrippina
Confluentes
Mogontiacum
Castra Regina

GERM
INFER.

GALLIA
SUP.

RAETIA

GALLIA
CISALPINE

ITALIA

Roma

SICILIA

SARDINIA

AFRICA

NUMIDIA

Lutetia Augusta
Treverorum

BELGICA

GALLIA

Lugdunum

Massilia

BRITANNIA

HISPANIA

BAETICA

MAURETANIA

Karte 1 Imperium Romanum

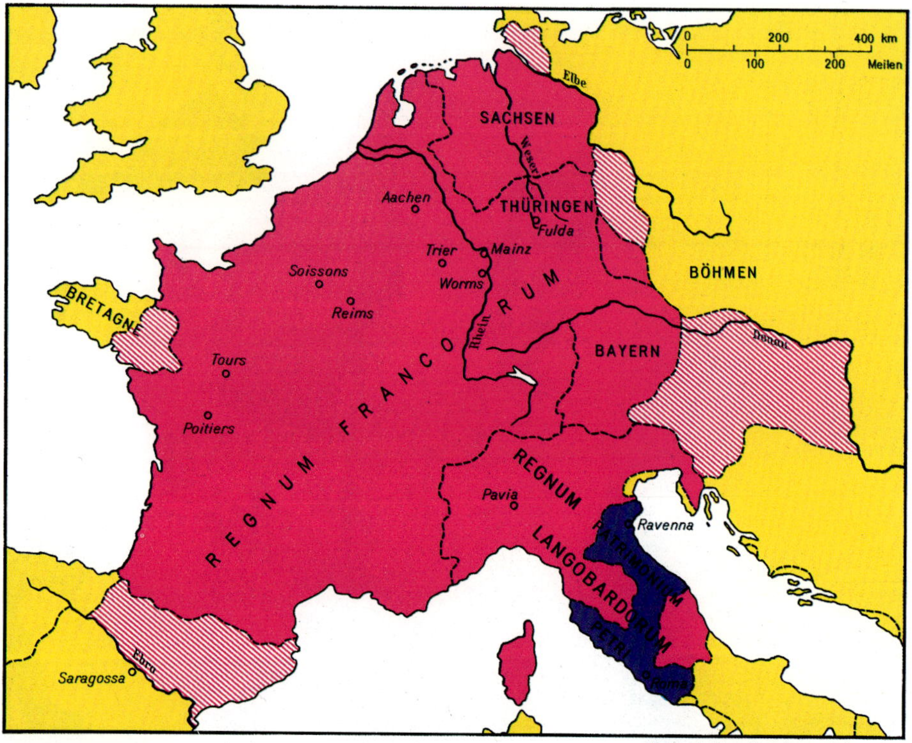

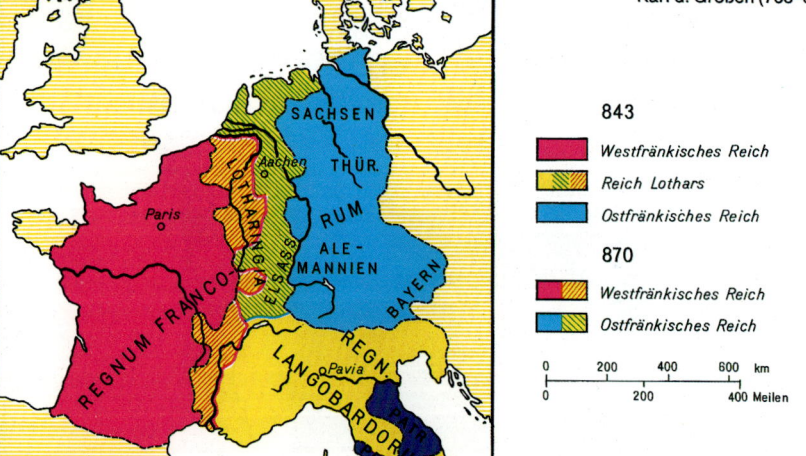

0 200 400 km
0 100 200 Meilen
Elbe
SACHSEN
Weser
THÜRINGEN
Fulda
Aachen
Trier
Mainz
Worms
Soissons
Reims
BÖHMEN
BRETAGNE
Tours
Poitiers
Rhein
BAYERN
Donau
REGNUM FRANCORUM
REGNUM LANGOBARDORUM
Pavia
Ravenna
PATRIMONIUM PETRI
Roma
Ebro
Saragossa

Karte 2 Das Frankenreich unter Karl d. Großen (768–814)

SACHSEN
THÜR.
Aachen
LOTHARINGIA
ELSASS
Paris
RUM
ALE-
MANNIEN
BAYERN
REGNUM FRANCO-
REGN.
LANGOBARDORUM
Pavia
PATR.
PETRI
Roma

843

Westfränkisches Reich

Reich Lothars

Ostfränkisches Reich

870

Westfränkisches Reich

Ostfränkisches Reich

0 200 400 600 km

0 200 400 Meilen

Karte 3 Die Reichsteilung nach dem Vertrag von Verdun (843) und die Aufteilung Lothringens (870)

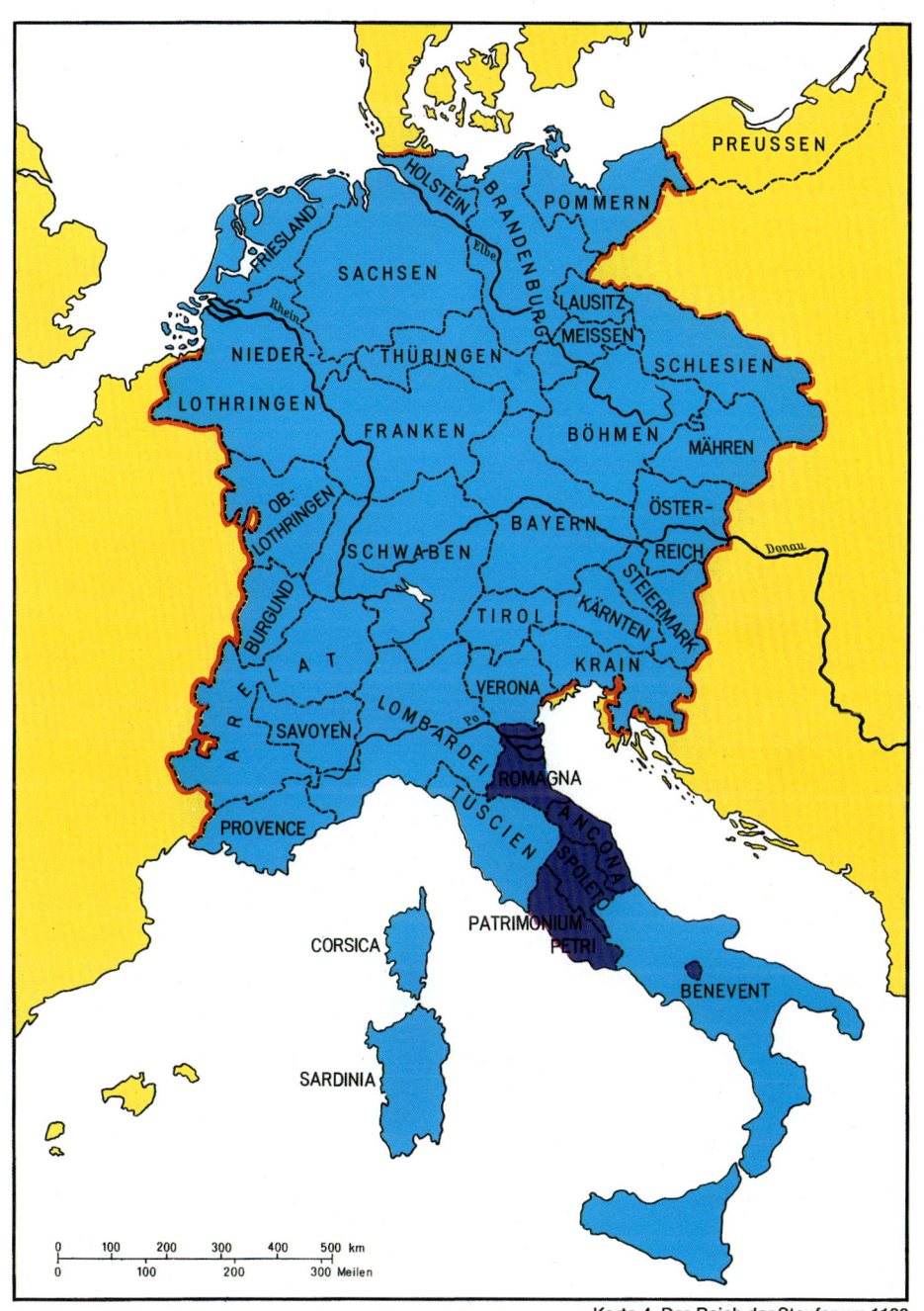

PREUSSEN

HOLSTEIN

POMMERN

BRANDENBURG

Elbe

FRIESLAND

SACHSEN

Rhein

LAUSITZ

MEISSEN

SCHLESIEN

NIEDER-

THÜRINGEN

LOTHRINGEN

FRANKEN

BÖHMEN

MÄHREN

OB.-LOTHRINGEN

ÖSTER-

BAYERN

REICH

BURGUND

SCHWABEN

STEIERMARK

A R E L A T

TIROL

KÄRNTEN

KRAIN

SAVOYEN

VERONA

Donau

LOMBARDEI

Po

PROVENCE

ROMAGNA

TÜSCIEN

ANCONA

SPOLETO

CORSICA

PATRIMONIUM PETRI

BENEVENT

SARDINIA

0	100	200	300	400	500 km
0		100	200	300 Meilen

Karte 4 Das Reich der Staufer um 1190

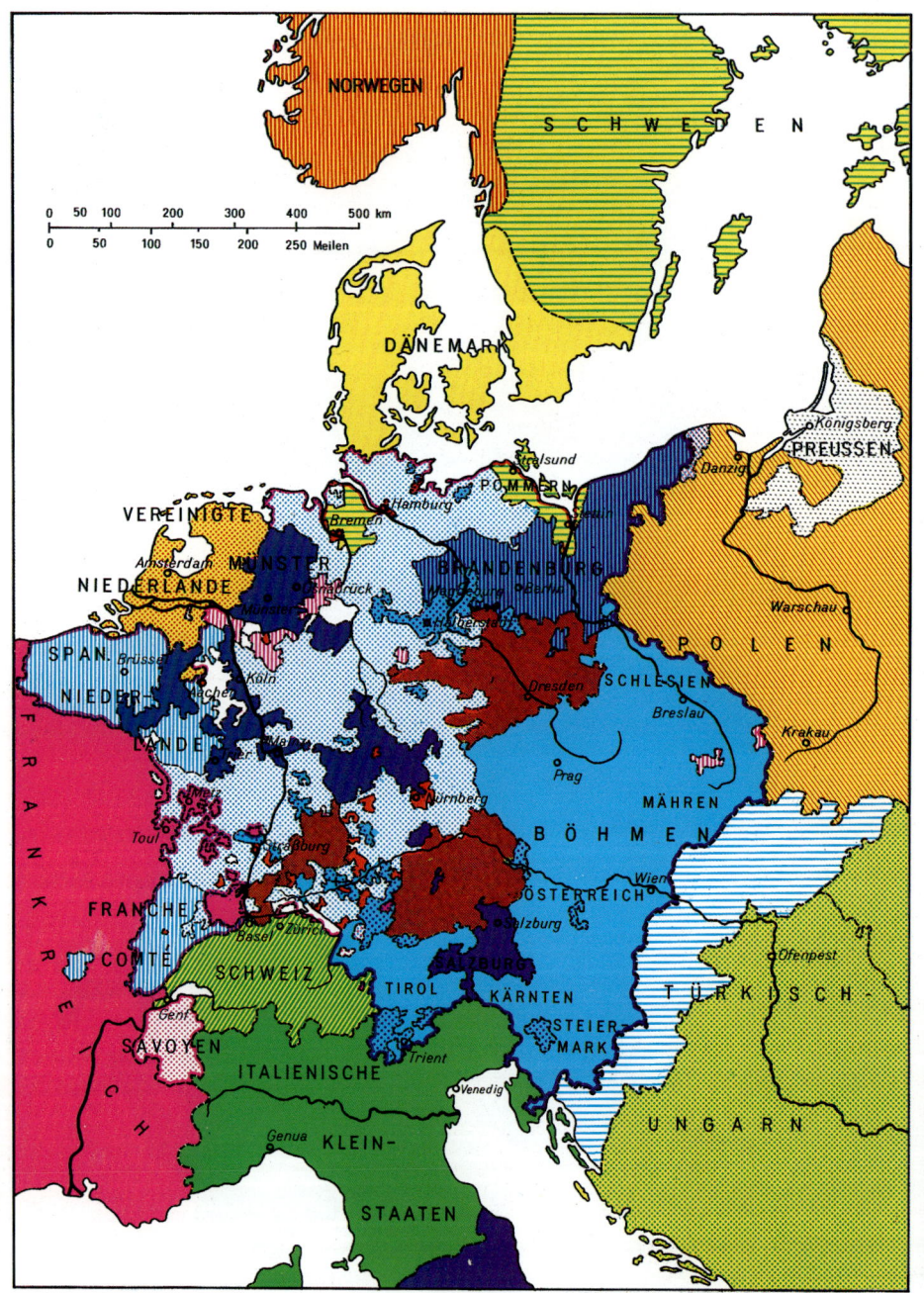

Karte 5 Mitteleuropa nach dem Dreißigjährigen Krieg (1648)

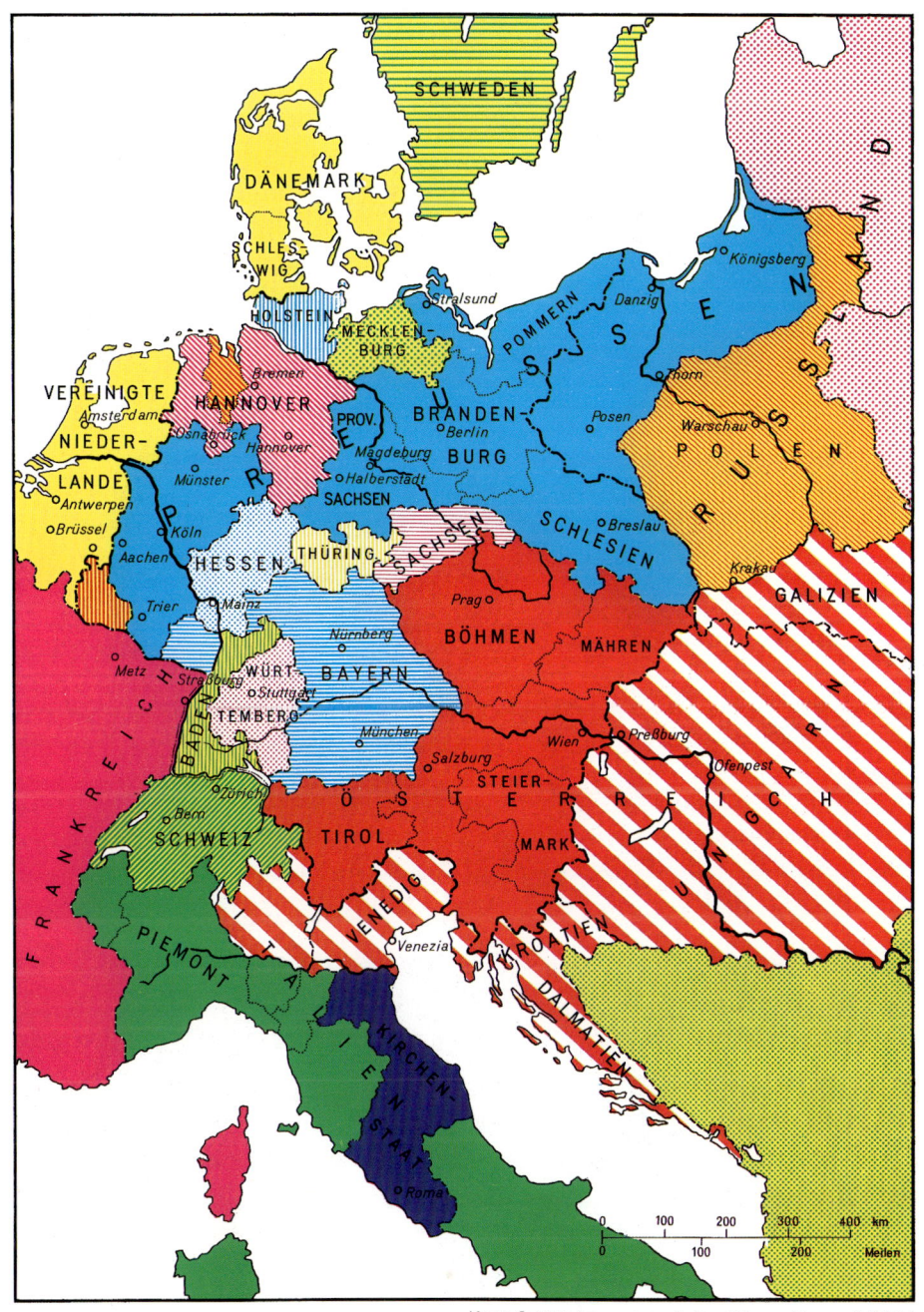

SCHWEDEN

DÄNEMARK

SCHLES-
WIG

HOLSTEIN

Stralsund

MECKLEN-
BURG

POMMERN

Königsberg

Danzig

Thorn

VEREINIGTE

Amsterdam

NIEDER-
LANDE

Antwerpen

Brüssel

Bremen

HANNOVER

Osnabrück

Hannover

Münster

Köln

Aachen

Trier

PROV.

Magdeburg

Halberstadt

SACHSEN

HESSEN

THÜRING.

Mainz

SACHSEN

BRANDEN-

Berlin

BURG

Posen

Warschau

POLEN

Breslau

SCHLESIEN

Krakau

GALIZIEN

Metz

Strassburg

BADEN

Nürnberg

WÜRT-
TEMBERG

Stuttgart

BAYERN

München

Prag

BÖHMEN

MÄHREN

Wien

Preßburg

Ofenpest

Salzburg

STEIER-

U

N

G

A

R

N

FRANKREICH

Zürich

Bern

SCHWEIZ

Ö

S

T

E

R

R

E

I

C

H

TIROL

MARK

PIEMONT

I

T

A

VENEDIG

Venezia

KROATIEN

DALMATIEN

KIRCHEN-

L

I

E

N

STAAT

Roma

P

R

E

U

ß

E

N

R

U

ß

L

A

N

D

0   100   200   300   400 km
0   100   200   Meilen

Karte 6 Mitteleuropa nach dem Wiener Kongreß (1815)

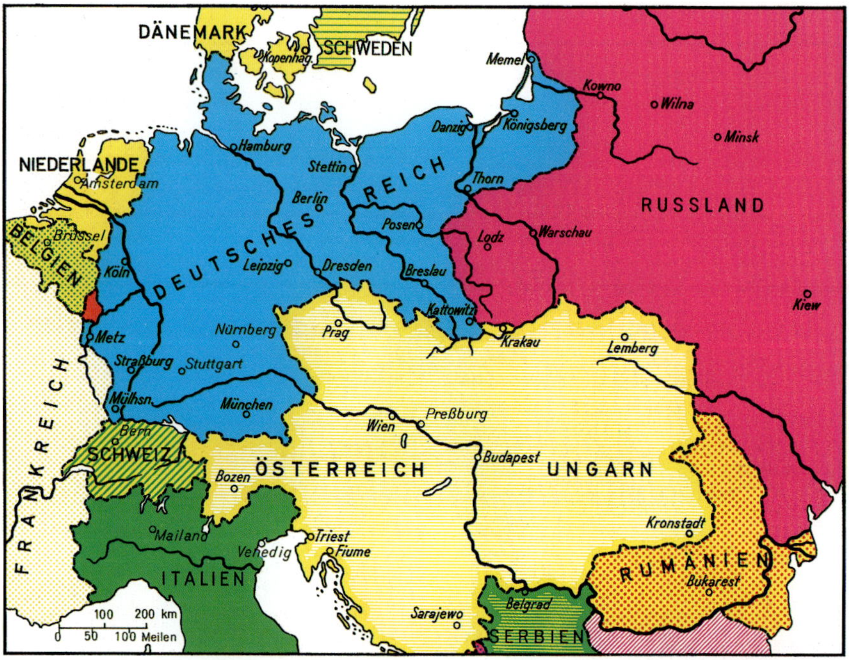

Karte 7 Mitteleuropa vor dem 1. Weltkrieg

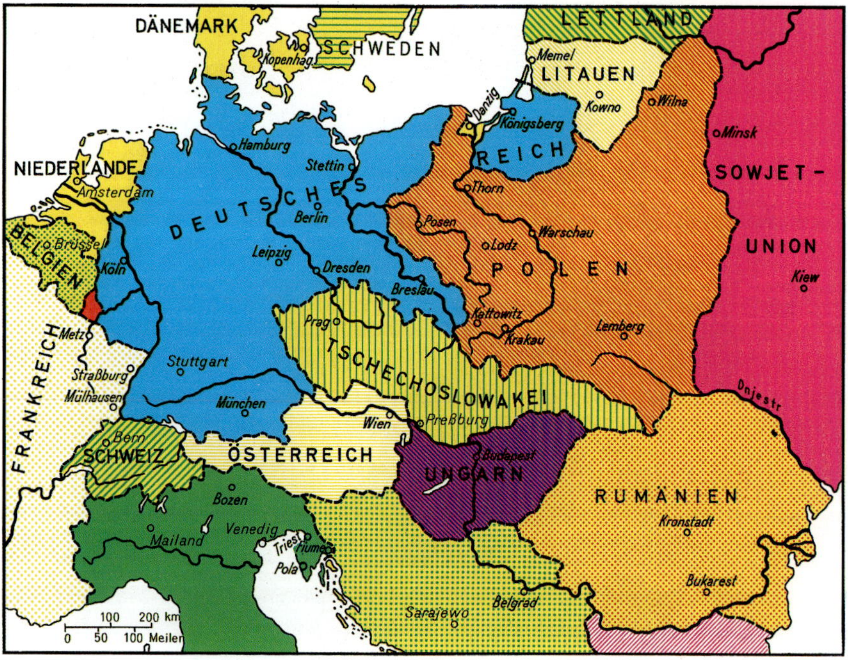

Karte 8 Mitteleuropa nach dem 1. Weltkrieg

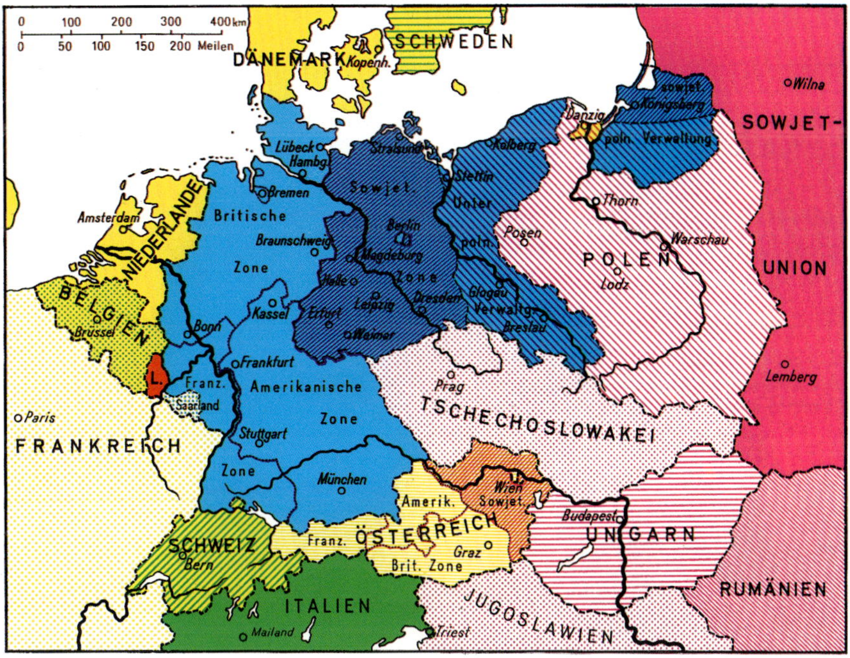

Karte 9 Mitteleuropa nach dem 2. Weltkrieg

Karte 10 Mitteleuropa nach Abschluß der Ostverträge durch die Bundesrepublik Deutschland

Karte 11 Deutschland – politische Gliederung heute

verstärkt. Außerdem wurde das allgemeine, gleiche und geheime Stimmrecht auch auf die Frauen ausgedehnt, und das Verhältniswahlrecht löste das bisherige Mehrheitswahlrecht ab. Zusätzlich verstärkten Volksentscheid und Volksbegehren den demokratischen Charakter der Verfassung. Gleich dem Verfassungswerk der Paulskirche statteten die Schöpfer der Weimarer Verfassung diese mit einem eigens aufgeführten Katalog von Grundrechten aus, die die Freiheit und das Recht der Persönlichkeit, der Kirchen und sozialen Gruppen schützten. Sie gewährten Vereins-, Versammlungs- und Petitionsfreiheit, Freiheit des Glaubens und Gewissens sowie Freiheit der Wissenschaft und garantierten die Unabhängigkeit der Rechtsprechung. Überdies berücksichtigte dieser Katalog von Grundrechten auch die sozialen und wirtschaftlichen Interessen der Arbeiter und Angestellten, enthielt Schutzbestimmungen für Ehe und Familie und die menschliche Arbeitskraft und führte die sozialpolitischen Rechte und Pflichten über Eigentum, Bodenverteilung und Bodennutzung im einzelnen auf. Alle diese Grundrechte waren jedoch nicht unmittelbar geltendes Recht, sondern sollten nur nach Maßgabe der Gesetze Geltung erhalten.

Unter den Organen des Reiches, dem Reichspräsidenten, dem Reichsrat, dem Reichstag und der Reichsregierung, kam dem Reichstag als der Repräsentation des gesamten Volkes die eigentliche Souveränität zu. Von ihm ging die Gesetzgebung aus, vor ihm mußte sich die Regierung verantworten, und er allein hatte das Recht, Kanzler und Minister jederzeit das Vertrauen zu entziehen und zum Rücktritt zu zwingen. Neben diesem durch plebiszitäre Zustimmung legitimierten Faktor stützte sich die Verfassung auf einen zweiten, da auch der Reichspräsident vom Volk auf sieben Jahre direkt gewählt wurde. Er vertrat das Reich nach außen, ernannte und entließ die Reichsbeamten und Offiziere und besaß zur Sicherung des inneren Friedens und der öffentlichen Ordnung ein weitgehendes Notverordnungsrecht. Wenngleich dieses Notverordnungsrecht nach Artikel 48 der Verfassung durch das Kontrollrecht des Reichstags auch begrenzt war, so mußte es sich doch dann als Ersatzverfassung auswirken, wenn der Reichstag versagte, was bei dem zwar gerechten, aber für die politische Willensbildung unpraktikablen Verhältniswahlsystem bald der Fall sein sollte. Zahllose Splitterparteien machten je länger, je mehr sichere und klare Regierungsmehrheiten unmöglich, so daß die politische Verantwortung auf dem Wege des Notverordnungsrechts dem Reichspräsidenten zufiel. Diese Entwicklung führte schließlich zum Zusammenbruch des parlamentarischen Systems und zum Ende der Weimarer Republik.

Während so im Inneren eine neue Ordnung geboren wurde, hatten sich die Deutschen mit den Bedingungen auseinanderzusetzen, unter denen die Alliierten dem Reich den Frieden zu gewähren gedachten. Diese Bedingungen waren hart und wichen weit ab von *Wilsons* 14 Punkten, auf die die Deutschen gesetzt hatten, als sie die Waffen niederlegten. *Wilsons* Angebot galt, nachdem man es im Frühjahr 1918 ausgeschlagen hatte, mit dem Waffenstillstand vom Herbst 1918 nicht mehr. Um den Völkerbund durchzusetzen, mußte der amerikanische Präsident gegenüber seinen europäischen Verbündeten auf fast alles verzichten, was seinen Idealen entsprach, und selbst der Völkerbund erfüllte nicht den Zweck, den *Wilson* ihm zugedacht hatte. Der von einem starken Sicherheitsbedürfnis und Revanchestreben geprägte Wille der europäischen Siegerstaaten bestimmte den Gang der Verhandlungen, zu denen der Staat, über den man verhandelte, nicht zugelassen war. Die Furcht, daß bei Direktverhandlungen sich die Alliierten spalten könnten, war zu groß. Auch fehlte den leitenden Staatsmännern, vor allem dem französischen Ministerpräsidenten *George Clemenceau*, den man den „Tiger" nannte, die kühle Staatsraison und das rechte Maß, die 1815 die Vertreter der Großmächte ausgezeichnet hatten. Vielmehr waren sie wie ihre Völker vom blinden Haß des Revanchismus gefangen, der sich unheilvoll genug auswirken sollte. Bei realistischer Einschätzung der Lage mußte Deutschland allerdings harte Bedingungen als die unvermeidliche Folge des Kriegsausgangs erwarten. So hätte es ein offenes „wehe den Besiegten" wohl auch akzeptiert, zumal der Friede, den die deutschen Annektionisten bei einem Sieg den Gegnern zugedacht hatten, keinesfalls milder ausgefallen wäre. Was die Deutschen jedoch verbitterte, war die Tatsache, daß die Sieger Deutschland so schwach wie nur irgend möglich machten, so daß die neugefundene Freiheit zur „Bettlerfreiheit" zu werden drohte. Daß sie obendrein vom deutschen Volk die Anerkennung der Alleinschuld am Kriege sowie die Auslieferung von sogenannten Kriegsverbrechern verlangten, empfand man als Schmach. Wehrlos und ehrlos sah man sich den Alliierten ausgeliefert, die durch ihr Friedensdiktat die erste deutsche Republik jenen extremen politischen Gruppen preisgaben, die die neue Staatsform von Anfang an ablehnten und sie mit Hilfe des Versailler Vertrages zu bekämpfen und zu zerstören gedachten.

Die konkreten Bestimmungen der Alliierten nahmen Deutschland gut ein Achtel seines Gebietes im Westen, im Osten, im Norden und im Süden mit insgesamt 6,5 Millionen Einwohnern, einem Viertel der Kohleförderung, drei Viertel der Erzlager und nahezu der Hälfte seiner Roheisen- und Stahlkapazitäten. Sie legten für fünf bis fünfzehn Jahre die Besetzung des linksrheinischen Gebietes fest und danach seine dauernde Entmilitarisierung, reduzierten sein Heer auf 100 000, seine Flotte auf 15 000 Mann, konfiszierten alle Handelsschiffe über

1600 BRT und die Hälfte der Schiffe zwischen 1000 und 1600 BRT, forderten hohe Sachlieferungen u. a. an Eisenbahnmaterial, Überseekabel, Holz und Vieh und finanzielle Kriegsentschädigungen in noch festzustellender Höhe und Zeitdauer. Das Saargebiet wurde auf fünfzehn Jahre der Verwaltung einer Völkerbundskommission unterstellt, seine Gruben durch Frankreich ausgebeutet, der Anschluß Österreichs an Deutschland – die Erfüllung eines alten nationalen Traumes – auf Drängen *Clemenceaus* untersagt. England bemächtigte sich, unter dem Vorwand, die deutsche Kolonialverwaltung habe sich als unfähig erwiesen, des Großteils der deutschen Kolonien und der von der Türkei abgetrennten arabischen Gebiete, über die es im Auftrag des Völkerbundes das Mandat ausübte. Der Völkerbund selbst, der am 20. Januar 1920 in Genf seine Arbeit aufnahm, blieb Deutschland und den mit ihm im Krieg verbundenen Staaten vorerst versperrt. Dadurch mußte bei den Deutschen der Eindruck entstehen, daß diese Vereinigung der alliierten und assoziierten Mächte lediglich geschaffen worden war, um den Siegern ihre Kriegsbeute zu sichern. Gleichermaßen hart betroffen wurden Deutschlands Verbündete Österreich, Ungarn, Bulgarien und die Türkei, die alle große Gebietsverluste zugunsten der Sieger oder der neu entstandenen Staaten im Osten und Südosten Europas hinnehmen mußten.

So sah sich die deutsche Delegation unter Führung des Reichsaußenministers Graf *Ulrich von Brockdorff-Rantzau*, als sie schließlich in Versailles den Siegern gegenüberstand, vor vollendete Tatsachen gestellt und konnte am 7. Mai 1919 lediglich ein fertiges Vertragswerk entgegennehmen. *Clemenceau*, der den Vertragstext aushändigte, ließ die Delegation wissen, daß ,,hier weder der Ort noch die Stunde für überflüssige Worte'' sei. Unumwunden erklärte er: ,,Die Stunde der Abrechnung ist da. Sie haben uns um Frieden gebeten. Wir sind geneigt, Ihnen (den Frieden) zu gewähren, (der) von den hier vertretenen Völkern zu teuer erkauft ist, als daß wir nicht einmütig entschlossen sein sollten, sämtliche uns zu Gebote stehenden Mittel anzuwenden, um jede uns zustehende Genugtuung zu erlangen.''[11]

Als die Bedingungen in der deutschen Öffentlichkeit bekannt wurden, erhob sich eine leidenschaftliche Diskussion darüber, ob ein solcher Friede überhaupt annehmbar sei. Alle Parteien waren zunächst entschlossen, ihn abzulehnen. Auch die Mehrheit der Regierung sträubte sich, die geforderte Unterschrift unter das Versailler Vertragswerk zu setzen, und schloß sich *Scheidemanns* Erklärung an, daß die Hand, ,,die sich und uns in solche Fesseln legt''[12], verdorren müsse. Das Kabinett trat zurück. Die Alliierten aber forderten am 16. Juni Deutschland ultimativ auf, den Vertrag binnen einer Woche anzunehmen, und droh-

ten mit der Wiederaufnahme des Krieges, der Fortsetzung der Blockade und der Besetzung des Reiches. Da auch die Oberste Heeresleitung
die Ausweglosigkeit der Situation erkannte und erklärte, daß die Wiederaufnahme des Kampfes ein völlig aussichtsloses Unterfangen sei,
ermächtigte die Nationalversammlung die aus Vertretern der Sozialdemokratischen Partei und des Zentrums neugebildete Reichsregierung,
das Diktat bedingungslos zu unterzeichnen. Die Oppositionsparteien
billigten in Ehrenerklärungen die patriotischen Motive der für die
Unterzeichnung stimmenden Mehrheit, da auch sie keine andere Möglichkeit sahen, anders als durch die erzwungene Unterzeichnung den
Bestand der Nation zu sichern. Noch einmal richtete der sozialdemokratische Abgeordnete *Paul Löbe* in der entscheidenden Sitzung der
Nationalversammlung am 22. Juni 1919 einen mahnenden Appell an
die Siegermächte: „Wenn wir die Annahme des Friedensvertrages
billigen, so sind wir bereit, alles zu tun, um die Bedingungen bis an die
Grenze des Möglichen durchzuführen. Das ist die unvermeidliche
Folge des Kriegsausgangs. Was aber undurchführbar ist, bleibt auch
nach unserer Unterschrift undurchführbar. Ein entrechtetes, verhun-
gertes Volk ist arbeitsunfähig; ein vergewaltigtes Volk ist nicht nur um
sein eigenes Lebensglück betrogen, es betrügt auch seine Vergewalti-
ger. Deshalb muß, was an den Friedensbedingungen unmöglich ist, in
friedlicher Verhandlung durch verständiges Entgegenkommen beseitigt werden."[13]

Am 28. Juni wurde schließlich in dem gleichen Saal, in dem nahezu ein
halbes Jahrhundert zuvor das Reich *Bismarcks* aus der Taufe gehoben
worden war, im Spiegelsaal des Schlosses zu Versailles, der Vertrag
durch die Reichsminister *Hermann Müller* und *Johannes Bell* unterzeichnet. Er trat am 10. Januar 1920 in Kraft und benahm mit seinen
Demütigungen der Republik die Chance, auf dem unter großen Mühen
eingeschlagenen Weg – von außen und innen unangefochten – vor-
wärtszuschreiten.
Die das schwer angeschlagene Nationalgefühl der Deutschen verlet-
zenden Bestimmungen des Versailler Vertrages und das Ringen um die
Erfüllung dieser Bestimmungen brachten die Feinde der Republik
erneut auf den Plan. Gezwungen, die Armee auf 100 000 Offiziere und
Soldaten zu verringern, hatte sich die Regierung mit den in den Freikorps zusammengeschlossenen Militärs auseinanderzusetzen, die der
Auflösung ihrer Verbände widerstrebten. Sie versuchten nun im offenen Aufruhr die Macht an sich zu reißen, besetzten Berlin und riefen
unter Führung des ostpreußischen Generallandschaftsdirektors *Wolfgang Kapp* eine neue Regierung aus. Diesem Putsch schlossen sich
auch die Reichswehrtruppen Norddeutschlands zu großen Teilen an.

Die Reichsregierung wich zunächst nach Dresden, dann nach Stuttgart aus. Die Reichswehrführung unter Generaloberst *Hans von Seeckt* widersetzte sich zwar der aktiven Bekämpfung der Putschisten, lehnte das Unternehmen als solches aber ab. Ein Generalstreik und die Weigerung der höheren Ministerialbeamten, mit den Hochverrätern gemeinsame Sache zu machen, beendeten den Putsch schon nach vier Tagen. Das Ansehen der republikanischen Regierung aber hatte schwer gelitten und gab den Kommunisten neuen Auftrieb, die nun ihrerseits versuchten, durch eine Reihe von Aufständen in Berlin, in Münster und an der Ruhr die Macht an sich zu reißen. Zwar konnten nach längeren Kämpfen auch diese blutigen Unruhen – jetzt mit aktiver Hilfe der Reichswehr und selbst mit Truppen, die kurz zuvor noch geputscht hatten – niedergeschlagen werden. Das Vertrauen der Bürger in die Regierung und in die die neue Verfassung tragenden Parteien jedoch war nachhaltig beeinträchtigt. Bei den am 6. Juni 1920 stattfindenden Wahlen verlor die Weimarer Koalition ihre parlamentarische Mehrheit. Gewinner waren die Kräfte der Rechten und der Linken. Auch hatte die Reichswehr als Folge des schweren Mißgriffs der Regierung, sie gegen die Aufständischen einzusetzen, ihre Stellung als „Staat im Staate" gefestigt.

Damit hatte sich der breite demokratische Konsens, der die Deutschen unmittelbar nach der militärischen Niederlage zu einem hoffnungsvollen Neubeginn zusammengeführt hatte, als bloße Krisenfolge herausgestellt. Die demokratische Integrationskraft des ersten Anlaufs war über den durch Versailles und die wirtschaftliche Not wachsenden Schwierigkeiten verlorengegangen. Die Parteien, deren Aufgabe es gewesen wäre, zu einem gemeinsamen politischen Ziel zu finden, waren ideologisch gebunden und auf die Durchsetzung ihrer kurzfristigen Interessen fixiert. Kompromisse zu schließen hatten sie nicht gelernt, hatten es auch in dem politischen System des Kaiserreiches, das sie an der Regierung nicht beteiligte, nicht lernen können. Nun aber, wo die Republik sie in die Verantwortung nahm, hätte es zur Bildung von regierungsfähigen Mehrheiten gerade dieser Fähigkeit bedurft. So blieb künftig nur die Möglichkeit, relativ homogene Minderheitsregierungen zu bilden, die sich auf Tolerierungsmehrheiten im Reichstag stützen mußten.

Die Hetze gegen den demokratischen Staat und seine Verantwortlichen, die seit Beginn des Jahres 1920 begonnen hatten, die mit Inkrafttreten des Versailler Vertrages fälligen politischen und wirtschaftlichen Auflagen zu erfüllen, artete nach dem Putsch der Freikorps und den Aufständen der Kommunisten bald in eine Verwilderung des politischen Lebens überhaupt aus. Der politische Mord wurde zu einer Waffe, die in der haßerfüllten Atmosphäre dieser Jahre von den radikalnationalistischen Rechtskreisen immer bedenkenloser angewandt wurde. Ihnen waren schon 1919 die führenden Kommunisten *Karl Liebknecht*, *Rosa Luxemburg* und der Ministerpräsident der bayerischen Revolutionsregierung, *Kurt Eisner*, zum Opfer gefallen. Sie ermordeten auch die beiden um die Überwindung von Deutschlands schlimmster Niederlage besorgten und verdienten Politiker, *Matthias Erzberger* und *Walther Rathenau*. Beide, als „Novemberverbrecher" und „Erfüllungspolitiker" verfemt, sühnten ein Erbe, das gerade die, die sich anmaßten darüber zu richten, verschuldet hatten. Weite Kreise der Öffentlichkeit aber und vor allem der Justiz verbanden sich in ihrem Haß gegen den neuen Staat innerlich den in geheimen Feme- und Mordorganisationen zusammengeschlossenen verbrecherischen Fanatikern.

Dieser nationalistische Fanatismus wurde neu angeheizt, als die Alliierten die deutsche Gesamtschuld auf die Summe von 132 Milliarden Goldmark festsetzten. Hatte die Rechtspresse die demokratischen Politiker bisher als „Siegverderber, Kriegsverlängerer und Friedensverderber" verunglimpft, so schmähte sie sie jetzt auch noch, den „Ausverkauf Deutschlands"[14] zu betreiben. Tatsächlich aber hatte die deutsche Regierung den Forderungen der Sieger erst nachgegeben, als zur Eintreibung der Reparationen französische Truppen an den Toren des Ruhrreviers in Düsseldorf, Duisburg und im Ruhrort aufmarschierten und in einem Ultimatum mit der Besetzung des gesamten Ruhrgebietes drohten.

Die Versuche, der dem Lande aufgezwungenen Reparationspflicht nachzukommen, führten zu einem beschleunigten Verfall der Mark. Der bereits während des Krieges infolge der über Staatsanleihen vorgenommenen Kriegsfinanzierung begonnene inflationäre Prozeß wurde zur galoppierenden Inflation. Das durch den Mangel an Verbrauchsgütern in den Kriegs- und Nachkriegsjahren gesparte Geld verlor seinen Wert und brachte weite Kreise der deutschen Bevölkerung, insbesondere den Mittelstand, um seine Rücklagen. Auch verloren durch die Entwertung der Kriegsanleihen die Bürger ihr Vertrauen in die finanzielle Solidität des Staates. Da die Regierung aus Furcht vor den angedrohten Sanktionen der Sieger die Reparationszahlungen nicht einstellen wollte, andererseits aber auch im Innern aus Angst vor Aufruhr und Umsturz nicht wagte, durch einen unnachsichtigen Deflationskurs mit steigenden Steuern, sinkenden Sozialleistungen und einem Lohn- und Preisstopp ihre Zahlungsfähigkeit zu erhöhen, ließ sie der Inflation ihren Lauf. So stürzte die deutsche Währung auf dem internationalen Devisenmarkt von 1919 bis Mitte 1921 von 8,9 Mark pro Dollar auf 56 Mark und von Juli 1921 bis zum Ende des Jahres von 76 Mark auf über 191 Mark, von da bis zum Januar 1923 auf 17 972 Mark und erreichte auf dem Höhepunkt der Inflation am 15. November die astronomische Summe von 4,2 Billionen. Mit diesem rasch sinkenden Währungskurs aber stiegen die Preise bald ins Uferlose. Auch wurden die Waren immer knapper, um so mehr, als dem zahlungsunfähigen Reich seit August 1922 zwar die Barzahlungen gestundet wurden, es dafür aber große Mengen an Sachgütern zu liefern hatte. Als Deutschland schließlich auch mit den Sachlieferungen in Verzug geriet, stellte die Reparationskommission am 9. Januar 1923 fest, das Reich habe seine Verpflichtungen nicht erfüllt und sich eine absichtliche Verfehlung gegen den Versailler Vertrag zuschulden kommen lassen.

Diesen Anlaß benutzte der französische Ministerpräsident *Raymond Poincaré,* ein unversöhnlicher Gegner Deutschlands, das Reich durch eine Politik der produktiven Pfänder zur Vertragserfüllung zu zwingen. Gegen den Einspruch Englands, aber mit den Stimmen Italiens und Belgiens setzte er die Entsendung einer französisch-belgischen Ingenieurkommission durch, die die strikte Durchführung der von der Reparationskommission festgelegten Lieferungen überwachen und die regelmäßigen Zahlungen sichern sollte. Zum Schutze dieser zivilen

Inflation 1922/23 – Brotknappheit

Kommission besetzten französische und belgische Truppen das gesamte Ruhrgebiet.

Die seit November 1922 amtierende Reichsregierung, der Vertreter der Deutschen Volkspartei, der Deutschen Demokratischen Partei, des Zentrums, der Bayerischen Volkspartei und Parteilose angehörten und der der parteilose, aus der Wirtschaft kommende *Wilhelm Cuno* als Reichskanzler vorstand, stellte daraufhin die Reparationsleistungen an Frankreich und Belgien ein. Sie berief die deutschen Botschafter aus Paris und Brüssel ab und ordnete in den besetzten Gebieten den passiven Widerstand an. Beamte und Eisenbahnarbeiter wurden angewiesen, die Mitarbeit an der geplanten wirtschaftlichen Ausbeutung des Ruhrgebietes zu verweigern. Die Franzosen reagierten, indem sie die Eisenbahner aus den besetzten Gebieten auswiesen, Produktionsstätten beschlagnahmten und gegen führende Industrielle Prozesse einleiteten. Die Gegensätze vertieften sich auf beiden Seiten. Das deutsche Volk wurde in seinem Eindruck bestärkt, daß es Frankreich nicht nur um eine Finanzoperation zu tun war, sondern daß es den Franzosen vielmehr darum ging, das linke Rheinufer zu annektieren, um damit doch noch zu erreichen, was sich *Poincaré* 1918 vergeblich erhofft hatte. Die Franzosen aber waren überzeugt, daß sich Deutschland der Erfüllung seiner Zahlungsverpflichtungen böswillig widersetzte. Als schließlich im Widerspruch zu den Weisungen des Reichskabinetts radikal-nationalistische Kreise zu gewaltsamen Sabotageakten übergingen, verschärften sich die Spannungen aufs äußerste. Die deutsche Wirtschaft kollabierte, und das Geld verlor vollends jeglichen Wert.

Am 26. September kapitulierte die Reichsregierung und stellte, um der völligen politischen und sozialen Auflösung des Reiches zuvorzukommen, den passiven Widerstand ein. Das neue, von dem Vorsitzenden der Deutschen Volkspartei, *Gustav Stresemann*, im August gebildete Kabinett einer großen Koalition aus SPD, Deutscher Demokratischer Partei, Zentrum und Deutscher Volkspartei erklärte in einem Aufruf an das deutsche Volk: „Am 11. Januar haben französische und belgische Truppen wider Recht und Vertrag das deutsche Ruhrgebiet besetzt. Seit dieser Zeit hatten Ruhrgebiet und Rheinland schwerste Bedrängnis zu erleiden. Über 180 000 deutsche Männer, Frauen, Greise und Kinder sind von Haus und Hof vertrieben worden. Für Millionen Deutsche gibt es den Begriff der persönlichen Freiheit nicht mehr. Gewalttaten ohne Zahl haben den Weg der Okkupation begleitet, mehr als 100 Volksgenossen haben ihr Leben dahingeben müssen, Hunderte schmachten noch in Gefängnissen. Gegen die Unrechtmäßigkeit des Einbruchs erhob sich Rechtsgefühl und vaterländische Gesinnung. Die Bevölkerung weigert sich, unter fremden Bajonetten zu arbeiten. Für diese dem Deutschen Reich in schwerster Zeit bewiesene Treue und Standhaftigkeit dankt das ganze deutsche Volk. Die Reichsregierung hatte es übernommen, nach ihren Kräften für die leidenden Volksgenossen zu sorgen. In immer steigendem Maße sind die Mittel des Reiches dadurch in Anspruch genommen worden. In der abgelaufenen Woche erreichten die Unterstützungen für Rhein und Ruhr die Summe von 3500 Billionen Mark, in der laufenden Woche ist mindestens die Verdoppelung dieser Summe zu erwarten. Die einstige Produktion des Rheinlandes und des Ruhrgebietes hat aufgehört. Das Wirtschaftsleben im besetzten und unbesetzten Deutschland ist zerrüttet. Mit furchtbarem Ernst droht die Gefahr, daß bei Festhalten an dem bisherigen Verfahren die Schaffung einer geordneten Währung, die Aufrechterhaltung des Wirtschaftslebens und damit die Sicherung der nackten Existenz für unser Volk unmöglich wird. Diese Gefahr muß im Interesse der Zukunft Deutschlands ebenso wie im Interesse von Rhein und Ruhr abgewendet werden. Um das Leben von Volk und Staat zu erhalten, stehen wir heute vor der bitteren Notwendigkeit, den Kampf abzubrechen."[15]

Die Menschen in Deutschland aber waren dem sich ausbreitenden Chaos rat- und hilflos ausgeliefert und daher zutiefst verzweifelt. Die Inflation hatte die Arbeiter und die Angehörigen des Mittelstandes in Not und Elend gestürzt, während Spekulanten, Exportunternehmer und einige Großindustrielle ungeheure Profite erzielten. Demagogen von links und rechts nutzten die allgemeine Notlage und führten Deutschland in die tiefste Krise nach dem Zusammenbruch von 1918. In Sachsen und Thüringen, wo die SPD und KPD 1923 bei den Landtagswahlen die Mehrheit erlangt hatten, bewaffneten die dortigen Regierungen proletarische Hundertschaften und gefährdeten durch die ins Auge gefaßte Sozialisierung nicht nur die Reichseinheit, sondern auch die mächtige, auf der großen Koalition mit den bürgerlichen Parteien beruhende Stellung der Sozialdemokratischen Partei in Preußen. Auf Grund einer von *Stresemann* angeordneten, von *Ebert* gutgeheißenen Reichsexekution besetzten Reichswehrtruppen beide Länder, setzten die sächsische Regierung ab und erreichten durch ihre Aktion, daß in Thüringen die kommunistischen Minister aus dem Kabinett ausschieden. Ebenso wurde der kommunistische Aufstand in Hamburg von der sozialdemokratisch geführten Polizei niedergeschlagen.

Im Westen des Reiches riefen die von den französischen Kommandostellen unterstützten Separatisten in einigen rheinischen Städten von Aachen bis Koblenz eine Rheinische Republik aus und versuchten in der Pfalz eine Pfälzische Republik zu gründen. Diese im ganzen unpopulären separatistischen Ansätze scheiterten jedoch am Widerstand der überwiegend reichstreuen Bevölkerung. In Bayern, dem Zufluchtsort der Rechtsextremisten und Schutzpatron des völkischen Geistes, hatte die Landesregierung nach Beendigung des passiven Widerstandes im Ruhrgebiet den Ausnahmezustand verhängt und den Regierungspräsidenten von Oberbayern, *Gustav von Kahr*, zum Generalstaatskommissar mit diktatorischen Vollmachten ernannt. Unter *Kahr* drohten sich nun die partikularistischen, auf eine Wiederherstellung der bayerischen Monarchie hin arbeitenden Kräfte mit dem unitarischen und revolutionären Nationalsozialismus zu verbinden. Die von *Adolf Hitler* geführten Nationalsozialisten bereiteten in phantastischer Verkennung der allgemeinen Lage zusammen mit anderen nationalistischen Verbänden und *Ludendorff* nach dem Vorbild von *Benito Mussolinis* Marsch auf Rom einen solchen auf Berlin vor. Auf dem Höhepunkt der Verhandlungen versuchte *Hitler* in einer großen Kundgebung am 8. November die bayerische Regierung zur gemeinsamen Aktion zu zwingen. Er erklärte schließlich die bayerische Regierung, die Reichsregierung und den Reichspräsidenten für abgesetzt und bezeichnete sich selbst als den künftigen Reichskanzler und Reichspräsidenten. Die bayerische Regierung widersetzte sich nach anfänglichem Zögern diesem Vorgehen, so daß dieser erste Versuch einer nationalsozialistischen Machtergreifung nach einem kurzen blutigen Zusammenstoß mit der Polizei am 9. November kläglich scheiterte. *Ludendorff* ergab sich der Polizei. *Hitler*, der geflüchtet war, wurde zwei Tage später verhaftet und in einem skandalös voreingenommen geführten Prozeß lediglich zu einer minimalen Festungsstrafe verurteilt. Die Reichsregierung verbot die beiden extremen Parteien der Nationalsozialisten und der Kommunisten, was die akute Krise zwar beendete, die Angriffe der sich als rechtsradikale Bewegung behauptenden Nationalsozialisten sowie der Kommunisten gegen den Staat jedoch nicht unterband.

Eine wirkliche Entspannung der Lage trat erst ein, als es *Stresemann* gelang, eine neue Währungsordnung einzuführen und die Mark zu stabilisieren. Gestützt auf eine Belastung von Grundbesitz, Handel, Industrie und Banken und eine Golddeckung setzte die auf einen Betrag von 3200 Millionen Reichsmark beschränkte Geldausgabe der Inflation ein Ende und stellte das Vertrauen in die deutsche Währung im In- und Ausland wieder her. Freilich gelang diese von dem ehemaligen kaiserlichen Staatssekretär des Reichsschatzamtes, dem der Deutschnationalen Volkspartei angehörenden *Karl Helfferich,* und dem führenden sozialdemokratischen Finanzpolitiker *Rudolf Hilfer-*

ding geplante und von dem Reichswährungskommissar und späteren
Reichsbankpräsidenten *Hjalmar Schacht* und dem Reichsfinanzminister *Hans Luther* durchgeführte Währungssanierung nicht ohne harte
Opfer. 300 000 Beamte, Angestellte und Arbeiter des Reiches wurden
entlassen und die Staatsausgaben bis an die Grenzen des sozial Erträg-
lichen eingeschränkt. Gewinner des Währungsschnitts aber waren die
Industrie, die Bauern, die Besitzer von immobilen Werten und vor
allem der Staat. Sie alle waren mit einem Schlag ihre Schulden losge-
worden. Die Kriegsschulden in Höhe von 150 Milliarden Goldmark
waren auf einen Wert von 15,4 Pfennigen gesunken und brachten die,
die einst diese Summe durch Zeichnung von Kriegsanleihen erbracht
hatten, um ihre schwer- und wohlerworbenen Ersparnisse. Nicht zu
Unrecht sah *Stresemann* dann auch den schwersten Verlust des Krieges
darin, „daß jene geistige und gewerbliche Mittelschicht, die traditions-
gemäß Trägerin des Staatsgedankens war, ihre völlige Hingabe an den
Staat im Krieg mit der völligen Aufgabe ihres Vermögens bezahlte und
proletarisiert wurde"[16].
Die Republik und die Einheit des Reiches allerdings waren gerettet.
Wie bedroht Deutschland in diesem „Schicksalsjahr der deutschen
Geschichte"[17] tatsächlich war, unterstrich der englische Botschafter in
Berlin, Viscount *Edgar D'Abernon*, am Ende des Jahres in einem
Tagebucheintrag: „Nun geht das Krisenjahr zu Ende. Die inneren und
äußeren Gefahren waren so groß, daß sie Deutschlands ganze Zukunft
bedrohten . . . Wenn man zurückblickt, sieht man klarer, wie nah die-
ses Land am Abgrund stand. In den zwölf Monaten vom Januar bis
heute (31. Dezember 1923) hat Deutschland die folgenden Gefahren
überstanden: die Ruhrinvasion; den kommunistischen Aufstand in
Sachsen und Thüringen; den Hitlerputsch in Bayern; eine Wirtschaftskrise ohnegleichen; die separatistische Bewegung im Rheinlande . . .
Jeder dieser Gefahrenmomente, falls er nicht abgewendet worden
wäre, hätte jede Hoffnung auf eine allgemeine Befriedung vernichtet.
Politische Führer in Deutschland sind nicht gewohnt, daß ihnen die
Öffentlichkeit Lorbeeren spendet, und doch haben diejenigen, die das
Land durch diese Gefahren hindurchgesteuert haben, mehr Anerken-
nung verdient, als ihnen zuteil werden wird."[18]

Die Zeit der Entspannung

Stresemann war nach *Erzberger*, *Rathenau*, *Ebert* und *Müller* der
nächste, dem die Parteien die schuldige Anerkennung versagten. Er,
der alte Nationalliberale, der noch 1917 für eine deutsche Welt- und

Flottenpolitik eingetreten war, hatte unter dem Zwang der Tatsachen nach dem Krieg zu einer politischen Neuorientierung gefunden, die Republik als legitime Regierungsform anerkannt und durch seine mutige Entscheidung für den Abbruch des Ruhrkampfes und die Beendigung der Inflation in den entscheidenden Wochen der größten Nachkriegskrise der Republik Großes geleistet. Er wurde im November von den Sozialdemokraten im Verein mit den Deutschnationalen und den Kommunisten gestürzt. Die Sozialdemokraten wollten ihm nicht verzeihen, daß er mit Rücksicht auf die Reichswehr gegen das rechtsradikale Bayern vorsichtiger vorgegangen war als gegen die linksradikalen Regierungen in Mitteldeutschland; die Deutschnationalen grollten ihm, weil er den Ruhrkampf abgebrochen, und die Kommunisten, weil er ihre verschiedenen Aufstände rigide unterdrückt hatte. *Stresemann* sollte niemals wieder Regierungschef werden, bekleidete aber künftig in allen Kabinetten bis zu seinem Tod im Oktober 1929 das Amt des Außenministers.

Als unmittelbare Folge der Stabilisierung der deutschen Währung trat noch Ende 1923 eine überraschende wirtschaftliche und politische Beruhigung ein. Am 25. Dezember notierte *D'Abernon*: ,,Das auffallendste Kennzeichen der neuen Lage ist die erstaunliche Ruhe und Besserung, die unter der Berührung des Zauberstabes der Währungsstabilität eingetreten ist ... Die Lebensmittel in den großen Städten sind plötzlich in Hülle und Fülle vorhanden – Kartoffeln und Getreide werden in großen Mengen auf den Markt gebracht ... Die Schlachthäuser haben jetzt reichlich zu tun – Viehladungen treffen von überall ein – und die Schlangen vor den Schlachterläden und Lebensmittelgeschäften sind verschwunden. Die wirtschaftliche Entspannung hat eine politische Beruhigung mit sich gebracht. Von Diktatur und Putschen wird nicht mehr geredet, und selbst die äußersten Flügelparteien haben für den Augenblick aufgehört, Unruhe zu stiften.``[19]

Im Frühjahr des darauffolgenden Jahres erfuhr die innerdeutsche Entwicklung eine weitere Erholung. Sie trat ein, als nach dem wirtschaftlichen Mißerfolg der französischen Ruhrpolitik *Poincaré* noch Ende des Jahres 1923 einer Nachprüfung der deutschen Zahlungsfähigkeit durch einen internationalen Sachverständigenausschuß unter Beteiligung Amerikas zugestimmt hatte. Die Arbeit des unter dem Vorsitz des amerikanischen Bankiers *Charles G. Dawes* in London tagenden Ausschusses wurde dadurch erleichtert, daß sowohl in England als auch in Frankreich auf Ausgleich bedachte Linkskabinette an die Regierung kamen, die einer Regelung der Reparationszahlungen unter wirtschaftspolitischen Gesichtspunkten zustimmten.

Ausgehend von dem Grundsatz, daß der deutsche Haushalt ausgegli-

chen und die Zahlungsbilanz aktiv sein müsse, sah der neue Zahlungs-
plan langsam ansteigende deutsche Jahreszahlungen von einer auf
zweieinhalb Milliarden Mark vor. Außerdem gewährte er zur Über-
brückung ein internationales, in erster Linie aus Beiträgen der Vereinigten Staaten stammendes Darlehen von 800 Millionen Mark. Allerdings wurde durch die internationale Überwachung der Finanzen die
deutsche Souveränität eingeschränkt und Deutschland gezwungen, als
Sicherheit für das Darlehen eine Verkehrssteuer einzuführen sowie
Schuldverpflichtungen auf die Reichsbahn und seine Industrie zuzugestehen.

Trotz dieser Opfer erklärte sich das Reich zur Annahme des Planes
bereit, der im Reichstag selbst von einem Teil der Deutschnationalen
gebilligt wurde. Bald strömte ausländisches, vor allem amerikanisches
Kapital nach Deutschland und ermöglichte neben den Reparationszahlungen die nach Krieg und Inflation so dringend nötige Modernisierung
der Industrie. Gleichzeitig ließ der Kapitalstrom die Länder und Gemeinden profitieren, die die kurzfristigen Anleihen in großem Umfang
langfristig anlegten. Die deutsche Produktion stieg beträchtlich, und die
Arbeitslosigkeit ging zurück. Zwar wuchs die allgemeine Zinslast, und
eine Anpassungskrise führte zu zahlreichen Finanzzusammenbrüchen.
Dennoch begann, aufs Ganze gesehen, die deutsche Wirtschaft erneut
zu prosperieren. Der starke Verlust an Rohstoffquellen infolge des
Versailler Vertrages hatte durch die Umstellung von Schwermetallen
auf Leichtmetalle, von Steinkohle auf Braunkohle und durch die vermehrte Verwendung elektrischer Energie rasch ausgeglichen werden
können. Großkonzerne wie die I.G. Farbenindustrie und die Vereinigten Stahlwerke ließen Deutschland wieder mit den übrigen Industrie-
ländern in Konkurrenz treten. Der Aufbau der durch die Sieger stark
dezimierten Handelsflotte und eines einheitlichen Luftverkehrswesens
machten schnelle Fortschritte. Auch konnte sich das deutsche Reich
mit der Rekordfahrt des Luxusdampfers „Bremen" nach New York,
der ersten Überquerung des Atlantik in ost-westlicher Richtung durch
den Flieger *Hermann Köhl* und dem Weltflug des Luftschiffes *Graf
Zeppelin* im Jahre 1929 in die Liste der technischen Weltbestleistungen
einreihen.

Gleich der Wirtschaft entwickelten die Länder und Gemeinden neue
Aktivitäten, bauten Straßen, Schulen, Spiel- und Sportplätze und
dehnten ihre sozialen Fürsorgemaßnahmen aus. Es entstanden Säug-
lings- und Kinderheime und Ferienkolonien, und die städtischen Wohl-
fahrtsämter intensivierten die Betreuung der Bedürftigen. Das Reich
setzte das Gesetz zur Arbeitsvermittlung und Arbeitslosenversicherung
sowie das Versicherungsprinzip allgemein durch und ersetzte den Be-

Friedrich Ebert, der erste Reichspräsident der Weimarer Republik

dürftigkeitsanspruch auf Unterstützung durch den jedermann zustehenden Rechtsanspruch.

Der Lebensstandard der Bevölkerung konnte jedoch kaum gehoben werden. Die Reallöhne stiegen nur geringfügig an, und die von den Unternehmern geforderte Mehrarbeit führte zu erbitterten Auseinandersetzungen mit den Gewerkschaften, die das Prinzip des Achtstundentages als Normalarbeitstag unter allen Umständen erhalten wissen wollten. Auch bedingten der anhaltende Kapitalmangel und die zunehmende Auslandsverschuldung eine wachsende Abhängigkeit vom internationalen Kapitalverkehr, die sich, je länger je mehr, nachhaltig auf das industrielle Investitionsniveau auswirkten. Außerdem war die Landwirtschaft nach 1927 an dem Aufstieg der Wirtschaft nicht mehr beteiligt. Wenig krisenfest, waren so die Stabilisierungsansätze in Deutschland einem weltweiten wirtschaftlichen Einbruch nicht gewachsen. Spätestens 1929 beim Ausbruch der Weltwirtschaftskrise erwiesen sie sich als ephemer und entlarvten die erreichte wirtschaftliche Blüte als Scheinblüte.

Ein schwerer Verlust traf die Republik, als *Friedrich Ebert* im 55. Lebensjahr am 28. Februar 1925 starb. Nach einer Formulierung von *Theodor Heuss* hat, als alle Könige versagten, sich dieser Sohn des breiten Volkes königlich bewährt[20] und „die unendlich schwierige Aufgabe, die ihm gestellt war, so gut erfüllt..., wie es überhaupt in den Grenzen des Möglichen lag"[21]. Ohne bei einem großen Teil der Arbeiterschaft auf Verständnis zu stoßen, hatte der die bürgerliche Gesellschaft rettende Staatsmann das Bürgertum selbst nicht für den neuen Staat zu gewinnen vermocht.

Vielmehr wählte dieses Bürgertum nun den General zum Reichspräsidenten, mit dessen Person sich die sichtbarste Erinnerung an eine ruhmvolle Vergangenheit verband: den Feldmarschall *Paul von Hindenburg*, den Sieger von Tannenberg und Chef der Obersten Heeresleitung während des Weltkrieges. Daß er in der letzten Eigenschaft auch der Verlierer des Krieges war, wurde allerdings übersehen. Sein Prestige und der Eigensinn der Kommunisten, die auch nach dem ersten Wahlgang an ihrem Kandidaten festhielten und sich weigerten, den von den Sozialdemokraten, der Deutschen Demokratischen Partei und dem Zentrum vorgeschlagenen Zentrumsangehörigen, Reichskanzler *Wilhelm Marx*, der in der Tat eher ein Verlegenheitskandidat war, zum Reichspräsidenten zu wählen, verschafften dem Kandidaten der Rechtsparteien den Wahlsieg. Ohne Zweifel hat der monarchisch gesinnte *Hindenburg* den Eid auf die republikanische Verfassung lange Zeit gehalten und seine Amtspflichten zumindest bis zu seiner Wiederwahl 1932 loyal erfüllt. Die Republik selbst aber hat er nie bejaht, und seine Sympathien gehörten stets den Rechten. Dennoch schien durch ihn die Republik zunächst beim Bürgertum populärer zu werden, obwohl der persönlich gutwillige 77jährige Reichspräsident, politisch un-

Reichspräsident Paul v. Hindenburg und General Hans v. Seeckt beim Abschreiten einer Ehrenkompanie

erfahren und nicht sonderlich begabt, sich seinem Amte weder körperlich noch geistig gewachsen zeigte. Erschrocken vermerkte der preußische Ministerpräsident *Otto Braun* nach seiner ersten Begegnung mit dem neuen Staatsoberhaupt „die völlig unpolitische Einstellung und geistige Schwerfälligkeit dieses Mannes", der nach *Brauns* Auffassung vor allem gute politische Ratgeber brauche. „Daß ihm solche Ratgeber nicht immer beschieden waren . . ., wurde ihm und dem deutschen Volke zum Verhängnis."[22] Mit *Hindenburgs* Wahl aber war eine klare Wendung der Mehrheit des deutschen Bürgertums nach rechts vollzogen, und das Ressentiment der gestürzten Klasse, das nach dem Urteil *Friedrich Meineckes* die Luft in Deutschland so dick und schwer machte[23], erhielt neuen Auftrieb.

Stellte die Wahl *Hindenburgs* ein Symptom der inneren Lage in Deutschland dar, so sollte auch die Reaktion weiter Kreise des deutschen Volkes auf *Stresemanns* erfolgreiche Verständigungspolitik zeigen, daß das System „im Grunde schwächer war als seine Träger glaubten"[24].

Nachdem Deutschland schon 1922 begonnen hatte, wieder eine aktive Außenpolitik zu betreiben, und es ihm gelungen war, durch den auf der Grundlage gegenseitiger Gleichberechtigung mit der Sowjetunion abgeschlossenen Vertrag von Rapallo, der alle Ansprüche aus der Zeit während und nach dem Krieg zwischen beiden Mächten erledigte, sich aus seiner außenpolitischen Isolierung zu befreien, schlug *Stresemann* Frankreich, England, Belgien und Italien einen Pakt vor. Dabei ließ sich der deutsche Außenminister von dem Gedanken leiten, daß Deutschland dem Sicherheitsbedürfnis Frankreichs entgegenkommen müsse, wenn der deutsch-französische Gegensatz gemildert werden und Deutschland seine alte Machtstellung wieder zurückgewinnen solle.

Entsprechend dieser im Ansatz und Vollzug revisionistischen Politik anerkannte Deutschland nunmehr von sich aus die ihm im Versailler Vertrag auferlegte Westgrenze, deren Unverletzbarkeit in den im Oktober 1925 in Locarno abgeschlossenen Verträgen von England, Belgien, Polen und der Tschechoslowakei garantiert wurde. Auch erklärte sich das Reich mit der dauernden Entmilitarisierung des Rheinlandes einverstanden. Alle Streitigkeiten sollten in Zukunft durch ein Schiedsgericht geregelt werden. Eine von Frankreich gewünschte entsprechende Anerkennung der Grenze im Osten lehnte *Stresemann* jedoch ab, da nach seiner Ansicht für Deutschland die Möglichkeit offen bleiben mußte, auf dem Weg friedlicher Verhandlungen mit Polen eine Revision der Ostgrenze herbeizuführen.

Höhepunkt der deutsch-französischen Annäherung bildeten die im

Aristide Briand und Gustav Stresemann, die Außenminister Frankreichs und Deutschlands

September 1926 in Thoiry geführten Gespräche zwischen *Stresemann* und dem französischen Außenminister und ehemaligen Ministerpräsidenten *Aristide Briand*, in denen eine Gesamtregelung der deutsch-französischen Beziehungen durch eine intensive wirtschaftliche Zusammenarbeit, durch die Lösung der Saarfrage und durch die beschleunigte Räumung des Rheinlandes erörtert wurde. Diese Gespräche blieben allerdings ohne konkretes Ergebnis. Auch die Rückwirkungen von Locarno stellten sich erst nach und nach ein. Wenn die Franzosen nach der schon am 1. Februar 1926 erfolgten Räumung der Kölner Zone den Rest des von ihnen besetzten Gebietes erst 1929 und 1930 freigaben, dann lag dies nicht am guten Willen *Briands*, der persönlich gleich *Stresemann* leidenschaftlich für eine Annäherung der beiden Völker eintrat, sondern an der widerstrebenden Haltung seiner Landsleute. Diese konnten ihr Mißtrauen dem östlichen Nachbarn gegenüber so schnell nicht überwinden. *Stresemann* aber verzehrte sich in wachsender Ungeduld, um so mehr, als ihn die deutsche Rechte immer heftiger angriff und – da Locarno weit hinter den deutschen Erwartungen zurückblieb – ihm vorwarf, durch unnötige Konzessionen an die Sieger die Stellung des Reiches neuerlich geschwächt zu haben.

Eine direkte Folge der Locarno-Politik war der kurz vor Abschluß dieser Verträge erfolgte Eintritt Deutschlands in den Völkerbund und die Übertragung eines ständigen Sitzes im Völkerbundsrat an das Reich. Die großen Hoffnungen, die die leitenden Staatsmänner in dieses Ereignis setzten, zeigten die Reden *Stresemanns* und *Briands*. *Stresemann* erklärte u. a.: ,,Deutschland tritt mit dem heutigen Tage in die Mitte von Staaten, mit denen es zum Teil seit langen Jahrzehnten in ungetrübter Freundschaft verbunden ist, die zum anderen Teil im letzten Weltkrieg gegen Deutschland verbündet waren. Es ist von geschichtlicher Bedeutung, daß Deutschland und diese letzteren Staaten sich jetzt im Völkerbund zu dauernder, friedlicher Zusammenarbeit zusammenfinden. Diese Tatsache zeigt deutlicher, als Worte und Programme es können, daß der Völkerbund berufen sein kann, dem politischen Entwicklungsgang der Menschheit eine neue Richtung zu geben. Gerade in der gegenwärtigen Epoche würde die Kultur der Menschheit auf das schwerste bedroht sein, wenn es nicht gelänge, den einzelnen Völkern die Gewähr zu verschaffen, in ungestörtem, friedlichem Wettbewerb die ihnen vom Schicksal zugewiesenen Aufgaben zu erfüllen.‘‘[25] Und *Briand* entgegnete, daß jetzt Schluß sei ,,mit jener langen Reihe schmerzlicher und blutiger Auseinandersetzungen, die die Seiten unserer Geschichte beflecken, es ist Schluß mit dem Krieg zwischen uns, Schluß mit den langen Trauerschleiern. Keine Kriege, keine brutalen Gewaltlösungen soll es von jetzt ab mehr geben. Ich weiß, daß Meinungsverschiedenheiten zwischen unseren Ländern auch heute noch bestehen, aber in Zukunft werden wir sie genau so wie die Einzelpersonen vor dem Richterstuhl in Ordnung bringen. Deshalb sage ich: fort mit den Gewehren, den Maschinengewehren, den Kanonen! Freie Bahn für die Versöhnung, die Schiedsgerichtsbarkeit und den Frieden!‘‘[26]

Diesen Frieden auf Dauer zu sichern, dazu sollte der von *Briand* zunächst für Frankreich und die Vereinigten Staaten projektierte Kriegsächtungspakt dienen, den der amerikanische Staatssekretär *Frank Billings Kellogg* zu einem Weltvertrag ausdehnte. Am 27. August 1928 unterzeichneten 15 Staaten in Paris das Abkommen und erklärten ,,feierlich im Namen ihrer Völker, daß sie den Krieg als Mittel für die Lösung internationaler Streitfälle verurteilen und auf ihn als Werkzeug nationaler Politik in ihren gegenseitigen Beziehungen verzichten‘‘ und ,,daß die Regelung aller Streitigkeiten oder Konflikte, die zwischen ihnen entstehen könnten, welcher Art oder welchen Ursprungs sie auch sein mögen, niemals anders als durch friedliche Mittel angestrebt werden soll . . . ‘‘[27] Die Erfüllung der gegebenen Zusage beruhte allerdings nur auf der Vertragstreue der Unterzeichner und damit auf der Friedensbereitschaft ihrer Völker und Regierungen. Zwangsmittel sah der Pakt nicht vor. *Stresemanns* Entschlossenheit, die Völker einander näherzubringen und ihre Gegensätze zu überbrücken, hatte das Reich nach den Jahren des Krieges und der Unruhe der Nachkriegszeit endlich wieder als vollgültiges Mitglied in den Kreis der Nationen zurückgeführt. Deutschland hatte nun ein Forum, wo es die immer noch nicht geklärten Fragen der Abrüstung, der Reparationen und der Minderheitsprobleme im Kreis gleichberechtigter Partner vortragen konnte. Auch war es *Stresemann* gelungen, das Verhältnis Deutschlands zur Sowjetunion im Geiste von Rapallo durch einen im April 1926 abgeschlossenen Freundschafts-, Neutralitäts- und Handelsvertrag weiter zu verbessern. Doch brachten alle diese außenpolitischen Erfolge der Republik nicht die erhoffte innenpolitische Stärke. Anstelle der Anerkennung, die *Stresemanns* Politik verdient gehabt hätte, bestimmte der erbitterte innenpolitische Kampf um Wert oder Unwert dieser Politik die deutsche Szene. Obwohl durch die überragende Stellung, die *Stresemann* nach seinem Sturz als Reichskanzler im November 1923 als Außenminister in den nachfolgenden Kabinetten einnahm, die politische Kontinuität im Verkehr mit den auswärtigen Mächten gewahrt werden konnte, war im Innern infolge des raschen Regierungswechsels die gleiche Kontinuität nicht zu erzielen. Das Wahlsystem, die Uneinigkeit der gemäßigten Mitte und die divergierenden Interessen der vielen Parteien machten stabile Regierungsmehrheiten nach der Weimarer Koalition nicht mehr möglich, so daß sich zwischen Februar 1919 und Januar 1933 21 verschiedene Reichskabinette in die Verantwortung teilten. Damit begaben sich die gemäßigten sozialistischen und bürgerlichen Parteien jeder Möglichkeit, den Einfluß der nie ganz zum Schweigen gebrachten Extremisten erfolgreich zu bekämpfen. Als die Wirtschaftskrise sich verschärfte und auch die Hoffnungen, die man an Locarno und Deutschlands Eintritt in den Völkerbund geknüpft hatte, sich nur teilweise und zögernd erfüllten, regten sich diese extremen Kräfte aufs neue, nahmen an Stärke und Militanz rasch zu und setzten nicht nur der durch *Stresemann* eingeleiteten Entspannung ein Ende, sondern zerstörten schließlich die Republik.

Als kurz vor dem Tod *Stresemanns* eine Sachverständigenkonferenz unter dem Vorsitz des amerikanischen Wirtschaftsführers *Owen D. Young* in Paris die deutschen Jahreszahlungen in einer Höhe von rund 2 Milliarden Mark auf die Dauer von 59 Jahren neu festlegte, entbrannte in der deutschen Öffentlichkeit ein heftiger Streit. Die Deutschnationalen, die Nationalsozialisten und der Bund der ehemaligen Frontsoldaten, der Stahlhelm, veranlaßten mit hemmungsloser

Demagogie einen Volksentscheid gegen die Annahme dieses Planes und gegen die angebliche „Versklavung" des deutschen Volkes. Nachdem das erforderliche Drittel der Stimmenzahl jedoch bei weitem nicht erreicht wurde, konnte die Reichsregierung akzeptieren. So gelang es – da die Reparationsgläubiger dieses Mal verzichteten, zur Sicherung der Zahlungen ein Pfandsystem vorzuschreiben –, die wirtschaftliche und finanzielle Souveränität des Reiches weitgehend zurückzugewinnen. Auch waren die unmittelbaren Lasten, die dieser Plan Deutschland aufbürdete, geringer als die bisherigen Verpflichtungen. Zudem zeigten die Verhandlungen, an denen die Reichsregierung erstmals beteiligt worden war, daß der Weg zu einer späteren Revision der deutschen Reparationsverpflichtungen offen war. Darüber hinaus konnte nun endlich das wichtigste politische Ziel *Stresemanns*, die Räumung der noch besetzten Gebiete des Rheinlandes, erreicht werden. Zu spät allerdings für die Ungeduld der Zeitgenossen, zu spät auch für *Stresemann,* der diese Frucht seiner Arbeit nicht mehr ernten konnte. Resigniert stellte er wenige Monate vor seinem Tod einem englischen Journalisten gegenüber fest: „Ich habe gegeben, gegeben und immer gegeben, bis sich meine Landsleute gegen mich gewandt haben. Hätte ich nach Locarno ein einziges Zugeständnis erhalten, so würde ich mein Volk überzeugt haben. Ich könnte es noch heute, aber ihr Engländer habt nichts gegeben, und die einzigen Zugeständnisse, die ihr gemacht habt, sind immer zu spät gekommen. ... Die Zukunft liegt in den Händen der jungen Generation – die Jugend Deutschlands, die wir für den Frieden und für das neue Europa gewinnen konnten, haben wir beide verloren – das ist meine Tragik und eure Schuld."[28]

Weltwirtschaftskrise und Untergang der Weimarer Republik

In demselben Monat, in dem *Stresemann* starb, löste nach einer Epoche bisher nicht gekannter Überproduktion und Überspekulation der Bankkrach vom 24. Oktober 1929 in New York eine weltweite Währungskrise größten Ausmaßes aus. Der Weltkrieg hatte den Vereinigten Staaten die finanzielle Vorherrschaft gebracht und London als Sitz der Weltbörse durch die Wall Street abgelöst. Die Rückzahlungen der alliierten Kriegsschulden ließen das amerikanische Kreditwesen ungesund anschwellen und führten zusammen mit den hohen Schutzzöllen, mit denen sich Amerika gegen die europäische Einfuhr zur Wehr setzte, dort zu einer Prosperität, die alle Erwartungen übertraf. Die industriellen Investitionen stiegen, die Produktion erhöhte sich sprunghaft, und die Aktienkurse erreichten schwindelerregende Höhen. War-

Arbeitslosenschlange in Berlin während der Weltwirtschaftskrise

Freiwilliger Arbeitsdienst beim Graben- und Brückenbau in der Zeit der Weltwirtschaftskrise

310 Ende der letzten großen Koalition

nungen vor möglichen Absatzkrisen wurden überhört. Auch übersah
man, daß die Landwirtschaft trotz des Schutzzolles einen nur bescheidenen Anteil an der Erhöhung des Nationaleinkommens hatte und die
Ausfuhr von landwirtschaftlichen Erzeugnissen rückläufig war. Als die
Absatzkrise allgemein wurde und die Preise fielen, kam es zum Zusammenbruch. Die Banken stellten ihre Zahlungen ein, unzählige Firmen
machten bankrott, die Arbeitslosigkeit stieg rapide an, und die Landwirtschaft arbeitete mit Verlusten. Rasch griff die Krise nach Südamerika, Australien und Europa über.

In dem inflationsgeschädigten Deutschland, das seit 1924 in hohem
Maß von dem amerikanischen Kapitalzufluß abhängig war, begann sich
der bereits 1928 einsetzende rückläufige wirtschaftliche Prozeß unheilvoll zu verschärfen. Der Kredit- und Zahlungsmechanismus, wie der
heißumstrittene *Young*-Plan ihn voraussetzte, wurde hinfällig. Ebenso
nahm die infolge des Konjunkturrückganges schon im Winter 1928/29
angestiegene Arbeitslosigkeit beträchtlich zu, erreichte im Februar
1930 die Höhe von 3,5 Millionen und bedingte eine radikale Verringe-
rung des Volkseinkommens und der Konsumkraft. Dies wiederum
führte zur weiteren Einschränkung der Produktion und zu großen
Steuerausfällen bei wachsenden Leistungen der Arbeitslosenunterstützung und wirkte entscheidend auf die Politik zurück. Der Streit über
die Arbeitslosenversicherung brachte schließlich die große Koalition
zwischen der Sozialdemokratischen Partei, der Deutschen Demokratischen Partei, dem Zentrum, der Bayerischen Volkspartei und der
Deutschen Volkspartei, an deren Zustandekommen *Stresemann* noch
entscheidend mitgewirkt hatte, im Sommer 1928 zu Fall. Die Sozialdemokraten weigerten sich, der von der Deutschen Volkspartei verlangten Kürzung der Zahlung zuzustimmen, und da beide Parteien unnachgiebig auf ihrer Haltung bestanden, kam es zum Bruch. Es erwies sich,
daß die große Koalition bei der Gegensätzlichkeit der Interessen der
Parteien und ihrer Mitglieder sich nicht zu einheitlichen Entschlüssen
durchringen konnte und daß der Fraktionszwang stärker war als die
Einsicht in die politischen Notwendigkeiten. Die Deutschen waren
nicht in der Lage, die von dem Wirtschaftsminister *Hermann Dietrich*
im Reichstag leidenschaftlich gestellte Frage, „ob sie ein Haufen von
Interessenten sind, oder ein Staat"[29], positiv zu beantworten. Damit
aber war der Parlamentarismus der Weimarer Republik endgültig zugrunde gegangen. Die Parteien hatten „nicht mehr die Kraft und den
Willen..., über den widerstreitenden Interessen der hinter ihnen stehenden Gruppen eine zum Kompromiß fähige undoktrinäre Staatsgesinnung zur Geltung zu bringen"[30]. Mit der Uneinigkeit der Parteien
wuchs der Einfluß der Kreise, die glaubten, während der Wirtschafts-

Kanzler Heinrich Brüning (2. v. links) im Wahllokal, 1932

krise ein leistungsfähiges, vom Parlament unabhängiges, nur auf die Notstandsvollmachten des Reichspräsidenten gegründetes Kabinett mit den Regierungsgeschäften betrauen zu sollen. Der am 1. April 1930 neuernannte Reichskanzler *Heinrich Brüning,* den General *Kurt von Schleicher,* Chef des Ministeramtes des Reichswehrministeriums, *Hindenburg* vorgeschlagen hatte, unterstrich in seiner Regierungserklärung den besonderen Charakter seines Kabinetts: „Das neue Reichskabinett ist entsprechend dem mir vom Herrn Reichspräsidenten erteilten Auftrag an keine Koalition gebunden. Doch konnten selbstverständlich die politischen Kräfte dieses Hohen Hauses bei seiner Gestaltung nicht unbeachtet bleiben. Das Kabinett ist gebildet mit dem Zweck, die nach allgemeiner Auffassung für das Reich lebensnotwendigen Aufgaben in kürzester Frist zu lösen. Es wird der letzte Versuch sein, die Lösung mit diesem Reichstage durchzuführen ... Die Reichsregierung ist gewillt und in der Lage, alle verfassungsmäßigen Mittel hierfür einzusetzen."[31]

Brüning, der aus der christlichen Gewerkschaftsbewegung zum Zentrum gestoßen war, war seit 1924 Reichstagsabgeordneter und galt als finanzpolitischer Experte. Konservativ, von großer Energie und hoher Intelligenz, äußerst sachbezogen, ließ ihn die Not der Menschen in Deutschland erschreckend gleichgültig. In dem Glauben, „den Rechtsstaat auch ohne Demokratie erhalten zu können"[32], entmachtete er den Reichstag und war – wie er *Hindenburg* im Herbst 1931 erklärte –, ,,ohne an die Verfassung zu rühren . . ., so weit gekommen, daß . . . die Machtbefugnisse des Parlaments . . . auf den Stand der Bismarckschen Zeit zurückgeführt'' worden waren und das ,,Staatsoberhaupt eine größere tatsächliche Machtfülle'' erhalten hatte, ,,als sie der Kaiser früher je besaß''[33].

Dieser ,,erste Kanzler im Prozeß der Auflösung der deutschen Demokratie''[32] versuchte nun, die Sanierung der Finanz- und Kassenlage des Reiches, der Länder und der Gemeinden durch eine Anpassung der Preise, Löhne und Gehälter an die allgemeine deflatorische Entwicklung und durch eine radikale Drosselung der Einfuhr bei gleichzeitiger Steigerung der Ausfuhr in den Griff zu bekommen. Die Ablehnung eines neuen Sonderbesteuerungsprogramms durch den Reichstag veranlaßte ihn, mit Hilfe des Artikels 48 der Reichsverfassung dieses Programm im Weg der Notverordnung in Kraft zu setzen. So steigerte sich die wirtschaftliche Krise zur politischen.

Als der Reichstag diese Notverordnung aufhob, löste ihn *Brüning* durch Erlaß *Hindenburgs* kurzerhand auf und ordnete Neuwahlen an, ein Fehler, der nicht wieder gutzumachen war. *Brünings* Hoffnung, durch ein solch entschiedenes Vorgehen die Wähler zu beeindrucken und eine bürgerliche konservative Mehrheit für seine Politik zu gewinnen, erfüllte sich nicht. Im Gegenteil: Es traf ein, wovor viele Zeitgenossen gewarnt hatten. Die extremistischen Parteien, die die Wirtschaftskrise propagandistisch schamlos ausnutzten, entschieden den Wahlkampf für sich. Die Nationalsozialisten, die vorher mit 12 Abgeordneten im Reichstag eine unbedeutende Minderheit waren, zogen mit 107 Abgeordneten in das Parlament ein. Daneben war auch die Zunahme bei den Kommunisten bedeutend. Sie gewannen 23 Sitze, hatten damit 77 statt bisher 54. Der Schock war groß. Ohne eine Änderung der Haltung der SPD und ohne ihre Bereitschaft, *Brüning* durch eine Tolerierungspolitik parlamentarisch abzustützen, konnte die Regierung nicht funktionieren.

Das Ausland, dem die Verhältnisse nicht mehr ausreichend gesichert erschienen, erhöhte die bis zu diesem Zeitpunkt begrenzten Kreditrückforderungen, so daß die Arbeitslosigkeit und damit die Not weiter anstiegen. Zwar duldete nun die Mehrheit der nichtradikalen Parteien im Parlament stillschweigend *Brünings* Sparpolitik, der mit dem Einzug der Nationalsozialisten in den Reichstag beginnenden Agonie der Volksvertretung konnten sie jedoch nicht mehr entgegenwirken. Die rechtsoppositionellen Gesetzesanträge lähmten die Funktionsfähigkeit der Versammlung ebenso wie die überhandnehmenden Tumultszenen der Nationalsozialisten und Kommunisten, die sich auf der Straße zwischen den in der sogenannten Sturmabteilung der Nationalsozialisten, der SA, und den im Rotfrontkämpferbund der Kommunisten organisierten Anhängern beider Parteien fortsetzten. Während sich die Wirtschaftskrise für die Regierung einseitig als ein finanzpolitisches Problem darstellte, spitzte sie sich für die Betroffenen immer stärker auf die Frage des physischen Überlebens zu, der Beschaffung von Brot für den nächsten Tag, von Holz und Kohle für den nächsten Winter. Als dann infolge weiterer Kündigungen ausländischer Kredite die Darmstädter und Nationalbank als erste deutsche Großbank ihre Zahlungen einstellte, setzte ein panikartiger Sturm auf alle deutschen Geldinstitute ein und führte vorübergehend im Juli 1931 zur Schließung aller Banken, Sparkassen und Börsen. Not und Hoffnungslosigkeit breiteten sich weiter aus, und die Zahl der Arbeitslosen stieg von Januar 1931 bis Dezember 1931 von 4,9 Millionen auf über 6 Millionen.

Brüning aber linderte die physische Not der Bevölkerung nicht. Im Gegenteil, er hoffte, mit Hilfe weiterer Notverordnungen durch neuerliche Steuererhöhungen, Gehaltskürzungen, Herabsetzung der Arbeitslosenunterstützung und Verminderung öffentlicher Ausgaben der Lage Herr zu werden. Das Ausland versuchte er zu überzeugen, daß es besser sei, Deutschland jetzt Zugeständnisse zu machen als abzuwarten, bis Nationalsozialisten oder Kommunisten die Macht im Staate erobert hätten. Tatsächlich erreichte er, daß der amerikanische Präsident *Herbert Clark Hoover* den Gläubigerländern Deutschlands ein allgemeines Zahlungsmoratorium für ein Jahr vorschlug, das schließlich trotz französischen Widerstandes am 7. Juli 1931 in Kraft trat. Der Versuch *Brünings*, die Wirtschaftskrise zur Generalrevision von Versailles zu nutzen, scheiterte jedoch. Weder gelang es ihm, eine Wirtschaftsunion mit dem ebenso bedrängten Österreich zu verwirklichen, noch konnte er eine Gesamtbereinigung des Reparationsproblems und eine Lockerung der deutschen Rüstungsbeschränkungen durchsetzen. Das *Hoover*-Moratorium allein aber reichte nicht aus, die nationalistische Hetze zum Schweigen zu bringen, um so weniger, als die bürgerliche Mitte und Rechte, die Masse des gewerblichen Mittelstandes, die Bauern und insbesonders die Jugend mit ihrem „Bedürfnis nach Heroismus"[34] sich von der Republik ausgesperrt und von der Propaganda *Hitlers* immer stärker angesprochen fühlten. In demagogisch provokativer Vereinfachung der Probleme, den Negativkatalog seines Antisemitismus auf die angebliche „Verjudung" des öffentlichen Lebens zuspitzend, zog *Hitler* in haßerfüllten, sich immer wiederholenden Tiraden auf unzähligen mit militärischem Gepräge in ganz Deutschland organisierten Kundgebungen gegen das Bestehende zu Felde und steigerte mit dem Appell an das Nationalgefühl die Erlösungserwartungen der durch die Not bedrängten Massen. Dabei versprach er allen alles: den Arbeitslosen Brot, den Bauern niedrige Zinsen, den Besitzenden Schutz vor dem Kommunismus, den in ihrem nationalen Stolz Gekränkten ein neues, starkes Deutschland, der Reichswehr die Wiederaufrüstung, der Industrie reiche Gewinne und botmäßige Gewerkschaften.

Im Herbst 1931 formierte sich schließlich die nationalistische Opposition in Bad Harzburg. Nationalsozialisten, Deutschnationale, Stahlhelm, Alldeutscher Verband, Landbund und vaterländische Verbände schlossen sich in der „Harzburger Front" zusammen und taten durch ihre Sprecher, den Großunternehmer und Vorsitzenden der Deutschnationalen Volkspartei, *Alfred Hugenberg,* der über den größten Nachrichtenkonzern verfügte, den ehemaligen Reichswährungskommissar und Reichsbankpräsidenten *Hjalmar Schacht* und *Hitler,* ihre Entschlossenheit kund, mit dem System abzurechnen. Fast gleichzeitig verlagerten sich die innenpolitischen Auseinandersetzungen immer stärker auf die Parteiveranstaltungen und auf die Straße. Bürgerkriegsähnliche Zustände überfluteten die großen und mittleren Städte, so daß noch gegen Ende des Jahres die Sozialdemokratie versuchte, die Republik durch die Bildung der Eisernen Front aus SPD, Gewerkschaft, Arbeitersportverbänden und dem Reichsbanner Schwarz-Rot-Gold mit einer eigenen Kampftruppe zu verteidigen.

Verzweifelt, die Passivität der Regierung anklagend, schrieb der Regensburger Bischof, *Michael Buchberger*, im Mai 1932 an Kardinal *Michael Faulhaber*: „Wir stehen mitten im Sommer und noch immer ist so viel wie nichts geschehen zur Wiederbelebung der Wirtschaft und Beschaffung von Arbeit. Die Not ist abgrundtief, es gibt Familien, die nur noch von Kartoffeln leben, die Stimmung ist fast desperat. Verstreichen noch zwei Monate wie bisher, dann ist *Brüning* vollständig erledigt; irgendeine Revolution von rechts oder links ist unausbleiblich, Chaos und Nirwana werden das Ende sein. Sollen nicht wir Bischöfe einen Aufruf an die Regierung richten, daß sie doch auf jede Weise und so bald als möglich Arbeit und Verdienst schafft? Darin liegt die ungeheure Stoßkraft des Nationalsozialismus, daß er die Stimmung des Volkes gegenüber der Ohnmacht der Reichsregierung ausgezeichnet trifft und ausnützt."[35]

Diese sich selbst zur Ohnmacht verurteilende Reichsregierung – ohne parteimäßige Bindung –, angewiesen auf das Vertrauen und die Notverordnungen des Reichspräsidenten, setzte sich, als die Wahl des Reichspräsidenten im Frühjahr 1932 anstand, für die Wiederwahl *Hindenburgs* ein. Da sich ein Großteil der adligen Standesgenossen und der

„Harzburger Front", Oktober 1931 (2. v. links: Seldte, daneben Duesterberg und – in Zivil – Hugenberg)

traditionell „nationalen" Kreise gegen *Hindenburg* entschieden und, wie u. a. der Generaloberst *von Seeckt* und der ehemalige deutsche Kronprinz, für den ebenfalls kandidierenden *Hitler* erklärten, suchte *Brüning* die einstigen Gegner *Hindenburgs*, die republikanischen Parteien, die Sozialdemokraten, das Zentrum und die Deutsche Demokratische Partei, für *Hindenburg* zu gewinnen. Im zweiten Wahlgang konnte sich der vierundachtzigjährige Feldmarschall dann auch mit den Stimmen dieser Parteien gegen *Hitler* und den Kandidaten der Kommunisten, den Parteivorsitzenden *Ernst Thälmann*, durchsetzen.

Nun nahm *Brüning* in einem letzten Kraftakt den offenen Kampf gegen die Partei *Hitlers* auf und verbot auf Anraten von Reichswehrminister *Wilhelm Groener* durch eine Notverordnung „zur Sicherung der Staatsautorität" die nationalsozialistischen Kampfeinheiten, die SA und die sogenannte Schutzstaffel, die SS, die am Vorabend der Wahl Berlin umstellt und damit die Regierung alarmiert hatten. *Hugenberg* und die deutschnationale Presse verlangten auch das Verbot des Reichsbanners Schwarz-Rot-Gold, einer im Gegensatz zu SA und SS unbedingt staatstreuen und demokratisch gesinnten Organisation. Da *Hindenburg* sich dieser Forderung anschloß, nahm General *Groener* seinen Abschied als Reichswehrminister, behielt jedoch die Leitung des Reichsinnenministeriums bei, das ihm seit Oktober 1931 ebenfalls unterstand. Mit dem Verzicht *Groeners* auf die Führung der Reichswehr schied der General aus, der sich wie kein anderer hoher

Ernst Thälmann

Offizier um die Republik von Anfang an verdient gemacht hatte. Als dann die Nationalsozialisten bei den Landtagswahlen in zahlreichen Ländern zur stärksten Partei wurden, ohne freilich die absolute Mehrheit zu erreichen, entzog *Hindenburg Brüning* seine Unterstützung. Verärgert, daß seine Wiederwahl nur mit Hilfe der Sozialdemokraten möglich gewesen war, hatte *Hindenburg* seine innere Abwendung von seinem Kanzler, die schon im Herbst 1931 begonnen hatte, vollendet. *Brünings* Stellung wurde jedoch endgültig erschüttert, als er den Plan faßte, die Finanzhilfe für die nicht mehr sanierungsfähigen Güter der ostelbischen Grundbesitzer einzustellen, diese Güter der Zwangsversteigerung zuzuführen und in Siedlerstellen umzuwandeln. Auch gedachte *Hindenburg* eine eindeutige Wendung nach rechts zu vollziehen, um dadurch dem Stimmungsumschwung der Wähler zu den Rechtsparteien entgegenzukommen. Von *Hindenburg* zum Rücktritt gezwungen, gab der Kanzler entmutigt und verbittert auf. Er „hatte zu hoch gegriffen in einem Handlungsspielraum, den weiter als möglich auszudehnen er von seiner politischen Umwelt zu ertrotzen suchte. Daß ihm dies nicht zugestanden wurde, war nicht nur die Folge der fast ausweglosen strukturellen und menschlichen Verstrickung der deutschen Verhältnisse um 1930, sondern nicht minder *Brünings* eigenes Versäumnis, sich intensiver auf diese Umwelt einzulassen. In diesem seiner Natur gemäßen Versäumnis lag die Grenze seiner politischen Größe – mitten in einer Zeit der Überreizung, in der *Hitlers* Aufstieg für Millionen Enttäuschter der Ausweg aus der Ausweglosigkeit zu sein schien."[36]

Die Politik der nun folgenden acht Monate vollendete das politische Chaos in Deutschland und gab den Weg zur Ernennung *Hitlers* zum Reichskanzler und damit zum Sieg der Nationalsozialisten über die Republik frei. Unter dem verhängnisvollen Einfluß seiner engsten, der Demokratie feindlichen Ratgeber, seines Sohnes und persönlichen Adjutanten *Oskar von Hindenburg*, des opportunistischen Staatssekretärs *Otto Meißner,* des geistig unbedeutenden, eitlen, dem streng katholischen Adel Westfalens angehörenden Intriganten *Franz von Papen* und des ebenso ehrgeizigen, ebenso unzuverlässigen, aber weitaus begabteren, gewandten, politischen Taktikers General *von Schleicher,* verwirklichte der greise Reichspräsident die angestrebte Rechtswendung. Er beauftragte *Papen* mit der Bildung eines parteipolitisch unabhängigen ,,Kabinetts der nationalen Konzentration". Ihm gehörte auch *Schleicher* an, der das Amt des Reichswehrministers übernahm und der *Hindenburg Papen* als Regierungschef empfohlen hatte.

Innerhalb und außerhalb Deutschlands begegnete man der neuen Regierung zunächst mit dem größten Mißtrauen. Doch erwies sich die von *Papen* und dem Diplomaten *Konstantin von Neurath* verfolgte Außenpolitik dank der Vorarbeit *Stresemanns* und *Brünings* als erfolgreich. Die Konferenz von Lausanne beschloß im Sommer 1932 die Beendigung der deutschen Reparationszahlungen und erklärte sich mit einer Schlußzahlung von drei Milliarden Goldmark durch das Reich einverstanden. Auch erkannte die Genfer Abrüstungskonferenz im Dezember 1932 den von *Brüning* angemeldeten Anspruch Deutschlands auf Gleichberechtigung in der Rüstung theoretisch an.

Im Innern dagegen konnte *Papen* sein Ziel, die Hilfe der nationalsozialistischen Bewegung zu gewinnen, nicht erreichen. Im Gegenteil. Nach der Auflösung des Reichstags und der Aufhebung des Verbots der nationalsozialistischen Kampftruppen, die *Schleicher Hitler* als Preis für die Tolerierung der neuen Regierung zugesagt hatte, flammten überall im Reich die blutigen Kämpfe neu auf. Maßnahmen wie die weitere Kürzung der Arbeitslosenunterstützung, der Renten und der Löhne und die Einführung einer Salzsteuer steigerten die allgemeine Verbitterung ebenso wie die Amtsenthebung der sozialdemokratisch geführten Regierung in Preußen, die mit Hilfe des militärischen Ausnahmezustandes durchgeführt wurde. Anders als beim *Kapp*-Putsch 1920 rechnete die preußische Regierung jetzt nicht auf die Unterstützung der republikanischen Arbeiter, die angesichts der herrschenden Arbeitslosigkeit kaum für einen Generalstreik zu gewinnen waren. Die Minister gaben daher auf und überließen *Papen* das Reichskommissariat für Preußen. Damit hatte die tiefe geistige und wirtschaftlich-soziale Krise des Weimarer Staates mit über Preußen entschieden, das seine – sehr zu Unrecht – vielgeschmähte Geschichte mit einem Musterkapitel in Demokratie abschloß. Unter den Sozialdemokraten *Otto Braun*, dem von 1920 bis zu *Papens* Staatsstreich regierenden Ministerpräsidenten, und *Carl Severing*, dem von 1920 bis 1926 amtierenden Innenminister, erlebte dieser Staat „unter Erhaltung wesentlicher Züge der preußischen Tradition, der Mäßigung, der Pflichttreue, aber auch wo nötig des kraftvollen Handelns"[37] eine demokratische Wandlung, die sich infolge der nun einsetzenden Ereignisse nicht mehr auswirken konnte.

Die Quittung für diese Politik brachten die Reichstagswahlen vom 31. Juli. Die Nationalsozialisten konnten dank ihrer massiven Propaganda erneut Gewinne erzielen, erhielten 37,4% der abgegebenen Stimmen und wurden mit 230 Sitzen zur stärksten Fraktion im Reichstag. Mit der nun entstehenden Sperrmehrheit aus NSDAP und KPD aber hatte *Papen Brünings* Tolerierungsmehrheit verspielt. Außerdem forderten die Nationalsozialisten jetzt auch die Regierungsgewalt. *Hindenburg* aber weigerte sich, *Hitler* und seiner Partei „seine präsidialen Vollmachten zu geben", da er befürchtete, „daß ein von Herrn *Hitler* geführtes Präsidialkabinett sich zwangsläufig zu einer Parteidiktatur mit all ihren Folgen für eine außerordentliche Verschärfung der Gegensätze im deutschen Volke entwickeln würde"[38].

Diese Ablehnung *Hindenburgs* machte sofort aus den Nationalsozialisten die schärfsten Gegner der Regierung, und damit erwies es sich, daß durch Konzessionen keine Zusammenarbeit mit ihnen zu erreichen war. *Papens* Gegenmaßnahmen wie die rigorose Strafandrohung für politischen Terror und Gewalttaten kamen entweder zu spät oder wurden wie die neuen Notverordnungen zur Ankurbelung der Wirtschaft mit einem Mißtrauensvotum des Reichstages beantwortet. Da das Militär für *Papens* Staatsstreich und die Schaffung eines autoritären Staates, in dem alle Parteien, Gewerkschaften und Wirtschaftsverbände durch Notverordnung verboten sein sollten, nicht zu haben war und der im November neugewählte Reichstag der Regierung *Papen* wiederum die Unterstützung versagte, entließ *Hindenburg* den Kanzler. Er beauftragte stattdessen *Schleicher* mit der Regierung. Einsichtiger und vorurteilsfreier als *Papen*, suchte der neue Kanzler sich den Gewerkschaften und dem sozialistischen Flügel der Nationalsozialisten, der in *Georg Strasser* seinen bedeutendsten Exponenten hatte, zu nähern. Der Stimmenanteil der Nationalsozialisten war bei der Novemberwahl auf 33,1% zurückgegangen. Geringere Wahlbeteiligung, Resignation und Enttäuschung über die fehlgeschlagenen Verhandlun-

Preußischer Ministerpräsident Otto Braun und Innenminister Carl Severing

gen *Hitlers* mit *Hindenburg* und die Furcht vor dem Radikalismus der Nationalsozialisten und ihres Führers hatten der NSDAP über zwei Millionen Wähler entzogen. So schien die Möglichkeit, die Partei nach dieser Wahlniederlage zu spalten, nicht aussichtslos. *Strasser*, der fürchtete, daß sich die Nationalsozialisten in nutzloser Opposition verbrauchten, zeigte sich auch bereit, als Vizekanzler in *Schleichers* Kabinett einzutreten. Da enthob ihn *Hitler* seiner Parteiämter, überwand die innerparteiliche Krise und festigte seine eigene, künftig nicht mehr bestrittene Führungsposition. Nachdem auch *Schleichers* Verhandlungen mit den christlichen und freien Gewerkschaften, mit den Mittelparteien und den Sozialdemokraten zu keinerlei greifbaren Ergebnissen führten und die Führung der Sozialdemokratischen Partei den Gewerkschaften von weiteren Verhandlungen mit dem Kanzler abriet, wollte *Schleicher* den Reichstag auflösen, den Staatsnotstand erklären, NSDAP und KPD verbieten und die Neuwahlen um sechs Monate verschieben. Als *Hindenburg* ihm dazu die Zustimmung verweigerte, trat *Schleicher* zurück.

Inzwischen hatte der seinem Nachfolger unversöhnlich grollende *Papen* über den Kölner Bankier *Kurt von Schröder* eine Annäherung zwischen den Deutschnationalen *Hugenbergs*, den Nationalsozialisten *Hitlers* und dem Stahlhelmführer *Franz Seldte* herbeigeführt. Sie einig-

ten sich, eine gemeinsame Regierung mit *Hitler* als Kanzler und *Papen*
als Vizekanzler zu bilden. Drei Tage danach übertrug *Hindenburg,* der
noch am 27. Januar zwei Reichswehrgenerälen gegenüber erklärt
hatte: „Sie werden mir doch nicht zutrauen, meine Herren, daß ich
diesen österreichischen Gefreiten zum Reichskanzler berufe"[39], auf
Papens Drängen *Hitler* die Leitung der Regierung.
In völliger Unterschätzung der Person *Hitlers* glaubten *Hugenberg* und
Papen, den Demagogen engagiert und eingebunden zu haben in eine
Regierung, der nur drei Nationalsozialisten angehörten: *Hitler* als
Reichskanzler, der nationalsozialistische Reichstagsabgeordnete *Wilhelm Frick* als Minister des Inneren und der ehemalige Jagdflieger,
SA-Führer und Reichstagspräsident *Hermann Göring* als Reichsminister ohne Geschäftsbereich und Reichskommissar für den Luftverkehr.
Sie glaubten, Hitler dadurch, daß sie ihn in die Pflicht nahmen, über
die deutschnationalen und konservativen Politiker unter Kontrolle halten zu können. Nur zu bald jedoch sollte sich erweisen, daß dies Illusion war und *Hitler* die ihm zugefallene Macht dazu gebrauchen würde,
seine in seinem Buch „Mein Kampf" und seinen unzähligen Reden formulierte politische Weltanschauung, die die anderen lediglich für Propaganda hielten, Wirklichkeit werden zu lassen. *Ludendorff,* gleich
jenen ein Feind der Republik, ahnte das Verhängnis und teilte es *Hindenburg* in einem prophetischen Brief unmittelbar nach der Ernennung *Hitlers* zum Reichskanzler zornig mit: „Sie haben durch die Ernennung *Hitlers* zum Reichskanzler unser heiliges deutsches Vaterland
einem der größten Demagogen aller Zeiten ausgeliefert. Ich prophe-
zeie Ihnen feierlich, daß dieser unselige Mann unser Reich in den Abgrund stürzen und unsere Nation in unfaßbares Elend bringen wird.
Kommende Geschlechter werden Sie wegen dieser Handlung im Grabe
verfluchen."[40]
Mit dieser Regierung, hinter der gerade ein Drittel nationalsozialistische und 7% deutschnationale Wähler standen, war der Untergang der
Weimarer Republik besiegelt. Ohne Hilfe von außen war sie den
Belastungen und Folgen des verlorenen Krieges nicht gewachsen. Das
mangelnde Verständnis der Sieger hatte ihr gleich zu Anfang Lasten
aufgebürdet, die auch ein festgefügter Staat mit längeren demokratischen Traditionen nur schwerlich zu tragen vermocht hätte. Wieviel
weniger die junge Republik, die den Gebrauch ihrer in der Verfassung
formulierten Freiheit erst einzuüben hatte. Das politische Spiel im
Parteienstaat verlangte Verantwortungs- und Kompromißbereitschaft
von vielen. Beides war nicht vorhanden. Durch lange Gewöhnung an
den dirigistisch ordnenden Obrigkeits- und Machtstaat waren die Parteien und ihre Wähler nicht zu selbständigem Handeln erzogen und

stellten die Ordnung über die Freiheit, die ihnen durch den von ihnen nicht akzeptierten Kriegsausgang zugefallen war. Ihre unterdrückten nationalen Wünsche trübten ihnen den Blick für die Wirklichkeit und verstärkten die Tendenz zur Restauration. Die durch die Dauerinflation der ersten Republikjahre hervorgerufene soziale Katastrophe und die Weltwirtschaftskrise, die sich zu Beginn des dritten Jahrzehnts auch in Deutschland schnell verschärfte und zur Massenarbeitslosigkeit führte, ließen viele am System überhaupt verzweifeln. In ihren Ängsten achteten sie den Wert der demokratischen Rechte zunehmend geringer und gaben, verunsichert durch die zur Wirklichkeit gewordene Not und den sich über das Schicksal der Nation erhebenden Parteienegoismus, ihr in periodischen Wahlen auszuübendes Kontrollrecht preis. Immer mehr Menschen sehnten sich nach jemandem, der Ordnung schuf, das Volk disziplinierte und der Parteienwirtschaft ein Ende setzte. Dabei waren Elend und wirtschaftliche Verzweiflung von einem durch die nationalen Komplexe und Ressentiments der Zeit nach 1918 gespeisten, wieder erstarkenden Nationalismus begleitet. Dieser fand in den Nationalsozialisten und deren Führer seine überzeugendsten Vertreter. Daß der zu allem entschlossene, an das Selbstwertgefühl und den Nationalstolz des Volkes appellierende *Hitler* die ihm gewährte Freiheit nutzen würde, um die Freiheit überhaupt zu vernichten und die in die Krise getriebene Demokratie zu zerstören, nahm ein gut Teil der Deutschen jetzt in Kauf.

12 Der Aufstieg der totalitären Gewalten

1920	Wahl Admiral *Nikolaus Horthys* zum Reichsverweser von Ungarn
1921	Schaffung des irischen Freistaates – Neuer ökonomischer Plan *Wladimir I. Lenins* – *Benito Mussolini* erhält diktatorische Gewalt in Italien
1923	Einrichtung einer Militärdiktatur in Spanien durch General *Primo de Rivera* – Proklamierung der türkischen Republik
1924	Tod *Lenins* – Stalin
1926	Diktatur *Josef Pilsudskis* in Polen
1927	Errichtung der Nanking-Regierung unter *Tschiang Kaischek*
1929	Staatsstreich König *Alexanders* in Jugoslawien
1931–1932	Errichtung der selbständigen Mandschurei unter japanischem Protektorat – Bildung der Regierung *Salazar* in Portugal – Wahl *Franklin Delano Roosevelts* zum Präsidenten der Vereinigten Staaten von Amerika
1933	Austro-faschistische Diktatur unter *Engelbert Dollfuß*
1935	Inkrafttreten einer vom britischen Parlament beschlossenen Verfassung für Indien
1936	Diktatur von General *Joannis Metaxas* in Griechenland
1939	Diktatur General *Francisco Francos* in Spanien

Nicht nur in Deutschland wirkte der übersteigerte Nationalismus, der den Ersten Weltkrieg entfacht hatte, in den darauffolgenden zwei Jahrzehnten fort. Auch bei anderen Völkern Europas erwies sich, daß der Krieg und die unmittelbare Zeit danach nur einen ersten Höhepunkt, nicht aber das Ende der allgemeinen Krise darstellten. Die demokratische Staatsform westeuropäisch-amerikanischer Prägung, die nach dem Untergang der großen europäischen Monarchien in Mittel- und Osteuropa zu triumphieren schien, wurzelte nur an der Oberfläche und blieb ungesichert. Die nach 1919 eingeführten Verfassungen mit den aufklärerischen Prinzipien der Volkssouveränität und der Gewaltenteilung sowie der auf den Parteienpluralismus bezogene Freiheitsgedanke und die durch die Verfassung garantierte Gleichberechtigung aller Staatsbürger fanden in zahlreichen Ländern nicht die Voraussetzungen, die ein auf diesen Grundlagen aufgebautes Staatswesen funktionstüchtig hätten machen können. Die Feststellung des zweck- und vernunftgelenkten staatlichen Willens ging in den Tageskonflikten der Parteien und Interessenverbände unter. Der Souverän des Staates, das Volk, begann mehr und mehr am Sinn und Wert dieser Staatsform zu zweifeln. Der Mangel an Urteilsfähigkeit, Toleranz und Selbstverantwortung der befehls- und gehorsamgewohnten Wähler verstärkte angesichts der Ausweitung, Zusammenballung und Komplizierung des modernen Wirtschaftslebens die Neigung, die Entscheidung über die anstehenden Probleme den „furchtbaren Vereinfachern"[1] zu überlassen, vor denen *Jacob Burckhardt* so eindringlich gewarnt hatte. Weltwirtschaftskrise, materielle Not und Angst vor der drohenden Deklassierung und Verproletarisierung bereiteten schließlich den Boden, auf dem die Saat der von den faschistischen Volkstribunen und ihren militanten, hingabebereiten Gefolgsleuten ausgestreuten Heilsparolen aufging. Dazu kamen die unbefriedigten nationalen Sehnsüchte nach Behauptung oder Wiedererlangung staatlicher Größe.

Im Zusammenhang damit wirkte sich die Tatsache verhängnisvoll aus, daß *Wilsons* Ideal des Selbstbestimmungsrechtes der Völker Europas den erhofften Frieden nicht gebracht hatte. Die nationalstaatliche Verselbständigung der bisher in den übernationalen Monarchien der Habsburger, Romanows und Osmanen integrierten Kleinvölker unterstellte überall widerstrebende Minderheiten einem herrschenden Staatsvolk und schuf an den neuen Staatsgrenzen Konfliktherde, die den Zustand bitterer Friedlosigkeit zu verewigen schienen.

Die nationalistischen Leidenschaften entzündeten sich aufs neue, und der Völkerbund, der den Schutz dieser Minderheiten garantieren sollte, scheiterte am Widerstand der ihren Souveränitätsanspruch leidenschaftlich verteidigenden Staatsgewalten. Unter dem Druck dieser Spannungen verlor der Nationenbegriff, wie *Wilson* ihn verstanden hatte, seinen Sinn. Nicht die für die schöpferische Entfaltung notwendige Freiheit der Völker, sondern der Kampf um die Macht und die Erweiterung des Lebensraumes bestimmten seinen Inhalt. Nichtangriffspakte, Schiedsverträge und Bündnisabsprachen bedeuteten wenig gegenüber der den Nationalismus charakterisierenden Politik gegenseitiger Mißgunst und gegenseitigen Mißtrauens, die ein freundnachbarliches Verhältnis ausschloß. Da zudem diese neuen Staaten im Innern verfassungspolitisch und sozial ungefestigt waren, die alte Herrschaftsschicht sich weitgehend behauptete und wirtschaftliche Schwierigkeiten Staat und Bevölkerung aufs äußerste bedrängten, wuchsen die autoritär restaurativen Tendenzen und führten schließlich zu Umstürzen und zur Errichtung faschistischer Systeme in Europa.

Die pluralistisch parlamentarische Demokratie scheiterte nicht nur in den Mittelmeerländern wie Italien, Spanien, Portugal und Griechenland und in den Balkanstaaten wie Jugoslawien, Bulgarien, Ungarn und Rumänien, sondern auch im Baltikum, in Polen und in Österreich und wich diktatorischen und totalitären Herrschaftsformen. Desgleichen entwickelte sich die Sowjetunion, die in der Oktoberrevolution eine neue Form von Demokratie programmatisch verkündet hatte, unter *Josef Stalin* zu einer reinen Diktatur. Die Spannung zwischen beiden ideologisch entgegengesetzt motivierten Bewegungen erfaßte in ihrem Freund-Feind-Denken große Teile der europäischen Völker und bestimmte die weiteren politischen Auseinandersetzungen. Antimarxismus gegen Antikapitalismus, Antikommunismus gegen Antifaschismus, Antisemitismus oder Anarchismus waren griffige Parolen im latenten Bürgerkrieg, die eine gezielte und sachbezogene Lösung der dringenden Probleme verhinderten.

Ebensowenig wie die Sicherung der Demokratie gelang die Überwindung des imperialen Machtgedankens. Obwohl die Vorherrschaft der weißen Völker durch den Krieg empfindlich erschüttert worden war, lebte der Imperialismus der Zeit vor 1914 in neuen Formen fort. Das Selbstbewußtsein der Völker Asiens und Afrikas hatte, seitdem ihre Bewohner als Hilfstruppen in die Kämpfe der Europäer verwickelt worden waren, eine beträchtliche Stärkung erfahren. Erwacht, forderten sie nun immer stärker, ihr politisches Schicksal auf der Grundlage des Selbstbestimmungsrechtes der Völker frei zu gestalten.

Während Frankreich, das sein Kolonialreich durch den Friedensschluß um die Mandatsgebiete Kamerun, Togo und Syrien vergrößert hatte, seine Herrschaft in seinen Kolonialgebieten unumschränkt aufrechterhielt, gab England diesen Forderungen vereinzelt und zögernd unter teilweise schweren Kämpfen nach.

So erhielt Irland 1921 mit Ausnahme der sechs Grafschaften des protestantischen Ulster den Dominionstatus und volle innere Freiheit. Ein Jahr darauf erreichte Ägypten die Anerkennung als souveräner und unabhängiger Staat, wobei allerdings das Gebiet am Suezkanal noch lange unter englischer Besatzung verblieb. In den übrigen sich wirtschaftlich mehr und mehr entwickelnden afrikanischen Kolonien zogen die Briten die Stammesfürsten beschränkt zur Teilnahme am politischen Leben heran. Indien, das nach seinen großen Leistungen im Ersten Weltkrieg wie Irland das volle Dominionrecht beanspruchte, gewährte England nur eine Verfassung, die nach dem Grundsatz einer Herrschaftsteilung den indischen Selbstverwaltungsorganen lediglich

Mitwirkungsrechte einräumte. Dies führte zu langwierigen Auseinandersetzungen mit der passiven Widerstand leistenden Bewegung unter dem indischen Advokaten und Politiker *Mahatma Gandhi.*
Nach dem Zusammenbruch des Osmanischen Reiches sahen auch die Völker Arabiens ihre Erwartungen auf volle Unabhängigkeit enttäuscht. Die Engländer setzten zwar in dem von Palästina abgetrennten Transjordanien und im Irak einheimische Fürsten der Hashemiten ein, hielten diese aber noch lange unter ihrem Einfluß. In Palästina, wo Großbritannien das Mandat zugefallen war, führten die von englischer Seite zugestandene jüdische Einwanderung und der Widerstand der arabischen Bevölkerung zu den bis heute unbewältigten Konflikten. Im eigentlichen Arabien konnte das Haupt der streng islamischen Sekte der Wahabiten, *Ibn Saud,* seine Herrschaft etablieren und erfolgreich ausbauen.
In Anatolien, dem alten Kernland der Türkei, gelang es *Kemal Pascha Atatürk,* einen weltlichen, auf der Souveränität der Nation beruhenden Staat zu gründen und ihm durch eine geschickte Politik des Gleichgewichts zwischen Rußland und England die Unabhängigkeit zu bewahren. Ebenso konnte sich Persien gegen russische und englische Einflüsse erfolgreich zur Wehr setzen.
Im Fernen Osten befestigte Japan seine Großmachtstellung, löste Deutschland als Kolonialmacht ab und begann seinen Einfluß gegen die englischen und amerikanischen Interessen im pazifischen Raum auszudehnen. Nachdem es 1925 in einem Vertrag seine Streitigkeiten mit der Sowjetunion bereinigt hatte, suchte es, die von Armee und Großindustrie getragene Politik der Erweiterung des Lebensraumes voranzutreiben und China seine Führung aufzuzwingen.
In China brach nach Gründung der Republik durch *Sun Yat-sen* der alte Gegensatz zwischen dem Norden und dem Süden erneut auf. Söldnerführer durchzogen verwüstend das Land. Nach jahrelanger Einzelherrschaft der Generäle gelang es *Tschiang Kai-schek,* dem erfolgreichsten Heerführer der Kuomintang, 1927 ein nationalchinesisches Reich zu errichten, jedoch ohne die äußere Mongolei, die in der Zwischenzeit autonome Volksrepublik geworden war. Auch entzogen sich die seit 1931 in Südchina gegründeten Räterepubliken seiner Herrschaft. Die Besetzung der Mandschurei durch die Japaner und die Umwandlung dieses Gebietes in den Staat Mandschukuo schufen neue Spannungen, die schließlich in den 1937 beginnenden Japanisch-Chinesischen Krieg mündeten.
Die Vereinigten Staaten von Amerika – durch den Krieg zum Hauptgläubiger der Welt geworden – brachten die ehemaligen Absatzmärkte der europäischen Ausfuhrländer weitgehend in ihren Besitz. In dem

Wunsch, sich aus der Verstrickung in europäische Fragen herauszuhalten, zog sich das Land im Widerspruch zur Ideologie *Wilsons* in seinen Isolationismus zurück und erlebte zunächst ein Jahrzehnt beispielloser Prosperität, die infolge der Überproduktion plötzlich in eine tiefe Wirtschaftskrise umschlug. Nach der Wahl des Demokraten *Franklin Delano Roosevelt* zum Präsidenten bewirkte dies seit 1933 starke Eingriffe des Staates in das Wirtschaftsleben des Landes und den Übergang zum New Deal. Bald machte sich auch in Washington eine Art autokratischer Führungsstil bemerkbar. Durch ihr Fernbleiben vom Völkerbund zerstörten die USA eine der wichtigsten Voraussetzungen für dessen Erfolg. Außenpolitisch näherten sie sich England, isolierten, die gemeinsamen angelsächsischen Interessen wahrend, Japan im Stillen Ozean und suchten der Ausdehnungspolitik dieser fernöstlichen Großmacht entgegenzuwirken. Auch festigten sie ihren Einfluß in Mittel- und Südamerika. Der Versuch allerdings, sämtliche Staaten des amerikanischen Kontinents zu gemeinsamer Haltung in wichtige politischen Fragen zu veranlassen, scheiterte am Dollarimperialismus. Aus Furcht, ihre Unabhängigkeit zu verlieren, suchten die mittel- und südamerikanischen Staaten Kontakt zum Völkerbund und intensivierten ihre Wirtschaftsbeziehungen zu den europäischen Mächten.

Während Japan als Konkurrent der westlichen kapitalistischen Welt auftrat, war die Sowjetunion ihr ideologischer Gegner. Nach der siegreichen Beendigung des Bürgerkrieges durch die von *Leo Trotzki* aufgestellte Rote Armee milderte *Lenin* zunächst die willkürliche Sozialisierung im Innern und leitete durch die neue ökonomische Politik eine Steigerung der landwirtschaftlichen und industriellen Erzeugung ein. Sein Nachfolger, der Georgier *Josef Stalin,* seit 1921 Generalsekretär der Kommunistischen Partei, strebte im Gegensatz zu der von *Trotzki* vertretenen Lehre von der Permanenz der Weltrevolution danach, den „Sozialismus in einem Land"[2] aufzubauen und Rußland für die von ihm erwarteten großen außenpolitischen Machtkämpfe vorzubereiten. Er beschleunigte die Industrialisierung. Unter Nutzung der Bodenschätze und rücksichtslosem Einsatz aller Arbeitskräfte für seine Produktionspläne baute er im Ural und in Sibirien eine Schwerindustrie auf, kollektivierte die Landwirtschaft und errichtete einen totalitären Staat, der den großrussischen Nationalimperialismus mit dem Sowjetkommunismus verschmolz.

Nach außen suchte *Stalin* durch den Abschluß von Neutralitätsverträgen mit Deutschland, Polen, Frankreich, der Kleinen Entente – Jugoslawien, Rumänien und der Tschechoslowakei – sowie mit Italien und durch Beitritt zum Völkerbund die Isolierung der Sowjetunion zu durchbrechen. Gleichzeitig aber förderte er die kommunistischen Bewegungen in Frankreich, Spanien und China. Als sich seit 1933 die europäischen und weltpolitischen Gegensätze erneut entscheidend zuspitzten, war die bolschewistische Sowjetunion militärisch stark gerüstet und bedrohte in den Augen der angelsächsischen Mächte die Substanz der europäischen Freiheitstraditionen stärker als die den Sowjetmarxismus bekämpfenden faschistischen Staaten.

Inmitten all dieser weltpolitischen und ideologischen Gegensätze mußte den Zeitgenossen die Präambel der Satzung des Völkerbundes als geschichts- und wirklichkeitsfremde Illusion erscheinen. Vor dem machtegoistischen Kalkül und den durch Krieg und Revolution angefachten Haßgefühlen und Ängsten der Massen waren die alten Probleme nicht nur nicht gelöst, sondern es waren neue aufgeworfen worden. Die Völker, die aufgerufen waren, „zur Förderung der Zusammenarbeit unter den Nationen und zur Gewährleistung des internationalen Friedens und der internationalen Sicherheit ... Verpflichtungen zu übernehmen" und diese auf der Grundlage der „Gerechtigkeit und Ehre"[3] zum Wohl aller zur Geltung zu bringen, machten es sich im Gegenteil zur Aufgabe, den eigenen Machtanspruch auf Kosten schwächerer Völker durchzusetzen. *Wilsons* Kreuzzug für eine Welt der liberalen Demokratie und der internationalen Brüderlichkeit führte nicht zu einer grundlegenden Neuordnung des internationalen Zusammenlebens, sondern erlag dem Ansturm totalitärer Ideologien. Die Machtidee der Weltrevolution ebenso wie die den nationalistisch-faschistischen Bewegungen innewohnenden expansiven Tendenzen ließen eine Zukunft in nationaler Selbstbestimmung nicht zu und bereiteten den Weg, der die der Katastrophe entronnene Generation des Ersten Weltkrieges in eine neue trieb, deren Ausmaß alles bisher Dagewesene überstieg.

13 Von der Machtergreifung Hitlers bis zum Ausbruch des Zweiten Weltkrieges

1933	Ermächtigungsgesetz – Auflösung der Parteien – Konkordat zwischen der Kurie und dem Deutschen Reich – Abrüstungsfrage und Austritt aus dem Völkerbund
1934	Deutsch-polnischer Freundschaftsvertrag – Röhm-Krise – Tod *Hindenburgs* – *Hitler* Reichskanzler und Reichspräsident
1935	Saarabstimmung – Allgemeine Wehrpflicht – Deutsch-englisches Flottenabkommen – Nürnberger Gesetze
1935–1936	Italienisch-abessinischer Krieg
1936	Rheinlandbesetzung – Achse Berlin-Rom
1936–1939	Spanischer Bürgerkrieg
1937	Kriegsausbruch zwischen China und Japan
1938	Anschluß Österreichs – Sudeten-Krise – ,,Reichskristallnacht"
1939	Reichsprotektorat Böhmen und Mähren – Nichtangriffspakt mit Rußland – Kriegsausbruch

Die totalitären Tendenzen des industriellen Massenzeitalters hatten sich in Deutschland mit dem alten, durch die Niederlage des Ersten Weltkrieges nicht erloschenen europäischen Großmachtstreben verbunden. Viele wollten ,,sich nicht damit zufriedengeben, ... eine von den Gnaden der Siegermächte abhängige Nation zu sein", hielten an dem ,,Traum von Glanz und Größe eines neuen und größeren Reiches innerlich fest"[1] und ignorierten die in den zwölf Jahren der Weimarer Republik schrittweise erreichte Wiedergewinnung der deutschen Gleichberechtigung unter den europäischen Völkern. Nun versprach *Hitler* zu leisten, was die Republik nicht vermocht hatte. Dabei kam ihm zugute, daß die nationalistische Ideologie die Idee der liberalen Demokratie systematisch in Mißkredit gebracht hatte und die alten, die nationale Stärke wiedergewinnenden Werte postulierte. Diesen Werten entsprach die von den Nationalsozialisten propagierte Vorstellung der Volksgemeinschaft als eines politisch und sozial verbundenen, durch einen Führer zu neuer Macht emporgeführten Volkes.

Am Tage nach der Übernahme der Regierung durch *Hitler* jubelte dann auch die nationale Rechte: „Ist es nicht etwas Großes, daß in diesem durch den Krieg fast zu Boden geschlagenen und in den Nachkriegsjahren durch eine verblendete Politik immer tiefer geschwächten Volk jetzt eine Regierung gebildet worden ist, die mit dem obersten Heerführer des Krieges (*Hindenburg*) an der Spitze, mit dem Schöpfer der großen Bewegung des leidenschaftlichsten Nationalismus als Kanzler (*Hitler*) . . . die nationalistischste Regierung ist, die überhaupt denkbar ist, also die Regierung, die ein darniederliegendes Volk am dringendsten nötig hat, die stärkste Bürgschaft eines Wiederaufstieges."[2] Endlich schien das Vakuum beseitigt, das nach dem Ende der Monarchie entstanden war und das auszufüllen die Gegner der Republik erfolgreich verhindert hatten. Die Prophezeiung des Dichters *Stefan George* hatte sich scheinbar erfüllt und der Zeit „den einzigen, der hilft, den Mann der Tat"[3], beschert, auf den so viele gehofft hatten. Allerdings war es einer, der, wie *Thomas Mann* 1930 feststellte, „mit der überkommenen bürgerlichen Welt und ihren Prinzipien: Freiheit, Gerechtigkeit, Bildung, Optimismus, Fortschrittsglaube nichts mehr zu schaffen haben sollte"[4]. Einer, durch den der bürgerliche, „durch stark kosmopolitische und humanitäre Einschläge . . . ausgewogene Nationalismus des 19. Jahrhunderts"[4] pervertiert wurde und der sich gegen dieses Bürgertum selbst wandte und Unheil brachte über die Welt und sich und das Volk, das er zu seinem Werkzeug erkor, mit Verbrechen belastete, die ohne Beispiel waren.

Hitlers persönlicher und politischer Werdegang

Hitler war, als er seine politische Laufbahn begann, 30 Jahre alt. Seine Vorfahren gehörten dem kleinen Bauern- und Bürgertum Nieder- und Oberösterreichs an. Sein Vater, ein Zollbediensteter, hatte in dritter Ehe sechs Kinder, von denen *Hitler* das vierte war. Die häufigen Wohnsitzänderungen der Familie und der frühe Tod des Vaters wirkten sich ungünstig auf die Entwicklung des jungen *Hitler* aus, der, obschon intelligent, stets ein nur mittelmäßiger Schüler war. Mit 19 Jahren ging er nach Wien, bewarb sich an der Malschule der Kunstakademie, wurde aber wegen der als ungenügend beurteilten Probezeichnungen dort ebenso abgewiesen wie von der Architektenschule, deren Aufnahmebedingungen er nicht erfüllte, da er kein Abitur hatte. Dennoch blieb *Hitler* bis 1913 in Wien. Ohne Beruf oder Berufsziel fristete er sein Leben nach Verbrauch seines Erbes und der ihm zunächst gewährten Waisenrente mit Gelegenheitsarbeiten sowie dem Malen von Ansichtskarten. Er nächtigte im Obdachlosenasyl und vertrieb sich tagsüber die Zeit mit Theaterbesuchen, Streifzügen durch die alte Kaiserstadt und einer ausgedehnten, aber völlig ungeordneten Lektüre. Durch sie eignete er sich eine Halbbildung an, die sein ganzes späteres Denken und Handeln nachhaltig beeinflussen sollte. Diese Wiener Jahre vermittelten ihm nach seinem eigenen Zeugnis die entscheidenden Eindrücke seines Lebens, ,,so daß ich fortan habe nur weniges hinzulernen müssen, zu ändern brauchte ich nichts"[5]. ,,Hier, in den Armutsvierteln und im Völkergemisch der Kaiserstadt, bildeten sich seine Vorurteile und Haßgefühle heraus, die später zur Geißel Deutschlands und Europas werden sollten. Seine Theorie von der germanischen, insbesondere deutschen Herrenrasse, die zur Weltherrschaft berufen sei, sein unbändiger Haß gegen die Juden, gegen die Demokratie, gegen Liberalismus und Humanismus, ja überhaupt gegen die gesamte abendländische Tradition und ihre tragenden gesellschaftlichen und geistigen Schichten, seine Verherrlichung der Macht und Verachtung der christlichen Religion, sein fanatischer Nationalismus großdeutscher Prägung, seine Geringschätzung der menschlichen Persönlichkeit."[6]

Bei Ausbruch des Ersten Weltkrieges meldete er sich freiwillig zur bayerischen Armee, befreite sich dadurch von den drängenden Sorgen um Nahrung, Kleidung und Wohnung und diente vier Jahre an der Westfront, meistens als Meldegänger. Obwohl zweimal verwundet und ausgezeichnet mit dem Eisernen Kreuz beider Klassen, kam *Hitler* wegen mangelnder Führungsfähigkeiten nicht über den Rang eines Gefreiten hinaus. Die Nachricht vom militärischen Zusammenbruch Deutschlands und der politischen Revolution erreichte ihn in einem Heimatlazarett, in dem er gasversehrt und halberblindet lag, und erfüllte ihn mit blindem Haß gegen die ,,Novemberverbrecher". In ihnen erblickte er die Urheber der Katastrophe, und gegen sie beschloß er nun, zu Felde zu ziehen. Im Herbst 1919 schloß er sich in München der kleinen rechtsradikalen Deutschen Arbeiterpartei an, machte sie zum Forum seiner politischen Vorstellungen, sorgte für ihre werbewirksame Umbenennung in Nationalsozialistische Deutsche Arbeiterpartei (NSDAP) und übernahm bald deren Führung. Hier entdeckte er sein ungewöhnliches Talent als Redner und seine Fähigkeit, ,,sich eines kollektiven Unterbewußtseins, wo es sich zur Verfügung stellte, jederzeit zu bemächtigen"[7]. Hier traten auch erstmals sein grenzenloser Machtwille und sein übersteigertes politisches und intellektuelles Selbstwertgefühl zutage. Der plötzliche Erfolg berauschte den bisher in bitterem Hochmut verkannten, seinen Wunschträumen erfolglos nacheilenden, kontaktscheuen, zu menschlichen Bindungen unfähigen, kühl distanzierten, aber zähen und willensstarken *Hitler* und überzeugte ihn von seiner Einzigartigkeit, in der er in der für ihn charakteristischen Selbstüberschätzung ein Auserwähltsein durch die Vorsehung erblickte. Seinen Entschluß, „der Führer" zu werden, dokumentierte er im ersten Band seines Buches „Mein Kampf", das er Anfang 1924 während seiner Gefängnishaft abfaßte. Formell ins Werk setzte er ihn dann 1925, kurz nach seiner Haftentlassung, als sich die zwischenzeitlich überall im Reich verbotene Partei wiedergründete.

Das politische Programm, das hinter *Hitlers* Machtwillen stand, beruhte auf dem Zusammenbruch Deutschlands vom November 1918 und der Not, in die das deutsche Volk danach geraten war. Es erhob den Anspruch, die mit dem verlorengegangenen Krieg und der Revolution geschaffene Lage rückgängig zu machen, die Nation zu neuer Größe zu führen und durch die Bekämpfung des Parlamentarismus alle sich diesem Prozeß entgegenstellenden Kräfte im Innern auszuschalten. Die nationale und die soziale Idee sollten als Grundlage einer durchgreifenden Neuordnung von Staat und Gesellschaft vereinigt, die Parteien abgeschafft und das deutsche Volk zu einer Volks- und Kampfgemeinschaft zusammengeschweißt werden. Individualismus, Liberalismus und Demokratie hatten dem „Grundsatz der unbedingten Führerautorität"[8] zu weichen. „Der Nationalsozialismus", so erklärte *Hitler* in einer Rede im Oktober 1933, „hat weder im Individuum noch in der Menschheit den Ausgangspunkt seiner Betrachtungen, seiner Stellungnahmen und Entschlüsse. Er rückt bewußt in den Mittelpunkt seines ganzen Denkens das Volk. Dieses Volk ist für ihn eine blutmäßig bedingte Erscheinung, in der er einen von Gott geweihten Baustein der menschlichen Gesellschaft sieht. Das einzelne Individuum ist vergänglich, das Volk ist bleibend. Wenn die liberale Weltanschauung in ihrer Vergötterung des einzelnen Individuums zur Zerstörung des Volkes führen muß, so wünscht dagegen der Nationalsozialismus das Volk zu schützen, wenn nötig, auf Kosten des Individuums. Es ist notwendig, daß der einzelne sich langsam zur Erkenntnis durchringt, daß sein eigenes Ich unbedeutend ist, gemessen am Sein des ganzen Volkes."[9] Allein dieses durch Beseitigung aller trennenden Elemente wie Parteien, Ideologien und Konfessionen und durch eine neue artgemäße Erziehung und Ethik geeinte Volk als wichtigsten Träger der arischen oder nordischen Rasse glaubte *Hitler* zu einer politisch und kulturell führenden Stellung in der Welt berufen.
Es als Instrument seines hemmungslosen Machtwillens zu benutzen, dazu sah er sich auserwählt.

Obgleich für *Hitler* Ideen nur Mittel zum Zweck eigener Machtentfaltung waren, die er, wenn nötig, rücksichtslos verleugnete, so war seine Politik doch entscheidend bestimmt von gewissen sich nicht verändernden Grundvorstellungen.

So beherrschte *Hitler,* von Anfang an erkennbar und in „Mein Kampf" festgelegt, ein radikaler Nationalismus, der zunächst möglichst alle deutschen Volkselemente in Europa in einem großdeutschen Reich vereinigen und nach seinen Worten „einen germanischen Staat deutscher Nation"[10] schaffen sollte, dem sich Recht, Freiheit und Würde des einzelnen, der gesellschaftlichen Gruppen und der fremden Völker und Staaten unterzuordnen hatten. Diesem zur Machtfunktion völlig degenerierten Nationalismus, der jeden Gedanken fruchtbarer Ergänzung und Zusammenarbeit der Völker leugnete, entsprach *Hitlers* Rassenlehre. In ihr führte er alles weltgeschichtliche Geschehen auf „die Äußerung des Selbsterhaltungstriebes der Rassen im guten oder schlechten Sinne"[11] zurück und sah in einem bis ins Extrem getriebenen Sozialdarwinismus im Kampf ums Dasein den eigentlichen Inhalt der Geschichte, den Auftrag der Vorsehung und den Weg zur Höherentwicklung der Menschheit. Dabei maß *Hitler* der sogenannten arischen Rasse den höchsten Wert bei: „Was wir heute an menschlicher Kultur, an Ergebnissen von Kunst, Wissenschaft und Technik vor uns sehen, ist nahezu ausschließlich schöpferisches Produkt des Ariers. Gerade diese Tatsache aber läßt den nicht unbegründeten Rückschluß zu, daß er allein der Begründer höheren Menschentums überhaupt war, mithin den Urtyp dessen darstellt, was wir unter dem Worte ‚Mensch' verstehen ... Würde man die Menschheit in drei Arten einteilen: in Kulturbegründer, Kulturträger und Kulturzerstörer, dann käme als Vertreter der ersten wohl nur der Arier in Frage. Von ihm stammen die Fundamente und Mauern aller menschlichen Schöpfungen."[12] Der Arier erhebe sich über den aller Natur und Geschichte innewohnenden Egoismus des notwendigen Kampfes um die Selbsterhaltung durch die „Bereitwilligkeit des Zurückstellens rein persönlicher Interessen" und damit durch die „Fähigkeit zur Errichtung umfassender Gemeinwesen"[13]. Innerhalb dieser arischen Rasse kam nach Auffassung *Hitlers* den Germanen und vor allem den Deutschen besondere Bedeutung zu. Ihre Aufgabe sei es, in Mitteleuropa einen festen germanischen Rassenkern zu schaffen, als Herrenrasse zu herrschen, sich die „minderwertigen" Völker und Rassen zu unterwerfen oder sie auszurotten.

Ihre letzte Verdichtung und Perversion erfuhr *Hitlers* Rassenlehre in seinem Antisemitismus. In „Mein Kampf" heißt es dazu apodiktisch: „Den gewaltigsten Gegensatz zum Arier bildet der Jude"[14], und an anderer Stelle: „Ohne klarste Erkenntnis des Rassenproblems und damit der Judenfrage wird ein Wiederaufstieg der deutschen Nation nicht mehr erfolgen."[15] Im Juden sah *Hitler* den Weltfeind schlechthin, den Urheber alles Bösen, den Schuldigen allen Unheils, den Zerstörer jeder völkischen Lebensordnung.[16] Dieser radikale Antisemitismus hatte zum Ziel, alle Juden mit immer weitergehenden und furchtbareren Lösungen aus dem deutschen Leben auszuscheiden.

Zu diesen Vorstellungen, denen als Hauptströmung verschiedene von dem französischen Diplomaten Graf *Arthur Gobineau* und von dessen Anhängern im 19. Jahrhundert vorgetragene affektbeladene Gedanken zugrunde lagen, kam als neues Element der Antibolschewismus. Im Bolschewismus erblickte *Hitler* ebenso wie im „britischen Imperialismus" und in „der amerikanischen Plutokratie" „eine Ausgeburt jüdischen Denkens."[16].

In unmittelbarem Zusammenhang mit *Hitlers* Nationalismus, Rassenidee, Antisemitismus und Antibolschewismus stand die weltgeschichtliche Rolle, die er den Deutschen zugedacht hatte. „Wenn die nationalsozialistische Bewegung", so legte er in „Mein Kampf" dar, „wirklich die Weihe einer großen Mission für unser Volk vor der Geschichte erhalten will, muß sie ... ohne Rücksicht auf Traditionen und Vorurteile den Mut finden, unser Volk und seine Kraft zu sammeln zum Vormarsch auf jener Straße, die aus der heutigen Beengtheit des Lebensraumes dieses Volkes hinausführt zu neuem Grund und Boden und damit auch für immer von der Gefahr befreit, auf dieser Erde zu vergehen oder als Sklavenvolk Dienste anderer besorgen zu müssen."[17] Zur Gewinnung dieses Grund und Bodens schien ihm kein Einsatz zu hoch, kein Opfer zu groß, denn „Deutschland wird entweder Weltmacht oder überhaupt nicht sein"[18]. Der Kampf gegen Versailles war ihm dabei lediglich Ausgangspunkt für seine kontinentale Expansionspolitik, die dort ansetzen sollte, wo man vermeintlich vor sechs Jahrhunderten geendet hatte. „Wir stoppen", so verkündete er, „den ewigen Germanenzug nach dem Süden und Westen Europas und weisen den Blick nach dem Land im Osten. Wir schließen endlich ab die Kolonial- und Handelspolitik der Vorkriegszeit und gehen über zur Bodenpolitik der Zukunft."[18] Zu diesem Zweck faßte *Hitler* den Plan, mit England und Italien als Verbündeten oder wohlwollend Neutralen und den österreichisch-ungarischen Nachfolgestaaten sowie den Polen als Hilfsvölkern Frankreich vorweg auszuschalten, Rußland zu erobern und dauernd zu unterwerfen und so den Lebensraum der Deutschen zu erweitern. Diese Leitidee seiner späteren Außenpolitik, die allerdings – ebenso phantastisch wie apolitisch – von Anfang an nicht aufging, da England und Polen die ihnen zugedachten Rollen verweigerten, hat *Hitler* unvermeidlich auf die Bahn des Zweiten Weltkrieges gedrängt und ließ ihn 1939 das Schwert ergreifen, durch das er 1945 umkommen sollte.

Zur Durchsetzung seiner Ideologie aber bedurfte *Hitler* der vollziehenden Gewalt im Staate. Diese hoffte er, nachdem die am faschistischen Vorbild Italiens orientierte putschistische Taktik 1923 versagt hatte, nach der Entlassung aus der Haft ab 1925 auf legalem Wege zu erringen. Dabei wurde er jedoch nicht müde, den antiparlamentarischen Charakter der nationalsozialistischen Bewegung zu betonen, deren „Beteiligung an einer parlamentarischen Institution" nach seinen Worten „nur den Sinn einer Tätigkeit zu deren Zertrümmerung"[19] haben konnte. Auch schloß sein Bekenntnis zur Legalität gewalttätige Aktionen gegenüber den politischen Gegnern nicht aus. Diese blieben ebenso wie seine immer heftiger geführten Propagandafeldzüge Mittel zum Zweck, das Chaos zu vergrößern, um schließlich in der Öffentlichkeit den Eindruck zu erwecken, als könne nur ein zum äußersten entschlossener Führer die Verhältnisse ändern und endlich Ordnung schaffen.

Als die Nationalsozialisten seit 1929 nicht nur die ersten größeren Erfolge bei der bürgerlichen und bäuerlichen Mittelschicht gewannen, die mit der nationalistischen, antisozialistischen, antikapitalistischen und antisemitischen Zielsetzung *Hitlers* sympathisierte, sondern auch in der Arbeiterschaft auf Resonanz stießen, wurde *Hitler* zu einem von Jahr zu Jahr ernsthafteren Anwärter auf die Macht. Sie fiel ihm als dem Führer der inzwischen stärksten Partei durch das Intrigenspiel zwischen *Papen* und *Schleicher* 1933 schließlich zu.

Mit der Ernennung *Hitlers* zum Reichskanzler hatte nun der Mann, der wegen seiner wilden, ungezügelten Reden von seinen Kriegskameraden einst verlacht, später als fanatischer Massenredner und Massenhypnotiseur von den übrigen Politikern lange Zeit nicht ernst genommen und schließlich von Freund und Feind verhängnisvollerweise unterschätzt worden war, den notwendigen Standort gewonnen, um Deutschland nach seinem Bilde umzuwandeln. Kaum jemand im In- und Ausland erwartete, daß der Demagoge und Parteiredner sich im Amt des Regierungschefs bewähren würde. Auch war sich kaum einer weder vor noch unmittelbar nach 1933 bewußt, daß hinter *Hitlers* Programm sein fanatischer Wille stand, dieses Programm auch in die Tat umzusetzen. Um so größer war der psychologische Rückschlag, als die Wirklichkeit seines Verhaltens alles in den Schatten stellte, was die wenigen, die ihn durchschauten, je befürchtet hatten.

Der nationalsozialistische Staat

Nach dem Regierungsantritt begann *Hitler* zielstrebig und mit verblüf-
fender Schnelligkeit, sich die alleinige Macht, die er in der Partei längst
besaß, auch im Reich zu sichern. Dazu war es nötig, Reichswehr,
Polizei und Bürokratie in seine Verfügungsgewalt zu bringen, die Ge-
setzgebungskompetenzen von Reichstag und Reichspräsident zu erlangen, die bisherige Stellung der Länder zu beseitigen, die nicht-national-
sozialistischen politischen und gesellschaftlichen Organisationen zu eli-
minieren und die Opposition in den eigenen Reihen niederzuschlagen.
Um diese Gleichschaltung der staatlichen und gesellschaftlichen Institutionen auf scheinlegalem Wege durchzusetzen, erstrebten die Nationalsozialisten zunächst eine parlamentarische Mehrheit. Diese sollten
die Neuwahlen erbringen, die nach der Reichstagsauflösung vom 1.
Februar 1933 auf den 5. März angesetzt wurden. Um den Wahlsieg zu
sichern, warben die Nationalsozialisten in einer geschickt auf die Sorge
um Deutschlands Zukunft abgestellten Propaganda um das Vertrauen
der Wähler und schalteten gleichzeitig durch Einschränkung der Ver-
sammlungs- und Pressefreiheit mit Hilfe des gesetzlichen Mittels der
von *Hindenburg* bewilligten Notverordnungen und durch Verhaftun-

Der Einparteien-Reichstag

gen die politische Linke noch vor der Wahl aus. Als in der Nacht vom
27. auf den 28. Februar das Reichstagsgebäude in Brand gesteckt
wurde, nutzte die nationalsozialistische Führung die Brandstiftung, um
durch eine weitere Notverordnung, die sogenannte „Verordnung des
Reichspräsidenten zum Schutz von Volk und Staat"[20], praktisch alle
Grundrechte „bis auf weiteres" außer Kraft zu setzen. Auch hatte von
nun an die Reichsregierung die Möglichkeit, die Länderregierungen
durch Reichskommissare zu ersetzen. Damit war der Ausnahmezustand proklamiert und der verfassungsmäßige Zustand beendet. Nun
setzte eine Welle von Verhaftungen, Verboten, Beschlagnahmungen
und Beschränkungen ein, die sich gegen die gegnerischen Parteien, vor
allem aber gegen die Kommunistische Partei richteten. Trotz dieser
Terrormaßnahmen und trotz der von der NSDAP entfachten nationalistischen Begeisterungs- und Aufbruchsstimmung blieb der ganz große
Sieg aus, den *Joseph Goebbels,* der Gauleiter von Berlin, Reichspropa-
gandaleiter und seit Anfang März 1933 Reichsminister für Volksaufklärung und Propaganda, prophezeit hatte. Die NSDAP erhielt nur
43,9% der abgegebenen Stimmen, so daß sie, um den Anschein der
Legalität zu wahren, wiederum eine Koalition mit der Deutschnationa-
len Volkspartei eingehen mußte. Mit dem Stimmenanteil von 8% dieser
Partei hatte die neue Regierung eine knappe Mehrheit.
Der zweite entscheidende Schritt *Hitlers* zur Festigung seiner Macht
war ein Ermächtigungsgesetz, das er in den Reichstag einbrachte.
Dieses verfassungsändernde Gesetz, zu dessen Zustandekommen zwei
Drittel der Stimmen der Abgeordneten benötigt wurden, sollte der
Reichsregierung für vier Jahre die Gesetzgebung übertragen und ihr
damit Handlungsfreiheit gewähren. In einer relativ gemäßigten, die
Lauterkeit seiner Absicht unterstreichenden Rede versprach *Hitler*
dem Reichstag, von dem Gesetz „nur insoweit Gebrauch zu machen,
als es zur Durchführung der lebensnotwendigen Maßnahmen erforderlich ist. Weder die Existenz des Reichstages noch der Reichsrat soll
dadurch bedroht sein. Die Stellung und die Rechte des Herrn Reichspräsidenten bleiben unberührt ... Der Bestand der Länder wird nicht
beseitigt, die Rechte der Kirchen werden nicht geschmälert, ihre Stellung zum Staat nicht geändert."[21] Diese speziell an die Adresse der
Zentrumspartei gerichteten Zugeständnisse ließen deren Fraktionsfüh-
rung hoffen, durch die Vorleistung der Gesetzeszustimmung die nationalsozialistische Regierung für spätere katholische Interessenforderun-
gen geneigt zu machen. Gegen die Stimmen der Sozialdemokraten mit
denen der bürgerlichen Parteien angenommen, hob das Gesetz alle
Schranken auf, die die Weimarer Verfassung der Macht der Regierung
gezogen hatte, setzte dem parlamentarischen Leben in Deutschland ein

Ende und gab *Hitler,* der nicht daran dachte, seine Zusagen zu halten, freie Bahn zur Durchführung seines Programms.

Eine Woche nach Verabschiedung des Ermächtigungsgesetzes wurde durch ein erstes Gesetz zur Gleichschaltung der Länder mit dem Reich die Neubildung der Länderparlamente und Gemeindevertretungen nach dem Ergebnis der Reichstagswahl vom 5. März verfügt. Bereits am 7. April folgte das zweite Gesetz, das allen Länderregierungen die an Führerweisungen gebundenen Reichsstatthalter, die bereits Anfang März eingesetzt worden waren, überordnete. Am 30. Januar 1934 schließlich wurden die Länderparlamente beseitigt und die Länderregierungen vollends der Reichsleitung unterstellt. Damit war Deutschland erstmals in seiner Geschichte zum zentralisierten Einheitsstaat geworden.

Auch die Parteien wurden verboten oder zur Selbstauflösung gezwungen, ihre Vermögen beschlagnahmt. An die Stelle der Gewerkschaften trat die Deutsche Arbeitsfront. In ihr waren zur angeblichen Sicherung des Arbeitsfriedens Arbeitnehmer und Arbeitgeber zusammengeschlossen, denen Streiks und Aussperrungen untersagt wurden. Übrig blieb die „einzige politische Partei, die Nationalsozialistische Deutsche Arbeiterpartei"[22] mit ihren angeschlossenen Verbänden, die mit Gesetz vom 1. Dezember 1933 als „mit dem Staat unlöslich verbunden"[23] zum einzigen politischen Willensträger im Reich erklärt wurde.

Damit war nach den Worten *Hitlers* die Revolution abgeschlossen und sollte in das „sichere Bett der Evolution"[24] hinübergeleitet werden. „Die personelle Verquickung von Partei-, Staats- und Verwaltungsämtern wurde zum zusehends verwirklichten nationalsozialistischen Herrschaftsprinzip."[25] Dazu hatte das „Gesetz zur Wiederherstellung des Berufsbeamtentums" schon im April 1933 den Weg frei gemacht. Es verlangte von allen Beamten ein rückhaltloses Bekenntnis zum neuen Staat und schuf die Voraussetzung, Beamte mit anderem Parteibuch, politisch Mißliebige und alle jüdischen Staatsbeamten fristlos zu entlassen.

So war bereits Ende 1933 die Demokratie der Weimarer Verfassung dem Einparteienstaat gewichen, der im Begriff stand, sich schnell zum totalitären Staat zu entwickeln. Das Kabinett, das einst geglaubt hatte, *Hitler* einbinden zu können, war machtlos, und auch der greise *Hindenburg* sah sich außerstande, diese Entwicklung aufzuhalten.

Alle diese Maßnahmen im ersten Regierungsjahr *Hitlers* waren von zahllosen Gewalttaten begleitet. Das führte im Frühjahr 1934, nachdem *Hitlers* Vizekanzler *Papen* in seiner Marburger Rede Kritik an dem allgemeinen Zustand geübt hatte, zu einer ernsten Krise. *Hitler* glaubte sich bedroht durch den offenbar noch nicht zum Schweigen

gebrachten politischen Konservativismus und durch die innerparteiliche Opposition der SA. Gerade der SA hatte *Hitler* auf seinem Weg
in das Reichskanzleramt viel zu verdanken. Beschäftigungslos geworden, sah sie sich bei der Verteilung der Macht nicht entsprechend
berücksichtigt. Sie forderte immer dringender die zweite Revolution,
die ihr eine ihren Verdiensten angemessene Position im neuen Staatsgefüge einräumen sollte. Ihr eigenwilliger Stabschef, der ehemalige
Reichswehrhauptmann *Ernst Röhm,* war bestrebt, die Reichswehr in
der SA aufgehen zu lassen und die Führung dieser millionenstarken
Milizarmee zu übernehmen. Diesen Plänen aber widersetzten sich
nicht nur die Generäle der Reichswehr, sondern auch die innerparteili-
chen Rivalen *Röhms,* vor allem *Göring, Goebbels* und der Führer der
SS, der sogenannten Schutzstaffeln der Partei, *Heinrich Himmler.* Sie
bestärkten *Hitler* in seinem Entschluß, die neue Armee mit Hilfe der
Reichswehr als Kader aufzubauen und *Röhm* fallenzulassen. Unter
der unbewiesenen Behauptung, *Röhm* habe einen Putsch der SA vorbereitet, ließ *Hitler* die Spitzenfunktionäre der SA und ihren Chef
Röhm durch SS-Einheiten am 30. Juni und 1. Juli 1934 verhaften und
umbringen. Dabei rechneten *Hitler* und seine Gefolgsleute gleichzeitig
auch mit ihren Gegnern außerhalb der Partei ab. Dem Massaker fielen
neben Juden führende oppositionelle oder unerwünschte Persönlichkeiten von der Rechten wie von der Linken, aus konservativen Kreisen, dem Zentrum und der Arbeiterbewegung zum Opfer. Die auf
Anordnung *Hitlers* begangenen Morde wurden nachträglich als
Staatsnotwehr für rechtens erklärt, und im Reichstag bezeichnete sich
Hitler als des deutschen Volkes oberster Gerichtsherr. Als Sieger fühlten sich die Reichswehr und *Himmler* mit seiner SS. Der eigentliche
Sieger aber war *Hitler* selbst. Er hatte einen mächtigen Rivalen abgeschüttelt und sich obendrein die vermeintlichen Sieger zu Dankbarkeit
und Treue verpflichtet.
Einen Monat nach diesem brutalen Geschehen bot der Tod des
Reichspräsidenten *Hitler* die Gelegenheit, die Konzentration der
Macht in seiner Hand zu vollenden. Unter Berufung auf ein am Tage
vor *Hindenburgs* Tod, am 1. August 1934, verkündetes Gesetz vereinigte *Hitler* das Amt des Reichspräsidenten mit dem des Reichskanzlers und ließ die Armee ebenso wie die Richter und Beamten auf seine
Person vereidigen. Als Führer und Reichskanzler war er nun zum alleinigen Inhaber staatlicher und politischer Macht geworden und hatte
bis auf die Armee und die Kirchen alle politischen und gesellschaftlichen Institutionen gleichgeschaltet.
Die Reichswehr, die nach *Hindenburgs* Tod *Hitlers* Oberbefehl unterstellt worden war, hatte sich dem neuen Regime gegenüber nicht nur

loyal gezeigt, sondern sich auch durch ihr Verhalten in der Röhm-Affäre zu *Hitlers* Komplizen gemacht. Dennoch blieben gerade in den Reihen der älteren Offiziere die Ressentiments gegen die National-sozialisten noch am ehesten lebendig. Um so mehr legte es *Hitler* darauf an, diese widerstrebenden Kräfte innerhalb der Armee auszu-schalten. 1938 löste er den Reichswehrminister, Generalfeldmarschall *Werner von Blomberg,* und den Oberbefehlshaber des Heeres, Gene-raloberst *Werner von Fritsch,* auf Grund nichtiger Anklagen und infa-mer Unterstellungen ab, errichtete das ihm direkt unterstellte Ober-kommando der Wehrmacht, das den drei Oberbefehlshabern der Wehrmachtsteile und dem Generalstab übergeordnet war, und übte so persönlich die Befehlsgewalt über die Reichswehr aus.

Gegenüber den Kirchen verhielt sich *Hitler* scheinbar zurückhaltend. Wenngleich er stets an seiner Überzeugung festhielt, daß Nationalso-zialismus und Christentum unvereinbar seien, und er von seinem Ziel, das Christentum in Deutschland mit Stumpf und Stiel auszurotten, nicht abwich, so suchte er aus taktischen Gründen jedoch eine offene Konfrontation zunächst zu vermeiden. Unter dem Schlagwort der „Entkonfessionalisierung des öffentlichen Lebens"[26] drängte *Hitler* auf die Ausschaltung des politischen Katholizismus, der ihn in der Zeit vor 1933 bekämpft hatte. Eine Übereinkunft mit dem Vatikan sollte die deutschen Katholiken gefügig machen, den Katholizismus als poli-tischen Faktor vernichten und gleichzeitig die für die innere und äußere Konsolidierung des neuen Regimes so wichtige Anerkennung ein-bringen.

Tatsächlich kam der Abschluß des Konkordats mit dem Heiligen Stuhl schon am 20. Juli 1933 zustande. Allerdings erwies es sich sehr bald, daß *Hitler* nicht daran dachte, die großen Zugeständnisse zu halten, die er in diesem Vertrag der katholischen Kirche dafür, daß diese sich aus der Politik zurückzog, im Schulbereich, im kirchlichen Vereinsleben und in der Seelsorge- und Jugendarbeit gemacht hatte. Im Gegenteil, als er die drängenden Aufgaben der innenpolitischen Machtsicherung und der Aufrüstung gelöst glaubte, nahm er den offenen Kampf auf, ließ Priester und oppositionelle Gläubige verfolgen, veranstaltete Schauprozesse und schloß zahlreiche Klöster und Klosterschulen.

Die 28 evangelischen Landeskirchen versuchte *Hitler* auf dem Weg der Gesetzgebung gleichzuschalten. Dies schien um so eher möglich, als die überwiegende Mehrheit der evangelischen Christen mit der nationalso-zialistischen Bewegung und der Errichtung des neuen Regimes sympa-thisiert hatte. Auch war die evangelische Kirche gegenüber den ideolo-gischen Angriffen der Nationalsozialisten weniger gefeit als die ka-tholische mit ihrer festgefügten Hierarchie. Die Auseinandersetzung um die Reinerhaltung des evangelischen Bekenntnisses spaltete dann auch nach 1933 die Kirche in eine hitlerhörige zentralistische Reichskirche und eine um ihre geistige Selbstbehauptung und organisatorische Unabhängigkeit ringende „Bekennende Kirche". Von Männern wie dem Berliner Pfarrer und einstigen U-Boot-Kapitän *Martin Niemöller* und dem württembergischen Landesbischof *Theophil Wurm* geführt, widersetzten sich die Anhänger der „Bekennenden Kirche" entschieden den staatlichen Zwangsmaßnahmen. Sie protestierten gegen die Zerstörung des Rechtsstaates durch Konzentrationslager und Gestapo, gegen die Knebelung der Presse und der Meinungsfreiheit. Selbst die Verhaftung zahlreicher Pfarrer und Gemeindemitglieder vermochte den Widerstand dieser Christen nicht zu brechen. Dennoch, obgleich es *Hitler* nicht gelang, die Kirchen gleichzuschalten, für den inneren Bestand des Dritten Reiches stellten sie – da die Großzahl ihrer Mitglieder sich aus freien Stücken oder notgedrungen anpaßte – keine Gefahr dar.

Die Anpassung vollzog sich ganz allgemein rascher, als selbst die Nationalsozialisten erwartet hatten. Nachdem die Führer der Sozialdemokraten und der Kommunisten entweder ins Ausland geflohen waren, in den Konzentrationslagern gefangen saßen oder von den Nationalsozialisten ermordet worden waren, legte *Hitler* es darauf an, die Massen ihrer Anhänger für die nationalsozialistische Bewegung zu gewinnen oder sie wenigstens von der Richtigkeit und Überlegenheit seines Weges zu überzeugen. Dies gelang ihm um so eher, als er die drückende Arbeitslosigkeit erfolgreich bekämpfte, indem er die Reform- und Ankurbelungspläne aus der Zeit der Wirtschaftskrise vor 1933 ins Werk setzte und damit den sechs Millionen Arbeitslosen Arbeit schuf. Anstelle der Brüningschen budgetären und monetären Stabilität expandierte *Hitler* und nahm, begünstigt durch den Beginn eines leichten Konjunkturaufschwungs, mit großer Energie umfangreiche Arbeitsbeschaffungsmaßnahmen in Angriff. Bereits im Juni 1933 stellte der Reichsfinanzminister Arbeitsschatzanweisungen im Gesamtbetrag von einer Milliarde Reichsmark bereit, die vom Reich, den Ländern und den Gemeinden für den Bau von Straßen, Versorgungsleitungen, Autobahnen, Brücken, Kanälen, Flußregulierungen, Parteibauten, den Wohnungsbau und auch von Privaten für Um- und Erweiterungsbauten ausgegeben werden sollten. Ende 1936 war die Arbeitslosigkeit beseitigt. Inzwischen war auch die Rüstungsindustrie angelaufen, die so viele Arbeitskräfte benötigte, daß Arbeiter aus dem Ausland herangezogen werden mußten. Da der Übergang von der Depression zu einem bescheidenen Wohlstand ohne Inflation erreicht wurde, Löhne und Preise stabil blieben, war es nicht verwunderlich, daß an die Stelle der einstigen Rat- und Hoffnungslosigkeit Zuversicht und Selbstvertrauen traten. Angesichts dieser Erfolge wuchs die Integrationswilligkeit breiter Bevölkerungsschichten in den neuen Staat, um so mehr, als sich in weiten Kreisen des Volkes die Überzeugung gebildet hatte, daß man in einer großen Zeit lebe, einer Zeit, in der sich die Nation wieder eine. Auch änderte sich das soziale Klima. Von der Sozialisierung, die der *Strasser*-Flügel einst gefordert hatte, war nicht mehr die Rede. Die Unternehmer behielten als „Wirtschaftsführer"[27] die Leitung der Betriebe, wurden aber gleichzeitig von der „Deutschen Arbeitsfront" und den seit Januar 1934 eingesetzten „Treuhändern der Arbeit", die „für die Erhaltung des Arbeitsfriedens zu sorgen"[27] hatten, unter Druck gesetzt, mit dem Ziel, für ihre „Gefolgschaft"[27] bessere Arbeitsbedingungen zu schaffen – schönere Arbeitsplätze, sanitäre Einrichtungen, Anlagen im Fabrikgelände und dergleichen. Wenn auch der Zusammenschluß von Unternehmern, Angestellten und Arbeitern in der „Deutschen Arbeitsfront" und die gesetzlich dekretierte Betriebsgemeinschaft die kapitalistischen Grundlagen und Funktionsweisen der Betriebe lediglich überformt, nicht aber geändert hatten, so wurde das Betriebsklima im ganzen doch besser und rückte das Klassenkampfdenken in den Hintergrund. Selbstverständlich galten alle diese Maßnahmen dem „gemeinen Nutzen von Volk und Staat"[27], dem Auf- und Ausbau des Systems also und mit der Steigerung der Kapazitäten in der Produktionsgüter- und Schwerindustrie letztlich der Vorbereitung zur Realisierung der außenpolitischen Ziele Hitlers. Im Interesse dieser machtpolitischen Zielsetzung beschränkte das Regime die unternehmerische Entscheidungsfreiheit und verlangte von den Unternehmern bedingungslose Kooperation, beließ ihnen aber freie Verfügungsmacht und Gewinnaneignung.

Die Umstellung auf eine konsequente Autarkie- und Kriegswirtschaftspolitik kam auch der Landwirtschaft zugute. So viel wie möglich sollte auf eigener Scholle erzeugt werden. Allerdings wurden auch hier Art und Umfang des Anbaus, die Menge der abzuliefernden Produkte und der Preis vorgeschrieben, so daß die getroffenen Maßnahmen letztlich dem Staat, nicht aber der Einnahmeerhöhung der Landwirte dienten. Auch das zur Aufrechterhaltung einer bestimmten Betriebsgröße erlassene „Reichserbhofgesetz" vom 29. September 1933, das für alle Höfe „in der Größe von einer Ackernahrung (7,5 ha) bis höchstens 125 ha"[28] die ungeteilte Übergabe an einen Anerben sowie die Unveräußerlichkeit und die Unbelastbarkeit festlegte, verhinderte zwar die Verschuldung, hemmte andererseits aber auch die Möglichkeit der Kapitalaufnahme zur Rationalisierung der Betriebe.

Arbeitsbeschaffung, Aufrüstung und Sanierung jedoch erforderten Summen, die über Steuern und Anleihen nicht zu beschaffen waren. Außerdem mußte bei gedrosseltem Export der für die Rüstungsindustrie notwendige Rohstoffimport bezahlt werden. Für beides schuf *Hjalmar Schacht* 1933 die Investitionshilfe des von der Reichsbank garantierten „Mefo-Wechsels"[29], dessen Rückzahlung 1938 beginnen sollte. Da die Produktion von Rüstungsgütern die für die Rückzahlung notwendigen Einnahmen aber nicht erbrachte und *Hitler* keine Rückzahlungsmittel zur Verfügung stellte, blieben diese Wechsel Wechsel auf die Zukunft, die *Hitler* nach dem „Endsieg" auf Kosten der besiegten Völker einzulösen versprach.

Der nach totaler Herrschaft strebende Staat begnügte sich nicht mit der Eroberung der staatlichen und wirtschaftlichen Machtpositionen, sondern verfolgte von Anfang an das Ziel, jede Volksschicht von der absoluten Macht des Führers abhängig zu machen und sie nicht nur materiell, sondern auch geistig in das System einzubinden. Zu diesem Zwecke schuf der Nationalsozialismus eine Fülle riesiger Organisationen, die alle Lebensbereiche umfassen und überwachen sollten. „Es muß ein Wille sein, und es muß ein Wille führen"[30], verkündete der Reichsinnenminister *Wilhelm Frick* und nannte als Grundlage für das auf den Führer ausgerichtete Organisationsgefüge die zu blindem Gehorsam verpflichtete Partei, die mit Blockwart und Zellenwart in alle Haushalte eindrang und jede Regung des Volkslebens zu kontrollieren suchte. „Für die Nationwerdung des deutschen Volkes"[30] sorgten neben der Partei aber auch die übrigen NS-Organisationen, die alle Alters- und Berufsgruppen erfaßten: die Jugendorganisationen wie das Deutsche Jungvolk, die Hitlerjugend, der Bund Deutscher Mädel, der NS-Studentenbund und der Reichsarbeitsdienst; die Parteigliederungen wie die SA, SS und das NS-Kraftfahrerkorps; die NS-Berufsorganisationen wie die Deutsche Arbeitsfront, der NS-Dozentenbund, der NS-Juristenbund, der NS-Ärztebund, der NS-Lehrerbund, der Reichsnährstand und die Reichskulturkammer; die Frauenverbände wie die NS-Frauenschaft und das Deutsche Frauenwerk; die Wohlfahrtsverbände wie die NS-Volkswohlfahrt und das Winterhilfswerk und schließlich die für die Freizeitbetreuung zuständige NS-Gemeinschaft „Kraft durch Freude".

Besondere Aufmerksamkeit richtete der neue Staat auf die Kontrolle des kulturellen Lebens. Organisiert in der Reichskulturkammer mit ihren Verzweigungen der Pressekammer, Schrifttumskammer, Musikkammer, Theaterkammer und Filmkammer, unterlag die geistige und kulturelle Arbeit einer Zensur, die *Goebbels* im Sinne der nationalsozialistischen Ideologie rücksichtslos handhabe, indem er jede freie Bewegung erstickte und jede Möglichkeit der Kritik ausschloß. Künst-

Bücherverbrennung, 10. Mai 1933

lern und Wissenschaftlern jüdischer Herkunft blieb die Aufnahme in die Kulturkammer und damit die Berufsausübung versagt. Alle modernen Kunstrichtungen und Wissenschaftszweige wurden als entartet oder undeutsch bezeichnet und verboten, das deutsche Kulturleben sollte „von allem schädlichen und unerwünschten Schrifttum rein"[31] erhalten werden. In öffentlicher Bücherverbrennung wurde alles „Undeutsche" dem Feuer übergeben.[32] Ruhmvolle Namen, die Deutschland als führende Kulturnation ausgewiesen hatten, erschienen auf den „Schwarzen Listen" der Reichskulturkammer: bildende Künstler wie *Ernst Barlach, Max Beckmann, Otto Dix, Erich Heckel, Ernst Ludwig Kirchner, Paul Klee, Käthe Kollwitz, Oskar Kokoschka, Franz Marc, Emil Nolde;* Schriftsteller und Dichter wie *Bert Brecht, Alfred Döblin, Franz Kafka, Heinrich Mann, Thomas Mann, Franz Werfel, Carl Zuckmayer, Stefan Zweig;* Komponisten wie *Paul Hindemith, Arnold Schönberg,* berühmte Regisseure und Architekten. Stattdessen förderte man Maler, Bildhauer und Schriftsteller, die den heroischen Monumentalismus und das arteigene und rassenbewußte Kunstschaffen des Regimes vertraten. Auch an den Hochschulen gewannen zunehmend gesinnungstreue Professoren Einfluß, und immer mehr bekannte, insbesondere jüdische Gelehrte verließen Deutschland. Die Schulen schließlich wurden angewiesen, nach den Maßstäben der nationalsozialistischen Ideologie „den politischen Menschen zu bilden, der in allem Denken und Handeln dienend und opfernd in seinem Volke wurzelt und der Geschichte und dem Schicksal seines Staates ganz und unabtrennbar zuinnerst verbunden ist"[33].

Die eigentliche Machtgrundlage für den sich so bildenden Führerstaat war der Stimmungswechsel, der sich bei der Mehrheit des Volkes zwischen der Machtübernahme durch *Hitler* am 30. Januar und dem Sommer 1933 vollzogen hatte. Sie billigte Hitlers Herrschaft jetzt nicht nur, sondern war auch bereit, den diese Herrschaft begleitenden Terror hinzunehmen. Dieser aber wütete hinter der pomphaften Fassade der Parteitage, in denen „Größe und Erhabenheit" zur Schau gestellt wurden. So füllten sich die Konzentrationslager mit Menschen, die als angeblich unzuverlässige oder feindliche Elemente von Spitzeln und Funktionären dem „Reichssicherheitsdienst" des Reichsführers SS oder der Geheimen Staatspolizei angezeigt wurden oder schon vorher auf deren „schwarzen" Listen verzeichnet waren. Jeder ordentlichen Gerichtsbarkeit entzogen, waren sie auf Gedeih und Verderb der SS und den Polizeiorganen ausgeliefert, die ihren vermeintlichen Verrat an der Volksgemeinschaft willkürlich und unbarmherzig bestraften. Mit bisher unbekannter Konsequenz entwickelte die Hitlersche Diktatur ein System des Grauens, dem in erster Linie die Juden zum Opfer fielen.

Diffamiert, entrechtet und aus der Volksgemeinschaft ausgestoßen, ausgeplündert, verfolgt und schließlich vernichtet, waren die Juden von Anfang an dem fanatischen Haß *Hitlers* schutz- und hilflos ausgesetzt. Eingeleitet wurde die „Lösung des Judenproblems" bereits am 1. April 1933 durch den Boykott von jüdischen Geschäften, Arztpraxen und Anwaltskanzleien. Wenige Tage später wurden die ersten jüdischen Beamten entlassen. Es folgten die Nürnberger Gesetze vom 15. September 1935, durch die den Juden die staatsbürgerlichen Rechte entzogen und Eheschließungen und außerehelicher Verkehr mit Ariern verboten wurden. Die rigorose Verfolgung begann schließlich am 9. November 1938 mit einem von *Goebbels* organisierten und von der SA durchgeführten Pogrom, in dessen Verlauf jüdische Geschäfte geplündert, nahezu alle Synagogen zerstört und 91 Personen jüdischer Herkunft ermordet wurden. 26 000 Juden hatte man verhaftet und in Konzentrationslager eingeliefert. Die Berufsverbote wurden nun auf alle jüdischen Ärzte, Anwälte, Gewerbetreibenden und Handwerker ausgedehnt. Ausnahmegesetze verboten den Juden den Besuch von öffentlichen Schulen, Universitäten, Kinos, Theatern, Konzerten, Ausstellungen und Badeanstalten ebenso wie den Kauf und Besitz von Kraftwagen, Telefonen, Zeitungen, bestimmten Kleidungsstücken, Wertsachen und Haustieren. Soweit es die harten

Boykott jüdischer Geschäfte, 1. April 1933

Auswanderungsbedingungen zuließen, verließen die Juden das Land, das ihnen seit Generationen Heimat war. Seit dem 1. Oktober 1941 war ihnen aber auch diese Möglichkeit genommen. Die große Abrechnung, die *Göring* schon 1938 angekündigt hatte, die „Endlösung", das unsägliche Morden, ereilte nun die meisten, die bisher noch nicht vertrieben, verschleppt oder umgebracht worden waren.

Dieses Menschheitsverbrechen, das der nationalsozialistische Staat sich und den Nachgeborenen des deutschen Volkes auflud, war der unmittelbare Ausfluß von *Hitlers* wahnwitziger Rassenlehre und seinem abgrundtiefen Judenhaß. Möglich wurde es nicht zuletzt durch die völlige Rechtsunsicherheit, die in dem neuen Staat herrschte. Die auf der Gleichheit aller vor dem Gesetz beruhenden Normen wurden durch nationalsozialistische Grundsätze ersetzt, deren oberster lautete: „Recht ist, was dem Volke nützt". „Wir sehen", so hatte *Göring* am 12. Juli 1934 die Mordaktion vom 30. Juni begründet, „das Recht nicht als etwas Primäres an, sondern das Primäre ist und bleibt das Volk."[34] Was diesem Volke nützte, darüber entschied allein *Hitler*, so daß der Wille des Führers Recht setzte und der Führer selbst – nach *Hitlers* eigener Formulierung – „des deutschen Volkes oberster Gerichtsherr"[35] wurde. Nicht mehr der rechtliche Tatbestand als solcher war entscheidend, sondern die Frage, wer handelte. Diese Rechtsungleich-

heit im völkischen Staat, in dem entsprechend der nationalsozialistischen Weltanschauung Mensch nicht gleich Mensch war, durchbrach
jede Verbindlichkeit geschriebener Rechtsnormen und legte nach Einführung von Sondergerichten und des 1936 neugebildeten Volksgerichtshofes die Urteilsfindung praktisch in die Hand der staatlichen
Gewalt, also letztlich in die Hand *Hitlers*. Zynisch erklärte *Himmler* im
Oktober 1936 vor der Akademie für Deutsches Recht: ,,Wir Nationalsozialisten haben uns... nicht ohne... Recht, das wir in uns trugen,
wohl aber ohne Gesetz an die Arbeit gemacht. Ich habe mich dabei von
vornherein auf den Standpunkt gestellt, ob ein Paragraph unserem
Handeln entgegensteht, ist mir völlig gleichgültig; ich tue zur Erfüllung
meiner Aufgaben grundsätzlich das, was ich nach meinem Gewissen in
meiner Arbeit für Führer und Volk verantworten kann und dem gesun-
den Menschenverstand entspricht. Das Ausland... sprach natürlich
von einem rechtlosen Zustand in der Polizei und damit im Staat.
Rechtlos nannten sie ihn, weil er nicht dem entsprach, was sie unter
Recht verstanden. In Wahrheit legten wir durch unsere Arbeit die
Grundlagen zu einem neuen Recht, dem Lebensrecht des deutschen
Volkes.''[36]

Die Außenpolitik Hitlers von 1933–1938

Dieses Lebensrecht des deutschen Volkes hatte *Hitler* erstmals in
seinem aggressiven und expansiven außenpolitischen Konzept in
,,Mein Kampf'' postuliert, es den Generälen der Reichswehr vier Tage
nach der Regierungsübernahme offen mitgeteilt und am 5. November
1937 wiederholt. Dabei nannte er als vorrangiges Ziel den Kampf
gegen den Friedensvertrag von Versailles und als dessen wichtigste
Voraussetzung den Aufbau der Wehrmacht und die Wiedereinführung
der allgemeinen Wehrpflicht. Sei dies erreicht, so gelte es, ,,neuen
Lebensraum im Osten'' zu erobern und diesen Lebensraum durch
,,rücksichtslose Germanisierung''[37] zu sichern. Bei der Realisierung
dieses so weitreichenden Planes bildete die von *Hitler* lautstark verkündete friedliche Revision des Versailler Vertrages lediglich die sehr
vordergründige erste Etappe. Ihr folgten nach 1937 bis zum Kriegsbeginn 1939 die Arrondierung des Deutschen Reiches zum großdeutschen Nationalstaat, danach der begrenzte Kampf um die Vorherrschaft in Europa und schließlich ab Juni 1941 ,,ein besinnungslos-
blindwütiges Vernichten bis zum bitteren Ende. Alles entsprang dem
gleichen Geist, das letzte Stadium war im ersten angelegt. *Hitler* hat nie
daran gedacht, an irgendeiner Stelle einzuhalten und sich zu bescheiden.''[38]

Seine leichten Erfolge zu Beginn verdankte *Hitler* einmal der allgemeinen weltpolitischen und europäischen Lage in den dreißiger Jahren, zum anderen der tiefverwurzelten Friedensliebe der Westmächte, die – innerlich unsicher gegenüber den Diktaturen *Hitlers* und *Mussolinis* – hofften, durch Nachgiebigkeit einen Konflikt mit Deutschland vermeiden zu können. Der Zusammenstoß Chinas und Japans im Fernen Osten, die Parteinahme Rußlands, der USA und Englands im Japanisch-chinesischen Krieg für das von *Tschiang Kai-schek* geführte China, die anwachsende nationale Widerstandsbewegung Indiens gegen die englische Herrschaft, die auch die Entwicklung in den französischen Besitzungen in Hinterindien und den niederländischen Kolonien beeinflußte, kamen *Hitlers* Berechnungen ebenso entgegen wie der italienische Eroberungskrieg in Abessinien und der Spanische Bürgerkrieg.

Psychologisch geschickt baute *Hitler* seine Außenpolitik auf den von den Alliierten des Ersten Weltkrieges verleugneten Idealen der Abrüstung und der Selbstbestimmung auf. Dabei ging er taktisch so vor, daß er immer und überall den deutschen Friedenswillen beteuerte, gleichzeitig die Beseitigung des Unrechts von Versailles forderte und schließlich durch einseitiges Vorgehen vollendete Tatsachen schuf.

Zunächst gewann *Hitler* einen beachtlichen Prestigeerfolg, als er im Juli 1933 dem auf Initiative *Mussolinis* zustande gekommenen Vier-Mächte-Vertrag zwischen Italien, Frankreich, England und Deutschland über Verständigung und Zusammenarbeit beitrat und kurz darauf das Konkordat mit dem Heiligen Stuhl abschloß. Sodann nahm er den Anspruch seiner Vorgänger auf Rüstungsgleichheit Deutschlands mit den übrigen Großmächten wieder auf. Da diese zögerten, ihre Streitkräfte auf das Niveau Deutschlands zu reduzieren und dem Reich die völlige Gleichberechtigung zu geben, bestand er auf der Aufhebung der Kontrollen über das deutsche Militär. Diesem Begehren widersetzte sich Frankreich mit Nachdruck und kam damit *Hitlers* Absicht entgegen, sich aus den Verpflichtungen, die *Stresemann* und *Brüning* eingegangen waren, zu entwinden und jene Handlungsfreiheit zu gewinnen, deren er zur weiteren Verfolgung seiner Pläne bedurfte.

Ende 1933 erklärte *Hitler* den Austritt Deutschlands aus der Abrüstungskonferenz und aus dem Völkerbund, begründete sein Vorgehen mit der Unzumutbarkeit der deutschen Zurücksetzung und ließ sich in einer manipulierten Volksbefragung diesen Schritt vom deutschen Wähler bestätigen.

Gleichzeitig begann *Hitler* mit der geheimen Wiederaufrüstung und suchte der Gefahr einer außenpolitischen Isolierung durch zweiseitige Abkommen zu begegnen. Am 26. Januar 1934 schloß er mit Polen

einen Konsultativ- und Freundschaftspakt, der für die Dauer von 10
Jahren einen bewaffneten Zusammenstoß ausschließen sollte. Dies
bedeutete für beide Seiten eine überraschende Abkehr von der bisherigen Politik, beruhigte das durch das Wiedererstarken Deutschlands
bedrohte Polen, sicherte die deutsche Ostflanke und trieb zugleich
einen Keil in das französische Sicherheitssystem in Osteuropa. Frankreich antwortete mit eifrigen Bemühungen zur Festigung der Kleinen
Entente zwischen der Tschechoslowakei, Jugoslawien und Rumänien
und betrieb ihre Verklammerung mit der neuentstandenen Balkan-
entente zwischen Griechenland, Jugoslawien, Rumänien und der Türkei. Außerdem näherte Frankreich sich der Sowjetunion, die im September 1934 in den Völkerbund eintrat, und schloß mit ihr im Mai
1935 einen Beistandspakt. Überdies vereinbarten Frankreich und Italien im Januar 1935 insgeheim, daß Italien die österreichischen Grenzen gegen Deutschland verbürge und Frankreich ihm dafür Zugeständnisse in Afrika mache.
Die durch die diplomatischen Erfolge Frankreichs bedingte Einengung
der außenpolitischen Bewegungsfreiheit *Hitlers* konnte durch die
Rückgewinnung des Saargebietes entscheidend aufgelockert werden.
Gemäß dem Versailler Vertrag fand hier am 13. Januar 1935 eine
Volksabstimmung statt, bei der sich 91% der Saarbevölkerung zu
Deutschland bekannten. Die nationale Hochstimmung dieses Abstim-
mungsergebnisses, der gleichzeitige Beginn der englischen Wiederaufrüstung und die Verlängerung der Dienstzeit in Frankreich von 18
Monaten auf zwei Jahre ermutigten *Hitler,* am 9. März 1935 öffentlich
den bereits in vollem Zug befindlichen Wiederaufbau der deutschen
Luftwaffe anzukündigen und am 16. März die allgemeine Wehrpflicht
einzuführen. Diese einseitige Aufkündigung der Versailler Rüstungsbeschränkungen begleitete er mit neuen Friedensbeteuerungen, die er
im Mai in einer Reichstagsrede durch den Vorschlag ergänzte, zweiseitige Nichtangriffsverträge abzuschließen. In dieser Rede erklärte er
u. a.: ,,Deutschland hat Frankreich gegenüber feierlich die nach der
Saarabstimmung sich ergebende Grenze angenommen und garantiert.
Deutschland hat mit Polen ohne Rücksicht auf das Vergangene einen
Gewaltausschließungsvertrag abgeschlossen, als einen weiteren mehr
als wertvollen Beitrag zum europäischen Frieden, den es nicht nur
blind halten wird, sondern von dem wir nur den einen Wunsch haben
einer stets aufs neue zu erfolgenden Verlängerung und einer sich
daraus immer mehr ergebenden freundschaftlichen Vertiefung unserer
Beziehungen. Wir taten dies alles, obwohl wir damit zum Beispiel
endgültig auf Elsaß-Lothringen Verzicht leisten, ein Land, um das auch
wir zwei große Kriege führten. Wir taten es aber, um besonders dem

eigenen deutschen Volk für die Zukunft neue blutige Opfer zu ersparen...“[39]

Auf die Proteste Englands, Frankreichs und Italiens, die sich in Stresa verpflichtet hatten, allen weiteren einseitigen Schritten Deutschlands gemeinsam entgegenzutreten, folgten jedoch keinerlei Gegenmaßnahmen, so daß *Hitler* sich ermutigt fühlte, auf dem eingeschlagenen Weg fortzuschreiten. Als England dann am 18. Juni 1935 mit Deutschland ein Abkommen über die gegenseitigen Flottenstärken schloß, zerbrach die mühsam geschlossene Eindämmungsfront von Stresa und offenbarte vollends die Unentschlossenheit und Zerfahrenheit der westlichen Außenpolitik. England hatte so als erste Großmacht die deutsche Wiederaufrüstung als vollendete Tatsache hingenommen und *Hitler* in der Hoffnung bestärkt, die Briten aus der Front seiner Gegner herauslösen zu können. In der Tat leitete dieser Vertrag, durch den die englische Regierung ein englisch-deutsches Wettrüsten zur See auszuschließen gedachte, die deutsch-englische Verständigung ein und ermöglichte *Hitler* die Erfolge der nächsten drei Jahre.

Die Haltung Englands und die Veränderung der politischen Lage in Europa durch den Krieg Italiens in Abessinien veranlaßte *Hitler,* den nächsten Schritt zu wagen. Am 7. März 1936 ließ er zur Wiederherstel-

Wiederbesetzung des entmilitarisierten Rheinlands, März 1936

lung der deutschen Souveränität gegen die Warnungen seiner militärischen und politischen Ratgeber Truppen in die entmilitarisierte Rheinlandzone einmarschieren und kündigte den Locarno-Pakt. *Hitler* rechtfertigte den Schritt durch den Hinweis auf das französisch-sowjetische Bündnis, das er als einen Bruch der Locarno-Bestimmungen bezeichnete, und gab sich erneut in einer Reichstagsrede den Anschein des friedliebenden Politikers, der zwar „für die deutsche Gleichberechtigung zu kämpfen" entschlossen ist, der umgekehrt aber auch bereit ist, „für die Notwendigkeit einer europäischen gegenseitigen Rücksichtnahme und Zusammenarbeit"[40] einzutreten. Wiederum begnügten sich die Westmächte mit bloßen Protesten. Die französische Regierung, die zunächst an einen Einmarsch ins Rheinland dachte, sah davon ab, als der französische Generalstab dies nur bei einer allgemeinen Mobilmachung für durchführbar hielt, und England erklärte, nicht in der Lage zu sein, Krieg zu führen. So konnte *Hitler* auf dem Nürnberger Parteitag im September 1936 triumphierend seinen Vierjahresplan für die Aufrüstung und die wirtschaftliche Autarkie Deutschlands ankündigen, in dem er der Armee und der Wirtschaft zur Auflage machte, „in vier Jahren einsatz- und kriegsfähig zu sein"[41].

Während *Hitler* gleichzeitig begann, gemeinsam mit Italien in den Spanischen Bürgerkrieg einzugreifen, und durch einen deutsch-italienischen Vertrag die von *Mussolini* am 1. November 1936 verkündete Achse Berlin-Rom begründete, schloß er mit Japan am 25. November 1936 den gegen die Sowjetunion gerichteten Antikomintern-Pakt ab, dem Italien ein Jahr darauf beitrat.

Mit der Überwindung der politischen Isolierung glaubte *Hitler* die Ausgangspositionen für eine aktive deutsche Ostpolitik gewonnen zu haben. Am 5. November 1937 teilte er dem Reichskriegsminister, dem Außenminister und den drei Oberbefehlshabern des Heeres, der Luftwaffe und der Kriegsmarine mit, es sei nun an der Zeit, daß Deutschland sein Lebensraumproblem endgültig löse. Dies könne, so heißt es in der nachträglichen Niederschrift dieser Zusammenkunft, „nur durch Brechen von Widerstand und unter Risiko vor sich gehen..." Das erste Ziel sei, „die Tschechei und gleichzeitig Österreich niederzuwerfen..., um die Flankenbedrohung eines etwaigen Vorgehens nach Westen auszuschalten"[42]. Das genaue Datum für den deutschen Angriff nach Osten hänge von den politischen Ereignissen der kommenden Monate und Jahre ab, doch sei er fest entschlossen, bis spätestens 1943/45 loszuschlagen, weil nur bis dahin Deutschland einen genügenden Rüstungsvorsprung besitze.[42]

Zwei Wochen danach erschien der britische Geheimsiegelbewahrer und spätere Außenminister, Lord *Edward Halifax,* in Deutschland und unterredete sich mit *Hitler.* Dabei soll *Halifax* laut dem Bericht von Außenminister Baron *von Neurath* geäußert haben, „man glaube englischerseits nicht, daß der *Status quo* unter allen Umständen aufrechterhalten werden müsse. Zu den Fragen, bei denen Änderungen wahrscheinlich früher oder später eintreten würden, gehörten Danzig, Österreich und die Tschechoslowakei. England sei nur daran interessiert, daß solche Änderungen im Wege friedlicher Entwicklung zustande kämen."[43] *Hitler* entnahm diesen Äußerungen, daß die englische Regierung ihm bei Grenzveränderungen im Osten und Südosten keine grundsätzlichen Schwierigkeiten bereiten werde, änderte seinen ursprünglichen Zeitplan und beschloß, Österreich zu besetzen.

In Österreich, das 1918 und 1932 den Anschluß an das Deutsche Reich gesucht hatte, war es nach dem Scheitern des deutsch-österreichischen Zollunionplanes von 1931 zu erbitterten Kämpfen zwischen den Sozialdemokraten und der sich auf die Heimwehren des Innenministers Fürst *Ernst Rüdiger von Starhemberg* stützenden katholischen Rechtsströmung gekommen. Die Folge war, daß die Regierung des Kanzlers *Engelbert Dollfuß* sich immer stärker einer Diktatur annäherte und bald in erbitterten Gegensatz zu den vom Deutschen Reich unterstützten österreichischen Nationalsozialisten geriet. Am 25. Juli 1934 führte ein mißglückter nationalsozialistischer Putschversuch in Wien zur Ermordung von *Dollfuß.* Da *Mussolini* – zu diesem Zeitpunkt noch ein unbedingter Gegner des Anschlusses – sofort italienische Truppen am Brenner aufmarschieren ließ, leugnete *Hitler* im nachhinein jede Verbindung mit den Verschwörern. Der Gegensatz zwischen den deutschen Nationalsozialisten und dem Nachfolger von *Dollfuß,* dem christlich-sozialen *Kurt von Schuschnigg,* verstärkte sich, als dieser versuchte, die Unabhängigkeit Österreichs zu erhalten. Durch die Zurückhaltung Englands und die Hinwendung Italiens zu Deutschland verlor *Schuschnigg* jedoch jeden außenpolitischen Rückhalt, so daß er sich bei einer Zusammenkunft mit *Hitler* in Berchtesgaden im Februar 1938 gezwungen sah, einem außenpolitischen Zusammengehen mit dem Reich und der Aufnahme von Nationalsozialisten in seine Regierung zuzustimmen. In dem Bestreben, Österreichs staatliche Integrität zu erhalten, plante *Schuschnigg* eine Volksabstimmung, die er am 9. März ankündigte. Sie sollte den Österreichern die Möglichkeit geben zu entscheiden, ob Österreich als ein freies und deutsches, unabhängiges und soziales, christliches und einiges Land weiter bestehen sollte. Damit aber lieferte er Österreich an *Hitler* aus. Ein deutsches Ultimatum erzwang am 11. März den Rücktritt des Kanzlers und die Übernahme der Regierung durch den nationalsozialistischen Innenminister, *Arthur von Seyss-Inquart.* Dieser wurde von *Göring* telephonisch angewiesen, um die Entsendung deutscher Truppen zu ersuchen, damit die angeblich von den Sozialisten bedrohte öffentliche Sicherheit gewährleistet werden könne. In der Nacht vom 11. auf den 12. März marschierten deutsche Truppen in Österreich ein und vollzogen, ohne auf Widerstand zu stoßen, unter dem begeisterten Jubel der Bevölkerung den Anschluß. Wien wurde zur Provinzialhauptstadt der deutschen Ostmark, und eine Volksabstimmung billigte mit 99% Stimmenmehrheit den Zusammenschluß beider Länder. Wenngleich auch die allgemeine Hochstimmung in Österreich in wenigen Jahren einer bitteren Enttäuschung wich, so erschien den Zeitgenossen diese politische Aktion *Hitlers* doch im Augenblick als sein größter Erfolg. Der begeisterte Widerhall spiegelte die nationale Genugtuung wider, die die Deutschen über die Erfüllung ihres seit Vollzug der kleindeutschen Entscheidung von 1866 lebendig gebliebenen Wunsches nach der Errichtung eines gesamtdeutschen Reiches empfanden. Daß der Anschluß Österreichs ohne Eingreifen der europäischen Mächte vor sich gegangen war, vermochten viele kaum zu fassen.

Der leicht errungene Erfolg spornte *Hitler* an, alsbald sein zweites Ziel anzugehen, das er an den Anfang seiner Lebensraumpolitik gesetzt hatte. Unter dem Vorwand, den seit 1919 schwelenden Streit um die 3,5 Millionen Sudetendeutschen lösen zu wollen, die nach dem Ersten Weltkrieg zwangsweise in den neugegründeten tschechoslowakischen Staat eingegliedert worden waren, begann er über die von dem Bankbeamten und Turnlehrer *Konrad Henlein* geführte Sudetendeutsche Partei auf die Prager Regierung Druck auszuüben. Die sudetendeutsche Minderheit erhielt den Auftrag, durch überzogene Forderungen an den tschechisch-slowakischen Staat den Volkstumskampf zu verschärfen. *Henlein* gehorchte und verlangte in den sogenannten acht Karlsbader Punkten volle Autonomie, freie Agitationsmöglichkeit für die „deutsche Weltanschauung" und Wiedergutmachung für das seit 1919 erlittene Unrecht. Die Prager Regierung lehnte ab und verfügte die Teilmobilmachung. Die in der darauffolgenden akuten Kriegspsychose ausgesprochenen britischen und französischen Warnungen an *Hitler,* daß ein deutscher Angriff auf die Tschechoslowakei ernste Folgen nach sich ziehen werde, ließen den Eindruck entstehen, als habe ihre Intervention den Krieg vermieden. *Hitler* fühlte sich herausgefordert, verkündete in einer Weisung an die Wehrmacht: „Es ist mein unabänderlicher Entschluß, die Tschechoslowakei in absehbarer Zeit durch eine militärische Aktion zu zerschlagen"[44] und befahl, den Einmarsch auf den 1. Oktober vorzubereiten.

Hitlers unverhüllte Aggressionspläne aber stießen bei dem Generalstabschef des Heeres, Generaloberst *Ludwig Beck,* ebenso wie bei dem

Chef des Stabes der Seekriegsleitung, Vizeadmiral *Günther Guse,* auf entschiedene Ablehnung. *Beck* erklärte, daß es gelte, „einen Krieg gegen die Tschechei abzuwenden, der in seinen Auswirkungen zu einem Weltkrieg führen muß, der das *finis Germaniae* bedeuten würde", und sprach die dringende Bitte aus, „den Obersten Befehlshaber der Wehrmacht zu veranlassen, die von ihm befohlenen Kriegsvorbereitungen einzustellen"[45]. Um an der sich anbahnenden Katastrophe nicht mitschuldig zu werden, trat *Beck* zurück. Sein Nachfolger General *Franz Halder* bereitete im Kontakt mit der Oppositionsgruppe des Auswärtigen Amtes und dem Leiter der militärischen Abwehr, Admiral *Wilhelm Canaris,* einen Staatsstreich gegen Hitler vor, unterrichtete gleichzeitig die britische Regierung von diesen Absichten und forderte sie auf, *Hitler* zu widerstehen. *Halifax* und der britische Premierminister *Arthur Neville Chamberlain* aber glaubten, nur auf dem Wege der Verständigung den Frieden retten zu können. Als sich die Krise verschärfte, *Hitler* auf dem Nürnberger Parteitag am 12. September eine Intervention des Reiches zum Schutze der Sudetendeutschen androhte und *Henlein* die Parole „Heim ins Reich" verkündete, eilte *Chamberlain* nach Deutschland und gestand *Hitler* die Bereitschaft Englands zu, für die Abtrennung der Sudetendeutschen und ihre Angliederung an das Reich einzutreten. Der Premier war dazu um so eher bereit, als der Bericht des britischen Unterhaus-Abgeordneten Lord *Walter Runciman* die tatsächliche Benachteiligung der Minderheiten im tschechoslowakischen Staatsgefüge aufgezeigt und in realistischer Beurteilung der Situation die Abtretung empfohlen hatte. Nachdem *Chamberlain* auch Frankreich für diesen Entschluß gewinnen konnte, zwangen beide Staaten die Prager Regierung, sich in das scheinbar Unvermeidliche zu schicken.

Selbst hiernach aber konnte ein Krieg in Europa nur mit knapper Not vermieden werden. Bei einem nachfolgenden Treffen zwischen *Chamberlain* und *Hitler* forderte dieser ultimativ die sofortige Übergabe der sudetendeutschen Bezirke und verlangte darüber hinaus, daß Prag die von Polen und Ungarn geforderten Gebiete gleichfalls abtrete. Die Tschechen lehnten diese Bedingungen in der Hoffnung auf westmächtliche Rückendeckung empört ab, so daß der Krieg jetzt unabwendbar schien. Da erreichte in letzter Stunde die von England erbetene Hilfe *Mussolinis,* daß *Hitler* einer Konferenz der vier Großmächte in München zustimmte. In einem Abkommen einigten sich *Chamberlain, Daladier, Mussolini* und *Hitler* über die sofortige Abtretung der sudetendeutschen Teile durch die Tschechoslowakei und ihre Vereinigung mit Deutschland. Außerdem erhielt die Prager Regierung von England und Frankreich eine Garantie der neuen Grenzen ihres Staates, der

Das Münchner Treffen im September 1938 (v. links: Chamberlain, Daladier, Hitler, Mussolini, Graf Ciano)

sich Deutschland und Italien nach Regelung der Frage der polnischen und ungarischen Minderheiten anzuschließen versprachen.

Chamberlain, der mit *Hitler* noch eine deutsch-britische Nichtangriffs- und Konsultationserklärung abgegeben hatte, war überzeugt, daß dieses Ergebnis die Konzessionen an *Hitler* und damit die von ihm vertretene Politik des ,,appeasement", d. h. den Versuch, *Hitler* durch Zugeständnisse in Schranken zu halten, rechtfertigen würde und verkündete bei seiner Rückkehr nach London den ,,Frieden für unsere Zeit"[46]. Er glaubte *Hitlers* Versicherung, ,,daß es – wenn dieses Problem gelöst ist – für Deutschland in Europa kein territoriales Problem mehr gibt. Und... daß in dem Augenblick, in dem die Tschechoslowakei ihre (Minderheiten) Probleme löst,... friedlich und nicht durch Unterdrückung"[47], er dann am tschechischen Staat nicht mehr interessiert sei.

Das Nachgeben der Westmächte löste in Deutschland und ganz Europa Erleichterung aus. Ein dauerhafter Friede schien vielen erreicht und die Besorgnis der deutschen Heerführer nicht gerechtfertigt. Auch war ja mehr als die Forderung nach einem großdeutschen Nationalstaat erfüllt worden. *Hitlers* Stellung aber erschien unangreifbarer denn je. Frankreich, dessen Bündnissystem zusammengebrochen war, fand sich ebenso wie England mit der neu entstandenen Lage ab. Sie hatten sich aus der östlichen Hälfte Europas zurückgezogen und nahmen die deutsche Vormachtstellung auf dem Kontinent hin. Scheinbar mit

Recht konnte *Hitler* den Deutschen zurufen: „Ich habe die uns 1919 geraubten Provinzen dem Reich wieder zurückgegeben, ich habe Millionen von uns weggerissenen, tiefunglücklichen Deutschen wieder in die Heimat geführt, ich habe die tausendjährige historische Einheit des deutschen Lebensraumes wiederhergestellt, und ich habe... mich bemüht, dieses alles zu tun, ohne Blut zu vergießen und ohne meinem Volk oder anderen daher das Leid des Krieges zuzufügen."[48]

Entfesselung des Zweiten Weltkrieges

Weit davon entfernt, das Errungene zu festigen, drängte *Hitler* zu dem immer wieder nächsten Schritt, um den Lebensraum, auf den er aus war, endlich zu gewinnen. Dabei scheute er sich nun nicht mehr, von seiner bisherigen außenpolitischen Linie abzurücken und die Maske des nur auf Gerechtigkeit und Frieden bedachten Staatsmannes fallen zu lassen. Er fühlte sich jetzt stark genug, dem deutschen Volk und der Welt den ersten offenen Aggressionsakt zuzumuten. Ermuntert durch *Hitler,* forderten die Polen und Ungarn die Herausgabe der von ihren Minderheiten bewohnten Gebiete der Tschechei, die Slowakei proklamierte ihre Unabhängigkeit, und *Hitler* liquidierte den Rest. Damit wurde der imperialistische, strategisch-militärische Charakter seiner Politik vor aller Welt offenbar. Ernüchtert und erschrocken stellten die westlichen Regierungschefs fest, daß sie mit einem Manne verhandelt hatten, der sein Wort nicht hielt, weil es ihm nichts ausmachte, als Lügner entlarvt zu werden. Und selbst der italienische Gesinnungsgenosse, Außenminister und Schwiegersohn *Mussolinis,* Graf *Galeazzo Ciano,* erkannte in *Hitler* jetzt einen treulosen und unzuverlässigen Partner, mit dem man nicht zusammenarbeiten könne. Die Besetzung Prags durch deutsche Truppen am 15. März 1939, die *Hitler* wie im Falle Österreichs mit erpresserischen Mitteln, u. a. durch die Androhung, die Hauptstadt aus der Luft zu zerstören, erzwungen hatte, und die Umwandlung dieses Staates in das Protektorat Böhmen und Mähren waren der eklatante Bruch einer freiwillig eingegangenen europäischen Regelung. Gleichzeitig bedeutete die Zerschlagung der „Rest-Tschechei" aber auch den völligen Bankrott der von den Westmächten geduldig und lange verfolgten Beschwichtigungspolitik und brachte die Wende in der europäischen Politik.

Chamberlain, der sich persönlich betrogen fühlte, setzte nun alles daran, Verteidigungspositionen gegen eine mögliche neue Aggression *Hitlers* aufzubauen. In einer Rede in Birmingham am 17. März 1939 rückte er von seiner Appeasementpolitik ab und kündigte angesichts der Gefahr, jeden Einfluß in Europa zu verlieren, kurz darauf im Unterhaus die Bereitschaft Englands an, die bisher stets verweigerte Garantie für den Bestand Polens zu leisten. Dieser Garantieerklärung schloß sich Frankreich an. Auch Rumänien, Griechenland und die Türkei erhielten entsprechende Zusagen. Die damit von den Westmächten eingegangenen Verpflichtungen stellten *Hitler,* falls er nicht von weiteren Gewaltmaßnahmen abließ, vor das Risiko eines allgemeinen Krieges. *Hitler* aber wollte immer noch nicht erkennen, daß die Westmächte nun ernstlich entschlossen waren, ihm entgegenzutreten. Vor Befehlshabern der Wehrmacht äußerte er: ,,Unsere Gegner sind kleine Würmchen. Ich sah sie in München.''[49] In seiner Geringschätzung gegenüber England und Frankreich bestärkt durch seinen dilettantischen Außenminister, den Nationalsozialisten, ehemaligen Handelsvertreter und Botschafter in London, *Joachim von Ribbentrop,* der im Februar 1938 den konservativen Berufsdiplomaten *Konstantin von Neurath* abgelöst hatte, hoffte er bis zuletzt, daß sowohl England als auch Frankreich sich wie bisher einem entschiedenen deutschen Vorgehen beugen und vor einem Krieg zurückscheuen würden. Dennoch war er fest entschlossen, das Risiko eines großen Krieges einzugehen und die deutsch-polnische Frage unter allen Umständen aufzugreifen.

Bereits nach Lösung der Sudeten-Krise im Oktober 1938 hatte die Reichsregierung mit Warschau Gespräche begonnen, die eine ,,Generalbereinigung'' aller Reibungsmöglichkeiten zwischen Deutschland und Polen herbeiführen sollten. Das von Deutschen bewohnte Danzig sollte wieder dem Reich eingegliedert und durch zwei exterritoriale Verkehrswege mit Deutschland verbunden werden. Als Gegenleistung erklärte sich Berlin bereit, alle wirtschaftlichen Rechte Polens in Danzig anzuerkennen, in der Stadt einen Freihafen zur Verfügung zu stellen, die übrigen Grenzen Polens zu garantieren und einen Nichtangriffspakt für die Dauer von fünfundzwanzig Jahren abzuschließen. Im März 1939 präzisierte *Hitler* seine Wünsche aufs neue, diesmal in drohendem Ton. Warschau lehnte entschieden ab in der Überzeugung, zwischen den unversöhnlich scheinenden Gegnern Deutschland und Rußland seine Integrität wahren zu können. Ermutigt durch die britische Beistandsverpflichtung ordnete es am 23. März 1939 eine Teilmobilisierung an. Diese Haltung bestätigte *Hitler,* daß die polnische Regierung, die bereits zuvor durch ihren Botschafter in Berlin hatte erklären lassen, ein Festhalten an den deutschen Plänen bedeute Krieg, nicht wie die Tschechoslowakei kapitulieren werde. Daraufhin erhielt die Wehrmachtsführung den Befehl, den Feldzug gegen Polen vorzubereiten. Seine alte Taktik beibehaltend, versicherte *Hitler* gleichzeitig öffentlich, daß er lediglich eine Rückgliederung Danzigs und eine exterritoriale Autobahn durch den polnischen Korridor nach Ostpreußen anstrebe. Nach der Zerstörung der internationalen Vertrauensbasis glaubte ihm dieses Mal jedoch kein europäischer Staatsmann mehr. Tatsächlich bekannte *Hitler* kurz darauf vor den Oberbefehlshabern der Wehrmacht: „Danzig ist nicht das Objekt, um das es geht. Es handelt sich für uns um die Arrondierung des Lebensraumes im Osten."[50]

Um der außenpolitischen Front seiner Gegner zu begegnen, schloß *Hitler,* nachdem er den deutsch-polnischen Vertrag von 1934 und das deutsch-englische Flottenabkommen von 1935 aufgekündigt hatte, mit Dänemark, Estland und Lettland Nichtangriffspakte sowie mit Italien einen Militärpakt, den sogenannten Stahlpakt. Sodann versuchte er mit *Stalin,* seinem weltanschaulichen Erzfeind, ins Einvernehmen zu kommen.

Da sich nur mit Hilfe der Sowjetunion Deutschland im Zaum halten ließ, fiel Moskau in diesen ganzen Auseinandersetzungen eine Schlüsselrolle zu. *Chamberlain,* der die mit Frankreich verbündete Sowjetunion während der langen tschechoslowakischen Krise beharrlich umgangen hatte, war Mitte April 1939 erstmals an die russische Regierung mit dem Vorschlag herangetreten, durch eine einseitige Garantie der Westgrenzen Polens und Rumäniens an der Verteidigung Osteuropas mitzuwirken. *Stalin* jedoch forderte eine Ausdehnung der Beistandsverpflichtungen auch auf die Baltikumstaaten sowie ein umfassendes östliches Verteidigungsbündnis, das die Verpflichtungen der Sowjetunion und der Westmächte genau festlege. Auf Drängen Frankreichs einigte man sich endlich am 24. Juli über ein politisches Abkommen, dessen Inkrafttreten aber von dem vorherigen Abschluß eines Militärvertrages abhängig gemacht wurde. Da weigerten sich sowohl die Polen als auch die Rumänen, den Russen im Falle eines Krieges das Durchmarschrecht durch ihre Länder einzuräumen, so daß die Verhandlungen scheiterten. Diese Lage benutzte nun *Hitler,* um sich mit Rußland zu verständigen und damit einen Zweifrontenkrieg nach dem Beispiel des Ersten Weltkrieges auszuschließen. Nach ersten geheimen Besprechungen über einen deutsch-russischen Handelsvertrag setzte er am 23. August *Ribbentrops* Entsendung nach Moskau durch, der noch am gleichen Tag einen deutsch-russischen Wirtschafts- und Nichtangriffspakt unterzeichnete. Die Nachricht von diesem Pakt überraschte die Welt um so mehr, als *Hitler* den Bolschewismus neben dem Judentum stets als Weltfeind behandelt und rücksichtslos angegriffen hatte. Daß nun *Stalin,* der seinerseits in scharfen Kampagnen gegen den Faschismus und Hitler-Deutschland zu Felde gezogen war, *Hitler* die Lage schaffen half, die ihm den Angriff auf Polen ermöglichte, war in der Tat verblüffend. Dabei kannte im Augenblick der öffentlichen Bekanntmachung des Freundschaftspaktes noch keiner das geheime Zusatzprotokoll, in dem die deutsch-sowjetischen Interessensphären in Osteuropa abgegrenzt, die baltischen Länder als sowjetische Einflußgebiete bezeichnet, Polen im voraus aufgeteilt und das Interesse Rußlands an Bessarabien anerkannt wurden. Damit hatte *Hitler* der Vormacht des Bolschewismus ganz Osteuropa preisgegeben und der Sowjetunion die Grenzen angeboten, die sie dann auch künftig als ihre rechtmäßigen Westgrenzen ansah.

Obwohl Warschau, London und Paris zunächst verstört waren, revidierten sie ihre Haltung nicht. Im Gegenteil, ein am 25. August abgeschlossener britisch-polnischer Beistandspakt zeigte ihre Entschlossenheit, der Herausforderung Berlins zu begegnen. Als gleichzeitig *Mussolini Hitler* mitteilte, daß Italien nicht kriegsbereit sei, verschob *Hitler* den bereits auf den 26. August festgelegten Angriff auf Polen. Noch einmal bemühte er sich, in den folgenden Tagen England davon abzubringen, einen deutschen Angriff auf Polen als Bündnisfall anzusehen und London vom Kriegseintritt abzuhalten. Sein scheinbares Eingehen auf die englischen Wünsche, in letzter Minute direkte Verhandlungen mit Polen aufzunehmen, dienten jedoch lediglich dazu, die eigene

Nach der Unterzeichnung des deutsch-russischen Nichtangriffspakts in Moskau, 23. August 1939 (v. links: Ribbentrop, Stalin, Molotow)

Verantwortung zu verschleiern. Zur gewaltsamen Lösung drängend, erteilte er am 31. August 1939 den Befehl, Polen anzugreifen.
In der Frühe des darauffolgenden Tages fielen die deutschen Truppen ohne Kriegserklärung in Polen ein. Zwei Tage später übermittelten Großbritannien und Frankreich ihre Kriegserklärungen an Deutschland. Nun hatte *Hitler* den Krieg, den er schon ein Jahr zuvor gerne gehabt hätte. Was er im Mai 1939 voller Zynismus als Möglichkeit dargestellt hatte, war Wirklichkeit geworden. Die Brücken waren abgebrochen, Deutschland konnte sich nicht mehr billig loskaufen, „es handelt sich nicht mehr um Recht oder Unrecht, sondern um Sein oder Nichtsein von achtzig Millionen Menschen"[51].
In voller Kenntnis der Gefahr, einen zweiten Weltkrieg heraufzubeschwören, hatte *Hitler* den Angriff auf Polen eröffnet und damit bewußt den Krieg ausgelöst, den er von Anfang an zur Erreichung seines wahnwitzigen illusionären Ziels, den Deutschen neuen Lebensraum zu schaffen, als notwendig angesehen hatte. Vorbereitet durch den Vertrag von Versailles, der Millionen Deutsche aus dem deutschen Staatsverband ausschloß, möglich geworden durch die Nachgiebigkeit der Westmächte, die geglaubt hatten, die Dynamik des Nationalsozialismus durch die Beschwichtigungs- und Einrahmungspolitik aufhalten und eindämmen zu können, abgesegnet durch *Stalins* Freibrief und schließlich erzwungen und entfesselt durch die gewalttätige Hybris *Hitlers*, stürzte die Welt nur 20 Jahre nach dem Drama des Ersten Weltkrieges in neuerliches Verderben.

14 Der Zweite Weltkrieg und das Ende des Dritten Reiches

1939 Feldzug gegen Polen – Stellungskrieg im Westen – Russisch-finnischer Krieg

1940 Besetzung von Dänemark, Norwegen, Belgien, Niederlande und Frankreich – Kriegseintritt Italiens – Italienischer Angriff auf Griechenland

1941 Deutsche Besetzung der Balkanhalbinsel – Einfall in die Sowjetunion – Atlantik-Charta – Pearl Harbour und Kriegseintritt der Vereinigten Staaten von Amerika

1942 Krise des U-Boot-Krieges – Beginn der Zerstörung deutscher Städte – Niederlage des Afrikakorps – Landung der Alliierten in Nordafrika

1943 Konferenz von Casablanca – Forderung *Roosevelts* nach bedingungsloser Kapitulation – Katastrophe von Stalingrad – Landung der Alliierten in Sizilien und Italien – Sturz *Mussolinis* – Zurückdrängung der Japaner – Konferenz von Teheran

1944 Landung der Alliierten in der Normandie – Feldzug in Frankreich, Belgien und Südholland – Höhepunkt des Luftkrieges – Attentat auf *Hitler* – Ardennenoffensive

1945 Eindringen der Alliierten in Deutschland – Konferenz von Jalta – Eroberung Berlins – Selbstmord *Hitlers* – Deutsche Kapitulation – Abwurf der ersten Atombombe und Kriegsende in Japan

Kriegsereignisse bis zum Angriff Deutschlands auf Rußland

Mit dem Überfall auf Polen begann jene Phase in *Hitlers* Außenpolitik, die die Welt, so wie er sie haben wollte, umgestalten, den Lebensraum, von dem er träumte, schaffen, die Besiegten dauernd unterwerfen und schließlich eine Weltherrschaft errichten sollte. „Der Lebensraum, der staatlichen Größe angemessen, ist die Grundlage für jede Macht. Eine Zeit lang kann man Verzicht leisten, dann aber kommt die Lösung der Probleme so oder so."[1] Dies hatte er im Frühsommer 1939 seinen

Generälen erklärt und hinzugefügt, daß weitere Erfolge „ohne Blut-
einsatz nicht mehr errungen werden können." Die Deutschen aber
„hatten *Hitler* nicht gewählt, damit er ihnen Krieg brächte." Sie hatten
ihn gewählt, „damit er sie von den Qualen der Wirtschaftskrise erlö-
ste... Aber nachdem *Hitler* einmal da war und seine Macht gesichert
hatte, konnte er tun, was er wollte."[2] Allerdings war die Etablierung
eines Großdeutschen Reiches durchaus im Sinne der Deutschen. Die
Konzeption des Lebensraumes aber erschien den Nachdenklichen als
ein Anachronismus, der die industrielle Revolution vergaß oder verdrängte, denn Wohlstand und Macht hingen nicht mehr wie zur Zeit
des Feudalismus von der Größe des Bodenbesitzes ab, sondern vom
Stand der Technologie, für die die Größe des Lebensraumes belanglos
ist. Auch hatte sich, wie General *Ludwig Beck* schon 1937 einwandte,
„die Bevölkerungslage als solche in Europa seit tausend Jahren und
länger so stabilisiert,... daß weitgehende Änderungen ohne schwerste
und in ihrer Dauer nicht abzusehende Erschütterungen"[3] nicht erreicht
werden konnten. Diese Erschütterungen schreckten *Hitler* jedoch
nicht ab. Im Gegenteil, allen Einwänden seiner militärischen Berater
zum Trotz, war er fest entschlossen, gerade sie zu provozieren. Dabei
war ihm die Gefährlichkeit seiner Pläne sehr wohl bewußt und auch
seine machtbesessenen Paladine sahen schaudernd das Risiko. Hatte

Kriegsausbruch, 1. September 1939: Münchner während der Übertragung der
Hitler-Rede

doch *Göring* nach Eintreffen der englischen Kriegserklärung spontan geäußert: „Wenn wir diesen Krieg verlieren, dann möge uns der Himmel gnädig sein."[4] Und die Menschen in Deutschland beschlich das gleiche beängstigende Gefühl. Sie wollten den Krieg nicht. Tiefe Niedergeschlagenheit hatte sich ihrer schon bemächtigt, als in der Sudeten-Krise 1938 ein Krieg auszubrechen drohte. Damals hatte der englische Botschafter, *Sir Neville Henderson,* aus Berlin berichtet: „Die Stimmung geht entschieden gegen den Krieg"[5], und als *Chamberlain* und *Daladier* nach München gekommen waren, um den Frieden zu retten, hatten die Münchner beide Staatsmänner spontan hochleben lassen. Die Kriegsbegeisterung, die die Nation einst beim Ausbruch des Ersten Weltkrieges zusammengeführt hatte, wollte sich auch nach München nicht einstellen, trotz der planmäßig betriebenen Hetze gegen die Polen, die man anprangerte, die deutschen Brüder in Westpreußen und Schlesien zu verfolgen und zu knechten. Nicht nur, daß *Hitler* jahrelang vom Frieden geredet hatte und sich das Volk nun nicht so schnell psychologisch umstellen ließ. Der Schrecken des ersten großen Krieges war dem Gedächtnis auch noch zu nah, als daß man die Wirklichkeit eines neuerlichen europäischen Krieges zu fassen vermochte. Ängstlich und scheu hofften viele, wie der schwedische Industrielle *Birger Dahlerus* bezeugte, bis zum letzten Augenblick, daß der Krieg sich doch noch vermeiden ließe. „Alle wirkten wie scheue Tiere vor einer drohenden Gefahr."[6] Und dennoch, obgleich die Menschen in Deutschland „wie Schafe" waren, „die zur Schlachtbank geführt werden"[5], als der Krieg ausbrach, taten sie, was *Henderson* vorhergesehen hatte: Sie marschierten und gehorchten den Befehlen *Hitlers.* Gänzlich vom Ausland abgeschlossen, ohne Nachrichten von draußen, verhetzt durch die von *Goebbels* zensierten Presse- und Rundfunkmeldungen, eingeschüchtert durch die allgegenwärtige Gestapo und obwohl in ihrem Vertrauen auf den Führer und dessen vielbetonte Sorge um ihr Wohl betrogen, erfüllten sie trotzdem das, was sie als ihre Pflicht ansahen. So verbanden sie sich auf Gedeih und Verderb mit dem Schicksal des Mannes, der am Ende der Tragödie, als das Volk endlich die ihm von *Hitler* zudiktierte Selbstzerstörung verweigerte, die Deutschen verriet und sein Verdikt fällte: „Wenn das deutsche Volk einmal nicht mehr stark und opferbereit genug ist, sein Blut für seine Existenz einzusetzen, so soll es vergehen und von einer anderen, stärkeren Macht vernichtet werden. Ich werde dem deutschen Volk keine Träne nachweinen."[7]
Zunächst jedoch sah es so aus, als würde *Hitlers* Entschluß zum Krieg die Kette seiner Erfolge fortsetzen. Polen, das fest auf den Beistand der Westmächte gerechnet hatte, brach in wenigen Wochen zusammen. Vom Westen und dem nördlichen Ostpreußen durch das technisch und

taktisch weit überlegene, von Panzerverbänden und Luftwaffe unterstützte deutsche Heer angegriffen, mußten die polnischen Truppen
überall weichen. Auch unterblieb der von den Polen erwartete und
erbetene Entlastungsschlag der Westmächte, so daß das Land hilflos
dem deutschen Angriff ausgesetzt blieb und überdies durch das Eingreifen Rußlands sich an zwei Fronten verteidigen mußte. Abgedrängt
von Warschau, wurde die Hauptmacht der polnischen Armee im
Weichselbogen vernichtet, Warschau durch Bombenangriffe zerstört
und am 27. September 1939 zur Kapitulation gezwungen. Ein Tag
danach traf *Ribbentrop* mit dem sowjetischen Außenminister *Wjatscheslaw Molotow* zusammen und besiegelte die Teilung Polens. Die
östliche Landeshälfte, die zwei Drittel des Staates umfaßte, wurde nun
der Sowjetunion angeschlossen. Die ehemals deutschen bzw. österreichischen Teile Polens, die Industriegebiete des Westens, annektierte
Deutschland, fügte sie als die Gaue Westpreußen und Wartheland dem
Reich ein und unterstellte das Gebiet um Krakau einem deutschen
Generalgouverneur.

Während die unter *Himmlers* Befehl stehenden sogenannten Einsatzgruppen der SS in den von der kämpfenden Truppe eroberten Gebieten begannen, die polnische Intelligenz zu verfolgen und zu liquidieren
sowie die Juden zu erschießen oder in die neuerrichteten Ghettos in
Lodz und in Warschau abzutransportieren, dehnte die Sowjetunion
ihre militärische Herrschaft auf die Staaten Estland, Lettland und
Litauen aus. Gleichzeitig forderte *Stalin* Stützpunkte auf finnischem
Boden und griff, als die finnische Regierung sich diesen Wünschen
widersetzte, am 30. November 1939 Finnland an. In dem nun folgen-
den Winterkrieg leisteten die Finnen, von *Hitler* im Stich gelassen, aber
unterstützt durch die materielle Hilfe der Amerikaner, Engländer,
Franzosen und selbst der Italiener erbitterten Widerstand. Als dann im
Frühjahr 1940 England und Frankreich sich anschickten, in die
Kämpfe gegen die zwischenzeitlich aus dem Völkerbund ausgeschlos-
sene Sowjetunion einzugreifen, brach *Stalin* aus Furcht, seine günstige
Stellung zwischen den kriegführenden Großmächten zu verlieren, den
Kampf ab. Im Frieden von Moskau vom 12.März 1940 verlor Finnland
die Karelische Landenge, ebenso Teile von Ostkarelien und durch
Pachtvertrag das zur Sicherung Leningrads von den Russen begehrte
Hangö.

Nach dem Sieg über Polen richtete *Hitler* am 6. Oktober 1939 in einer
Reichstagsrede ein Friedensangebot an England und Frankreich auf
der Basis des Erreichten. Die Westmächte, die sich im Falle der Annahme dieser Offerte jeden Einflusses auf die Gestaltung der europäischen Machtverhältnisse begeben hätten, lehnten ab. Da auch die

Friedensbemühungen Belgiens, der Niederlande und Rumäniens sowohl von den Engländern als auch von den Deutschen verworfen wurden, entschied sich *Hitler,* offensiv zu werden. Seine nächsten Aktionen richteten sich indessen nicht, wie ursprünglich beabsichtigt, gegen Westen, sondern gegen Norden.

England und Frankreich hatten bis zu diesem Zeitpunkt den Krieg nicht aktiv geführt. Unzureichend gerüstet, ohne die geringste Lust, sich zu schlagen, verschanzten sich die Franzosen vorderhand in ihrer 1930 erbauten Maginot-Linie und beschränkten ihre Kriegsanstrengungen auf gelegentliche Luftstreifzüge in das nahegelegene deutsche Grenzgebiet. Die Briten entsandten ihre verfügbaren, ausgebildeten Kampftruppen nach Frankreich, leiteten im eigenen Land neue Ausbildungsprogramme ein, ersuchten Australien und Neuseeland, Truppen zur Verteidigung des Suezkanals bereitzustellen, und trachteten zur See die Zufuhren nach Deutschland zu unterbinden. Dabei erlitten sie durch die Überlegenheit der deutschen U-Boote große Verluste. Zur Abdichtung ihrer Seeblockade plante die englische Flottenleitung die norwegischen Küstengewässer zu verminen und Militär in Narvik zu landen. Diesem Unternehmen kam *Hitler* um wenige Stunden zuvor. In einer überfallartigen Besetzung Norwegens und Dänemarks brachte er beide Länder in seine Gewalt und sicherte sich dadurch die für die Rüstungsindustrie unentbehrlichen schwedischen Erzlieferungen.

Noch während deutsche Truppen in Norwegen gegen norwegische und die in der Zwischenzeit gelandeten englischen Verbände kämpften, eröffneten deutsche Heere die Offensive im Westen. Unter Nichtachtung der Neutralität drangen sie in die Niederlande, in Belgien und Luxemburg ein, zwangen – nachdem Rotterdam durch einen Fliegerangriff verwüstet worden war – die niederländische Armee zur Kapitulation und rückten gegen die belgischen, französischen und englischen Divisionen über die Maas und über die Somme zur Kanalküste vor. Nach 18 Tagen streckten auch die Belgier die Waffen. Die im Norden stehenden französischen und englischen Kräfte zogen sich auf einen Brückenkopf um Dünkirchen zurück, wurden eingekesselt, entgingen aber der Vernichtung, weil *Hitler* den Einsatz der deutschen Panzerdivisionen nicht zuließ. Im Hinblick auf den Endkampf glaubte er, ein solches Risiko nicht eingehen zu können. So gelang den Engländern „das Wunder von Dünkirchen". Unter Einsatz aller verfügbaren Boote retteten sie den Kern ihrer Berufsarmee und waren dadurch in der Lage, den Kampf fortzusetzen. Als die Deutschen am 4. Juni Dünkirchen einnahmen, konnten sie nur noch die sich ergebenden französischen Verbände gefangennehmen.

Einen Tag später begann der Angriff des deutschen Südflügels. Innerhalb von 15 Tagen waren die Kanalhäfen besetzt, Orléans und Paris genommen und im Südosten die Schweizer Grenze erreicht. Der ostfranzösische Festungsgürtel, die Maginotlinie, wurde von rückwärts aufgerollt, und am 17. Juni bat der neuernannte französische Regierungschef Marschall *Philippe Pétain* Deutschland und Italien, das am 10. Juni in den Krieg eingetreten war, um Waffenstillstand. Er wurde am 22. Juni an dem Ort abgeschlossen, an dem die deutsche Delegation am 11. November 1918 die Waffenstillstandsbedingungen der Ententemächte unterzeichnet hatte, in demselben Eisenbahnwagen im Wald von Compiègne. Das Abkommen war hart und lieferte mehr als die Hälfte von Frankreich mit Paris, dem gesamten Norden und der ganzen Atlantikküste den Deutschen zur Besetzung und Verwaltung aus. Die Franzosen mußten die Besatzungskosten tragen und in der unbesetzten Zone eine deutschfreundliche Regierung einsetzen. Außerdem wurden sie gezwungen, ihre Armee aufzulösen und alle Flotteneinheiten zu demobilisieren.

Pétain errichtete nun in Vichy mit Hilfe der antiparlamentarisch-royalistischen *Action française* ein streng autoritäres Regime, unterwarf alle Bürger einschneidenden Beschränkungen und entzog den Juden den Schutz des Gesetzes. In der Außenpolitik war er zunächst bemüht, weder die Verbindung nach Berlin noch nach London abreißen zu lassen, wurde dann aber durch seinen Ministerpräsidenten *Pierre Laval* immer stärker zu einem Zusammengehen mit den Deutschen gedrängt. Das „Freie Frankreich" aber repräsentierte General *Charles de Gaulle,* der nach London geflohen war und von dort den wachsenden Widerstand der Franzosen lenkte.

Innerhalb weniger Monate war *Hitler* Herr über Europa. Frankreich war geschlagen, England vom Kontinent verdrängt. Norwegen, Dänemark, die Niederlande, Belgien und Luxemburg waren besetzt. Von Gelegenheit zu Gelegenheit vorwärtsschreitend, hatte *Hitler* sein jeweiliges Opfer überrascht und dank eines strategisch überlegenen Führungsstabes, des Masseneinsatzes moderner Waffen, vor allem der Luftwaffe und der Panzer, dazu einer blitzartig vorstoßenden Vorwärtstaktik besiegt. Sein Selbstwertgefühl kannte keine Grenzen mehr. Von nun an glaubte er sich zum Verhängnis der Deutschen jedem militärischen Fachmann überlegen, um so mehr, als seine zweifelnden und oft widerstrebenden Generäle einen solchen Erfolg nie für möglich gehalten hatten.

Ebenso wie nach der Eroberung Polens machte *Hitler* England als dem einzigen noch übriggebliebenen Gegner ein Friedensangebot. Dabei ließ er sich prophetisch vernehmen: „. . . ich bin mir im klaren, daß die Fortführung dieses Kampfes nur mit der vollständigen Zertrümmerung

des einen der beiden Kämpfenden enden wird."[8] *Winston Churchill*
aber, an den das Angebot *Hitlers* gerichtet war, sagte nein. Er, der dem
englischen Volk bei seinem Regierungsantritt am 10. Mai 1940 erklärt
hatte, daß er nichts zu bieten habe „als Blut, Mühsal, Tränen und
Schweiß"[9], war entschlossen, die Leiden des Kampfes auf sich zu
nehmen. Daraufhin traf *Hitler* Vorbereitungen für eine Invasion. Doch
schon nach wenigen Wochen war er gezwungen, seinen Plan, England
zu erobern, aufzugeben. Die Marine sah sich außerstande, die Landung
von 25 bis 40 Divisionen in genügender Breite zu garantieren, während
es gleichzeitig der Luftwaffe nicht gelang, die britische Air Force
auszuschalten. Zwar waren die Zerstörungen durch den im Anfang
August 1940 beginnenden Luftkrieg in Südost-England, in London
und im mittelenglischen Industriegebiet beträchtlich, aber dank der
Luftüberlegenheit der britischen Kampfflugzeuge waren die deutschen
Verluste so groß, daß an die Durchführung des Landeunternehmens
nicht mehr zu denken war. England ging gestärkt aus der akuten Krise
hervor, setzte den Zweifeln an seinem Kampfeswillen ein Ende und
gab den Widerstandsbewegungen in den Niederlanden, in Norwegen
und in Frankreich neue Hoffnung. Auch in den Vereinigten Staaten
war das Vertrauen auf die britische Durchhaltefähigkeit gewachsen, so
daß *Roosevelt* im März 1941 durch ein vom Kongreß beschlossenes
Leih- und Pachtgesetz die Vollmacht erhielt, „Verteidigungsmittel...
für die Regierung jedes Landes zu beschaffen, dessen Verteidigung der
Präsident für die Verteidigung der Vereinigten Staaten für lebenswich-
tig erachtet"[10].

Noch während der Kampf um die Britischen Inseln in vollem Gange
war, glaubte Italien das um seine Existenz ringende England in Ägypten angreifen zu können. Durch sein verspätetes Eingreifen in Frankreich um Ruhm und Lorbeer gebracht, hoffte *Mussolini* nun in Nordafrika über die britischen Kolonialherren zu siegen. Der Angriff scheiterte jedoch, und die Engländer warfen die Italiener weit auf libysches
Gebiet zurück. Erst das von *Hitler* neu aufgestellte deutsche Afrikakorps unter General *Erwin Rommel* zwang die Briten zum Rückzug
nach Ägypten.

In noch größere Not geriet der *Duce* in Griechenland, das er von dem
bereits im April 1939 besetzten Albanien aus, ohne *Hitler* zuvor zu
konsultieren, am 28. Oktober 1940 angriff. Genau wie in Nordafrika,
so blieb auch hier der italienische Vormarsch nach kurzer Zeit stecken.
Die Briten boten den Griechen ihre Hilfe an und landeten im Frühjahr
1941 Truppen zur Unterstützung der griechischen Operation. Da die
Bildung einer britischen Balkanfront *Hitlers* Position in Südosteuropa
gefährdete, entschloß er sich zum Eingreifen. Jugoslawien, das nach

dem Sturz der prodeutschen Regierung Anlehnung an England gesucht hatte, wurde rasch überwältigt, die griechische Armee am 22. April zur Kapitulation genötigt und das englische Korps vertrieben. Deutsche Truppen besetzten Mittelgriechenland, die Peleponnes und Kreta. Nachdem Rumänien, Ungarn, die Slowakei und Bulgarien dem Dreimächtepakt zwischen Deutschland, Italien und Japan schon im November 1940 bzw. im März 1941 beigetreten waren, schien die Vorherrschaft Deutschlands nun auch auf dem Balkan gesichert.

Ausweitung des Krieges

Bis auf die Landung in England, die gar nicht erst versucht wurde, war der gesamte Kontinent mit Ausnahme Schwedens, der Schweiz, Italiens, Ungarns, Bulgariens, Rumäniens, Portugals und Spaniens nun von deutschen Truppen besetzt. Auch waren die Erfolge schnell und leicht errungen worden, schneller und leichter, als es die Zeitgenossen zu Beginn des von Hitler vom Zaun gebrochenen Krieges sich je hatten vorstellen können. Siege und Erfolge aber bedeuteten dem unruhig auf Lebensraum sinnenden *Hitler* nur Übergang oder, wie im Falle des Balkanfeldzuges, der ihm durch das abenteuerliche Vorgehen *Mussolinis* aufgezwungen worden war, Ablenkung von seinem Hauptziel, der Expansion nach Osten.

Mit dem Gedanken, Rußland anzugreifen, hatte sich *Hitler* schon im Sommer 1940 beschäftigt. Den Grundzug seiner damaligen Erwägungen notierte Generalstabschef *Franz Halder* Ende Juli 1940: ,,Englands Hoffnung ist Rußland und Amerika. Wenn Hoffnung auf Rußland wegfällt, fällt auch Amerika weg, weil Wegfall Rußlands eine Aufwertung Japans in Ostasien in ungeheurem Maß mit sich bringt... Ist aber Rußland zerschlagen, dann ist Englands letzte Hoffnung getilgt. Der Herr Europas und des Balkans ist dann Deutschland."[11] Genau wie *Napoleon* glaubte *Hitler* so lange nichts gegen England erreichen zu können, solange es im Osten noch eine bedeutende Militärmacht gab. Auch war er sicher, die Sowjetunion ebenso wie seine früheren Gegner in einem Blitzfeldzug zu schlagen. Die Empfehlungen der Seekriegsleitung, zusammen mit Italien England im Mittelmeerraum zu treffen, Gibraltar, Malta, Alexandrien und den Suezkanal in deutsche Hand zu bringen und gleichzeitig durch die Verschärfung des Seekrieges im Atlantik die britischen Verbindungslinien zu unterbrechen, verwarf *Hitler*. Und was Amerika anlangte, so unterschätzte er dessen industrielles und militärisches Machtpotential ebenso wie das der Sowjetunion. Das Gewicht Japans, mit dem er seit dem 27. September 1940 durch die Erweiterung des deutsch-italienischen Bündnisses zum Dreimächtepakt verbunden war, hielt er für ausreichend genug, die USA aus der Reihe seiner Gegner fernzuhalten. So erteilte *Hitler* im Dezember 1940 der Wehrmacht die Weisung, darauf vorbereitet zu sein, ,,auch vor Beendigung des Krieges gegen England Sowjetrußland in einem schnellen Krieg niederzuwerfen"[12].

Inzwischen hatte sich der politische Bruch zwischen Deutschland und der Sowjetunion bereits vollzogen. Anläßlich eines Besuches des russischen Außenministers *Molotow* in Berlin im November 1940 hatte *Hitler* versucht, den russischen Machtdrang gegen England zu lenken, Vorschläge zur Teilung des britischen Weltreiches gemacht und die Sowjets aufgefordert, dem Dreimächtepakt beizutreten. *Molotow* jedoch bestand auf der Beseitigung der europäischen Reibungsflächen und der Einbeziehung der Türkei, Bulgariens und Finnlands in das sowjetische Einflußgebiet. Dies aber wollte *Hitler* um so weniger zugestehen, als er inzwischen über den seit 1939 erfolgten, von ihm selbst zugestandenen oder stillschweigend geduldeten Ausbau der russischen Machtstellung gegen Finnland, im Baltikum und an der rumänischen Grenze tief beunruhigt war. Zuvor hatte er schon dem verkleinerten Rumänien, das Bessarabien und die Bukowina an Rußland hatte abtreten müssen, seinen neuen Besitzstand garantiert und zur großen Verstimmung *Stalins* ein Militärbündnis mit Finnland abgeschlossen. Die Sowjetunion anzugreifen, dazu aber bestand keinerlei Zwang. Nach dem siegreichen Balkankrieg hatte *Hitler* von Rußland nichts zu fürchten. *Stalin* achtete peinlich darauf, seinen Lieferverpflichtungen an Deutschland korrekt nachzukommen. Auch hatte er die diplomatischen Beziehungen zu Norwegen, Belgien, Jugoslawien und Griechenland abgebrochen und damit die durch *Hitler* geschaffenen europäischen Machtverhältnisse anerkannt. Wenn der deutsche Angriff auf Rußland trotzdem erfolgte, so geschah dies nicht wegen der bestehenden deutsch-russischen Spannungen und auch nicht wegen des noch andauernden Krieges mit England. Er erfolgte, ,,weil Rußland auf *Hitlers* innerer Landkarte immer als deutscher Lebensraum vorgemerkt war und weil in *Hitlers* Zeitplan jetzt ... der Augenblick gekommen war, dieses Hauptstück seines Eroberungsrepertoires in Szene zu setzen"[13].

Der streng geheimgehaltene Aufmarsch im Osten, der Finnland, Rumänien und Bulgarien in deutsche Militärbasen verwandelte, sollte bis zum 15. Mai 1941 beendet sein. Als flankierende strategische Vorbereitungen hatte das Reich auch mit Ungarn, der Slowakei und Kroatien Bündnisse abgeschlossen und gleichzeitig Japan im April 1941 die Möglichkeit eines Konflikts mit der Sowjetunion angedeutet. Um so überraschter war *Hitler,* als wenig später Japan und die Sowjetunion einen Nichtangriffspakt schlossen, den beide Mächte bis zur deutschen Kapitulation 1945 auch einhielten. Nachdem nach der Beendigung der Operationen in Griechenland und Kreta die dort freiwerdenden Truppen abgezogen werden konnten, traf *Hitler* die Entscheidung zum Angriff. Am 22. Juni 1941 ließ er den Russen in Moskau erklären, daß Deutschland nicht länger gewillt sei, der – angeblich – ernsten Bedrohung seiner Ostgrenze tatenlos zuzusehen, und setzte die deutschen Truppen in Marsch.

Mit der in Polen und Frankreich bewährten Strategie schlugen drei deutsche Heeresgruppen an der gesamten Front von Finnland bis zum Kaukasus zu. Sie brachten den Luftbereich unter Kontrolle, durchbrachen und umzingelten die russischen Verteidigungsstellungen, erzielten in wenigen Wochen gewaltige Raumgewinne, nahmen Hunderttausende von überraschten und verwirrten russischen Soldaten gefangen und erbeuteten riesige Mengen an Kriegsmaterial. Das Ziel des deutschen Angriffsstoßes war die Linie Leningrad-Moskau-untere Wolga, deren Eroberung *Hitler* das Getreide der Ukraine, das Öl des Kaukasus und die Vorherrschaft über die Ostsee und das Schwarze Meer gebracht hätte. Doch die Schlammperiode und der bereits Mitte Oktober mit außergewöhnlicher Härte einsetzende russische Winter verwehrten den deutschen Truppen ein weiteres Vordringen, so daß weder Moskau noch Leningrad bezwungen werden konnten. Der Frost legte die deutschen Fahrzeuge und Panzer lahm und brachte der ohne Winterausrüstung ausgerückten Ostarmee schwere Verluste. Als schließlich am 6. Dezember die bereits von *Hitler* als besiegt bezeichnete Rote Armee völlig überraschend zum Gegenangriff ansetzte, kam der deutsche Vormarsch endgültig zum Stehen. Die Russen erzielten tiefe Einbrüche in die deutsche Front. *Hitler* aber widersetzte sich allen Forderungen der Generäle nach einem generellen Rückzug. Er befahl den Widerstand um jeden Preis und ein starres Festklammern an den erreichten Positionen.

Wenige Wochen nach dem deutschen Angriff auf die Sowjetunion hatten die UdSSR und England am 12. Juli 1941 ein Übereinkommen unterzeichnet, das beide Mächte verpflichtete, nur in gegenseitigem Einvernehmen Waffenstillstand oder Frieden zu schließen. Einen Monat später beschlossen *Roosevelt* und *Churchill* an Bord eines Kriegsschiffes das politische Programm der Atlantik-Charta. Sie knüpfte an die Ideen *Wilsons* und an die darauf basierenden, von *Roosevelt* schon am 6. Januar 1941 im amerikanischen Kongreß verkündeten ,,Vier Freiheiten" an, proklamierte erneut das Selbstbestimmungsrecht der Völker, verwarf jegliche Gebietserweiterung und territoriale Veränderung ohne Zustimmung der betroffenen Bevölkerung und stellte der

Welt ein Leben frei von Not und Furcht in Aussicht.[14] Am 11. September erteilte der amerikanische Präsident den amerikanischen Schiffen den Befehl, bei erster Sicht auf deutsche U-Boote zu schießen, und schließlich dehnte er am 6. November das Leih- und Pachtprogramm auf die Sowjetunion aus. Überzeugt, daß nur ein gemeinsames Vorgehen *Hitler* bezwingen könne, war *Roosevelt* fest entschlossen, dem deutschen Diktator von nun an unter Ausnutzung aller Möglichkeiten entgegenzutreten. Aktiv in den Krieg einzugreifen, dazu sah er sich jedoch nicht in der Lage. Die Verfassung und die hergebrachte Neutralität der Vereinigten Staaten standen einem solchen Schritt im Wege. Da beseitigten die Japaner diese Hemmnisse. Ohne Vorwarnung überfielen sie am 7. Dezember 1941 die in Pearl Harbour konzentrierte amerikanische Flotte. *Hitler* hatte, nachdem sich der Kampf gegen Rußland ganz gegen seine Erwartungen als schwierig und langwierig erwies, Japan zu diesem Schritt gedrängt. Nun veranlaßte er sofort die gemeinsame Kriegserklärung Deutschlands und Italiens an die Vereinigten Staaten. Damit nahm er dem kriegswilligen *Roosevelt* die Entscheidung ab, bürdete dem Reich zu den noch unbesiegten Feinden England und Rußland die Gegnerschaft der stärksten Großmacht auf und machte so die deutsche Niederlage unausweichlich.

Nationalsozialistischer Terror und Wende des Krieges

Der Eintritt Amerikas in den Krieg erfolgte in einem Augenblick, in dem der Kampf mit den von *Hitler* nacheinander angegriffenen Mächten die bis zum äußersten angespannten deutschen Kräfte bereits überstieg. Wenngleich die Vereinigten Staaten zum Zeitpunkt der deutschen Kriegserklärung noch keineswegs in der Lage waren, aktiv in das Kriegsgeschehen einzugreifen, so mußte selbst der die westlichen Demokratien stets unterschätzende *Hitler* gesehen haben, daß Deutschland den wirtschaftlichen und militärischen Kraftreserven dieses neuen Gegners hoffnungslos unterlegen war. Da überdies Japan die Sowjetunion um keinen Preis herausfordern wollte und seine Kriegführung ausschließlich auf China und den Pazifik konzentrierte, nützte *Hitler* das Kriegsbündnis mit der ostasiatischen Macht nichts. Im Gegenteil, nachdem die Sowjetunion die deutsche Moskau-Offensive mit Hilfe sibirischer Truppen, die sie von der russisch-japanischen Militärgrenze in der Mandschurei abgezogen hatte, zum Stehen hatte bringen können, wurde deutlich, daß Deutschland und Italien in dem von *Hitler* provozierten Zweifrontenkrieg alleine standen. Außerdem offenbarte die russische Gegenoffensive vom 6. Dezember 1941 Rußlands ungeahnte Reserven an Menschen und Material, die – zur Selbstbehauptung mobilisiert und durch den deutschen Terror gegen die Zivilbevölkerung zum Äußersten entschlossen – den von *Stalin* proklamierten „Großen Vaterländischen Krieg" zu ihren Gunsten entscheiden mußten. „Daß kein Sieg mehr errungen werden konnte"[15], hatte dann selbst *Hitler* am Ende dieses Schicksalsjahres intuitiv erfaßt. Dennoch führte er den Krieg, wohl auch in der Hoffnung, doch noch zu siegen, weiter, der, zum reinen Weltanschauungs- und Vernichtungskrieg geworden, die bisherigen Leiden ins Unermeßliche steigerte.

Schon am 1. März 1942 erklärte *Hitler* „Juden, Freimaurer und die mit ihnen verbundenen weltanschaulichen Gegner" zu „Urhebern des jetzigen gegen das Reich gerichteten Krieges"[16] und forderte als kriegsnotwendige Aufgabe ihre planmäßige Bekämpfung. Getreu seiner Lebensraum- und Rassentheorie hatten auch die Russen, wie vor ihnen die Polen, schon zu Beginn des russischen Feldzuges *Hitlers* Vernichtungswillen erfahren. Anstatt die politischen Chancen zu nutzen und den Völkern des Ostens, die die deutschen Truppen teilweise begrüßten, unter der Parole der Freiheit Selbstverantwortung und Autonomie zu geben, um dafür ihre Unterstützung im Kampf gegen die ihnen verhaßte Diktatur *Stalins* zu gewinnen, lieferte *Hitler* die Bevölkerung der eroberten Gebiete seinen Einsatzgruppen aus. Ebenso waren für *Hitler* die russischen Kriegsgefangenen nur slawische Untermenschen, die zu schonen sein Germanisierungsprogramm und das von ihm in Anspruch genommene Ausbeutungsrecht der Herrenrasse nicht zuließen. Zum Helotendasein verurteilt, hatte – wie der despotische Reichskommissar der Ukraine, *Erich Koch*, brutal äußerte – „dieses in jeder Hinsicht minderwertige Volk" für Deutschland zu arbeiten und „zu liefern, was Deutschland fehlt"[17]. Zwar weigerte sich die kämpfende Truppe, die in den berüchtigten Richtlinien für die politischen Kommissare geforderten Erschießungen durchzuführen, verhielt sich gegenüber der Zivilbevölkerung in der Regel human, beteiligte sich auch nur in Ausnahmefällen an den Mordaktionen gegen die Juden, verhinderte allerdings nicht, daß die SS die von Hitler geforderte Maßnahme grausam und konsequent ausführte. So wandte sich die an Leib und Leben bedrohte Bevölkerung gegen die Deutschen, suchte sich der Verfolgung, der Zwangsarbeit und der Verschleppung nach Deutschland zu entziehen, wich in die Wälder aus und bildete Partisaneneinheiten, die die Deutschen hinter den Linien immer aggressiver bekämpften. Verwickelt in einen aussichtslosen Abwehrkampf, hatten sich die deutschen Soldaten schließlich nach allen Seiten hin zu wehren.

Die Zwangsrekrutierung von Millionen Ostarbeitern für den Arbeitseinsatz in der deutschen Rüstungsindustrie, die für die Fortführung des

Krieges erforderliche Ausbeutung der Rohstoffquellen und die Beschaffung von Nahrungsmitteln besorgten die miteinander konkurrierenden SS-, Polizei- und Parteidienststellen. Dabei verfügte die SS *Himmlers* mit ihren militärischen, polizeilichen und wirtschaftlichen Herrschaftsmöglichkeiten über den ausgedehntesten Machtapparat. In ihren Zuständigkeitsbereich fielen auch die jüdischen Ghettos und die zahlreichen Konzentrationslager, die seit dem Polenfeldzug überall im Osten entstanden waren, ebenso wie die ausgesprochenen Vernichtungslager von Chelmno, Auschwitz, Belzec, Sobibor, Treblinka und Maidanek.

Noch vor der Entfesselung des Krieges hatte *Hitler* in einer Reichstagsrede öffentlich ausgesprochen, was er schon in „Mein Kampf" niedergeschrieben hatte: daß ein kommender Krieg die Vernichtung des Judentums in Europa bringen würde.[18] Während des Polenfeldzuges war es dann auch zu zahlreichen Pogromen in den von den Deutschen besetzten Teilen Polens und zu den ersten Deportationen der österreichischen und böhmischen Juden in die in Lodz und Warschau errichteten Ghettos gekommen. Seit Herbst 1941 setzte mit der „Endlösung" die systematische physische Massenvernichtung der Juden ein. Auf der „Wannsee-Besprechung" vom 20. Januar 1942, einer Zusammenkunft von Beamten verschiedener Ministerien und Angehörigen der SS und der Polizei in Berlin, wurde „die Federführung bei der Bearbeitung der Endlösung der Judenfrage ... ohne Rücksicht auf geographische Grenzen zentral"[19] *Himmler,* dem Reichsführer SS und Chef der Deutschen Polizei, übertragen. Einsatzgruppen der SS und der Polizei erhielten den Befehl, Juden und Zigeuner in den eroberten Gebieten Osteuropas auszurotten. Gleichzeitig wurden die Juden aus dem alten Reichsgebiet und aus den Niederlanden, aus Belgien, Frankreich, Norwegen, Ungarn und den südosteuropäischen Ländern in die polnischen Vernichtungslager deportiert und dort umgebracht. Was mit den an *Himmler* und seine Henkersknechte nach dem Willen *Hitlers* zur Vernichtung ausgelieferten Juden geschah, übersteigt alle menschliche Vorstellungskraft. Nicht zu beschreiben und nicht auszudenken: „Nicht die Qual und nicht die Zahlen. Die letzteren konnten nicht mit Sicherheit festgestellt werden: Die Berechnungen schwanken zwischen vier und sechs Millionen. Was wäre der Unterschied? Wer sieht vier, wer sechs Millionen zufällig zusammengelesener Menschen, Mann, Weib und Kind, in den höllischen Duschräumen von Auschwitz und Maidanek? Nacht bedeckt dies Niedrigste, was je der Mensch dem Menschen zugefügt hat."[20]

Zu dieser ungeheuerlichen technisch-fabrikmäßigen Tötung in den Vernichtungslagern kam die unmenschliche Mißhandlung der Häftlin-

ge in den „gewöhnlichen" Konzentrationslagern, in denen Angehörige
aller europäischen Völker durch Hinrichtung, Unterernährung, Krankheit und Selbstmord umkamen. Beide, Vernichtungslager und Konzentrationslager, waren meist mit Fabrikbetrieben verbunden, die für die
deutsche Großindustrie oder für die SS arbeiteten. Hier leisteten die
Gefangenen bis zur physischen Erschöpfung oder Vernichtung
Zwangsarbeit und erwirtschafteten die finanziellen und wirtschaftlichen Grundlagen ihrer Peiniger. Geheimgehalten, wurden diese Aktionen und der Völkermord dem deutschen Volk in ihrem ganzen Ausmaß erst nach dem Kriege bekannt.

Während die SS in den rückwärtigen Gebieten jene maßlosen Verbrechen beging, trat die Wehrmacht sowohl an der Ostfront als auch auf
dem afrikanischen Kriegsschauplatz zu Offensiven an. Im Mai 1942
schlugen die deutschen Armeen die Russen bei Charkow, besetzten die
Krim, überschritten Don und Donez, brachten die gesamte Ukraine in
deutsche Hand und versuchten von dort, nach Südosten vorstoßend,
vergeblich die Ölfelder nördlich und südlich des Kaukasus zu erreichen. Gleichzeitig drang die 6. Armee unter General *Friedrich Paulus*
in das die untere Wolga beherrschende Stalingrad ein, stieß auf weit
überlegene russische Reserven, wurde umzingelt und, da alle Entsatz-

Die letzten Überlebenden des Warschauer Ghettos, 1943

Die Überlebenden der 6. deutschen Armee ziehen von Stalingrad in die Gefangenschaft, Januar 1943

versuche scheiterten, nach verzweifelten und verlustreichen Kämpfen vernichtet. Ende Januar 1943 mußte *Paulus,* dem *Hitler* den rettenden Rückzug starrsinnig untersagt hatte, mit den Trümmern seiner einstmals 300 000 Mann starken Armee kapitulieren.

Auch in Nordafrika erzielte das Afrikakorps im Sommer 1942 zunächst beträchtliche Erfolge, eroberte Tobruk und stieß bis El Alamein nach Ägypten vor. Dort jedoch warf es der englische Gegenstoß unter Feldmarschall *Bernard Montgomery* zurück. Die Landung amerikanischer und englischer Truppen in Marokko und Algerien vervollständigte die Niederlage. Ein Vierteljahr nach der Katastrophe von Stalingrad am 13. Mai 1943 kapitulierten die letzten deutschen und italienischen Verbände und überließen damit die ganze Südküste des Mittelmeeres den Alliierten.

Diese bereiteten unmittelbar nach diesem Sieg die Landung in Italien vor, besetzten im Juli 1943 Sizilien und begannen das italienische Festland zu bombardieren. Am 24. Juli wurde *Mussolini* – gestürzt durch das Zusammenspiel unzufriedener Parteiführer, der Krone und der Armeeführung – von der neugebildeten Regierung unter Marschall *Pietro Badoglio* verhaftet, und am 3. September schlossen die Italiener mit den Alliierten einen Waffenstillstand. Nun sah sich die deutsche Führung veranlaßt, das italienische Gebiet an der zu diesem Zeitpunkt nördlich von Neapel quer über die Halbinsel verlaufenden Front mit eigenen Kräften zu verteidigen.

War mit den Niederlagen von Stalingrad und in Nordafrika die Initiative zu Lande auf den Gegner übergegangen, so gewannen die Alliierten nun auch die Vorherrschaft auf den Meeren. Die anfängliche Überlegenheit der deutschen U-Boot-Waffe wurde zu Beginn des Jahres 1943 durch verstärkten Einsatz von Radargeräten, mit deren Hilfe die alliierten Flugzeuge und Schiffe die U-Boote orteten, endgültig gebrochen. Die Abwehr des Gegners führte zu katastrophalen Verlusten, so daß die U-Boote, Deutschlands stärkste Waffe zur See, seit Mitte 1943 keine durchschlagenden Erfolge mehr erzielten.

Desgleichen hatte die deutsche Luftwaffe immer stärkere Verluste erlitten. Während in Deutschland im Hinblick auf die Blitzkriegtaktik, die das Zusammenwirken der Luftwaffe mit den Bodentruppen vorsah, vor allem Kurzstreckenjäger und Kurzstreckenbomber gebaut worden waren, hatten die Alliierten den Schwerpunkt des Flugzeugbaues auf Langstreckenbomber und Begleitschutzjäger gelegt. Diese konnten sie voll zur Wirkung bringen. Gegen die zunächst nachts und seit 1943 auch tagsüber, vor allem gegen Westdeutschland geflogenen Angriffe war die Flugabwehr machtlos. Nahezu schutzlos war die deutsche Zivilbevölkerung dem zunehmenden Terror der englischen und amerikanischen Bomberverbände ausgesetzt, die in dem Versuch, die Menschen psychisch und moralisch zu zerbrechen, bis Kriegsende nahezu alle größeren deutschen Städte in Schutt und Asche legten.

In der Zwischenzeit hatten sich *Roosevelt* und *Churchill* im Januar 1943 auf der Konferenz von Casablanca im Hinblick auf die Lage ihres russischen Bundesgenossen darauf geeinigt, dem europäischen Kriegsschauplatz Priorität vor dem pazifischen zu geben, obgleich dort die eigentlichen Schwierigkeiten in der Auseinandersetzung zwischen den Vereinigten Staaten und Japan erst begannen. Gleichzeitig forderten sie von Deutschland und seinen Verbündeten die bedingungslose Kapitulation. Diese Formel wurde bald darauf von den Außenministern der Alliierten in Moskau im Oktober wiederholt. Als sich dann Ende 1943 *Roosevelt, Churchill* und *Stalin* in Teheran zum erstenmal trafen, um die weitere Kriegführung im Osten und Westen aufeinander abzustimmen, beschlossen sie die Landung amerikanischer und britischer Armeen an der Atlantikküste. *Churchills* ursprünglicher, die russischen Interessen im Balkanraum tangierender Plan, in Südeuropa weiter vorzustoßen, wurde von Stalin entschieden abgelehnt.

Die Forderung nach bedingungsloser Kapitulation gab *Hitler* in seiner starren Festhaltestrategie den Vorwand, den aussichtslos gewordenen Kampf weiterzuführen. Die Lebensinteressen und Lebensgrundlagen des deutschen Volkes waren ihm dabei völlig gleichgültig. Die „Nationalsozialistische Volksführung" war, wie *Goebbels* es in seiner

Berliner Sportpalastrede vom 18. Februar 1943 unterstrich, jetzt zu allem entschlossen und verkündete den „totalen Krieg".[21] Mit den in den Medien und den Versammlungen vorgebrachten fanatischen Appellen an die Einsatzbereitschaft und Opferwilligkeit der deutschen Bevölkerung versuchte die Führung nun, nachdem der Krieg hoffnungslos verloren war, das Volk auf dem Weg in den eigenen Niedergang rücksichtslos mitzureißen. Tatsächlich wurden die Kürzungen der Lebensmittelrationen, die geforderte Erhöhung der Arbeitsleistung, der verstärkte Einsatz von Frauen in der Rüstungsindustrie, die Einziehung der 15- und 16jährigen zum Dienst in den zum Schutz der Städte eingesetzten Flakbatterien, die Wehrverpflichtung aller irgendwie Fronttauglichen, die starke Drosselung der Konsumgüterherstellung ebenso stumm hingenommen wie die zunehmenden Schrecken und Verluste des Bombenkrieges. Kriegsmüdigkeit, Unmutsäußerungen oder Kritik wurden als Verrat und Wehrkraftzersetzung mit dem Tod bedroht. Vorsicht, Mißtrauen, eine erschreckende Kommunikationslosigkeit, zugleich aber auch ein weithin ungebrochenes Vertrauen auf *Hitler* als dem Führer bestimmten mehr und mehr die von dumpfem Schweigen gekennzeichnete Atmosphäre. Spitzel und Denunzianten waren überall: in den Schulen, den Universitäten, am Arbeitsplatz, in den Luftschutzbunkern, ja selbst in den Familien. „Der physischen Übermacht der Gestapo, so hatte Bischof *Clemens August von Galen* schon in einer Predigt am 13. Juli 1941 den alles beherrschenden Ter-

„Der Tag des deutschen Volkssturms", 12. November 1944

ror angeprangert, „steht jeder deutsche Staatsbürger schutzlos und völlig wehrlos gegenüber! ... Keiner von uns ist sicher, und mag er sich bewußt sein, der treueste, gewissenhafteste Staatsbürger zu sein, mag er sich völliger Schuldlosigkeit bewußt sein, daß er nicht eines Tages aus der Wohnung geholt, seiner Freiheit beraubt, in den Kellern und Konzentrationslagern der Gestapo eingesperrt wird."[22]
Die Angst und das äußerliche Erdulden des scheinbar Unvermeidlichen begleitete *Goebbels* mit Durchhalteparolen und der Verheißung von Wunderwaffen, die die Niederlage in einen großen Sieg verkehren würden, und rief dazu auf, „zehn, zwölf und wenn nötig vierzehn und sechzehn Stunden zu arbeiten und das Letzte herzugeben"[21]. Eine Verordnung zur Meldung aller Frauen und Männer für die Aufgaben der Reichsverteidigung führte seit Januar 1943 zur Erfassung aller Männer vom 16. bis zum 65. und aller Frauen vom 17. bis zum 45. Lebensjahr. Sie wurden entweder zum Fronteinsatz oder zur Arbeit in der Industrie abkommandiert, die der zum Rüstungsminister ernannte *Albert Speer* konsequent auf Kriegswirtschaft umgestellt hatte. Durch Zusammenfassung aller Kräfte erzielte *Speers* zentraler Planungsstab noch einmal einen gewaltigen Produktionsanstieg. Flugzeuge, Panzer, Kraftwagen, Schiffe, Munition und Raketen erreichten einen höheren Ausstoß als in den ersten Kriegsjahren. Aus den Städten auf das Land oder in unterirdische Fertigungsanlagen verlegt, arbeiteten die Betriebe bis zur Jahreswende 1944/45 auf Hochtouren.

Verschwörung gegen Hitler

Die verzweifelte Lage des dem Untergang entgegengehenden Volkes rüttelte Mutige aus allen Volkskreisen auf, das Äußerste zur Beseitigung dieses Systems zu wagen. Schon vor dem Kriege hatte es Widerstandszellen gegeben. So waren die seit dem 30. Januar 1933 den nationalsozialistischen Verfolgungen ausgesetzten Kommunisten, soweit sie der Verfolgungswelle nach dem Reichstagsbrand entgehen konnten und nicht emigriert waren, in den Untergrund gegangen und hatten dort einen gewissen Organisationszusammenhalt aufrechterhalten. Während des Krieges vereinten sich Angehörige dieser Gruppen dann unter der Führung von *Harro Schulze-Boysen* und *Arvid Harnack* in der „Roten Kapelle" und ließen, bis sie im August 1942 entdeckt wurden, der Sowjetunion Nachrichten zukommen.
Auch junge, von *Hitler* verfolgte sozialdemokratische Politiker bildeten Verschwörergruppen, in denen *Theodor Haubach, Julius Leber, Wilhelm Leuschner, Carlo Mierendorff* und *Adolf Reichwein* eine führende Rolle spielten.

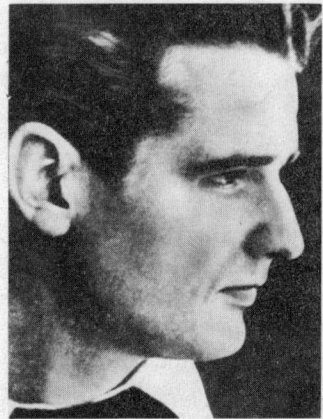
Hans Scholl

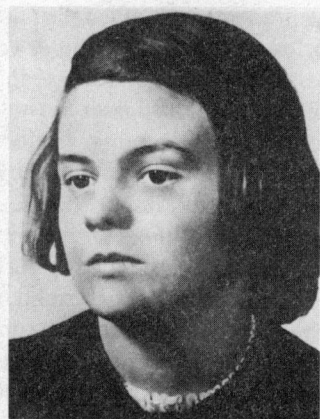
Sophie Scholl

Martin Niemöller

Dietrich Bonhoeffer

Generaloberst Ludwig Beck

Ulrich v. Hassell

Wilhelm Leuschner

Julius Leber

Harro Schulze-Boysen

Carl Friedrich Goerdeler

Helmuth James Graf v. Moltke

Theodor Haubach

Oberst Claus Graf
Schenk v. Stauffenberg

General Henning v. Tresckow

Generalmajor Hans Oster

Ebenso gab es in den christlichen Kirchen Geistliche und Gläubige, die, über *Hitlers* Terrorsystem empört, sich gegen seine unmenschliche Ideologie wandten. Würdenträger beider Kirchen, wie der evangelische Theologe *Dietrich Bonhoeffer,* die Bischöfe *Michael von Faulhaber, Clemens August von Galen* und *Theophil Wurm,* verurteilten öffentlich die Massentötung unheilbar Kranker, Geistesgestörter, Mißgestalteter und die Vernichtung der Juden. Pastor *Martin Niemöller* trat in seiner Berliner Gemeinde so entschieden gegen *Hitler* auf, daß dieser ihn im Konzentrationslager Dachau einsperren ließ.

Desgleichen regten sich schon früh die ersten Proteste innerhalb der Wehrmacht, die mit *Becks* demonstrativem Rücktritt 1938 ein deutliches Zeichen setzte. Sichtbar geworden ist der Widerstand jedoch erstmals im Februar 1943, als die Geschwister *Hans* und *Sophie Scholl,* die sich seit 1941 als Studenten in München mit gleichgesinnten Kommilitonen, Künstlern und Gelehrten zusammengeschlossen hatten, bei der Verteilung ihrer Flugblätter verhaftet und am 22. Februar 1943 vom Volksgerichtshof zum Tode verurteilt und hingerichtet wurden. Sie waren nicht mehr bereit, „den niederen Machtinstinkten einer Parteiclique" ihr Leben zu opfern und forderten „im Namen der deutschen Jugend... vom Staat *Adolf Hitlers* die persönliche Freiheit, das kostbarste Gut des Deutschen zurück, um das er uns in erbärmlicher Weise betrogen"[23].

Aus der gleichen Bedrängnis und aus Sorge um Deutschland sannen *Carl Friedrich Goerdeler,* bis zu seinem Rücktritt 1937 Oberbürgermeister von Leipzig, der bis Juli 1944 amtierende preußische Finanzminister *Johannes Popitz* und der 1938 von seinem Posten in Rom abberufene deutsche Botschafter *Ulrich von Hassell* ebenso wie die aus den verschiedensten politischen Kreisen kommenden Vertrauten des Kreisauer Gutsbesitzers Graf *Helmuth James von Moltke* auf die Beseitigung des Unrechtregimes. Ihnen allen war bewußt, daß wirksame Aktionen nur unter Beteiligung der Wehrmacht möglich waren. Viele der aktiven Offiziere in höchster Stellung, wie der ehemalige Stabschef des Heeres, *Franz Halder,* der 1941 abgelöste Oberbefehlshaber des Heeres, *Walther von Brauchitsch,* die Leiter der Abwehrabteilung im Reichskriegsministerium, Admiral *Wilhelm Canaris* und Generalmajor *Hans Oster,* gingen schon seit 1938 sehr weit in ihrer Opposition gegen *Hitler.* Solange *Hitler* siegte, gab es jedoch keine psychologische Möglichkeit, die heimlich gehegten Umsturzpläne in die Tat umzusetzen. Erst seit dem russischen Krieg, als die Niederlage offenbar wurde, sahen die Militärs eine Chance für das Gelingen eines Komplotts gegen den Tyrannen. Ein erster Attentatsversuch des Generalmajors *Hans Henning von Tresckow* scheiterte 1943. Als schließlich mit *Erwin Rom-*

mel der populärste Heerführer und vor allem mit dem Oberst *Graf Schenk von Stauffenberg* die schwungvollste und tatkräftigste Persönlichkeit unter den Gegnern *Hitlers* für den aktiven Widerstand gewonnen werden konnten, hielten die Generäle den Augenblick für gekommen loszuschlagen, zumal in der Zwischenzeit bereits viele der Mitverschworenen verhaftet worden waren. *Hitler* aber war in seinem Hauptquartier in der „Wolfsschanze" bei Rastenburg in Ostpreußen von der Außenwelt hermetisch abgeriegelt. Hier suchte ihn der schwer verwundete *Stauffenberg*, der als Chef des Stabes beim Befehlshaber des Ersatzheeres noch Zugang zum Führerhauptquartier hatte, am 20. Juli 1944 durch eine Bombe zu töten. Aber *Hitler* entkam auch diesem Anschlag. Während die nun von *Stauffenberg* ausgelöste Aktion in Paris unter dem Militärbefehlshaber Frankreichs, General *Karl Heinrich von Stülpnagel*, planmäßig abrollte, brach der Putsch in Berlin und in anderen Städten des Reiches auf die Nachricht hin, daß *Hitler* lebe, in sich zusammen. *Beck* und später *Rommel* begingen Selbstmord, *Stauffenberg* und einige andere Mitverschworene wurden erschossen. Alle übrigen unmittelbar an der Verschwörung Beteiligten verfielen dem Racheinstrument *Hitlers*, dem Volksgerichtshof und seinem zynischen und grausamen Präsidenten *Roland Freisler*, der die nahezu 200 Todesurteile sofort durch den Strang vollstrecken ließ. Wie breit der Widerstand unter der alten Elite aus Armee, Verwaltung und Arbeiterführung tatsächlich war, zeigt die hohe Zahl von fast 5000 weiteren Opfern, die nach den ersten Hinrichtungen bis in die letzten Kriegswochen in Konzentrationslagern und Gefängnissen von den Henkersknechten *Hitlers* ermordet wurden.

Das Scheitern des Putsches legte die Endkatastrophe in die alleinige Verantwortung *Hitlers*. Eine zweite Dolchstoßlegende konnte dieses Mal den wahren Sachverhalt nicht mehr vernebeln. Die Tatsache aber, daß das Attentat erfolgte, obwohl keine Hoffnung mehr bestand, daß die Alliierten dem Patriotismus dieser Männer gerecht werden würden und der völlige Zusammenbruch Deutschlands vermieden werden könnte, gibt der Widerstandsbewegung ihren historischen Rang. „Das Attentat muß erfolgen, *coute que coute*", so hatte *Tresckow* von der Ostfront *Stauffenberg* in Berlin mitteilen lassen. „Sollte es nicht gelingen, muß trotzdem in Berlin gehandelt werden. Denn es kommt nicht mehr auf den praktischen Zweck an, sondern darauf, daß die deutsche Widerstandsbewegung vor der Welt und vor der Geschichte den entscheidenden Wurf gewagt hat. Alles andere ist daneben gleichgültig."[24]

Ende des nationalsozialistischen Deutschland

Während im Innern Deutschlands das Scheitern des Attentats vom 20. Juli 1944 zu einer weiteren Steigerung des nationalsozialistischen Terrors führte, zogen die Alliierten den Ring um Deutschland immer enger. Im Osten war nach einer letzten, am 5. Juli 1943 begonnenen Offensive im Mittelabschnitt bei Kursk bereits Mitte Juli die Initiative an allen Frontabschnitten auf die Sowjetunion übergegangen. Im Januar 1944 verloren die deutschen Truppen den Kampf um Leningrad, räumten im März die Ukraine, wichen im Juni nach der Zerschlagung ihrer weißrussischen Front auf Polen zurück und wurden schließlich im August 1944 in die Ausgangsstellungen von 1941 gedrängt. Am 12. Januar 1945 setzte dann eine Großoffensive der Roten Armee an der Weichsel ein. Zu diesem Zeitpunkt hatten die Verbündeten Deutschlands auf dem Balkan und in Finnland mit den Russen bereits Waffenstillstandsabkommen geschlossen, so daß *Stalins* Truppen gleichzeitig von Osten und Südosten gegen das Reichsgebiet vorrücken konnten.

Im Süden waren am 22. Januar 1944 amerikanische und britische Streitkräfte in Nettuno, südwestlich von Rom, gelandet, erzielten nach harten Kämpfen seit Mai beträchtliche Raumgewinne, besetzten zu Beginn des Jahres 1945 die Po-Ebene und zwangen die deutschen Streitkräfte am 29. April zur Kapitulation.

Im Westen erfolgte – nachdem ein erstes zumeist mit kanadischen Verbänden unternommenes Landemanöver bei Dieppe im August 1942 die Stärke der deutschen Abwehr abgetastet hatte – am 6. Juni 1944 die Invasion in Frankreich. Eine Riesenflotte von 5000 Schiffen und Landungsfahrzeugen, 11 000 Flugzeuge, starke Verbände von Luftlandetruppen, zwei schwimmende Häfen und eine unterseeische Röhrenverbindung mit England zur Treibstoffversorgung unterstützten die Ausschiffung von 150 000 Soldaten, 1500 Panzern und Tausenden von Gewehren, Fahrzeugen und Unmengen von Vorräten. Das deutsche Verteidigungssystem in Frankreich, der Atlantik-Wall, hatte in der Eile nur lückenhaft erbaut werden können. Ohne Tiefe und wesentliche Reserven bildete er wenig Schutz gegen die Übermacht des Gegners, der als Landungsziel den Raum zwischen Cherbourg und Caen in der Normandie gewählt hatte. Nachdem die Alliierten ihre dort eroberten Brückenköpfe halten und ausbauen konnten, gewannen sie unter dem Befehl des amerikanischen Generals *Dwight D. Eisenhower* und des britischen Generals *Bernard Montgomery* bald eine materielle und numerische Überlegenheit, die den Deutschen jede Möglichkeit eines erfolgreichen Widerstandes nahm. Schon am 29. Juli standen 1,5 Millionen hervorragend ausgerüstete alliierte Sol-

daten auf französischem Boden. Die seit Ende Juli schnell vorrük-
kende Front der Alliierten steigerte gleichzeitig die Aktivität der Résistance, die von dem durch General *Charles de Gaulle* in England gegründeten „Nationalkomitee der Freien Franzosen" und von der britischen Regierung unterstützt wurde und seit 1942 der deutschen Besatzung durch zunehmende Sabotage, Attentate und militärische Unternehmungen mehr und mehr zu schaffen machte. Wie im Osten, so
mußten sich die Deutschen nun auch im Westen nach allen Seiten hin
verteidigen. Ende August 1944 gelang es dann den Alliierten, die
Seine sowie die untere Somme zu überschreiten, in das gegen den Befehl *Hitlers* geräumte Paris einzuziehen und im September die Maaslinie zu erreichen. Auch drangen nach einer zweiten Landung zwischen
Toulon und Cannes seit dem 15. August vom Süden her amerikanische
und französische Truppen nach Lyon vor und eroberten die Stadt am
15. September. Zwar unternahmen die Deutschen am 16. Dezember
1944 auf Befehl *Hitlers* nochmals eine Offensive in den Ardennen, die
jedoch nach anfänglichen Erfolgen hoffnungslos steckenblieb.
Während die Amerikaner und Engländer über Nordfrankreich und
Belgien in die Niederlande und weiter in Richtung Aachen und die
Eifel vorstießen, marschierten die Russen gegen Ostpreußen. Anfang
Februar 1945 nahmen Amerikaner und Engländer, von ihrer über-
mächtigen Luftwaffe geschützt, den Westwall, eroberten Köln und setzten am 7. März bei Remagen über den Rhein. Im Osten überrollten die
Russen das nördliche Polen und Galizien, schnitten Ostpreußen vom
übrigen Reichsgebiet ab, drangen in Schlesien und Pommern ein und
bedrohten Wien.
Trotzdem befahl *Hitler* die Fortführung des Krieges und mobilisierte
die letzten Reserven. Die als „Reichsverteidigungskommissare" fun-
gierenden Gauleiter sorgten mit allen Mitteln für eine äußerste Verschärfung des Kriegseinsatzes. Seit September 1944 wurden Knaben
und Greise zum „Volkssturm" eingezogen, der dem nach dem 20. Juli
1944 zum Befehlshaber des Ersatzheeres ernannten *Himmler* unterstellt und von der Partei und ihren Gliederungen ausgebildet und
geführt wurde. Weder uniformiert noch ausreichend ausgerüstet, sollten diese Einheiten überall dort zum Einsatz kommen, „wo der Feind
den deutschen Boden betreten will", und „den Vernichtungswillen der
Feinde . . . brechen", ihn wieder zurückwerfen und so lange vom Reich
abhalten, „bis ein die Zukunft Deutschlands, seiner Verbündeten und
damit Europas sichernder Friede gewährleistet ist"[25]. Von außen durch
Durchhalteparolen und Standgerichte zur „Kampfentschlossenheit
und Hingabe bis zum äußersten"[26] bedrängt und bedroht, hofften die
Menschen in Deutschland auf nichts anderes mehr als auf ein baldiges

Einmarsch der amerikanischen Truppen in das durch Bomben zerstörte Münster

Ende des grausamen Krieges. Ein nicht abreißender Flüchtlingsstrom, vom Vergeltungsdrang der siegreichen Roten Armee verfolgt, ergoß sich aus den deutschen Ostgebieten über den Norden Deutschlands und steigerte die allgemeine Not. Schließlich brach die Front zusammen. Die Soldaten leisteten nur noch Widerstand, um sich selbst zu retten oder weil sie von verzweifelten Fanatikern angetrieben wurden. Auch der Eisenbahn- und Straßenverkehr kam unter den pausenlosen Tieffliegerangriffen zum Erliegen.

Hitlers Illusionen, sich im letzten Augenblick doch noch aus all diesen Schwierigkeiten herauswinden zu können, waren endgültig zerstört. Weder wirkten sich die vielbesprochenen Wunderwaffen, die Raketen und die Düsenjäger – obwohl noch zum Einsatz gekommen –, kriegsentscheidend aus, noch erfüllten sich *Hitlers* Hoffnungen, daß die tiefgehenden Meinungsverschiedenheiten zwischen *Roosevelt, Churchill* und *Stalin,* die im Februar 1945 in Jalta bei der Diskussion über die Kriegsziele offenbar wurden, zur Auflösung der Feindkoalition führen würden. Er war nun entschlossen, nicht nur die Armee, sondern auch das deutsche Volk mit in seinen Untergang zu reißen. Am 19. März befahl er die Vernichtung aller „militärischen, Verkehrs-, Nachrichten-,

Industrie- und Versorgungsanlagen sowie Sachwerte innerhalb des Reichsgebietes, die sich der Feind für die Fortsetzung seines Kampfes irgendwie sofort oder in absehbarer Zeit nutzbar machen kann"[27]. *Speer,* der sich entschieden dagegen gewandt hatte, „von uns aus Zerstörungen vorzunehmen, die das Leben des Volkes treffen könnten"[28], fand kein Gehör. Im Gegenteil, er bekam zu hören, was *Hitler* bereits früher „in voller Ruhe und Klarheit"[29] ausgesprochen hatte: „Wenn der Krieg verloren geht, wird auch das Volk verloren sein. Es ist nicht notwendig, auf die Grundlagen, die das deutsche Volk zu seinem primitivsten Weiterleben braucht, Rücksicht zu nehmen ... Denn das Volk hat sich als das Schwächere erwiesen, und dem stärkeren Ostvolk gehört ausschließlich die Zukunft. Was nach dem Kampf übrig bleibt, sind ohnehin nur die Minderwertigen, denn die Guten sind gefallen."[30] Dennoch gelang es *Speer,* die anbefohlenen Zerstörungen in weitem Umfang zu verhindern.

Der Tyrann selbst, der in all dem Kompetenzwirrwarr des Systems, der

Flüchtlingslager 1945

Rivalitäten seiner überaus mächtigen Gefolgsleute und ihrer Versuche, auf seine Entscheidungen Einfluß zu nehmen, Maßstäbe und Ziele monokratisch setzte,[31] entzog sich der Verantwortung und beging Selbstmord. Zwei Tage zuvor war *Mussolini* nahe der Schweizer Grenze von italienischen Freiheitskämpfern gefangen und erschossen worden. Auch *Goebbels* tötete sich und seine Familie. *Himmler* war vorher schon von *Hitler* abgefallen und hatte versucht, sich mit dem Gegner zu verständigen. Berlin, die Hauptstadt des Reiches, war von den Russen besetzt. Den Westen, Norden und Süden hatten Amerikaner, Engländer und Franzosen erobert. Am 7. und 8. Mai 1945 kapitulierte das „Dritte Reich" inmitten von Trümmern und Massengräbern. 14 Tage später wurde der von *Hitler* noch zu seinem Nachfolger ernannte „Reichspräsident und Oberbefehlshaber der Wehrmacht", Großadmiral *Karl Dönitz,* verhaftet. Deutschland als selbständiges politisches Gebilde existierte nicht mehr, die Alliierten übernahmen die Regierung in dem besiegten Land. Der Schwur, den *Hitler* zu Beginn seiner politischen Laufbahn abgelegt hatte, daß es nie wieder einen November 1918 geben dürfe, hatte sich in schrecklicher Weise erfüllt.

40 Millionen Tote in Europa einschließlich der Sowjetunion, davon allein auf deutscher Seite drei Millionen Soldaten, über zwei Millionen Kriegsbeschädigte, mehr als eine halbe Million Opfer des Luftkrieges und über vier Millionen Tote und Verschollene unter den 16 Millionen Flüchtlingen, die aus ihrer Heimat im Osten vertrieben wurden, die Vernichtung der Juden, der Zigeuner, der „Lebensuntüchtigen", der Slawen und der politischen Gegner, dies war die schreckliche Bilanz der Gewalt des Hasses, mit der *Hitler* 12 Jahre lang geherrscht hatte. Die Deutschen aber begannen, als ihnen das Ausmaß des Grauens und der Verbrechen nach und nach deutlich wurde, sich zu fragen, wie all dies hatte geschehen können. Zum Pharisäismus jedoch „hatte niemand Anlaß, der die zwölf Jahre in Deutschland überlebt hatte, falls er nicht sein Leben gegen den Terror riskiert hatte. Selbst *Karl Jaspers* hat damals gesagt: „Wir sind alle schuldig, warum haben wir nicht auf der Straße über das Unrecht geschrien?"[32] Um die eigene Existenz zu retten, nahmen viele nur das wahr, was ihnen nicht schadete, schwiegen und versagten gegenüber der unkontrollierten Macht im Innern, wohl aber auch gegenüber der Macht nach außen, die – als sie sich auf ihrem Höhepunkt zeigte – viele, ja allzu viele blendete. Nun, da nichts mehr geblieben war von der Glorie, den Träumen und Hoffnungen des Dritten Reiches, als nach Jahren hartnäckig gepflegter Illusionen ihnen die Realität unverhüllt vor Augen stand, folgte das bittere Erwachen. Nun sagten sich die Deutschen los von *Hitler,* schnell und gründlich,

Kapitulation der Deutschen Wehrmacht in Berlin-Karlshorst, 8. Mai 1945 (sitzend v. links: Generaloberst Stumpff, Generalfeldmarschall Keitel, Großadmiral v. Friedeburg)

und suchten aus den Trümmern ihres überzogenen Selbstbewußtseins und ihres enttäuschten irrationalen Vertrauens auf den Führer zu sich selbst zurückzufinden.

Drei Monate nach der deutschen Kapitulation kapitulierte auch Japan. Die japanische Flotte hatte bereits 1942 im Pazifik nach großen Anfangserfolgen drei empfindliche Niederlagen erlitten und wurde seit 1943 völlig in die Verteidigung gedrängt. Die Amerikaner eroberten eine Insel nach der anderen und Ende 1944 auch die Philippinen. Im Frühjahr 1945 stießen die amerikanischen Flottenverbände in die japanischen Heimatgewässer vor, beschossen die Küstenanlagen und zerstörten durch massive Luftangriffe die japanischen Städte. Dennoch lehnte die japanische Regierung die von den Vereinigten Staaten, Großbritannien und der Sowjetunion erhobene Aufforderung zur Übergabe ab. Erst nach dem Abwurf von zwei Atombomben auf Hiroshima und auf Nagasaki am 6. und 9. August erzwang der Kaiser gegen die militärische Führungsschicht die sofortige Kapitulation seines Landes, die am 2. September 1945 unterzeichnet wurde.

Damit hatte der bislang furchtbarste, alle Kräfte der Staaten und Nationen entfesselnde Krieg sein Ende gefunden. Die geschichtlich tradierten Werte waren weitgehend zerstört. Die Hybris Deutschlands und Japans hatte die Welt verändert. Nun war alle Gewalt in der Hand der Sieger. An ihnen lag es, mit dem Gewinn des Krieges den Frieden für die leidgeprüften Völker zu schaffen und damit die Schicksalsfrage der Zukunft zu beantworten.

15 Die Welt nach dem Zweiten Weltkrieg

Als der Tyrannei *Hitlers* in einem kriegerischen Inferno ohnegleichen die Stunde der bedingungslosen Kapitulation schlug, hatte sich *Ludendorffs* unheilverheißende Prophezeiung vom Februar 1933 erfüllt. Das Reich war in den Abgrund gestürzt, und die deutsche Nation war in unfaßbarem Elend.[1] Ja mehr noch, die staatliche Ordnung war aufgelöst, die historische Kontinuität der Deutschen überhaupt abgerissen, das Deutsche Reich hatte aufgehört zu existieren. Deutschland war, nachdem es zweimal versucht hatte, Weltmacht zu werden, und dabei fast die ganze Welt gegen sich aufgebracht hatte, zurückgefallen in einen Zustand der völligen nationalen und staatlichen Agonie, auf Gedeih und Verderb der Gnade der Sieger ausgeliefert. Der Zerstörung

Deutschlands, dem letzten Ziel, das *Hitler* sich angesichts seines Scheiterns gesetzt hatte, war die Zerstörung Europas durch *Hitler* vorausgegangen. Als schließlich mit der Besiegung Japans der globale Krieg vorüber war, standen die Sieger erneut wie 1918 vor dem Problem, nach dem gewonnenen Krieg den Frieden zu sichern. Während nach dem Ersten Weltkrieg aber die europäischen Mächte als Zentrum der Weltpolitik den Lauf der Ereignisse bestimmten, erwies es sich nun, daß die materiellen und psychischen Schäden, die der Krieg den Europäern zugefügt hatte, so groß waren, daß Europa seine bereits nach 1918 angeschlagene Vormachtstellung nicht mehr wiedergewinnen konnte. Seine Reserven waren aufgebraucht, das Absinken auf einen zweitrangigen Status wurde unvermeidlich. Über den Trümmern der europäischen Staatenwelt aber erhoben sich die beiden Großmächte, die *Hitlers* Aggressionspolitik zu einer widernatürlichen Waffengemeinschaft zusammengeführt hatte. Sie sollten das Machtvakuum füllen und wandten sich, nachdem ihr gemeinsames Ziel erreicht war, von neuem ihren eigenen politisch-ideologischen Zielen zu, um Europa und die zusammenwachsende Welt nach ihrem Bilde zu gestalten.

Die Grundsätze für eine solche Neugestaltung der Welt hatten *Roosevelt* und *Churchill* erstmals 1941 in der Atlantik-Charta entworfen. Dabei war insbesondere *Roosevelt* von ähnlichen politischen Wunschträumen beseelt wie vor ihm *Wilson*. Der Erdball sollte endlich den lang ersehnten Frieden erhalten und das Selbstbestimmungsrecht der Völker von allen Mächten respektiert werden. Auch sollten die einzelnen Staaten auf territoriale Machterweiterung verzichten, alle Nationen auf wirtschaftlichem Gebiet zusammenarbeiten und die Menschen frei von Furcht und Mangel leben. Allerdings wurden Deutschland und seine Verbündeten 1943 in Casablanca von diesen Grundsätzen ausgeschlossen und durch die Formel der bedingungslosen Kapitulation einer besonderen Behandlung unterworfen. Gleichzeitig aber versicherten sich die „Großen Drei" kurz darauf in Teheran, gemeinsam gegen Tyrannei, Sklaverei und Unterdrückung vorzugehen. In Jalta schließlich wiederholten *Roosevelt, Churchill* und *Stalin* ihre Absicht, die politischen und wirtschaftlichen Probleme des befreiten Europa nach demokratischen Grundsätzen zu behandeln, die allerdings für Deutschland keine Geltung haben konnten. Außerdem schloß sich nun auch *Stalin Roosevelts* Plan an, durch die erdumspannende Friedensorganisation der Vereinten Nationen für die Sicherheit und Wohlfahrt aller Völker, die guten Willens sind, zu sorgen und dadurch einen dauerhaften Frieden herzustellen.

Die durch den langen Krieg erschöpften Nationen Europas und ihre Regierungen sahen der Gründung einer solchen Organisation, die effektiver sein sollte als der Völkerbund, hoffnungsfroh entgegen. Als sie sich dann im April 1945 in San Francisco konstituierte, gingen die 51 Gründungsmitglieder daran, eine Charta zu entwerfen. Diese baute auf *Roosevelts* und *Churchills* Grundsätzen der Aufrechterhaltung von Frieden und Sicherheit auf und schuf zur Erreichung ihrer Ziele – der Entwicklung guter Beziehungen zwischen den Nationen und der Beseitigung politischer, wirtschaftlicher und sozialer Kriegsursachen – entsprechende Organe. Genau wie der Völkerbund war die neue Organisation nicht als Weltregierung gedacht, sondern als ein Forum, in dem Konflikte der Mitgliedstaaten friedlich entschieden werden sollten. Die UNO verfügt über eine jährlich zusammentretende Generalversammlung, in der alle Mitglieder gleiche Vertretungsrechte besitzen, und einen Sicherheitsrat, der aus fünf ständigen Mitgliedern, den USA, der UdSSR, China, Großbritannien und Frankreich, besteht sowie aus sechs weiteren, alle zwei Jahre von diesen fünf zu kooptierenden Mitgliedern. Während die Generalversammlung die Befugnis erhielt, alle Fragen zu erörtern, die in den Bereich der Charta fielen, Ausschüsse und Sonderausschüsse einzusetzen, Empfehlungen gegenüber dem Sicherheitsrat auszusprechen und neu aufzunehmende Mitgliedstaaten vorzuschlagen, obliegt es dem Rat, die Arbeit der Organisation als Ganzes zu leiten und mögliche Gefahren für den allgemeinen Frieden zu bannen. Um die Mächte, die die größte Verantwortung zu tragen haben, zu schützen, sieht der Abstimmungsmodus vor, daß zwar Verfahrensfragen mit einfacher Mehrheit entschieden werden können, in allen anderen Fragen aber den fünf ständigen Mitgliedern ein Vetorecht eingeräumt ist. Dieser Vorbehalt hat die Arbeit des Sicherheitsrates nicht nur gehemmt, sondern teilweise überhaupt lahmgelegt und führte zu einer Aufwertung der Vollversammlung, die im November 1950 das Recht erhielt, Sondersitzungen einzuberufen und Empfehlungen für kollektive Maßnahmen auszusprechen sowie den Einsatz militärischer Gewalt vorzuschlagen, falls sich der Rat selbst durch fehlende Einmütigkeit nicht in der Lage sieht, eine Gefahr für den Frieden abzuwenden. Daneben etablierten die Gründungsmitglieder den Wirtschafts- und Sozialrat, der die Verbindung zum Weltwährungsfonds und der Weltbank aufrechtzuerhalten hat, und Sonderorganisationen wie z. B. die Weltgesundheitsorganisation (WHO), die Welternährungsorganisation (FAO), die Weltflüchtlingsorganisation (UNRRA), die Welterziehungs-, Wissenschafts- und Kulturorganisation (UNESCO) und das Kinderhilfswerk der Vereinten Nationen (UNICEF). Außerdem wurde die Sorge um die Verwaltung von Territorien, deren Völker noch nicht die volle Unabhängigkeit erlangt hatten, einem Treuhänderrat übertragen.

Ein ständiges Sekretariat in New York übernahm mit einem Generalsekretär die Administration der Gesamtorganisation. Die Aufgaben
des Sekretariats gewannen jedoch mit den nicht abreißenden Konflikten in den 50er und 60er Jahren auch an politischer Bedeutung, so daß
die Generalsekretäre weit mehr als Diplomaten denn als Verwalter
gefordert waren.

Wenngleich die Leistungen der UNO weit hinter den idealistischen
Erwartungen ihrer Initiatoren zurückblieben und sie weder den nationalen Ehrgeiz ihrer Mitglieder zügeln noch den Aggressionen rund um
den Erdball immer erfolgreich entgegentreten konnten, so halfen die
Vereinten Nationen doch, Konflikte zu entschärfen. Auch leisteten
ihre Sonderorganisationen auf wirtschaftlichem, sozialem und techni-
schem Gebiet gute Arbeit. Das Weltgesundheitsniveau konnte verbessert, das Analphabetentum zurückgedrängt, Bewässerungs- und andere technische Aufbauprogramme in den nicht industrialisierten Ländern durchgeführt werden. Waren es im April 1945 51 Nationen, die
zur Gründungsversammlung der UNO nach San Francisco gekommen
waren, so zählte die Organisation 1971 bereits 130 und 1990 159 Staaten zu ihren Mitgliedern.

Dieser Zuwachs spiegelt einen Vorgang wider, der bereits nach dem
Ersten Weltkrieg einsetzte und nach Beendigung des Zweiten Weltkrieges rasch zum Abschluß gebracht wurde. Die von ihren Kolonialherren im Kampf gegen die Achsenmächte eingesetzten Völker verlangten nun, nachdem das furchtbare Ringen vorüber war, selbstbewußt das Recht, über ihr nationales Schicksal eigenständig zu entscheiden. Stürmisch meldeten sie ihren Anspruch auf Unabhängigkeit und
Gleichberechtigung an. In dem Gefühl, wirtschaftlich ausgebeutet und
politisch bevormundet zu werden, besannen sie sich auf ihre eigene
Kultur und Religion und entwickelten ein Nationalbewußtsein, das
nach Schaffung eigener Staaten drängte. So erweiterte sich das Staatensystem der Welt und setzte der Vorherrschaft der alten Kolonialmächte ein Ende.

Großbritannien, das im Nahen Osten schon 1930 sein Mandat über
den Irak aufgegeben hatte, gewährte zwischen 1946 und 1948 Transjordanien und Palästina die Unabhängigkeit, gab im gleichen Zeitraum
Indien, Ceylon und Burma frei, ebenso die Gebiete auf der Malaien-
halbinsel, die sich zum „Malaiischen Bund" zusammenschlossen. 1955
gestand es dem Protektorat Aden Autonomie zu und räumte ein Jahr
darauf die Kanalzone in Ägypten und den Sudan. 1957 lösten sich
Ghana, 1959 Singapur, 1960 Nigeria, 1961 Sierra Leone sowie Tan-
ganjika, 1962 Uganda und 1963 Kenia aus der britischen Verwaltung.
Desgleichen wurden zwischen 1960 und 1964 die Mittelmeerinseln

Zypern und Malta selbständig. Allerdings blieben alle diese Staaten nominell Mitglieder des Britischen Commonwealth.

Frankreich, das bereits kurz vor Beendigung des Zweiten Weltkrieges Syrien und den Libanon in die Unabhängigkeit entlassen hatte, mußte nach mehrjährigen schweren Kämpfen gegen die kommunistischen Vietminh nach der Niederlage von Dien Bien Phu Indochina aufgeben. Der Waffenstillstand konnte allerdings im Juli 1954 nur mit der Teilung des Landes erkauft werden, die Laos, Kambodscha und Süd-Vietnam als selbständige Staaten etablierte und gegen das kommunistische Nordvietnam abgrenzte. Zwei Jahre darauf mußten die Franzosen auch auf Marokko und Tunesien verzichten. 1960 wurden Togo, Kamerun, Französisch-Äquatorialafrika und Französisch-Westafrika sowie Madagaskar unabhängig. 1962 schließlich erhielt auch Algerien nach harten Auseinandersetzungen die Freiheit.

Auch die Niederlande sahen sich genötigt, nach dem vergeblichen Versuch, die weiten Gebiete Indonesiens mit Waffengewalt zu halten, den 75 Millionen Einwohnern 1950 die staatliche Souveränität zu geben. Zehn Jahre danach verlor Italien Somaliland, die letzte seiner auswärtigen Besitzungen, und Belgien seine Kongo-Kolonie.

Damit war gegen Ende der 60er Jahre von den großen europäischen Weltreichen wenig mehr übriggeblieben. Allerdings sollte sich nur allzubald erweisen, daß die Völker, die das Joch ihrer ehemaligen Herren abgeschüttelt hatten – im Innern nicht stabil –, durch ihren intensiven Nationalismus, ihre territorialen Rivalitäten und ihre scheinbar unlösbaren wirtschaftlichen Probleme neuen ernsten Konflikten ausgesetzt waren. Dies machte die Errichtung eines leistungsfähigen internationalen Systems schwierig und barg überdies die Gefahr neuer Fremdintervention, wobei der ideologische Ost-West-Gegensatz zu einer unversöhnlichen Interessenkonfrontation führte und es den neuen Staaten schwer machte, sich unabhängig zwischen den neu entstandenen Machtblöcken zu behaupten.

Diese Interessenkonfrontation zeichnete sich schon sehr bald nach dem Beginn des Entkolonialisierungsprozesses in Ostasien ab, wo unter der Parole „Asien den Asiaten" der Kommunismus seinen politischen Einfluß zu mehren und die Machtstellung vornehmlich der Vereinigten Staaten und der Engländer zu schwächen suchte. Seinen größten Erfolg errang er in China. Dort war es *Mao Tse-tung* gelungen, *Tschiang Kai-schek* vom Festland zu vertreiben, eine Volksrepublik zu gründen und im Ringen mit der Sowjetunion um die Führung des Weltkommunismus sich als dritte Weltmacht zu etablieren.

Die USA, die die Volksrepublik China erst 1978 offiziell anerkannten, unterstützten die Regierung *Tschiang Kai-scheks* auf Taiwan und schlossen, um ein Gegengewicht gegen den Kommunismus in Ostasien zu schaffen, 1951 einen Friedensvertrag mit Japan, dem sich England, Frankreich und andere Staaten anschlossen. Die UdSSR dagegen erklärte erst 1956 ihren Kriegszustand mit Japan für beendet.

Die Neuorientierung der Vereinigten Staaten und ihrer westlichen Verbündeten ihrem ehemaligen Gegner gegenüber wurde in der Hauptsache durch die Ereignisse in Korea verursacht. Dieses Land war nach der Niederlage Japans im Norden von den Russen, im Süden von den Amerikanern besetzt worden. Die Grenze bildete der 38. Breitengrad. Nördlich dieser Grenze entstand 1945 die Koreanische Volksrepublik, südlich davon 1948 die Republik Korea. Nachdem die Amerikaner ihre Zone geräumt hatten, griffen 1950 die Nordkoreaner Südkorea an, dem in seiner Bedrängnis die Vereinten Nationen militärischen Beistand leisteten. Ein internationales, in der Hauptsache von amerikanischen Truppen getragenes Hilfskorps griff in die Kämpfe ein. Dem infolge der Unterstützung Nordkoreas durch chinesische Hilfe bedingten militärischen Patt setzte 1953 ein Waffenstillstand ein Ende, der die Teilung des Landes festschrieb. Damit war es gelungen, die erste große bewaffnete Auseinandersetzung zwischen Ost und West zu lokalisieren und eine Ausweitung zu einem allgemeinen Krieg zu verhindern.

Ebenso trat in den beiden darauffolgenden Krisen der Ost-West-Gegensatz offen zutage. Nach der Enteignung der Suez-Kanalaktien durch Ägyptens Staatschef *Gamal Abdel Nasser* griffen Frankreich und England Ägypten an und lösten die Suez-Krise aus, und durch die Errichtung russischer Raketenbasen in der Volksrepublik Kuba wurde die Kuba-Krise heraufbeschworen, die die Welt bis hart an den Rand eines dritten Weltkrieges brachte. Das „Gleichgewicht des Schreckens" der amerikanischen und sowjetrussischen nuklearen Rüstungen jedoch schien allein die Katastrophe verhindert zu haben.

Auch in Europa wirkte sich der unmittelbar nach dem Sieg der Alliierten aufgebrochene amerikanisch-sowjetische Gegensatz unheilvoll aus. Zwar wurden 1947 Friedensverträge mit den ehemaligen Verbündeten Deutschlands abgeschlossen. Diese änderten jedoch den durch die russische „Befreiung" und Besatzung geschaffenen Zustand nicht. Es blieb bei der Einverleibung der baltischen Staaten, von Teilen Finnlands, von Ostpolen und Bessarabien in die Sowjetunion. Zudem gerieten alle Länder, die die Rote Armee im Kriege erobert und besetzt hatte, also Polen, Ungarn, Rumänien, Bulgarien, die Tschechoslowakei und Ostdeutschland, unter russische Herrschaft. Erfolgreich hatten die Russen die Einwirkung der Westmächte auf die Innenpolitik dieser Staaten ausschalten, den kommunistischen Parteien zur Regierungsgewalt verhelfen und die so entstehenden „Volksdemokratien" völlig in ihre Abhängigkeit bringen können. Sie alle steigerten das Machtpotential der Sowjetunion beträchtlich. Lediglich dem jugoslawischen Staatschef *Josip Tito* war es gelungen, sein kommunistisch regiertes Land der russischen Bevormundung zu entziehen. Ebenso konnte nach mehrjährigem Bürgerkrieg auch Griechenland der sowjetischen Vorherrschaft entgehen. Dennoch blieb die für die Aufrechterhaltung des politischen Gleichgewichts so wichtige Mitte Europas zum überwiegenden Teil unter der Macht der Sowjetunion, die jede auf nationale Souveränität hindeutende Regung unterdrückte.

Diesem russischen Übergewicht suchten die Westmächte durch einen engeren Zusammenschluß zu begegnen. Am 12. März 1947 verkündete *Harry S. Truman*, der nach *Roosevelts* Tod 1945 das Amt des Präsidenten der Vereinigten Staaten übernommen hatte, vor beiden Häusern des Kongresses, daß die Vereinigten Staaten von Amerika entschlossen seien, „den freien Völkern" beizustehen, „ihr eigenes Geschick auf ihre Weise zu bestimmen"[2].

Gleichzeitig schlossen England und Frankreich ein Bündnis gegen einen möglichen Angriff Deutschlands, richteten nach dem Beitritt Belgiens, Luxemburgs und der Niederlande dieses Bündnis gegen jeden Angreifer in Europa und gaben damit dem Pakt eine Defensivwendung gegenüber der Sowjetunion. Noch eindeutiger in dieser Beziehung war die Gründung des Nordatlantikpaktes. Unterzeichnet von den fünf Brüsseler Mächten sowie von Dänemark, Norwegen, Island, Italien, Portugal, Kanada und den Vereinigten Staaten, kamen die Unterzeichner überein, daß ein bewaffneter Angriff auf einen von ihnen als Angriff auf alle zu betrachten sei, und verpflichteten sich zu gegenseitiger Unterstützung. Diese Abmachung sollte gleichzeitig auch für die besetzten Gebiete der Partner in Europa gelten.

Der Zusammenschluß der westlichen Welt beschränkte sich jedoch nicht nur auf den militärischen Bereich, sondern wurde auch auf wirtschaftlichem Gebiet vorangetrieben. Entsprechend der Auffassung *Trumans* bot gerade die finanzielle und wirtschaftliche Hilfe der Vereinigten Staaten die beste Gewähr für eine „ordnungsgemäße politische Entwicklung"[3] nach freiheitlich-demokratischen Grundsätzen. So rief Außenminister *George C. Marshall* im Juni 1947 ein großes Hilfsprogramm ins Leben, das für die zerstörten westeuropäischen Länder die finanziellen Mittel bereitstellte, mit denen ihre Wirtschaft wieder in Gang gebracht werden sollte. Dabei gingen die Vereinigten Staaten davon aus, daß die europäischen Völker gemeinsame Anstrengungen unternehmen würden, um ihre Schwierigkeiten zu überwinden.

Den ersten Ansatz dazu bildete die Schaffung eines Europarates, dessen in Straßburg tagende Organe, die Beratende Versammlung und der Ministerausschuß, die politische und wirtschaftliche Zusammenarbeit ihrer Mitgliedstaaten koordinieren sollten. Seine Beschlüsse haben allerdings bis heute für die jeweiligen Regierungen nur empfehlenden Charakter. Größere praktische Wirkung ging von der von dem französischen Außenminister *Robert Schuman* initiierten Montanunion aus. Sie faßte seit 1952 die gesamte Kohle- und Stahlproduktion Frankreichs, der Bundesrepublik Deutschland, Italiens und der Benelux-Staaten unter einheitlicher Leitung zusammen und ersetzte den Wettbewerb der nationalen Schwerindustrien durch partnerschaftliche Zusammenarbeit. Schließlich ging 1957 die von den Benelux-Ländern, der Bundesrepublik Deutschland, Frankreich und Italien gegründete Europäische Wirtschaftsgemeinschaft daran, schrittweise eine europäische Wirtschafts- und Währungsunion aufzubauen, und suchte dem festländischen Westeuropa sein nach 1945 verlorenes Gewicht wenigstens teilweise wieder zurückzugewinnen.

Die gegensätzlichen Machtblöcke aber, die sich entlang der noch im Siegestriumph ausgehandelten Demarkationslinie von Lübeck bis Triest gebildet hatten, verfestigten sich. Von Waffen starrend, waren beide Weltmächte in einen „Kalten Krieg" eingetreten, für den eine der Hauptursachen in dem Kampf um den Einfluß auf die Wirtschaftskraft und die künftige Gestaltung Deutschlands zu sehen ist. So wurden dann auch die besiegten Deutschen auf beiden Seiten des Eisernen Vorhangs, zwischen der Welt *Stalins* und dem Lager der westlichen Demokratien, aufgerufen, „dem jeweiligen Herrn gegen dessen Bundesgenossen von gestern beizustehen"[4].

16 Deutschland von 1945 bis 1949

1945   Übernahme der deutschen Gebiete östlich der Oder und Neiße durch Polen bzw. die UdSSR – Aufteilung Deutschlands in vier Besatzungszonen – Viermächteregime in Berlin – Potsdamer Vereinbarungen der USA, Großbritanniens und der UdSSR – Aussiedlung der Deutschen aus den Ostgebieten – Neugründung von Parteien – Beginn des Nürnberger Prozesses
(Karte 9)

1946   Entnazifizierung – Bildung der Sozialistischen Einheitspartei in der sowjetisch besetzten Zone

1947   Schaffung des Vereinigten Wirtschaftsgebietes (Bizone) – Erste und letzte gesamtdeutsche Ministerpräsidentenkonferenz

1948   Londoner Empfehlungen – Bildung deutscher Zentralbehörden zur wirtschaftlichen Verwaltung der Westzonen in Frankfurt – Errichtung der Deutschen Wirtschaftskommission in der sowjetischen Zone – Einstellung der Tätigkeit des Alliierten Kontrollrates – Währungsreform in den Westzonen – Währungsreform in der Ostzone – Blockade Berlins durch die UdSSR – Luftbrücke nach Berlin – Einbeziehung der Westzonen in die Wirtschaftshilfe des Marshall-Plans – Konstituierung des Parlamentarischen Rates

1949   Ratifizierung des Grundgesetzes durch die Länderparlamente – Bildung der Bundesrepublik Deutschland und der Deutschen Demokratischen Republik

Das Besatzungsregime

Alles, was nach 1945 in Deutschland geschah, hat seinen Ursprung im Krieg und in der Art, wie er geführt worden war. Das barbarische Vorgehen *Hitlers* und seines Anhangs rief unter seinen Gegnern Reaktionen hervor, die zunächst vor allem im Zeichen von Vergeltung, Wiedergutmachung und Entmachtung standen. Die Meldungen von den unbeschreiblichen Greueln im Osten und in den Vernichtungslagern erschütterten die Welt, die – unfähig, zwischen den Verursachern dieser Greuel und dem deutschen Volk zu unterscheiden – der

These *Hitlers* folgte, das ganze deutsche Volk sei begeistert national-sozialistisch gewesen. Unter Verzicht auf jede Differenzierung setzten gerade die Westmächte „den Geist *Hitlers* und den Geist Preußens, die Schuld der Nazis und die Schuld des Generalstabs einander" gleich und erkannten „in der deutschen Geschichte von *Friedrich dem Großen* bis zu *Hitler* eine einzige Linie des gewalttätigen Imperialismus"[1]. In der Absicht, diesen gewalttätigen deutschen Imperialismus ein für allemal zu beseitigen, gedachten die Sieger zunächst, die Deutschen zu entmündigen und ihr Land in ein politisches und ökonomisches Vakuum zu verwandeln, um sie so allmählich „zu wenigstens relativ friedfertigen und demokratisch denkenden und fühlenden Menschen"[2] zu erziehen. Solche Vorstellungen erwiesen sich jedoch in dem Augenblick als Selbsttäuschung, als die vier ungleichen Verbündeten daran gingen, die politischen Konsequenzen aus der Niederwerfung *Hitler*-Deutschlands zu ziehen. Ihr Zusammenhalt zerbrach, und an die Stelle der deutschen Bedrohung trat für die westliche Welt die sowjetische, die durch die werbende Kraft der marxistischen Ideologie im Begriff war, ganze Staatssysteme ökonomisch, gesellschaftlich und politisch zu verwandeln. Das kommunistische Rußland konnte nach dem Gesetz, nach dem es angetreten war, gar keine andere Gesellschafts- und Staatsform dulden.

Mit der Entschlossenheit *Stalins*, das einmal Gewonnene nicht wieder preiszugeben, wurden die westlichen Alliierten schon in Teheran und Jalta konfrontiert. Unnachgiebig bestand der sowjetische Diktator auf der Abtretung beträchtlicher Teile der deutschen Ostprovinzen an die Sowjetunion und an Polen sowie auf der Überlassung jenes polnischen Territoriums, das schon *Hitler* 1939 im *Molotow-Ribbentrop*-Vertrag der Sowjetunion eingeräumt hatte. Für die Gebietsabtretungen Polens an die Sowjetunion sollte Polen im Westen entschädigt und seine Grenze an Oder und Neiße verlegt werden. Außerdem einigte man sich im Februar 1945 in Jalta auf russisches Betreiben hin, das deutsche Industriepotential zu demontieren, dieses den von den Deutschen am stärksten geschädigten Staaten zu übertragen und die Sachwert-Reparationen auf die Dauer von zehn Jahren der laufenden Produktion zu entnehmen. Die Hauptkriegsverbrecher sollten vor ein Gericht gestellt werden. Der gleichfalls beschlossenen Aufteilung Deutschlands in eine Anzahl von Einzelstaaten widersetzte sich *Stalin* jedoch in der Folge, weil er hoffte, bei Aufrechterhaltung der administrativen Einheit Deutschlands das verelendete deutsche Volk als Ganzes in seine Einflußsphäre einbeziehen zu können. Die durch die Grenzziehung im Osten bedingte Zwangsumsiedlung der deutschen Bevölkerung waren alle drei Mächte bereit in Kauf zu nehmen. *Churchill* hat später in seinen Memoiren versucht, diesen Schritt zu rechtfertigen. ,,Man darf nicht vergessen", so notierte er, ,, daß wir mitten in einem furchtbaren Kampf mit der gewaltigen Macht der Nationalsozialisten standen . . . In uns lebten alle die leidenschaftlichen Kameradschaftsgefühle von Verbündeten, und der Durst nach Rache am gemeinsamen Feind beherrschte unser Denken."[3]

Die Abtretung ungefähr eines Viertels des Deutschen Reiches wurde auf der Konferenz von Potsdam, zu der sich die Großen Drei im Juli 1945 eingefunden hatten, um über das besetzte Deutschland zu befinden, insoweit bestätigt, als die deutschen Gebiete östlich von Oder und Neiße den Polen sowie ein Teil Ostpreußens der Sowjetunion zur Verwaltung übergeben wurden. Zwar wurde die endgültige Festlegung der Westgrenze Polens bis zu der in Aussicht genommenen Friedenskonferenz zurückgestellt, doch waren mit dieser vorläufigen Regelung Tatsachen geschaffen worden, die das Ergebnis einer schließlichen Entscheidung vorwegnahmen, um so mehr, als das Provisorium mit der Austreibung der deutschen Bevölkerung verbunden war und diese die ausdrückliche Billigung der Westmächte fand. Damit hatte sich *Stalin* durchgesetzt, der im Gegensatz zu den Westmächten das Deutsche Reich nicht in seinen Grenzen von 1937 begriff, sondern als das, was

Die ,,Großen Drei" auf der Potsdamer Konferenz 1945 (v. links: Churchill, Truman, Stalin)

der Krieg aus Deutschland gemacht hatte. Demzufolge konnten die Besatzungsrechte der Sieger nicht auf die abgetrennten deutschen Ostgebiete ausgedehnt werden. Der Rest, immer noch drei Viertel des alten Reiches, sollte als rechtliche Einheit erhalten bleiben, jedoch, wie bereits von der „European Advisory Commission", die sich schon am 14. Januar 1944 in London konstituiert hatte, vorgeschlagen, bis zum Abschluß eines Friedensvertrages in Besatzungszonen aufgeteilt werden. Bis dahin aber wollte man Deutschland völlig abrüsten, entmilitarisieren und demokratisch erziehen. Auch war vorgesehen, Parteien und Länderparlamente zu erlauben und das staatliche Leben, ausgehend von der Gemeinde, neu aufzubauen. Auf wirtschaftlichem Gebiet verlangte das Abkommen die unter alliierter Kontrolle vorzunehmende Entflechtung der Konzerne, Syndikate und Kartelle sowie vordringlich die Entwicklung der Landwirtschaft. Im übrigen sollte die wirtschaftliche Einheit gewahrt und das deutsche Volk gleich behandelt werden, was bedeutet hätte, daß keine die Rechte der Deutschen differentiell gestaltenden Regime in den einzelnen Besatzungszonen hätten entstehen können.

Die oberste Gewalt für alle Deutschland als Ganzes betreffenden Fragen war bereits Anfang Juni 1945 einem Kontrollrat übertragen worden, der sich aus den Oberbefehlshabern der Besatzungsstreitkräfte zusammensetzte und im Namen der Regierungen der USA, Englands, Frankreichs und der Sowjetunion die Regierungsgewalt ausübte. Seine Beschlüsse mußten einstimmig gefaßt werden. Die ihren Regierungen verantwortlichen Militärgouverneure übten gleichzeitig auch in ihren Zonen die oberste Gewalt aus. Durch die völlig unterschiedliche Zielsetzung in der Besatzungspolitik der Siegermächte aber war eine Koordination der gegensätzlichen Interessen nur vorübergehend realisierbar. Da außerdem die im Potsdamer Abkommen erklärte Absicht, die Verwaltung deutschen, vom Kontrollrat zu ernennenden, ihm unterstellten und weisungsgebundenen Staatssekretären zu übertragen, von den Franzosen hintertrieben wurde, war eine zentrale Verwaltung Deutschlands, noch ehe sie versucht worden war, gescheitert. Die Ansätze einer einheitlichen Politik wichen den unterschiedlichen Entwicklungen in den Besatzungszonen, was wiederum zu einer Verhärtung der Fronten unter den Verbündeten führte.

Dabei wirkten sich sowohl der ideologische Gegensatz als auch das Sicherheitsbedürfnis der vier Besatzungsmächte auf die weitere innere Entwicklung Deutschlands äußerst nachteilig aus. Frankreich dachte sich den künftigen Staatsaufbau in Deutschland als einen losen Staatenbund mit souveränen Gliedstaaten, die wie zur Zeit des Wiener Kongresses den Bundesorganen lediglich begrenzte Befugnisse zugestanden. Das Bundesparlament selbst sollte sich aus einem Staatenhaus heraus entwickeln. Demzufolge widersetzte sich die französische Militärregierung zunächst allen Zentralisierungsbestrebungen und betrieb in ihrer Zone eine entschiedene Dezentralisierung der Verwaltung.

Die Briten dagegen wünschten einen föderativen Staat mit einheitsstaatlicher Tendenz und errichteten in ihrer Zone Länder, die unter der Lenkung von zentralen Zonenämtern standen. Desgleichen betrieben die Amerikaner entschlossen die Bildung eines föderativen Staatswesens und schufen schon frühzeitig Länder, die ihre gemeinsamen Angelegenheiten mit Hilfe eines Länderrates regelten. Die Sowjets aber traten von Anfang an für eine straffe Zentralisation in ihrem Besatzungsgebiet ein, bildeten fünf neue Länder und faßten diese in einer gemeinsamen Zentralverwaltung zusammen.

Wenngleich die Alliierten in bezug auf die gegenwärtige und künftige Gestaltung Deutschlands keine gemeinsame Basis finden konnten, so waren sie sich jedoch in all den Punkten einig, die die Liquidierung der deutschen Vergangenheit betrafen: in der Bestrafung der führenden Nationalsozialisten, der Demilitarisierung, Entnazifizierung und Demokratisierung sowie der Zerschlagung Preußens und der Demontage der deutschen Schwerindustrie. Art und Qualität der Durchführung dieser Ziele aber hingen von der jeweiligen Besatzungsmacht ab und standen wiederum in engstem Zusammenhang mit der Entwicklung der interalliierten Beziehungen selbst, so daß das Schicksal Nachkriegsdeutschlands in vollständige Abhängigkeit vom Verhältnis der Siegermächte untereinander geriet.

Diese begannen sich nun in ihren Besatzungszonen einzurichten: die Russen im Osten, die Briten im Nordwesten, die Franzosen im Südwesten, die Amerikaner im Süden und alle vier in der ehemaligen Reichshauptstadt Berlin. Dabei ging keine alliierte Macht so durchdacht an die Okkupation wie die Sowjetunion. Noch im Mai 1945 hatte sie gemäß den Vereinbarungen von Jalta die Freigabe der von den Amerikanern eroberten, innerhalb ihrer Demarkationslinie liegenden Gebiete Mitteldeutschlands gefordert und, nachdem Sachsen und ein Teil Thüringens von den Truppen der Vereinigten Staaten geräumt worden waren, die den Westmächten zugeteilten Sektoren Berlins zu deren Besetzung freigegeben.

Entschlossen, ihre Zone fest in die Hand zu nehmen, schufen im Auftrag der sowjetischen Militärregierung Anfang Mai 1945 sogenannte Initiativgruppen deutscher Exilkommunisten die Keimzelle für eine „antifaschistisch-demokratische Ordnung". Unter der Führung *Walter Ulbrichts*, eines ehemaligen Tischlers und Reichstagsabgeordneten der Kommunistischen Partei, der, nachdem ihn *Hitler* 1938 hatte

ausbürgern lassen, bis zum Kriegsende in Moskau als getreuer Gefolgs-
mann *Stalins* gelebt hatte, machte sich die aus zehn Mitgliedern bestehende Gruppe an den Aufbau einer neuen Verwaltung. ,,Unbelastet von
theoretischen Überlegungen und persönlichen Gefühlen" gelang es
Ulbricht ,,immer, die ihm von sowjetischer Seite übermittelten Direkti-
ven mit List und Rücksichtslosigkeit durchzusetzen"[4]. Konsequent verfolgte er von Anfang an das Ziel, in der sowjetischen Zone ein kommunistisches System aufzubauen. Zu diesem Zweck galt es so rasch wie
möglich zentrale Verwaltungsbehörden ins Leben zu rufen und diese so
zu besetzen, daß nach außen die Sowjetisierung der Zone durch die
Rote Armee und ihre deutschen Gehilfen verborgen blieb. ,,Es muß
demokratisch aussehen, aber wir müssen alles in der Hand haben"[5],
war die von *Ulbricht* offiziell ausgegebene Devise. So suchte man
Sozialdemokraten, Zentrumsleute, Demokraten und Parteilose, die
sich während der Herrschaft *Hitlers* als ,,Antifaschisten" erwiesen
hatten, und besetzte mit ihnen die Bürgermeisterposten. Die Schlüssel-
positionen wie die Personal- und Volksbildungsdezernate aber behielten die Kommunisten, und die von der kommunalen Verwaltung unabhängige Polizeileitung wurde Exilkommunisten aus der Sowjetunion
übertragen.

Der Bildung dieser einzelnen, der sowjetischen Militäradministration
für Deutschland (SMAD) direkt unterstellten Zentralverwaltungen
war die Gründung antifaschistisch-demokratischer Parteien vorausgegangen. Auf Veranlassung der SMAD bildeten die neu zugelassene
Kommunistische Partei, die Sozialdemokratische Partei, die Christlich-
Demokratische Union und die Liberal-Demokratische Partei unverzüglich eine ,,Einheitsfront der demokratisch-antifaschistischen Parteien", deren Ziel nach dem Gründungsaufruf der KPD es angeblich
sein sollte, ein antifaschistisches demokratisches Regime ,,einer parlamentarisch demokratischen Republik mit allen demokratischen Rechten und Freiheiten für das Volk"[6] zu errichten. Ein Ausschuß, in den
die vier zugelassenen Parteien je fünf Vertreter entsandten, bildete das
oberste gemeinsame Gremium. Daneben entstanden in allen Ländern,
Kreisen, Städten und größeren Dörfern Blockausschüsse. Sie führten
die ,,vollendete Demokratisierung" auf der unteren Ebene durch und
bedurften zu ihrer Beschlußfassung der Zustimmung aller Parteien.
Damit war eine Majorisierung der mit der SMAD eng zusammenarbei-
tenden KPD von vornherein ausgeschlossen und der Weg zur Umgestaltung der gesellschaftlich-ökonomischen Verhältnisse geebnet.

Den ersten Schritt auf diesem Wege bildeten die Maßnahmen zur
Bodenreform, die, im August 1945 von der Abteilung für Landwirtschaft in der SMAD ausgearbeitet, seit September in den einzelnen

Ländern zur Durchführung kamen und die entschädigungslose Enteignung allen Großgrundbesitzes „über 100 Hektar mit allen Bauten, lebendem und totem Inventar und anderem landwirtschaftlichen Vermögen"[7] brachten. Im Herbst 1945 folgte „die Industriereform". Sie überführte das Eigentum des Reiches und Preußens, der Wehrmacht, der verbotenen Organisationen, der ehemaligen Nationalsozialisten und der Kriegsverbrecher sowie das von „Personen, die von dem sowjetischen Militärkommando durch besondere Listen oder auf andere Weise bezeichnet werden"[8], entweder durch Umwandlung in „Sowjetische Aktiengesellschaften" zur Abdeckung der russischen Reparationsforderungen in sowjetischen Besitz oder in das Eigentum der Länder, Kreise und Gemeinden. So waren bereits Ende 1946 45 Prozent der Industriebetriebe „Volkseigentum" geworden. Desgleichen fielen im Laufe des Jahres 1947 alle Bodenschätze und schließlich 1948 auch die Banken an die neuen Herren. Die am tiefsten in die Lebensverhältnisse der Menschen eingreifende Umwälzung aber war der Entnazifizierungsprozeß, durch den 80 Prozent der in der Verwaltung und den Schulen tätigen Beamten fristlos entlassen wurden. Ersetzt durch Kommunisten oder Unbelastete, die in Kurzkursen auf ihre Tätigkeit vorbereitet wurden, sollten diese meist jüngeren Kräfte helfen, die „Demokratie neuer Art" mit aufzubauen und im Volke fest zu verankern.

Um alle diese Maßnahmen abzusichern, betrieb die KPD, die in der sowjetisch besetzten Zone eine ungleich geringere Mitgliederzahl hatte als die SPD, die Fusion beider Parteien. Dieses Vorhaben stieß jedoch bei den Mitgliedern der SPD ebenso auf Widerstand wie bei *Kurt Schumacher*, dem von den Nationalsozialisten verfolgten Altsozialdemokraten und nunmehrigen Führer der SPD in den westlichen Besatzungszonen. *Schumacher* appellierte an *Otto Grotewohl*, den Vorsitzenden des Zentralausschusses der Ost-SPD, er möge dem Druck der KPD und der Sowjets widerstehen, seine Vorbehalte zur Geltung bringen oder aber die Auflösung der Ost-SPD verkünden. Doch *Grotewohl*, von den sowjetischen Besatzungsmächten gedrängt, entschied sich für eine Verbindung mit der KPD, so daß auf dem Vereinigungsparteitag der beiden Parteien in der sowjetischen Zone am 21. und 22. April 1946 KPD und SPD zur SED zusammengeschlossen wurden. Eine Urabstimmung innerhalb der Berliner SPD, die im Ost-Sektor der Stadt verboten war, hatte kurz zuvor ergeben, daß 82 Prozent gegen diese Zwangsverschmelzung waren. Auch erreichte die SED trotz massiver Wahlbeeinflussung bei Landtagswahlen im Oktober 1946 in keinem Land der sowjetischen Besatzungszone die absolute Mehrheit, ging jedoch als stärkste Partei aus den Wahlen hervor.

Dennoch oktroyierten die Sowjetunion und ihre politischen Schützlinge im Sinne ihres Systems den Deutschen in der Ost-Zone ihre Ordnung auf und stellten damit die Weichen für die Spaltung Deutschlands, durch die Mitteldeutschland als „souveräner" Staat später dem Sowjetblock angeschlossen wurde.

Die von der sowjetischen Besatzungsmacht geschaffenen einzelnen Zentralverwaltungen für Verkehrswesen, Nachrichtenwesen, Brennstoffindustrie, Handel und Versorgung, Land- und Forstwirtschaft, Finanzen, Gesundheitswesen, Arbeit und Sozialfürsorge, Volksbildung und Justiz waren so angelegt, daß sie die Grundlage einer gesamtdeutschen Verwaltung, wie sie im Potsdamer Abkommen vorgesehen war, hätten bilden können. Diesem Modell suchten nun die drei anderen Besatzungsmächte eigene Verwaltungsstrukturen entgegenzusetzen. Dabei orientierten auch sie ihre Besatzungspolitik an ihrem System, dessen demokratisch-liberalen und rechtstaatlichen Charakter sie sich in ihren Zonen zum Maßstab setzten. Ausgehend von der Demilitarisierung, der Dekartellisierung, der Entnazifizierung und der Demokratisierung waren sie bestrebt, dauerhafte politische und militärische Sicherheit zu erlangen.

Zur Durchführung der dazu notwendigen Maßnahmen setzten die Amerikaner schon im Mai 1945 Auftragsregierungen ein, die, mit begrenzten Vollmachten ausgestattet, die Verwaltung wieder aufbauen, Wirtschaft und Verkehr in Gang bringen und alliierte Anordnungen ausführen sollten. Im August ließen sie zunächst auf örtlicher Ebene Parteien zu, bildeten im September 1945 dann aus den Überresten der einstigen Länderstruktur in ihrer Zone die Länder Bayern, Württemberg-Baden, Groß-Hessen und die in der britischen Besatzungszone liegende, von US-Truppen besetzte Enklave Bremen und beraumten im Januar 1946 in den ländlichen Gemeinden und im Juni 1946 in allen übrigen Teilen ihrer Besatzungszone die ersten Wahlen an. Im Herbst 1946 wurden die verfassunggebenden Landtage gewählt. Nun traten erstmals Landesregierungen in Tätigkeit, deren Mandat auf allgemeinen, gleichen, freien und geheimen Wahlen beruhte und die von der Besatzungsmacht weitgehend respektiert wurden. In der Absicht, in Deutschland so schnell wie möglich geordnete Verhältnisse herzustellen und mit der eiligen sowjetischen Zentralisierungspolitik gleichzuziehen, hatte der Militärgouverneur der amerikanischen Besatzungszone, General *Lucius Clay,* zum 17. Oktober 1945 die Ministerpräsidenten der amerikanischen Zone nach Stuttgart berufen und sie beauftragt, eine Koordinierung der Regierungsangelegenheiten zwischen den vorhandenen Ländern der amerikanischen Zone herbeizuführen und in periodisch zusammentretenden Sitzungen über gemeinsame Probleme zu beraten. Nachdem sich die Länderchefs auf ein Organisationsstatut geeinigt hatten, ging der so gebildete Länderrat am 6. November 1945 daran, „die wünschenswerte Angleichung der Entwicklung auf den Gebieten des politischen, sozialen, wirtschaftlichen und kulturellen Lebens sicherzustellen und den amtlichen Verkehr zwischen den einzelnen Besatzungsgebieten zu ordnen"[9]. Die Ministerpräsidenten tagten einmal im Monat. Ihre Beschlüsse, die sie einstimmig zu fassen hatten, wurden nach Zustimmung der Militärregierung in ihren Ländern getrennt in Kraft gesetzt und bildeten wichtige Vorentscheidungen für die weitere politische Entwicklung in Westdeutschland.

Die britische Militärregierung, der es in erster Linie darauf ankam, die Demontagen rasch und wirksam durchzuführen und für demokratisch legitimierte Vertretungskörperschaften zu sorgen, schuf schon 1945 über die zahlreichen kleinen Länder ihres Besatzungsgebietes – vier Provinzen, vier Länder und einen Stadtstaat – hinweg eine Zonenzentralverwaltung. Von Deutschen geführt, war sie dem Militärgouverneur, Feldmarschall *Bernard Montgomery,* unterstellt und nach sachlichen Zuständigkeiten gegliedert.

Auch genehmigten die Engländer bereits am 6. August 1945 die Bildung freier Gewerkschaften und Parteien und setzten im Februar 1946 einen Zonenbeirat ein, der aber ausschließlich beratende Kompetenz hatte. Zu Landtagswahlen kam es in der britischen Besatzungszone allerdings erst im April 1947, nachdem im Spätherbst 1946 durch die Neuregelung der Ländereinteilung vier Länder gebildet worden waren: Niedersachsen, Schleswig-Holstein, Nordrhein-Westfalen und die Freie und Hansestadt Hamburg. Da das Besatzungsgebiet zwar das wichtigste Industriezentrum Deutschlands im Westen, das Ruhrgebiet, umfaßte, gleichzeitig aber von allen Zonen die geringste landwirtschaftliche Nutzfläche besaß, sahen sich die Engländer gezwungen, aus eigenen Reserven große Mengen Lebensmittel in ihre Zone zu liefern. Dies sowie die Dekartellisierung und Demontage von Industriebetrieben konfrontierten die Militärverwaltung und die englische Regierung mit erheblichen Problemen.

Im Gegensatz zu den Amerikanern und Briten, die in ihren Zonen keine machtpolitischen Ziele verfolgten, ging es den Franzosen darum, aus ihrer Zone ein von ihren Interessen abhängiges Vorfeld ihres eigenen Landes zu machen. Von Baden-Baden aus übten sie ein strenges Kontrollregiment und widersetzten sich lange Zeit jedem Versuch der Länder ihrer Zone, gemeinsame Organe zu bilden. Eine strikte Zensur von Presse und Rede sollte mit dazu beitragen, alle nationalistischen, faschistischen, militärischen und antidemokratischen Ideen aus-

zumerzen. Ja selbst die Begriffe „deutsch" oder „Deutschland" waren
verpönt und durften nicht in den Namen der seit Januar 1946 zugelassenen Parteien auftauchen. Außerdem ernährten sich die französischen
Besatzungstruppen genau wie die sowjetischen, ganz im Gegensatz zu
den Amerikanern und Engländern, aus ihrer Zone. Darüber hinaus
verfolgten sie sehr konkrete territoriale Ziele, indem sie – ähnlich wie
die Sowjetunion in den Ostgebieten – sofort nach Übernahme der
Besatzungsherrschaft an der Saar am 12. Februar 1946 Schritte einleiteten, um die wirtschaftliche und politische Abtrennung des Saargebietes vom übrigen Deutschland vorzubereiten. Sie lösten es aus der
Zuständigkeit des Alliierten Kontrollrates heraus und ließen das Land
in einer eigenen saarländischen Verfassung zum souveränen Staat erklären.

Auch duldete die Militärregierung nur kleine Verwaltungseinheiten,
aus denen bis Ende 1947 allmählich die Länder Baden, Württemberg-
Hohenzollern und Rheinland-Pfalz entstanden. Zentrale, freilich
schwache „Hilfsbüros" sorgten für das unabdingbar notwendige Minimum an Zusammenarbeit über die Ländergrenzen hinweg.

Auf kulturellem Gebiet allerdings übertrafen die Franzosen alle übrigen Besatzungsmächte, indem sie werbend und zugleich die Härten
ihrer Besatzungspolitik überspielend die französische Sprache und die
französische „Civilisation" in den Schulen und den Universitäten ihrer
Zone zur Geltung brachten.

Die materiellen und geistigen Lebensbedingungen der Deutschen nach 1945

Inmitten der allgemeinen Unsicherheit eines zerfallenen Staatswesens
suchten sich die Deutschen in dem die innerdeutschen Trennungslinien
übergreifenden sozialen Chaos zurechtzufinden. Die meisten lebten, soweit sie nicht auf der Flucht in den Westen waren, in den Trümmern ihrer
Siedlungen. Kaum ein Dach über dem Kopf, oft ohne Kenntnis vom
Schicksal ihrer nächsten Angehörigen, mühsam ernährt, machten sich – ihr
schweres Los mutig tragend – die Kriegerwitwen und die auf die Rückkehr ihrer vermißten oder gefangenen Männer hoffenden Frauen daran,
die Schuttmassen in ihren Städten zu beseitigen und sich die ersten Not-
unterkünfte zu schaffen. Fast 5 Millionen Wohnungen hatte der Krieg ganz
oder teilweise zerstört. „Männer von 14 bis 65 und Frauen von 15 bis 50
Jahren… jedermann mußte mit Hand anlegen, wenn er seine Essensrati-
on erhalten wollte."[10] Vielen der Flüchtenden, meist Frauen, Kinder und
Alte, der Vertriebenen, der im Krieg auf das Land Evakuierten und der
zurückkehrenden Soldaten, die allesamt zu Fuß, auf Pferdekarren oder in

„Trümmerfrauen"

Viehwaggons in die zerbombten Städte strebten, wurde, sofern sie nicht einen handwerklichen Mangelberuf beherrschten, der Zuzug verwehrt.

Die mehr als 12 Millionen, die im Gefolge der von den Alliierten verfügten Zwangsumsiedlung ihre Heimat im Osten und Südosten Europas verlassen mußten, vergrößerten das Wohnungselend. Häufig erreichten sie den Westen Deutschlands ohne Geld und persönliche Habe und fristeten in den ihnen zugewiesenen Notunterkünften auf dem Land oder in den Lagern der Hauptaufnahmeländer Schleswig-Holstein, Niedersachsen und Bayern ein kümmerliches Dasein. Ihre berufliche und soziale Eingliederung gelang nur schwer und dauerte viele Jahre. Da der Grundbesitz in Westdeutschland im Gegensatz zur sowjetisch besetzten Zone nicht umverteilt worden war und in der Regel auch nicht käuflich erworben werden konnte, gelang es kaum einem der früheren Gutsbesitzer oder Bauern, in seinen angestammten Beruf zurückzukehren. Auch die Angestellten und Arbeiter unter den Flüchtlingen faßten nur mühsam wieder Fuß und führten „nicht selten ein Leben hart am Rande des Existenzminimums"[11]. Günstiger standen die Chancen für die Handwerker, die Angehörigen der freien Berufe sowie für die Beamten. Auch den Kaufleuten und Unternehmern gelang es sich durchzusetzen, da sie wegen ihres guten Rufes Kredite erhielten.

Der Mangel an Kleidung, Schuhwerk und Nahrungsmitteln, der gegen Ende des Krieges zum ersten Mal fühlbar geworden war, wurde nun unerträglich. Verglichen mit dem Vorkriegsstand von 1936 betrug die Industrieproduktion 1946 nur noch 33 Prozent. Die Ernährungslage wurde immer prekärer, der Hunger zum Hauptproblem der Menschen im besetzten Deutschland. Die offiziell auf Bezugskarten zugeteilten Lebensmittelrationen, für die die Menschen mit langen Wartezeiten vor den Geschäften Schlange stehen mußten, bewegten sich zwischen 1000 und 1500 Kalorien täglich. Als unabdingbare Tagesration aber hatten Experten der Vereinten Nationen 2650 Kalorien ermittelt. Die Kartoffel und die Rübe ersetzten das stets knappe Brot. Fleisch und Wurst waren eine Seltenheit und Butter, Öl sowie Margarine ein sparsam zugeteilter Luxus. Schon früh erreichten amerikanische Care-Pakete Deutschland, die die ärgste Not linderten. Die Spender lebten in ihrer Heimat häufig einfacher, als es die Empfänger in Deutschland bis zum Kriegsende gewohnt waren. Daneben bewahrte die besonders von den Amerikanern und Engländern systematisch durchgeführte Kinder- und Schulspeisung die Jugendlichen vor dem Schlimmsten.

Zu dem Hunger trat die Kälte. In einem Brief an einen Freund schildert der Schriftsteller *Hans Erich Nossack* den leidgeprüften Alltag jener Zeit: „Von 8 bis 3 Uhr halte ich im Geschäft aus, – erst ab 3 Uhr gehn die Verkehrsmittel wieder, – bin dann aber auch so erfroren, zumal ich nur zwei Scheiben trockenes Brot mitnehmen kann, daß ich kaum mehr gehen kann. Und dann beginnt ein harter Kampf um die U-Bahn. Inzwischen hat meine Frau morgens Stunden gegeben, eilt mittags eine Stunde weit, um das Essen aus der Volksküche zu holen, worauf wir mangels Gas, Elektrizität und Kochgelegenheit angewiesen sind, obwohl die meisten Lebensmittelmarken dabei drauf gehn, und die notwendigsten Besorgungen sind erledigt. Gegen 3 Uhr macht sie auf der Brennhexe unser Essen warm, dadurch wird das Zimmer ein wenig verschlagen. Nach dem Essen gibt es für mich immer zu handwerkern oder Holz zu verkleinern etc. Zwischen 5 und 6 Uhr versuche ich zu schlafen, um einen Vorhang vor den bisherigen Tag zu ziehen und die fehlenden Kalorien gleichzeitig zu ersetzen. Später nehmen wir noch etwas Teeartiges und einen kleinen Imbiß zu uns und sitzen uns dann, wenn nicht gerade Besuch verabredet ist, arbeitend bei 15 Watt-Kerze gegenüber. Um 10 Uhr heult die Sirene 3 mal, um $10^{1/4}$ zweimal und $10^{1/2}$ einmal; dann ist, wie es hier heißt ‚curfew‘, also Ausgehverbot. Ich selber sitze meist in Decken gehüllt noch bis 1 Uhr auf, um dann erfroren ins Bett zu kriechen.“[12]

Wollten sich die Menschen über Wasser halten, so mußten sie in den überfüllten Zügen oder mit dem Fahrrad auf das Land fahren und auf

Hamstertouren von Bauernhof zu Bauernhof das Nötigste erbetteln oder gegen die oft wenigen Gegenstände von Wert, die sie noch hatten retten können, eintauschen. Man tauschte Ware gegen Ware, auch auf dem Schwarzen Markt, trieb Kompensationsgeschäfte mit Produkten, die oft aus geplünderten Beständen des Staates oder aus den Depots der Besatzungsmächte stammten, versuchte Brennbares zu „organisieren", Holz in den Wäldern zu lesen und sammelte alles, was irgendwie wiederum in Eßbares umgesetzt werden konnte. Zigaretten traten an die Stelle des Geldes, das, in hohen Mengen im Umlauf, nur noch in Verbindung mit den in äußersten Notfällen gewährten amtlichen Bezugscheinen Geltung hatte. Schließlich wurden alle diese Versuche, sich das unabdingbare Existenzminimum zu sichern, erschwert durch die von den Besatzungsmächten verhängten Ausgangssperren und den Passierscheinzwang bei länder- bzw. die einzelnen Besatzungszonen überschreitenden Reisen.

Darüber hinaus trug die deutsche Bevölkerung schwer an der moralischen Belastung. Die Verbrechen, die im Namen des deutschen Volkes von dem nationalsozialistischen Regime an den Juden und den Völkern im Osten begangen worden waren, kamen nun erst in ihrem vollen Ausmaß zutage. Viele mochten die unfaßlichen Greuel anfangs kaum für wahr halten und empfanden, als sie die Wahrheit erkennen mußten, eine tiefe Scham.

So lösten die bei dem Internationalen Militärtribunal erstmals in vollem Umfang zu Tage tretenden Greueltaten der führenden Nationsozialisten nicht nur weltweit Bestürzung und Empörung aus, sondern durchstießen auch die Apathie der von den Alltagssorgen geplagten Deutschen. Bei allen Bedenken gegen ein Verfahren, in dem Ankläger und Richter identisch und dessen juristische Fundamente unsicher waren, fand der von November 1945 bis Oktober 1946 dauernde Prozeß doch in allen Fällen, in denen die Alliierten die Straftatbestände der Kriegsverbrechen und der Verbrechen gegen die Menschlichkeit wie Mord, Ausrottung, Versklavung und Verfolgung aus politischen und religiösen Gründen sowie das „Verbrechen gegen den Frieden" ahndeten, die allgemeine Zustimmung. Auch sahen die Deutschen in den zahlreichen nachfolgenden Verfahren vor Tribunalen der amerikanischen, englischen, französischen und sowjetischen Besatzungsmacht und vor Gerichten in den ehemals von den Deutschen besetzten Ländern, in denen „Hauptkriegsverbrecher" und führende Funktionäre des nationalsozialistischen Regimes abgeurteilt wurden, die unausweichliche Folge des Vergangenen.

Dagegen wehrte sich die Bevölkerung gegen den von der Weltöffentlichkeit vorgetragenen kollektiven Schuldvorwurf, der nicht nur die

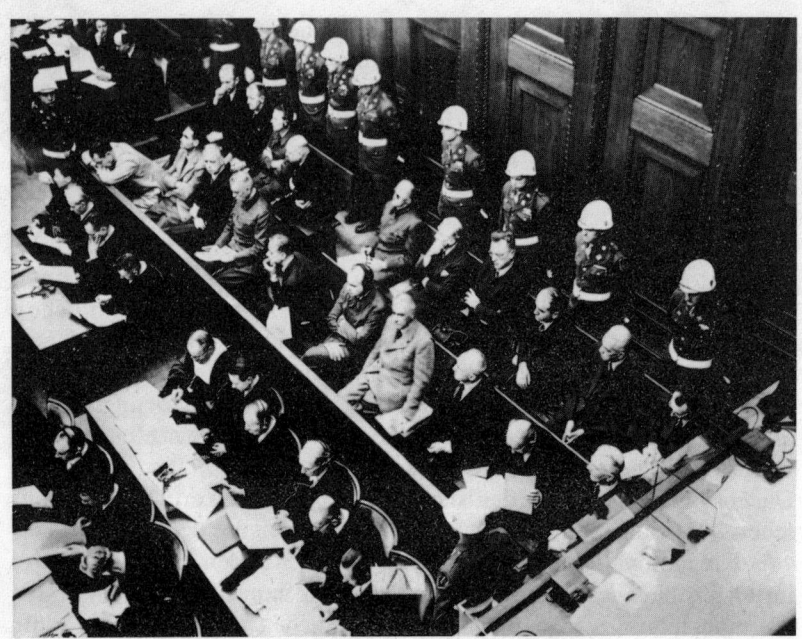

Eröffnungsverhandlung der Kriegsverbrecherprozesse in Nürnberg, 20. November 1945 (vordere Reihe v. links: Göring, Heß, Ribbentrop, Keitel, Rosenberg, Frank, Frick, Streicher, Funk, Schacht; hintere Reihe: Dönitz, Raeder, Schirach, Sauckel, Jodl, Papen, Seyß-Inquart, Speer, Neurath, Fritzsche)

nationalsozialistischen Gewaltherrscher, sondern das deutsche Volk in seiner Gesamtheit als die Verkörperung des Bösen für den Ausbruch des Krieges und für die verübten Verbrechen verantwortlich machte. Desgleichen empfanden die Deutschen auch die sogenannte Entnazifizierung, die die „Befreiung vom Nationalsozialismus und Militarismus" zum Ziel hatte und die politische und soziale Vergangenheit eines jeden über 18 Jahre alten Deutschen in einer Fragebogenaktion überprüfte, als grobe und ungerechte Schematisierung. Tatsächlich erwies sich die auf alliierte Anordnung hin erfolgte Säuberungsaktion als völlig unzulänglich. Die ins Auge gefaßte Selbstreinigung der Gesellschaft wurde nicht erreicht. Zwar konnte die ehemalige nationalsozialistische Prominenz weitgehend ausgeschaltet werden, manche der belasteten Experten und Technokraten aber blieben, da man sie angeblich dringend brauchte, ungeschoren. Die Masse der „Mitläufer" aber, innerlich zur Umkehr und zum Neuanfang bereit, wurde verbittert und abgestoßen, so daß das Hauptziel der westlichen Siegermächte, die Schaffung einer Demokratie in Deutschland, gefährdet wurde. „Aus ernster Sorge" machte dann auch im Dezember 1945 der württembergische Landesbischof, *Theophil Wurm*, in einem Brief die Christen in England „darauf aufmerksam, daß mit dem Sieg der alliierten Mächte nicht einfach das Gute über das Böse gesiegt hat. Die militärische Eroberung und Besetzung unseres Landes war mit all den Gewalttaten gegen die Zivilbevölkerung verbunden, über die man sich in den Ländern der Alliierten mit Recht beklagt hat, und was seither in manchen Besatzungszonen auf dem Gebiet der Entnazifizierung geschehen ist, war auch nicht immer geeignet, den Eindruck eines höheren Maßes von Gerechtigkeit und Menschlichkeit zu erwecken. Die vielfachen Aufforderungen an das deutsche Volk, nun sich wieder emporzuarbeiten, klingen überall da wie Hohn, wo man der deutschen Industrie, auch derjenigen, die mit Kriegsausrüstung nichts zu tun hat, die letzten Rohstoffe und Maschinen weggenommen hat."[13]

Gleichzeitig halfen die Kirchen tatkräftig, die materiellen Sorgen des täglichen Lebens zu lindern, und versuchten der geistigen und geistlichen Not der Menschen zu begegnen. In den überfüllten Gotteshäusern riefen sie zu Mut und Gottvertrauen auf und wichen auch der Frage nach Schuld und Sühne nicht aus. Am 19. Oktober 1945 bekannte der Rat der Evangelischen Kirche in Stuttgart „mit großem Schmerz", daß „durch uns unendliches Leid über die Völker und Länder gebracht worden (ist)... wir klagen uns an, daß wir nicht mutiger bekannt, nicht treuer gebetet, nicht fröhlicher geglaubt und nicht brennender geliebt haben. Nun soll in unseren Kirchen ein neuer Anfang gemacht werden."[14] Und der katholische Schriftsteller *Reinhold Schneider*, den die Nationalsozialisten mit Schreibverbot belegt hatten, zeigte seinen Landsleuten den Weg zu einer ehrlichen, trotz der Schuld aufrechten Haltung: „Es ist... unser Stolz, uns, was die Schuld betrifft, vorerst auf uns selbst zu beschränken und nicht etwa zu sagen, daß auch andere schuldig seien. Dieses ‚auch' ist ein kindisches Wort... In dem ‚auch' ist keine Haltung, und auf sie kommt es an... Es kann im Leben eines Volkes eine Phase eintreten, da Sühne die einzig mögliche Haltung und damit die geschichtliche Tat dieses Volkes ist."[14]

Auch an den Universitäten begannen sich jene Lehrer, die sich vor 1945 nicht kompromittiert hatten, und die aus dem Kriege zurückgekehrte, ausgebrannte akademische Jugend mit der Vergangenheit auseinanderzusetzen. Unter den schwierigsten äußeren Bedingungen, hervorgerufen durch die Raumnot und den Mangel an den notwendigsten Lehrmitteln und vom Mißtrauen der Besatzungsmächte begleitet, unterzogen sie sich dem schmerzlichen Prozeß der Neubesinnung und der

Selbstprüfung. Geläutert, stellten sie sich in den Dienst der Erneuerung des geistigen und kulturellen Lebens und hofften, die allgegenwärtige gesellschaftliche Not zu überwinden. Dankbar ergriffen diejenigen, die einen Studienplatz erringen konnten, die Gelegenheit, lang Vermißtes nachzuholen, arbeiteten hart und gehörten zu den Besten, die je an deutschen Universitäten studierten.[15]

Waren die Universitäten frei, der Erneuerung ihrer Idee, der Wiedergeburt des Geistes, der Wahrheit und der Humanität selbstverantwortlich nachzugehen, so galt für die Schulen, als sie nach längerer Pause ihre Tore wieder öffneten, ebenso wie für Presse und Rundfunk ein Kontroll- und Überwachungssystem, das die Alliierten in ihren Zonen unterschiedlich streng handhaben. Dabei war es ihnen vor allem darum zu tun, die Umerziehung, die Entnazifizierung und die Demokratisierung unter allen Umständen zu sichern.

Nach zwölf Jahren geistiger Isolierung wünschten die deutschen Intellektuellen nichts sehnlicher als den Brückenschlag nach draußen. Sie wußten das Vertrauen da, wo man den Mut hatte, es ihnen entgegenzubringen, ebenso zu schätzen wie die lang vermißte Literatur, das freie Wort in Diskussionen und auf der Bühne. Die geistige und moralische Bereitschaft, „ein leidlich gesichertes Dasein als Kulturvolk"[16] zu retten, zu sich selbst zurückzufinden und wiederaufzurichten, was man hatte zerschlagen helfen, war in Deutschland nie so groß wie in diesen Notjahren.

Die Erneuerung des politischen Lebens

Dies erwies sich auch beim Wiederaufbau des politischen und sozialen Lebens. Daß die dazu notwendige Neugründung von Parteien und Gewerkschaften jedoch nicht einfach an den Zustand von vor 1933 anknüpfen konnte, lag auf der Hand, um so mehr, als außer der Sozialdemokratischen Partei sich alle übrigen Parteien 1933 von *Hitler* durch das Ermächtigungsgesetz hatten korrumpieren lassen. Auch waren die Politiker aus der Weimarer Zeit, die zumeist in den 12 Jahren der nationalsozialistischen Herrschaft zu leiden hatten, zu der Erkenntnis gekommen, daß die kompromißlose Rivalität zwischen den Parteien und gesellschaftlichen Gruppen zu einer verhängnisvollen Zersplitterung der demokratischen Kräfte geführt und den Untergang der Republik mit verursacht hatte.

Unter allen Parteien, die unmittelbar nach dem Zusammenbruch spontan und in mehreren Gegenden zugleich gegründet wurden, konnte vor allem die Sozialdemokratische Partei auf Funktionäre und Mitglieder

Der erste Vorsitzende der SPD, Kurt Schumacher (links), beim Betreten des Bundestages, September 1949

zurückgreifen, die schon vor 1933 das Gesicht der Partei geprägt hatten. Ihr Wortführer *Kurt Schumacher,* der nach zwölfjähriger Konzentrationslagerhaft körperlich gebrochen, aber unbeugsamen Geistes den Wiederaufbau der SPD einleitete, widersetzte sich von Anfang an dem von den Kommunisten der sowjetisch besetzten Zone ausgehenden Versuch, die Sozialdemokraten mit den Kommunisten zu einer Einheitspartei zu verschmelzen. Zusammen mit den zurückkehrenden Emigranten und dem von *Erich Ollenhauer* angeführten Exil-Parteivorstand in London war er der Auffassung, daß in der gegebenen Situation nur eine sozialdemokratische Einheitspartei, nicht aber eine sozialistische angestrebt werden konnte. Er bejahte die freiheitlich-demokratische Gesellschaftsordnung und fand in *Carlo Schmid, Adolf Arndt* und *Herbert Wehner* Persönlichkeiten unterschiedlicher Herkunft und Prägung, die die Partei in weltanschaulicher Hinsicht offenhielten und damit ihre Entwicklung zur Volkspartei ermöglichten. Als Anwalt des „anderen Deutschland", das mit dem *Hitler*-Staat und seinen Wegbereitern nichts gemein gehabt hatte, erhob der von der Vergangenheit politisch unbelastete *Schumacher* für seine Partei im neuen Deutschland den Führungsanspruch und forderte Gleichberechtigung und Selbstbestimmung für alle Deutschen.

Auf dem ersten Nachkriegsparteitag in Hannover am 11. Mai 1946 verkündete die Partei ihren „kompromißlosen Willen zu Freiheit und Sozialismus". „Es gibt keinen Sozialismus ohne Demokratie, ohne die Freiheit des Erkennens und die Freiheit der Kritik. Es gibt aber auch keinen Sozialismus ohne Menschlichkeit und ohne Achtung vor der menschlichen Persönlichkeit."[17] Ihre wirtschaftspolitische Aufgabe sahen die Sozialdemokraten darin, „alle demokratischen Kräfte" Deutschlands im Zeichen des Sozialismus zu sammeln. Nicht nur die politischen Machtverhältnisse, auch die ökonomischen Grundlagen wollten sie ändern und erstrebten „eine sozialistische Wirtschaft durch planmäßige Lenkung und gemeinschaftliche Gestaltung", wobei sich „Umfang, Richtung und Verteilung der Produktion" nach dem „Interesse der Allgemeinheit" richten sollten.[17]

Diese wirtschaftspolitischen Vorstellungen, die in ähnlicher Form auch von den Gewerkschaften und Teilen der CDU vertreten wurden, stießen jedoch auf den Widerstand der westlichen Besatzungsmächte, die im Sommer 1948 in Nordrhein-Westfalen den Antrag der Sozialdemokraten auf Überführung der Kohle in Gemeinwirtschaft zum Scheitern brachten. Auch in der Bevölkerung erfuhr diese Konzeption nicht die erhoffte Resonanz. Die ersten Landtagswahlen von 1946/47 in den drei Westzonen brachten nicht die erwarteten Gewinne. So entschied sich die SPD, als ihr in dem nach dem Ergebnis der Landtagswahlen zusammengesetzten Frankfurter Wirtschaftsrat von CDU und FDP der Posten des Wirtschaftsdirektors verwehrt worden war, für eine konstruktive Opposition. In dieser Rolle wirkte sie in den folgenden 20 Jahren und erwarb sich in ihrer vorbildlichen Haltung als Oppositionspartei große Verdienste um die junge Demokratie.

Im Unterschied zur SPD war die zuerst in Berlin und im Rheinland gegründete, sich schnell über ganz Deutschland ausbreitende Christlich-Demokratische Union der politischen Ausrichtung nach neu. Nach dem Konsens ihrer Gründer, die aus Kreisen des ehemaligen Zentrums, aber auch der früheren Liberalen und Konservativen kamen, sollte die CDU alle sozialen Gruppen der Gesellschaft in einer christlichen Volkspartei sammeln. Entsprechend diesem Ziel rief sie „alle neubauwilligen Kräfte auf, in dem unerschütterlichen Vertrauen auf die guten Eigenschaften des deutschen Volkes und in der unbeugsamen Entschlossenheit den christlichen Gedanken und das hohe Ideal wahrhafter Demokratie zur Grundlage der Erneuerung zu machen"[18]. Der interkonfessionelle Anspruch, der von ihren Gründern gestellt wurde, beruhte sowohl auf deren Erfahrungen in der Weimarer Republik als auch auf dem Erlebnis des gemeinsamen Widerstandes katholischer und evangelischer Christen gegen den nationalsozialistischen Terror. Zahlreiche frühere Zentrumsabgeordnete waren überzeugt, daß eine katholische

Partei für sich allein zu schwach sei, um in dem künftigen Staat eine Rolle zu spielen. Und die Überlegungen der Protestanten zielten darauf ab, die politische Zersplitterung des ihnen nahestehenden Liberalismus und Konservativismus zu überwinden, zumal diese Zersplitterung in der Weimarer Zeit den politischen Einfluß untergraben und die Übernahme politischer Verantwortung schließlich unmöglich gemacht hatte.

Zu dem bürgerlichen Element innerhalb der lokalen Parteigründungen gesellte sich das aus der Tradition der ehemals christlichen Gewerkschaften kommende christlich soziale. Beide Flügel rangen von Anfang an um die Durchsetzung ihrer wirtschafts- und sozialpolitischen Vorstellungen, die sich in einem Nebeneinander von christlich-sozialistischen und kapitalistisch-marktwirtschaftlichen Grundsätzen und Forderungen manifestierten und im Ahlener Programm der Partei vom 3. Februar 1947 zu einem Kompromiß zwischen christlichem Sozialismus und liberaler Marktwirtschaftspolitik führten. Danach sollte „das deutsche Volk eine Wirtschafts- und Sozialverfassung erhalten, die dem Recht und der Würde der Menschen entspricht, dem geistigen und materiellen Aufbau unseres Volkes dient und den inneren und äußeren Frieden sichert ... Die neue Struktur der deutschen Wirtschaft muß davon ausgehen, daß die Zeit der unumschränkten Herrschaft des privaten Kapitalismus vorbei ist. Es muß aber ebenso vermieden werden, daß der private Kapitalismus durch den Staatskapitalismus ersetzt wird, der noch gefährlicher für die politische und wirtschaftliche Freiheit des einzelnen sein würde."[19] Die Großbetriebe sollten entflochten und bergbau- und eisenschaffende Industrie vergesellschaftet werden. Außerdem sollten die Arbeiter Mitbestimmungsrechte erhalten. Hatte der Vorsitzende der CDU in der britisch besetzten Zone, *Konrad Adenauer*, dieses Programm angesichts der desolaten Lage im Ruhrgebiet im Hungerwinter von 1946 auf 1947 noch mitgetragen, so wandte der sich immer mehr zum Führer der Gesamtpartei profilierende Politiker seit Sommer 1947 nun den Vorstellungen des Wirtschaftswissenschaftlers und Vorsitzenden des Wirtschaftsrates, *Ludwig Erhard*, zu, der das Prinzip der sozialen Marktwirtschaft vertrat. Dieses Prinzip sucht die staatliche Sozialpolitik als Faktor des sozialen Ausgleichs und der sozialen Gerechtigkeit in die marktwirtschaftliche Wirtschaftsordnung einzufügen und beides miteinander zu verbinden. *Adenauer* war überzeugt, daß die USA ein sozialistisches Deutschland nicht unterstützen würden, hielt einen christlichen Sozialismus für unrealistisch und überdies der Einheit der Partei abträglich. Da mit *Adenauers* Aufstieg zum Präsidenten des Parlamentarischen Rates 1948 und zum Bundeskanzler 1949 sich die Vertreter des christlichen Sozialismus angesichts der gemeinsamen Gegnerschaft zur SPD rasch in die Tendenz *Erhards* einpaßten, setzte sich dessen Kurs durch. Er wurde zur gesellschaftspolitischen und in seiner Verflechtung mit *Adenauers* Außenpolitik zur wirtschaftspolitischen Grundlage der Bundesrepublik Deutschland.

Früher als die CDU hatte sich die Christlich-Soziale Union für einen klaren marktwirtschaftlichen Kurs entschieden. 1945 als Teil der interkonfessionellen christlichen Sammlung entstanden, sollte sie nach dem Willen ihrer Gründer, vor allem *Josef Müllers,* des ehemaligen Widerstandskämpfers und KZ-Häftlings, eine demokratisch geführte, zentral organisierte Mitgliederpartei wie die SPD werden. Nachdem sich ihr Schwerpunkt von Würzburg, wo sie sich am 10. Oktober 1945 konstituiert hatte, schon im Dezember nach München verlagert hatte, wurde deutlich, daß in der von dem besitzenden Mittelstand der Landwirte, Kaufleute, Handwerker und Kleinindustriellen geprägten Partei das katholisch föderalistische Erbe der Bayerischen Volkspartei – der stärksten politischen Kraft in Bayern bis 1933 – überwog. Dennoch machte sie sich von Anfang an für die politische Verständigung beider Konfessionen stark, blieb als eigenständiger Bündnispartner mit der CDU eng verbunden und bildete mit ihr seit 1949 im Bundestag eine Fraktion.

Die Liberalen sammelten sich zuerst im Südwesten, dann in Hessen und Nordrhein-Westfalen. Sie setzten die Traditionen der südwestdeutschen Freisinnigen sowie der alten National-Liberalen fort, die nach Regionen getrennt unterschiedlich dominierten. In Baden-Württemberg und Bayern gab die altliberal-demokratische Richtung den Ton an, in Hessen und Nordrhein-Westfalen dagegen hatten die unternehmerfreundlichen National-Liberalen das Übergewicht. Gemeinsam war beiden Richtungen das ausgesprochen bürgerliche Element. Ihre Landes- und Zonenverbände schlossen sich im Dezember 1948 zur Freien Demokratischen Partei zusammen und wählten den süddeutschen Altliberalen und früheren Reichstagsabgeordneten der Deutschen Demokratischen Partei, *Theodor Heuss,* zum Parteivorsitzenden. Sein moralisches Gewicht und seine Ausstrahlungskraft hielten die Partei mehr als jede programmatische Orientierung zusammen. Indem die Liberalen das Recht auf Privateigentum und die Bedeutung der freien Initiative für die Wirtschaft betonten und den marxistischen Sozialismus ebenso wie den nationalistischen zum Wegbereiter des totalitären Staates erklärten,[20] standen sie in allen Fragen, die die gesellschaftspolitische und wirtschaftliche Ordnung betrafen, auf seiten der CDU/CSU, teilten jedoch in Fragen der Außen-, Rechts-, Kultur- und Bildungspolitik eher den Standpunkt der SPD.

Unbehelligt auch durch die westlichen Besatzungsmächte, konnten die Kommunisten zunächst ihre Parteiorganisation wiederherstellen, wobei sie sich auf eine nicht geringe Zahl politisch Verfolgter aus der Zeit des Nationalsozialismus stützten. Wie in der sowjetisch besetzten Zone traten sie mit einem maßvollen Programm an die Öffentlichkeit, versuchten ähnlich wie die Kommunisten in Ostdeutschland zu Abmachungen mit der SPD über Aktionsgemeinschaften zu kommen, scheiterten jedoch am Widerstand der Sozialdemokraten und in zunehmendem Maße auch an dem der Militärregierungen. Sowie sich Gesellschaft und Politik unter dem Einfluß der übrigen Parteien im Westen Deutschlands entwickelten, mußte die KPD allerdings bald zu einer einflußlosen doktrinären Sekte verkümmern. Als sie 1956 verboten wurde, hatten sich die Menschen unter dem Eindruck des Geschehens im sowjetischen Machtbereich bereits lange und gründlich von ihr abgewandt.

Andere politische Gruppierungen, teils regional, teils auf besondere Proteststimmungen abzielend, blieben ohne Bedeutung. Der Trend zum Dreiparteiensystem war unverkennbar. Auch blieben Parteien mit nationaler, rechtsgerichteter Programmatik nach der Katastrophe des verlorenen Krieges ohne größere Resonanz.

Der Weg zur Bundesrepublik

Während die deutschen Parteien noch um ihren inneren Aufbau rangen und ihre Beziehungen zueinander zu klären versuchten, trieben die angelsächsischen Besatzungsmächte die Neuordnung Westdeutschlands weiter voran. Dies erschien insbesondere den Amerikanern um so dringender geboten, als die im Potsdamer Abkommen festgelegte Reparationspolitik die wirtschaftliche Wiederbelebung Gesamtwesteuropas lahmzulegen drohte. Gezwungen, der durch den Krieg und die von ihnen vorgenommenen Demontagen darniederliegenden deutschen Industrieproduktion wiederum durch eigene Leistungen aufzuhelfen, suchten sie den damit heraufbeschworenen Teufelskreis zu durchbrechen, setzten die Zahl der zu demontierenden Industrieanlagen herab und sannen auf Mittel und Wege, Deutschland zunächst wirtschaftlich neu zu ordnen. Da eine gemeinsame Wirtschaftsverwaltung, die die Vereinigten Staaten auf der Pariser Außenministerkonferenz im Juni und im Juli 1946 vorgeschlagen hatten, am Widerstand Frankreichs und der Sowjetunion scheiterte, beschlossen Amerikaner und Briten, getrennt vorzugehen.

Im August 1946 einigten sich beide Mächte, ihre Zonen zu einem einheitlichen Wirtschaftsgebiet zu verschmelzen, und forderten die Deutschen auf, die Einzelheiten dieser Verschmelzung vorzubereiten. Die nun von den deutschen Unterhändlern entworfenen Verwaltungsabkommen sahen die Bildung von zentralen Verwaltungsräten für Wirtschaft, Finanzen, Ernährung und Landwirtschaft, für Post sowie für Verkehr vor, in denen die Länderminister der jeweiligen Fachressorts saßen und denen fünf Verwaltungsämter zugeordnet waren. Die Beschlüsse der Räte und die Maßnahmen der Ämter konnten allerdings – gemäß dem von den Amerikanern favorisierten und von den süddeutschen Staaten durchgesetzten föderalistischen Prinzip – in den Ländern nur durchgeführt werden, wenn dort entsprechende Gesetze und Verordnungen erlassen wurden.

Von dieser Umorientierung der westlichen Deutschlandpolitik erfuhr die deutsche Öffentlichkeit erstmals Anfang September 1946, als der amerikanische Außenminister *James Francis Byrnes* in Stuttgart den Deutschen den neuen Kurs seiner Regierung offen darlegte. „Wir haben", so erklärte *Byrnes,* „wohl oder übel lernen müssen, daß wir alle in einer Welt leben, von der wir uns nicht isolieren können. Wir haben gelernt, daß Freiheit und Wohlergehen unteilbar sind und daß Frieden und Wohlergehen in unserem Land nicht auf Kosten des Friedens und Wohlergehens eines anderen Volkes erkauft werden können... Deutschland ist ein Teil Europas. Die Gesundung in Europa und besonders in den Nachbarstaaten Deutschlands wird nur langsam voranschreiten, wenn Deutschland mit seinen großen Bodenschätzen an Eisen und Kohle in ein Armenhaus verwandelt wird."[21] Auch deutete *Byrnes* an, wie sich die Vereinigten Staaten die nächsten Schritte dachten. „Wir treten für die wirtschaftliche Vereinigung Deutschlands ein. Wenn eine völlige Vereinigung nicht erreicht werden kann, werden wir alles tun, was in unseren Kräften steht, um eine größtmögliche Vereinigung zu sichern."[21] Gleichzeitig machte er aber auch deutlich, daß die USA es begrüßten, wenn Frankreich und die UdSSR sich zum Beitritt entschlössen.

Die Deutschen in den Westzonen, die in *Byrnes'* Rede ein Zeichen der Wende zu einer besseren Zukunft erblickten, folgten dem neuen Kurs, obwohl dieser das Ziel der Einheit in den Hintergrund treten ließ, hofften allerdings, daß dadurch noch keine endgültige Entscheidung über das künftige Schicksal der Nation getroffen worden sei.

Auf der Moskauer Außenministerkonferenz vom April 1947 jedoch wurde deutlich, daß die alliierten Gegensätze unüberwindlich geworden waren. Die Sowjetunion hielt an ihrer Forderung eines deutschen Einheitsstaates, der Beibehaltung der Oder-Neiße-Grenze, der Beteiligung an der Kontrolle des Ruhrgebietes, der Rückgabe des Saargebietes und der Auflösung der Bizone fest. Nachdem darüber hinaus auch die von dem bayerischen Ministerpräsidenten *Hans Ehard* auf den 5. Juni 1947 nach München einberufene Ministerpräsidentenkonferenz, zu der auch die Ostzone ihre Vertreter entsandte, noch ehe sie recht begonnen hatte, an Verfahrensfragen und an dem gegenseitigen Mißtrauen gescheitert war, trieben Amerikaner und Briten den föderativen Aufbau Westdeutschlands weiter voran. Sie stellten die bisherige Bizonenverwaltung auf eine parlamentarische Grundlage und schufen das Vereinigte Wirtschaftsgebiet. Die Organe dieses Zusammenschlusses – der Wirtschaftsrat, der Exekutivrat und das Verwaltungsdirektorium – sollten für die Regelung aller Fragen zuständig sein, die institutionell, administrativ und legislatorisch für die Erhaltung der Lebensfähigkeit der deutschen Bevölkerung von Bedeutung waren. Die politisch wichtigste dieser drei Institutionen war der Wirtschaftsrat, der sich aus den 52 von den Landtagen gewählten Delegierten zusammensetzte und als Parlament fungieren sollte. Er bildete die gesetzgebende Körperschaft und war von den Besatzungsmächten „zur Leitung des zulässigen Wirtschaftswiederaufbaues"[22] ermächtigt. Da aber der wirtschaftliche Wiederaufbau nur im gesamtpolitischen Rahmen möglich war, hatten die zu Fraktionen zusammengeschlossenen Abgeordneten dieses Organs sich auch mit politischen, ganz Deutschland betreffenden Fragen auseinanderzusetzen.

Wiederaufbau mit den Mitteln des Marshall-Plans in den Westzonen

In der Zwischenzeit hatte sich der Kalte Krieg verschärft. Die *Truman*-Doktrin und der nach dem Scheitern der Moskauer Außenminister-konferenz anlaufende *Marshall*-Plan, die dem weiteren Vordringen des Kommunismus Einhalt gebieten sollten,[23] signalisierten die Absicht der Westmächte, ihren Einflußbereich endgültig abzusichern und Deutschland organisch in den europäischen Wiederaufbau einzubinden. Zu diesem Zweck wurde das Vereinigte Wirtschaftsgebiet im Februar 1948 reorganisiert und zu einem aktionsfähigen staatsähnlichen Gebilde erweitert. Die Zahl der Landtagsabgeordneten im Wirtschaftsrat wurde verdoppelt, und an die Stelle des Exekutivrates trat der Länderrat als zweite gesetzgebende Körperschaft. In diesem Länderrat waren die acht Länder der amerikanischen und britischen Zone durch je zwei Abgeordnete vertreten. Der Koordinierung der einzelnen Zonenverwaltungen diente der Verwaltungsrat, der aus den Leitern dieser Zonenverwaltungen sowie einem Oberdirektor bestand, die alle vom Wirtschaftsrat gewählt und von der Militärregierung bestätigt wurden. Wenngleich auch der Verwaltungsrat noch stark von den Besatzungsmächten abhängig war, so hatte er praktisch doch schon die Stellung eines dem Wirtschaftsrat parlamentarisch verantwortlichen Kabinetts.

Noch während die Organe des „Vereinigten Wirtschaftsgebietes" ihre Strukturen änderten, gestanden die USA und Großbritannien Frankreich, das sie für den Anschluß an das Vereinigte Wirtschaftsgebiet zu gewinnen hofften, die Einbeziehung der Saar in das französische Wirtschaftsgebiet zu. Daraufhin war Paris bereit, an der Schaffung eines demokratischen Westdeutschlands innerhalb der Gemeinschaft der freien Völker mitzuwirken.

Als die drei Militärgouverneure schließlich daran gingen, Vorschläge zur Vereinigung der drei Zonen auszuarbeiten, protestierte der sowjetische Militärgouverneur und verließ den Kontrollrat, der von nun an seine Arbeit als oberste gemeinsame Kontrollinstanz einstellte. Die USA, Großbritannien, Frankreich und die Benelux-Staaten aber, die sich nach langen Verhandlungen in London auf die Grundzüge ihrer künftigen Deutschlandpolitik geeinigt hatten, ermächtigten im Juni 1948 die deutschen Ministerpräsidenten, eine verfassunggebende Versammlung einzuberufen, und bekräftigten ihren Willen, „dem deutschen Volk Gelegenheit zu geben, die gemeinsame Grundlage für eine freie und demokratische Regierungsform zu schaffen, um dadurch die Wiedererrichtung der deutschen Einheit zu ermöglichen, die zum gegenwärtigen Zeitpunkt zerrissen ist"[24]. Die reine Militärregierung in Deutschland sollte beendet werden, und statt der Generäle sollten drei Hohe Kommissare gemeinschaftlich die Interessen der Besatzungsmächte vertreten. Der ins Auge gefaßte politische, wirtschaftliche und staatsrechtliche Zusammenschluß der drei Westzonen benahm jedoch der Sowjetunion das Vetorecht für Westdeutschland und schloß sie obendrein von der vorgesehenen, von den sechs Mächten und Westdeutschland auszuübenden Kontrolle des Ruhrgebietes aus.

Der Graben vertiefte sich, als am 20. Juni 1948 in den Westzonen und kurze Zeit danach in den Berliner Westsektoren die Besatzungsmächte ein Gesetz zur Neuordnung der Währung erließen, das die bislang gültige, aber wertlos gewordene Reichsmark durch die Deutsche Mark ersetzte. Diese Währungsreform, die die Besatzungsmächte ohne deutsche Beteiligung geplant hatten, stellte alle Altgeldguthaben und Altgeldforderungen im Verhältnis 10:1 um und teilte jedem Bewohner der drei Westzonen einen ,,Kopfbetrag" von 40,– DM sofort und weitere 20,– DM im darauffolgenden Monat zu. Sie brachte wiederum wie die Inflation von 1923 die Mittelschicht um alle Ersparnisse, begünstigte die Besitzer von Sachwerten und Aktien und führte nicht zu der von vielen Politikern erhofften Vermögensumverteilung. Andererseits bewirkte die Reform, daß ,,am Tage danach" die vorher gehorteten, bisher vergeblich gesuchten Waren erstmals wieder zu kaufen waren. Ein jahrelang angestauter Konsumbedarf brach sich nun Bahn.

Für die Ausgabe und Kontrolle der neuen Banknoten wurde die Bank

Gefüllte Schaufenster unmittelbar nach der Währungsreform, Juni 1948

Deutscher Länder geschaffen, aus der später die Deutsche Bundesbank hervorgegangen ist. Der Währungsschnitt brachte nach einigen durch steigende Preise bedingten Anfangsschwierigkeiten in verhältnismäßig kurzer Zeit einen Ausgleich zwischen Geld und Warenangebot. Dadurch wurde die bisherige Zwangsbewirtschaftung überflüssig. *Ludwig Erhard*, der neue Direktor der Wirtschaftsverwaltung, betrieb dann auch entsprechend der von ihm vertretenen Konzeption einer sozialen Marktwirtschaft energisch den Abbau aller Bewirtschaftungsvorschriften. In einem „Gesetz über die wirtschaftspolitischen Leitsätze nach der Geldreform", das der Wirtschaftsrat gegen die Stimmen der SPD annahm, hob er das ganze System der Rationierungen und Kontrollen auf, liberalisierte durch Freigabe der Preise den Markt und gab dem Erwerbstrieb freie Bahn. *Erhard* war überzeugt, daß der dadurch entstehende „Wettkampf der Erzeuger um die Gunst der Verbraucher" die gewerbliche Wirtschaft in eine Ordnung brächte, „die ein Höchstmaß von wirtschaftlichem Nutzen und soziale Gerechtigkeit für alle erbringt"[25] und bei Sicherung der Vollbeschäftigung sowie einer unabhängigen, die gleichen Chancen garantierenden Monopolkontrolle das für Deutschland so notwendige Wirtschaftswachstum gewährleiste. Soziale Sicherheit, soziale Gerechtigkeit und sozialen Fortschritt glaubte er durch Steigerung des Sozialproduktes und durch staatliche Korrektur der ursprünglichen Einkommens- und Vermögensverteilung zu erreichen. In diesem Sinne wollten auch die Alliierten die ungleiche Vermögensverteilung durch ein Lastenausgleichsgesetz behoben wissen.

Die Sowjetunion, die in dem Vorgehen der westlichen Besatzungsmächte hinsichtlich der wirtschaftlichen Einheit Deutschlands eine Verletzung des Potsdamer Abkommens sah, reagierte, indem sie in ihrer Zone gleichfalls die alte Währung in Deutsche Mark Ost umstellte. Da sich bei dem Umfang der Demontagen und den hohen Entnahmen aus der laufenden Produktion in Mitteldeutschland ein Ausgleich zwischen Geld und Warenangebot aber nicht herstellen ließ, geriet die Deutsche Mark Ost zur Deutschen Mark West in ein eklatantes Mißverhältnis. Auch herrschte völlige Unklarheit darüber, welche der beiden Währungen in Berlin eingeführt werden sollte. Während die westlichen Besatzungsorgane zunächst beide Währungen gelten lassen wollten, bestand die Sowjetunion auf der Einführung der DM-Ost in allen vier Sektoren der Stadt. So wurde, nachdem der Alliierte Kontrollrat keine Plattform für Verhandlungen mehr bot, die Währungsgrenze zusammen mit den weitreichenden Londoner Beschlüssen, die Deutschland in das atlantische Bündnis einbezogen, zur politischen Grenze.

Ludwig Erhard, der „Vater des Wirtschaftswunders"

Entschlossen, die westlichen Alliierten aus Berlin zu vertreiben und die alte, inmitten ihrer Zone liegende Reichshauptstadt ganz zu annektieren, verhängte *Stalin* eine totale Blockade über die Land- und Wasserwege zu den Westsektoren Berlins und ließ auch die Energieversorgung einstellen. Die Westmächte aber hielten an ihrem auf dem Potsdamer Abkommen beruhenden, die gemeinsame Besetzung Berlins betreffenden Rechtstitel fest und begegneten dem sowjetischen Versuch, Berlin auszuhungern, damit, daß sie die über 2 Millionen Menschen der Stadt ein Jahr lang aus der Luft ernährten und versorgten. Unterstützt wurden sie dabei von den Berlinern, die nicht gewillt waren, sich dem russischen Druck zu beugen, und in ihrem Freiheitswillen mit Gelassenheit große Entbehrungen erduldeten. Ihre moralische Kraft, der der Berliner Bürgermeister *Ernst Reuter* Ausdruck zu

Die „Luftbrücke" während der Berliner Blockade 1948/49

verleihen wußte, blieb nicht ohne Wirkung auf die Haltung der Weltöffentlichkeit. Der Feind von gestern wurde zum Verbündeten von heute, den man in der Auseinandersetzung mit dem einstigen Kampfgefährten brauchte und den man – wollte man sich dem Herrschaftswillen *Stalins* nicht beugen – verteidigen mußte. So schuf der Kampf um die Freiheit West-Berlins, verbunden mit den kriegerischen Auseinandersetzungen in Korea, die psychologische Grundlage der westdeutschen Staatsgründung.

Hatten die Amerikaner bis zur Moskauer Konferenz im Frühjahr 1947 die Entscheidung über die Zukunft Deutschlands noch vor sich hergeschoben, sich dann aber im Zuge ihrer Eindämmungsstrategie für einen Weststaat entschieden, so beeilten sie sich nun nach der Erfahrung der Berliner Blockade, ihr einmal gefaßtes Konzept zu verwirklichen. Sie ließen die Idee einer Neutralisierung Gesamtdeutschlands endgültig fallen, waren bereit, den Sowjets die östliche Besatzungszone zu überlassen, dafür aber entschlossen, das westdeutsche Potential dem Zugriff der Russen zu entziehen. Zur Durchsetzung ihrer Ziele bedurften sie der deutschen Mithilfe, um so mehr, als sie peinlich darauf achteten, die westdeutsche Staatsgründung und die damit verbundene, zumindest vorläufige Teilung nicht als Diktat erscheinen zu lassen. Den deutschen Politikern aber erwuchsen angesichts des raschen Tempos der amerikanischen Politik ernsthafte Bedenken. Zwar hatte die Mehrheit von ihnen die Reform des Wirtschaftsrates und seiner Organe schon in Hinblick auf die herrschende Not gutgeheißen, vor allen weitergehenden, die Verhältnisse festschreibenden Maßnahmen jedoch scheuten sie zurück.

Da überreichten die drei Militärgouverneure den elf westdeutschen Ministerpräsidenten am 1. Juli 1948 in Frankfurt drei Dokumente, in denen sie die Vorstellungen ihrer Regierungen über den Aufbau eines westdeutschen Staates und seine künftigen Beziehungen zu den Westmächten darlegten. Danach waren die Länderchefs gehalten, bis zum 1. September 1948 eine verfassunggebende Versammlung einzuberufen, die eine Verfassung auszuarbeiten, eine Neuordnung der seit 1945 entstandenen Länder vorzubereiten und zu einem von den Militärgouverneuren noch zu erarbeitenden Besatzungsstatut Stellung zu nehmen hatte.

Die Frankfurter Dokumente stellten die Ministerpräsidenten vor das heikle Problem, einerseits die Reorganisation Westdeutschlands nicht zu blockieren, andererseits aber jeden Anschein zu vermeiden, einen separaten Weststaat errichten zu wollen und damit den Vorwand für die Schaffung eines Oststaates zu geben. Als Ergebnis ihrer ersten Beratungen, zu denen auch maßgebliche Mitglieder der Führungsgremien der Parteien hinzugezogen wurden, einigten sie sich in den sogenannten Koblenzer Beschlüssen vom 10. Juni 1948, die Einberufung einer Nationalversammlung abzulehnen, nur einen Parlamentarischen Rat zu schaffen und statt einer Verfassung ein Grundgesetz für eine einheitliche Verwaltung der westlichen Besatzungsgebiete zu erarbeiten. Auf den Einspruch der Besatzungsmächte, die zunächst auf einer von der Bevölkerung direkt gewählten Nationalversammlung als auch auf einer von dieser zu beschließenden und durch eine Volksabstimmung zu ratifizierenden Verfassung bestanden, gaben die Ministerpräsidenten zu bedenken, daß beides nur bei voller Souveränität und Freiheit möglich sei. Darüber hinaus könne ein Verfassungsgesetz, zu dem nur ein Teil des Volkes Stellung zu nehmen in der Lage sei, keine Verfassung darstellen. Hinzu kamen ihre grundsätzlichen Vorbehalte gegen einen Weststaat mit sämtlichen staatlichen Qualitäten. Erst das Argument *Ernst Reuters*, daß die Spaltung Deutschlands nicht geschaffen werde, sondern bereits politische Realität sei, bewirkte einen Stimmungsumschwung, so daß nach harten Auseinandersetzungen mit den Militärgouverneuren schließlich ein Kompromiß zustande kam, der das Provisorische des neu zu bildenden westdeutschen Staates unterstrich. Man einigte sich, zum 1. September 1948 einen Parlamentarischen Rat einzuberufen, dessen Mitglieder durch die Landtage gewählt werden sollten und der seine Beschlüsse nicht dem Volk, sondern den Landtagen zur Ratifikation vorzulegen habe. „Das Gesetz aber, durch das für die Zeit des Übergangs zur Einheit ganz Deutschlands die politischen Lebensordnungen Westdeutschlands ihre rechtliche Form finden sollten – und dies auf der Grundlage des Bekenntnisses zu einer Ordnung der Werte, die den Menschen in den Mittelpunkt stellt –, sollte schlicht ‚Grundgesetz der Bundesrepublik Deutschland‘ genannt werden."[26]

Nachdem auf Drängen Bayerns ein Verfassungskonvent, der vom 10. bis zum 25. August 1948 in Herrenchiemsee tagte, einen Grundgesetzentwurf ausgearbeitet hatte, konstituierte sich am 1. September 1948 der Parlamentarische Rat in Bonn. Seine 65 Abgeordneten wurden von den Landtagen gewählt. Zusammen mit den fünf nicht stimmberechtigten Vertretern West-Berlins begannen sie ihr Werk, das, nachdem es am 8. Mai 1949 – vier Jahre nach der bedingungslosen Kapitulation – beendet wurde, einem Teil Deutschlands die Aussicht bot, als gleichberechtigtes Mitglied in die Familie der Völker zurückzukehren.

Entsprechend dem Stärkeverhältnis der Fraktionen in den einzelnen Landtagen gehörten von den 65 stimmberechtigten Abgeordneten je 27 der CDU/CSU und der SPD an, fünf der FDP und je zwei der KPD, der Deutschen Partei und dem Zentrum. Zum Präsidenten wählte das Gremium den bisherigen Vorsitzenden der CDU-Fraktion im nordrhein-westfälischen Landtag, *Konrad Adenauer*. Seine beiden Vertreter im Präsidium wurden der Sozialdemokrat *Adolph Schönfelder* und der Freie Demokrat *Hermann Schäfer*. Zwar gab es gegensätzliche Auffassungen in Fragen der Staatstheorie, denen sich die zweite deutsche Demokratie verpflichtet sehen wollte. So stand die klassisch liberale, insbesondere von *Carlo Schmid* vertretene Vorstellung, wonach sich Demokratie als Trennung von Staat und Gesellschaft, Teilung der Gewalten und Garantie der Grundrechte bestimmt, gegen die von der CDU vertretene naturrechtliche Idee, wonach die Staatsgewalt wesentlich beim Volk liegt, das im Rahmen der durch Ethik und Naturrecht gezogenen Grenzen die politische Kompetenzfülle in sich vereint und wonach der Staat sich an seine subsidiäre Funktion gegenüber dem einzelnen und der Gemeinschaft gebunden fühlt. Dennoch war man sich im Grundsätzlichen einig und fand im Praktischen gemeinsame Lösungen. Die Verfassungswirklichkeit des neuen Gemeinwesens sollte bestimmt werden durch die Rechte, deren der einzelne für ein Leben in Würde und Selbstachtung bedarf. Darum galten die

Grundrechte nicht wie in der Weimarer Verfassung nach Maßgabe der Gesetze, sondern wurden zu unmittelbar bindendem und einklagbarem Recht, an das der Staat in allen seinen Erscheinungsformen gebunden ist. Auch betonte man ausdrücklich den provisorischen Charakter des Grundgesetzes, das „dem staatlichen Leben für eine Übergangszeit eine neue Ordnung"[27] geben sollte, wobei „das gesamte Deutsche Volk" aufgefordert blieb, „in freier Selbstbestimmung die Einheit und Freiheit Deutschlands zu vollenden"[27].

Der bisherige politische und staatsrechtliche Name Deutschlands, Deutsches Reich, wurde ersetzt durch den Namen Bundesrepublik Deutschland, der sowohl an demokratische und republikanische Traditionen anknüpfte als auch dem angestrebten Föderalismus Rechnung trug. Dieser föderalistische Staatsaufbau entsprach dem Wunsch der Besatzungsmächte und wurde von allen Mitgliedern des Parlamentarischen Rates geteilt. Allerdings war man über die Gewaltenteilung zwischen Bund und Ländern unterschiedlicher Meinung. Die SPD und die Liberalen warnten vor einer Überspitzung des Föderalismus und wollten die Einheit nicht durch partikuläre Egoismen gefährdet sehen. Die CDU/CSU ihrerseits war bereit, den Ländern bei der Bildung des politischen Gesamtwillens im Bund gleichberechtigte Mitwirkungsmöglichkeiten einzuräumen. Die Spannungen, zu denen es darüber mit den einen zu starken Zentralismus fürchtenden Militärgouverneuren kam, konnten dann auch erst im April 1949 überwunden werden.

Nachdem am 8. Mai 1949 die Beratungen des Parlamentarischen Rates zum Abschluß gebracht worden waren, präsentierte sich der neue Staat als eine parlamentarische rechtsstaatliche Demokratie, deren Regierung den Volksvertretern verantwortlich ist und in der die Gesetzgebung an die verfassungsmäßige Ordnung, die Rechtsprechung und die vollziehende Gewalt an Gesetz und Recht gebunden sind. Sein bundesstaatlicher Aufbau räumt den Ländern die Mitwirkung an der Gesetzgebung und der Verwaltung des Bundes ein und überträgt ihnen bestimmte Sachgebiete, wie den kulturellen Bereich, das Verhältnis von Staat und Kirche und die innere Verwaltung.

Das wichtigste Organ des Bundesstaates ist der Bundestag. Seine Abgeordneten werden alle vier Jahre in allgemeiner, gleicher und unmittelbarer Wahl vom Volk gewählt. Als Träger des politischen Gesamtwillens beschließt er die Gesetze, wählt den Kanzler und kontrolliert die Regierung. Neben dem Bundestag steht der Bundesrat. Er besteht aus Vertretern der Länder, deren Zahl – mindestens drei, höchstens fünf – sich nach der Einwohnerzahl der von ihnen repräsentierten Länder richtet. Er hat das Recht der Gesetzesinitiative und des Einspruches gegen die vom Bundestag beschlossenen Gesetze.

Staatsoberhaupt ist der Bundespräsident. Er vertritt den Bund völkerrechtlich, schließt im Namen des Bundes Verträge mit auswärtigen
Staaten, schlägt dem Bundestag den Bundeskanzler vor und ernennt
ihn, wenn der Bundestag ihn gewählt hat. Desgleichen ernennt er die
Bundesminister, die Bundesrichter und die höheren Bundesbeamten
und Offiziere. Er unterzeichnet die Bundesgesetze und verkündet sie.
Zur Gültigkeit seiner Anordnungen und Verfügungen jedoch bedarf er
der Gegenzeichnung durch den Bundeskanzler oder durch den zuständigen Minister. Im Gegensatz zu Weimar, wo der Reichspräsident vom
Volk direkt gewählt wurde und darum Träger der höchsten Autorität
und Legitimität war, hat man die Macht des Bundespräsidenten stark
beschnitten. Ohne die Befugnisse nach Artikel 48 der Weimarer Verfassung bleibt ihm die Rolle eines Ersatzkaisers nun versagt. Sein
fünfjähriges Mandat beruht auf der Wahl durch die Bundesversammlung, die sich aus den Mitgliedern des Bundestages und einer gleichen
Anzahl von in den einzelnen Landtagen gewählten Mitgliedern zusammensetzt.

Die Bundesregierung besteht aus dem Bundeskanzler und den Bundes-
ministern. Auf Vorschlag des Bundespräsidenten vom Bundestag gewählt, kommt dem Bundeskanzler die eigentliche Macht zu. Er bestimmt die Richtlinien der Politik, schlägt dem Bundespräsidenten die
Minister zur Ernennung oder Entlassung vor, führt die vom Bundestag
beschlossenen Gesetze aus und ist dem Parlament direkt verantwortlich. Zu seinem Sturz bedarf es eines konstruktiven Mißtrauensvotums,
das der Bundestag dem Bundeskanzler nur dadurch aussprechen kann,
daß er mit der Mehrheit seiner Mitglieder einen Nachfolger wählt. Die
Lahmlegung der Regierungstätigkeit, die das Kennzeichen der letzten
Jahre der Weimarer Republik war, ist dadurch ausgeschlossen. Auch
wurden neben der Ablehnung der Wahl des Reichspräsidenten durch
das Volk die anderen plebiszitären Elemente der Weimarer Verfassung
wie Volksbegehren und Volksentscheid nicht mehr in das Grundgesetz
aufgenommen.

Die Rechtsprechung, die unter dem ausdrücklichen Schutz des Grundgesetzes steht, wird den Richtern anvertraut. Sie sind unabhängig und
nur dem Gesetz unterworfen. Die Verfassungsmäßigkeit der Gesetze
überwacht das oberste Gericht, das Bundesverfassungsgericht, das allen übrigen Verfassungsorganen gegenüber selbständig und unabhängig ist.

Nachdem die Militärregierungen dieses Grundgesetz am 12. Mai
genehmigt hatten, wurde es von den Landtagen ratifiziert und trat nach
seiner Verkündung am 24. Mai 1949 in Kraft. Seine Gültigkeit soll bis
zu dem Tage reichen, „an dem eine Verfassung in Kraft tritt, die von

dem deutschen Volk in freier Entscheidung beschlossen worden ist"[28]. Dann erst wird, wie einer der Väter dieses Gesetzes, *Carlo Schmid,* vermerkte, ,,die echte Verfassung... originär als das Werk aller Deutschen entstehen, und nichts in diesem Grundgesetz wird die Freiheit des Gestaltungswillens unseres Volkes beschränken"[29].

Am 14. August 1949 wählte die westdeutsche Bevölkerung den ersten Bundestag. Kurz zuvor hatte die Sowjetunion die Krise um Berlin beendet und noch einmal versucht, zur Viermächteverantwortung zurückzukehren. Aber wiederum bot Moskau Washington auf der sechsten Außenministerkonferenz der drei Westmächte und der Sowjetunion im Mai und Juni 1949 in Paris keine substantiellen Konzessionen an. So antwortete der Nachfolger *Marshalls*, Außenminister *Dean Acheson*, auf den östlichen Vorschlag, einen gesamtdeutschen Staatsrat ins Leben zu rufen, mit der Forderung nach freien Wahlen auch für die Ostzone und bezog damit jene Ausgangsstellung, die von nun an bis in die 70er Jahre für alle späteren Ost-West-Dialoge prinzipielle Gültigkeit haben sollte.

17 Deutschland nach 1949

1986	Forderung nach Streichung des Wiedervereinigungsgebotes aus dem Grundgesetz durch den linken Parteiflügel der SPD – Reaktorunglück in Tschernobyl – Unterzeichnung eines Kulturabkommens zwischen beiden deutschen Staaten – Einrichtung eines Umweltministeriums in der Bundesrepublik – Mord an *Karl Heinz Beckurts*
1987	Wiederwahl *Helmut Kohls* zum Bundeskanzler – Verzicht der Bundesregierung auf die Pershing-1A-Raketen – Offizieller Besuch des DDR-Staatsratsvorsitzenden in Bonn – Abrüstungsbeginn für die Mittelstreckenraketen
1988	Aufnahme diplomatischer Beziehungen mit der EG durch die DDR – Tod von *Franz Josef Strauß* – Wahl von *George Bush* zum Präsidenten der USA
1989	Abzug der sowjetischen Truppen aus Afghanistan – Wiederwahl *Richard von Weizsäckers* – Niederschlagung der Demokratiebewegung in China – Staatsbesuch *Michail Gorbatschows* in der Bundesrepublik – Beginn der Fluchtbewegung aus der DDR nach Ungarn und in die ČSSR – Öffnung der Grenzen nach Westen durch Ungarn – Zusammenschluß der DDR-Reformgruppen im Neuen Forum – Ausreisegenehmigung aus der ČSSR für DDR-Flüchtlinge – Gründung der Oppositionsgruppe „Demokratischer Aufbruch" – Protestkundgebungen anläßlich des 40. Jubiläums der Gründung der DDR – Massendemonstrationen in der DDR – Ablösung *Erich Honeckers* durch *Egon Krenz* – Rücktritt der DDR-Regierung – Öffnung der Grenzen zur Bundesrepublik – *Hans Modrow* Ministerpräsident der DDR – Zehn-Punkte-Programm *Helmut Kohls* – Mord an *Alfred Herrhausen* – Sturz und Hinrichtung *Ceaucescus* – Silvesterfeier der Berliner am Brandenburger Tor
1990	Erste freie Wahlen in der DDR – Wahl *Lothar de Maizières* zum Ministerpräsidenten – Zwei-plus-Vier-Konferenzen – Beginn des Abrisses der Berliner Mauer – Staatsvertrag über die Währungs-, Wirtschafts- und Sozialunion – Treffen *Helmut Kohls* mit *Michail Gorbatschow* im Kaukasus – Anerkennung der Oder-Neiße-Grenze durch die beiden deutschen Staaten – Wiedereinrichtung der Länder Mecklenburg-Vorpommern, Brandenburg, Sachsen-Anhalt, Sachsen und Thüringen – Wahl der Landtage – Beitritt der DDR zur Bundesrepublik *(Karte 11)*

Die deutsche Frage

Mit der Gründung der Bundesrepublik hatten die Deutschen im westlichen Teil ihres Vaterlandes die Möglichkeit erhalten, ihre politische, gesellschaftliche, ökonomische und kulturelle Lebensordnung selbst zu gestalten. Das bedeutete freilich nicht, daß sie wieder im Besitz der vollen staatlichen Souveränität waren. Die drei westlichen Alliierten hatten sich, als sie das Grundgesetz genehmigten, ausdrücklich die Führung der außenpolitischen Angelegenheiten vorbehalten. Außerdem bestimmte das zum Zweck der Sicherung ihrer Vorbehaltsrechte am 21. September 1949 erlassene Besatzungsstatut, daß zur Aufrechterhaltung der demokratischen Staatsform oder aus Sicherheitsgründen die Besatzungsmächte jederzeit die Regierungsgewalt wieder an sich ziehen konnten und daß obendrein das von ihnen genehmigte Grundgesetz nur mit ihrer Zustimmung geändert werden durfte. Blieb damit die oberste Gewalt zunächst noch bei den drei Westmächten und der von ihnen eingesetzten zivilen Kontrollbehörde, der Hohen Alliierten Kommission, so sahen die politischen Kräfte des neugegründeten Staates ihre Aufgabe darin, einmal die uneingeschränkte Souveränität zurückzugewinnen und zum andern das Provisorium durch die Vereinigung der sowjetisch besetzten Zone mit „Westdeutschland" zu beenden. Gerade dies letztere Ziel war aber nur in Abstimmung mit der Politik aller Siegermächte zu erreichen und damit abhängig von deren Absichten, die mitteleuropäischen Verhältnisse im Spannungsfeld des ost-westlichen Dualismus möglichst vorteilhaft für die jeweilige Seite zu gestalten. Nachdem die USA entschlossen waren, „eine Situation der Stärke zu schaffen"[1], und die UdSSR eine Sowjetisierung oder auch nur Neutralisierung Gesamtdeutschlands nicht erreichen konnte und daher um so energischer an ihrer Besatzungszone festhielt, vertiefte sich der bereits entstandene Graben.

Noch während der 1948/49 durch die sowjetische Besatzungsmacht verhängten Berliner Blockade war in der sowjetischen Besatzungszone durch die Ausarbeitung eines Verfassungsentwurfes die Konstituierung der Deutschen Demokratischen Republik vorbereitet worden, deren offizielle Gründung am 7. Oktober 1949 erfolgte. So gab es ab 1949 zwei deutsche Staaten.

Beide waren nicht auf Initiative der deutschen Bevölkerung entstanden, sondern vor allem dem Willen der Besatzungsmächte entsprungen, die sich im Kalten Krieg verfeindet gegenüberstanden. Beide Seiten wollten, wenn sie schon nicht das ganze Deutschland dem eigenen Machtbereich einverleiben konnten, wenigstens den Teil, den sie bereits hatten, so sichern, daß er die eigene Verteidigungskraft, die

Unterzeichnung des Grundgesetzes im Parlamentarischen Rat, 23. Mai 1949

Das erste Kabinett der Bundesrepublik nach seiner Vereidigung
am 20. September 1949
(in der ersten Reihe v. links: Wirtschaftsminister Erhard, Kanzler Adenauer,
Vizekanzler Blücher)

eigene Wirtschaftsordnung und das eigene Machtpotential verstärkte und das des Gegners schwächte. Entsprechend festigten sich die Positionen der beiden deutschen Staaten innerhalb der Blöcke. Die bisher relevanten Fragen der Reparationen und der Umerziehung der Deutschen traten in den Hintergrund. Dagegen waren die Besatzungsmächte darauf bedacht, die Ressourcen ihres Gebietes – die Menschen, die Rohstoffe, die Industriekapazität und das gesamte politische Potential – zu gewinnen und so zu entwickeln und in die Interessenlage des jeweiligen Blocks einzugliedern, daß der größtmögliche Gewinn entstand. Bald wurden beide deutsche Staaten innerhalb des jeweiligen Blockes zu den gehorsamsten Anhängern und treuesten Verbündeten der beiden Supermächte. Weder gab es in der Bundesrepublik eine nennenswerte marxistische oder kommunistische Partei, die das pluralistisch parlamentarische Staatsverständnis der westlichen Demokratie in Frage gestellt hätte, noch hatten in der DDR die Gegner des stalinistischen Systems die geringste Chance, ihre oppositionelle Haltung zur Geltung zu bringen. Wollten beide Staaten ihre Souveränität nach innen gewinnen, so mußten sie sich gegenüber denen, die die tatsächliche Macht hatten und diese als militärische Besetzer jederzeit auch ausüben konnten, loyal verhalten. Dieses Loyalitätsverhältnis aber nahm den Deutschen im Westen und Osten jede wirklich freie Entscheidung. Die Bundesrepublik rückte in der Abwehr gegen die sowjetische Bedrohung in die vorderste Linie, während die DDR in dem Bemühen, den Sozialismus nach sowjetischer Prägung zur allein gültigen Grundlage ihres Staatswesens zu machen, bestrebt war, möglichst alle anderen Satelliten der Sowjetunion an Loyalität zu übertreffen.

Zunächst zeigte sich eine gewisse Parallelität im Aufbau der beiden Staaten. Sowohl in der Bundesrepublik als auch in der DDR bestanden vor der Bildung ihrer Staaten Länder, die für die jeweilige neue Staatsstruktur von grundlegender Bedeutung waren. Im Gegensatz zur DDR aber, wo die Länder – obwohl verfassungsmäßig verankert – schon 1952 durch eine einschneidende Reform des Staatsaufbaues zugunsten von kleineren Verwaltungseinheiten, den Bezirken, beseitigt wurden, blieb in der Bundesrepublik Deutschland der von den westlichen Alliierten von Anfang an geforderte föderative Staatsaufbau gewahrt. Zwar gab es durch die in Potsdam beschlossene Auflösung Preußens, des Kernstücks des ehemals kleindeutschen Reiches, nun auch im Westen einzelne Gebiete, die in der klassischen Struktur der deutschen Länder des 19. und 20. Jahrhunderts keine Zuordnung mehr hatten. Dafür jedoch wurden teilweise aufgrund historischer Gegebenheiten, teilweise aber auch einfach aufgrund von willkürlichen Entscheidungen

Antrittsbesuch Adenauers bei den Hohen Kommissaren, 21. September 1949

Übertragung der Verwaltungsfunktion auf die Regierung der DDR durch die Sowjetunion, 10. Oktober 1949

der Besatzungsmächte neue Länder geschaffen, die trotz der großen Unterschiede im einzelnen im ganzen doch so beschaffen waren, daß sich ein Gleichgewicht unter ihnen herstellen ließ. Dieses sichert dem förderativen Aufbau der Bundesrepublik bis heute eine gesunde Grundlage und ein erfolgreiches Bestehen.

Dieser föderative Aufbau, der im Kaiserreich und in der Weimarer Republik seine Wurzeln hat, wurde sowohl den deutschen Politikern als auch denen der Westmächte zum Muster eines künftigen gesamtdeutschen Staates, dessen Konstituierung dem deutschen Volk allerdings vorerst versagt blieb. Im östlichen Teil Deutschlands bestimmte das Diktat der Besatzungsmacht die staatliche und rechtliche Ordnung nach ihrer Ideologie, so daß eine demokratische Willensbildung in frei sich konstituierenden Parteien nicht möglich war. Auch blieb Berlin unter der Herrschaft der Besatzungsmächte.

Darüber hinaus sorgte der föderative Aufbau der Bundesrepublik mit der im Grundgesetz vorgesehenen Machtminderung des Präsidenten einerseits und der engen Verbindung von Regierung und Bundestagsmehrheit andererseits neben der von der Opposition ausgeübten Kontrollgewalt für ein zusätzliches Gegengewicht gegenüber der Bundesregierung. Auch bewahrte das Wahlsystem, das sich der Bundestag gab, die zweite deutsche Demokratie vor der unheilvollen Parteienzersplitterung, die eine der Ursachen für den Niedergang der Weimarer Republik gewesen war.

Im Gegensatz zur Weimarer Reichsverfassung, die die Parteien überhaupt nicht erwähnte, räumt das Grundgesetz der Bundesrepublik den Parteien ausdrücklich ein Mitwirkungsrecht bei der politischen Willensbildung des Volkes ein.[2] Gleichzeitig verpflichteten die Verfassungsväter die Parteien auf die demokratische Ordnung und übertrugen die Festsetzung des Wahlmodus der Bundesgesetzgebung. Diese legte ein Wahlsystem fest, das entsprechend den Listen, nach denen die Zahl der zu wählenden Mandate bestimmt ist, und den Wahlkreisen, in denen die Kandidaten direkt gewählt werden, eine Mischung von Listen- und Persönlichkeitswahl darstellt. In den Bundestag können nur solche Parteien einziehen, die wenigstens fünf Prozent der gültigen Stimmen im Bundesgebiet erlangt haben. Die dadurch erreichte Konzentration der Stimmen führte allmählich zu einem Dreiparteiensystem, das der Entwicklung des neuen Staates eine gedeihliche Kontinuität sicherte und bis 1983 Bestand hatte. Dabei stellten CDU/CSU und SPD als die großen Parteien entweder den Regierungschef oder bildeten die Opposition. Die dritte, kleine Partei der FDP aber wirkte in der Rolle des Koalitionspartners regulierend auf die Positionen der großen Parteien ein. Der föderative Aufbau der Bundesrepublik, die

Sperrbestimmungen des Wahlrechts, die Einschränkung der Machtfülle des Bundespräsidenten, die Richtlinienkompetenz des Bundeskanzlers, das konstruktive Mißtrauensvotum und das nach amerikani-
schem Vorbild geschaffene Bundesverfassungsgericht, das die Recht-
mäßigkeit der Gesetze und den Schutz der Grundrechte des einzelnen
Bürgers zu sichern hat, stabilisieren das System, ohne es erstarren zu
lassen. Es bietet einen weiten Raum für demokratische Entscheidungen und gewährleistet in der horizontalen und vertikalen Gewaltenteilung eine ausgewogene Machtverteilung und damit den Ausgleich zwischen den dem Ganzen aufgegebenen Sachentscheidungen und den
gebietsmäßigen Differenzierungen.

Die Ära Adenauer

Der erste, am 14. August 1949 frei gewählte Deutsche Bundestag
zählte – da die Sperrklausel des Wahlgesetzes von diesem Parlament
erst beschlossen wurde – acht Fraktionen. Die Partei, die die meisten
Stimmen erhalten hatte, war die CDU/CSU. Sie bildete mit den übrigen, rechts von der SPD stehenden Parteien eine kleine Koalition und
drängte die SPD in die Rolle der Opposition. Am 12. September 1949
trat dann die Bundesversammlung zusammen und wählte im 2. Wahlgang den Vorsitzenden der FDP, *Theodor Heuss,* zum Bundespräsi-

Der neugewählte Bundespräsident, Theodor Heuss, während einer Ansprache
vor dem Bundestag, September 1949

denten. Seine redliche, liberale Gesinnung und seine politische Autorität brachten in überzeugender Weise zum Ausdruck, daß sich der neue
Staat in die Tradition der deutschen humanistischen Kultur zu stellen
bereit war. Drei Tage darauf fand dann die Wahl des CDU-Abgeordne-
ten *Konrad Adenauer* zum Bundeskanzler statt. Mit der Mehrheit von
nur einer Stimme gewählt, erklärte der erste Kanzler der zweiten deutschen Republik am 20. September 1949, die „wenigstens relative staatliche Freiheit"[3] nutzen zu wollen, um sowohl die schlimmste materielle
Not zu beheben als auch den Deutschen „im Einvernehmen mit der
Hohen Alliierten Kommission"[3] die außenpolitische Handlungsfreiheit
zurückzugewinnen. Um dieses Ziel zu erreichen, war er entschlossen,
eine aktive Politik der europäischen Integration zu führen und „zu
allen Ländern gute Beziehungen, auch solche persönlicher Art zu unterhalten, insbesondere aber zu unseren Nachbarländern, den Benelux-
Staaten, Frankreich, Italien, England und den nordischen Staaten"[3].
Die östlichen Nachbarn allerdings bezog *Adenauer* in diesen Plan nicht
ein. Dagegen war er fest entschlossen, den deutsch-französischen Gegensatz endgültig aus der Welt zu schaffen.
Der deutschen Bevölkerung, die sich vorderhand abwartend und skeptisch verhielt, ging es zunächst in erster Linie um die konkrete Verbesserung ihrer materiellen Verhältnisse. Zwar hatten *Marshall*-Plan und
Währungsreform die größte Not bereits gelindert, doch lagen die meisten Städte noch in Trümmern und die Industrien darnieder. Arbeitslosigkeit und eine seit der Währungsreform merkliche Verteuerung der
Waren vergrößerten das allgemeine Elend. Dcr Korea-Krieg, der die
Rohstoffpreise rapide ansteigen ließ, erhöhte das Defizit der westdeutschen Zahlungsbilanz und erschwerte eine rasche Aufwärtsentwicklung
der auf die Finanzierung des Produktionsaufbaus aus erwirtschafteten
Gewinnen angewiesenen Industrie.
Dennoch hielt Wirtschaftsminister *Ludwig Erhard*, unterstützt von
Adenauer und den Regierungsparteien, an seinem wirtschaftspolitischen Kurs der sozialen Marktwirtschaft fest. Der schon 1951 einsetzende wirtschaftliche Aufschwung gab ihm recht. Damals begann, was
man später das „deutsche Wirtschaftswunder" nannte, das ebensosehr
ein Arbeitswunder war und Arbeitgeber und Arbeitnehmer in dem
gemeinsamen Streben verband, die Schäden des Krieges zu überwinden. Da trotz der Zerstörungen, Reparationen und Demontagen die
Produktionsbasis in den verschiedenen Wirtschaftsbereichen erhalten
geblieben war, konnte man sich dem veränderten technischen Entwick-
lungsstand anpassen, moderne Geräte, Maschinen und Anlagen beschaffen und damit die Produktion selbst in erhöhtem Maße rationali-
sieren. Auch stieg die Auslandsnachfrage, so daß bei dem großen

Die Kupferhütte an der Rheinfront der Stadt Duisburg

Nachholbedarf an Konsumgütern im Inland Produktion, Vollbeschäftigung und Absatz auf Jahre hinaus gesichert blieben. Bald konnte der Schuldner Westdeutschland die ausländischen Kredite nicht nur zurückzahlen, sondern wurde zum Gläubiger, dessen Währung sich zu einer der besten und stabilsten in Europa entwickelte und der bei dem hohen Bedarf an Arbeitskräften zunehmend auf den ausländischen Arbeitsmarkt angewiesen war.

Diese wirtschaftlichen Erfolge bildeten die wichtigste Voraussetzung für eine innere Konsolidierung und für den Aufbau des sozialen Bundesstaates, wie er von den Verfassungsvätern konzipiert worden war.[4] Anknüpfend an die Tradition sozialstaatlicher Sicherung des Kaiserreiches, der Weimarer Republik und auch des Dritten Reiches, brachte die neue Regierung zunächst das Versicherungswesen wieder in Gang und setzte trotz der durch den Krieg erschöpften Vermögenswerte die Kranken-, Unfall-, Renten-, Knappschafts- und Arbeitslosenversicherung erneut in Kraft. Die Versorgung der Kriegsopfer, der Kriegsgeschädigten und Hinterbliebenen durch Rentenzahlung, kostenlose ärztliche Versorgung und Arbeitsplatzsicherung wurde ebenso wie die Entschädigung ehemaliger Kriegsgefangener geregelt. Eine besonders schwierige Aufgabe war die Eingliederung der Flüchtlinge und Vertriebenen aus den Ostgebieten, die durch den Lastenausgleich erfolgte, der den unversehrt gebliebenen Besitz mit einer einmaligen Abgabe belegte. Der interne Ausgleich zur Förderung der Integration dieser Bevölkerungsgruppe war eine soziale und wirtschaftliche Pioniertat sondersgleichen. So konnte der Staat denen, die durch die Kriegsereignisse um Hab und Gut gebracht worden waren, Darlehen, gering

Volkswagen als Exportartikel, April 1950

verzinsbare Kredite oder Beihilfen für den Wiederaufbau von Unternehmen zur Verfügung stellen. Desgleichen erhielten die von den Nationalsozialisten aus politischen, religiösen und rassischen Gründen Verfolgten eine sogenannte Wiedergutmachung.

Wennglcich durch alle diese Maßnahmen und durch das rapide ansteigende wirtschaftliche Wachstum die sozial Schwächeren in dem neuen Staat ihre Notsituation langsam überwanden und die Mittelschicht die

Grundlagen für den Wohlstand der 60er Jahre legen konnte, wies die Einkommensstruktur insgesamt doch beträchtliche Unterschiede auf. Auch blieb die herkömmliche Machtstruktur der Industrie erhalten. Die im Deutschen Gewerkschaftsbund organisierte Arbeiterbewegung konzentrierte daher ihre Forderungen auf die Neuordnung der Vermögensverteilung und auf den Bereich der Mitbestimmung der Arbeitnehmer in den Betrieben. Dabei wurden, anders als in der Weimarer Republik, die Arbeitnehmer von nur einer Gewerkschaft vertreten, die entsprechend den einzelnen Industriezweigen in 16 Einzelgewerkschaften gegliedert ist. Ihre Forderungen wurden von der Bundesregierung aufgegriffen und konnten teilweise im Einvernehmen mit der SPD realisiert werden. So wurde die Mitbestimmung in den Bereichen des Bergbaus und der Eisen und Stahl erzeugenden Industrie innerhalb der Montanunion durchgesetzt. Sie sieht für die Unternehmen mit mehr als 1000 Beschäftigten eine paritätische Besetzung der Aufsichtsräte durch die Vertreter der Beschäftigten und die der Kapitaleigner vor. Für die übrige Industrie gilt seit 1952 das Betriebsverfassungsgesetz, das in allen Betrieben mit mindestens fünf Arbeitern einem Betriebsrat Mitwirkungsrechte in sozialen Angelegenheiten und Fragen der Arbeits- und Urlaubseintei-

Das Hansaviertel in Berlin

lung einräumt und die Aufsichtsräte der Aktiengesellschaften zu einem Drittel mit Mitgliedern besetzt, die aus den Reihen der Arbeitnehmer kommen. Auch wurde die vom Dritten Reich zerstörte Tarifautonomie wiederhergestellt. Diese gibt den Sozialpartnern das Recht, Löhne und Gehälter frei von jeder staatlichen Bevormundung zu vereinbaren. In sogenannten Tarifkommissionen handeln die Einzelgewerkschaften mit den in den Arbeitgeberverbänden organisierten Unternehmen die jeweiligen Löhne und Gehälter aus. Aufgrund einer gleichfalls von der Regierung *Adenauer* beschlossenen Rentenreform werden schließlich die Renten diesen in den Tarifkommissionen festgesetzten Löhnen und Gehältern automatisch angepaßt.

Eines der schwierigsten Probleme für den neuen Staat bildete die Beseitigung der durch den Krieg bedingten Wohnungsnot. In den zerstörten Städten drängten sich die Menschen noch immer in den nach Zahl und Qualität ungenügenden Behausungen. Etwa die Hälfte aller Familien in der Bundesrepublik wohnte 1950 in Untermiete. Wollte die Marktwirtschaft eine soziale Marktwirtschaft sein, so war gerade hier der Staat aufgerufen zu helfen. Ein 1. Wohnungsbaugesetz sah dann auch ab 1950 den Bau von nahezu zwei Millionen Sozialwohnungen vor. Diesem Gesetz folgte 1956 ein 2. Wohnungsbaugesetz, das neben dem Bau von Sozialwohnungen den von Familienheimen förderte.

Außerdem hoffte man durch Begünstigung der Sparleistungen durch Sparprämien und später, als die Phasen des Wiederaufbaus und der Konsolidierung abgeschlossen waren, durch die Ausgabe von sogenannten Volksaktien, die aus der Privatisierung von bundeseigenen Unternehmen gewonnen wurden, die Kapitalbildung in der Hand einzelner zu erleichtern. Wenngleich dadurch die Spannung zwischen Kapital und Arbeit nicht gänzlich beseitigt wurde, so konnte durch die soziale Gesetzgebung und die mannigfaltigen staatlichen Hilfen doch der soziale Friede in der Bundesrepublik hergestellt und gesichert werden und der Arbeitnehmer die Anerkennung als gleichwertiger Wirtschaftspartner erringen.

Der rasche wirtschaftliche Wiederaufstieg, die gesellschaftspolitische Konsolidierung und die diszipliniert demokratische Bewältigung der Interessenkonflikte, bei der sich im Gegensatz zu Weimar die Parteien ihrer gesamtpolitischen Verantwortung bewußt blieben, brachten *Adenauer* und seiner Partei die Anerkennung breiter Schichten des deutschen Volkes. Als im September 1953 die Wahlen zum zweiten Deutschen Bundestag stattfanden, an der sich 85,8 Prozent der Wahlberechtigten beteiligten, erhielt die CDU/CSU 45,2 Prozent der Stimmen. Dieser Vertrauensbeweis bestärkte die Regierung nicht nur, den

Ausbau des Verkehrsnetzes (Autobahnverteiler München-Nord)

einmal eingeschlagenen innenpolitischen Weg fortzusetzen, sondern auch in der Außenpolitik *Adenauers* Konzeption der West-Integration entschieden weiterzuverfolgen.

Die ersten praktischen Schritte, um zu einer festeren Bindung an den Westen zu kommen, hatte *Adenauer* schon wenige Wochen nach Bildung seiner ersten Regierung unternommen, indem er die Bundesrepublik als gleichberechtigtes Mitglied dem Europäischen Wirtschaftsrat zuführte. Sodann erhielt er gegen die Zusage, der Internationalen Ruhrbehörde und dem Europarat beizutreten, von der Alliierten Hohen Kommission die Erlaubnis, konsularische Beziehungen zu ausländischen Mächten aufzunehmen. *Kurt Schumacher*, der Führer der Opposition, warnte jedoch davor, auf diese Weise das Ruhrgebiet den ausländischen Mächten zu überantworten, und bekämpfte den Beitritt der Bundesrepublik als assoziiertes Mitglied zum Europarat, weil auch das Saargebiet als assoziiertes Mitglied aufgenommen werden sollte. Doch *Adenauer* blieb bei seiner Politik der Vorleistungen, wandte sich an die westdeutsche und europäische Öffentlichkeit und suchte sie für seinen Weg zu gewinnen. „Im heutigen Stadium Europas", so erklärte er Anfang November 1949, „sind Erbfeindschaften völlig unzeitgemäß geworden. Ich bin daher entschlossen, die deutsch-französischen Beziehungen zu einem Angelpunkt meiner Politik zu machen. Ein

Bundeskanzler muß zugleich ein guter Deutscher und Europäer sein."[5] Die Differenzen über Ruhr und Saar hoffte er über den europäischen Zusammenschluß beizulegen[6] und erreichte in der Tat durch den Beitritt zu der von *Robert Schuman* initiierten Montanunion einen ersten konkreten Erfolg. Das Ruhrstatut wurde abgelöst, und alle alliierten Kontrollen und Beschränkungen der deutschen Schwerindustrie wurden aufgehoben. Die Bundesrepublik war neben Belgien, Frankreich, Italien, Luxemburg und den Niederlanden gleichberechtigtes Mitglied in der Europäischen Gemeinschaft für Kohle und Stahl geworden und hatte durch die Mitarbeit in dieser überstaatlichen Organisation gleichzeitig die Ausgangsbasis dafür gewonnen, die deutsch-französischen Beziehungen neu zu ordnen.

Als im Sommer 1950 im Verlauf des Korea-Krieges sich der Ost-West-Gegensatz weiter zuspitzte, versprach der Kanzler ohne Rücksprache mit der Regierung und den Parteien den Westmächten, die in dem zweigeteilten Deutschland eine Parallele zu der Lage in Korea sahen, für den Fall, daß es zur Bildung einer internationalen europäischen Armee kommen würde, die Bereitstellung eines deutschen Verteidigungskontingentes. Dabei dachte *Adenauer* nicht an eine deutsche Nationalarmee, sondern an „Streitkräfte ... die zur Verfügung des gesamten demokratischen Westens stehen sollten. Er hoffte, mit dieser Vorstellung die Westmächte veranlassen zu können, die Blockierung der Souveränität der Bundesrepublik aufzugeben, deren Sicherheit gegenüber der immer stärker aufrüstenden Sowjetunion zu gewährleisten und eine europäische Föderation herbeizuführen."[7] Außerdem war *Adenauer* überzeugt, daß die Sowjetunion, wenn die von ihr angestrebte Neutralisierung Deutschlands nicht zu erreichen sei, ihre Politik ändern werde und so die Aussichten auf eine Wiedervereinigung der beiden deutschen Staaten wüchsen. Damit vertrat *Adenauer* das Konzept der „Politik der Stärke". Die Gegner dieses Konzepts aber bezweifelten gerade die Möglichkeit, durch die Wiederaufrüstung die Einheit Deutschlands zu erreichen, und wehrten sich darüber hinaus entschieden gegen eine europäische Verteidigungsgemeinschaft, in der „deutsche Legionäre"[8] die Streitkräfte der Staaten Europas verstärkten. *Schumacher* hielt Verteidigungsanstrengungen dieser Art im Fall eines Angriffs des Ostens auf Europa für unzureichend: „Einige deutsche Divisionen in ihrer Mitte änderten daran nichts; nur die waffentechnische Überlegenheit der Angelsachsen könne abschreckend wirken. Die Sozialdemokraten würden den deutschen Verteidigungsbeitrag erst hinnehmen, wenn die unzweideutige Entscheidung für die internationale Solidarität der anderen Nationen mit der deutschen durch militärische und politische Tatsachen geschaffen sei."[9] Unbeeindruckt von diesen von *Kurt Schumacher* am 19. März 1953 im Bundestag vorgetragenen Argumenten, unbeeindruckt auch von dem entschiedenen Protest der Mehrheit der Westdeutschen, darunter der desillusionierten und von vielen Kreisen Deutschlands und des Auslands diffamierten ehemaligen Soldaten, die keine neuen militärischen Engagements wünschten, stimmte das Parlament der Politik *Adenauers* zu. Daß sich der Plan einer europäischen Armee zerschlug, lag schließlich nicht an der deutschen Regierung, sondern am ungebrochenen Nationalbewußtsein der in Aussicht genommenen Partner, wie sich an der französischen Nationalversammlung zeigte, die die Ratifizierung des EVG-Vertrags im August 1954 ablehnte.

Noch während die Beratungen über die Gründung einer Europäischen Verteidigungsgemeinschaft und über die damit in engem Zusammenhang stehende Neuordnung der Beziehungen zwischen der Bundesrepublik Deutschland und den drei westlichen Besatzungsmächten in vollem Gang waren, richtete die Sowjetunion am 10. März 1952 in einer Note an die drei Westmächte die Aufforderung, ,,unverzüglich die Frage eines Friedensvertrages mit Deutschland zu erwägen", der ,,unter unmittelbarer Beteiligung Deutschlands, vertreten durch eine gesamtdeutsche Regierung, ausgearbeitet werden" sollte, und die Bedingungen zu prüfen, unter denen ,,die schleunigste Bildung einer gesamtdeutschen, den Willen des deutschen Volkes ausdrückenden Regierung"[10] gefördert werden könne. Neben dem Entwurf eines solchen Friedensvertrages hatte die Moskauer Regierung der Note eine Reihe von Vorschlägen beigefügt, die die Wiederherstellung Deutschlands als einheitlichen Staat betrafen. Diese sahen den Abzug der Besatzungsmächte, die Gewährleistung aller demokratischen Rechte, die Aufhebung der wirtschaftlichen Beschränkungen und die Erlaubnis zur Aufstellung nationaler Land-, Luft- und Seestreitkräfte zur Landesverteidigung sowie die Verpflichtung vor, ,,keinerlei Koalitionen oder Militärbündnisse einzugehen, die sich gegen irgendeinen Staat richten, der mit seinen Streitkräften am Krieg gegen Deutschland teilgenommen hat"[11]. Mit Zustimmung der Bundesregierung machten die westlichen Verbündeten die Annahme dieser Vorschläge abhängig von freien gesamtdeutschen Wahlen, die unter internationaler Kontrolle stattzufinden hätten. Da die Sowjetunion auf eine solche Vorbedingung jedoch nicht einging, betrachteten die Westmächte das sowjetische Angebot als Störmanöver und loteten auch zwei Jahre später, als Moskau dieses Angebot erneuerte, dessen Ernsthaftigkeit und Aufrichtigkeit nicht aus. *Adenauer* seinerseits war nicht willens, durch Drängen auf Verständigung mit der Sowjetunion das mühsam erworbene Vertrauen der westlichen Verbündeten aufs Spiel zu setzen, zumal er überzeugt war, daß die hier angebotene Neutralisierung Deutschlands letztlich den sowjetischen Expansionswünschen in Mitteleuropa zugute kommen mußte. Ob er damit echte Chancen zur Wiedervereinigung vergab, ist in der Tat äußerst zweifelhaft. Die Opposition allerdings wertete das starre Beharren auf der Westintegration als der deutschen Frage abträglich.

Nach dem Scheitern der Europäischen Verteidigungsgemeinschaft verfolgte der Westen die Neuordnung seines Verteidigungsbündnisses auf nationaler Basis unter Einbeziehung der Bundesrepublik Deutschland. In vier in der Zeit vom 21. bis 23. Oktober 1954 in Paris abgehaltenen Konferenzen einigten sich die USA, Kanada, Großbritannien, Frankreich und die Beneluxländer über die Revitalisierung des nun durch den Beitritt Italiens und der Bundesrepublik zur Westeuropäischen Union erweiterten Brüsseler Pakts und über die Aufnahme der Bundesrepublik in die NATO.[12] Außerdem wurden die Beziehungen zwischen der Bundesrepublik und den drei Besatzungsmächten neu geordnet, das Besatzungsregime endgültig abgelöst und die Saarfrage durch ein Statut geregelt, das dem Saargebiet einen europäischen Status einräumte, ihm alle demokratischen Freiheiten zurückgab und der Bevölkerung die Selbstbestimmung über ihre künftige staatliche Zugehörigkeit zuerkannte. Ferner garantierten die NATO-Mitglieder insgesamt die Sicherheit der Bundesrepublik und West-Berlins, erkannten die Bundesregierung als einzige rechtmäßige deutsche Regierung an und erklärten die friedensvertragliche Regelung für Gesamtdeutschland und die Wiedervereinigung zu grundsätzlichen Zielen ihrer Politik. Die Ostblockländer aber verurteilten in einer scharfen Erklärung die Aufnahme der Bundesrepublik in die NATO und schlugen im Falle einer Nichtratifizierung der Verträge für 1955 gesamtdeutsche freie Wahlen vor. Sollten die Verträge jedoch ratifiziert werden, so drohten sie im Gegenzug mit der Bildung eines Freundschafts- und Beistandspakts, der unter Einbeziehung der DDR dann auch am 14. Mai 1955 als Warschauer Pakt realisiert wurde.

Als am 5. Mai 1955 die Pariser Verträge in Kraft traten, hatte der westdeutsche Staat die wichtigsten seiner seit 1949 gesteckten Ziele erreicht: die Souveränität im völkerrechtlichen Sinne und die Gleichberechtigung in der westlichen Allianz. Die Hochkommissare wurden durch Botschafter ersetzt, und die Besatzungstruppen rückten in den Rang verbündeter Armeen.

Vier Monate später besuchte *Adenauer* auf Einladung Moskaus die Sowjetunion, erreichte die Freilassung der restlichen 10 000 Kriegsgefangenen und vereinbarte die Aufnahme diplomatischer Beziehungen, ohne damit der Wiedervereinigung näherzukommen. Denn gleichzeitig unterstrichen die sowjetischen Machthaber, daß künftig die Frage der deutschen Einheit Sache der Deutschen sei, die Wiedervereinigung jedoch unter keinen Umständen auf Kosten der seit dem 25. März 1954 von der Sowjetunion zum souveränen Staat erklärten Deutschen Demokratischen Republik gehen dürfe.

So blieb die deutsche Frage weiterhin ungelöst. Ob sie damals überhaupt lösbar war, war nicht mehr ernstlich geprüft worden. Daß das zahlenmäßig größte Volk in Mitteleuropa mit seinem wirtschaftlichen und industriellen Potential nicht wie Finnland und Österreich zwischen den westlichen Demokratien und den östlichen kommunistischen Staaten einfach neutralisiert werden konnte, war bei der konträren Haltung der beiden Großmächte offenkundig. Bereits der Notenwechsel zwischen der Sowjetunion und den drei westlichen Besatzungsmächten im Jahre 1952 hatte deutlich werden lassen, daß nicht nur Moskau, sondern auch die Westmächte vor allem an der Sicherung der Grenzen ihrer Machtsphäre und damit trotz ihrer verbalen Bekenntnisse zur Wiedervereinigung an der Aufrechterhaltung des *Status quo* bzw. an der Teilung interessiert waren.

Daß die Sowjetunion nicht die Absicht hatte, die Herrschaft der SED zu opfern oder gar der DDR den Austritt aus dem Sowjetblock zu gestatten, wurde vollends deutlich, als drei Monate nach *Stalins* Tod am 17. Juni 1953 der Volksaufstand in der DDR von den russischen Panzern niedergerollt wurde. Die allgemeine Unzufriedenheit der Be-

Der 17. Juni 1953 in Ost-Berlin

völkerung mit einem System, dessen Treue zu Moskau durch eine privilegierte Schicht von Funktionären und Opportunisten garantiert wurde, hatte sich spontan Luft gemacht und brachte die Ostberliner Regierung in ernste Gefahr. Gerettet durch die sowjetische Intervention, verfestigten sich die längst bestehenden Realitäten und fanden in *Nikita Chruschtschows* Zwei-Staaten-Theorie, wonach sich Ost und West mit der Existenz zweier deutscher Staaten abfinden müßten, ihren Ausdruck. Die nach der Erlangung der Souveränität der Bundesrepublik einsetzende Moskauer diplomatische Offensive zur Beendigung des Kalten Krieges änderte daran nichts. Zwar hielten die Russen „im Hinblick auf das wachsende Bedürfnis nach politischer Ruhe in Europa, auf die lästig werdende eigene Rüstungsanstrengung und auf eine wünschenswert werdende Belebung des gegenseitigen Wirtschaftsverkehrs"[13] eine Entspannung der allgemeinen Lage für opportun, wollten diese aber nur dann herbeigeführt wissen, wenn der *Status quo* allseitig anerkannt würde.

Da der Westen – aus ähnlichen Motiven – für eine solche Politik in der Ära der Präsidenten *Dwight D. Eisenhower* und *John F. Kennedy* zusehends offener wurde, entwickelte sich im Lauf der Jahre eine Art friedliche Koexistenz der Supermächte und ihrer Klientelstaaten, die, wie die Ereignisse 1956 während der Volksaufstände in Ungarn und Polen und 1962 während der hochgefährlichen Kuba-Krise zeigten, die jeweiligen Interessenbereiche respektierten.

Die Bundesrepublik allerdings verwarf die Zwei-Staaten-Theorie Chruschtschows und betrachtete sich weiterhin als die alleinige Rechtsnachfolgerin des Deutschen Reiches. Als Freie unter Freien erkannten die Deutschen im Westen den Zwangsstaat im Osten nicht nur nicht an, sondern betrachteten auch die Anerkennung des Oststaates durch eine andere Macht als unfreundlichen Akt. Durch diese nach dem Staatssekretär im Auswärtigen Amt, *Walter Hallstein,* benannte Doktrin gelang es, die DDR lange Zeit vom größten Teil der Welt diplomatisch zu isolieren. Dies war zweifellos ein eindrucksvoller Beweis für die politische und wirtschaftliche Macht der zweiten deutschen Republik. Zur Veränderung des *Status quo* taugte die Doktrin jedoch ebensowenig wie zur beabsichtigten Abwehr des Entspannungsprozesses, den die Regierungschefs der USA, Englands, Frankreichs und der Sowjetunion auf ihrer Gipfelkonferenz im Juli 1955 in Genf anvisierten. Beide Lager waren sich einig in dem Wunsch, in Europa eine militärisch verdünnte Zone zu schaffen und eine allgemeine, kontrollierte Rüstungsbegrenzung anzustreben. Eine Neutralisierung Deutschlands, die *Chruschtschow* vorgeschlagen hatte, lehnten die drei westlichen Regierungschefs allerdings erneut ab.

Daß eine Wiedervereinigung auf diesem Wege nicht zu erreichen war, zeigte sich erneut im Herbst 1956, als die Sowjetunion den Volksaufstand in Ungarn mit aller Härte niederwarf und damit ihre Entschlossenheit demonstrierte, das Satellitensystem in ihrem Machtbereich unter allen Umständen aufrechtzuerhalten. Da der Westen durch die entgegen den Vorstellungen der USA gleichzeitig von England und Frankreich durchgeführte bewaffnete Intervention gegen Ägypten die ihm durch das Vorgehen Moskaus zugespielten politischen Trümpfe sofort wieder verspielte, blieb die Vormachtstellung der Sowjetunion innerhalb des Ostblocks unangetastet und damit auch der Weg zur Wiedervereinigung Deutschlands für die unmittelbare Zukunft verbaut. Weder stießen der *Rapacki*-Plan, der nach dem Vorschlag des polnischen Außenministers *Adam Rapacki* Europa zur kernwaffenfreien Zone umgestalten wollte, noch die von *Walter Ulbricht* angeregte Konföderation der DDR und der Bundesrepublik auf westliche Resonanz, noch waren die Russen bereit, die Überlegungen *Konrad Adenauers*, die auf eine Neutralisierung der DDR abzielten, in ihr politisches Kalkül einzubeziehen. Lag die Schwäche des *Rapacki*-Planes darin, daß er kein allgemeines Sicherheitsabkommen beinhaltete, so ging der Konföderationsvorschlag von zwei gleichberechtigten deutschen Staaten aus und widersprach damit der politischen Leitlinie sowohl der Bundesrepublik als auch der ihrer westlichen Verbündeten. Schließlich endete auch die im Mai 1959 tagende Außenministerkonferenz, die sich mit einem neuerlichen von der Sowjetunion initiierten Friedensvertragsentwurf auseinandersetzte, ergebnislos. Moskau bestand auf seiner Zwei-Staaten-Theorie, hielt am Konförderationsplan *Ulbrichts* fest und lehnte den von dem amerikanischen Außenminister *Christian A. Herter* vorgelegten Friedensplan ab, der die Wiederherstellung der deutschen Einheit mit der Schaffung eines europäischen Sicherheitssystems zu verbinden suchte und freie Wahlen für eine gesamtdeutsche verfassunggebende Versammlung vorsah.

Der ostdeutsche Staat aber war seit seiner Gründung von der Auszehrung bedroht. Bis zum Jahre 1961 waren nahezu drei Millionen Menschen über Berlin in den freien Westen geflüchtet. Diese „Abstimmung mit den Füßen" gegen das Ost-Berliner Regime enthüllte die innere Brüchigkeit der DDR und wurde in der Bundesrepublik als ein Beweis für die mangelnde Legitimation der *Ulbricht*-Regierung betrachtet. Um den sprunghaft anschwellenden, die DDR wirtschaftlich und politisch schwer schädigenden Flüchtlingsstrom nach West-Berlin zu stoppen, riegelten die Machthaber in Ost-Berlin die Sektorengrenzen zwischen Ost- und West-Berlin sowie die gesamte Zonengrenze im August 1961 durch den Bau einer Mauer hermetisch ab. Dieser vom

Bau der Mauer in Berlin, 13. August 1961

Warschauer Pakt sanktionierte Mauerbau sollte nach offizieller Version „Wühltätigkeit" verhindern und eine wirksame „Bewachung" gewährleisten, in Wirklichkeit aber das sowjetische Satellitensystem gewaltsam festigen.

Zur großen Enttäuschung der deutschen Bevölkerung nahm der Westen diese Maßnahme hin, da er sie als einen Vorgang ansah, der innerhalb des sowjetischen Machtbereiches stattfand und der, solange der freie Zugang nach Berlin gewahrt blieb, die Stellung der Besatzungsmächte in West-Berlin nicht berührte. Daher erfolgte lediglich ein gemeinsamer Protest der Amerikaner, Briten und Franzosen gegen die Verletzung des Vier-Mächte-Status der Stadt. Ohnmächtig mußten die Berliner den Willkürakt der DDR akzeptieren. Ihrer Entmutigung vermochten auch die Sicherheitsbedingungen für den freien Teil der Stadt nicht entgegenzuwirken, die General *Clay*, der von *John F. Kennedy*, dem damaligen amerikanischen Präsidenten, nach Berlin entsandt worden war, festlegte. Zwar sollten das Recht der Westmächte auf Anwesenheit in Berlin, der freie Zugang zu der Stadt und ihre wirtschaftliche Verflechtung mit der Bundesrepublik notfalls mit Waffengewalt verteidigt werden, doch machte sich nun niemand mehr über das plötzlich sichtbar gewordene Arrangement der beiden Supermächte Illusionen. Die Positionen der beiden Weltmächte waren abgesteckt, und *Chruschtschow* sah die friedliche Koexistenz nun auch in Deutschland gesichert, so daß – wie er auf dem XXII. Parteikongreß der KPdSU am 27. Oktober 1961 erklärte – der Abschluß eines Friedensvertrages künftig kein so brennendes Problem mehr darstelle.[14] Damit war die Deutschlandfrage endgültig an einem toten Punkt angelangt, den zu überwinden die Opposition die Bundesregierung und diese wiederum die Verbündeten vergeblich aufforderten. Der westdeutsche Staat sah sich nun gezwungen, seinen Alleinvertretungsanspruch neu zu überdenken. *Adenauer* und auch sein Nachfolger *Ludwig Erhard* waren dazu jedoch nicht bereit. Es mußten neue Wege beschritten werden, um die erstarrten Fronten aufzureißen und die Stagnation zu überwinden.

Wenngleich *Adenauer* die deutsche Frage auch nicht löste, wohl im Hinblick auf die sowjetische Zielsetzung kaum zu lösen in der Lage war, so gelang es ihm doch, der Bundesrepublik jenes Vertrauen zurückzugewinnen, dessen sie in ihren auswärtigen Beziehungen insgesamt bedurfte. So führte die Berechenbarkeit seiner Politik als Substitut des Nationalen zu einer raschen Fortentwicklung des europäischen Integrationsprozesses. Die Römischen Verträge, die am 25. März 1957 von der Bundesrepublik Deutschland, von Belgien, Frankreich, Italien, Luxemburg und den Niederlanden unterzeichnet wurden, waren wesentlich von ihm inspiriert und mitgestaltet worden. Sie besiegelten die Beratungen über die Schaffung einer Europäischen Atomgemeinschaft (EURATOM) zur Kooperation auf dem Gebiet der Kernforschung und der friedlichen Nutzung der Kernenergie und über die Gründung einer Europäischen Wirtschaftsgemeinschaft (EWG). Der EWG-Vertrag schuf gleichzeitig die Voraussetzung für einen gemeinsamen Markt und für die Koordinierung der Wirtschaftspolitik der Mitgliedstaaten. Auch sahen die Verträge eine Zollunion vor, die den freien Warenverkehr innerhalb der EWG ebenso wie eine gemeinsame Agrarpolitik und Freizügigkeit für die Arbeitnehmer der sechs Mitgliedstaaten garantieren sollte. Die Vereinigung der sechs Volkswirtschaften wirk-

te sich bald so günstig aus, daß die EWG mehr und mehr Länder an-
zog. 1962 bewarben sich Griechenland, die Türkei, Spanien und Irland sowie alle Länder, die sich 1959 in der Europäischen Freihan-
dels-Vereinigung (EFTA) zusammengeschlossen hatten, also Großbritannien, Norwegen, Schweden, Finnland, Österreich, die Schweiz und
Portugal, um Assoziierung bzw. Vollmitgliedschaft. Siebzehn afrikani-
sche Staaten und Madagaskar assoziierten sich 1963, 1966 folgte Nigeria, und 26 weitere Staaten nahmen diplomatische Beziehungen zur
EWG auf. Die ursprünglich in den Römischen Verträgen anvisierte
„Politische Union" wurde allerdings erst im Dezember 1974 realisiert,
als sich die Staats- und Regierungschefs der Europäischen Gemeinschaft im Europäischen Rat zusammenfanden und gleichzeitig beschlossen, das EG-Parlament künftig direkt wählen zu lassen. Die
Wahlen fanden dann im Juni 1979 statt.
Den erstaunlichsten Erfolg aber erreichte *Adenauer* mit der von ihm
von Anfang an angestrebten Aussöhnung mit Frankreich. Was 1945 niemand, weder in Deutschland noch in Frankreich, für möglich gehalten
hätte, trat überraschend schnell ein: Die Menschen beider Länder
waren bereit, einer leidvollen Vergangenheit gründlich abzuschwören
und sich über alle belastenden Erinnerungen hinweg zu verständigen.
Das Engagement beider Regierungen für eine intensive, fest in den
europäischen Gemeinschaften integrierte Zusammenarbeit bildet seither den Zentral- und Angelpunkt ihrer Politik und verstärkt die Bande
zwischen ihren Völkern.

Charles de Gaulle und Konrad Adenauer nach der Unterzeichnung des
deutsch-französischen Freundschaftsvertrags, Januar 1963

Der Festigung der internationalen Beziehungen im Zug der westeuropäischen Integration entsprachen die sich ausweitenden Kontakte zu den außereuropäischen Ländern. 1961 unterhielt die Bundesrepublik bereits in 62 Staaten Botschaften, in sieben Ländern Gesandtschaften, in einem Land eine Handelsvertretung und in sechs internationalen Organisationen, bei den UN, dem Europarat, der NATO, der OECD, der EWG und der EURATOM, diplomatische Vertretungen bzw. Beobachter. Die Goethe-Institute, der Deutsche Akademische Austauschdienst, das Deutsche Institut für Auslandsbeziehungen, Inter Nationes und die deutschen Auslandsschulen sorgten für die kulturelle Präsenz der Deutschen in der Welt, und die seit 1953 abgeschlossenen Kulturabkommen, die den künstlerischen und wissenschaftlichen Austausch regeln, führten die Bundesrepublik aus der geistigen Isolierung heraus, in die Deutschland nach der nationalsozialistischen Machtergreifung 1933 geraten war.

Auch zu den Ländern der Dritten Welt unterhielt die Bundesrepublik enge Kontakte, leistete Entwicklungshilfe, hoffte auf moralische Eroberungen und warb um Verständnis für ihre durch die Teilung Deutschlands bedingte besondere Situation. 1966 war die Bundesregierung an nahezu 3000 Projekten in 93 verschiedenen Staaten beteiligt. Die Schwerpunkte der deutschen Hilfeleistung lagen zu dieser Zeit in Indien, Pakistan, der Türkei, Griechenland, Syrien, Afghanistan, Ägypten, Spanien, Chile und Brasilien. Die „Deutsche Stiftung für Entwicklungsländer" förderte unter anderen ähnlichen westdeutschen Institutionen im Auftrag des Staates den Austausch und die Fortbildung von Fachkräften, pflegte den Erfahrungsaustausch von Führungskräften und bereitete deutsche Fachleute auf ihre Aufgaben bei der Realisierung von Entwicklungsprojekten vor.

Als Rechtsnachfolgerin des Deutschen Reiches erkannte die Bundesrepublik in dem Verhältnis zu Israel eine besondere Verpflichtung. Sie gab zu erkennen, daß sie gewillt sei, zur Linderung wenigstens der materiellen Schäden beizutragen, die das nationalsozialistische Regime den Juden zugefügt hatte. Verhandlungen zwischen der Bundesrepublik, dem Staat Israel und einer Delegation von 23 jüdischen Organisationen außerhalb Israels führten am 10. September 1952 zu einem Abkommen, das Israel 3 Milliarden DM innerhalb von 12 bis 14 Jahren zur Verfügung stellte. Diese Mittel sollten dem Ankauf von Waren und der Erweiterung der Ansiedlungs- und Wiedereingliederungsmöglichkeiten für jüdische Flüchtlinge in Israel dienen. Weitere 450 Millionen waren für jüdische Organisationen zur Unterstützung von notleidenden jüdischen Verfolgten des Nationalsozialismus vorgesehen. Daß die deutsch-israelischen Kontakte auf den Widerstand der arabischen Nachbarstaaten stießen und, nachdem im Mai 1965 Bonn und Jerusalem die ersten Botschafter ausgetauscht hatten, zum Abbruch der diplomatischen Beziehungen mit den meisten von ihnen führten, war die Bundesrepublik bereit, in Kauf zu nehmen.

Die Große Koalition

Bestimmte seit 1949 durch dreieinhalb Legislaturperioden hindurch *Konrad Adenauer* die Richtlinien der Politik, so wurde nach seinem vorzeitigen, durch die Rückschläge in der Wiedervereinigungspolitik und die Mehrung der innenpolitischen Schwierigkeiten bedingten Rücktritt *Ludwig Erhard* gegen *Adenauers* Willen im Oktober 1963 zum Bundeskanzler gewählt. Allerdings sollte sich nur allzubald erweisen, daß es dem erfolgreichen und populären Wirtschaftsminister der Ära *Adenauer* nicht gelang, aus dem Schatten seines überragenden Vorgängers herauszutreten. Weder in der Außenpolitik, die er im Sinne des Altbundeskanzlers fortsetzte, noch in der Innenpolitik konnte er neue Entwicklungen anbahnen. Als er schließlich versäumte, der allgemeinen wirtschaftlichen Rezession durch entsprechende Haushaltseinsparungen energisch entgegenzutreten, sah er sich am 1. Dezember 1966 zur Demission gezwungen. Nach seinem Ausscheiden kam es zu neuen Akzentsetzungen. In der Außenpolitik suchte man nun, nachdem sich die Verbindung zu den westlichen Staaten eng und freundschaftlich gestaltet hatte, auch zu den Staaten Osteuropas vermehrte und intensivere Kontakte. Auch setzten sich in der Sozial- und Gesellschaftspolitik dadurch, daß die SPD erstmals seit dem Krieg mit in die Regierungsverantwortung einrückte, neue Vorstellungen durch.

Im Godesberger Programm von 1959 war die Sozialdemokratische Partei von ihren ursprünglichen sozialistischen Zielsetzungen abgerückt und hatte sich entschlossen, „von einer Partei der Arbeiter zu einer Partei des Volkes" zu werden. „Sie will" – so heißt es in den Leitsätzen dieses Programms – „die Kräfte, die durch die industrielle Revolution und durch die Technisierung aller Lebensbereiche entbunden wurden, in den Dienst von Freiheit und Gerechtigkeit für alle stellen. Die gesellschaftlichen Kräfte, die die kapitalistische Welt aufgebaut haben, versagen vor dieser Aufgabe unserer Zeit ... Die alten Kräfte erweisen sich als unfähig, der brutalen kommunistischen Herausforderung das überlegene Programm einer neuen Ordnung politischer und persönlicher Freiheit und Selbstbestimmung, wirtschaftlicher Sicherheit und sozialer Gerechtigkeit entgegenzustellen."[15] In Über-

einstimmung mit der von *Adenauer* und *Erhard* vertretenen Position
resignierte nun auch die SPD vor der nationalen Lösung der deutschen
Frage und erklärte, daß bei der Abwägung der nationalen Lebensfra-
gen die Sicherheit Vorrang vor der Wiedervereinigung habe. Sie erkannte die geschaffenen Tatsachen an und akzeptierte das europäische
und atlantische Vertragssystem, dem die Bundesrepublik angehörte.
Desgleichen zeigte das neue wirtschafts- und sozialpolitische Konzept
eine Annäherung an das der Regierungsparteien. Der freie Wettbewerb wurde bejaht, die Unternehmerinitiative und das private Eigentum an Produktionsmitteln wurden gutgeheißen, soweit der Aufbau
einer gerechten Sozialordnung dadurch nicht behindert würde.

Diese veränderte Programmatik der Sozialdemokratischen Partei schuf
nicht nur die Voraussetzung, das Vertrauen größerer Wählerschichten
zu gewinnen, sondern machte die Partei auch koalitionsfähig für die
bürgerlichen Parteien, die bei der am Ende der Regierung *Erhard*
einsetzenden wirtschaftlichen Rezession, den Wahlerfolgen der rechtsradikalen Nationaldemokratischen Partei und den durch die Not-
standsdebatte aufgeworfenen Problemen nach einer breiteren Übereinstimmung suchten.

So entschlossen sich – wie *Kurt Georg Kiesinger* als Bundeskanzler in
seiner Regierungserklärung am 13. Dezember 1966 vor dem Bundestag erklärte – „die Christlich Demokratische und Christlich Soziale
Union und die Sozialdemokratische Partei auf der Ebene des Bundes
zur Bildung einer gemeinsamen Regierung ... Das ist ohne Zweifel ein
Markstein in der Geschichte der Bundesrepublik, ein Ereignis, an das
sich viele Hoffnungen und Sorgen unseres Volkes knüpfen. Die Hoffnungen richten sich darauf, daß es der Großen Koalition, die über eine
so große, zwei Drittel weit übersteigende Mehrheit im Bundestag verfügt, gelingen werde, die ihr gestellten schweren Aufgaben zu lösen,
darunter vor allem die Ordnung der öffentlichen Haushalte, eine ökonomische sparsame Verwaltung, die Sorge für das Wachstum unserer
Wirtschaft und die Stabilität der Währung."[16]

In der Tat waren die Erwartungen der Zeitgenossen an das neue
Regierungsbündnis, in dem der Sozialdemokrat *Willy Brandt* das Amt
des Vizekanzlers und Außenministers bekleidete, groß. Vor allem
hofften die durch das Wirtschaftswunder verwöhnten Deutschen auf
eine rasche Überwindung der wirtschaftlichen Rezession, die Rückkehr zur Vollbeschäftigung und die Fortsetzung und Erweiterung der
bisherigen sozial- und gesellschaftspolitischen Maßnahmen. Die Regierung ihrerseits – fest entschlossen, die überaus günstigen parlamentarischen Mehrheitsverhältnisse zu nutzen – suchte zunächst den mit einer
Deckungslücke von 3,3 Milliarden DM belasteten Staatshaushalt in

Ordnung zu bringen und über die Gesundung der Bundesfinanzen den wirtschaftlichen Genesungsprozeß in Gang zu setzen.

Bereits im Februar 1967 begannen die Beratungen der sogenannten Konzertierten Aktion zwischen Vertretern des Staates, der Tarifpartner und der Wissenschaft. Man entschloß sich, die soziale Marktwirtschaft fortzuführen, gleichzeitig aber auch die Steuerungselemente des Staates stärker ins Spiel zu bringen. Ein vom Bundestag im Juni 1967 verabschiedetes Stabilisierungsgesetz leitete über Steuersenkungen und Investitionshilfen den neuen Aufschwung ein, der das Bruttosozialprodukt von −0,2 Prozent zu Beginn des Jahres 1967 und 7,3 Prozent im Jahre 1968 auf 12,1 Prozent im Jahre 1969 anwachsen ließ. Auch ging die Arbeitslosigkeit stark zurück, und mit den Gewinnen der Unternehmen stiegen die Löhne, die 1968 im Vergleich zu den Preisen für die Lebenshaltung in einer vorteilhaften Relation standen. So konnte mit Recht von einem neuerlichen Boom gesprochen werden. Dieser Boom wiederum kam den durch die Finanzverfassungsreform, die die Gemeinschaftsaufgaben von Bund und Ländern neu regelte und dem Bund einen weiteren Mitwirkungsbereich bei der Bewältigung der Länderaufgaben einräumte, in Angriff genommenen Projekten unmittelbar zugute. Hochschulen und Hochschulkliniken konnten z. T. ausgebaut, z. T. neu errichtet, die regionale Wirtschaftsstruktur konnte verbessert werden.

Eine mittelfristige Finanzplanung, die bisher fehlte, gestattete eine bessere Steuerung der Haushaltspolitik des Bundes, der zur Steigerung der Einnahmen den Mehrwertsteuersatz von 10 auf 11 Prozent erhöhte und eine Ergänzungsabgabe in Höhe von drei Prozent der Einkommens- und Körperschaftssteuerschuld verfügte.

Gleichzeitig regelte der Staat seine Sozialleistungen neu und paßte sie der Einkommenslage der Empfänger an. So erhielten die Arbeiter einen den Angestellten gleichgestellten Rechtsanspruch auf Fortzahlung des Arbeitsentgeltes im Krankheitsfalle bis zur Dauer von sechs Wochen. Ein Arbeitsförderungsgesetz sorgte für die Sicherung optimaler Berufschancen und gab den Behinderten einen Rechtsanspruch auf Arbeits- und Berufsförderung. Desgleichen wurde die individuelle Förderung der schulischen Ausbildung sichergestellt. Die Bezieher niedriger und mittlerer Einkommen erfuhren eine verstärkte Sparförderung und die Empfänger des Lastenausgleichs, der Kriegsgefangenen-, Kriegsopfer- und Kriegswitwenrenten eine merkliche Aufbesserung ihrer materiellen Zuwendungen.

Stärker als die wirtschaftlichen und sozialpolitischen Probleme belastete die neue Regierung die unter der Kanzlerschaft *Ludwig Erhards* nicht gelöste Aufgabe der Notstandsregelung. Im Deutschlandvertrag von 1955 hatten sich die Westmächte sogenannte Vorbehaltsrechte ausbedungen. Diese sollten „in bezug auf den Schutz der Sicherheit von in der Bundesrepublik stationierten Streitkräften, die zeitweilig von den drei Mächten beibehalten werden, erlöschen, sobald die zuständigen deutschen Behörden entsprechende Vollmachten durch die deutsche Gesetzgebung erhalten haben und dadurch in den Stand gesetzt sind, wirksame Maßnahmen zum Schutz der Sicherheit dieser Streitkräfte zu treffen... (sowie) einer ernstlichen Störung der öffentlichen Sicherheit und Ordnung zu begegnen"[17]. Durch den Erlaß eines entsprechenden deutschen Gesetzes wollte man diese alliierten Vorbehaltsrechte ablösen. Weil dazu das Grundgesetz ergänzt werden mußte, bedurfte das Zustandekommen eines solchen Gesetzes einer Zweidrittelmehrheit des Bundestages. Nach jahrelangen vergeblichen Anläufen war nun die Große Koalition entschlossen, dieses Gesetzeswerk zum Abschluß zu bringen. Angesichts der Erfahrungen aus der Weimarer Republik aber war es nur allzu verständlich, daß die Kontroverse über eine Notstandsgesetzgebung die Gemüter nicht nur im Bundestag, sondern bis weit in die Bevölkerung hinein aufwühlte. Zahlreiche heißumstrittene, immer wieder veränderte Entwürfe führten schließlich am 30. Mai 1968 zur Verabschiedung des 17. Gesetzes zur Ergänzung des Grundgesetzes, das die Verfahrensweise im Verteidigungsfall, im Spannungsfall, im Katastrophenfall und im Falle des inneren Notstandes regelte. Da in allen diesen Fällen die individuellen Freiheitsrechte tangiert waren, reagierte die Öffentlichkeit äußerst sensibel. Insbesondere wandte sich die „Neue Linke" gegen das Zustandekommen des Gesetzes, indem sie argumentierte, daß es lediglich vordergründig um die Ablösung der alliierten Vorbehaltsrechte gehe, in Wirklichkeit aber Demokratie und Bürgerfreiheit eingeschränkt werden sollten.

Der Protest gegen die Notstandsgesetzgebung war um so stärker, als er mit einem allgemeinen gesellschaftlichen Unbehagen, einem Gefühl der Staatsverdrossenheit und der Auflehnung gegen Tradition und gegen grundgesetzlich verankerte demokratische Prinzipien der im Wohlstand der 50er und 60er Jahre herangewachsenen Generation zusammentraf. Ausgehend von der Bürgerrechtsbewegung Amerikas und dem dortigen Aufbegehren gegen die Vietnampolitik der Regierung, hatte die studentische Protestbewegung Mitte der 60er Jahre Europa ergriffen und sich hier mit der Ablehnung der Wertewelt der Erwachsenen insgesamt verbunden. In der Bundesrepublik eskalierte der Protest, als mit der Großen Koalition eine innerparlamentarische Opposition wirkungslos zu werden schien und bei der Linken Zweifel an einer funktionsfähigen demokratischen Ordnung aufkamen.

Bald galt die Kampfansage nicht mehr nur der staatlichen Autorität, sondern allen traditionellen Autoritäten überhaupt, den Eltern, Lehrern und Professoren. Die Forderung nach Änderung der bestehenden Gesellschaftsstruktur wurde immer lauter und schreckte schließlich vor Gewalttätigkeiten nicht mehr zurück. Die Anführer der Bewegung kamen aus der bürgerlichen studentischen Jugend und hatten im Sozialistischen Deutschen Studentenbund (SDS) und im Sozialistischen Hochschulbund (SHB) ihre Heimat und ihre zahlreichen Anhänger, deren leistungsunwillige, aber mitwirkungsbewußte Teile sie „zur Durchsetzung von Luxusbedürfnissen mit radikalen sozialistischen Argumenten"[18] mobilisierten. Daß sie sich dabei im krassen Gegensatz zu der von ihnen als unterdrückt bezeichneten Arbeiterschaft befanden, störte sie in der Glorifizierung der „reinen Lehre" von permanenter Revolution, Aufhebung aller Klassengegensätze und Ausbeutungsmechanismen nicht. Bereit, sich mit den Grundtatsachen einer materialistischen Industriegesellschaft abzufinden, setzten sie ihren Glauben „auf den Kult der Gewalt" und lehnten es ab, „ihre Verantwortung und ihre Energie in die Verbesserung und Vermenschlichung dieser Gesellschaft und ihrer Institutionen ... zu investieren"[19]. Die Vertreter des Staates und seiner Institutionen bekämpften die außerparlamentarische Opposition und wandten sich entschieden gegen deren grundgesetzwidrige Aktionen.

In seiner Regierungserklärung hatte Kanzler *Kiesinger* neben wirtschafts- und gesellschaftspolitischen Problemen auch die anstehenden außenpolitischen Aufgaben aufgezeigt, denen man sich zu stellen bereit war. Dabei hatte er betont, daß seine Regierung unter allen Umständen die bisherige Friedens-, Sicherheits- und Bündnispolitik fortführen werde, gleichzeitig aber auch beabsichtige, in bezug auf die wirtschaftlichen, kulturellen und politischen Beziehungen zu den östlichen Nachbarn neue Wege einzuschlagen. Die *Hallstein*-Doktrin wurde modifiziert und die außenpolitischen Maßnahmen den gegebenen Umständen angepaßt. Damit hatte man die innerdeutsche Realität zweier deutscher Staaten, so wie sie sich den übrigen Staaten darstellte, faktisch anerkannt. So wurde die Aufnahme von diplomatischen Beziehungen zu Rumänien, Jugoslawien und zu allen anderen Staaten, die solche Beziehungen auch zur DDR unterhielten, möglich, ohne daß die Bundesrepublik ihrerseits die DDR völkerrechtlich als souveränen Staat anerkannte. Als jedoch die Truppen des Warschauer Paktes die Tschechoslowakei im Sommer 1968 gewaltsam besetzten und den als „Prager Frühling" bezeichneten Reformkurs der tschechischen Regierung abrupt und brutal beendeten, stagnierte der ostpolitische Annäherungsprozeß aufs neue. Unmißverständlich unterstrich *Leonid Il-*

jitsch Breschnew nun durch die nach ihm benannte Doktrin die un-
beugsame Haltung Moskaus und erklärte, daß die Sowjetunion eine
Verletzung der Lebensinteressen des Sozialismus und Übergriffe auf
die Unantastbarkeit der sozialistischen Gemeinschaft in keinem Falle
hinnehmen werde.

Der Versuch Bonns, mit anderen Nicht-Nuklear-Staaten ein Abkommen zustande zu bringen, das die Nichtverbreitung von Atomwaffen
beinhaltete, scheiterte am Einspruch Moskaus und Ostberlins ebenso
wie der Versuch, mit der Sowjetunion, den östlichen Nachbarn und der
DDR ein Gewaltverzichtabkommen abzuschließen. Beide forderten
als Vorbedingung jeglicher Verhandlungen von der Bundesrepublik
die Anerkennung der DDR als selbständigen Staat nach Maßgabe des
Völkerrechts. Als diese Anerkennung nicht erfolgte, verhärteten sich
die innerdeutschen Fronten aufs neue.

Die innere Entwicklung der DDR

In der inneren Entwicklung der DDR war mit dem Bau der Mauer eine
deutliche Zäsur erfolgt. Hatte die SED-Führung bis zu diesem Zeitpunkt alle ihre Energien darauf verwendet, die politische Macht zu
erringen und zu sichern, so konnte sie nun darangehen, das von ihr
errichtete Wirtschafts- und Gesellschaftssystem funktionstüchtig zu
machen. Schon lange vor der Gründung der Deutschen Demokratischen Republik war es der SED mit Hilfe der SMAD gelungen, die
demokratische Parteienkonkurrenz auszuschalten, indem sie Parteien
und Massenorganisationen in der Nationalen Front des demokratischen Deutschland (seit 1973 Nationale Front der DDR) unter ihrer
Führung zusammenfaßte.

Kern der Nationalen Front war der bereits 1945 gegründete Antifa-
schistische Demokratische Block (seit 1949 Demokratischer Block).
In ihm waren die Sozialistische Einheitspartei Deutschlands (SED),
die Christlich-Demokratische Union (CDU), die Liberal-Demokratische Partei Deutschlands (LDPD), die Demokratische Bauernpartei
Deutschlands (DBD), die National-Demokratische Partei Deutschlands (NDPD), der Freie Deutsche Gewerkschaftsbund (FDGB), der
Demokratische Frauenbund Deutschlands (DFD) und der Deutsche
Kulturbund (DKB, seit 1974 Kulturbund der DDR) zusammenge-
schlossen. Sie alle hatten ihre nach einer Einheitsliste mit festem
Verteilerschlüssel gewählten Vertreter in der Volkskammer, bekannten
sich zum sozialistischen Staat, anerkannten die Führungsrolle der
SED und hatten als Organisationsprinzip den demokratischen Zentra-

lismus. Dieser enthielt seine ideologische Legitimität durch die Auffassung, daß die sozialistische Gesellschaft der planmäßigen und einheitlichen Führung und Leitung durch die Arbeiterklasse und deren Partei bedarf. Einheitlichkeit der Führung aber bedeutete zugleich, daß Fraktionsbildung oder politische Opposition nicht möglich waren. Als Normen des demokratischen Zentralismus galten die Leitung von der Spitze aus sowie die Wahl der Führungsorgane von unten nach oben, die Rechenschaftspflicht der Leitungen gegenüber den Wahlgremien, die Kollektivität der Leitungsarbeit, straffe Partei- und Staatsdisziplin, Unterordnung der Minderheit unter die Mehrheit, Verbindlichkeit der Beschlüsse und schließlich einheitliches Handeln. Dieses Strukturprinzip, das innerhalb der SED besonders vorbildlich praktiziert worden war, wurde auf die Gesellschaft ausgedehnt. Es „gewährleistete, daß alle staatlichen Organe, die Kollektive und Gemeinschaften der Bürger in den Betrieben und anderen Einrichtungen, in den Städten und Gemeinden ihren effektiven Beitrag zur Verwirklichung der einheitlichen Staatspolitik leisteten".[20]

Waren CDU und LDPD bereits 1945 als originäre Gründungen spontan aus der Bevölkerung und in Anknüpfung an Traditionen der Weimarer Republik entstanden, so traten – um die Anhängerschaft dieser bürgerlichen Parteien zu spalten – DBD und NDPD 1948 als Filialgründungen der SED ins Leben. Nach einer Phase der Gleichschaltung von CDU und LDP 1945/46 spielte jedoch keine dieser vier Parteien eine eigenständige oder wichtige Rolle. Ihre offizielle Aufgabe bestand vielmehr darin, dem kommunistischen System distanziert gegenüberstehende Bevölkerungskreise für die Politik der SED zu gewinnen. Desgleichen sollten die Massenorganisationen die verschiedenen Bevölkerungsgruppen „zur bewußten und aktiven Mitarbeit an der Erfüllung staatlicher und gesellschaftlicher Aufgaben" organisieren und mithelfen, „das sozialistische Bewußtsein der Werktätigen zu formen, ihre staatsbürgerliche Verantwortung und Aktivität zu entwickeln"[21].

In diesem Sinne stellte die größte Massenorganisation, der FDGB, mit seinen über 9 Millionen Mitgliedern „die Verbindung her zwischen der zentralen staatlichen Leitung der Volkswirtschaft und den breiten Massen der Werktätigen" und erzog seine „Mitglieder zur bewußten Teilnahme am Kampf um die Ausarbeitung, die Erfüllung und Überbietung der Pläne"[22]. Vornehmste Aufgabe des FDGB war somit die Sorge um die Gewährleistung der Betriebsziele im Rahmen der staatlichen Wirtschaftspläne. Daneben beschränkte sich sein Wirkungsbereich auf die Berufsausbildung und die Fortbildung, die Kontrolle des Arbeitsschutzes und die Vergabe von Urlaubsplätzen. Auch war der

FDGB für die Sozialversicherung der Arbeiter, Angestellten sowie der Rentner verantwortlich. Ein Kampfinstrument für die Interessen der Arbeiter jedoch war er nicht. Legitime Instrumente des Arbeitskampfes wie Streiks konnte es nach dem Selbstverständnis der DDR als Arbeiter- und Bauernstaat auch gar nicht geben.

Ein von der SED kontrolliertes Betätigungsfeld boten ebenso die übrigen gesellschaftlichen Organisationen: die Freie Deutsche Jugend (FDJ) mit über zwei Millionen Mitgliedern im Alter von 14 bis 25 Jahren, der Demokratische Frauenbund mit seinen 1,4 Millionen Mitgliedern und der Kulturbund der DDR, der eine halbe Million kulturell Interessierter umfaßte. Der Wehrerziehung und der vormilitärischen Ausbildung diente die Gesellschaft für Sport und Technik (GST). Sie unterstand dem Ministerium für Nationale Verteidigung und bereitete Jugendliche auf den Dienst in der Volksarmee vor. Eine große Bedeutung hatte schließlich die nach dem FDGB zweitgrößte Massenorganisation, die über fünf Millionen Mitglieder zählende Gesellschaft für Deutsch-Sowjetische Freundschaft.

Die gleiche beherrschende, monopolartige Funktion, die die SED gegenüber den übrigen Parteien und den Massenorganisationen einnahm, kam ihr auch im politischen System der DDR zu. Ihre über zwei Millionen Mitglieder waren in knapp 75 000 Grundorganisationen vor allem in den Betrieben, aber auch in den Wohnbezirken zusammengefaßt, die von über 250 Stadt- bzw. Kreisparteiorganisationen angeleitet wurden. Den Kreisorganisationen waren 15 Bezirksleitungen übergeordnet. An der Spitze stand das von dem laut Parteistatut „Höchsten Organ" der Partei gewählte Zentralkomitee (ZK), dem 156 Vollmitglieder und 51 Kandidaten, darunter auch alle führenden Funktionäre der Partei, angehörten. Die ständigen Organe des Zentralkomitees waren das Sekretariat und das Politbüro. Diese unter dem Vorsitz des Generalsekretärs einmal wöchentlich tagenden Gremien bildeten die eigentliche Machtzentrale der SED. Während dem Sekretariat als dem Exekutivorgan der Partei die Führung der Geschäfte sowie die Personalplanung oblag, traf das Politbüro als ideologisches und politisches Richtlinienorgan sämtliche grundsätzlichen politischen und organisatorischen sowie die wesentlichen personellen Entscheidungen für alle Bereiche des öffentlichen Lebens. An dieser obersten politischen, ökonomischen und gesellschaftlichen Leitungsinstanz der DDR hatte sich die Staatstätigkeit zu orientieren.

Ging bis zum Beginn der 60er Jahre das Bestreben der SED grundsätzlich dahin, alle Lenkungs- und Leitungsprozesse zur unmittelbaren Aufgabe des Parteiapparates zu machen, so sah sich die Partei mit der durch die fortschreitende ökonomische, wissenschaftlich-technische

und soziale Entwicklung um sich greifenden Differenzierung der gesellschaftlichen Prozesse und Strukturen aber nicht mehr ohne weiteres in
der Lage, detaillierte Handlungsanweisungen zur Regelung der anstehenden Probleme anzubieten. Eine neue, hochqualifizierte Elite löste
die altgedienten, fachlich nicht qualifizierten, im wesentlichen nur
linientreuen Parteiapparatschiks ab. Ein kompliziertes System von
Parallelbürokratien und eine gewisse Dezentralisierung traten an die
Stelle des früheren überzogenen Zentralismus. Dadurch wurde die
Leistungsfähigkeit des politischen Systems nicht unerheblich gesteigert. Die Kontrolle der Partei blieb jedoch durch die personellen
Verflechtungen des Politbüros der SED mit den staatlichen Leitungs-
organen – dem für die völkerrechtliche Vertretung der DDR, die
Ausschreibung von Wahlen, die Kontrolle der Gerichte und Staatsan-
waltschaften sowie der Volksvertretungen zuständigen Staatsrat und
dem für die Regierungsgeschäfte verantwortlichen Ministerrat – jederzeit garantiert. Letzterem, dem neben der üblichen Regierungtätig-
keit wie der Regelung der auswärtigen Beziehungen, der Gewährleistung der inneren und äußeren Sicherheit und der Verwaltung der
Staatsfinanzen auch die Entscheidungskompetenz über das zentral
gelenkte und geleitete Wirtschafts- und Gesellschaftssystem zukam,
waren eine Vielzahl von Ministerien und Ämter zugeordnet.
Eines der wichtigsten Organe des Ministerrates war die Staatliche Pla-
nungskommission (SPK). Ihre Aufgabe war es, die Planung, Leitung
und Kontrolle der gesamten Volkswirtschaft der DDR vorzunehmen.
Diese war nach dem „Sieg sozialistischer Produktionsverhältnisse",
den die SED durch die Kollektivierung der Landwirtschaft und durch
die Absicherung einer kalkulierbaren Wirtschaftsentwicklung mit der
Einmauerung ihres Staatsgebietes erreicht sah, in eine „nachrevolutio-
näre Konsolidierungsphase" eingetreten. Eine sich am Konzept der
„wissenschaftlich-technischen Revolution" orientierende Modernisie-
rungspolitik sollte durch eine gezielte Anwendung von Kybernetik und
Systemtheorie, elektronischer Datenverarbeitung, Informationstheo-
rie und Gesellschaftsprognostik eine effiziente Steuerung ökonomi-
scher und gesellschaftlicher Prozesse ermöglichen.
Gleichzeitig hoffte man durch Reformen in der Leitungsstruktur die
Rentabilität der Wirtschaft zu steigern und durch materielle Anreize
höhere Produktionsleistungen zu erzielen. Weiterhin sollte der ökonomische Aufschwung durch technologische Innovationen in wirtschaftlichen Schlüsselbereichen, durch Konzentration der Investitionsmittel
und durch Förderung der Wissenschaft erreicht werden. In den 70er
Jahren erfolgte dann jedoch eine Distanzierung von dieser durch *Walter Ulbricht* forcierten Mobilisierung der „Produktivkraft Wissen-

schaft". Realitätsbezogen suchte sich die SED-Führung unter *Erich Honecker* auf die konkreten Wohlstandserwartungen und die sozialen Sicherheitsbedürfnisse der DDR-Gesellschaft einzustellen, die sich ihrerseits notgedrungen den realen Machtverhältnissen untergeordnet hatte und sich – da ihr jede andere Möglichkeit genommen war – innerhalb des bestehenden Systems arrangierte.

Seit dem Bau der Mauer begann sich in der Bevölkerung der DDR die Überzeugung zu erhärten, daß eine Wiedervereinigung in naher Zukunft nicht möglich sei und daß sie ihr im Vergleich zu den Deutschen in der Bundesrepublik weitaus härteres Schicksal vorerst allein meistern müsse. Zwar wurde dadurch die vom SED-Regime angestrebte Identifizierung der Mehrheit der DDR-Bürger mit ihrem Staat nicht erreicht, wohl aber begann man unter dem Eindruck des wirtschaftlichen Aufstiegs, der die DDR zur zweitstärksten Industriemacht des Ostblocks machte, ein von dieser Leistung geprägtes Eigenbewußtsein zu entwickeln. Der Stolz auf diesen unter erheblich schwierigeren Bedingungen als im Westen Deutschlands errungenen wirtschaftlichen Erfolg sowie die Tatsache, daß die SED-Führung den Werktätigen materielle Anreize bot und bei der Erfüllung der von der Partei gesetzten Ziele ihre Mitarbeit suchte, verfehlten ihre Wirkung nicht. Darüber hinaus erhielten die Fachleute gegenüber der Parteibürokratie ein größeres Eigengewicht, was wiederum zu einer stärker sachbezogenen Leistungsorientierung führte. Neben der politischen Zuverlässigkeit bestimmte nun zunehmend eine qualifizierte Berufsausbildung Stellung und Funktion in der Gesellschaft. Die Möglichkeit des sozialen Aufstiegs und des Einrückens in Elitepositionen aufgrund von Qualifikation und Leistung – wobei das ideologische Glaubensbekenntnis mehr und mehr zum nichtssagenden Ritual absank – vergrößerte die Spannweite der sozialen und politischen Schichtung der DDR.

Der großen Mehrheit der Bevölkerung, die in sich nach beruflichen Positionen und sozialen Gruppen (Vertreter der Intelligenz in verschiedenen Sektoren, Arbeiter, Genossenschaftsbauern, Angehörige der Dienstleistungsberufe sowie zum Teil auch noch privatwirtschaftlich Tätige) differenziert war, standen die dem politischen Führungskern nach- und untergeordneten politischen Eliten, die leitenden Kader und die Spezialisten ohne eigentliche Leitungsfunktionen gegenüber. Ihnen allen oblag es, in dem von der SED-Führung gesteuerten Herrschaftssystem an der Gestaltung der „entwickelten sozialistischen Gesellschaft" mitzuwirken. Die materiellen Inhalte dieser Gesellschaft wie die Entfaltung der Produktivkräfte, die Organisation des Wirtschaftsablaufs, die Bereitstellung von Qualifikationsmöglichkeiten, die Verbesserung der Arbeitsbedingungen, die Sicherung des erreichten Lebensstandards und der Sozialleistungen, der Wohnungsbau, der Ausbau des Bildungs-, Kultur- und Gesundheitswesens sowie der Sport- und Freizeiteinrichtungen wurden vom Zentrum der Macht aus autoritär definiert. Dabei hatte im Konfliktfall die Sicherung dieser Macht stets Vorrang vor den Interessen der Bevölkerung.[23]

Diese aber hielt in ihrer Mehrheit Distanz zur politischen Führung, war in ihrem politischen Bewußtsein gespalten und begegnete der ständigen Bevormundung und Reglementierung, dem Leistungsdruck in Schule und Beruf mit Anpassung und Opportunismus. „Systemimmanente Schwächen und wirtschaftliche Mängel, aber auch der Einfluß westlicher Medien, gestiegene Ansprüche für individuelle Entfaltungsmöglichkeiten und die Erfahrung ihrer vielfältigen Grenzen produzierten immer wieder neue Vorbehalte und Resignation, politische Apathie und den Rückzug ins Private."[24] Auch riefen die ständige Überwachung durch den Staatssicherheitsdienst sowie die teilweise sehr harte Behandlung der politischen Opposition Abwehr hervor und ließen die politischen Widersprüche in der DDR-Gesellschaft deutlich werden. So gewannen die Familie und teilweise auch die Kirche, die als Gegenwelt zum öffentlich kontrollierten Bereich und zur offiziellen Ideologie erlebt wurden, eine für den eigentlichen Sinn und Zweck des täglichen Lebens entscheidende Bedeutung.

War die SED seit Beginn der Konsolidierungsphase Anfang der 60er Jahre bereit, den Terror der 50er Jahre aufzugeben und ihre Form der Herrschaftsausübung zeitweilig zu lockern, so ließ sie an ihrem absoluten Herrschaftsanspruch selbst niemals Zweifel aufkommen. Zu den gemeinsamen Merkmalen dieses Anspruchs gehörten die Absage an Rechtsstaatlichkeit und Gewaltenteilung ebenso wie der Kollektivismus und die „Sozialisierung des Menschen", die das Individuum in Zusammenhang mit der Vergesellschaftung der Produktionsmittel und der staatlichen Planwirtschaft für das System vereinnahmten. Dementsprechend waren die in der Verfassung der DDR eingeräumten Grundrechte eigentlich Mitwirkungs- und Mitgestaltungsrechte, die vor allem anderen dem Nutzen der sozialistischen Gesellschaft dienen sollten. Die politische Machtausübung der Bürger vollzog sich durch die in offenen Abstimmungen gewählten Volksvertretungen, die die Grundlage für das System der Staatsorgane bildeten. So blieben gemäß dem Programm des sozialistischen Aufbaus Arbeiter, Bauern und Mittelschichten Adressaten und nicht Akteure einer von „oben" durchgeführten Revolution, die ihren politischen Beitrag vor allem in Form hoher Produktivität und politischer Loyalität zu leisten hatten.

Diese Zielsetzung sowie die stets betonte enge Bindung an die UdSSR und die sozialistische Staatengemeinschaft boten für eine flexible Deutschlandpolitik kaum Raum. Zwar war die Gründungsverfassung der DDR vom 7. Oktober 1949 unter weitgehender Anlehnung an die Weimarer Reichsverfassung noch eindeutig gesamtdeutsch konzipiert und Deutschland ausdrücklich als ,,ein einheitliches Zoll- und Handelsgebiet, umgeben von einer gemeinschaftlichen Zollgrenze"[25] definiert, doch verstand sich die DDR – ebenso wie die Bundesrepublik – von Anfang an als Kern Gesamtdeutschlands. Damit war die Zweistaatenwirklichkeit vorprogrammiert und führte dazu, daß die DDR im Laufe der darauffolgenden Jahre von ihrem gesamtdeutschen Anspruch abrückte und an die Stelle des früheren Rechtssubjekts Deutschland ihren eigenen Staat setzte. Die Machtverhältnisse, deren Widerspruch zur Realität immer deutlicher geworden war, offen darlegend, begriff sich die DDR seit 1968 dann auch verfassungsrechtlich als ,,die politische Organisation der Werktätigen in Stadt und Land, die gemeinsam unter Führung der Arbeiterklasse und ihrer marxistisch-leninistischen Partei den Sozialismus verwirklicht", und apostrophierte sich als ,,sozialistischer Staat deutscher Nation"[26]. Mit dieser Beschränkung der Verfassung auf den DDR-Staat wurde gleichzeitig die programmatische Aussage getroffen, daß die ,,Deutsche Demokratische Republik und ihre Bürger... darüber hinaus die Überwindung der vom Imperialismus der deutschen Nation aufgezwungenen Spaltung Deutschlands, die schrittweise Annäherung der beiden deutschen Staaten bis zu ihrer Vereinigung auf der Grundlage der Demokratie und des Sozialismus"[27] erstreben. Die Politik der ideologischen Abgrenzung hervorhebend, wurden schließlich am 7. Oktober 1974 alle Hinweise auf eine fortbestehende deutsche Nation, der sowohl die DDR als auch die Bundesrepublik angehören, aus der Verfassung von 1968 gestrichen. Das Volk – so heißt es in der Präambel der revidierten Verfassung – habe sein Recht auf nationale Selbstbestimmung verwirklicht und sei ,,für immer und unwiderruflich mit der Union der Sozialistischen Sowjetrepubliken verbündet". Dieses ,,enge und brüderliche Bündnis" garantiere ,,dem Volk der Deutschen Demokratischen Republik das weitere Voranschreiten auf dem Wege des Sozialismus und des Friedens". Auch sei die DDR ,,untrennbarer Bestandteil der sozialistischen Staatengemeinschaft"[28]. Die Loyalität innerhalb dieser Gemeinschaft verdrängte somit offiziell die gesamtdeutsche nationale. Diese Position bewirkte zwangsläufig auch, daß die DDR, anders als die Bundesrepublik, ihre Grenze nun nicht mehr als innerdeutsche Grenze betrachtete, an der sich deutsche Teilstaaten im rechtlich fortbestehenden Deutschland berühren, sondern als eine an ausschließ-

lich völkerrechtlichen Kategorien zu messende Staatsgrenze zu einem
fremden Staat.

Die Bundesrepublik nach 1969

Ausgehend von dem zu Beginn des Jahres 1969 einsetzenden grundsätzlichen Wandel der weltpolitischen Konstellation, hatte sich auch
die innenpolitische Situation in der Bundesrepublik verändert. Die
USA, die sich nun endgültig aus ihrem Engagement in Südostasien
lösten, erstrebten in Analogie zum europäischen Gleichgewicht des
19. Jahrhunderts die ,,Ausbalancierung eines Weltgleichgewichts zwischen drei Supermächten"[29], den USA, der Sowjetunion und China.
Die durch diese Konzeption notwendige Veränderung der amerikanischen Politik gegenüber China, das seit dem Korea-Krieg und verstärkt
seit dem amerikanischen Eingreifen in Vietnam als Hauptfeind angesehen wurde, mußte zwangsläufig große Auswirkungen auf die Außenpolitik der Sowjetunion haben. Diese änderte unter *Breschnews* Führung ihre Haltung gegenüber den Entspannungsofferten der USA und
der westeuropäischen Staaten und erhob im März 1969 in einer Dekla-
ration der Warschauer Pakt-Staaten erneut ihre bereits wiederholt
gestellte Forderung nach einer ,,Europäischen Sicherheitskonferenz".
Wenngleich dabei zunächst wiederum eine Teilnahme der USA ausgeschlossen bleiben sollte, so verfehlte diese Forderung nun bei einem
Teil der westeuropäischen Öffentlichkeit ihre Wirkung nicht. Besonders in der Bundesrepublik Deutschland waren SPD und FDP bereit,
den sowjetischen Plan aufzugreifen, um darüber zu einer Normalisierung des Verhältnisses zu den osteuropäischen Staaten und zur DDR
zu kommen, deren staatliche Existenz beide Parteien anerkannten.
Da die CDU/CSU zwar einer Verbesserung des politischen Verhältnisses zu den osteuropäischen Staaten zustimmte, aber durch das Festhalten an dem Alleinvertretungsanspruch der Bundesrepublik den dazu
notwendigen Aktionsradius einengte, fehlte den Partnern der Großen
Koalition der gebotene Konsens, um sich unter den veränderten weltpolitischen Voraussetzungen auf eine gemeinsame Außenpolitik verständigen zu können. Außerdem war durch die Akzentverlagerung
innerhalb der FDP, die ihre national-liberalen und liberal-konservati-
ven Positionen zugunsten von sozial-liberalen aufgab, eine neue innenpolitische Lage entstanden. Wenngleich es der Regierung *Kiesinger*
auch gelungen war, eine Umgruppierung der Wirtschafts- und Sozialpolitik vorzunehmen, die konjunkturelle Lage wesentlich zu verbessern und Löhne und Preise stabil zu halten, so konnte sie jedoch die

gleichzeitigen sozialen Erwartungen breiter Schichten nicht erfüllen. Immer ungeduldiger drängten SPD und Gewerkschaften danach, die Mitbestimmungsrechte auszudehnen und ihren aufgestauten Reformwillen endlich in der Gesellschafts- und Kulturpolitik zur Geltung zu bringen. Auch war durch das Fehlen eines parlamentarischen Gegengewichts an die Stelle der in der Ära *Adenauer* wirksamen Opposition im System die Opposition zum System getreten, was die Demokratie ernstlich gefährdete und das geistige Klima in der Bundesrepublik nicht liberaler, sondern illiberaler und intoleranter machte. Die aufgerissenen Gräben hatten sich vertieft und führten zu einer wachsenden Polarisierung der Gesellschaft. So empfand die deutsche Öffentlichkeit die Regierungsperiode *Kiesinger – Brandt* zunehmend als eine Zeit des Übergangs, die in eine wie immer geartete neue Regierungskonstellation münden mußte.

Da überdies die Große Koalition absprachegemäß nicht fortgesetzt werden sollte, sah man mit Spannung den im September 1969 anstehenden Wahlen entgegen. Beide großen Parteien rechneten fest mit dem Sieg. Die SPD um so mehr, als ihr Präsidentschaftskandidat *Gustav Heinemann*, der in der Diktatur *Hitlers* der Bekennenden Kirche angehört hatte und 1950 aus Protest gegen *Adenauers* Aufrüstungspläne aus dessen Regierung ausgetreten war, mit den Stimmen der FDP im März 1969 zum Bundespräsidenten gewählt werden konnte und sich die kleine dritte Partei für ein Zusammengehen mit der SPD auch im Bundestagswahlkampf entschloß. In der Tat gingen SPD und FDP dann mit der knappen Mehrheit von 12 Mandaten aus der Wahl hervor und bildeten mit dem Sozialdemokraten *Willy Brandt* als Bundeskanzler und dem Freien Demokraten *Walter Scheel* als Vizekanzler und Außenminister die neue Regierung.

Hatten viele Bürger schon die Bildung der Großen Koalition mit hohen Erwartungen begleitet, so erhofften sie sich nun von der neuen Regierung weitere Innovationen im innen- und außenpolitischen Bereich. Die Ankündigung der neuen Verantwortlichen und der sie tragenden Kräfte, durch Kontinuität und Erneuerung zugleich aus den festgefahrenen Geleisen herauszufinden, veranlaßte gerade die jüngeren Menschen in der Bundesrepublik, den von Bundeskanzler *Brandt* in Aussicht gestellten inneren Reformen erwartungsvoll entgegenzusehen. Desgleichen stieß die von der neuen Regierung angestrebte Politik des Ausgleichs mit dem Osten auf eine breite Resonanz, zumal diese Politik nicht nur eine Entkrampfung der innerdeutschen Spannungen, sondern auch eine solche der Ost-West-Spannung überhaupt zu verheißen schien.

Nachdem sich der von der außerparlamentarischen Opposition entfachte Sturm und die revolutionäre Vehemenz an den demokratischen Kräften der Bundesrepublik weitgehend gebrochen hatten, suchten die Regierungsparteien zunächst durch eine Amnestie im Mai 1970 die innenpolitischen Gegensätze zu entschärfen und die unruhige Jugend wieder in das System einzubinden. Gleichzeitig wurde, um den Jugendlichen das Gefühl des Ausgeschlossenseins zu nehmen und wohl auch, um die eigene Anhängerschaft zu vermehren, das aktive Wahlalter von 21 auf 18 Jahre, das passive von 25 auf 21 Jahre herabgesetzt. Darüber hinaus versuchte man, das sich in den neu entstandenen Bürgerinitiativen artikulierende politische Engagement in den Griff zu bekommen. Parteipolitiker demonstrierten Bürgernähe, setzten sich teilweise an die Spitze dieser Gruppen und hofften, so die Kontrolle zu behalten über eine Bewegung, die mehr und mehr die politischen Entscheidungsprozesse beeinflußte und sich schließlich über ein Jahrzehnt später in der Partei der Grünen eine parlamentarische Basis schuf.

Der erklärten Absicht, mehr Demokratie zu wagen, entsprach auch die Sozialgesetzgebung der „Kleinen Koalition". Die im November 1971 verabschiedeten Betriebsverfassungsgesetze weiteten die Befugnisse des Betriebsrates im personellen, sozialen und wirtschaftlichen Bereich aus, festigten die Stellung der einzelnen Betriebsangehörigen durch das Recht auf Unterrichtung, Anhörung und Erörterung betrieblicher Angelegenheiten, berücksichtigten aber die von den Gewerkschaften erhobene Forderung nach Änderung der Zusammensetzung der Aufsichtsräte nicht.

Des weiteren erstrebte ein von einer Bund-Länder-Kommission 1973 vorgelegter Bildungsgesamtplan die Durchsetzung der Chancengleichheit, die dem einzelnen ohne Rücksicht auf seine soziale oder lokale Herkunft die Möglichkeiten bieten sollte, seine Fähigkeiten voll zur Entfaltung zu bringen. Ein vermehrtes Bildungsangebot beabsichtigte alle brachliegenden Begabungsreserven auszuschöpfen, die verschiedenen Begabungsrichtungen zu fördern und die Gleichwertigkeit zwischen allgemeiner und beruflicher Bildung herzustellen. Die vorgesehenen Reformen erstreckten sich von der Elementarstufe über die Grundstufe, die Sekundarstufe und den Hochschulbereich bis zur Erwachsenenbildung. Mit hohem Aufwand an Personal- und Sachkosten wurden Schulen, Fachschulen, Fachhochschulen und Hochschulen z. T. ausgebaut, z. T. neu errichtet. Eine Studienreform zielte auf eine inhaltliche Anpassung der Studiengänge an die Erfordernisse der immer komplizierter werdenden Berufswelt mit ihren neuen differenzierten Berufsbildern. Schließlich sorgte ein Bundesausbildungsförderungsgesetz für die Absicherung der materiellen Situation der Auszubildenden. Zahlreiche weitere Gesetze knüpften das ohnehin engmaschige soziale

Sicherheitsnetz noch dichter. Die Krankenversicherung wurde weiter ausgebaut, die Unfallversicherung auf Studenten, Schüler und Kinder ausgedehnt, die berufliche Rehabilitation der Schwerbeschädigten neu geregelt, die Kriegsopferrente dynamisiert, die Rentenversicherung an Mindesteinkommen ausgerichtet und durch Schaffung der flexiblen Altersgrenze ausgeweitet. Eine Novellierung des Arbeitsförderungsgesetzes sah die Zahlung eines Wintergeldes an Bauarbeiter vor sowie eine dreimonatige Lohnfortzahlung für Arbeitnehmer von Betrieben, die in Konkurs gingen. Auch wurden Arbeitslosengeld und Arbeitslosenhilfe erhöht sowie ein einheitliches Kindergeld eingeführt und der Mutterschutz durch einen zusätzlichen Mutterschaftsurlaub verbessert. Ein zweites Wohngeldgesetz dehnte den Kreis der Zuschußberechtigten durch die Erhöhung der Einkommensgrenze aus, und zwei 1971 und 1974 erlassene Mieterschutzgesetze sicherten die Mieter vor willkürlichen Kündigungen sowie vor überhöhten Mieten. Zudem wurde der Anreiz für Arbeitnehmer, durch Ersparnisse eigenes Vermögen zu bilden, vergrößert.

Ebenso war die sozial-liberale Koalition bestrebt, die Rechtsvorschriften den veränderten wirtschaftlichen, technischen und sozialen Verhältnissen anzupassen. Das Ehe- und Familienrecht wurde reformiert, ebenso das Sexualstrafrecht und der Strafvollzug. Darüber hinaus zielte das großangelegte Reformprogramm der Regierung auch auf die Neuordnung der Raumplanung und die der Verwaltungsgliederung, die in Zusammenarbeit mit den Ländern durchgeführt werden sollten. Wollte man eine Verbesserung der Lebensqualität erreichen, so galt es, neue Siedlungsräume zu schaffen, das Verkehrs- und Energiewesen auszubauen, Industrieanlagen zu errichten, die Infrastruktur zu verbessern, Gewässer zu reinigen, Naherholungsgebiete zu erschließen und gleichzeitig den nicht vermehrbaren Grund und Boden durch sparsames und umweltbewußtes Vorgehen zu schützen. Die Neuordnung der Verwaltung strebte größere Gebietseinheiten an, die eine effektivere Verwaltung und größere Wirtschaftlichkeit zu gewährleisten versprachen. Da diese Umstrukturierung jedoch die historisch gewachsenen kleinen Gemeinden auflöste, waren gerade diese Reform und die Reformversuche nicht unproblematisch, zumal die dadurch erhoffte größere Bürgernähe nun in den meisten Fällen verlorenging.

Alle diese Reformen waren mit erheblichen staatlichen Mehrausgaben verbunden, die bei der negativen Entwicklung der wirtschaftlichen Gesamtsituation die Staatsverschuldung rapide ansteigen ließen. Bereits 1970 ging die Wachstumsrate zurück, fiel bis 1971 von 8,2 Prozent auf 2,7 Prozent und konnte den gleichzeitigen Anstieg der Lebenshaltungskosten nicht mehr ausgleichen. Als dann die Ölpreiserhöhungen seit 1973 die Weltwirtschaft im Ganzen schwer belasteten, sank die Wachstumsrate des Bruttosozialproduktes in der Bundesrepublik zunächst auf 0,5 Prozent und 1975 sogar auf −3,5 Prozent. Gleichzeitig stieg die Zahl der Arbeitslosen um mehr als das Doppelte, erreichte 1974 582 000 und löste zusammen mit der hohen Preissteigerungsrate von 7 Prozent unter den Koalitionspartnern ernste Besorgnis aus.

Da der bundesrepublikanischen Bevölkerung jegliches Krisenbewußtsein fehlte und auch die Gewerkschaften weiterhin hohe Lohnsteigerungen erkämpften, nahm die Verschuldung von Bund und Ländern zu und ließ die Zinslast der öffentlichen Haushalte gewaltig ansteigen. Zahlte der Bund 1970 noch 2,3 Milliarden DM an Zinsen für seine Kredite, so waren es 1983 schon 28 Milliarden DM, eine Summe, die über den Ausgaben lag, die die Regierung für Entwicklungshilfe, Wohnungsbau, Bildung, Wissenschaft, Forschung und Entwicklung sowie Wirtschaft aufzubringen hatte.

Eines der größten Probleme, vor das sich die sozial-liberale Koalition gestellt sah, war die Bekämpfung des sich seit Anfang der 70er Jahre ausbreitenden Terrorismus. Die Rote-Armee-Fraktion unter Führung der Journalistin *Ulrike Meinhof* und des Studenten *Andreas Baader* und die Bewegung 2. Juni versuchten nach dem Beispiel der in südamerikanischen Städten operierenden Guerillas eine Revolution durch Gewalt und Terror durchzusetzen. Sie standen und stehen für die deutsche Ausprägung jenes internationalen Phänomens, das während der Olympischen Spiele 1972 in München die Welt mit dem von der Palästinenser-Organisation Schwarzer September verübten mörderischen Anschlag auf die israelische Mannschaft erschütterte. Gleich ihnen verübten die deutschen Terroristen Bombenanschläge auf öffentliche deutsche und amerikanische Einrichtungen, entführten den Berliner CDU-Vorsitzenden *Peter Lorenz* und ermordeten den Berliner Kammergerichtspräsidenten *Günter von Drenkmann,* den Generalbundesanwalt *Siegfried Buback,* den Vorstandssprecher der Dresdner Bank *Jürgen Ponto* und den Arbeitgeberpräsidenten *Hanns Martin Schleyer.* Ihre Anschläge forderten von Mai 1970 bis November 1979 30 Menschenleben. Sie erregten ebenso Abscheu und Empörung wie die Entführung einer Lufthansa-Maschine, bei der deren Flugkapitän *Jürgen Schumann* ermordet wurde, und führten zu einer allgemeinen Verunsicherung. Der Staat sah sich veranlaßt, nicht nur die Verbrechensbekämpfung zu intensivieren, sondern auch die Gesetzgebung zu verschärfen, die sich auch gegen den seit Beginn der 80er Jahre aufkommenden gewalttätigen Rechtsextremismus wandte. Bund und Länder waren aber nicht nur entschlossen, gegen die Gewaltkriminalität mit allen zur Verfügung stehenden staatlichen Mitteln vorzugehen, sondern suchten auch die Sympathisanten auszuschalten, die über den Marsch durch die Institutionen als Inhaber offizieller Funktionen ihre revolutionäre Ideologie in den Staat selbst hineinzutragen suchten. Die im Januar 1972 erlassenen „Grundsätze über die Mitgliedschaft von Beamten in extremen Organisationen" forderten von allen Bewerbern für den öffentlichen Dienst den Nachweis der Verfassungstreue und wiesen alle diejenigen, bei denen Anhaltspunkte für Verfassungsfeindlichkeit gegeben waren, von der Einstellung in den Staatsdienst zurück. Stützte die CDU/CSU als Oppositionspartei die Regierung bei ihrem Versuch, die innere Sicherheit zu gewährleisten, nachhaltig, so wandte sie sich entschieden gegen die überzogene Reformfreudigkeit der linksliberalen Koalition. Hinzu kam die unterschiedliche Auffassung in den außenpolitischen Fragen. Als die Landtagswahlen zwischen 1970 bis 1972 der CDU/CSU in allen Ländern z. T. beträchtliche Gewinne brachten, SPD und FDP dagegen Einbußen hinnehmen mußten, erkannte die CDU/CSU darin ein Zeichen wachsenden Mißtrauens der Wählerschaft gegenüber der sozial-liberalen Koalition. Die führenden Politiker der Opposition setzten nun auf ein Umschwenken einzelner Abgeordneter des konservativen Flügels der FDP und hofften damit auf ein vorzeitiges Ende der Regierungsmehrheit. Als schießlich nach der 1. Lesung der Ostverträge einige Abgeordnete der Regierungsparteien die Ostpolitik nicht weiter mitverantworten wollten, begann der Vorsitzende der CDU/CSU-Bundestagsfraktion und CDU-Parteivorsitzende *Rainer Barzel* mit der Vorbereitung zur Aufstellung einer Regierungsmannschaft. Der von der CDU/CSU-Bundestagsfraktion am 27. April 1972 in den Bundestag eingebrachte Mißtrauensantrag verfehlte jedoch um zwei Stimmen die notwendige Mehrheit, so daß die Regierung *Brandt-Scheel* im Amt bestätigt blieb. Um das Patt zu überwinden, stellte der Kanzler am 22. September 1972 den Antrag auf Auflösung des Bundestages. Die auf den 19. November 1972 festgesetzten Neuwahlen brachten SPD und FDP bei einer Wahlbeteiligung von 91,1 Prozent eine Mehrheit von 46 Mandaten. Damit konnte die sozial-liberale Koalition ihre 1969 eingeleitete Politik auf einer gesicherten parlamentarischen Grundlage fortsetzen. Die CDU/CSU aber, die sich nun auf eine längere Oppositionszeit einstellte, wählte am 12. Juni 1973 *Helmut Kohl* zu ihrem neuen Parteivorsitzenden.

Willy Brandt sollte jedoch sein Programm für die neue Legislaturperiode, das sich infolge der wirtschaftlichen Probleme deutlich bescheidener ausnahm als 1969, nicht mehr erfüllen. Er trat am 6. Mai 1974 zurück, nachdem sein persönlicher Referent als DDR-Spion entlarvt worden war. Sein Nachfolger wurde *Helmut Schmidt*, der zuletzt Fi-

nanzminister war und im ersten Kabinett *Brandt* das Amt des Verteidi-
gungsministers bekleidet hatte. Daß dieser ebenso energische wie
selbstbewußte und entscheidungsfreudige Politiker den unter *Brandt*
eingeschlagenen Weg fortsetzen würde, davon waren seine Partei-
freunde überzeugt. Zusammen mit seinem Vizekanzler und Außenminister, dem bisherigen FDP-Innenminister *Hans-Dietrich Genscher*,
überwand er die durch den Spionagefall und *Brandts* Rücktritt ausgelöste Krise schnell und errang der Bundesrepublik in West und Ost
sowie in der Dritten Welt hohes Ansehen.

Auf außenpolitischem Gebiet bemühten sich sowohl *Brandt* als auch
Schmidt, den seit Ende der 60er Jahre fortschreitenden Entspannungs-
prozeß zwischen den Großmächten zu nutzen und durch die Fähigkeit
zum ,,Wandel durch Annäherung'' die dargebotenen Möglichkeiten zu
ergreifen. Ausgehend von der Tatsache, daß die Sicherheit der Bundesrepublik nur im Rahmen der NATO und der EG gewährleistet ist
und daß die Entspannungspolitik die Gegensätze zwischen der freiheitlich demokratischen Grundordnung des Westens und dem östlichen
Gesellschaftssystem nicht aufzuheben vermag, war die Regierung der
sozial-liberalen Koalition überzeugt, eine Normalisierung der Lage in
Mitteleuropa nur durch eine Versöhnung auch mit den osteuropäischen Staaten erreichen zu können. Daß ein solcher Schritt mit der
Anerkennung des *Status quo* in Osteuropa einhergehen mußte, war die
bittere Wahrheit, die die verantwortlichen Politiker schon gegen Ende
der Kanzlerschaft *Adenauers* klar erkannt hatten. Die Konsequenz aus
dieser Einsicht zog aber erst die Regierung *Brandt,* die zunächst mit
der Sowjetunion einen Vertrag schloß und sich zusammen mit dem
Vertragspartner verpflichtete, ,,die territoriale Integrität aller Staaten
in Europa in ihren heutigen Grenzen uneingeschränkt zu achten...,
keine Gebietsansprüche gegen irgend jemand (zu) haben und solche in
Zukunft auch nicht (zu) erheben''[30]. Wenngleich dieser Vertrag
,,heute und künftig die Grenzen aller Staaten in Europa als unverletz-
lich (betrachtete), wie sie am Tage der Unterzeichnung dieses Vertrages verlaufen, einschließlich der Oder-Neiße-Linie, die die Westgrenze
der Volksrepublik Polen bildet, und der Grenze zwischen der Bundesrepublik Deutschland und der Deutschen Demokratischen Republik''[30], blieb eine friedliche Revision für die Zukunft jedoch nicht
ausgeschlossen. Noch im gleichen Jahr bekräftigten die Bundesrepublik und Polen im Warschauer Vertrag vom 7. Dezember 1970 gleichfalls ,,die Unverletzlichkeit ihrer bestehenden Grenzen jetzt und in der
Zukunft'', verpflichteten ,,sich gegenseitig zur uneingeschränkten
Achtung ihrer territorialen Integrität'' und erklärten, ,,daß sie gegeneinander keinerlei Gebietsansprüche haben und solche auch in

Unterzeichnung des Moskauer Vertrags, 12. August 1970 (v. links: Scheel (sitzend), Brandt, Kossygin, Gromyko)

Zukunft nicht erheben werden"[31]. Und am 11. Dezember 1973 legte der Prager Vertrag mit der Tschechoslowakei fest, daß „die Bundesrepublik Deutschland und die Tschechoslowakische Sozialistische Republik ... das Münchner Abkommen vom 29. September 1938 (als) nichtig"[32] betrachten. Nach Abschluß dieser Verträge stand der Aufnahme diplomatischer Beziehungen mit den Staaten des Ostblocks nichts mehr im Wege; die *Hallstein*-Doktrin war damit endgültig abgetan.

Während die westlichen Verbündeten der Ostpolitik der neuen Regierung zustimmten, warnte die innerdeutsche Opposition vor übereilten Vorleistungen, die die Sicherheit der Bundesrepublik in ihren Augen gefährdete. Auch in der westdeutschen Öffentlichkeit waren die Verträge umstritten. Lobten die einen den Mut der Bundesregierung, die den größten Teil des Ballasts abgeworfen habe, „der sie bislang gehindert hat, im Westen eine glaubwürdige und in den Staaten des kommunistischen Ostens überhaupt eine Figur zu machen"[33], so verwiesen die anderen auf „die Realität (der) totalitären sowjetischen Hegemonie, in deren Außenpolitik der Machtfaktor hoch zu bewerten ist", und führten die *Breschnew*-Doktrin, die maritime Politik Moskaus und die Nahostpolitik als „eindrucksvollen Beweis"[34] für ihre Vorbehalte an. Die USA jedoch, die nach Beendigung des Vietnamkrieges ihre Bezie-

hungen zur Sowjetunion und zu China zu verbessern hofften und mit
Moskau über die Beschränkung der Zahl der Raketen, der U-Boote
sowie den Abbau antiballistischer defensiver Geschoßsysteme verhan-
delten, begrüßten eine Entspannung in Mitteleuropa um so mehr, als
sie nirgendwo sonst so eng mit den Russen in Tuchfühlung standen.
Auf der Basis des Gewaltverzichts suchten sie daher die Sowjetunion
zur Respektierung des bisher von ihr immer wieder bedrohten Berlin-
Status zu verpflichten. In einem im alten Kontrollratsgebäude am
3. September 1971 unterzeichneten Vier-Mächte-Abkommen über
Berlin gelang es den Westmächten, ihre Berlin-Rechte und -Verant-
wortlichkeiten erneut zur Geltung zu bringen und eine Verbesserung
der Lage sowohl für die Bevölkerung West-Berlins als auch für die der
Bundesrepublik in bezug auf West-Berlin zu erzielen. Der Transitver-
kehr wurde erleichtert, die Bindungen West-Berlins – obwohl kein
konstitutiver Teil der Bundesrepublik – an Westdeutschland nicht nur
aufrechterhalten, sondern weiterentwickelt und die Besuchs- und Rei-
semöglichkeiten zwischen West- und Ost-Berlin verbessert.
Wurde in dem Berlin-Abkommen die Vier-Mächte-Verantwortung für
Gesamtdeutschland erneut festgestellt, so lag die Ausgestaltung der
Beziehungen der beiden deutschen Staaten untereinander in der alleinigen Zuständigkeit der beiden deutschen Regierungen. Diese versicherten sich in dem am 21. Dezember 1972 abgeschlossenen Grundlagenvertrag, die Unverletzlichkeit der gemeinsamen Grenze und die
Unabhängigkeit eines jeden der beiden Staaten zu achten, bekundeten
ihre Bereitschaft zur Entwicklung ,,normaler gutnachbarlicher Beziehungen auf der Grundlage der Gleichberechtigung"[35] und kamen überein, ständige Vertretungen in Bonn und in Berlin-Ost einzurichten.
Der Errichtung von Botschaften, wie sie die DDR angestrebt hatte,
widersetzte sich die Bonner Regierung, die entsprechend der Auslegung des Grundgesetzes durch das Bundesverfassungsgericht die DDR
nach wie vor als Teil des völkerrechtlich fortbestehenden Deutschen
Reiches und damit als Inland betrachtete. Dennoch hatte die Bundsre-
publik mit diesem Vertrag die Zwei-Staaten-Theorie zwar nicht als
rechtens, aber doch als zutreffend anerkannt. Wenngleich beide Regierungen an ihren unterschiedlichen Positionen gegenüber Gesamtdeutschland festhielten, brachte der Vertragsabschluß doch eine wesentliche Verbesserung in der deutsch-deutschen Zusammenarbeit und
eine Annäherung der Menschen über die innerdeutsche Grenze hinweg. Post- und Fernmeldewesen wurden neu geregelt, die Familienzusammenführung und der Reiseverkehr erleichtert, die Grenzübergänge
vermehrt, die Arbeitsmöglichkeiten der Journalisten gewährleistet, der
nichtkommerzielle Warenverkehr und der Verwaltungsverkehr ausge-

baut. Zwar blieben Rückschläge in den Beziehungen zwischen den beiden deutschen Staaten nicht aus, doch brachte die Politik der Annäherung den Menschen beiderseits von Elbe und Werra Erleichterungen.

Auch stärkte diese Politik die internationale Position der Bundesrepublik beträchtlich. Durch die Aufgabe ihres Alleinvertretungsanspruchs erleichterte die westdeutsche Regierung nicht nur ihren westlichen Partnern die Gesprächsmöglichkeiten in Osteuropa und in Moskau, sondern erweiterte auch ihren eigenen politischen Bewegungsraum im Nahen und Mittleren Osten, in Afrika und Asien. Außerdem räumte sie ein wesentliches Hindernis für einen gesamteuropäischen Entspannungs- und Normalisierungsprozeß beiseite und erreichte auf der 1973 eröffneten und 1975 beendeten Konferenz für Sicherheit und Zusammenarbeit in Europa (KSZE), an der alle europäischen Staaten außer Albanien sowie die Vereinigten Staaten von Amerika teilnahmen, die vertragliche Fixierung eines Friedenszustandes, der auf der allseitigen Anerkennung des *Status quo* beruhte und neben Fragen der Sicherheit und Zusammenarbeit auch solche der Menschenrechte regeln sollte. Weitere Treffen wurden geplant, die dann in den 80er Jahren in Belgrad, Madrid und Wien stattfanden und zu bedeutenden Fortschritten im humanitären Bereich, aber auch zu

US-Präsident Ronald Reagan und Bundeskanzler Helmut Schmidt in Washington, 5. Januar 1982

einer breiteren Zusammenarbeit in Handel und Industrie, Umweltschutz, Kultur und gegenseitiger Information führten. Gleichzeitig wurde vereinbart, die Abrüstung in Europa voranzutreiben und über vertrauens- und sicherheitsbildende Maßnahmen zu verhandeln.

Der Sicherung des Friedens dienten auch die sich stets erweiternden Kontakte zur Dritten Welt, die Mitarbeit in den mit dem Welthandel befaßten Organisationen, die Aktivitäten, die auf den Ausbau der Europäischen Gemeinschaft und auf die engere Zusammenarbeit in Europa gerichtet waren, die Mitwirkung in den Vereinten Nationen, in die die Bundesrepublik zusammen mit der DDR 1973 aufgenommen worden war, sowie die Unterstützung der Bemühungen um Abrüstung und Rüstungsbegrenzungen.

War durch die auf politischer und wirtschaftlicher Ebene geknüpften Kontakte eine Normalisierung der Situation in Europa erreicht worden, so konnten auf dem Gebiet der Rüstungskonkurrenz die bestehenden Gegensätze zunächst nicht abgebaut werden. Die 1973 in Wien begonnenen Verhandlungen über eine ausgewogene Truppenverminderung zwischen NATO und Warschauer Pakt führten zwar zu einem Abkommen (SALT II), das aber von den USA nicht ratifiziert wurde. Die Sowjetunion wiederum baute – wie Bundeskanzler *Helmut Schmidt* 1977 feststellte – ihre ohnehin schon vorhandene Überlegenheit auf der kontinentalstrategischen und der Gefechtsfeldebene durch die Stationierung moderner Mittelstreckenraketen des Typs SS-20 weiter aus.[36] Darüber hinaus spitzte sich die Konfrontation zwischen den USA und der UdSSR in Afrika, im Nahen Osten sowie in Mittelamerika erneut zu und erreichte im Dezember 1979 mit dem Einmarsch sowjetischer Truppen in der afghanischen Hauptstadt ihren Höhepunkt. Mit diesem Vorgehen, das weltweit Entrüstung erregte, war die 1945 festgelegte „Demarkationslinie" erstmals überschritten worden. Zusammen mit den seit November des gleichen Jahres in Polen aufgebrochenen, durch die bedrückende wirtschaftliche Lage hervorgerufenen Unruhen rückten diese Ereignisse die Furcht vor den sowjetischen Expansionsabsichten wieder stärker in den Vordergrund. Um die deutschen Sicherheitsinteressen zu wahren, sahen Regierung und Opposition in dem von den Außen- und Verteidigungsministern der NATO 1979 in Brüssel gefaßten Beschluß, eine begrenzte Zahl amerikanischer Mittelstreckenflugkörper im Austausch gegen ältere Modelle in Westeuropa aufzustellen, falls es bis 1983 nicht zu einer Vereinbarung über den Verzicht der Supermächte auf landgestützte Mittelstreckenflugkörper komme, eine Grundvoraussetzung für die Herstellung eines annähernden militärischen Gleichgewichts und damit für die Erhaltung des Friedens.

Während sich innerhalb der SPD die Widerstände gegen den Vollzug der Nachrüstung im Hinblick auf die sich in den folgenden Jahren verhärtende Position der beiden Weltmächte und ihrer geringen Verhandlungsbereitschaft mehrten und die Anhänger der Idee, durch einseitige Verzichtleistung die Sowjetunion zum Abbau ihres Rüstungspotentials zu ermuntern, an Einfluß gewannen, hielten CDU/CSU an der Abschreckungskonzeption fest. Nur eine umfassende Abrüstung könne – so *Helmut Kohl* – militärische Mittel zur Friedenssicherung entbehrlich machen. Solange dies nicht geschehe, bleibe die Bündniskonzeption von Abschreckung und Verteidigung auf der Grundlage des Gleichgewichts unverzichtbar.[37]

Neben der durch den Nachrüstungsbeschluß entfachten Diskussion beherrschten seit 1980 in zunehmendem Maße die immer stärker ins allgemeine Bewußtsein gerückten wirtschafts- und umweltpolitischen Fragen die Auseinandersetzungen in der Öffentlichkeit und in den politischen Parteien. Der zweite sprunghafte Anstieg der Ölpreise 1979/80 zog wie 1974/75 wiederum eine Krise in der deutschen Wirtschaft nach sich und zwang zu Anpassungen. Die Finanzlage des Staates machte das bislang praktizierte Verfahren, mit Konjunkturprogrammen eine Besserung, insbesondere auf dem Arbeitsmarkt, zu erzielen, nahezu unmöglich. Der bereits erreichte Schuldenstand zwang nicht nur zur Begrenzung der Zuwachsrate des Bundeshaushalts, sondern auch zu Einsparungen. Diese häuften sich seit 1982 aufgrund zu positiv gesetzter Daten und führten zur Kürzung von Sozialleistungen und staatlichen Stellen und damit zur Schwächung des Konsums. Die wachsende Arbeitslosigkeit, der Nachfragerückgang und der gleichzeitig einsetzende Preisauftrieb verstärkten den konjunkturellen Abschwung ebenso wie den durch das prozyklische Verhalten des Kanzlers vorprogrammierten Konflikt in der Koalition. Sahen große Teile der FDP ebenso wie die CDU/CSU die Ursache der mangelnden Wirtschaftsdynamik in dem Anwachsen der sozialstaatlichen Leistungen und forderten neben investitionsfördernden Steuererleichterungen für die Unternehmer größere individuelle Leistungsbereitschaft und Selbsthilfe sowie eine Verminderung der Sozialausgaben und der Subventionen, so suchte die sich als Garant und Ausgestalter des Sozialstaates begreifende SPD die Gründe für die fortdauernde Depression eher in weltwirtschaftlichen Zusammenhängen und wollte gerade in der Krise das enggeflochtene soziale Netz erhalten wissen. Die prinzipiellen Auffassungsunterschiede zwischen den Regierungspartnern führten schließlich zum Bruch der Koalition und am 1. Oktober 1982 über das *Helmut Schmidt* ausgesprochene Mißtrauensvotum zur Wahl *Helmut Kohls* zum Bundeskanzler.

Um die vielschichtige Krise zu meistern, bedurften die neuen Regierungspartner eines längerfristigen Auftrages, den ihnen die Wähler am 6. März 1983 mit einer klaren Mehrheit erteilten. Entsprechend dem überwiegend sachbezogenen, in erster Linie auf wirtschaftspolitische Themen ausgerichteten Wahlkampf erklärte die Regierung in dem von ihr vorgelegten Programm, die soziale Marktwirtschaft erneuern, eine Gesellschaft mit „menschlichem Gesicht" und zugleich eine moderne Leistungs- und wandlungsfähige Industriegesellschaft schaffen sowie die Ansprüche an den Staat eindämmen und das Leistungsvermögen der Bürger stärken zu wollen. Die Realisierung ihres Anspruchs der Erneuerung hoffte die Bundesregierung durch ein Wirtschaftsförderungsprogramm zu erreichen, das sowohl Anreize für private Investitionen als auch die Sanierung der Staatsfinanzen durch gezielte Sparmaßnahmen und Personalabbau sowie eine verzögerte Rentenanpassung vorsah. Demgegenüber plädierte die sozialdemokratische Opposition für ein staatlicherseits initiiertes Programm und dafür, über die Verkürzung der Wochen- und Lebensarbeitszeit Arbeitsplätze zu schaffen. In diesem Zusammenhang entwickelte der Deutsche Gewerkschaftsbund die Vorstellung, generell die 35-Stunden-Woche einzuführen, was wiederum von der Bundesregierung und der Arbeitgeberseite als für die wirtschaftliche Entwicklung und die Wettbewerbsfähigkeit ruinös abgelehnt wurde. In dem über diese Frage ausbrechenden Arbeitskampf beharrte die Regierung auf ihrer Haltung, schaltete sich zugunsten der Arbeitgeber in die Auseinandersetzungen ein und versuchte, die Leistungen der Bundesanstalt für Arbeit bei Arbeitskämpfen zu beschränken. Ein Kompromiß, der eine wöchentliche Arbeitszeit von 38,5 Stunden als Durchschnittswert vorsah, vermied den offenen sozialen Konflikt und rettete die Wettbewerbsposition der Bundesregierung im internationalen Rahmen.

Brachten die von der Regierung verfügten Preiserhöhungen im Energiesektor, ein Steuerbereinigungsgesetz sowie ein Steuersenkungsgesetz bis 1985 nur einen geringen Wirtschaftszuwachs, so setzte nicht zuletzt dank der sinkenden Ölpreise seit 1986 eine durch ein reales Wachstum des Bruttosozialprodukts, hohe Exportüberschüsse und stabile Preise gekennzeichnete konjunkturelle Aufwärtsentwicklung ein, die sich trotz der Turbulenzen an den Aktien- und Devisenmärkten sowie der Abwertung des Dollars bis 1990 fortsetzte. Getragen wurde die Konjunktur von einer breiten Nachfrage aus dem In- und Ausland. Die nominale Wachstumsrate, die 1990 erreicht wurde, lag bei 6,3 %. Die Produktionskapazitäten waren erstmals seit 20 Jahren wieder ausgelastet, die Teuerungsrate blieb gering, und die Zahl der Erwerbstätigen verzeichnete die stärkste Steigerung seit 1979. Damit konnte das Problem der Arbeitslosigkeit, das ursächlich der hohen Zahl jugendlicher, den geburtenstarken Jahrgängen 1958–1966 entstammender Arbeitssuchender sowie den arbeitsmarktwirksamen neuen Technologien zugeschrieben wurde, zwar nicht beseitigt, so doch gemildert werden, und dies trotz eines starken Zustroms von Übersiedlern aus der DDR und Aussiedlern aus Mittel- und Osteuropa.

Zu dieser günstigen, durch die anhaltende Hochkonjunktur und den 1987 einsetzenden Rückgang der geburtenstarken Jahrgänge bedingten Entwicklung hat ohne Zweifel auch das von der Regierung *Kohl* novellierte Arbeitsförderungsgesetz beigetragen. Mit seiner Hilfe hoffte man, die Risiken neuer Technologien zu vermindern und gleichzeitig den Arbeitnehmern durch eine Erweiterung ihrer beruflichen Qualifikation neue Chancen zu eröffnen.

Zur weiteren Stärkung des Wirtschaftswachstums suchte die Regierung die Freiräume für private unternehmerische Initiativen zu vergrößern und durch die Überwindung der Inflation und der Inflationserwartungen die Rahmenbedingungen für die Kapitalbildung zu verbessern, was wiederum das private Investitionsaufkommen erheblich steigerte. Auch galt es, eine rasche Anpassung an die sich ständig ändernden Produktions- und Nachfragebedingungen zu gewährleisten. Dabei wurden wissenschaftlich-technische Innovationen ebenso gefördert wie die internationale Kooperationsbereitschaft in Forschung und Technologie. So wirkte die Bundesrepublik nicht nur an den großen europäischen Weltraumprojekten wie ARIANE, HERMES und COLUMBUS mit, sondern war auch am Airbus-Programm beteiligt. *Kohls* erklärtes Ziel im europäischen Rahmen aber war die Vollendung des EG-Binnenmarktes. In ihm sah der Kanzler die „unverzichtbare Basis …, um im weltweiten Wettbewerb bestehen zu können".[38]

Auf die Entfaltung der Wirtschaftskraft war auch das programmatische Kernstück der Bonner Regierung, die Steuerreform, gerichtet. Von den Regierungsparteien als „Jahrhundertwerk" gepriesen, von der SPD, den Grünen und den Gewerkschaften als ein ungerechtes, die Umverteilung von unten nach oben förderndes Machwerk gescholten, sollte es von 1986 bis 1990 eine Nettoentlastung der Steuerzahler von 45 Milliarden DM bringen und Investoren und Verbrauchern gleichermaßen zugute kommen.

Zum Teil heftige Kontroversen lösten in der Öffentlichkeit aber nicht nur die Steuerreformpläne aus, sondern auch die von der Regierung als vordringliche Aufgabe der Sozialpolitik betrachtete Reform des Gesundheitswesens, die darauf abzielte, die Überversorgung und Versorgungsdefizite auszugleichen.

Hatte zu Beginn der neuen Koalition die Regierung Kürzungen bei den Sozialleistungen vorgenommen und u. a. die Ausbildungsförderung für Schüler aufgehoben, so weitete sie seit 1985 mit ihrer Familienpolitik die staatliche Fürsorge wieder aus. Ein Gesetz über Erziehungsgeld und Erziehungsurlaub erkannte erstmals das Erziehen von Kindern als eine Leistung für die Gesellschaft an, die es rechtfertigt, diese Leistung aus Steuermitteln finanziell zu unterstützen. Auch wurden die Fördersätze und Elternfreibeträge der Ausbildungsförderung erhöht sowie eine Rentenanpassung vollzogen.

Eines der großen Themen innerhalb der CDU/CSU war seit dem Sommer 1982 die Reduzierung der Zahl ausländischer Arbeitnehmer. Diese wollte die Regierung *Kohl* zunächst dadurch erreichen, daß sie den Zuzug insbesondere für Jugendliche begrenzte und gleichzeitig die Bereitschaft förderte, in die Heimatländer zurückzukehren. Vor dem Hintergrund rückläufiger Ausländerzahlen und der Zusage der türkischen Regierung, vorerst nicht auf dem Recht der Freizügigkeit innerhalb der EG zu bestehen, ließ die Regierung das auch zwischen den Koalitionspartnern kontrovers diskutierte Thema dann aber nahezu fallen. Da jedoch für diese Mitte der 60er Jahre angeworbenen ausländischen Arbeitskräfte, die mit ihren Familien inzwischen eine Minderheit von viereinhalb Millionen darstellen und zu einem wichtigen Bestandteil der deutschen Wirtschaft und Gesellschaft geworden sind, bis heute noch kein Eingliederungskonzept entwickelt wurde, bleiben Bürger und Regierung der Bundesrepublik gefordert, die ausländischen Mitbürger menschlich und rechtlich zu integrieren. Ersten von Hamburg ausgehenden und auf eine rechtliche Integration hinführenden Schritten allerdings wurde durch das Bundesverfassungsgericht Einhalt geboten, das 1989 eine Beteiligung von Ausländern an Kommunalwahlen durch einstweilige Anordnung verbot.

In der Asylantenfrage dagegen faßte die Bundesrepublik im August 1986 eine Reihe von Beschlüssen, die dem stark ansteigenden Zustrom von Asylbewerbern entgegenwirken sollten. Hierbei hielt sie sich an den verfassungsrechtlichen Rahmen und lehnte die Forderung der CSU, eine Änderung des im Grundgesetz verankerten Asylrechts vorzunehmen, ab. Bald entspannte sich auch hier die Lage, insbesondere nachdem die DDR auf intensives Drängen der westlichen Seite keine Asylbewerber aus der Dritten Welt mehr ohne gültiges Einreisevisum über Berlin (Ost) nach Berlin (West) einreisen ließ.

Angesichts der hohen Zahl von Aussiedlern aus Mittel- und Osteuropa, die seit 1986 in die Bundesrepublik einreisten, beschloß das Bundeskabinett im August 1989 ein Sonderprogramm zur Eingliederung dieser Aussiedler, für das es über 1,7 Mrd. DM bereitstellte. In eine schier ausweglose Lage geriet die Regierung dann aber im September 1989, als Ungarn die Grenze öffnete und der Übersiedler- und Flüchtlingsstrom erheblich anschwoll. Unterbringung und Eingliederung dieser Flüchtlinge führten zu lang andauernden Auseinandersetzungen zwischen Bund und Ländern. Mit dem Fall der Mauer am 9. November 1989 erreichte die Massenabwanderung ihren Höhepunkt. Turnhallen, Schwimmbäder und Containerwohnungen wurden für das Notaufnahmeverfahren herangezogen, das schließlich auf Betreiben der Länder zum 1. Juli 1990 abgeschafft wurde. Von diesem Zeitpunkt an hatten sich Ausreisewillige aus der DDR selbst um eine Unterkunft zu kümmern.

Mit der fortschreitenden Zerstörung der Umwelt war die Regierung gezwungen, auch die Umweltpolitik neu zu überdenken und entsprechend zu handeln. Der 1983 erreichte Wahlerfolg der aus der alternativen Bewegung hervorgegangenen Partei der „Grünen", die ihre meist weniger als 35 Jahre alte Wählerschaft nicht nur aus dem akademischen Milieu, sondern auch aus Arbeiterstädten und aus katholischen Landgebieten rekrutierte, hatte die etablierten Parteien und Gewerkschaften alarmiert und umweltpolitisch sensibilisiert. Die Sichtbarkeit des Waldsterbens, das Auffinden von dioxinhaltigen Rückständen bei dem Unfall von Seveso im Jahre 1983, das drei Jahre später auftretende Reaktorunglück in Tschernobyl, die Pannen im Kernkraftwerk Biblis Ende 1987, die 1989 bekanntgewordene unerlaubte Lagerung von Atommüllfässern durch die Hanauer Nuklearfirma NUKEM ebenso wie die Meldungen über riesige giftige Algenteppiche im Skagerrak unterstützten diesen immer weitere Bevölkerungskreise beunruhigenden Prozeß. Während SPD, Gewerkschaften und Grüne die Forderung nach einem Ausstieg aus der Kernenergie erhoben, suchte die Regierung der Umweltzerstörung durch gesetzliche und auf dem Wege der Verordnung getroffene Maßnahmen zu begegnen.

Dazu gehörten u. a. die Einführung des Abgaskatalysators, die Bekämpfung der durch Kraftwerke hervorgerufenen Luftverschmutzung, die Kontrolle alter und neuer Chemikalien auf ihre Umweltverträglichkeit, die Sicherung der Wasserversorgung und der Schutz der Gewässer durch Verminderung der Gewässerbelastung mit Schadstoffen, die Umsetzung der Bodenschutzkonzeption durch Begrenzung des Schadstoffeintrags, die Einleitung einer Trendwende im Landverbrauch, der systematische Ausbau der Abfallverwertung, die Verbesserung der Sonderabfallbeseitigung sowie die Neuordnung der Altölentsorgung. Diese am Vorsorgeprinzip orientierte strengere Umweltpolitik blieb nicht ohne Echo in der Bevölkerung und wurde auch nicht mehr generell gegen Arbeitsplätze oder Wirtschaftswachstum ausgespielt.

Die aus der Umweltbedrohung und der Arbeitslosigkeit herrührenden konkreten oder diffusen Ängste mischten sich mit dem wachsenden Mißtrauen der Bürger gegenüber der staatlichen Allmacht und Kontrolle. Dies wurde nicht nur deutlich bei der erstmals 1983 entbrannten Kampagne gegen die Volkszählung und die damit verbundene Absicht der Regierung, einen fälschungssicheren Personalausweis einzuführen, sondern auch bei dem Streit über die Verbesserung des die Persönlichkeitsrechte unmittelbar tangierenden Datenschutzes. Letzterer wurde 1986 schließlich beigelegt, während die Volkszählung, bedingt durch den Boykottaufruf durch die Grünen, erst im Mai 1987 abgehalten werden konnte.

Die 1985 nach längerer Pause wieder einsetzenden Terroranschläge durch die Rote-Armee-Fraktion und ihre Mordanschläge, denen der Vorsitzende der Motoren- und Turbinen-Union, *Ernst Zimmermann,* der Siemens-Manager *Karl Heinz Beckurts* und sein Fahrer *Eckhard Groppler* sowie der Diplomat *Gerold von Braunmühl* zum Opfer fielen, zwangen die Bundesregierung, Maßnahmen zur wirksameren Terrorbekämpfung einzuleiten. Die gesetzliche Einführung eines Kronzeugen, wie sie von der CDU/CSU gefordert wurde, scheiterte jedoch am Widerstand der FDP, die sich mit ihrem Kompromiß der Strafmilderung für aussagewillige terroristische Mörder durchsetzen konnte. Dagegen fand die Erweiterung des Straftatkatalogs sowie die Heraufsetzung der Mindeststrafe für die Mitgliedschaft in einer terroristischen Vereinigung die Billigung der Koalition und gewann gegen die Stimmen von SPD und Grünen Gesetzeskraft. Daß die RAF trotz dieser Verschärfung der Antiterrorgesetze auf gewalttätige Aktionen nicht verzichtete, zeigte der brutale Mord an dem Vorstandssprecher der Deutschen Bank, *Alfred Herrhausen,* im November 1989.

Hatten mancherlei Affären, allen voran die Parteispendenaffäre, in die außer den Grünen alle Parteien verwickelt waren, das Vertrauen der Bürger in die verantwortlichen Politiker auch gemindert und den Unionsparteien, unbestrittene Sieger der Wahl von 1983, bei der 11. Bundestagswahl vom 25. Januar 1987 erhebliche Stimmenverluste gebracht, so war zwischenzeitlich doch evident geworden, daß es zu dem innenpolitischen Kurs der konservativ-liberalen Koalition keine Alternative gab. Der die Wirtschafts- und Finanzpolitik der Regierung *Kohl* kennzeichnende gute Konjunkturverlauf alleine war allerdings nicht in der Lage, den Ausschlag zu geben. Zu hoch war der Stellenwert, den der soziale Friede und die Sorgen der Menschen vor den im letzten Jahrzehnt sichtbar gewordenen Risiken gewonnen hatten. Die

Rentenreform, das Ungleichgewicht in der Altersstruktur und die technologische Entwicklung ebenso wie die Anfälligkeit der Kernenergienutzung und die rasch um sich greifenden Umweltschäden blieben Themen, denen sich die Bundesregierung zu stellen hatte. Auch galt es, in der Außenpolitik an der Politik des Ausgleichs festzuhalten und diese mit Augenmaß voranzutreiben, ohne jedoch in einer Art Abrüstungseuphorie entscheidende Positionen einseitig preiszugeben.

Zielte die Regierung *Helmut Kohls* stärker als die seines Vorgängers auf eine Unterstützung der amerikanischen Haltung in der Raketenfrage ab, so blieben die Kontakte zur Sowjetunion mit der ausdrücklich erklärten Absicht, die Entspannungspolitik voranzutreiben, im wesentlichen bestehen. Bestätigt sahen sich *Helmut Kohl* und *Hans-Dietrich Genscher* in ihrem außenpolitischen Kurs, als zu Beginn des Jahres 1985 die amerikanisch-sowjetischen Verhandlungen über Abrüstung und Rüstungskontrolle im Bereich der Nuklearwaffen interkontinentalstrategischer und mittlerer Reichweite sowie auf dem Gebiet der Raketenabwehr- und Weltraumwaffen wieder aufgenommen wurden. Ihr Ziel war es, einen Rüstungswettlauf im Weltraum zu verhindern und den Rüstungswettlauf auf Erden zu beenden, die Nuklearwaffen zu begrenzen und zu verringern sowie die strategische Stabilität zu stärken. Diese Ziele – im November des gleichen Jahres von Präsident *Ronald Reagan* und Generalsekretär *Michail Gorbatschow* auf einem Gipfeltreffen in Genf bekräftigt – konnten im Oktober 1986 während eines zweiten Treffens der beiden Staatsmänner in Reykjavik ihrer Verwirklichung ein gutes Stück näher gebracht werden. Allerdings lösten die dort von *Gorbatschow* vorgetragenen Abrüstungsvorschläge in der Bundesrepublik heftige Diskussionen nicht nur zwischen Regierung und Opposition, sondern auch zwischen den Koalitionspartnern aus. Insbesondere gab es gegen die doppelte Nullösung, den totalen Abbau der Mittelstreckenraketen auf beiden Seiten, starke Widerstände aus den Reihen der CDU/CSU-Bundestagsfraktion, weil man darin eine singuläre Bedrohung der Bundesrepublik zu sehen glaubte. Nachdem sich aber Bundeskanzler *Helmut Kohl* trotz dieser Widerstände bereit erklärt hatte, die im Besitz der Bundesrepublik befindlichen 1-A-Raketen mit ihren amerikanischen Sprengköpfen aufzugeben, wenn die Großmächte sich über die Mittelstreckenwaffen einigen würden, kam es schließlich im Dezember 1987 in Washington zur Unterzeichnung des Vertrages über die weltweite Beseitigung der landgestützten nuklearen Mittelstreckenwaffen.

Ungeachtet der Erschütterung des Ost-West-Verhältnisses während des ersten Jahrfünfts der 80er Jahre war die Regierung *Kohl* bemüht,

7. August 1987: Bundeskanzler Helmut Kohl begrüßt den Staatsratsvorsitzenden und SED-Generalsekretär Erich Honecker in Bonn

das innerdeutsche Verhältnis nach Kräften auszubauen und zu pflegen. Zahlreiche Besuche von Politikern aus der Bundesrepublik, ein von *Franz Josef Strauß* vermittelter Milliardenkredit und daraus resultierend der sukzessive Abbau der Selbstschußanlagen entlang der innerdeutschen Grenzen, das Entgegenkommen der DDR bei besonders schwierigen Fällen der Familienzusammenführung und beim Häftlingsfreikauf[39] sowie die weitere Intensivierung des innerdeutschen Handels trugen ebenso wie das 1986 getroffene Kulturabkommen dazu bei, die Lage der Menschen im geteilten Deutschland zu erleichtern. Desgleichen führte der offizielle Besuch *Erich Honeckers* im September 1987 in Bonn, mit dem der Generalsekretär des Zentralkomitees der SED und Vorsitzende des Staatsrates der DDR die Souveränität des zweiten deutschen Staates herauszustellen gedachte, zu konkreten, die materiellen Interessen beider Staaten tangierenden Verbesserungen. Neben der Erörterung humanitärer und praktischer, den Reise- und Besucherverkehr und die Weiterentwicklung des Tourismus betreffender Fragen wurden Maßnahmen zur Intensivierung der sportlichen Begegnungen, des Jugend- und Kulturaustausches sowie zur Förderung der Städtepartnerschaften vereinbart. Auch konnten als Folgevereinbarung zum Grundlagenvertrag drei Abkommen in den Bereichen des Umweltschutzes, des Strahlenschutzes sowie im Bereich von Wissenschaft und Technik unterzeichnet werden.

Die unterschiedlichen Standpunkte in der nationalen Frage jedoch blieben bestehen. Unmißverständlich hatte der Kanzler dem Gast deutlich gemacht, daß dieser Besuch nichts an den rechtlichen Grundlagen, politischen Bedingungen und politischen Zielen seiner Regierung ändern werde und die Präambel des Grundgesetzes nicht zur Disposition stehe, „weil sie unserer Überzeugung entspricht. Sie will das vereinte Europa, und sie fordert das gesamte deutsche Volk auf, in freier Selbstbestimmung die Einheit und Freiheit Deutschlands zu vollenden. Das ist unser Ziel. Wir stehen zu diesem Verfassungsauftrag, und wir haben keinen Zweifel, daß dies dem Wunsch und Willen, ja der Sehnsucht der Menschen in Deutschland entspricht."[40] Und der seit dem 4. Juli 1984 amtierende, den politischen Konsens der westdeutschen Öffentlichkeit repräsentierende Bundespräsident *Richard von Weizsäcker* betonte, daß es im deutsch-deutschen Miteinander zu einer systemöffnenden Zusammenarbeit kommen müsse, wobei für die Bundesrepublik bei allen offenen gesellschaftlichen Fragen und bei allen unterschiedlichen Auffassungen über die Wege der praktischen Politik die Grundrechte der Person als das allgemeinverbindliche Kriterium der nach 1945 entstandenen Ordnung zu gelten hätten. Diese im friedlichen Austragen der Konflikte zu sichern, sei die immer wieder aufs neue gestellte Aufgabe.[41]

Besondere Aufmerksamkeit widmete *Helmut Kohl* dem Ausbau des Sonderverhältnisses zu Frankreich sowie den Beziehungen zu den USA als den „unverrückbaren Pfeilern"[42] deutscher Außenpolitik. Diese waren von gegenseitigem Vertrauen und einem partnerschaftlichen Miteinander geprägt, trotz der 1989 und 1990 erfolgten vorübergehenden Belastung durch die Kontroverse über den Bau einer Giftgasfabrik in Libyen unter Beteiligung deutscher Firmen und durch die deutsche Weigerung, einer Modernisierung nuklearer Kurzstreckenraketen zuzustimmen. Die engabgestimmte Weiterentwicklung und Gestaltung der Sicherheitspolitik, der West-Ost-Beziehungen und der internationalen Wirtschafts-, Handels- und Währungspolitik reichten dabei weit über eine bilaterale Zusammenarbeit hinaus. Gleich *Ronald Reagan* sah auch dessen Nachfolger *George Bush* die Grundlage dieses Miteinanders in einer Werte- und Interessengemeinschaft, die der Sicherheit beider Länder dienen sollte, und forderte bei seinem ersten offiziellen Besuch in Bonn im Mai 1989 die USA und die Bundesrepublik Deutschland als „Partner in einer Führungsrolle" auf, die Chance zur Abrüstung und zum Dialog zu nutzen, um die Selbstbestimmung für ganz Deutschland und alle Völker Osteuropas zu erreichen. Dabei erklärte er – die frühere Forderung *Reagans* unterstreichend – den Abriß der Berliner Mauer für unumgänglich, stelle sie doch das Monument für das Scheitern des Kommunismus dar.[43]

Auch wies *George Bush* auf die konstruktive Zusammenarbeit zwischen der Bundesrepublik und den Vereinigten Staaten im atlantischen Bündnis hin, dessen Mitglieder sich Ende Mai 1989 anläßlich des Gipfeltreffens der Staats- und Regierungschefs der 16 Vertragsstaaten in Brüssel zu einer neuen Struktur der Beziehungen zwischen den Staaten in West und Ost und gleichzeitig zum Selbstbestimmungsrecht der Deutschen bekannten.

Die Bemühungen um gute Beziehungen zu den westlichen Partnerländern wurden ergänzt durch die Intensivierung der Zusammenarbeit mit den östlichen Nachbarn der Bundesrepublik. Bei seinem Besuch in der Sowjetunion im Oktober 1988 kam *Helmut Kohl* mit dem sowjetischen Staats- und Parteichef überein, die „Zeit des Eises" in den

Bundeskanzler Helmut Kohl auf Staatsbesuch bei Staats- und Parteichef Michail Gorbatschow, 27. Oktober 1988

deutsch-sowjetischen Beziehungen zu beenden und einen Zustand guter Nachbarschaft anzustreben. In der Folge wurden der bilaterale Dialog zwischen Bonn und Moskau vertieft und die Kontakte zur Sowjetunion auf Bundes- und Länderebene erweitert.

Einen Höhepunkt hierbei stellte der Besuch *Michail Gorbatschows* und seiner Frau *Raissa* vom 12. bis zum 15. Juni 1989 in der Bundesrepublik dar, der von der Öffentlichkeit und den Medien mit großer Aufmerksamkeit und Sympathie verfolgt wurde und in einer gelösten politischen Atmosphäre stattfand. In der dabei von *Helmut Kohl* und *Michail Gorbatschow* unterzeichneten Erklärung bekräftigte die UdSSR erstmals gegenüber einem westlichen Land das Recht eines jeden Staates, das eigene politische und soziale System frei zu wählen. Besonderes Ziel beider Staaten sei der Aufbau eines Europa des Friedens und der Zusammenarbeit, einer europäischen Friedensordnung oder eines gemeinsamen europäischen Hauses, in dem auch die USA und Kanada Platz hätten. In einer Reihe von Abkommen legten beide Staaten die Grundlage für eine erhebliche Ausweitung der Zusammenarbeit vor allem in den Bereichen der Wirtschaft, der Kultur, der Wissenschaft und der Technologie.

Ebenso diente der Staatsbesuch *Helmut Kohls* im November 1989 in Warschau, 50 Jahre nach Beginn des Zweiten Weltkrieges, dem Versuch, die Aussöhnung zwischen Polen und Deutschen voranzutreiben. Trotz des in der Bundesrepublik ausgebrochenen Streits um den Verzicht auf ehemals deutsche Gebiete jenseits der Oder-Neiße-Grenze fand der Besuch in Polen selbst eine positive Resonanz. Eine Reihe von konkreten, den Jugendaustausch, die Außenministerkonsultationen, die Investitionsförderung und den Investitionsschutz sowie den kulturellen Austausch betreffenden Vereinbarungen boten ebenso wie die Zusicherung der Bundesrepublik, Polen bei der Bewältigung der wirtschaftlichen Probleme des Landes zu unterstützen, und Warschaus Absichtserklärung, der deutschen Minderheit in Polen größere Rechte einzuräumen, die Chance für einen wirklichen Neubeginn.

Freundschaftliche Beziehungen unterhielt Bonn bis zu der blutigen Unterdrückung der Demokratiebewegung in Peking am 4. Juni 1989 auch zu China und verfolgte im Rahmen der Europäischen Gemeinschaft eine gemeinsame westeuropäische Außenpolitik gegenüber Südafrika und der Türkei.

In bezug auf weltwirtschaftliche Entscheidungen konnte Bonn gleichfalls seinen Einfluß zur Geltung bringen und sowohl auf den jährlich stattfindenden Weltwirtschaftsgipfelkonferenzen der Staats- und Regierungschefs der Bundesrepublik Deutschland, Frankreichs, Großbritanniens, Italiens, Japans, Kanadas und der USA als auch bei der

Bundeskanzler Helmut Kohl und der Vorsitzende der Militärkommission des Zentralkomitees der KPCh, Deng Xiaoping, in der Großen Halle des Volkes in Peking, 10. Oktober 1984

im September 1986 in Punta del Este eröffneten Verhandlungsrunde im Rahmen des Allgemeinen Zoll- und Handelsabkommens (GATT) den Maßnahmenkatalog zur beschäftigungswirksamen Fortsetzung des allgemeinen Konjunkturaufschwungs und zur Liberalisierung des Warenverkehrs wesentlich mitbestimmen.

Fast gleichrangig mit den USA – vor Frankreich und Großbritannien – war die Bundesrepublik Deutschland an die Spitze der Welthandelsländer getreten. Eng verflochten und in Abstimmung mit den Ländern der Europäischen Gemeinschaft suchte die Bonner Regierung auch im Hinblick auf die Vollendung des Europäischen Binnenmarktes die internationale Wettbewerbsfähigkeit zu stärken und den Gefahren des Protektionismus zu begegnen.

Daß die Bundesrepublik 40 Jahre nach Kriegsende wirtschaftlich, aber auch politisch wieder ein solches Gewicht hatte, war möglich geworden, weil sowohl die Regierung *Kohl* als auch alle vorangegangenen Bundesregierungen die Außenpolitik nicht im nationalen Alleingang, sondern im westlichen Verbund entfaltet hatten. Dieses Konzept wurde stets – und besonders nachhaltig von der Regierung *Kohl/ Genscher* – mit der Prämisse verbunden, daß ein starkes und einiges Westeuropa die Garantie dafür bietet, das Übergewicht der Sowjetunion auszugleichen und gleichzeitig deutsche Sonderwege zu vermeiden. Dies erwies sich nicht nur für die Mitgestaltung der internationalen Politik im deutschen Interesse als förderlich, sondern setzte diese Interessen auch in Beziehung zu den Interessen der Partnerstaaten, die es zu berücksichtigen galt.

Je stärker die Ost-West-Beziehungen seit dem Durchbruch in der Rüstungskontrollpolitik in Bewegung geraten waren, um so eher schien für die Bundesrepublik die Möglichkeit gegeben, die Spannung zwischen Westbindung einerseits und Ostverbindungen andererseits zu lockern und die Teilung Deutschlands und des Kontinents zu mildern. Daß dabei der von beiden Teilen Deutschlands beschworene Grundsatz der Kriegsverhinderung nicht genügen würde, sondern daß es vielmehr zu einer systemöffnenden Zusammenarbeit würde kommen müssen, war spätestens durch *Gorbatschows* Hinweis auf das Prinzip der freien Wahl während seines Staatsbesuches im Juni 1989 in der Bundesrepublik deutlich geworden. Dennoch, eine Lösung der deutschen Frage im Sinne einer Annäherung der Systeme beider deutscher Staaten oder gar im Sinne einer Wiedervereinigung Deutschlands schien vorderhand weder wünschenswert noch realisierbar. Zu sehr waren Deutschlands westliche und östliche Nachbarn an einer Aufrechterhaltung des Status quo in Mitteleuropa interessiert, der allein die Garantie zu bieten schien, die Ost-West-Balance zu sichern.

Die Vereinigung der beiden deutschen Staaten

Als dieses Buch entstand, schien die Welt in zwei stabile Blöcke geteilt, die sich, gefangen in ihrer Ideologie, feindlich gegenüberstanden und, auf Machterhalt bedacht, den Gedanken an die Möglichkeit der Wiederaufnahme einer gemeinsamen Geschichte der Deutschen erst gar nicht aufkommen ließen. Es sah so aus, als müßten sich die Deutschen in West und Ost damit abfinden, daß es Deutschland bis in ferne Zeiten doppelt geben würde, die Einheit Ideologien und Machtinteressen geopfert bliebe. Die zu Beginn des Jahres 1989 einsetzenden dramatischen historischen Veränderungen im östlichen Teil Europas waren zu jenem Zeitpunkt von niemandem zu erahnen.

Diese geschichtlichen Prozesse – ausgelöst durch die Erhebung der Völker gegen ihre Unterdrücker – haben alle Beteiligten überwältigt. Zuerst waren es die Polen, die die Regierenden zwangen, der Opposition im Lande ein Mitspracherecht einzuräumen. Nach über siebenjähriger Untergrundarbeit wurde die polnische Gewerkschaft Solidarität zur legalen politischen Kraft, brachte in ersten halbfreien Wahlen der Kommunistischen Polnischen Vereinigten Arbeiterpartei eine vernichtende Niederlage bei und stellte nach über 40 Jahren kommunistischer Herrschaft den ersten nichtkommunistischen Ministerpräsidenten in einem Staat des Warschauer Paktes.

Anders als in Polen führte in Ungarn die herrschende sozialistische Arbeiterpartei unter dem Druck ihres Reformflügels die grundlegenden Veränderungen in Staat und Gesellschaft selbst herbei. Und während in Budapest Zehntausende die Abschaffung der Volksrepublik Ungarn und die Ausrufung der Republik Ungarn als einer parlamentarischen Demokratie mit Mehrparteiensystem und marktwirtschaftlichen Prinzipien bejubelten, stand das Volk in der DDR auf und setzte Zeichen gewaltlosen Widerstandes gegen ein System, das seit 1946 die Entscheidung und die Kontrolle in allen Bereichen des öffentlichen Lebens der Führung einer einzigen Partei überantwortet hatte. Die Verkrustung dieser sich hinter den Mauern ihrer abgeschirmten Wohngebiete und ideologischen Vorstellungen verschanzenden, in Korruption, Nepotismus und Mißwirtschaft verstrickten Partei- und Staatsführung hatte schon Monate zuvor zur Massenflucht vor allem junger DDR-Bürger geführt. Enttäuscht und ohne Hoffnung, sich der allmächtigen Administration und Gängelei je entledigen zu können, hatten sie über die bundesdeutschen Botschaften in Prag, Budapest und Warschau ihrer angestammten Heimat den Rücken gekehrt.

Bald erwies sich, daß ihre Flucht, die – seitdem die Ungarn im September 1989 die Grenzen nach Österreich hin geöffnet hatten – kein Halten mehr kannte, zum Katalysator einer einzigartigen friedlichen Volksrevolution werden sollte. Die Opposition, die in einem langjährigen, sich überwiegend im Raum der evangelischen Kirche formierenden Prozeß ihre politischen Ziele entwickelt hatte, begann nun immer mutiger und entschiedener, sich den staatlichen Repressionen zu widersetzen und auf politische Reformen zu drängen. Und während sich *Honecker* und seine altersstarre Riege auf die Vierzigjahrfeier des SED-Staates vorbereiteten, sammelte sich diese Opposition in den Kirchen zum Gebet und zunehmend in öffentlichen Demonstrationen. *Gorbatschows* Warnung, daß Gefahren nur auf jene warteten, die nicht auf das Leben reagierten, und seine Prophezeiung, daß das Leben den bestrafe, der zu spät komme, offenbarten schließlich die Agonie der politischen Führung der DDR. Ohne Unterstützung von außen war sie dem Ansturm der Menschen, die mit dem Ruf „Wir sind das Volk" ihre Fesseln sprengten, nicht mehr gewachsen. Auf den Straßen zwischen Weimar und Dresden, zwischen Greifswald und Suhl, in Leipzig und in Ost-Berlin forderten die Bürger Freiheit, Rechtsstaatlichkeit und Sanierung der maroden Ökonomie. Sie erzwangen zuerst die Entmachtung *Honeckers*, dann die des gesamten

Politbüros und der Regierung. Als sich schließlich 28 Jahre nach dem Mauerbau die Grenzen öffneten, waren die Deutschen in Ost und West von einer bisher nicht gekannten Aufbruchstimmung beseelt. In der Tat ein dramatisches Ereignis für die Deutschen und die Freiheit. „Wer diese Nacht in Berlin erlebt hat", so der Regierende Bürgermeister von Berlin, *Walter Momper,* „wird den 9. November nie vergessen. Gestern nacht war das deutsche Volk das glücklichste Volk der Welt."[1] Und Bundespräsident *Richard von Weizsäcker* bezeichnete jetzt „die für uns Deutsche so bewegenden Stunden" der Nacht vom 9. auf den 10. November als „einen tiefen Einschnitt in die Nachkriegsgeschichte", Stunden, die zeigen, „daß Freiheit auf Dauer nicht eingemauert werden kann"[2]. Die Freude beiderseits der Mauer kannte keine Grenzen. Wildfremde Menschen fielen einander in die Arme, das Wunder kaum fassend. Die Berliner Mauer und die deutsch-deutsche Zonengrenze hatten ihre Bedeutung verloren.

Am Tage nach dieser denkwürdigen Nacht griff der Reformprozeß auf Bulgarien über. Der Stalinist *Todor Schiwkow* verlor seine Ämter in Partei und Staat, und seine Nachfolger leiteten die längst fälligen Reformen ein. Zwei Wochen danach stand auch das Machtmonopol der Kommunisten in Prag zur Disposition. *Alexander Dubcek* – über 20 Jahre lang als Symbolfigur des „Prager Frühlings" verfemt – und *Václav Havel,* Dramatiker und Zentralfigur der Opposition in der Tschechoslowakei, wiesen der aufbegehrenden Bevölkerung den Weg in die Freiheit. Schließlich fiel Rumänien, das letzte stalinistische Bollwerk unter den Staaten des Warschauer Pakts. Von Temesvar über Arad nach Bukarest zog sich die blutige Spur der Erhebung. Verzweifelt suchte der größenwahnsinnige Tyrann *Ceaucescu* seine Herrschaft und die seiner Familie zu retten. Seine Schergen, die berüchtigte Sicherheitspolizei Securitate, von syrischen und libyschen Söldnern unterstützt, wüteten mit unerbittlicher Grausamkeit. Mit der Hinrichtung *Ceaucescus* und seiner Frau *Elena* versuchten sich die Rumänen von der Knechtschaft zu befreien, in der sie der Conducator 25 lange Jahre gehalten hatte.

So waren am Ende des Jahres, in dem man die 200. Wiederkehr der Französischen Revolution feierte, überall da, wo bisher Hammer und Sichel regiert hatten, an die Stelle der marxistischen Utopien konkrete, von den Völkern Mittel- und Osteuropas vorgetragene Ziele getreten. Die bürgerlichen Freiheiten, garantiert in einer Verfassung: Sie wollte man endlich haben. Dafür war man bereit, das Wagnis auf sich zu nehmen, sich gegen die Allmacht des Staates zu stellen. Um erst einmal hier und heute zu leben, ohne Furcht vor dem Terror von Staat und Kollektiv und in der Hoffnung, die Früchte geleisteter Arbeit auch ernten zu können, gingen Millionen auf die Straße und erkämpften in gewaltlosen Aktionen den Sieg.

Zweifellos wäre ohne *Michail Gorbatschow* die Stagnation hinter den stalinistischen Grenzwällen nicht zu überwinden gewesen. Erst er ermöglichte es, daß die Alte Welt wieder zusammenrücken konnte. Auch die deutsche Frage, die noch zu Beginn des Jahres 1989 langfristig eingekapselt zu sein schien, stellte sich mit einem Schlage neu. „Es wird zusammenwachsen, was zusammengehört"[3], so *Willy Brandt.* Dies um so mehr, als die politische Erstarrung in der DDR, das Fehlen der bürgerlichen Freiheiten und die Unfähigkeit der SED-Führung, der Bevölkerung ein Minimum an Lebensqualität zu schaffen, in der Vergangenheit die Bundesrepublik zum fernen, unerreichbaren Traumland hatten werden lassen, ein Eindruck, der sich nun, da man sich ein eigenes Bild machen konnte, eher noch verstärkte. Was Wunder, wenn man – allen Träumen von einem erneuerten Sozialismus abhold – in Leipzig und anderswo in der DDR immer ungeduldiger nach einem vereinten Deutschland rief. Und Bonns Parlamentarier stimmten, als sie am Abend des 9. November die Nachricht von der Öffnung der Grenze ereilte, spontan die Nationalhymne an und beschworen „Einigkeit und Recht und Freiheit für das deutsche Vaterland". Der Parteienstreit war ausgesetzt, und das Bekenntnis zur Freiheit aller Deutschen einte vorübergehend die politischen Lager. Am Morgen darauf konstatierte die Presse: „Die Welt hat sich verändert. Die Nachkriegsgeschichte scheint beendet zu sein."[4] Das Ende des Systems von Jalta und der Beginn der Nach-Nachkriegszeit schien gekommen. Auch das Ausland sah in dem Ereignis die Beendigung des tragischen „Zyklus der Katastrophen, die Europa zuerst vor 75 Jahren erschütterten, zu dem zwei Weltkriege, der Holocaust und der kalte Krieg gehörten"[5].

Was die Deutschen in Ost und West als Glück empfanden, wurde ihren Nachbarn eher Anlaß zur Sorge. Alle, die dies in der Euphorie der ersten Tage nach dem Fall der deutsch-deutschen Grenze vergessen hatten, sollten spätestens zu dem Zeitpunkt daran erinnert werden, zu dem der Kanzler dem Bundestag seinen Zehn-Punkte-Plan vorlegte, der für eine Übergangsphase „konföderative Strukturen" zwischen beiden deutschen Staaten, dann eine „Föderation, d. h. eine bundesstaatliche Ordnung in Deutschland", vorsah.[6] Die Sowjets, Engländer und Franzosen beeilten sich, das Tempo der ungeduldigen Deutschen zu bremsen. Bald erhoben auch die Amerikaner Einwände gegen die deutschlandpolitischen Vorstellungen und Hoffnungen ihres Verbündeten. Sie alle, die beiden Supermächte und die Europäer, setzten für die Realisierung einer staatlichen deutschen

Einheit den zeitlichen Rahmen weit und den politischen Rahmen eng. Solange die Selbstbestimmung und die staatliche Einheit lediglich Utopien waren, konnte man beiden Forderungen in Ost und West vorbehaltlos zustimmen.

So hatten sich im „Deutschlandvertrag" von 1952 die Westmächte einst verpflichtet zusammenzuwirken, um mit friedlichen Mitteln ihr gemeinsames Ziel zu erreichen: „ein wiedervereinigtes Deutschland, das eine freiheitlich-demokratische Verfassung, ähnlich wie die Bundesrepublik, besitzt und das in die europäische Gemeinschaft integriert ist"[7]. Nun, da die Selbstbestimmung und die staatliche Einheit in greifbare Nähe rückten, stießen „die unheimlichen Deutschen auf unheimliche Vorbehalte"[8]. Plötzlich wurden wieder politische Strukturen sichtbar, die schon fast in Vergessenheit geraten waren: in Berlin, wo sich nach 18jähriger Unterbrechung die Botschafter der vier Alliierten trafen und deutlich machten, daß ihre Vorbehaltsrechte noch gelten; in Paris und Straßburg, wo die EG-Partner die Bundesrepublik in das westliche System kontrolliert eingebunden wissen wollten; in West-Berlin, wo der amerikanische Außenminister forderte, daß auch ein vereinigtes Deutschland Mitglied der NATO sein müsse; in Kiew, wo sich *Gorbatschow* und *Mitterrand* darauf verständigten, daß das legitime Recht auf Selbstbestimmung durch andere Grundsätze zu ergänzen sei. Kein Zweifel, die deutsche Frage konnte nicht im Alleingang gelöst werden. „Wir wissen", so Bundeskanzler *Helmut Kohl*, „daß wir mitverantwortlich sind für die Sicherheit in Europa, und aus dieser Verantwortung werden wir handeln. Die Stabilität Europas darf nicht angetastet werden. Es gilt vielmehr, die europäische Friedensordnung durch weitere Abrüstungsanstrengungen zu stärken, den Nachbarvölkern die Gewißheit unantastbarer Grenzen zu geben, die strategischen Sicherheitsinteressen der Sowjetunion zu berücksichtigen und Europas Wirtschaft und Prosperität nach Osten hin auszudehnen."[9]

Bundeskanzler *Kohls* Vorstellung von einer Konföderation mit neuen gemeinsamen Institutionen und DDR-Ministerpräsident *Modrows* Vorstellung von einer Vertragsgemeinschaft suchten nicht nur auf die Ängste und Befürchtungen der Nachbarn beider deutscher Staaten Rücksicht zu nehmen, sondern hatten auch das Ziel, der Ungeduld und dem weitgespannten Erwartungshorizont von Teilen der DDR-Bevölkerung auf eine baldige Vereinigung entgegenzutreten, ohne den Weg zu einer zukünftigen Einheit in einem demokratischen Europa zu verbauen.

Fest entschlossen, auf die immer schwieriger zu überschauende revolutionäre Bewegung in der DDR in diesem Sinne Einfluß zu nehmen, wollte der Bundeskanzler die von beiden Seiten beabsichtigte Vertragsgemeinschaft mit Leben füllen und dadurch dem brennendsten Problem des zweiten deutschen Teilstaates begegnen: dem der Massenabwanderung. Aber gerade dieses Problem, das auch in der Bundesrepublik je länger, je mehr rationale und irrationale Abwehrmechanismen freisetzte, wurde von der weitgehend von den alten Machtstrukturen geprägten Regierung der DDR weiter verschärft.

Mit dem Sturz *Honeckers* und dem Rücktritt seines Nachfolgers *Egon Krenz* war zwar der Weg für Veränderungen frei, aber das „alte Denken" wirkte in der Bürokratie und im Bewußtsein der verantwortlichen Politiker weiter. Dies wurde nicht nur an dem von der Regierung *Modrow* der Volkskammer vorgelegten Wahlgesetz deutlich, das durch das Verbot jeglicher finanzieller und materieller Wahlkampfhilfe aus dem Westen die Modalitäten für die für den 6. Mai vorgesehenen freien Wahlen eindeutig zugunsten der SED festschreiben sollte, sondern auch an dem mit dem Hochspielen der rechten Gefahr gerechtfertigten Versuch, durch die Gründung eines neuen Verfassungsschutzes der abgewirtschafteten Staatspartei nach der Wende die Kehrtwende zu ermöglichen.

Auch wußten – trotz der von der Volkskammer gefaßten Beschlüsse zur Einführung sowohl der Gewerbefreiheit für Handwerks-, Handels- und Dienstleistungsbetriebe als auch der sozialen Marktwirtschaft – weder die Handwerker und Unternehmer in der DDR noch die Investoren im Westen, welche Möglichkeiten ihnen der neue Gesetzesrahmen tatsächlich einräumte. Immer mehr drohte der neugewonnene Pluralismus den Taktikern der SED zu unterliegen. Da erklärte nicht nur die CDU, ihrer Regierungsverantwortung entsagen und die drei von ihr gestellten Minister aus dem Kabinett *Modrow* zurückziehen zu wollen, sondern es verstärkte sich auch der Druck des Runden Tisches[10] und der Straße, was *Hans Modrow* schließlich zwang, sowohl die im Wahlgesetz vorgesehenen Einengungen als auch seine Pläne zur Gründung eines Verfassungsschutzes aufzugeben.

Dennoch, die Krise in der DDR spitzte sich weiter zu. Woche für Woche verließen weiterhin Zehntausende das Land ohne Hoffnung auf durchgreifende wirtschaftliche Verbesserungen. Als schließlich *Modrow* in einer dramatischen Erklärung bekanntgab, daß die Lage in der DDR kaum noch beherrschbar sei, entschlossen sich die am Runden Tisch versammelten neun Oppositionsparteien, eine Regierung der nationalen Verantwortung zu bilden, die Wahlen vom 6. Mai auf den 18. März vorzuziehen und bis dahin je einen Minister ohne Geschäftsbereich zu stellen.

Angesichts dieser Lage faßte das Bonner Kabinett auf Betreiben *Kohls* den Beschluß, der DDR unverzüglich Verhandlungen über eine

Wirtschafts- und Währungsunion vorzuschlagen, die ursprünglich ins Auge gefaßte Vertragsgemeinschaft fallenzulassen und mit Ost-Berlin sofort über konföderative Modelle zu verhandeln. Mit diesem Schritt begann die Bundesregierung, sich auf eine rasche Vereinigung der beiden deutschen Staaten und auf eine schnelle Lösung der damit verbundenen Probleme einzustellen.

Ermutigt wurde die Bonner Regierung dabei durch die überraschende und unmißverständliche Zusage *Gorbatschows,* daß die Sowjetunion die Entscheidung der Deutschen, in einem Staat zu leben, respektieren und es zugleich ihnen überlassen werde, Zeitpunkt und Weg der Einigung zu bestimmen. Da sowohl die Amerikaner als auch die Franzosen die Einheit Deutschlands zwischenzeitlich als Fait accompli betrachteten, war mit dem Placet der Sowjets in der Tat der entscheidende Durchbruch zur Lösung der deutschen Frage erreicht.

Den von der Bundesregierung aufgezeigten Weg, der Lösung der deutschen Frage über eine Währungs-, Wirtschafts- und Sozialunion ein Stück näherzukommen, wollte das offizielle Bonn jedoch erst mit einem dazu legitimierten Partner einschlagen, um so mehr, als *Modrow* selbst diesen Weg zu gehen nicht bereit war und ihn – wenige Tage vor der Wahl – mit Hilfe der Sowjets zu unterbinden suchte. Dabei erschien den Westdeutschen sein Wunsch, die seit 1945 in Ostdeutschland entstandene Eigentumsordnung zu erhalten, ebenso wirklichkeitsfremd wie die Sozialcharta, die die alte, vom Volk nicht legitimierte Volkskammer auf ihrer letzten Sitzung verabschiedete.

Daß die Bevölkerung in der DDR den Reformrückstand immer schmerzlicher empfand und die durch *Hans Modrow* geschaffene Phase der Labilität und Sterilität gründlich und schnell zu überwinden gedachte, zeigte dann der Ausgang der seit dem 6. November 1932 am 18. März 1990 erstmals wieder abgehaltenen freien Wahlen. Bei einer Wahlbeteiligung von über 93 % erteilte die Masse der Wähler sowohl dem Extremismus als auch dem Sozialismus eine eindeutige Absage und votierte für die Einheit Deutschlands in den Grenzen von 1990, eine klare Mehrheit gar für diese Einheit ohne Verzug. „Wohlstand für alle" – damit hatte einst *Ludwig Erhard* die bundesrepublikanischen Wähler überzeugt. Und genau dieses Ziel führte zu einem neuen Wir-Gefühl in der DDR. *Helmut Kohls* projektierte Wirtschafts-, Währungs- und Sozialunion eröffnete den vom Sozialismus bitter enttäuschten Menschen eine Zukunftsperspektive, für die es sich lohnte, in der Heimat zu bleiben und am Aufbau des Landes mitzuwirken. Nun lag es beim Kanzler, entsprechend zu handeln, sollte diese Perspektive der wirtschaftlichen Besserung Wirklichkeit werden. Desgleichen hatte die neue Regierung unter *Lothar de Maizière* endlich ins

Werk zu setzen, wozu die alte weder legitimiert noch in der Lage gewesen war. Die Hemmnisse für private Investitionen und den Kapitaltransfer mußten beseitigt, die soziale Marktwirtschaft und rechtsstaatliche Grundlagen geschaffen werden. Auch über die Modalitäten eines Beitritts zu einem Gesamtdeutschland mußte entschieden werden. Dieser sollte sich nach dem Willen beider deutschen Regierungen über Artikel 23 des Grundgesetzes vollziehen. Damit brauchte kein Nachbar, weder im Osten noch im Westen, Angst vor dem neuen Gebilde zu haben. Nicht nur, daß sich beide deutschen Staaten auf der Grundlage einer Verfassung vereinigen würden, die in 40 Jahren demokratischer Praxis erprobt war, die Nachbarn des neuen Deutschland hatten auch die Gewähr, daß Verträge und Bindungen, die der westdeutsche Staat eingegangen war, auch für ein vereintes Deutschland gelten würden.

Ohne Zweifel hat der Wandel in Ost- und Mitteleuropa und besonders der in der DDR „die Orientierungspunkte verwischt, nach denen sich die Politik des Westens vier Jahrzehnte lang ausrichten konnte"[11]. Zwar sahen Nachbarn und Verbündete in der Überwindung der deutschen Zwischenstaatlichkeit einen historisch unaufhaltsamen Prozeß, wurden aber gleich den Deutschen von der Dynamik dieses Prozesses überrascht. Die deutsche Frage – zunächst weder in der Sowjetunion noch in Frankreich oder gar in England auf der Tagesordnung – beschäftigte nun nicht nur alle Kabinette, die der beiden Großmächte sowohl wie die der europäischen Verbündeten der Bundesrepublik, sondern auch die öffentliche Meinung in diesen Ländern. Im Gegensatz zu den Völkern des Ostens, wo nach Überwindung des kommunistischen Terrors wie nach 1918 der Nationalismus wieder aufzuleben begann, tendierten die Völker im Westen zu Allianzen, regionalen Zusammenschlüssen und grenzüberschreitenden Verbindungen. Da sie ihre einmal eingegangenen Bindungen nicht in Gefahr bringen wollten, sahen sie das Tempo des Vereinigungsprozesses nicht ohne Furcht.

Allein die Vereinigten Staaten begrüßten jetzt vorbehaltlos „alle Fortschritte in Richtung auf die Herstellung der Einheit Deutschlands"[12]. Sie allein erkannten auch, daß die Strukturen und Mechanismen außenpolitischer Abstimmung dem Tempo der ostdeutschen Revolution nicht standhielten. Anders als die Europäer brachten sie dem einseitigen Vorpreschen des Bundeskanzlers mit seinem Zehn-Punkte-Programm, seinem Vorschlag einer Währungs-, Wirtschafts- und Sozialunion und seiner Erklärung, Artikel 23 des Grundgesetzes sei die bestmögliche Option für den Beitritt des zweiten deutschen Teilstaates, Verständnis entgegen und sahen in *Kohls* Vorgehen den Versuch, einen ungeordneten Prozeß mit hohem Krisenpotential durch Nennung konkreter Ziele in geordnete Bahnen zu lenken. Daß in jedem Falle einer Vereinigung der beiden deutschen Staaten Absprachen sowohl mit den vier Siegermächten des Zweiten Weltkrieges als auch mit Deutschlands Partnern in der EG und seinen östlichen Nachbarn vorausgehen mußten, stand bei allen Beteiligten außer Frage. Verband die in Ottawa gefundene Verhandlungsformel „Zwei plus Vier" die besondere Verantwortung der beiden deutschen Staaten mit den besonderen Rechten der vier Siegermächte und sprach sie zugleich die Fragen der Sicherheit der Nachbarstaaten an, so waren es die vertraglich gesicherten Ansprüche der deutschen Bündnispartner in der NATO und in der EG, die für eine internationale Einbettung des deutschen Einigungsprozesses Sorge trugen. „Die Deutschen müssen mit der NATO ins reine kommen, sie müssen sich mit der EG arrangieren, und sie dürfen die Helsinki-Akte nicht vergessen."[13] Diese Mahnung der britischen Premierministerin *Margaret Thatcher* traf die Überzeugung der Bundesregierung und der Mehrheit der Menschen in beiden Teilen Deutschlands. Wo anders als in der NATO ließen sich die deutschen und europäischen Sicherheitsinteressen vereinen und wo wäre die industrielle und finanzielle Leistungskraft eines vereinten Deutschlands besser aufgehoben als in einer Wirtschafts- und Währungsunion der Europäischen Gemeinschaft? Wer schließlich garantierte sicherer als die KSZE tragfähige Fundamente für ein europäisches Haus? Wie immer sich die Deutschen künftig auch im einzelnen organisieren mochten, in diesem Haus würden sie sich einzurichten haben, bereit, „als deutsche Europäer und europäische Deutsche"[14] die historisch gewordenen Ansprüche und Rechte aller seiner Mitbewohner zu achten und, festhaltend an den im einen deutschen Teilstaat in vier Jahrzehnten demokratischer Entwicklung gewachsenen politischen und menschlichen Bindungen, sich den Aufgaben der Zukunft in konstruktivem Miteinander zu stellen.

Einen entscheidenden Schritt in diese Richtung stellten die am 22. Juni 1990 anläßlich der Schlußberatungen über den deutsch-deutschen Staatsvertrag abgegebenen Erklärungen beider deutscher Parlamente in Bonn und in Ost-Berlin dar, die im Potsdamer Abkommen definierte Grenze zwischen Deutschland und Polen als unantastbar anzuerkennen und die mit der Vereinigung Deutschlands verbundene „Chance wahrzunehmen, eine endgültige und dauerhafte Aussöhnung mit dem polnischen Volk zu erreichen"[15]. Einen Monat später, am 16. Juli, machte die Sowjetunion ihren Frieden mit Deutschland und verzichtete am Vorabend des 45. Jahrestages der Potsdamer Konferenz auf ihre Siegerrechte in Deutschland. Bei seinen Gesprächen im

Bundeskanzler Helmut Kohl und Staats- und Parteichef Michail Gorbatschow im Kaukasus, 16. Juli 1990

Kaukasus mit *Helmut Kohl* stimmte *Michail Gorbatschow* nicht nur einer Einigung Deutschlands zu, sondern ließ dem künftigen Staat auch die Freiheit der Wahl seiner Bündniszugehörigkeit: volle und uneingeschränkte Souveränität also. Dafür erklärte sich der deutsche Bundeskanzler bereit, die Streitkräfte des vereinten Deutschlands auf 370000 Mann zu reduzieren, auf Herstellung, Besitz und Verfügung über ABC-Waffen zu verzichten und Mitglied des Nichtverbreitungsvertrages zu bleiben.[16]
Mit diesem Übereinkommen der beiden Regierungschefs wurde Deutschland zum erstenmal seit den beiden Weltkriegen im Einverständnis mit allen seinen Nachbarn in seine volle Verantwortung entlassen. In dem Zwei-plus-Vier-Vertrag über die abschließende Regelung in bezug auf Deutschland, der am 12. September in Moskau von den Außenministern der Bundesrepublik, der DDR und der vier Siegermächte unterzeichnet wurde, wurde völkerrechtlich geregelt, was im Kaukasus zwischen *Helmut Kohl, Michail Gorbatschow, Hans-Dietrich Genscher* und *Eduard Schewardnadse* verabredet worden war. Mit diesem Vertrag, der einem Friedensvertrag gleichkommt, endeten die Rechte und Verantwortlichkeiten der Alliierten in bezug auf Berlin und Deutschland als Ganzes. „Das vereinte Deutschland hat demgemäß volle Souveränität über seine inneren und äußeren Angelegenheiten."[17] Darüber hinaus enthält der Zwei-plus-Vier-Vertrag

eine Grenzgarantie für Polen, den Verzicht auf ABC-Waffen, die Reduzierung der Land- und Luftstreitkräfte auf 345000 Mann sowie ein Verbot der Stationierung von Atomwaffen und ausländischen Streitkräften im Gebiet der ehemaligen DDR. Auch wird versichert, daß „Deutschland keinerlei Gebietsansprüche gegen andere Staaten" hat „und ... solche auch in Zukunft nicht erheben wird" und „daß vom deutschen Boden nur Frieden ausgehen wird"[18].

Als dann am 3. Oktober mit dem Beitritt der DDR zur Bundesrepublik die Einheit besiegelt wurde und Deutschland seine volle Souveränität erhielt, geschah dies „in Harmonie mit den alten Demokratien des Westens, institutionell mehrfach mit ihnen verbunden und als Partner hochgeschätzt"[19]. Und auch die Völker Osteuropas vertrauten dem neuen Staat und erwarteten, daß er in gutnachbarschaftlichem Miteinander helfe, den Prozeß ihrer inneren Reformen voranzubringen. Die Deutschen selbst, vereint in der Freude über die endlich erreichte Freiheit, bekannten sich zu ihrer Verantwortung und erkannten ihre künftige politische Aufgabe in dem vom allgemeinen Konsens getragenen Streben, daß die Grenzen des neuen Staates nicht mehr trennen, sondern „Brücken zu den Nachbarn werden"[20] sollen und daß das geeinte Land „mit seiner wiedergewonnenen nationalen Ein-

Staatsakt zum Tag der deutschen Einheit in Berlin, 3. Oktober 1990 (v. links: Außenminister Hans-Dietrich Genscher, Hannelore Kohl, Bundeskanzler Helmut Kohl, Bundespräsident Richard von Weizsäcker und Ex-DDR-Ministerpräsident Lothar de Maizière

heit dem Frieden in der Welt dienen und die Einigung Europas voranbringen will"[21].

Ohne Zweifel waren die außen- und europapolitischen Aufgaben, die dem neuen Staat zuwuchsen, schwieriger als je in den Jahrzehnten zuvor. Eingebunden und angepaßt in die Bündnis- und Herrschaftssysteme einer polarisierten Weltordnung, agierten bisher beide teilsouveränen deutschen Nachkriegsstaaten sowohl in der nach ihrer Gründung eingetretenen Phase einer raschen und wachsenden Entfremdung als auch in der Phase der Annäherung in den 70er Jahren innerhalb der Abgrenzungen, die durch die unterschiedlichen Gesellschaftsordnungen vorgegeben waren. Künftige Interessenkonflikte aber wird die neuentstandene Mittelmacht im partnerschaftlichen Miteinander austragen müssen. Dabei werden die Schatten der Vergangenheit präsent bleiben und politische Zurückhaltung nahelegen.[22]

Daß die Deutschen dem unverhofften Geschenk, das ihnen in einem Prozeß von kurzer Dauer und großer Dynamik zuteil wurde, mit gesunder Skepsis, nicht aber mit nationalem Überschwang begegneten, gibt Zeugnis von ihrer Bereitschaft, sich innerhalb der realen Wertegemeinschaft eines zusammenwachsenden Europas zu bewegen. Die Bürger im Westen und Osten des neuen Staates optierten für die Freiheit und für eine Demokratie der Staatsbürger, deren funktionale Auffassung vom Staat einem friedens- und freiheitszerstörenden Nationalismus entgegensteht.

Die plötzlich gewonnene Freiheit und Souveränität verlangte aber auch ein hohes Maß an innenpolitischer Solidarität, damit „zusammenwachsen kann, was zusammengehört"[23]. Die fünf neuen Bundesländer, die auf Beschluß der Volkskammer der DDR im Juli 1990 mit Wirkung zum 14. Oktober 1990 wieder eingerichtet wurden, bedurften ebenso der Amtshilfe von seiten der alten Länder wie die Stadt- und Landgemeinden. Infrastrukturprogramme für Telefon, Straßenbau, Eisenbahn sowie Abwässerreinigung mußten in Gang gebracht, Wohnungen instand gesetzt und neu gebaut werden. Ökologische Sanierungs- und Entwicklungsprogramme waren aufzustellen und zu realisieren. Die Eigentumsverhältnisse warteten der Klärung. Die der Treuhandanstalt in Berlin im Juni 1990 gesetzlich übertragene Privatisierung und Reorganisation des ehemals volkseigenen Vermögens der DDR war durchzuführen. Das Produktionsniveau mußte dem westlichen Standard angeglichen werden. Auch war es notwendig, daß sich die früher staatlich gelenkte Wirtschaft nach Marktbedingungen und Verträgen im internationalen Wettbewerb richtete. Sozialpolitische Maßnahmen wie die Anpassung der Löhne und Gehälter im gesamten Rechtsraum des neuen Staates, die Bekämpfung der Arbeitslosigkeit

Feierlichkeiten in Berlin am 3. Oktober 1990 anläßlich des Beitritts der DDR zur Bundesrepublik Deutschland und die Reform des Gesundheitswesens mußten in Angriff genommen werden. Den demokratischen Rechtsstaat galt es auch in den neuen Bundesländern zu errichten, was ohne die Mitarbeit von Richtern und Staatsanwälten aus den alten Bundesländern nicht möglich war. Auch hatten die westdeutschen Länder und deren Universitäten den Universitäten und Schulen des Ostens personell beim Aufbau demokratisch gesinnter Lehrkörper zu helfen.

Daß bei der Bewältigung all dieser Aufgaben psychologische Rückschläge und politische Enttäuschungen nicht ausblieben, liegt auf der Hand, um so mehr, als die durch die verschiedenen Nomenklaturen, die unterschiedlichen Erlebniswelten, Lebensrhythmen, Konsumgewohnheiten, Bedrohungen und Ängste verursachten Verständigungsschwierigkeiten der Bürger beträchtlich waren. Dabei drohte die Vergangenheit den von der kommunistischen Diktatur unterdrückten Teil der Deutschen immer wieder einzuholen. Die nur schwer abzubauende Verfügungsmacht der Stasi-Leute und SED-Karrieristen an der Spitze von Betrieben und Ämtern ängstigte die ehemaligen Opfer des gerade überwundenen Systems und steigerte die allgemeine Unsicherheit. Darüber hinaus führte eine in 40 Jahren gewachsene Fremdheit zwischen Ost- und Westdeutschen zu Unstimmigkeiten, die die harte tägliche Arbeit erschwerten. Sollte das – in der bisherigen deutschen Geschichte ohne Vorbild – zu leistende Werk der ökonomischen und sozialpolitischen Integration von 16 Millionen Menschen in eine über 40 Jahre hinweg gewachsene und gut funktionierende Demokratie gelingen, so mußten alle Deutschen nicht nur althergebrachten Denkmustern abschwören, sondern auch materielle Opfer erbringen.

Mit der verfassungsrechtlichen und völkerrechtlichen Vereinigung Deutschlands ging ein langer und schwieriger Abschnitt der deutschen Nachkriegsgeschichte zu Ende. Die Präambel des am 23. Mai 1949 ausgefertigten und verkündeten Grundgesetzes der Bundesrepublik Deutschland gilt seit dem 3. Oktober 1990 für alle Deutschen. Und wie von den Verfassungsvätern aufgegeben, vollendeten alle Deutschen „in freier Selbstbestimmung Einheit und Freiheit Deutschlands", willens, als gleichberechtigtes Glied in einem vereinten Europa dem Frieden der Welt zu dienen, dankbar allen, die ihnen zu dieser geschichtlichen Chance verholfen haben.

Deutschland nach der Vereinigung

Mit der ersten gesamtdeutschen Bundestagswahl am 2. Dezember 1990, in der die Wähler – so das Urteil Egon Bahrs – die mit „Mut und Augenmaß" vorangetriebene Vereinigungspolitik Helmut Kohls bestätigten,[1] schien die neue Bundesrepublik als erweiterte alte Bundesrepublik ins Leben zu treten. Die Bevölkerung in den fünf neuen Bundesländern erhoffte sich von der durch das Grundgesetz vorgegebenen politischen, sozialen und wirtschaftlichen Ordnung eine rasche Überwindung der Ungleichheiten, die durch die 45jährige Spaltung Deutschlands hervorgerufen worden waren. Man war sicher, die vormals erzwungene Autarkie und die geistig-politische Isolation nun schnellstens überwinden und zu einer von wirtschaftlichem Erfolg, sozialer Wohlfahrt und politischer Freiheit geprägten Normalität finden zu können. Die Erwartungshaltung war um so größer, als der Staatsvertrag über die Währungs-, Wirtschafts- und Sozialunion vom 1. Juli 1990 Voraussetzungen geschaffen hatte, die den allseitig anvisierten Um- und Aufschwung in Kürze zu realisieren versprachen. Auch war man überzeugt, daß eine Eingliederung in die alles in allem gut funktionierende soziale Marktwirtschaft der alten Bundesrepublik die unausweichlichen sozialen Folgen des Systemwechsels im Osten abmildern würde.

Bald jedoch war die Befindlichkeit der zunächst so hoffnungsfroh gestimmten Menschen getrübt. Der Euphorie des Anfangs folgte jähe Ernüchterung, und die, die im Herbst 1989 mit dem Ruf „Wir sind ein Volk" für Einheit, Freiheit und Demokratie votiert hatten, wurden je länger je mehr gewahr, daß der neue Staat nicht nur ein Volk, sondern vielmehr zwei Teilgesellschaften mit höchst unterschiedlichen Erfahrungen und Lebenswelten vereinte. Zwar war die Mauer, die diese Teilgesellschaften einst trennte, gefallen, aber die in der Nachkriegszeit verschieden geprägten Kulturen in Ost und West konnten einander nur schwer angenähert werden. Ohne Zweifel sorgte die Übertragung des in der alten Bundesrepublik bewährten Institutionensystems auf die neuen Bundesländer für äußerliche Stabilität. Die Bereitschaft der Menschen, ihren politischen Alltag mitzugestalten, war, wie die Landtagswahlen von 1994 im Osten zeigten, dadurch allerdings nicht angewachsen.[2] Im Gegenteil: Viele Bürger der neuen Bundesländer begegneten der neuen Ordnung mit großer Skepsis. Sie vermißten nicht nur eine ausreichende eigene politische Vertretung in Parteien, Wirtschaftsverbänden und Gewerkschaften, sondern sahen in den aus dem Westen kommenden Eliten, die die wichtigsten politischen, wirtschaftlichen und administrativen Positionen besetzt hatten, Vertreter von Interessen, die den ihren zuwiderliefen. Es ging die Rede von der westdeutschen Kolonialisierung Ostdeutschlands, ein pauschales Deutungsmuster, das nicht zuletzt auch zur Entschuldigung des eigenen Rückzugs aus der politischen Verantwortung diente.

In der Tat blieben sich die durch die staatliche Einigung aneinandergekoppelten Gesellschaften weitgehend fremd. Entsprechend den wirtschaftlichen und sozialen Gegebenheiten wurde die Gegenwart in Ost und West nicht nur anders wahrgenommen, sondern auch anders bewertet. Während in der alten Bundesrepublik Themen wie Steuerpolitik, Umweltpolitik, Familienpolitik, Gleichberechtigung der Frau, Bürger- und Minderheitenrechte, Abbau von Diskriminierung weiterhin auf der Tagesordnung standen, ging es in den neuen Bundesländern um den wirtschaftlichen Wiederaufbau, den Aufbau leistungsfähiger Institutionen und einer funktionierenden staatlichen Verwaltung sowie um die Errichtung eines Systems der sozialen Sicherheit. Es galt nicht nur, die strukturellen Fehlentwicklungen der Vergangenheit zu überwinden, sondern auch die technologische Lücke und die dadurch mitbedingte Produktivitätslücke zu schließen, eine intakte Infrastruktur aufzubauen, den Kapitalverzehr zu stoppen, die Erblasten zu tilgen, neue Märkte zu erschließen, die Eigentumsverhältnisse zu klären und der verheerenden ökologischen Schäden Herr zu werden. Diese Bedingungen waren zugleich die Ausgangsbedingungen für das von der Bundesregierung vorangetriebene „Gemeinschaftswerk Aufschwung Ost", das nicht allein mit Hilfe der marktwirtschaftlichen Kräfte zu leisten war, sondern einer gezielten staatlichen Wirtschafts- und Strukturpolitik bedurfte. Daß dabei die Dimension der politischen Aufgabe von den Entscheidungsträgern zunächst nicht erkannt, das ganze Ausmaß der volkswirtschaftlichen Schäden und damit das des Sanierungsproblems nicht gesehen wurde, war bei der unübersichtlichen Lage zu Beginn des Jahres 1990 und der Fülle der Herausforderungen kaum anders zu erwarten.

Die dann einsetzende Umstrukturierung der ostdeutschen Wirtschaft sowie ihre Privatisierung und Modernisierung kamen nicht allein einem Umbau, sondern in weiten Teilen der Neugründung einer Volkswirtschaft gleich. Bedingt durch den für die ostdeutsche Wirtschaft ungünstigen Umstellungskurs von DDR-Mark auf D-Mark und die danach einsetzenden Lohnanhebungen sowie die personelle Überbesetzung der allesamt veralteten, volkswirtschaftlich unrentablen Industrie-, Gewerbe- und Landwirtschaftsbetriebe, zog der bis in die erste Hälfte des Jahres 1991 anhaltende starke Produktionsrückgang einen Beschäftigungsabbau nach sich, der nach Umfang und Tempo atemberaubend war. Bereits 1991 waren von den 9,9 Millionen Beschäftigten der früheren DDR nur noch etwa 6,5, 1993 nur noch 5,3 Millionen Menschen in Arbeit und Brot. Arbeitsmarktpolitische Maßnahmen der Bundesregierung wie die Einführung von Sonderregelungen zum Vorruhestand, die die Generation der über 55jährigen fast vollständig vom Arbeitsmarkt verdrängten, Fortbildungs- und Umschulungsmaßnahmen, Lohnsubventionen und Beschäftigungsgesellschaften sollten diesen Strukturumbruch sozial abfedern.

Sozial abzufedern waren aber auch die finanziellen Engpässe, die durch steigende Preise bei Wohnungsmieten, Energie, Verkehrsmitteln und bei den zu DDR-Zeiten staatlich subventionierten Grundnahrungsmitteln auftraten, insbesondere bei dem Teil der Bevölkerung, der so oder so aus dem Erwerbsleben gedrängt worden war. Diesen kamen die höheren Arbeitseinkommen nicht zugute, die sich seit 1990 und insbesondere seit den Metallarbeiterstreiks in Brandenburg und Sachsen im Mai 1993 im Zuge der die Angleichung an das Westniveau anstrebenden Lohnpolitik verdoppelt hatten. Auch konnte die inzwischen erfolgte Angleichung der Renten, die bei Männern 90 Prozent, bei Frauen wegen der hohen Erwerbsbeteiligung in der DDR 130 Prozent der in den alten Bundesländern ausgezahlten Renten betrugen, den Verlust eines Arbeitsplatzes nicht wettmachen.

Dieser dramatische Strukturwandel stellte die Anpassungsfähigkeit der Menschen in den neuen Bundesländern auf eine harte Probe. Mit der von der alten Bundesrepublik übernommenen politischen, wirtschaftlichen und sozialen Ordnung waren die Deutschen im Osten gezwungen, sich in Verhältnisse einzuordnen, die den bisherigen diametral entgegenstanden. Die Sicherheit, die sie in der DDR erfahren hatten und die den meisten von ihnen als bewahrenswerte soziale Errungenschaft galt, weil sie eine Beschäftigungsgarantie, eine umfassende soziale und Freizeitversorgungsgarantie sowie die „zweite Lohntüte" in Gestalt staatlicher Subventionen für Brot, Miete, Kindergarten- und Ausbildungsplatz umfaßte, war mit einem Schlage entfallen. Das Bewußtsein, bei einem Minimum von staatskonformem Verhalten in sozialer Hinsicht nicht wirklich scheitern zu können, einen geregelten, vorgeplanten und angstfreien Lebensweg vor sich zu haben, eingebettet in das Kollektiv, das das Gefühl emotionaler Geborgenheit vermittelte und das Bedürfnis nach Gemeinschaft befriedigte, dieses Bewußtsein existierte nur noch in der Retrospektive und äußerte sich gemäß einer Umfrage vom Juli 1995 in nostalgischen Erinnerungen.[3]

Konfrontiert mit bisher nicht bekannten Lebensrisiken, war der einzelne in weit höherem Maße gefordert und sah sich gezwungen, sein Leben selbst zu gestalten und unter Umständen eine gänzlich neue Lebensplanung vorzunehmen. Dabei galt es, völlig neue Verhaltensweisen einzuüben, Entscheidungen zu treffen, sich zu informieren, die gebotenen Chancen im gesellschaftlichen Wettbewerb wahrzunehmen und zu ergreifen, Wagnisse einzugehen, Neues aufzunehmen und zu gestalten, Verantwortung zu übernehmen und zu tragen. Das Hineinwachsen in diesen Entscheidungs- und Gestaltungsspielraum wurde jedoch von einem Teil der Bürger in den neuen Bundesländern als eine Art von fremdbestimmtem Zwang empfunden, um so mehr, als die westlichen Standards bei der Abwicklung der für den Osten spezifischen Erwerbs-, Eigentums- und Sozialstrukturen und dem damit verbundenen Kompetenz- und Statusverlust auf die Betroffenen keinerlei Rücksicht nahmen.

Dennoch wünschte sich der Großteil der Bürger in den neuen Bundesländern die früheren Verhältnisse in der DDR nicht zurück.[4] Zuviel war inzwischen in Gang gesetzt worden. Die realen Familieneinkommen waren gestiegen, die sozialen Sicherungssysteme, deren Engmaschigkeit und Qualität die ehemaligen DDR-Bürger überraschten, erfolgreich eingeführt. Auch war der Aus- und Umbau des Gesundheitswesens nahezu beendet. Die Leistungsfähigkeit der Verwaltung hatte sich spürbar verbessert, Baugewerbe, Handwerk und wichtige Dienstleistungsbereiche befanden sich in einem klaren Aufwärtstrend. Der Produktionsrückgang in der Industrie war zum Stillstand gekommen, aus Deindustrialisierung wurde Reindustrialisierung.[5] Auch gaben der Wille zur Selbständigkeit und die hohe Zahl von Unternehmensgründungen Anlaß zur Zuversicht. Und wenngleich sich der Aufschwung mangels einer noch keineswegs zufriedenstellenden Wettbewerbsfähigkeit[6] noch lange nicht als selbsttragend erwies, so wurde Ostdeutschland bald nach der Vereinigung doch zur wachstumsstärksten Region Europas. Die Aufgabe der Treuhand, die von ihr übernommenen ehemals volkseigenen Vermögen in die Marktwirtschaft zu überführen, die Staatsunternehmen zu privatisieren, sie in Einzelfällen zu sanieren und die nicht überlebensfähigen Betriebe stillzulegen, war 1995 weitgehend abgeschlossen.[7] Daß gerade mit der Privatisierung durch die Treuhand ein Vermögenstransfer von Ost nach West stattgefunden hatte, mußte bei der Schwierigkeit des Auftrages in Kauf genommen werden, stieß aber bei den Menschen im Osten ebenso auf Skepsis und Ablehnung wie die Umgestaltung der ostdeutschen Eigentumsverhältnisse. Diese stellten Eigentumstitel aus dem grundgesetzwidrigen sozialistischen Eigentum grundsätzlich nicht unter den Schutz des Grundgesetzes, wohl aber die Eigentumsrechte der Alteigentümer, die eine Rückübertragung wünschten. Diese Entscheidung zog mehr als zwei Millionen Anträge auf Rückübereignung nach sich und wirkte sich nicht nur als zentrales Investitionshemmnis aus, sondern erzwang im Osten auch eine Solidarität der früher vom System Privilegierten und bildete darüber hinaus die Basis für ein breites anti-westdeutsches Ressentiment.[8]

Auch die Neugestaltung des öffentlichen Dienstes führte zu einem scharfen Bruch nicht nur mit den alten staatlichen und politischen Eliten, war doch im Zuge der Überführung der Behörden und der Ämter sowie der Wissenschafts- und Kultureinrichtungen der ehemaligen DDR entsprechend den Regelungen der Bundesrepublik im Bundes-, Landes- und Gemeindedienst über die Weiterbeschäftigung von mehr als einer Million Menschen entschieden worden. Da der Umbau und die Erneuerung der staatlichen Einrichtungen eine der Grundvoraussetzungen des Strukturwandels auf allen übrigen gesellschaftlichen Gebieten war, mußte er binnen einer Frist von wenigen Jahren bewerkstelligt werden. Die Schwierigkeit des personellen Neuanfangs zeigte sich nicht zuletzt auch im Wissenschaftsbereich, wo insbesondere in den ideologisch belasteten Disziplinen innerhalb der Geistes-, Rechts-, Wirtschafts- und Sozialwissenschaften kaum einer der Wissenschaftler weiterbeschäftigt wurde, der schon zu DDR-Zeiten tätig war. Gründungsdekane und Gründungsprofessoren aus dem Westen bauten die aufgelösten Fakultäten, Fachbereiche und Lehrstühle neu auf. Auch in den anderen Fächern wurden die Stellen mit Hilfe von Berufungsverfahren neu besetzt, wobei jedoch die ostdeutschen Bewerber gute Chancen hatten. Als Postulat der Hochschulpolitik galt auch in den neuen Bundesländern die Freiheit von Lehre und Forschung, die Qualität der Ausbildung und die Schaffung von Zugangsbedingungen, die denen der alten Bundesländer entsprachen.[9]

Baustelle Friedrichstadt-Passagen in Berlin

Die Probleme des Umbruchs und des forcierten Strukturwandels betrafen jedoch nicht nur die neuen Bundesländer, sondern nachhaltig auch die alten. Daß die Lösung der mit der Vereinigung Deutschlands entstandenen Probleme eine finanzielle, organisatorische und insbesondere auch eine menschliche Herausforderung für alle Deutschen darstellte, darauf hatte *Richard von Weizsäcker* beim Staatsakt zur deutschen Einheit deutlich hingewiesen. „Sich zu vereinen", so sein Credo, „heißt teilen lernen. Mit hochrentierlichen Anleihen allein wird sich die deutsche Einheit nicht finanzieren lassen. Öffentlich und privat gilt es umzudisponieren, um mitzuhelfen, einzusparen, um zu geben... Keine noch so ausgefeilte Kalkulation ersetzt die grundlegende Erfahrung der Menschen aller Kulturen und Religionen, daß der Mensch sich dem anderen dann erst wirklich zuwendet, wenn er mit ihm teilt. Wirklich vereint werden wir erst sein, wenn wir zu dieser Zuwendung bereit sind".[10] Und *Helmut Kohl* erklärte am Vorabend der Wiedervereinigung, daß die Deutschen die vor ihnen liegende Wegstrecke nur meistern würden, wenn sie auch zu Opfern bereit seien, Verständnis füreinander hätten und aufeinander zugingen.[11] Und in der Tat: Wenn der Prozeß des Zusammenwachsens der beiden deutschen Teilgesellschaften von den Menschen im Osten ein hohes Maß an Anpassungsfähigkeit verlangte, so forderte er von denen der alten Bundesländer ein hohes Maß an Solidarität und Finanzierungsbereitschaft. Durch die massiven Finanz-Transfers von über 850 Milliarden Mark aus den öffentlichen Kassen der alten Bundesrepublik in den Osten hatte sich seit 1990 nicht nur die Staatsverschuldung verdoppelt, sondern es war auch eine deutliche Erhöhung der Steuern und Abgaben erfolgt, deren Anteil am Bruttosozialprodukt einen Höchststand von über 50 Prozent erreichte. Hohe Zinsen, ein Ansteigen der Preise und ein merklicher Rückgang der von staatlicher Seite in den alten Bundesländern geförderten Investitionstätigkeit im Infrastruktur-, Bildungs- und Umweltschutzbereich waren die unmittelbar spürbaren Auswirkungen. Der Erhöhung der Mehrwertsteuer und der Sozialversicherungsbeiträge, die in erster Linie die mittleren und unteren Einkommensschichten in West und Ost belastete, folgte ab 1995 ein Solidaritätszuschlag von 7,5 Prozent der Lohn- und Einkommensteuerschuld, der die Bürger zusätzlich zur Kasse bat. Auch machte ab dem gleichen Jahr die Neuordnung des Länderfinanzausgleichs alle alten Bundesländer außer Bremen und dem Saarland zu Nettozahlern. Durch diese im Solidarpakt und seinem Kernstück, dem Föderalen Konsolidierungsprogramm, zusammengefaßten Maßnahmen waren den fünf neuen Bundesländern jährlich Transferleistungen in Höhe von rund 57 Milliarden zugeflossen.
All dies machte deutlich, daß das vereinigte Deutschland insgesamt eine neue Qualität angenommen hatte und daß mit dem Ende der DDR

auch das der alten Bundesrepublik gekommen war. Entscheidungen, auf welcher Ebene und in welchen gesellschaftlichen Bereichen sie künftig auch immer zu fällen waren, waren aus diesem Blickwinkel zu fällen und allein unter diesem Aspekt zu bewerten. Sollten sich alle Deutschen im vereinten Deutschland zu Hause fühlen, so bedurfte es nicht nur der Lösung der finanziellen Probleme, sondern insbesondere auch der von *Helmut Kohl* und *Richard von Weizsäcker* beschworenen Bereitschaft aller Deutschen, aufeinander zuzugehen und sich einander zuzuwenden. Desgleichen war es unumgänglich, die durch die vierzigjährige Teilung bedingte Verschiedenheit der Lebensverhältnisse wie auch der Mentalitäten historisch zu begreifen und bei politischen Entscheidungen in der absehbaren Zukunft ebenso zu beachten wie den gemeinsamen Bezugspunkt der Geschichte vor 1945.

Nicht nur aus dieser Rückbesinnung erwuchsen der neuen Bundesrepublik Auflagen für die Gestaltung ihrer Zukunft. Auch vom Ausland wurden Erwartungen und Ansprüche an das vereinigte Deutschland gestellt. Dazu gehörten die Übernahme neuer Verantwortlichkeiten innerhalb der Vereinten Nationen und des Nordatlantischen Verteidigungsbündnisses sowie die gewandelten Verpflichtungen in der wachsenden Europäischen Gemeinschaft, die sich – wie im Maastrichter Vertrag vereinbart – zu einer Wirtschafts-, Währungs- und politischen Union fortentwickeln sollte. Auch galt es wie bisher, eine auf Abrüstung und Rüstungskontrolle ausgerichtete Sicherheitspolitik zu betreiben, die Partnerschaft und Zusammenarbeit mit Rußland zu intensivieren, das durch die völkerrechtlich verbindliche Anerkennung der deutsch-polnischen Grenze normalisierte Verhältnis zu Polen weiter auszubauen und die Politik der guten Nachbarschaft zu den übrigen osteuropäischen Staaten voranzutreiben.

Daß mit dem Ende des Kalten Krieges die politischen Verhältnisse sowohl in Deutschland als auch in Europa und in der Welt unübersichtlicher und komplizierter geworden waren, steht außer Zweifel. Nur mit Mühe war der einzelne Bürger in der Lage, die nationalen und internationalen Realitäten und die jeweils adäquate Politik zu durchschauen. Aufgabe der Politik mußte es daher sein, den Bürgern die großen Zusammenhänge aufzuzeigen und die als notwendig erachteten, oft einschneidenden Entscheidungen transparent zu machen. Es bestand nämlich die Gefahr, daß die Politik von den Menschen, für die sie eigentlich gemacht wurde, immer weniger verstanden und nachvollzogen werden konnte und daher abgelehnt werden würde.

Die Epochenwende, die sich Ende der 80er Jahre in Deutschland und Europa vollzogen hatte, stellte sowohl national wie global eine säkulare, von Bürgern und Politikern kaum zu überblickende, geschweige

Audi-Produktion in Zwickau im ehemaligen Trabi-Werk Sachsenring vormals Automobile Horch

denn rasch zu bewältigende Herausforderung dar. Dennoch bleibt die Tatsache, daß trotz der immensen Belastungen, die die deutsche Einheit für die Menschen mit sich gebracht hat, die Möglichkeit zur Vereinigung der beiden deutschen Staaten „ein Wunder ... gewesen ist",[12] ein einmaliger Glücksfall der Geschichte, der 16 Millionen Deutschen die Freiheit und 80 Millionen Deutschen die nationale Einheit gebracht hat.

Anmerkungen

1. Einleitende Bemerkungen

[1] Leopold von Ranke, Geschichte und Politik, Ausgewählte Aufsätze und Meisterschriften, Hans Hofmann (Hg.), (Stuttgart 1942), 128

[2] Georg Wilhelm Friedrich Hegel, Vorlesungen über die Philosophie der Weltgeschichte, Bd. 1, 1. Hälfte: Die Vernunft in der Geschichte (1830), Johannes Hoffmeister (Hg.), (5. Aufl. Hamburg 1970), 164

[3] Karl Marx und Friedrich Engels, Ausgewählte Schriften in zwei Bänden, Bd. 1 (Berlin 1951), 24

[4] Jacob und Wilhelm Grimm, Deutsches Wörterbuch. Bd. 4, 1.2 (Leipzig 1897), Sp. 3863

[5] Johan Huizinga, Im Bann der Geschichte, Betrachtungen und Gestaltungen (Amsterdam 1942), 104

[6] Karl Georg Faber, Theorie der Geschichtswissenschaft (München 1971), 35

[7] Golo Mann, Deutsche Geschichte des 19. und 20. Jahrhunderts (Stuttgart, Hamburg, München 1966), 483

[8] Jakob Burckhardt, Weltgeschichtliche Betrachtungen (München 1949), 7

[9] Leopold von Ranke, Geschichte der romanischen und germanischen Völker von 1494 bis 1515 (3. Aufl. Leipzig 1885) VII

[10] Ahasver von Brandt, Werkzeug des Historikers, Eine Einführung in die historischen Hilfswissenschaften (5. Aufl. Stuttgart 1969), 66 und 71

[11] Ernst Troeltsch, Über Maßstäbe zur Beurteilung Historischer Dinge (Berliner Universitätsschrift 1916), in: Heinz Quirin, Einführung in das Studium der Mittelalterlichen Geschichte (Braunschweig, Berlin, Hamburg 1950), 16

[12] Johannes Haller, Die Epochen der deutschen Geschichte (Stuttgart 1951), 13

[13] Eduard Hallet Carr, Was ist Geschichte? (Stuttgart 1963), 25 f.

2. Zur Geschichte der Deutschen bis zum Ende des 18. Jahrhunderts: Ein Überblick

[1] Friedrich Schiller, Der Graf von Habsburg, in: ders., Gesammelte Werke, Bd. 3 (Lengerich 1955), 551

[2] Francesco Petrarca, Über den päpstlichen Hof in Avignon, in: Hans Hubschmid, Weltgeschichte, Bd. 3 (Zürich, Stuttgart 1968), 22

[3] Giovanni Pico della Mirandola, Über die Würde des Menschen, in: Gottfried Guggenbühl (Hg.), Quellen zur Geschichte des Mittelalters (3. Aufl. Zürich 1954), 286

[4] Ulrich von Hutten (in einem Brief 1518), in: Hans Hubschmid, Weltgeschichte, Bd. 3, a.a.O., 16

[5] Martin Luther, An den christlichen Adel deutscher Nation von des christlichen Standes Besserung, 1520, in: Luthers Werke in Auswahl, Otto Clemen (Hg.), Bd. 1 (Bonn 1912), 362–425
Martin Luther, Von der babylonischen Gefangenschaft der Kirche, in: Luthers Werke, Bd. 1, a.a.O., 426–512
Martin Luther, Von der Freiheit eines Christenmenschen, in: Luthers Werke, Bd. 2, a.a.O., 1–27

[6] Johann Georg Walch (Hg.), Martin Luther, Sämtliche Schriften, Bd. 21, Teil 1, Luthers Briefe (St. Louis 1903), 1071 f.

[7] Die Zwölf Artikel der Bauernschaft in Schwaben, Februar 1515, in: Hermann Barge, Der deutsche Bauernkrieg in zeitgenössischen Quellen, Teil 1 (Leipzig o. J.), 138–146

[8] Martin Luther, Wider die räuberischen und mörderischen Rotten der Bauern, 1525, in: Luthers Werke, Bd. 3, a.a.O., 70

[9] „Wessen das Land, dessen die Religion"; die (nicht wörtlich, aber sinngemäß) im Augsburger Religionsfrieden von 1555 den Reichsständen zugesprochene Befugnis, die Religion ihrer Untertanen zu bestimmen.

[10] „Der Fürst steht über dem Gesetz"

[11] In Abwandlung zu Philipp Scheidemanns programmatischer Aussage vom 9. November 1918: „Alles für das Volk, alles durch das Volk", in: Philipp Scheidemann, Memoiren eines Sozialdemokraten, Bd. 2 (Dresden 1928), 311

3. Deutschland und die Französische Revolution

[1] Hugo Grotius, De Jure Belli Ac Pacis, Drei Bücher vom Recht des Krieges und des Friedens (Paris 1625), Neuer deutscher Text und Einleitung von Walter Schätzel (Tübingen 1950), 51

[2] Carlo Schmid, Erinnerungen (Bern, München, Wien 1979), 146

[3] John Locke, Two Treaties on Government (Cambridge 1960), 286 f.

[4] Montesquieu, Vom Geist der Gesetze (1745), in: Walter Wulf (Hg.), Geschichtliche Quellenhefte 6/7 (5. Aufl. Frankfurt a. M. 1975), 58 f.

[5] Aus der Unabhängigkeitserklärung der Vereinigten Staaten von Amerika (4. Juli 1776), in: Walter Wulf (Hg.), Geschichtliche Quellenhefte 6/7, a.a.O., 73 f.

[6] Erklärung der Menschen- und Bürgerrechte vom 26. August 1789, in: Günther Franz (Hg.), Staatsverfassungen, Eine Sammlung wichtiger Verfassungen der Vergangenheit und Gegenwart in Urtext und Übersetzung (Darmstadt 1973), 287 f.

[7] Golo Mann, Deutsche Geschichte, a.a.O., 52

[8] „Volk und Knecht und Überwinder
Sie gestehn zu jeder Zeit,
Höchstes Glück der Erdenkinder
Sei nur die Persönlichkeit."
Johann Wolfgang von Goethe, Westöstlicher Divan, in: Goethes Werke, Bd. 2 (Hamburger Ausgabe 7. Aufl. 1964), 71

[9] Immanuel Kant, Kritik der reinen Vernunft, in: Walter Mönch, Deutsche Kultur von der Aufklärung bis zur Gegenwart (München 1962), 77

[10] Aus dem Manifest des Herzogs von Braunschweig (25. Juli 1792), in: Walter Wulf (Hg.), Geschichtliche Quellenhefte 6/7, a.a.O., 85 f.

[11] Die Levée en masse, Wehrgesetz, vom Nationalkonvent am 23. August 1793 beschlossen, in: Paul Hartig (Hg.), Die Französische Revolution (Stuttgart o. J.), Nr. 42

[12] Volker Sellin, Von der aufgeklärten Monarchie zum bürokratischen Obrigkeitsstaat, in: Wolfgang Böhme (Hg.), Preußen, eine Herausforderung, Herrenalber Texte 32 (Karlsruhe 1981), 48

[13] Aus einem Aufsatz Gneisenaus vom Juli 1807, in: Fritz Lange (Hg.), Neidhart von Gneisenau, Schriften von und über Gneisenau (Berlin 1954), 295

[14] Stein über seine Politik, Petersburg, 20. Nov. 1812, in: Walter Wulf (Hg.), Geschichtliche Quellenhefte 6/7, a.a.O., 111 f.

[15] Volker Sellin, Von der aufgeklärten Monarchie zum bürokratischen Obrigkeitsstaat, a.a.O., 48

[16] Rundschreiben Steins an die Mitglieder des Generaldirektoriums vom 24. Nov. 1808, in: Janko Musulin (Hg.), Proklamation der Freiheit (Fischer 283, Frankfurt a. M. 1959), 93

[17] Johann Gottlieb Fichte, Reden an die deutsche Nation, in: Gottfried Guggenbühl (Hg.), Quellen zur Geschichte der Neuzeit (Zürich 1954), 79

[18] Hans Herzfeld, Die Moderne Welt, Bd. 1 (Braunschweig 1964), 62

[19] Hans Herzfeld, a.a.O., 64

[20] Napoleon I. über den Krieg in Spanien, in: Walter Wulf (Hg.), Geschichtliche Quellenhefte 6/7, a.a.O., 107 f.

[21] General York nach der Konvention von Tauroggen an den König (3. Januar 1813), in: Walter Wulf (Hg.), Geschichtl. Quellenhefte 6/7, a.a.O., 113

22 Hermann von Boyens Denkwürdigkeiten über König Friedrich Wilhelm III. zur Zeit der Erhebung, 1813, in: Walter Wulf (Hg.), Geschichtliche Quellenhefte 6/7, a.a.O., 114

23 Friedrich Wilhelm III., „Aufruf an Mein Volk" (17. März 1813), erschienen am 20. März 1813 in der Schlesischen privilegierten Zeitung, in: Walter Wulf (Hg.), Geschichtliche Quellenhefte 6/7, a.a.O., 115

24 Brief Theodor Körners an seinen Vater vom 10. März 1813, in: Körners Werke (Berlin, Leipzig, Wien, Stuttgart o. J.), 497 f.

25 Aus Fichtes Entwurf zu einer politischen Schrift (Frühling 1813), in: Walter Wulf (Hg.), Geschichtliche Quellenhefte 6/7, a.a.O., 117

26 Goethe über die Zukunft Deutschlands (13. Dezember 1813), in: Walter Wulf (Hg.), Geschichtliche Quellenhefte 6/7, a.a.O., 118 f.

27 Aus dem Bericht Talleyrands an Ludwig XVIII. vom 5. Januar 1815, in: Duff Cooper, Talleyrand, übertragen von Karl Lerbs (Leipzig 1935), 324

28 Karl August Varnhagen von Ense, Denkwürdigkeiten des eigenen Lebens, III. Teil (2. Aufl. 1843), 315–324

29 Vgl. Anm. 25

30 Vgl. Anm. 28

31 Aus der Deutschen Bundesakte vom 8. Juli 1815, in: Teubners Quellensammlung, Heft „Vorwärts" (Leipzig 1927), 48 f.

4. Das Zeitalter der Restauration

1 Aus einem Brief Metternichs an den badischen Minister Berstett vom 4. Mai 1820, in: Tim Klein (Hg.), 1848 – Der Vorkampf deutscher Einheit und Freiheit, Erinnerungen, Urkunden, Berichte, Briefe (Ebenhausen, München 1914), 30 f.

2 Golo Mann, Deutsche Geschichte, a.a.O., 134

3 Carl Ludwig v. Haller, Restauration der Staatswissenschaft, Bd. 1 (Neudruck der 2. Aufl. Winterthur 1920, Aalen 1964), 473 f.

4 Aus Art. 1 der Heiligen Allianz vom 26. Sept. 1815, in: Gottfried Guggenbühl (Hg.), Quellen zur Neuesten Geschichte, a.a.O., 127 f.

5 Golo Mann, Deutsche Geschichte, a.a.O., 118

6 Golo Mann, Deutsche Geschichte, a.a.O., 119

7 Johannes Gottlieb Fichte, Machiavell 1807, in: Nachgelassene Werke III (1835), 427 f., in: Eike Wolgast, Feste als Ausdruck nationaler und demokratischer Opposition, Wartburgfest 1817 und Hambacher Fest 1832, in: Jahresgabe der Gesellschaft für burschenschaftliche Geschichtsforschung 1980/81/82 (Bad Nauheim 1988), 42

8 Eike Wolgast, Feste, a.a.O., 42

9 Adolf Laufs, Für Freiheit und Einheit: Das Nationalfest der Deutschen zu Hambach 1832, in: Juristische Schulung (1982), 5, 326

10 In: Paul Wentcke und Wolfgang Klötzer (Hg.), Deutscher Liberalismus im Vormärz, Heinrich von Gagern, Briefe und Reden 1815–1848 (Göttingen 1959), 60

11 Zit. nach: Hugo Kühn, Das Wartburgfest am 18. Oktober 1817 (Weimar 1913), 74

12 Zit. nach: Hugo Kühn, Wartburgfest, a.a.O., 75

13 Ernst Rudolf Huber, Dokumente zur deutschen Verfassungsgeschichte, Bd. 1 (Stuttgart 1961), 90 ff.

14 Aus einem Brief Steins an den Freiherrn v. Gagern vom 24. August 1820, in: Hans Christoph Freiherr von Gagern, Mein Anteil an der Politik, Bd. 4: In der Einsamkeit. Die Briefe des Freiherrn vom Stein an den Freiherrn von Gagern 1813–1831 (Stuttgart 1833), 90 f.

15 Dieter Langewiesche, Deutschland im Zeitalter der bürgerlichen Revolution, in: Ploetz, Deutsche Geschichte, Epochen und Daten (Freiburg, Würzburg 1979), 192

16 Zit. nach: J. Boesch, Weltgeschichte Bd. 4 (Zürich, Stuttgart 1966), 126

17 Aus der von Staatssekretär John Quincy Adams niedergeschriebenen, mit dem Namen des Präsidenten James Monroe am 2. Dez. 1823 dem Kongreß eingereichten Botschaft, in: Karl Heinrich Peter (Hg.), Proklamationen und Manifeste zur Weltgeschichte, Bd. 1: Von Caesar bis Napoleon (Stuttgart 1964), 204 f.

18 Proklamation Louis Philippes vom 31. Juli 1830, in: Walter Wulf (Hg.), Geschichtliche Quellenhefte 8 (7. Aufl. Frankfurt a. M. 1974), 25

19 Aus der Rede Siebenpfeiffers auf dem Hambacher Fest am 27. Mai 1832, in: Tim Klein (Hg.), 1848 – Der Vorkampf, a.a.O., 43 ff.

20 Friedrich Christoph Dahlmann, Zur Verständigung (Basel 1838), 85 f.

21 Bittschrift Lists an die Bundesversammlung vom 14. April 1819, in: Friedrich List, Schriften, Reden, Briefe, Erwin v. Bekkerath, Karl Goeser, Friedrich Lenz (Hg.), Bd. I, 1 (Berlin 1932), 492 f.

22 Friedrich von Motz in einer Denkschrift an Friedrich Wilhelm III. im Juni 1829, in: Willfried von Eisenhart Rothe, Anton Ritthaler (Hg.), Vorgeschichte und Begründung des Deutschen Zollvereins 1815–1834, Akten der Staaten des Deutschen Bundes und der europäischen Mächte, Bd. 3 (Berlin 1934), 534

23 Friedrich Wilhelm IV. bei der Eröffnung des Vereinigten Landtags am 11. April 1847, in: Tim Klein (Hg.), 1848 – Der Vorkampf, a.a.O., 91

5. Die Revolution von 1848

1 Zit. nach: Gordon A. Craig, Europe Since 1815 (2. Aufl. New York, Chicago, San Francisco, Toronto, London 1966), 139

2 Zit. nach: Theodor Schieder, Vom Deutschen Bund zum Deutschen Reich, in: Bruno Gebhardt, Handbuch der Deutschen Geschichte, Bd. 3 (8. Aufl. Stuttgart 1960), 123

3 Theod. Schieder, Vom Deutschen Bund zum Deutschen Reich, a.a.O., 123

4 Georg Büchner, Sämtliche Werke und Briefe (München 1980), 230

5 In: Paul Roth und Heinrich Merck (Hg.), Quellensammlung zum deutschen öffentlichen Recht seit 1848, Bd. 1 (Erlangen 1850), 55

6 Aus einem süddeutschen Flugblatt, in: Tim Klein (Hg.), 1848 – Der Vorkampf, a.a.O., 115 f.

7 Aus Struwes Antrag beim Vorparlament vom 2. April 1848, in: Wilhelm Blos, Die deutsche Revolution 1848–1849 (Stuttgart 1892), 487

8 Aus der Berliner Revolutionschronik, in: Tim Klein (Hg.), 1848 – Der Vorkampf, a.a.O., 161

9 Erlaß Friedrich Wilhelms IV. vom 21. März 1848, in: Walter Wulf (Hg.), Geschichtliche Quellenhefte 8 (7. Aufl. Frankfurt a. M.), 38

10 Heinrich von Gagern bei Übernahme der Präsidentschaft am 23. Mai 1848, in: Eduard Bernstein (Hg.), Dokumente des Sozialismus, Bd. 2 (Berlin 1902), 40

11 Rede Heinrich von Gagerns vom 24.6.1848, in: Theodor Schieder, Vom Deutschen Bund zum Deutschen Reich, a.a.O., 131

12 Kremsierer Erklärung vom 28. Nov. 1848, in: Stenographischer Bericht über die Verhandlungen der deutschen konstituierenden Nationalversammlung zu Frankfurt a. M., Bd. 6, Franz Wigard (Hg.), (Frankfurt a. M. 1848/49), 4551 ff.

13 Antrag des Abgeordneten Welcker vom 12. März 1849, in: Stenographischer Bericht, a.a.O., Bd. 8, 5666

14 Friedrich Wilhelm IV. über die Kaiserkrone am 18. März 1848, in: Walter Wulf (Hg.), Geschichtliche Quellenhefte 8, a.a.O., 46

15 Karl Schurz, Lebenserinnerungen, in: Martin Stellmann (Hg.), Spiegel der Zeiten, Bd. IV: Die Revolution und das 19. Jahrhundert (Frankfurt a. M., Berlin, Bonn 1958), 86

16 Der französische Außenminister Bastide an den französischen Bevollmächtigten in Berlin am 31. Juli 1848, in:

Hans Seifert (Hg.), Die Deutsche Frage 1848/49 (Stuttgart o. J.), 33

17 Der russische Botschafter in Berlin an den russischen Außenminister Nesselrode am 16. Febr. 1849, in: Hans Seifert, Die Deutsche Frage, a.a.O., 32

18 Der französische Bevollmächtigte in London Drouyn de l'Huys in einer persönlichen Niederschrift, 1850, in: Hans Seifert, Die Deutsche Frage, a.a.O., 34

19 Golo Mann, Deutsche Geschichte, a.a.O., 250

6. Die Industrialisierung und die soziale Frage

1 Dieter Langewiesche, Deutschland im Zeitalter der bürgerlichen Revolution, in: Ploetz, Deutsche Geschichte, a.a.O., 193

2 Vgl. dazu Wilhelm Treue, Herbert Pönicke, Karl-Heinz Mannegold u. a., Quellen zur Geschichte der industriellen Revolution (Göttingen, Berlin, Frankfurt a. M., Zürich 1966), 11 ff.

3 Das Brachland verschwand, und die Dreifelderwirtschaft wurde eingeführt; überdies legten die Bauern größte Sorgfalt auf die Auswahl der Saaten und begannen, regelmäßig zu düngen, zu bewässern und den Boden zu lockern. Die Sämaschinen, der Dreieckpflug, eine Art Dreschmaschine, und andere nützliche Ackergeräte erleichterten und rationalisierten die Feldarbeit. Zugleich wurde die Viehzucht zu einem selbständigen und ertragreichen Produktionszweig ausgebaut. Schließlich wurde seit 1760 auf ausgedehnte Flurbereinigungen gedrungen, die zerstreut gelegenen Parzellen wurden zusammengelegt, so daß der kleinbürgerliche Besitz weitgehend zerfiel.

4 Zit. nach: Max Weber, Askese und Kapitalistischer Geist, in: ders., Gesammelte Aufsätze zur Religionssoziologie (Tübingen 1972), 167 ff.

5 Adam Smith, Untersuchungen über Natur und Ursachen des Wohlstandes der Nationen (London 1776), Deutsche Ausgabe von Ernst Grünfeld, Bd. 1 (Jena 1923), 18 ff.

6 Adam Smith, Untersuchungen, Bd. 2, a.a.O., 200 f.

7 Zit. nach: Rudolf Braun, Wolfram Fischer u. a., Industrielle Revolution, wirtschaftliche Aspekte (Köln 1972), 143

8 Adam Smith, Untersuchungen, Bd. 1, a.a.O., 5 ff.

9 Alexis de Tocqueville, Œuvres complètes, Tome 8 (Paris 1865), 365–369

10 Vgl. dazu Friedrich Engels, Die Lage der arbeitenden Klasse in England (Barmen 1845), 137 ff.

11 Philipp Andreas Nemnich, Tagebuch einer der Kultur und Industrie gewidmeten Reise, Bd. 1 (Tübingen 1809), 131

12 Eckermanns Gespräche mit Goethe (12. März 1828), Bd. 2, Fritz Bergemann (Hg.), (Insel-Taschenbuch Frankfurt a. M. 1981), 641

13 Golo Mann, Deutsche Geschichte, a.a.O., 252

14 Vgl. dazu Kapitel 3 (Reformen in Preußen und Österreich)

15 Zit. nach: Carl Jantke, Dietrich Hilger (Hg.), Die Eigentumslosen. Der Deutsche Pauperismus und die Emanzipationskrise in Darstellungen und Deutungen der zeitgenössischen Literatur (Freiburg, München 1965), 379

16 Friedrich List, Das nationale System der politischen Ökonomie, 1841, Hans Volgt (Hg.), (München 1942), 179 f.

17 Friedrich List, Eisenbahnen und Kanäle, Dampfboote und Dampfwagentransport, in: Carl von Rotteck und Carl Welcker, Staatslexikon, Bd. 4 (Altona 1835), 650

18 Friedrich Harkort über Eisenbahnen, in: Wilhelm Treue, a.a.O., 69

19 Werner Sombart, Der moderne Kapitalismus, Bd. 1 (München 1927), 12

20 Johann Wolfgang v. Goethe, Wilhelm Meisters Wanderjahre, 3. Buch, 13. Kap., in: Goethes Werke, Bd. 8 (Hamburger Ausgabe 7. Aufl. 1964), 429

21 Zit. nach: Carl Jantke, Dietrich Hilger

(Hg.), Die Eigentumslosen, a.a.O., 379

[22] Lied der Weber in Peterswaldau und Langenbielau, in: Deutsches Bürgerbuch für 1845, Neudruck (Opladen 1975), 199 ff.

[23] Zit. nach: Walter Trog, Die Nationale und die Industrielle Revolution (Frankfurt a. M. o. J.), 48

[24] Jürgen Kuczinski, Die Geschichte der Lage der Arbeiter in Deutschland von 1800 bis in die Gegenwart, Bd. I (Berlin 1947), 61

[25] Bettina von Arnim, Dieses Buch gehört dem König, Bd. 1 (Berlin 1852), 536

[26] Aus der Antwort des Bürgermeisters von Ratingen auf eine Anfrage des Düsseldorfer Landrates über die Kinderarbeit in seinem Bezirk am 22. August 1822, in: Wolfgang Köllmann, Die industrielle Revolution, Kletts Arbeitshefte Nr. 4231 (Stuttgart o. J.), 33

[27] Zit. nach: Günter Brakelmann, Die soziale Frage des 19. Jahrhunderts (4. Aufl. Witten 1971), 27 f.

[28] Der Abgeordnete Schuchard in der Debatte vom 6. Juli 1837, in: Wolfgang Köllmann, Die industrielle Revolution, a.a.O., 32

[29] Friedrich Harkort, Bemerkungen über die Hindernisse der Civilisation und Emancipation der unteren Klassen (Elberfeld 1844), 41

[30] Karl Marx und Friedrich Engels, Manifest der Kommunistischen Partei 1848, in: Ausgewählte Schriften in zwei Bänden, Bd. 1 (Berlin 1951), 23 ff.

[31] Zitat Benjamin Disraelis aus dem Jahre 1845, in: Volker Hentschel, a.a.O., Industrielle Revolution, 207

[32] Zit. nach: Wilhelm Emmanuel von Ketteler, Sämtliche Werke und Briefe, Bd. I, 1, Erwin Iserloh (Hg.), (Mainz 1977), 19 Anm. 5

[33] Wilhelm Emmanuel von Ketteler, Sämtliche Werke, a.a.O., 18

[34] Ferdinand Lasalle, Offenes Antwortschreiben an das Zentralkomitee zur Berufung eines allgemeinen Deutschen Arbeiterkongresses zu Leipzig 1863, in: Ernst Schraepler (Hg.), Quellen zur Geschichte der sozialen Frage in Deutschland, Bd. I: 1800–1870 (Göttingen 1955), 184

[35] Lassalle über den Staat und die Arbeiterklasse, 1862, in: Walter Wulf (Hg.), Geschichtliche Quellenhefte 9 (3. Aufl. Frankfurt, Berlin, München 1974), 41

[36] Aus dem Programm der Arbeiterbildungsvereine, in: Pforzheimer Beobachter 95, Jg. 1863

[37] Aus dem Gründungsaufruf des Pforzheimer Arbeiterbildungsvereins, in: Franz Kistler, Die wirtschaftlichen und sozialen Verhältnisse in Baden 1849–1870 (Freiburg 1954), 233

[38] Vgl. Anm. 30

7. Die nationale Einigung durch Bismarck

[1] Zit. nach: Golo Mann, Deutsche Geschichte, a.a.O., 253

[2] Prinz Wilhelm von Preußen 1849, zit. nach: Hellmut Diwald, Geschichte der Deutschen (Frankfurt, Berlin, Wien 1978), 340
á la Gagern: Gemeint ist der Einigungsversuch der Deutschen unter dem Präsidenten der Deutschen Nationalversammlung, Heinrich von Gagern

[3] Golo Mann, Deutsche Geschichte, a.a.O., 260

[4] Das Original dieses Briefes ist verschollen. Bekannt ist nur die Abschrift, die er für den Vater am 29. Sept. 1838 von dem Konzept gemacht hat und die er auch einem Brief an seine Braut am 13. Febr. 1847 beilegte.
Otto von Bismarck an die Gräfin Bismarck-Bohlen, in: Otto von Bismarck in seinen Briefen, Reden, Erinnerungen (München, Leipzig 1919), 38

[5] Otto von Bismarck an Gustav Scharlach am 9. Januar 1845, in: Otto von Bismarck in seinen Briefen, Reden, Erinnerungen, a.a.O., 55

[6] Brief Bismarcks an seine Frau vom 3. Mai 1851, in: Hans Rothfels (Hg.), Bismarck-Briefe (2. Aufl. Göttingen 1955), 146

[7] Rede Bismarcks vor der Zweiten Kam-

mer des preußischen Landtages am 3. Dezember 1850, in: Otto von Bismarck, Dokumente der Staatsanschauung (Berlin o. J.), 108

8 Bismarck zur preußisch-österreichischen Rivalität, zit. nach: Walter Bußmann, Das Zeitalter Bismarcks (4. Aufl. Frankfurt a. M. 1968), 7

9 Otto Fürst von Bismarck, Gedanken und Erinnerungen, Bd. 1 (Stuttgart, Berlin 1911), 179

10 Walter Bußmann, Das Zeitalter Bismarcks, a.a.O., 25

11 Bemerkungen des englischen Außenministers Clarendon, zit. nach: Sieghard Rost, Nationalstaaten und Weltmächte (Frankfurt, Berlin, Bonn o. J.), 3

12 Aus Bismarcks Märzdenkschrift 1858 „Das kleine Buch des Herrn von Bismarck", zit. nach: Walter Bußmann, Das Zeitalter Bismarcks, a.a.O., 40

13 Golo Mann, Deutsche Geschichte, a.a.O., 265 f.

14 Golo Mann, Deutsche Geschichte, a.a.O., 295

15 Zit. nach: Luigi Chiala (Hg.), Camillo Cavour, Briefe, Bd. 2 (Leipzig 1884), 156

16 Brief Bismarcks aus Petersburg vom 5. Mai 1859 an General Gustav von Alvensleben, in: Hans Rothfels (Hg.), Bismarck-Briefe, a.a.O., 247

17 Golo Mann, Deutsche Geschichte, a.a.O., 301 f.

18 Walter Bußmann, Das Zeitalter Bismarcks, a.a.O., 53

19 Ansprache des Prinzregenten Wilhelm vom 8. November 1858, zit. nach: Hellmut Diwald, Geschichte der Deutschen, a.a.O., 296

20 Zuschrift des Großherzogs Friedrich von Baden an den Prinzregenten Wilhelm vom 10. Nov. 1858, zit. nach: Hellmut Diwald, Geschichte der Deutschen, a.a.O., 296

21 Walter Bußmann, Das Zeitalter Bismarcks, a.a.O., 43

22 Äußerung Leopold von Gerlachs im Dez. 1859, zit. nach: Walter Bußmann, Das Zeitalter Bismarcks, a.a.O., 60

23 Brief Bismarcks an Roon vom 15. Juli 1862, in: Bismarck in seinen Briefen, Reden, Erinnerungen, a.a.O., 145

24 Walter Bußmann, Das Zeitalter Bismarcks, a.a.O., 63

25 Zit. nach: Golo Mann, Deutsche Geschichte, a.a.O., 315

26 Zit. nach: Golo Mann, Deutsche Geschichte, a.a.O., 303

27 Zit. nach: Walter Bußmann, Das Zeitalter Bismarcks, a.a.O., 64

28 Bismarck in der Budgetkommission am 30. September 1862, in: Bismarck in seinen Briefen, Reden, Erinnerungen, a.a.O., 153

29 Zit. nach: Walter Bußmann, Das Zeitalter Bismarcks, a.a.O., 67

30 Bismarck in seinen Briefen, Reden, Erinnerungen, a.a.O., 149

31 Zit. nach: Robert von Keudell, Fürst und Fürstin Bismarck, Erinnerungen aus den Jahren 1846 bis 1872 (Berlin, Stuttgart 1901), 140

32 Brief Bismarcks an den preußischen Botschafter in Paris, Graf Goltz, vom 24. Dezember 1863, in: Bismarck in seinen Briefen, Reden, Erinnerungen, a.a.O., 173

33 Aus dem preußisch-italienischen Kriegsbündnis vom 8. April 1866, in: Walter Wulf (Hg.), Geschichtliche Quellenhefte 9, a.a.O., 47

34 Otto von Bismarck, Gedanken und Erinnerungen, Bd. 2, a.a.O., 65 f.

35 Rudolf von Ihring an den Österreicher Julius Glaser am 1. Mai 1866, in: Rudolf von Ihring in Briefen an seine Freunde (Leipzig 1913), 19 f.

36 Rudolf von Ihring an Bernhard Windscheid am 19. August 1866, in: Rudolf von Ihring, a.a.O., 206 f.

37 Hermann Baumgarten, Selbstkritik des deutschen Liberalismus, zit. nach: Hellmut Diwald, Geschichte der Deutschen, a.a.O., 318

38 August Bebel über den norddeutschen Reichstag, in: Walter Wulff (Hg.), Geschichtliche Quellenhefte 9, a.a.O., 56

39 Otto von Bismarck, Rede vor dem konstituierenden Reichstag des Norddeut-

schen Bundes vom 11. März 1867, in:
Lothar Gall, Bismarck, Die großen
Reden (Berlin o. J.), 99

40 Zit. nach: Hellmut Diwald, Geschichte
der Deutschen, a.a.O., 320

41 Vgl. Walter Bußmann, Das Zeitalter
Bismarcks, a.a.O., 90

42 Brief Bismarcks vom 26. Febr. 1869, zit.
nach: Walter Bußmann, Das Zeitalter
Bismarcks, a.a.O., 101

43 Zit. nach: Walter Bußmann, Das Zeitalter Bismarcks, a.a.O., 109

44 Aus den Lebenserinnerungen von Carl
Schurz, in: Walter Wulf (Hg.), Geschichtliche Quellenhefte 9, a.a.O.,
57 f.

45 Zit. nach: Sieghard Rost, Nationalstaaten und Weltmächte, a.a.O., 61

46 Zit. nach: Sieghard Rost, Nationalstaaten und Weltmächte, a.a.O., 62

47 Otto von Bismarck, Gedanken und
Erinnerungen, Bd. 2, a.a.O., 113

48 Rundbrief Jules Favres an die Diplomaten Frankreichs, in: Walter Wulf (Hg.),
Geschichtliche Quellenhefte 9, a.a.O.,
62

49 Lothar Gall, Bismarck der Weiße Revolutionär (Berlin o. J.), 438 f.

50 Adresse einer Pforzheimer Bürgerver-
sammlung, in: Diether Raff, Zur Geschichte Pforzheims, Die Entwicklung
von der Kleinstadt zur Mittelstadt
(Pforzheim 1964), 58

51 Heinrich von Sybel an Hermann Baumgarten am 27. Januar 1871, in: Julius
Heyderhoff (Hg.), Die Sturmjahre der
preußisch-deutschen Einigung 1859 bis
1870 (Bonn, Leipzig 1925), 494

52 Carl Eckhard im Badischen Landtag
(Dezember 1870), zit. nach: Lothar
Gall, Der Liberalismus als regierende
Partei: Das Großherzogtum Baden
zwischen Restauration und Reichs-
gründung (Wiesbaden 1968), 485

**8. Das Reich unter der Führung
Bismarcks**

1 König Wilhelm über seine Reise von
Bad Ems nach Berlin am 15. Juli 1871,
zit. nach: Hellmut Diwald, Geschichte
der Deutschen, a.a.O., 30

2 Gerhart Hauptmann, Das Abenteuer
meiner Jugend (Gütersloh 1954), 110 ff.

3 Vgl. dazu Johannes Hohlfeld, Dokumente der Deutschen Politik und Geschichte von 1848 bis zur Gegenwart,
Bd. 1 (Berlin o. J.), Nr. 57 und 83,
198 ff.

4 Walter Bußmann, Das Zeitalter Bismarcks, a.a.O., 153

5 Aus dem Syllabus complectens praeci-
puos nostrae aetatis errores, in: Gottfried Guggenbühl (Hg.), Quellen zur
Geschichte der Neuesten Zeit (4. Aufl.
Zürich 1966), 216 ff.

6 Otto von Bismarck, Gedanken und
Erinnerungen, Bd. 2, a.a.O., 164

7 Aus einem Erlaß an Graf Arnim vom
26. Mai 1869, in: Hans Rothfels (Hg.),
Otto von Bismarck, Dokumente der
Staatsanschauung (Berlin o. J.), 247

8 Zit. nach: Sieghard Rost, Nationalstaaten und Weltmächte, a.a.O., 88

9 Zit. nach: Erich Schmidt-Volkmar, Der
Kulturkampf in Deutschland, 1871 bis
1890 (Göttingen 1962), 162

10 „Ich habe ... die Bildung dieser Fraktion nicht anders betrachten können als
im Lichte einer Mobilmachung der Partei gegen den Staat."
Otto von Bismarck im preußischen
Landtag am 30. Januar 1872, in: Bismarck in seinen Briefen, Reden, Erinnerungen, a.a.O., 275

11 Bismarck an den Zaren am 6. März
1874, zit. nach: Erich Schmidt-Volkmar, Der Kulturkampf in Deutschland,
1871–1890 (Göttingen 1962), 31

12 Zit. nach: Sieghard Rost, Nationalstaaten und Weltmächte, a.a.O., 92

13 Bismarck in einer Herrenhausrede am
10. März 1873, in: Hans Rothfels (Hg.),
Otto von Bismarck, Dokumente der
Staatsauffassung, a.a.O., 256

14 Otto von Bismarck, Gedanken und
Erinnerungen, Bd. 2, a.a.O., 155

15 Zit. nach: Karl Erich Born, Von der
Reichsgründung bis zum ersten Weltkrieg, in: Bruno Gebhardt, Handbuch

der Deutschen Geschichte, Bd. 3, a.a.O., 215

16 Zit. nach: Sieghard Rost, Nationalstaaten und Weltmächte, a.a.O., 93

17 Vgl. Anm. 13

18 Otto von Bismarck in seiner programmatischen Reichstagsrede vom 2. Mai 1879, zit. nach: Walter Bußmann, Das Zeitalter Bismarcks, a.a.O., 192

19 Aus einer 1869 gegen die Lassallianer gerichteten Erklärung Liebknechts, zit. nach: Joseph Boesch, Weltgeschichte, Bd. 4 (Zürich-Stuttgart 1966), 224

20 Wolfgang Treue, Deutsche Parteiprogramme 1861–1961 (3. Aufl. Göttingen 1961), 59 f.

21 Zit. nach: Walter Bußmann, Das Zeitalter Bismarcks, a.a.O., 179

22 Harry Pross (Hg.), Die Zerstörung der deutschen Politik, Dokumente 1871 bis 1933 (Frankfurt a. M. 1959), 64 ff.

23 Otto von Bismarck in seiner Reichstagsrede vom 9. Oktober 1878, in: Hans Rothfels (Hg.), Bismarck, Dokumente der Staatsanschauung, a.a.O., 384

24 Otto von Bismarck im Herbst 1871, in: Lothar Gall, Bismarck, Die großen Reden, a.a.O., 209, und Otto von Bismarck zu dem vortragenden Rat im Auswärtigen Amt, Lothar Bucher, Ende 1878, in: Hans Rothfels (Hg.), Bismarck, Dokumente der Staatsanschauung, a.a.O., 387

25 Zit. nach: Hellmut Diwald, Geschichte der Deutschen, a.a.O., 284

26 Otto von Bismarck zu dem Schriftsteller Moritz Busch am 26.6.1881, in: Bismarck und der Staat, Ausgewählte Dokumente, eingeleitet von Hans Rothfels (Darmstadt 1958), 359

27 Otto von Bismarck in einer Reichstagsrede vom 15.3.1884, in: Bismarck und der Staat, a.a.O., 373

28 Zit. nach: Lothar Gall, Bismarck der Weiße Revolutionär, a.a.O., 504, und Walter Bußmann, Das Zeitalter Bismarcks, a.a.O., 192

29 Otto von Bismarck im Reichstag am 6. Februar 1888, in: Lothar Gall, Bismarck, Die großen Reden, a.a.O., 339

30 Zit. nach: Sieghard Rost, Nationalstaaten und Weltmächte, a.a.O., 94

31 Ebd., 94

32 Zit. nach: Friedrich Curtius (Hg.), Denkwürdigkeiten des Fürsten Chlodwig zu Hohenlohe-Schillingsfürst (Stuttgart, Leipzig 1906), 118

33 Aus dem Kissinger Diktat vom 15. Juni 1877, in: Walter Wulf (Hg.), Geschichtliche Quellenhefte 9, a.a.O., 75

34 Drei-Kaiser-Bündnis vom 22. Oktober 1873, in: Walter Wulf (Hg.), Geschichtliche Quellenhefte 9, a.a.O., 71

35 Otto von Bismarck im Reichstag am 19. Februar 1878, in: Lothar Gall, Bismarck, Die großen Reden, a.a.O., 140 f.

36 Otto von Bismarck, Gedanken und Erinnerungen, Bd. 2, a.a.O., 261

37 Otto von Bismarck im Reichstag am 11. Januar 1887, in: Lothar Gall, Die großen Reden, a.a.O., 279

38 Zit. nach: Sieghard Rost, Nationalstaaten und Weltmächte, a.a.O., 103

39 Walter Bußmann, Das Zeitalter Bismarcks, a.a.O., 206

40 Otto von Bismarck im Reichstag am 11. Januar 1887, in: Lothar Gall, Bismarck, Die großen Reden, a.a.O., 273

41 Otto von Bismarck im Reichstag am 11. Januar 1887 und am 6. Februar 1888, in: Lothar Gall, Bismarck, Die großen Reden, a.a.O., 282–357

42 Otto von Bismarck im Reichstag am 6. Februar 1888, in: Lothar Gall, Bismarck, Die großen Reden, a.a.O., 330

43 Otto von Bismarck im Reichstag am 6. Februar 1888, in: Lothar Gall, Bismarck, Die großen Reden, a.a.O., 348

44 Bismarck über deutsche Kolonialpolitik am 26. Juni 1884, in: Walter Wulf (Hg.), Geschichtliche Quellenhefte 9, a.a.O., 97

45 Walter Bußmann, Das Zeitalter Bismarcks, a.a.O., 235 f.

46 Kronprinz Wilhelm zum 73. Geburtstag Bismarcks am 1. April 1888, in: Bismarck, Briefe, Reden, Erinnerungen, a.a.O., 350

47 Aus dem 1895 im „Vorwärts" veröffent-

lichten, sogenannten Scheiterhaufen-
brief des Hofpredigers Adolf Stöcker an
den Freiherrn Wilhelm von Hamerstein
vom 14. August 1888, in: Bismarck,
Briefe, Reden, Erinnerungen, a.a.O.,
350

48 Zit. nach: Walter Bußmann, Das Zeitalter Bismarcks, a.a.O., 236

49 Aus Bismarcks Abschiedsgesuch vom
18. März 1890, in: Bismarck, Briefe,
Reden, Erinnerungen, a.a.O., 357

50 Theodor Fontane an Georg Friedländer
am 1. Mai 1890, in: Kurt Schreinert
(Hg.), Theodor Fontane, Briefe an
Georg Friedländer (Heidelberg 1954),
125

51 Friedrich Meinecke, Erlebtes 1862 bis
1901 (Leipzig 1941), 171 ff.

52 Der deutsche Geschäftsträger in Paris
über die öffentliche Meinung in Frankreich zur Entlassung Bismarcks, in:
Walter Wulf (Hg.), Geschichtliche
Quellenhefte 9, a.a.O., 110 f.

53 Der deutsche Militärattaché in Petersburg über den Eindruck der Entlassung
Bismarcks in Rußland, in: Walter Wulf
(Hg.), Geschichtliche Quellenhefte 9,
a.a.O., 112

54 Punch von 29. März 1890

55 Zit. nach: Sieghard Rost, Nationalstaaten und Weltmächte, a.a.O., 107 f.

56 Zit. nach: Hellmut Diwald, Geschichte
der Deutschen, a.a.O., 282

57 Hans Lothar von Schweinitz, Denkwürdigkeiten II (Berlin 1927), a.a.O., 83

58 Ludwig Bamberger, Zum Jahrestag der
Entlassung Bismarcks 1891, in: ders.,
Gesammelte Schriften, Bd. V (Berlin
1897), 340

59 Aus Max Webers Freiburger Antritts-
vorlesung, in: Lothar Gall (Hg.), Das
Bismarck-Problem in der Geschichtsschreibung 1945 (Köln, Berlin 1971),
331

60 Zit. nach: Golo Mann, Deutsche Geschichte, a.a.O., 331

9. Das Wilhelminische Zeitalter

1 Vgl. Fritz Sternberg, Kapitalismus und
Sozialismus vor dem Weltgericht
(Hamburg 1951), 18

2 Paul Lindenberg, Im Weichbilde der
deutschen Reichshauptstadt, Berliner
Skizzen (2. Aufl. Berlin 1887), 72 f.

3 Adele Gerhard, Die Familie Vander-
houten (Berlin 1909), 416

4 Gustav Gundlach (Hg.), Die sozialen
Rundschreiben Leos XIII. und Pius XI.,
in: Görres-Gesellschaft, Veröffentli-
chungen der Sektion für Sozial- und
Wirtschaftswissenschaft, Heft 3, Jakob
Schrieder (Hg.), (Paderborn 1931)

5 Theodor Fontane an Georg Friedländer
am 3. Oktober 1893, in: Theodor Fontane, Briefe, a.a.O., 235 f.

6 heute Max-Planck-Gesellschaft

7 Jeannot Emil Freiherr von Grotthuß,
Aus deutscher Dämmerung (2. Aufl.
Stuttgart 1909), 10

8 Friedrich Paulsen zum Nietzsche-Kul-
tus (1897), in: ders., Zur Ethik und Politik, Gesammelte Vorträge und Aufsätze (Berlin o. J.), 56 f.

9 Wilhelm II. am 15. Mai 1890 vor dem
ostpreußischen Provinziallandtag, in:
Wilhelm II., Die Reden in den Jahren
1888 bis 1905, Johannes Penzler (Hg.),
Bd. I (Leipzig o. J.), 114

10 Wilhelm II. am 20. Februar 1891 vor
dem brandenburgischen Provinziallandtag, in: Wilhelm II., Reden, Bd. I,
a.a.O., 171

11 Theodor Fontane an Georg Friedländer
am 5. April 1897, in: Fontane, Briefe,
a.a.O., 309 f.

12 Fritz Ernst, Die Deutschen und ihre
jüngste Geschichte (Stuttgart 1970), 26

13 Zit. nach: Hermann Freiherr von Ek-
kardstein, Lebenserinnerungen und politische Denkwürdigkeiten, Bd. 1 (Leipzig 1919), 218

14 Münchener Rede Vollmars am 1. Juni
1891, in: Georg von Vollmar, Über die
nächsten Aufgaben der deutschen Sozialdemokratie, Zwei Reden (München
1891), 5

[15] Zit. nach: Otto Hammann, Der Neue Kurs, Erinnerungen (Berlin 1918), 73

[16] Rede Wilhelms II. vom 6. September 1898, in: Wilhelm II., Reden, Bd. II, a.a.O., 111 ff.

[17] Chlodwig Fürst zu Hohenlohe-Schillingsfürst, Denkwürdigkeiten der Reichskanzlerzeit, Karl Alexander von Müller (Hg.), (Stuttgart 1931), 582

[18] Bassermann am 10. November 1908 über die Wirkungen des Daily-Telegraph-Interviews im Reichstag, in: Reichstag, Stenographische Berichte, XII. Legislaturperiode, I. Session 1908, Bd. 233, 5374 C ff.

[19] Geheimrat Zimmermann an Kiderlen am 25. August 1909, in: Kiderlen-Wächter, Der Staatsmann und Mensch, Briefwechsel und Nachlaß, Ernst Jäckh (Hg.), Bd. II (Stuttgart 1924), 34

[20] Friedrich Stampfer, Die vierzehn Jahre der ersten deutschen Republik (Karlsbad 1936), 7

[21] Friedrich Naumann im National-Sozialen Katechismus von 1907, zit. nach: Walter Bußmann, Dtsch. Weltpolitik und unvollendeter Verfassungsstaat, in: Ploetz, Dtsch. Geschichte, a.a.O., 241

[22] Vgl. dazu: Wolfgang J. Mommsen, Imperialismustheorie (2. Aufl. Göttingen 1980), 7

[23] Ebd., 8

[24] Ebd., 9

[25] Insbesondere die Klassiker der Imperialismustheorie, John Atkins Hobson, Rudolf Hilferding, Joseph Alois Schumpeter und Wladimir Lenin, aber auch Hans Ulrich Wehler. Mommsen hebt hervor, daß sich „der Prozeß der imperialistischen Expansion der westlichen Industriestaaten ... trotz aller theoretischer Anstrengungen bis heute einer schlüssigen Deutung mit Hilfe einer einheitlichen Imperialismustheorie" entziehe.

[26] Cecil J. Rhodes, The Last Will and Testament, zit. nach: Ludwig Zimmermann, Der Imperialismus. Geistige, ethische und wirtschaftliche Zielsetzungen (Stuttgart o. J.), 9

[27] Jules Ferry, Debatte in der französischen Deputiertenkammer, Juli 1885, zit. nach: Franz Ansprenger, Politik im Schwarzen Afrika (Köln-Opladen 1961), 453

[28] Fedor Michailowitsch Dostojewski, Tagebuch eines Schriftstellers, Bd. 4 (München 1923), 474 ff.

[29] Rede Bülows vom 6. Dez. 1897 im Reichstag, in: Reichstag, Stenographische Berichte, IX. Legislaturperiode, V. Session 1897/98, 60 D

[30] S. E. Morison und H. S. Commager, Das Werden der amerikanischen Republik, Geschichte der Vereinigten Staaten von ihren Anfängen bis zur Gegenwart (Stuttgart 1950), 360

[31] Zit. nach: Gordon A. Craig, Europe Since 1815, a.a.O., 448

[32] Zit. nach: Gordon A. Craig, Europe Since 1815, a.a.O., 451

[33] Alfred Thayer Mahan, The Interest of American Sea Power 1897, zit. nach: Ludwig Zimmermann, Der Imperialismus, a.a.O., 49

[34] In: Botschaften der Präsidenten der Vereinigten Staaten von Amerika zur Außenpolitik (Bern 1957), 76

[35] Zit. nach: Hans Lothar von Schweinitz, Denkwürdigkeiten des Botschafters, Bd. II (Berlin 1927), 404

[36] Alfred Graf von Waldersee, Denkwürdigkeiten, a.a.O., 245

[37] Zit. nach: Gordon A. Craig, Europe Since 1815, a.a.O., 491

[38] Aufsatz von Karl Marx in der amerikanischen Zeitschrift „Herald Tribune" aus dem Jahre 1853, zit. nach: Martin Stellmann (Hg.), Die Neueste Zeit (Frankfurt a. M. 1957), 31

[39] Randbemerkungen Wilhelms II. zum Bericht des Botschafters in London, Graf Metternich, an den Reichskanzler Fürst Bülow vom 16. Juli 1908, in: Große Politik, a.a.O., Bd. 24, 104 f.

[40] Golo Mann, Deutsche Geschichte, a.a.O., 566

[41] Zit. nach: Golo Mann, Deutsche Geschichte, a.a.O., 568 f.

10. Der Erste Weltkrieg

[1] Schreiben Franz Josephs an Wilhelm II. vom 5. Juli 1914, in: Walter Wulf (Hg.), Geschichtliche Quellenhefte 10 (8. Aufl. Frankfurt a. M. 1974), 69

[2] Depesche Bethmann Hollwegs an den deutschen Botschafter in Wien vom 6. Juli 1914, in: Walter Wulf (Hg.), Geschichtliche Quellenhefte 10, a.a.O., 70

[3] Viscount Grey of Fallodon, Twenty-Five Years 1892–1916, Vol. II (London 1926), 20

[4] Karl Dietrich Erdmann, Die Zeit der Weltkriege, in: Bruno Gebhardt, Handbuch der deutschen Geschichte, Bd. 4 (3. Aufl. Stuttgart 1959), 23

[5] Carl Zuckmayer, Als wär's ein Stück von mir (Stuttgart, Hamburg 1966), 211

[6] Zit. nach: Golo Mann, Deutsche Geschichte, a.a.O., 591

[7] Kriegs-Rundschau, Zeitgenössische Zusammenstellung der für den Weltkrieg wichtigen Ereignisse, Urkunden, Kundgebungen, Schlacht- und Zeitungsberichte, Tägl. Rundschau (Hg.), Bd. 1 (Berlin 1914 ff.), 29 f.

[8] Nach dem Stenogramm der Kriegs-Rundschau, in: Kriegs-Rundschau, a.a.O., 43. Die Rede ist im Original auf Platte erhalten.

[9] Erklärung Haases im Reichstag am 4. August 1914, in: Reichstag, Stenographische Berichte, XIII. Legislaturperiode, II. Session 1914/16, Bd. 306, 8 C

[10] Erklärung der SPD, in: „Der Volksfreund", Karlsruhe, 1. August 1914

[11] Zit. nach: Kriegs-Rundschau, a.a.O., 113

[12] Randbemerkung Wilhelms II. zu einem Artikel der Frankfurter Zeitung vom Dez. 1915, zit. nach: Otto Hammann, Bilder aus der letzten Kaiserzeit (Berlin 1922), 128 f.

[13] Fritz Ernst, Die Deutschen und ihre jüngste Geschichte, a.a.O., 25

[14] Der deutsche Soldat. Briefe aus dem Weltkrieg, Vermächtnis, Rudolf Hoffmann (Hg.), (1937), 445, zit. nach: Fritz Ernst, Die Deutschen und ihre jüngste Geschichte, a.a.O., 38

[15] Aus der Osterbotschaft Wilhelm II. am 7. April 1917, in: Walter Wulf (Hg.), Geschichtliche Quellenhefte 10, a.a.O., 89

[16] Aus der Friedensresolution der Mehrheitsparteien des Reichstages vom 19. Juli 1917, in: Walter Wulf (Hg.), Geschichtliche Quellenhefte 10, a.a.O., 90

[17] Aus der deutschen Note an die Vereinigten Staaten über die Eröffnung des unbeschränkten U-Boot-Krieges vom 1. Februar 1917, in: Walter Wulf (Hg.), Geschichtliche Quellenhefte 10, a.a.O., 86

[18] Wladimir Iljitsch Lenin, Ausgewählte Werke, Bd. 2 (Berlin 1955), 8

[19] Aus einer Mitteilung des deutschen Botschafters in Kopenhagen an den Reichskanzler vom 6. Dezember 1915, in: Herbert Michaelis, Ernst Schraepler (Hg.), Ursachen und Folgen vom deutschen Zusammenbruch 1918 und 1945 bis zur staatlichen Neuordnung Deutschlands in der Gegenwart, Bd. 2 (Berlin 1959), Dokument 270 a

[20] Lew Dawidowitsch Trotzki, Über Lenin (Moskau 1924), 94

[21] Wladimir Iljitsch Lenin, Ausgewählte Werke, Bd. 2, a.a.O., 310

[22] Aus einem Bericht der Postüberwachungsstelle der 6. Armee vom 4. Sept. 1918, in: Herbert Michaelis, Ernst Schraepler (Hg.), Ursachen und Folgen, Bd. 2, a.a.O., Dokument 356

[23] Aus einem Brief Reinhardts an seine Gattin vom 12. Okt. 1918, zit. nach: Fritz Ernst, Aus dem Nachlaß des Generals Walther Reinhardt, in: Die Welt als Geschichte, Jg. 18 (Stuttgart 1958), 42
General der Infanterie Walther Reinhardt wurde noch am 4. November 1918 zum preußischen Kriegsminister ernannt und war der erste Chef der Heeresleitung der Weimarer Republik.

[24] Tagebuchaufzeichnung des Obersten i. G. Albrecht von Thaer vom 1. Okt. 1918, in: Albrecht von Thaer, Generalstabsdienst an der Front und in der OHL (Göttingen 1958), 233 ff.

[25] Aus der Botschaft des amerikanischen Präsidenten an den Kongreß vom 8. Januar 1918, in: Adolf Rock (Hg.), Dokumente der amerikanischen Demokratie (Wiesbaden 1947), 175

[26] Aus der ersten Note der deutschen Regierung an Präsident Wilson vom 3./4. Okt. 1918, in: Herbert Michaelis, Ernst Schraepler (Hg.), Ursachen und Folgen, Bd. 2, a.a.O., Dokument 400

[27] Aus der Note des amerikanischen Präsidenten vom 23. Okt. 1918, in: Johannes Hohlfeld (Hg.), Dokumente der deutschen Politik und Geschichte von 1848 bis zur Gegenwart, Bd. 2 (Berlin o. J.), Nr. 166 f., 403

[28] Vgl. Anm. 24

[29] Matthias Erzberger, Erlebnisse im Weltkrieg (Stuttgart 1920), 336

[30] Fritz Ernst, Die Deutschen und ihre jüngste Geschichte, a.a.O., 48

11. Die Weimarer Republik

[1] Fritz Ernst, Die Deutschen und ihre jüngste Geschichte, a.a.O., 47

[2] Ernst Jünger, Der Kampf als inneres Erlebnis, in: ders., Sämtliche Werke, II. Abt., Bd. 7 (Stuttgart 1980), 73

[3] Fritz Ernst, Die Deutschen und ihre jüngste Geschichte, a.a.O., 50

[4] Eduard Bernstein, Die deutsche Revolution (Berlin 1921), 198

[5] Aus der Vereinbarung für die Übergangswirtschaft zwischen den Arbeitgeberverbänden und den Gewerkschaften vom 15. November 1918, in: Herbert Michaelis, Ernst Schraepler (Hg.), Ursachen und Folgen, Bd. 3, a.a.O., Dokument 538

[6] Aus einem Aufruf der Deutschnationalen Volkspartei vom 24. November 1918, in: Herbert Michaelis und Ernst Schraepler (Hg.), Ursachen und Folgen, Bd. 3, a.a.O., Dokument 641

[7] Aus der Rede des Mehrheitssozialisten Max Cohn während der Delegiertenkonferenz der Arbeiter- und Soldatenräte Deutschlands in Berlin vom 19. Dezember 1918, in: Johannes Hohlfeld (Hg.), Dokumente der deutschen Politik und Geschichte von 1848 bis zur Gegenwart, Bd. 2 (Berlin o. J.), Nr. 177, 423 f.

[8] Aus einem Aufruf des Reichsausschusses der Zentrumspartei vom 30. Dezember 1918, in: Herbert Michaelis und Ernst Schraepler (Hg.), Ursachen und Folgen, Bd. 3, a.a.O., Dokument 640

[9] Aus Eberts Antrittsrede als neugewählter Reichspräsident vom 11. Februar 1919, zit. nach: Waldemar Besson, Friedrich Ebert (Göttingen 1963), 74 f.

[10] Die deutsche Reichsregierung vom 11. August 1919, in: Johannes Hohlfeld, Dokumente der deutschen Politik, Bd. 3, a.a.O., Nr. 10, 60 ff.

[11] Aus der Ansprache Clemenceaus an die Deutsche Delegation vom 7.5.1919 in Versailles vor der Aushändigung des Friedensvertragstextes, in: Herbert Michaelis und Ernst Schraepler (Hg.), Ursachen und Folgen, Bd. 3, a.a.O., Dokument 714

[12] Aus einer Rede Scheidemanns, zit. nach: Ferdinand Friedensburg, Die Weimarer Republik (Berlin 1946), 26

[13] Zit. nach: Martin Stellmann (Hg.), Die Neueste Zeit, a.a.O., 65

[14] Wilhelm Hoegner, Die verratene Republik, Geschichte der deutschen Gegenrevolution (München 1958), 52

[15] Aufruf der Reichsregierung vom 26.9.1923, in: Johannes Hohlfeld, Dokumente der deutschen Politik und Geschichte, Bd. 3, a.a.O., Nr. 22 c, 131

[16] Zit. nach: Arnold Harttung (Hg.), Gustav Stresemann, Schriften (Berlin 1976), 375

[17] Fritz Ernst, Die Deutschen und ihre jüngste Geschichte, a.a.O., 73

[18] Viscont d'Abernon, Ein Botschafter der Zeitenwende, Memoiren, Bd. 2 (Leipzig o. J.), 337 f.

[19] Ebd., 329 f.

[20] Zit. nach: Wilhelm Treue, Deutsche Geschichte (Stuttgart 1978), 716

[21] Erich Eick, Geschichte der Weimarer Republik, Bd. 1 (4. und 5. Aufl. Erlenbach, Zürich 1974), 440

[22] Otto Braun, Von Weimar zu Hitler (Hamburg 1949), 85

[23] Friedrich Meinecke, Politische Schriften und Reden, a.a.O., 365

[24] Fritz Ernst, Die Deutschen und ihre jüngste Geschichte, a.a.O., 75

[25] Zit. nach: Henry Bernhard (Hg.), Gustav Stresemanns Vermächtnis, Der Nachlaß in drei Bänden, Bd. 2 (Berlin 1932/33), 592

[26] Zit. nach: Paul Schmidt, Statist auf diplomatischer Bühne 1923–1945 (Bonn 1954), 91

[27] Der Kellogg-Pakt vom 27. August 1928, in: Gottfried Guggenbühl, Quellen zur Geschichte der Neuesten Zeit, a.a.O., 391 f.

[28] Zit. nach: Werner Freiherr von Rheinbaben, Kaiser, Kanzler, Präsidenten (Mainz 1968), 243 ff.

[29] Zit. nach: Erich Eick, Geschichte der Weimarer Republik, Bd. 2 (Zürich 1956), 339 Anm. 19 a

[30] Karl Dietrich Erdmann, Die Zeit der Weltkriege, in: Bruno Gebhardt, Handbuch der deutschen Geschichte, Bd. 4 (3. Aufl. Stuttgart 1959), 166

[31] Aus der Regierungserklärung Brünings im Reichstag am 1. April 1930, in: Johannes Hohlfeld (Hg.), Dokumente der deutschen Politik und Geschichte, Bd. 3 (Berlin o. J.), Nr. 88, 296

[32] Karl Dietrich Bracher, Brünings unpolitische Politik und die Auflösung der Weimarer Republik, in: Vierteljahreshefte für Zeitgeschichte, 19. Jg. (Stuttgart 1971), 122

[33] Heinrich Brüning, Memoiren, 1918–1934 (Stuttgart 1970), 387

[34] Fritz Ernst, Die Deutschen und ihre jüngste Geschichte, a.a.O., 87

[35] Akten Kardinal Faulhabers, Bd. 1, bearb. von Ludwig Volk (Mainz 1975), in: Rudolf Morsey, Zur Entstehung, Authentizität und Kritik von Brünings Memoiren 1918–1924 (Opladen 1975), 40

[36] Werner Conze, Brüning als Reichskanzler, Eine Zwischenbilanz, in: Historische Zeitschrift, Bd. 214 (Oldenburg, München 1972), 334

[37] Ulrich Scheuner, Preußen – ein Staat der Anstrengung und des Maßes, in: Wolfgang Böhme (Hg.), Preußen – eine Herausforderung, Herrenalber Texte 32 (Karlsruhe 1981), 25

[38] Mitteilung der Kölnischen Zeitung vom 25. November 1932 (Morgenausgabe Nr. 645), in: Walther Hofer (Hg.), Der Nationalsozialismus, Dokumente 1933 bis 1945 (Frankfurt a. M.), 25

[39] Zit. nach: Theodor Eschenburg, Die Rolle der Persönlichkeit in der Krise der Weimarer Republik, a.a.O., 70

[40] Zit. nach: Gerhart Binder, Epoche der Entscheidungen (5. Aufl. Stuttgart 1960), 234

12. Der Aufstieg der totalitären Gewalten

[1] Zit. nach: Walter Theimer, Geschichte der politischen Ideen (München 1955), 384

[2] Joseph W. Stalin, Fragen des Leninismus (Berlin 1951), 173

[3] Aus der Satzung des Völkerbundes, in: Gottfried Guggenbühl (Hg.), Quellen zur Geschichte der Neuzeit, a.a.O., 377

13. Von der Machtergreifung Hitlers bis zum Ausbruch des Zweiten Weltkrieges

[1] Kurt Sontheimer, Der Nationalismus und seine Folgen, in: Deutschland, die geteilte Nation (Heidelberg 1983), 46

[2] Kreuz-Zeitung vom 31. Januar 1933, Nr. 31, in: Werner Conze (Hg.), Der Nationalsozialismus, Quellen und Arbeitshefte (Stuttgart 1959), 52

[3] Stefan George, Werke, Bd. 1/2 (München, Düsseldorf 1958), 418

[4] Thomas Mann, Deutsche Ansprache, Ein Appell an die Vernunft (Berlin 1930), 13 f.

[5] Adolf Hitler, Mein Kampf (66. Aufl. München 1933), 21

[6] Walther Hofer (Hg.), Der Nationalsozialismus, Dokumente 1933–1945 (Frankfurt a. M. 1957), 11

[7] Sebastian Haffner, Anmerkungen zu Hitler (München 1978), 23

[8] Aus „Mein Kampf". Zit. nach: Walther Hofer (Hg.), Der Nationalsozialismus, a.a.O., 35

[9] Zit. nach: Alan Bullock, Hitler, Eine Studie über Tyrannei (Düsseldorf 1961), 400

[10] Adolf Hitler, Mein Kampf, a.a.O., 362

[11] Adolf Hitler, Mein Kampf, a.a.O., 324

[12] Adolf Hitler, Mein Kampf, a.a.O., 317 f.
Der Begriff „arisch", der in der Sprachwissenschaft soviel bedeutet wie „zu den indogermanischen Sprachen gehörend", wurde in unzulässiger Weise auf die Rassenlehre übertragen.

[13] Adolf Hitler, Mein Kampf, a.a.O., 325

[14] Adolf Hitler, Mein Kampf, a.a.O., 329

[15] Adolf Hitler, Mein Kampf, a.a.O., 370

[16] Aus einer Broschüre für weltanschauliche Erziehung aus dem Jahre 1944, in: Walther Hofer (Hg.), Der Nationalsozialismus, a.a.O., 34 f.

[17] Adolf Hitler, Mein Kampf, a.a.O., 731 f.

[18] Adolf Hitler, Mein Kampf, a.a.O., 737 f.

[19] Adolf Hitler, Mein Kampf, a.a.O., 371

[20] Abgedruckt in: Walther Hofer (Hg.), Der Nationalsozialismus, a.a.O., 53 f.

[21] Hitlers Rede im Reichstag am 21. März 1933 zum Ermächtigungsgesetz, in: Dokumente der deutschen Politik, Bd. 1 (Berlin 1935), 35 f.

[22] § 1 des Gesetzes gegen die Neubildung von Parteien, in: Reichsgesetzblatt, Jahrgang 1933, Teil I, 479

[23] Gesetz zur Sicherung von Partei und Staat vom 1. Dezember 1933, in: Reichsgesetzblatt, Jahrgang 1933, Teil I, 1016

[24] Hitler vor den Reichsstatthaltern über den Abschluß der Revolution am 6. Juli 1933, in: Paul Meier-Benneckenstein (Hg.), Dokumente der deutschen Geschichte, Bd. 1, (Berlin 1935), 58 f.

[25] Volker Hentschel, Demokratie und totalitäre Herrschaft, in: Ploetz, Deutsche Geschichte, a.a.O., 292

[26] Aus einer 1935 gehaltenen Rede von Reichsminister Wilhelm Frick, in: Walther Hofer (Hg.), Der Nationalsozialismus, a.a.O., 128

[27] Aus dem Gesetz zur Ordnung der nationalen Arbeit vom 20. Januar 1934, in: Reichsgesetzblatt, Jahrgang 1934, Teil I, 45 ff.

[28] Reichserbhofgesetz vom 29. September 1933, in: Reichsgesetzblatt, Jahrgang 1933, Teil I, 685

[29] Schachts Finanzierungsverfahren beruhte auf dem System der sogenannten Mefo-Wechsel (Mefo = Metallforschung GmbH). Es handelte sich um eine Investitionshilfe, die in Form von verschleierten Krediten insbesondere den großen Schwerindustriebetrieben zugute kommen sollte. Man vermied den Ausdruck „Kredit", um in der Bevölkerung keine Inflationsangst zu wekken, und wählte den Begriff „Wechsel". Diese Wechsel waren von der Reichsbank garantiert. Die Inhaber konnten sie über die Banken in bares Geld einlösen. Die Banken gingen infolge der Reichsbanksicherung dabei kein Risiko ein, so daß die Mefo-Wechsel anstelle barer Kassenbestände gehalten wurden. Auf diese Weise wurde alles Bargeld in den Wirtschaftskreislauf gebracht, ohne daß eine inflationäre Banknotenvermehrung notwendig gewesen wäre.

[30] Aus einer Rede des Reichsministers Frick vom 19.11.1936, in: Paul Meier-Benneckenstein (Hg.), Dokumente der Dtsch. Politik, Bd. 4 (Berlin 1937), 201

[31] Anordnung des Präsidenten der Reichsschrifttumskammer vom 25.4.1935, zit. nach: Hildegard Brenner, Die Kunstpolitik des Nationalsozialismus (Reinbek b. Hamburg 1963), 194

[32] Ebd., 186 f.

[33] Aus einer Rede des Reichsministers Frick auf der Konferenz der Länderminister über die neue Erziehung vom 9. Mai 1933, in: Paul Meier-Benneckenstein (Hg.), Dokumente der Deutschen Politik, Bd. 1, a.a.O., 301

[34] Göring am 12. Juli 1934 vor den General- und Oberstaatsanwälten, zit. nach: Helmut Krausnick, Der 30. Juni 1934, Beilage zur Wochenzeitung Das Parlament, 30. Juni 1954, 317

[35] Hitler vor dem Reichstag am 13. Juli 1934, in: Gerd Rühle (Hg.), Das Dritte Reich, Dokumentarische Darstellung des Aufbaues der Nation, Bd. II (2. Aufl. Berlin o. J.), 245

[36] Zit. nach: Hans Buchheim, Martin Broszat, Hans-Adolf Jacobsen, Helmut Krausnick, Anatomie des SS-Staates, Bd. 1 (Olten 1967), 93

[37] Handschriftliche Aufzeichnungen einer Ansprache Hitlers vor den Befehlshabern des Heeres und der Marine vom 3. Februar 1933 durch Generalleutnant Liebmann, in: Vierteljahreshefte für Zeitgeschichte, Jg. 2 (Stuttgart 1954), 435

[38] Volker Hentschel, Demokratie und totalitäre Herrschaft, a.a.O., 295

[39] Reichstagsrede Hitlers vom 21. Mai 1935, in: Paul Meier-Benneckenstein (Hg.), Dokumente der Deutschen Politik, Bd. 3 (Berlin 1937), 86

[40] Reichstagsrede Hitlers vom 7. März 1936, in: Paul Meier-Benneckenstein (Hg.), Dokumente der Deutschen Politik, Bd. 4, a.a.O., 112

[41] Aus Hitlers geheimer Denkschrift vom August 1936 über die Aufgaben eines Vierjahresplanes für die Wirtschaft, in: Vierteljahreshefte für Zeitgeschichte, Jg. 3 (Stuttgart 1955), 20

[42] Niederschrift über die Besprechung in der Reichskanzlei am 5. November 1937, in: Walther Hofer (Hg.), Der Nationalsozialismus, a.a.O., 193 ff.

[43] Zit. nach: Gordon A. Craig, Europe Since 1815, a.a.O., 715

[44] Geheime Kommandosache vom 30. Mai 1938, in: Walther Hofer (Hg.), Der Nationalsozialismus, a.a.O., 204

[45] Zit. nach: Wolfgang Foerster, Generaloberst Ludwig Beck, Sein Kampf gegen den Krieg (München 1953), 118 ff. „finis germaniae" = Ende Deutschlands

[46] Zit. nach: Karl Dietrich Erdmann, Die Zeit der Weltkriege, in: Bruno Gebhardt, Handbuch der Deutschen Geschichte, Bd. 4 (3. Aufl. Stuttgart 1959), 241

[47] Aus Hitlers Rede im Sportpalast in Berlin vom 26. September 1938, in: Walther Hofer (Hg.), Der Nationalsozialismus, a.a.O., 207

[48] Aus der Rede Hitlers vom 28. April 1939, in: Sebastian Haffner, Anmerkungen zu Hitler, a.a.O., 44

[49] Zit. nach: Hellmut Diwald, Geschichte der Deutschen, a.a.O., 138

[50] Erklärung Hitlers vor der militärischen Führung am 23. Mai 1939, in: Walther Hofer (Hg.), Der Nationalsozialismus, a.a.O., 227

[51] Hitler im Mai 1939. Zit. nach: Hellmut Diwald, Geschichte der Deutschen, a.a.O., 145

14. Der Zweite Weltkrieg und das Ende des Dritten Reiches

[1] Erklärung Hitlers vor der militärischen Führung am 23. Mai 1939, in: Walther Hofer (Hg.), Der Nationalsozialismus, a.a.O., 226

[2] Golo Mann, Deutsche Geschichte, a.a.O., 908

[3] Zit. nach: Golo Mann, Deutsche Geschichte, a.a.O., 898

[4] Zit. nach: Paul Schmidt, Statist auf diplomatischer Bühne, 1923–1945, a.a.O., 474

[5] Zit. nach: Golo Mann, Deutsche Geschichte, a.a.O., 896

[6] Birger Dahlerus, Der letzte Versuch (München 1948), 128 f.

[7] Ausspruch Hitlers vom 27. November 1941, zit. nach: Sebastian Haffner, Anmerkungen zu Hitler, a.a.O., 198

[8] Hitler in seiner Reichstagsrede vom 19. Juli 1940, in: Walther Hofer (Hg.), Der Nationalsozialismus, a.a.O., 241

[9] Winston Churchill, Reden 1938–1940, Bd. 1 (Zürich 1946), 320

[10] Leih- und Pachtgesetz vom 8. Februar 1941, § 3 Abs. 1, in: Hans-Adolf Jakobson, 1939–1945, Der Zweite Weltkrieg

in Chronik und Dokumenten (5. Aufl. Frankfurt a. M. 1961), 223 f.

[11] Aus einer Führerbesprechung am 31. Juli 1940, in: Walther Hofer (Hg.), Der Nationalsozialismus, a.a.O., 243

[12] Fall Barbarossa, Hitlers Weisung an die Wehrmacht vom 18. Dezember 1940, in: Walther Hofer (Hg.), Der Nationalsozialismus, a.a.O., 243

[13] Sebastian Haffner, Anmerkungen zu Hitler, a.a.O., 145

[14] Grundlagen der Freiheit, Bedeutende Dokumente der Vereinigten Staaten von Amerika (Bad Godesberg o. J.), 38

[15] Hitler Ende 1941, zit. nach: Sebastian Haffner, Anmerkungen zu Hitler, a.a.O., 150

[16] Führererlaß vom 1. März 1942, in: Walther Hofer (Hg.), Der Nationalsozialismus, a.a.O., 248

[17] Erich Koch in einer Rede vom 26. August 1942, zit. nach: Alexander Dallin, Deutsche Herrschaft in Rußland 1941–1945, Eine Studie über Besatzungspolitik (Düsseldorf 1958), 154

[18] Reichstagsrede Hitlers vom 30. Januar 1939, in: Walther Hofer (Hg.), Der Nationalsozialismus, a.a.O., 277

[19] Aus dem Besprechungsprotokoll der Wannsee-Konferenz vom 20. Januar 1942, in: Walther Hofer (Hg.), Der Nationalsozialismus, a.a.O., 304

[20] Golo Mann, Deutsche Geschichte, a.a.O., 945

[21] Verkündung des totalen Krieges durch Joseph Goebbels im Berliner Sportpalast am 18. Februar 1943, in: Walther Hofer (Hg.), Der Nationalsozialismus, a.a.O., 250 ff.

[22] Predigt des Bischofs Clemens August von Galen über die Willkür der Gestapo vom 13.7.1941, zit. nach: Johann Neuhäusler, Der Kampf des Nationalsozialismus gegen die katholische Kirche und der kirchliche Widerstand, Teil 2 (2. Aufl. München 1946), 177 ff.

[23] Aus dem letzten Flugblatt der Weißen Rose im Februar 1943, in: Inge Scholl, Die weiße Rose (Frankfurt a. M. 1953), 151 ff.

[24] Zit. nach: Golo Mann, Deutsche Geschichte, a.a.O., 952

[25] Erlaß Hitlers zur Bildung des deutschen Volkssturms vom 25. September 1944, in: Walther Hofer (Hg.), Der Nationalsozialismus, a.a.O., 252 f.

[26] Aus der Verordnung des Reichsministers der Justiz über die Errichtung von Standgerichten vom 15. Februar 1945, in: Walther Hofer (Hg.), Der Nationalsozialismus, a.a.O., 254

[27] Hitlers Zerstörungsbefehl vom 19. März 1945, in: Walther Hofer (Hg.), Der Nationalsozialismus, a.a.O., 259 f.

[28] Albert Speer, Erinnerungen (Berlin 1969), 443

[29] Laut Generalstabschef Franz Halder, in: Walther Hofer (Hg.), Der Nationalsozialismus, a.a.O., 264

[30] Albert Speer, Erinnerungen, a.a.O., 445 f.

[31] Die Kontroverse über die Herrschaftsstruktur des Nationalsozialismus, der in bezug auf die Gesamtinterpretation der Zeit zwischen 1933 und 1945 besondere Bedeutung zukommt, hat in den vergangenen Jahren stark zugenommen. Vgl. dazu: Martin Broszat, Soziale Motivation und Führer-Bindung des Nationalsozialismus, in: Vierteljahreshefte für Zeitgeschichte 1970, 392 ff.;
Hans Mommsen, Nationalsozialismus oder Hitlerismus? in: Michael Bosch (Hg.), Persönlichkeit und Struktur in der Geschichte (Düsseldorf 1977);
Klaus Hildebrand, Nationalsozialismus ohne Hitler? Das Dritte Reich als Forschungsgegenstand der Geschichtswissenschaft, in: Geschichte in Wissenschaft und Unterricht, GWU 1980, 289 ff. und GWU 1981, 200 ff.
Eberhard Jäckel, Hitlers Weltanschauung, Entwurf einer Herrschaft (Stuttgart 1981)

[32] Zit. nach: Fritz Ernst, Die Deutschen und ihre jüngste Geschichte, a.a.O., 122

15. Die Welt nach dem Zweiten Weltkrieg

[1] Vgl. Kapitel 11, Anm. 40
[2] Rede des amerikanischen Präsidenten Harry S. Truman am 12. März 1947, in: Kesings Archiv der Gegenwart, 16./17. Jahrgang, 1946/47, 1038 f.
[3] Ebd.
[4] Peter Bollmann, Ulrich March, Traute Petersen, Kleine Geschichte Europas (Stuttgart 1980), 167

16. Deutschland von 1945 bis 1949

[1] Golo Mann, Deutsche Geschichte des 19. und 20. Jahrhunderts, a.a.O., 939
[2] Carlo Schmid, Der Weg des deutschen Volkes nach 1945 (Berlin 1967), 11
[3] Winston Churchill, Der zweite Weltkrieg, Mit einem Epilog über die Nachkriegsjahre (Stuttgart 1960), 861
[4] Wolfgang Leonhard, Die Revolution entläßt ihre Kinder (Köln 1961), 336
[5] Ebd., 358
[6] KPD-Gründungsaufruf vom 11.6.1945, in: Walrab von Buttlar, Ziele und Zielkonflikte der sowjetischen Deutschlandpolitik 1945–1947 (Stuttgart 1980), 134
[7] Bodenreform – Verordnung vom August 1945, zit. nach: Hans Hartl, Werner Marx, Fünfzig Jahre sowjetische Deutschlandpolitlk (Boppard 1967), 195
[8] Befehl Nr. 124 der SMAD „Über die Beschlagnahme und provisorische Übernahme einiger Eigentumskategorien", zit. nach: Hans Hartl, Werner Marx, Fünfzig Jahre sowjetische Deutschlandpolitik, a.a.O., 196 f.
[9] Statut für den Länderrat des amerikanischen Besatzungsgebietes, § 2, in: Theo Stammen (Hg.), Einigkeit und Recht und Freiheit, Westdeutsche Innenpolitik 1945–1955 (München 1968), 53
[10] Wolfgang Trees u. a., Drei Jahre nach Null (Düsseldorf 1978), 89
[11] Peter Waldmann, Die Eingliederung der ostdeutschen Vertriebenen in die westdeutsche Gesellschaft, in: Josef

Becker u. a., Vorgeschichte der Bundesrepublik Deutschland (München 1979), 179 f.
[12] Hans Erich Nossak in einem Brief vom 30. November 1945 an Hermann Kasack, in: Bernhard Zeller, Als der Krieg zu Ende war (München 1973), 91
[13] Zit. nach: Generallandesarchiv Karlsruhe (Hg.), Der deutsche Südwesten zur Stunde Null (Karlsruhe 1975), 222
[14] Zit. nach: Rudolph Hagen, Die verpaßten Chancen (Hamburg 1979), 136
[15] Vgl. Fritz Ernst, Die Deutschen und ihre jüngste Geschichte, a.a.O., 130
[16] Gerhard Ritter, Europa und die deutsche Frage (München 1948), 200
[17] Aus den Beschlüssen des Parteitags der SPD in Hannover am 11. Mai 1946, in: Ossip K. Flechtheim (Hg.), Dokumente zur parteipolitischen Entwicklung in Deutschland seit 1945, Bd. III (Berlin 1963), 17–20
[18] Aus dem Aufruf und Parteiprogramm des Zonenausschusses der CDU in der Britischen Zone vom 1. März 1946, in: Ossip K. Flechtheim (Hg.), Dokumente, a.a.O., Bd. II, 49
[19] Aus dem Ahlener Wirtschaftsprogramm der CDU für Nordrhein-Westfalen vom 3. Februar 1947, in: Ossip K. Flechtheim (Hg.), Dokumente, a.a.O., Bd. II, 53 ff.
[20] Vgl. Die Programmatischen Richtlinien der FDP vom 4. Februar 1946, in: Ossip K. Flechtheim (Hg.), Dokumente, a.a.O., Bd. II, 274
[21] Aus der Stuttgarter Rede von Außenminister Byrnes vom 6. Sept. 1946, in: Johannes Hohlfeld (Hg.), Dokumente der deutschen Politik und Geschichte von 1848 bis zur Gegenwart, Bd. VI: Deutschland nach dem Zusammenbruch 1945 (Berlin 1952 ff.), 130 ff.
[22] „Abkommen über die Neugestaltung der zweizonalen Wirtschaftsstellen" vom 29. Mai 1947, das am 25. Juni 1947 von den Landtagen der Bizone in Frankfurt a. M. realisiert wurde. In: Documents on Germany under Occupation 1945–1954, selected and edited by

Beate Ruhm von Oppen (Oxford 1955), 228

23 Vgl. Seite 395

24 Zit. nach: Wilhelm Cornides (Hg.), Europa Archiv, Zeitgeschichte, Zeitkritik, Verwaltung, Wirtschaftsaufbau (München 1946 ff.), 1349

25 Aus den Düsseldorfer Leitsätzen der CDU vom 15. Juli 1949, in: Theo Stammen, a.a.O., 94 ff.

26 Carlo Schmid, Der Weg des deutschen Volkes nach 1945, a.a.O., 69

27 Aus der Präambel des Grundgesetzes, in: Grundgesetz mit Deutschlandvertrag, Menschenrechtskonvention, Bundeswahlgesetz (15. Aufl. München 1974), 29

28 Ebd., 80

29 Carlo Schmid, Der Weg des deutschen Volkes nach 1945, a.a.O., 76

17. Deutschland nach 1949

1 Dean Acheson zur Mitteleuropapolitik der USA, in: Hans Peter Schwarz, Vom Reich zur Bundesrepublik (Neuwied 1966), 144

2 Vgl. Artikel 21 des Grundgesetzes, in: Grundgesetz mit Deutschlandvertrag, Menschenrechtskonvention, Bundeswahlgesetz, Parteiengesetz, a.a.O., 35

3 Erste Regierungserklärung des Bundeskanzlers Dr. Konrad Adenauer vor dem Deutschen Bundestag, in: Verhandlungen des 1. Deutschen Bundestages, 3. Sitzung vom 20.9.1949, 22–30

4 Vgl. Artikel 20 des Grundgesetzes, Anm. 2

5 Zit. nach: „Die Zeit" vom 3. November 1949

6 Interview Adenauers mit der „New York Times" vom 7. März 1950

7 Carlo Schmid, Erinnerungen (Berlin, Darmstadt, Wien 1979), 493

8 Ebd., 500

9 Ebd., 501 f.

10 Aus der Note der Regierung der Sowjetunion an die Regierungen Frankreichs, Großbritanniens und der Vereinigten Staaten vom 10. März 1952, zit. nach:

Eberhard Jäckel, Die deutsche Frage 1952–1956, Notenwechsel und Konferenzdokumente der vier Mächte (Frankfurt a. M. 1957), 23

11 Ebd., 24

12 Vgl. Seite 395

13 Hermann Graml, Die Außenpolitik, in: Wolfgang Benz (Hg.), Die Bundesrepublik Deutschland, Bd. 1 (Frankfurt a. M. 1983), 364

14 Vgl. Hans Hartl, Werner Marx, Fünfzig Jahre sowjetische Deutschlandpolitik (Boppard 1967), 519

15 Aus dem Godesberger Programm vom 15. November 1959, in: Grundsatzprogramm der Sozialdemokratischen Partei Deutschlands, beschlossen auf dem Außerordentlichen Parteitag der Sozialdemokratischen Partei in Bad Godesberg vom 13.–15. November 1959, Vorstand der SPD (Hg.), (Bonn 1959), 29

16 Regierungserklärung Kurt Georg Kiesingers vom 13.12.1966, in: Bundesministerium für gesamtdeutsche Fragen (Hg.), Texte zur Deutschlandpolitik, Bd. 1 (Bonn, Berlin 1968 ff.), 7 f.

17 Artikel 5, 2 des Vertrages über die Beziehungen zwischen der Bundesrepublik Deutschland und den Drei Mächten (Deutschlandvertrag) vom 26. Mai 1952, in: Grundgesetz mit Deutschlandvertrag, Menschenrechtskonvention, Bundeswahlgesetz, Parteiengesetz, a.a.O., 83

18 René Ahlberg, Ursachen der Revolte, Analyse des studentischen Protests (Stuttgart 1972), 13

19 Richard Löwenthal, Der romantische Rückfall (Stuttgart 1970), 82

20 Zit. nach: Wissenschaftlicher Kommunismus, Lehrbuch für das marxistisch-leninistische Grundlagenstudium (Berlin [Ost] 1979), 444 ff.

21 Zit. nach: Kleines politisches Wörterbuch (4. Aufl. Berlin [Ost] 1983), 313 f.

22 Töpfer, Kunze, Die Gewerkschaften in unserer Gesellschaft, in: Einheit, Zeitschrift für Theorie und Praxis des wissenschaftlichen Sozialismus, Jg. 29, Berlin (Ost) 1974, 818

[23] Vgl. dazu: Gerd Meyer, Die politische Elite der DDR, in: Hans-Georg Wehling (Red.), DDR (Stuttgart 1983), 96 f.

[24] Gerd Meyer, a.a.O., 98

[25] Artikel 118 der Verfassung der DDR vom 7. Oktober 1949, in: Horst Hildebrandt (Hg.), Die deutschen Verfassungen des 19. und 20. Jahrhunderts (3. Aufl. Paderborn, München, Wien, Zürich 1982), 225

[26] Artikel 1 der Verfassung der DDR vom 9. April 1968, in: Horst Hildebrandt (Hg.), a.a.O., 235

[27] Artikel 8 der Verfassung der DDR vom 9. April 1968, in: Horst Hildebrandt (Hg.), a.a.O., 239

[28] Artikel 6 der Verfassung der DDR vom 7. Oktober 1974, in: Horst Hildebrandt (Hg.), a.a.O., 237

[29] Andreas Hillgruber, Deutsche Geschichte 1945–1982 (5. Aufl. Stuttgart, Berlin, Köln, Mainz 1983), 105

[30] Vertrag zwischen der Bundesrepublik Deutschland und der Sowjetunion vom 12. August 1970, in: Bundesministerium für gesamtdeutsche Fragen (Hg.), Texte zur Deutschlandpolitik, Bd. VI, a.a.O., 93 ff.

[31] Ebd., 258 ff.

[32] Ebd., Reihe II, Bd. 2, 210 ff.

[33] „Der Spiegel" 33/1970, 15

[34] Zitat aus „Die Welt" vom 13. August 1970, 1

[35] Vertrag über die Grundlagen der Beziehungen zwischen der Bundesrepublik Deutschland und der Deutschen Demokratischen Republik, in: Helmut Krause und Karlheinz Reif (Hg.), Die Welt seit 1945 (München 1980), 556 f.

[36] Helmut Schmidt in einer Rede vor dem Institut für Internationale Studien in London, zit. nach: Helmut Kistler, Die Bundesrepublik Deutschland (Stuttgart 1985), 377

[37] Regierungserklärung Helmut Kohls vom 4. Mai 1983, in: Jahresbericht der Bundesregierung 1983 (Bonn 1984), 632 f.

[38] Regierungserklärung Helmut Kohls vom 18. März 1987, in: Jahresbericht der Bundesregierung 1987 (Bonn 1988), 790

[39] Vgl. dazu: „Die Zeit" Nr. 16 vom 12. April 1991, 4 f.

[40] Helmut Kohl in seiner Tischrede am 7. September 1987 in der Redoute in Bad Godesberg, zit. nach: Werner Maser, Helmut Kohl. Der Deutsche Kanzler (Frankfurt a. M. 1990), 258

[41] Richard von Weizsäcker anläßlich des Besuches von Erich Honecker vom 7.–11.9.1987, in: „Die Zeit" Nr. 38 vom 11. September 1987, 1

[42] Jahresbericht der Bundesregierung 1986 (Bonn 1987), 38

[43] Vgl. dazu: Jahresbericht der Bundesregierung 1989 (Bonn 1990), 43

Die Vereinigung der beiden deutschen Staaten

[1] Walter Momper in seiner Antrittsrede als Präsident des Bundestages am 10. November 1989, in: Die Wende in der DDR (Dortmund 1989), 92

[2] Richard von Weizsäcker am 10. November 1989, in: „Rhein-Neckar-Zeitung" Nr. 261 vom 11./12. November 1989, 2

[3] Willy Brandt auf der Kundgebung vor dem Schöneberger Rathaus am 10. November 1989, zit. nach: Die Wende in der DDR (Dortmund 1989), 94 und „Der Spiegel" 51/1989, 21

[4] FAZ Nr. 260 vom 10. November 1989, 1

[5] „New York Times" vom 10. November 1989, zit. nach: Die Wende in der DDR (Dortmund 1989), 95

[6] Vgl. dazu: „Die Zeit" Nr. 49 vom 1. Dezember 1989, 1 und 12, und Werner Maser, Helmut Kohl. Der Deutsche Kanzler (Frankfurt a. M. 1990), 82

[7] Deutschlandvertrag Artikel 7, 2, in: Beck-Texte (München 1974), 82

[8] „Der Spiegel" 51/1989, 19

[9] FAZ Nr. 59 vom 10. März 1990, 12

[10] FAZ Nr. 71 vom 24. März 1990, 1

[11] FAZ Nr. 77 vom 31. März 1990, 2

[12] „Der Spiegel" 13/1990, 182

[13] Margaret Thatcher über Europa und die deutsche Einheit, in: „Der Spiegel" 13/1990, 182

[14] Helmut Kohl in einer Rede vor der EG-Kommission in Brüssel, am 23. März 1990, in: FAZ Nr. 71 vom 24. März 1990, 1

[15] Helmut Kohl in seiner Regierungserklärung vom 22. Juni 1990, in: Das Parlament 40. Jg. Nr. 27 vom 29. Juni 1990, 2

[16] Vgl. dazu Helmut Kohls Erklärung zum Ergebnis der Gespräche mit Michail Gorbatschow, abgedruckt in „Rhein-Neckar-Zeitung" Nr. 162 vom 17. Juli 1990, 2

[17] Artikel 7.2 des Vertrages über die abschließende Regelung in bezug auf Deutschland vom 12. September 1990, in: Wolfgang Benz, Deutschland seit 1945, Chronik, Dokumente, Bilder (München 1990), 302

[18] Artikel 1.3 und Artikel 2, in Wolfgang Benz, a. a. O., 300

[19] „Der Spiegel" 30/1990, 16

[20] Richard von Weizsäcker in seiner Ansprache beim Staatsakt am 3. Oktober 1990 in Berlin, in: FAZ Nr. 231 vom 4. Oktober 1991, 5

[21] Helmut Kohl in seiner Botschaft an die Regierungen der Welt am 3. Oktober 1990, in: „Stuttgarter Zeitung" Nr. 229 vom 4. Oktober 1990, 1

[22] Eike Wolgast, Die Vereinigung Deutschlands – Ursachen und Folgen, in: Ruperto-Carola 43. Jg. Heft 83/84 (Heidelberg 1991), 24

[23] Vgl. Anm. 3

Deutschland nach der Vereinigung

[1] Egon Bahr: „Die Einheit wurde von Gorbatschow ermöglicht, von den Menschen der DDR entschieden, und Kohl hat die Gelegenheit mit Mut und Augenmaß ergriffen." Zit. nach: Eckart Thurich, Der Weg zur Einheit, in: Informationen zur politischen Bildung 233, 1991, 33f.

[2] Bei den 1994 erfolgten Landtagswahlen in Sachsen-Anhalt, Brandenburg und Sachsen blieben zwischen 42 und 45 Prozent der Wahlberechtigten der Abstimmung fern. Zusammen mit den 10–12 Prozent der Stimmen der PDS ergibt dies, daß mehr als die Hälfte der Ostdeutschen bei der Wahl ihre Unzufriedenheit mit der politischen, wirtschaftlichen und sozialen Lage bekundeten.

[3] Stolz aufs eigene Leben, „Der Spiegel" 27/1995, 40–52

[4] Vgl. „Der Spiegel" 27/1995, 42

[5] So wurden u. a. im Februar 1991 in Eisenach der Grundstein für das für eine Milliarde Mark zu errichtende Montagewerk der Adam Opel AG und im Juni 1994 in Dresden der Grundstein für eine mit einem Aufwand von 2,7 Milliarden Mark zu erstellende Halbleiterfabrik von Siemens gelegt.

[6] Die Beseitigung des Wettbewerbsrückstandes war keine staatliche, sondern eine ureigene unternehmerische Aufgabe. Dazu war es notwendig, innovative Produkte zu entwickeln, die betriebswirtschaftlichen Abläufe zu optimieren, die Marktstrategien zu intensivieren sowie ein weltweites Beziehungsgeflecht an den Absatzmärkten aufzubauen.

[7] Die verbleibenden Aufgaben fielen nach Auflösung der Treuhand am 1. Januar 1995 der Bundesanstalt für vereinigungsbedingte Sonderaufgaben (BVS) zu.

[8] Vgl. dazu Hans-J. Misselwitz, Politikwahrnehmung und Politikvermittlung in den neuen Bundesländern; in: Aus Politik und Zeitgeschichte B 45/1994, 6

[9] Vgl. zur Entwicklung der Universitäten, Max-Planck-Institute und Akademien in Ostdeutschland: Hartmut Altenmüller, Wissenschaft in Ostdeutschland, in: AvH-Magazin 65/1995, 51–56

[10] Richard von Weizsäcker anläßlich seiner Rede zum Staatsakt zur deutschen Einheit in Berlin am 3. Oktober 1990, in: FAZ Nr. 231 vom 4. Oktober 1990, 5

[11] Helmut Kohl in seiner Fernsehansprache am 2. Oktober 1990, in: FAZ Nr. 229/230 vom 2./3. Oktober 1990, 3

[12] Ausspruch Manfred Stolpes, zit. nach: Informationen zur politischen Bildung 233, 1991, 36

Weiterführende Literatur in Auswahl

Die in den Anmerkungen verzeichneten Quellen und Literaturnachweise sind hier nicht mehr enthalten. Auch beschränkt sich die kapitelweise nach Themenbereichen getroffene Auswahl auf einige wenige, den neuesten Stand der Forschung wiedergebende, weiterführende Titel, die jeweils nach Autorennamen alphabetisch geordnet sind.

1. Einleitende Bemerkungen

Fuchs, Walther P./Schieder, Theodor (Hg.): Leopold von Ranke. Aus Werk und Nachlaß, Bd. 2: Über die Epochen der neueren Geschichte (München 1971)

Meinecke, Friedrich: Werke, Bd. 4: Zur Geschichte und Philosophie der Geschichte (2. Aufl. München 1965), und Bd. 7: Zur Geschichte der Geschichtsschreibung (München 1968)

Schieder, Theodor: Methodenprobleme der Geschichtswissenschaft. Beihefte der Historischen Zeitschrift, Heft 3 (München 1974)

Schieder, Theodor: Geschichte als Wissenschaft (2. Aufl. München 1968)

Wehler, Hans Ulrich (Hg.): Deutsche Historiker, 9 Bde. (Göttingen 1971–1982)

2. Zur Geschichte der Deutschen bis zum Ende des 18. Jahrhunderts: Ein Überblick

Blickle, Peter: Die Revolution von 1525 (2. Aufl. München 1982)

Blumenthal, Uta-Renata: Der Investiturstreit (Stuttgart 1982)

Bosl, Karl: Die Gesellschaft in der Geschichte des Mittelalters (3. Aufl. Göttingen 1975)

Brendler, Gerhard: Martin Luther, Theologie und Revolution (Köln 1983)

Brunner, Otto: Sozialgeschichte Europas im Mittelalter (Göttingen 1978)

Conrad, Hermann: Deutsche Rechtsgeschichte, Bd. I: Frühzeit und Mittelalter (Karlsruhe 1962), Bd. II: Neuzeit bis 1806 (Karlsruhe 1966)

Dickmann, Fritz: Der Westfälische Friede (2. Aufl. Münster 1959)

Dollinger, Philippe: Die Hanse (3. Aufl. Stuttgart 1981)

Ennen, Edith: Die europäische Stadt des Mittelalters (3. Aufl. Göttingen 1979)

Engels, Odilo: Die Staufer (3. erweiterte Aufl. Stuttgart 1983)

Fuhrmann, Horst: Von Petrus zu Johannes Paul II. Das Papsttum, Gestalt und Gestalten (München 1980)

Jakobs, Hermann: Kirchenreform und Hochmittelalter 1046–1215 (München 1983)

Kunisch, Johannes: Das Zeitalter des Absolutismus (München 1983)

Lohse, Bernhard: Martin Luther. Eine Einführung in sein Leben und sein Werk (München 1981)

Lutz, Heinrich: Reformation und Gegenreformation (2. Aufl. München 1982)

Lutz, Heinrich (Hg.): Das römisch-deutsche Reich im politischen System Karls V. (München 1982)

Mayer, Hans Eberhard: Geschichte der Kreuzzüge (Stuttgart 1983)

Menghin, Wilfried: Kelten, Römer und Germanen. Archäologie und Geschichte (München 1980)

Meuthen, Erich: Das 15. Jahrhundert (München 1980)

Mitteis, Heinrich: Der Staat des Hohen Mittelalters (Köln 1974)

Pirenne, Henri: Mohamet und Karl der Große. Untergang der Antike am Mittelmeer und Aufstieg des germanischen Mittelalters (Frankfurt a. M., Hamburg 1963)

Reinhard, Wolfgang: Geschichte der europäischen Expansion, Bd. 1: Die Alte Welt bis 1818 (Stuttgart 1983)

Schieder, Theodor: Friedrich der Große, Ein Königtum der Widersprüche (Frankfurt a. M., Berlin, Wien 1983)

Schlesinger, Walter: Beiträge zur deutschen Verfassungsgeschichte des Mittelalters, 2 Bde. Bd. 1: Germanen, Franken, Deutsche; Bd. 2: Städte und Territorien (Göttingen 1963)

Schneider, Reinhard: Das Frankenreich (München 1982)

Sellin, Volker: Friedrich der Große und der Aufgeklärte Absolutismus, in: Soziale Bewegung und politische Verfassung. Festschrift Werner Conze (Stuttgart 1976)

Thomas, Heinz: Deutsche Geschichte des Spätmittelalters 1250–1500 (Stuttgart 1983)

Wohlfeil, Rainer: Einführung in die Geschichte der deutschen Reformation (München 1982)

Wolgast, Eike: Die Wittenberger Theologie und die Politik der evangelischen Stände. Studien zu Luthers Gutachten in politischen Fragen (Gütersloh 1977)

Wolgast, Eike: Thomas Münzer. Ein Verstörer der Ungläubigen (Göttingen–Zürich 1981)

Zorn, Wolfgang: Einführung in die Wirtschafts- und Sozialgeschichte des Mittelalters und der Neuzeit (2. Aufl. München 1974)

3. Deutschland und die Französische Revolution

Andreas, Willy: Das Zeitalter Napoleons und die Erhebung der Völker (Heidelberg 1955)

Aretin, Karl-Otmar v.: Heiliges Römisches Reich 1776–1806, 2 Bde. (Wiesbaden 1967)

Cassirer, Ernst: Die Philosophie der Aufklärung (Tübingen 1932)

Fehrenbach, Elisabeth: Vom Ancien Regime zum Wiener Kongreß (München 1982)

Griewank, Karl: Der Wiener Kongreß und

die europäische Restauration 1814/15 (2. Aufl. Leipzig 1954)

Heinrich, Gerd: Geschichte Preußens. Staat und Dynastie (Frankfurt a. M., Berlin 1981)

Huber, Ernst Rudolf: Deutsche Verfassungsgeschichte seit 1789, Bd. 1: Reform und Restauration 1789–1830 (2. Aufl. Stuttgart 1979)

Knemeyer, Franz Ludwig: Regierungs- und Verwaltungsreformen in Deutschland zu Beginn des 19. Jahrhunderts (Köln, Berlin 1970)

Nipperdey, Thomas: Deutsche Geschichte 1800–1866. Bürgerwelt und starker Staat (München 1983)

Oer, Rudolfine v.: Die Säkularisation 1803 (Göttingen 1970)

Sheehan, James J.: Der deutsche Liberalismus. Von den Anfängen im 18. Jahrhundert bis zum Ersten Weltkrieg. 1770–1914 (München 1983)

Schmitt, Eberhard: Einführung in die Geschichte der Französischen Revolution (2. Aufl. München 1980)

Schröder, Hans-Christoph: Die Amerikanische Revolution. Eine Einführung (München 1982)

Valjavec, Fritz: Die Entstehung der politischen Strömungen in Deutschland 1770–1815 (München 1951)

Vovelle, Michel: Die Französische Revolution. Soziale Bewegung und Umbruch der Mentalitäten (München 1982)

4. Das Zeitalter der Restauration

Brandt, Hartwig: Landständische Repräsentationen im deutschen Vormärz (Neuwied 1968)

Bülow, Friedrich: Friedrich List (Göttingen 1959)

Conze, Werner: Staat und Gesellschaft im deutschen Vormärz (2. Aufl. Stuttgart 1970)

Eisenhart-Rothe, Wilfried v./Ritthaber, Anton: Vorgeschichte und Begründung des Deutschen Zollvereins 1815–1834, 3 Bde. (Berlin 1934)

Faber, Karl Georg: Deutsche Geschichte

im 19. Jahrhundert. Restauration und Revolution. Von 1815–1851 (Wiesbaden 1979)

Guthmann, Bernhard: England im Zeitalter der bürgerlichen Reform (2. Aufl. Stuttgart 1949)

Schieder, Wolfgang (Hg.): Liberalismus in der Gesellschaft des deutschen Vormärz (Göttingen 1983)

Srbik, Heinrich Ritter v.: Metternich, 3 Bde. (München 1925–1954)

Steiger, Günther: Aufbruch. Urburschenschaft und Wartburgfest (Leipzig-Berlin 1967)

Valentin, Veit: Das Hambacher Nationalfest (Berlin 1932)

5. Die Revolution von 1848

Botzenhart, Manfred: Deutscher Parlamentarismus in der Revolutionszeit 1848–1850 (Düsseldorf 1977)

Deppe, Frank: Verschwörung, Aufstand und Revolution. Blanqui und das Problem der sozialen Revolution (Frankfurt a. M. 1970)

Eyck, Frank: Deutschlands große Hoffnung. Die Frankfurter Nationalversammlung 1848–49 (München 1973)

Huber, Ernst Rudolf: Deutsche Verfassungsgeschichte seit 1789, Bd. 2: Kampf um Einheit und Freiheit 1830–1850 (2. Aufl. Stuttgart 1978)

Mommsen, Wolfgang: Größe und Versagen des deutschen Bürgertums (München 1954)

Stadelmann, Rudolf: Soziale und politische Geschichte der Revolution von 1848 (2. Aufl. Darmstadt 1970)

Valentin, Veit: Geschichte der deutschen Revolution 1848/49 (Berlin 1931, Rep. Aalen 1968)

Wollstein, Günter: Das „Großdeutschland" der Paulskirche. Nationale Ziele in der bürgerlichen Revolution 1848/49 (Düsseldorf 1977)

6. Die Industrialisierung und die soziale Frage

Henning, Friedrich-Wilhelm: Die Industrialisierung in Deutschland 1800–1914 (Paderborn 1973)

Hobsbawrn, Eric, J.: Industrie und Empire, Britische Wirtschaftsgeschichte seit 1750 (Frankfurt a. M. 1969)

Kaelble, Hartmut: Industrialisierung und soziale Ungleichheit. Europa im 19. Jahrhundert. Eine Bilanz (Göttingen 1983)

Kocka, Jürgen (Hg.): Europäische Arbeiterbewegungen im 19. Jahrhundert. Deutschland, Österreich, England und Frankreich im Vergleich (Göttingen 1983)

Kromphardt, Jürgen: Konzeptionen und Analysen des Kapitalismus von seiner Entstehung bis zur Gegenwart (Göttingen 1980)

Lütge, Friedrich: Deutsche Sozial- und Wirtschaftsgeschichte (Berlin, Göttingen, Heidelberg 1952)

Mayer, Gustav: Friedrich Engels, 2 Bde. (2. Aufl. Köln o. J.)

Ruppert, Wolfgang: Die Fabrik (München 1983)

Stadler, Peter: Karl Marx (2. Aufl. Göttingen 1971)

Tennstedt, Florian: Sozialgeschichte der Sozialpolitik in Deutschland. Vom 18. Jahrhundert bis zum Ersten Weltkrieg (Göttingen 1982)

Zunkel, Friedrich: Der Rheinisch-Westfälische Unternehmer 1834–1879 (Köln, Opladen 1962)

7. Die nationale Einigung durch Bismarck

Becker, Otto: Bismarcks Ringen um Deutschlands Gestaltung (Heidelberg 1958)

Bismarck, Otto v.: Werke in Auswahl. Jahrhundertgedächtnis-Ausgabe in 8 Bänden (Stuttgart 1983)

Böhm, Helmut (Hg.): Probleme der Reichsgründungszeit 1848–1879 (Köln, Berlin 1968)

Born, Karl u. a.: Bismarck-Bibliographie (Stuttgart 1975)

Bussmann, Walter: Zur Geschichte des deutschen Liberalismus im 19. Jahrhundert. In: HZ 186/1958

Hillgruber, Andreas: Bismarcks Außenpolitik (Freiburg 1972)

Klingenstein, Grete/Lutz, Heinrich/ Stourzh, Gerald/Rumpler, Helmut/ Heiß, Gernot: Österreich und die deutsche Frage im 19. und 20. Jahrhundert (München 1983)

Kolb, Eberhard: Der Kriegsausbruch 1870 (Göttingen 1970)

Onken, Hermann: Die Rheinpolitik Kaiser Napoleons III. von 1863 bis 1870 und der Ursprung des Krieges von 1870/71, 3 Bde. (Stuttgart, Berlin, Leipzig 1926)

Rochau, August Ludwig v.: Grundsätze der Realpolitik (1853), Neuausgabe von Hans-Ulrich Wehler (Frankfurt a. M. 1972)

Rothfels, Hans (Hg.): Bismarck und der Staat (2. Aufl. Darmstadt 1953)

Wagner, Fritz: Cavour und der Aufstieg Italiens im Krimkrieg (Stuttgart 1940)

Ziekursch, Johannes: Politische Geschichte des neuen deutschen Kaiserreiches, Bd. 1: Die Reichsgründung (Frankfurt a. M. 1925)

8. Das Reich unter der Führung Bismarcks

Binder, Hans Otto: Reich und Einzelstaaten während der Kanzlerschaft Bismarcks 1871−1890 (Tübingen 1971)

Deininger, Helga: Frankreich-Rußland-Deutschland 1871−1891 (München 1982)

Huber, Ernst Rudolf: Deutsche Verfassungsgeschichte seit 1789, Bd. 3: Bismarck und das Reich (2. Aufl. Stuttgart 1978)

Pflanze, Otto (Hg.): Innenpolitische Probleme des Bismarck-Reiches (München 1983)

Pöls, Werner: Sozialistenfrage und Revolutionsfurcht in ihrem Zusammenhang mit den angeblichen Staatstreichsplänen Bismarcks (Lübeck, Hamburg 1960)

Rothfels, Hans: Prinzipienfragen der Bismarckschen Sozialpolitik (Leipzig 1935)

Schmidt-Volkmar, Erich: Der Kulturkampf in Deutschland 1871−1890 (Göttingen 1962)

Stürmer, Michael: Regierung und Reichstag im Bismarckstaat 1871−1880. Cäsarismus oder Parlamentarismus (Düsseldorf 1974)

Stürmer, Michael (Hg.): Das kaiserliche Deutschland. Politik und Gesellschaft 1871−1918 (Düsseldorf 1970)

Wehler, Hans Ulrich: Das Deutsche Kaiserreich 1871−1918 (Göttingen 1980)

Wehler, Hans Ulrich: Sozialdemokratie und Nationalstaat. Nationalitätenfragen in Deutschland 1840 bis 1914 (Göttingen 1971)

9. Das Wilhelminische Zeitalter

Albertini, Rudolf v.: Europäische Kolonialherrschaft 1880−1914 (Zürich, Freiburg 1976)

Baumgart, Winfried: Deutschland im Zeitalter des Imperialismus 1890−1914 (4. Aufl. Stuttgart 1982)

Berghahn, Volker Rolf: Rüstung und Machtpolitik. Zur Anatomie des „Kalten Krieges" vor 1914 (Düsseldorf 1973)

Fischer, Fritz: Krieg der Illusionen. Die deutsche Politik von 1911 bis 1914. Unveränd. Nachdr. der 2. Aufl. 1970 (Düsseldorf 1978)

Frauendienst, Werner/Mommsen, Wolfgang: Das Deutsche Reich von 1890 bis 1909. Die latente Krise des Deutschen Reiches 1909−1914 (Frankfurt a. M., o. J.)

Huber, Ernst Rudolf: Deutsche Verfassungsgeschichte seit 1789, Bd. 4: Struktur und Krisen des Kaiserreiches (2. Aufl. Stuttgart 1982)

Löwith, Karl: Von Hegel zu Nietzsche. Der revolutionäre Bruch im Denken des 19. Jahrhunderts (7. Aufl. Hamburg 1978)

Mommsen, Wolfgang: Das Zeitalter des Imperialismus (Frankfurt a. M. 1969)

Nipperdey, Thomas: Die Organisation der deutschen Parteien vor 1918 (Düsseldorf 1961)

Ritter, Gerhard: Staatskunst und Kriegshandwerk, Bd. 2: Die Hauptmächte Europas und des Wilhelminischen Reiches (2. Aufl. München 1965)

Saul, Klaus: Staat, Industrie, Arbeiterbewegung im Kaiserreich. Zur Innen- und Sozialpolitik des Wilhelminischen Deutschland 1903–1914 (Opladen 1974)

Stegmann, Dirk: Die Erben Bismarcks. Parteien und Verbände in der Spätphase des Wilhelminischen Deutschland. Sammlungspolitik 1909–1914 (Berlin 1972)

Wernecke, Klaus: Der Wille zur Weltgeltung. Außenpolitik und Öffentlichkeit im Kaiserreich am Vorabend des Ersten Weltkrieges (Düsseldorf 1970)

Ziekursch, Johannes: Politische Geschichte des neuen deutschen Kaiserreiches, Bd. 3: Das Zeitalter Wilhelms II. (Frankfurt a. M. 1930)

10. Der Erste Weltkrieg

Fischer, Fritz: Griff nach der Weltmacht. Nachdr. der Sonderausg. 1967 (Düsseldorf 1984)

Geyer, Dietrich: Die russische Revolution. Historische Probleme und Perspektiven (Stuttgart 1968)

Gonda, Imre: Verfall der Kaiserreiche in Mitteleuropa. Der Zweibund in den letzten Kriegsjahren (Budapest 1977)

Herzfeld, Hans: Der Erste Weltkrieg (München 1968)

Hillgruber, Andreas: Die deutsche Politik in der Julikrise 1914, in: Quellen und Forschungen aus italienischen Archiven und Bibliotheken 61/1981

Huber, Ernst Rudolf: Deutsche Verfassungsgeschichte seit 1789, Bd. 5: Weltkrieg, Revolution und Reichserneuerung 1914–1919 (Stuttgart 1978)

Hürten, Heinz: Die Epochen der Nationalstaaten und der Erste Weltkrieg (Stuttgart 1981)

Kolb, Eberhard (Hg.): Vom Kaiserreich zur Republik (Köln 1972)

Mommsen, Wolfgang: Die deutsche Kriegszielpolitik 1914–1918 (München 1967)

Pipes, Richard: Rußland vor der Revolution. Staat und Gesellschaft im Zarenreich (München 1977)

Rauch, Georg v.: Geschichte der Sowjetunion (6. Aufl. Wiesbaden 1977)

Schieder, Wolfgang (Hg.): Erster Weltkrieg. Ursachen. Entstehung und Kriegsziele (Köln, Berlin 1969)

Schwabe, Klaus: Deutsche Revolution und Wilson-Frieden (Düsseldorf 1971)

Zechlin, Egmont: Krieg und Kriegsrisiko. Zur deutschen Politik im Ersten Weltkrieg (Düsseldorf 1979)

11. Die Weimarer Republik

Bracher, Karl Dietrich: Die Auflösung der Weimarer Republik (Düsseldorf 1978)

Erdmann, Karl Dietrich/Schulze, Hagen (Hg.): Weimar. Selbstpreisgabe einer Demokratie. Eine Bilanz heute (Düsseldorf 1980)

Graml, Hermann: Europa zwischen den Kriegen (4. Aufl. München 1983)

Heiber, Helmut: Die Republik von Weimar (10. Aufl. München 1982)

Henning, Friedrich Wilhelm: Das industrialisierte Deutschland 1914 bis 1972 (Paderborn 1974)

Hirsch, Felix: Stresemann. Ein Lebensbild (Göttingen 1978)

Huber, Ernst Rudolf: Deutsche Verfassungsgeschichte, Bd. 6: Die Weimarer Reichsverfassung (Stuttgart 1981)

Kolb, Eberhard: Die Arbeiterräte in der Deutschen Innenpolitik 1918/19 (Düsseldorf 1962)

Krüger, Peter: Deutschland und die Reparationen 1918/19 (Stuttgart 1973)

Mathias, Erich/Morsey, Rudolf: Das Ende der Parteien 1933 (Düsseldorf 1960)

Michalka, Wolfgang/Niedhart, Gottfried (Hg.): Die ungeliebte Republik. Dokumente zur Innen- und Außenpolitik 1918–1933 (München 1981)

Neumann, Sigmund: Die Parteien der Weimarer Republik (4. Aufl. Stuttgart 1977)

Rosenberg, Arthur: Entstehung der Weimarer Republik (17. Aufl. Köln 1977)

Rosenberg, Arthur: Geschichte der Weimarer Republik (19. Aufl. Köln 1978)

Schulze, Hagen: Otto Braun oder Preußens demokratische Sendung. Eine Biographie (Berlin 1977)

Sontheimer, Kurt: Antidemokratisches Denken in der Weimarer Republik. Die politischen Ideen des deutschen Nationalismus zwischen 1918 und 1933 (München 1968)

Winkler, Heinrich August: Die Sozialdemokratie und die Revolution von 1918/19 (Berlin, Bonn 1979)

Winkler, Heinrich August: Weimar 1918–1933. Die Geschichte der ersten deutschen Demokratie (München 1993)

Ziemer, Gerhard: Inflation und Deflation zerstören die Demokratie (Stuttgart 1971)

12. Der Aufstieg der totalitären Gewalten

Arendt, Hannah: Elemente und Ursprung totalitärer Herrschaft (2. Aufl. Frankfurt a. M. 1962)

Kernig, Claus Dieter (Hg.): Sowjetsystem und demokratische Gesellschaft, 6 Bde. (Freiburg 1966 ff.)

Nolte, Ernst: Der Faschismus in seiner Epoche. Die Action française. Der italienische Faschismus. Der Nationalsozialismus (5. Aufl. München 1979)

Schieder, Wolfgang (Hg.): Der Faschismus als soziale Bewegung. Deutschland und Italien im Vergleich (2. Aufl. Göttingen 1982)

Schlangen, Walter: Die Totalitarismus-Theorie. Entwicklung und Probleme (Stuttgart 1976)

Wippermann, Wolfgang: Faschismustheorien. Zum Stand der gegenwärtigen Forschung (2. Aufl. Darmstadt 1975)

13. Von der Machtergreifung Hitlers bis zum Ausbruch des Zweiten Weltkrieges

Adam, Uwe Dietrich: Die Judenpolitik im Dritten Reich (Düsseldorf 1972)

Bettelheim, Charles: Die deutsche Wirtschaft unter dem Nationalsozialismus (München 1971)

Bracher, Karl Dietrich: Die deutsche Diktatur (6. Aufl. Frankfurt, Berlin, Wien 1979)

Bracher, Karl Dietrich/Funke, Manfred/Jakobsen, Hans Adolf (Hg.): Nationalsozialistische Diktatur 1933–1945. Eine Bilanz (Düsseldorf 1983)

Bracher, Karl Dietrich/Sauer, Wolfgang/Schulz, Gerhard: Die nationalsozialistische Machtergreifung (Frankfurt 1973)

Broszat, Martin: Der Staat Hitlers (4. Aufl. München 1975)

Buchheim, Hans/Broszat, Martin/Jacobsen, Hans Adolf/Krausnick, Helmut: Anatomie des SS-Staates (Olten, Freiburg 1965)

Diehl-Thiele, Peter: Partei und Staat im Dritten Reich (München 1959)

Fest, Joachim C.: Hitler. Eine Biographie (Frankfurt, Berlin, Wien 1973)

Fest, Joachim C.: Staatsstreich: Der lange Weg zum 20. Juli (Berlin 1994)

Fleming, Gerald: Hitler und die Endlösung (Wiesbaden, München 1982)

Hildebrand, Klaus: Das Dritte Reich (München 1979)

Hirschfeld, Gerhard/Kettenacker, Lothar: Der „Führerstaat": Mythos und Realität. Studien zur Struktur und Politik des Dritten Reiches (Stuttgart 1981)

Jäckel, Eberhard: Hitlers Weltanschauung (2. Aufl. Stuttgart 1981)

Lahr, Rolf: Zeuge von Fall und Aufstieg. Private Briefe 1934–1974 (Hamburg 1981)

Mason, Timothy W.: Sozialpolitik im Dritten Reich (Opladen 1977)

Meier, Kurt: Der evangelische Kirchenkampf, 3 Bde. (Göttingen 1984)

Mommsen, Hans: Beamtentum im Dritten Reich (Stuttgart 1966)

Müller, Klaus Jürgen: Das Heer und Hitler. Armee und nationalsozialistisches Regime 1933–1940 (Stuttgart 1969)

Scholder, Kurt: Die Kirchen und das Dritte Reich, Bd. 1 (Berlin 1977)

Shirer, William L.: Aufstieg und Fall des Dritten Reiches (Köln, Berlin 1961)

Thamer, Hans Ulrich: Verführung und Gewalt. Deutschland 1933 – 1945 (Berlin 1986)

14. Der Zweite Weltkrieg und das Ende des Dritten Reiches

Benz, Wolfgang/Graml, Hermann (Hg.): Sommer 1939. Die Großmächte und der europäische Krieg (Stuttgart 1979)

Glaser, Hermann: 1945 – Ein Lesebuch (Frankfurt a. M. 1995)

Hansen, Reimer: Das Ende des Dritten Reiches. Die deutsche Kapitulation 1945 (Stuttgart 1966)

Henkys, Reinhard: Die nationalsozialistischen Gewaltverbrechen. Geschichte und Gesicht (Stuttgart 1964)

Hillgruber, Andreas: Der Zweite Weltkrieg (2. Aufl. Stuttgart 1982)

Hillgruber, Andreas/Himmelchen, Gerhard: Chronik des Zweiten Weltkrieges. Kalendarium militärischer und politischer Ereignisse 1939–45 (Düsseldorf 1978)

Hoffmann, Peter: Widerstand, Staatsstreich, Attentat. Der Kampf der Opposition gegen Hitler (4. Aufl. München 1984)

Kocka, Jürgen: Zerstörung und Befreiung. Das Jahr 1945 als Wendepunkt deutscher Geschichte, in: Politik und Kultur (1986)

Krausnick, Helmut/Wilhelm, Hans-Heinrich: Die Truppen des Weltanschauungskrieges. Die Einsatzgruppen der Sicherheitspolizei und des SD 1938–1942 (Stuttgart 1981)

Müller, Rolf/Ueberschär, Gerd: Kriegsende 1945. Die Zerstörung des Deutschen Reiches (Frankfurt a. M. 1994)

Reitlinger, Gerald: Die Endlösung. Hitlers Versuch der Ausrottung der Juden in Europa 1939–1945 (Berlin 1956)

van Roon, Ger: Widerstand im Dritten Reich (München 1979)

Wolgast, Eike: Widerstand im Dritten Reich. Heidelberger Jahrbücher (Heidelberg, Berlin, New York 1982)

15. Die Welt nach dem Zweiten Weltkrieg

Bautz, Franz (Hg.): Geschichte der Juden (Stuttgart 1983)

Cornevin, Robert/Cornevin, Marianne: Geschichte Afrikas (Stuttgart 1966)

Czempiel, Ernst-Otto: Amerikanische Außenpolitik. Gesellschaftliche Anforderungen und politische Entscheidungen (Stuttgart 1979)

Fischer, Wolfram: Die Weltwirtschaft im 20. Jahrhundert (Göttingen 1979)

Franke, Wolfgang (Hg.): China Handbuch (Düsseldorf 1978)

Hall, John Whitney: Das Japanische Kaiserreich (Frankfurt a. M. 1968)

Hillgruber, Andreas: Europa in der Weltpolitik der Nachkriegszeit 1945–1963 (2. Aufl. München 1981)

Jahrbücher des Forschungsinstituts der Deutschen Gesellschaft für Auswärtige Politik e. V.: Die Internationale Politik (München 1964 ff.)

Jahrbuch Dritte Welt 1: Daten – Übersichten – Analysen (München 1983)

Kulke, Hermann/Rothermund, Dietmar: Geschichte Indiens (Stuttgart 1982)

Scheuner, Ulrich/Lindemann, Beate (Hg.): Die Vereinten Nationen und die Mitarbeit der Bundesrepublik Deutschland (München 1973)

Schmiederer, Ursula: Die Außenpolitik der Sowjetunion (Stuttgart 1980)

Weggel, Oskar: Die Außenpolitik der VR China (Stuttgart 1977)

16. Deutschland von 1945 bis 1949

Becker, Josef/Stammen, Theo/Waldmann, Peter (Hg.): Vorgeschichte der Bundesrepublik Deutschland (München 1979)

Bracher, Karl Dietrich/Eschenburg, Theodor/Fest, Joachim C./Jäckel, Eberhard (Hg.): Geschichte der Bundesrepublik Deutschland, 5 Bde. (Stuttgart, Wiesbaden 1983), Bd. 1: Eschenburg, Theodor: Jahre der Besatzung 1945–1949

Deuerlein, Ernst: Die Erörterungen und Entscheidungen der Kriegs- und Nachkriegskonferenzen 1941–1949. Darstellungen und Dokumente (Frankfurt a. M., Berlin 1961)

Dürwell, Kurt: Entstehung und Entwicklung der Bundesrepublik Deutschland 1945–1961 (Köln, Wien 1981)

Grosser, Alfred: Deutschlandbilanz. Geschichte Deutschlands seit 1945 (München 1974)

Kennan, George F.: Memoiren eines Diplomaten (4. Aufl. München 1983)

Löwith, Karl: Mein Leben in Deutschland vor und nach 1933. Ein Bericht (Frankfurt a. M. 1989)

Latour, Conrad/Vogelsang, Thilo: Okkupation und Wiederaufbau. Die Tätigkeit der Militärregierung in der amerikanischen Besatzungszone Deutschlands 1944–1947 (Stuttgart 1973)

Merkl, Peter H.: Die Entstehung der Bundesrepublik Deutschland (Stuttgart 1965)

17. Deutschland nach 1949

Ash, Timothy Garton: Ein Jahrhundert wird abgewählt. Aus den Zentren Mitteleuropas 1980–1990 (München, Wien 1990)

Bermbach, Udo: Demokratietheorie und politische Institutionen (Opladen 1991)

Besson, Waldemar: Die Außenpolitik der Bundesrepublik. Erfahrungen und Maßstäbe (München 1970)

Blanke, Bernhard/Wollmann, Hellmut (Hg.): Die alte Bundesrepublik. Kontinuität und Wandel (Opladen 1991)

Blümel, Willi/Magiera, Siegfried/Merten, Detlef/Sommermann, Karl-Peter: Verfassungsprobleme im vereinigten Deutschland (Speyerer Forschungsberichte 117, 1993)

Bracher, Karl Dietrich/Eschenburg, Theodor/Fest, Joachim C./Jäckel, Eberhard (Hg.): Geschichte der Bundesrepublik Deutschland, 5 Bde., Bd. 2: Die Ära Adenauer. Gründerjahre der Republik; Bd. 3: Die Ära Adenauer. Epochenwechsel 1957–1963 (Stuttgart, Wiesbaden 1983); Bd. 4: Von Erhard zur Großen Koalition 1963–1969 (Stuttgart, Wiesbaden 1984)

Brzezinski, Zbigniew: The Grand Failure. The Birth and Death of Communism in the Twentieth Century (2. Aufl. New York 1990)

Carr, Jonathan: Helmut Schmidt (Düsseldorf, Wien 1985)

Charta von Paris für ein neues Europa, Konferenz für Sicherheit und Zusammenarbeit in Europa (Paris 1990)

Dahrendorf, Ralf: Der moderne soziale Konflikt. Essay zur Politik der Freiheit (Stuttgart 1992)

Dann, Otto: Nation und Nationalismus in Deutschland 1770–1990 (München 1993)

Doering-Manteuffel, Anselm: Die Bundesrepublik Deutschland in der Ära Adenauers (Darmstadt 1983)

Eberwein, Wolf-Dieter/Johnson, Carsten/Stangl, Jörg/Gaertner, Karin: Vom Aufstand der Massen zum Ende der DDR (Berlin 1991)

Ellwein, Thomas: Das Regierungssystem der Bundesrepublik Deutschland (3. Aufl. Opladen 1973)

Geyer Dietrich (Hg.): Europäische Perspektiven der Perestrojka (Tübingen 1991)

Glaeßner, Gert-Joachim: Demokratie nach dem Ende des Kommunismus (Opladen 1994)

Griffith, William E.: Die Ostpolitik der Bundesrepublik Deutschland (Stuttgart 1981)

Hobsbawm, Eric J.: Nationen und Nationalismus. Mythos und Realität seit 1780
(Frankfurt a. M./New York 1991)

Holtmann, Dieter (Hg.): Die Revolutionen in Mittel- und Osteuropa und ihre
Folgen (Bochum 1991)

Hornung, Klaus: Staat und Armee. Studien
zur Befehls- und Kommandogewalt und
zum politisch-militärischen Verhältnis
in der Bundesrepublik Deutschland
(Mainz 1975)

Joas, Hans/Kohli, Martin (Hg.): Der Zusammenbruch der DDR. Soziologische
Analysen (Frankfurt 1993)

Kohler-Koch, Beate (Hg.): Die Osterwei-
terung der EG. Die Einbeziehung der
ehemaligen DDR in die Gemeinschaft
(Baden-Baden 1991)

Lampert, Heinz: Die Wirtschafts- und
Sozialordnung der Bundesrepublik
Deutschland (5. Aufl. München, Wien
1976)

Lehmann, Hans Georg: Chronik der Bundesrepublik Deutschland 1945/49–1983
(2. Aufl. München 1983)

Ludz, Christian Peter/Kuppe, Johannes:
DDR Handbuch (2. Aufl. Köln 1979)

Meyer, Gerd: Sozialistische Systeme.
Theorie und Strukturanalyse (Opladen
1979)

Minc, Alain: Die Wiedergeburt des Nationalismus in Europa (Hamburg 1992)

Müller-Armack, Alfred: Wirtschaftsordnung und Wirtschaftspolitik (Freiburg
1966)

Münch, Ingo von (Hg.): Die Verträge zur
Einheit Deutschlands (München o. J.)

Rausch, Heinz/Stammen, Theo: DDR –
Das politische, wirtschaftliche und soziale System (4. Aufl. München 1978)

Reißig, Rolf (Hg.): Rückweg in die Zukunft. Über den schwierigen Transfor-
mationsprozeß in Ostdeutschland
(Frankfurt 1993)

Schieder, Theodor: Nationalismus und Nationalstaat. Studien zum nationalen Problem im modernen Europa (Göttingen
1991)

Staritz, Dietrich: Die Gründung der DDR.
Von der sowjetischen Besatzungsherrschaft zum sozialistischen Staat (München 1984)

Weber, Hermann: DDR. Geschichte der
DDR (München 1985)

Kommentiertes Personenregister

Arnim, Harry von, seit 1870 Graf von
186, 198
1824–1881, dt. Diplomat. 1862 Gesandter in Lissabon. 1864 in München und
Rom. 1872 Botschafter in Paris. Befürworter monarchistischer Bestrebungen
in der französischen Republik. 1874 abberufen. Wegen Aneignung wichtiger
dienstlicher Dokumente zu Gefängnis
verurteilt. Flüchtete und veröffentlichte
1876 aus der Schweiz scharfe Angriffe
auf Bismarck. Daraufhin in Abwesenheit wegen Landesverrats zu 5 Jahren
Zuchthaus verurteilt.

Arnim, Otto von   163
1813–1903, Schwager Bismarcks.

Augustenburg, Friedrich Herzog von
163 f.
1829–1880, als Friedrich VIII. Herzog
zu Schleswig-Holstein-Sonderburg-Au-
gustenburg. Erhob nach dem Tode
Friedrichs VII. von Dänemark 1863
Erbansprüche auf Schleswig-Holstein.
Ließ sich zum Herzog von Schleswig-
Holstein erheben, konnte sich aber
gegen Bismarck, der die Annexion der
Herzogtümer plante, nicht durchsetzen
und verzichtete später.

Augustinus, Aurelius   38
354–430, Heiliger und größter lateini-
scher Kirchenlehrer des christlichen Al-
tertums.

Baader, Andreas   468
1944–1977, dt. Terrorist. 1968 wegen
Kaufhausbrandstiftung zu 3 Jahren Haft
verurteilt. Mitglied der Roten-Armee-
Fraktion. Verübte im Gefängnis Selbstmord.

Babeuf, François Noël   134
1760–1797, französischer Jakobiner.
Wollte einen „kommunistischen" Staat
mit „nationaler Gütergemeinschaft und
Arbeitsverteilung" errichten. Nach Auf-
decken der Verschwörung zum Sturz der
bürgerlichen Ordnung hingerichtet.

Bach, Johann Sebastian   56
1685–1750, dt. Musiker und Komponist. 1703 Organist in Arnstadt, 1707 in
Mühlhausen. Seit 1708 in Weimar her-
zoglicher Hoforganist und Konzertmei-

ster. Von großer Schöpferkraft. Seine
Kunst stellte eine der Äußerungen des
abendländischen Geistes dar.

Badoglio, Pietro   374
1871–1956, italienischer Marschall.
Chef des Generalstabes im Äthiopien-
feldzug 1936. Stürzte im Juli 1943 Mussolini und wurde Regierungschef. Unter
ihm Kapitulation Italiens.

Bamberger, Ludwig   154, 215
1823–1899, dt. Volkswirtschaftler und
Politiker. Seit 1871 nationalliberaler,
seit 1881 freisinniger Reichstagsabgeordneter. Als Berater Bismarcks an der
Münzreform beteiligt. Verteidigte den
Freihandel, wandte sich gegen die
Schutzzoll- und Kolonialpolitik Bismarcks.

Barlach, Ernst   343
1870–1938, dt. Bildhauer, Graphiker
und Dichter.

Barzel, Rainer Candidus   469
geb. 1924, dt. Politiker. Seit 1957 Mitglied des Bundestages. 1962–1963 Bundesminister für gesamtdeutsche Fragen.
1963–1964 stellvertretender Vorsitzender, von 1964–1973 Vorsitzender der
CDU/CSU-Fraktion. 1971–1973 Vorsitzender der CDU. 1982/1983 Bundesminister für Innerdeutsche Beziehungen. 1983–1984 Bundestagspräsident.

Bassermann, Friedrich Daniel   97
1811–1855, dt. Politiker, Mitglied der 2.
badischen Kammer. Vertrauensmann
der Revolutionsregierung in Frankfurt
a. M. Mitglied des Vorparlaments und
der Nationalversammlung.

Bastide, Jules   107
1800–1879, französischer Politiker.
1832 am Pariser Aufstand beteiligt, zum
Tod verurteilt, floh nach London, 1834
begnadigt. Während der Revolution
1848 kurze Zeit Außenminister. Gegner
Napoleons III.

Baumgarten, Hermann   168
1825–1893, dt. Historiker, Professor in
Karlsruhe. Befürwortete einen kleindeutschen preußischen Staat.

Baxter, Richard   114
1615–1691, englischer Theologe und

Erbauungsschriftsteller. Vertreter des gemilderten Puritanismus (Baxterianismus).

Bebel, August 170, 192 ff., 258 f.
1840−1913, dt. sozialdemokratischer Politiker und Publizist. Drechslermeister, kam 1861 zur Arbeiterbewegung. Mitglied des Reichstages seit 1867 (außer 1881−83). 1869 Mitbegründer der SPD und bald deren Führer. Mit Liebknecht 1872 wegen Vorbereitung zum Hochverrat verurteilt, 1886 wegen Geheimbündelei. Lebte nach Aufhebung des Sozialistengesetzes in Berlin.

Beck, Ludwig 352 f., 361, 378, 380 f.
1880−1944, dt. General. Seit 1935 Chef des Generalstabs des Heeres. Trat aus Opposition gegen die Hitlerschen Kriegspläne 1938 zurück. Führender Kopf des militärischen Widerstands. Erschoß sich am 20.7.1944.

Becker, Nikolaus 92
1809−1845, dt. Dichter. Schrieb 1840 das sogenannte Rheinlied (Sie sollen ihn nicht haben ...)

Beckmann, Max 343
1884−1950, dt. Maler und Graphiker. Seit 1916 Professor an der Kunstakademie Frankfurt a. M. Emigrierte nach den Niederlanden und ging 1947 in die USA. Expressionist.

Beethoven, Ludwig van 52, 58
1770−1827, dt. Komponist. 1787 kurzer Besuch bei Mozart in Wien. 1792 Übersiedlung dorthin. Studium bei Haydn, Salieri u. a. 1795 erstes öffentliches Auftreten als Pianist. Beginnendes Gehörleiden, 1818 völlige Ertaubung. Nach Haydn und Mozart der dritte und letzte der Wiener Klassiker.

Bell, Johannes 292
1868−1949, dt. Politiker und Rechtsanwalt. Mitglied des preußischen Abgeordnetenhauses seit 1908. 1912−1923 Mitglied des Reichstages (Zentrum). Von 1919 bis zur Auflösung des Ministeriums (Nov. 1919) Reichskolonialminister und 1919/20 zugleich Reichsverkehrsminister. Er unterzeichnete mit Außenminister Hermann Müller den

Versailler Vertrag. 1926 Reichsjustizminister und Minister für die von den Alliierten besetzten Gebiete.

Benedetti, Vincent Graf 174
1817−1900, französischer Diplomat, 1864−1870 Botschafter in Berlin. Vermittelte nach der Schlacht von Königgrätz den österreichisch-preußischen Frieden. Überbrachte 1870 die Forderungen zur spanischen Thronkandidatur und löste damit die Emser Depesche aus.

Benedikt XV. 270
1851−1922, seit 1914 Papst. 1883 Nuntiatursekretär, 1887−1907 an der römischen Kurie. 1907 Erzbischof von Bologna, 1914 Kardinal. Der Herbeiführung des Friedens sollte seine erfolglos gebliebene Note „an die Oberhäupter der kriegführenden Völker" (1917) dienen.

Benz, Carl Friedrich 220
1844−1929, dt. Ingenieur. 1885−1886 Konstruktion des ersten betriebsfähigen Kraftwagens mit Explosionsmotor. 1883 Gründung der Firma Benz & Co. in Mannheim. 1926 Vereinigung mit den Mercedes-Werken/Cannstatt zur Daimler-Benz AG.

Bernstein, Eduard 240, 284
1850−1932, dt. Politiker. Mitverfasser des Gothaer Programms 1875. Entfernte sich vom orthodoxen Marxismus und wurde der theoretische Begründer des Revisionismus. 1902−1928 mit kurzen Unterbrechungen Reichstagsabgeordneter.

Berstett, Wilhelm Freiherr von 80
1769−1837, badischer Staatsmann. Vertrat Baden seit 1816 im Bundestag. Führte es zusammen mit Minister v. Berckheim aus dem Rheinbund in die Gefolgschaft Metternichs. Seit 1818 Minister des Auswärtigen. 1820−1830 badischer Ministerpräsident.

Bethmann Hollweg, Theobald von 235 f., 257, 260, 264, 269 f.
1856−1921, dt. Politiker. Seit 1899 Oberpräsident der Provinz Brandenburg. Übernahm 1905 das preußische Innenministerium und wurde 1907

Staatssekretär des Reichsamtes des Inneren, 1909 Reichskanzler und preußischer Ministerpräsident. Trat auf ultimative Forderung Kaiser Wilhelms II. 1917 zurück.

Bismarck, Herbert Graf von, seit 1898 Fürst von 211
1849–1904, dt. Diplomat. 1886 Staatssekretär des Auswärtigen Amts. 1888–1890 preußischer Staatsminister. Sohn des Reichskanzlers.

Bismarck, Otto von, 1865 Graf, 1871 Fürst, seit 1890 Herzog von Lauenburg 50, 133, 140, 145 ff., 151, 154, 157 ff., 160 ff., 164 ff., 168 ff., 172 ff., 175 ff., 179 f., 183 ff., 188, 190 ff., 195 ff., 200 ff., 216, 222, 224, 229, 231, 236, 242, 246 f., 292
1815–1898, 1851 preußischer Bundestagsgesandter in Frankfurt. 1859 Gesandter in Petersburg, dann Botschafter in Paris. 1862 preußischer Ministerpräsident und Minister des Auswärtigen. 1871–1890 Reichskanzler.

Bismarck-Bohlen, Pauline Gräfin von 146
geb. Below, 1825–1889, Kusine Otto v. Bismarcks.

Blanc, Jean Joseph Louis 119, 146
1811–1882, französischer Sozialpolitiker und Historiker. Verfechter einer sozialen Gesellschaftsform. Gegner von Privatunternehmungen und freiem Konkurrenzkampf.

Blankenburg, Moritz von 146
1815–1888, preußischer Politiker. Jugendfreund Bismarcks, Abgeordneter im preußischen Abgeordnetenhaus und im Reichstag. Verzichtete nach Ausbruch des Kulturkampfes auf seine Mandate.

Blanqui, Louis August 119, 134
1805–1881, französischer Sozialist und Politiker. Konspirierte seit 1830 gegen König Louis Philippe. Theoretiker und einer der Führer der Februarrevolution von 1848 und der Kommune. Seine Anhänger nannten sich Blanquisten.

Blomberg, Werner von 339
1878–1946, dt. Generalfeldmarschall.

Seit Januar 1933 als Nachfolger Schleichers Reichswehrminister. Von Mai 1935 bis Februar 1938 Oberbefehlshaber der neuen Wehrmacht und deren erster Generalfeldmarschall. 1938 verabschiedet. Starb 1946 im Nürnberger Gerichtsgefängnis.

Bodelschwingh, Friedrich von 132
1831–1910, dt. evangelischer Theologe. Gründete 1867 die Epileptikeranstalt in Bethel, die sich zur größten Pflegestätte der Inneren Mission entwickelte. Rief 1882 eine Arbeiterkolonie ins Leben.

Börne, Ludwig 87
eigentlich Löb Baruch, 1786–1837, dt. Schriftsteller und Kritiker, Journalist und Publizist. Setzte sich leidenschaftlich für die Demokratie als der Voraussetzung für die soziale und die geistige Freiheit ein.

Bolivar, Simon 84
1783–1830, südamerikanischer Staatsmann und General. Befreier Südamerikas von der spanischen Herrschaft. 1819–1830 Präsident von Groß-Kolumbien und Bolivien, das seinen Namen von ihm erhielt. Berief 1826 den ersten Panamerikanischen Kongreß. Dankte 1830 ab. Nach seinem Tod brach Groß-Kolumbien auseinander.

Bonhoeffer, Dietrich 378, 380
1906–1945, dt. Theologe, 1931–1933 Privatdozent und Studentenpfarrer in Berlin, 1933–1935 Pfarrer an zwei deutschen Gemeinden in London, 1935 Direktor des Predigerseminars der Bekennenden Kirche in Finkenwalde. Verlor 1936 die Lehrbefugnis. Danach Übernahme verschiedener Aufträge der Bekennenden Kirche. Im Mai 1942 Zusammentreffen in Schweden mit dem Bischof von Chichester, um die Bedingungen einer ehrenvollen Kapitulation zu erkunden. Im April 1943 von den Nationalsozialisten verhaftet und 1945 hingerichtet.

Born, Stephan 132, 134
eigentlich Simon Buttermilch, 1824 bis 1898, dt. Sozialist. 1848 Führer der ersten deutschen Arbeiterorganisation mit

politischen Zielen. Marx ideologisch nahestehend, aber unabhängig. Floh 1849 in die Schweiz. Professor für Literatur in Basel.

Borsig, August 110, 124
1804–1854, dt. Industrieller. Gründete 1837 in Berlin eine Lokomotivfabrik.

Boulanger, Georges 204
1837–1891, französischer General und Politiker. 1886–1888 Kriegsminister. Chauvinist und Hauptvertreter des Revanchegedankens gegen Deutschland. Die ihn unterstützende Parteigruppe gab sich den Namen Boulange, seine Anhänger nannten sich Boulangisten.

Boulton, Matthew 115
1728–1809, englischer Industrieller. Mitarbeiter von James Watt, dessen Maschinen er bis zu ihrer industriellen Verwendung entwickeln half.

Boyen, Hermann von 68
1771–1848, preußischer General. Mitarbeiter Scharnhorsts an der Heeresreform in Preußen. Generalstabschef Bülows in den Freiheitskriegen. 1814–1819 und 1840–1847 Kriegsminister. Unter ihm wurden 1814 das Dienstpflichtgesetz (allgemeine Wehrpflicht) und 1815 die Landwehrordnung erlassen.

Brandt, Willi 430, 453, 465, 469 ff. 474, 492
urspr. Herbert Ernst Karl Frahm, geb. 1913, dt. Politiker (SPD), Mitglied der SPD seit 1931, der SAP seit 1931. Emigrierte 1933 nach Norwegen. 1938 von den deutschen Behörden ausgebürgert, nahm er die norwegische Staatsbürgerschaft an. 1940 Flucht nach Schweden. Kehrte 1945 als Korrespondent nach Deutschland zurück. 1947 Wiedereinbürgerung und erneut Mitglied der SPD. 1949–1957 und seit 1969 Mitglied des Bundestages. Seit 1950 Mitglied des Berliner Abgeordnetenhauses, 1955–1957 dessen Vorsitzender. 1957–1966 Regierender Bürgermeister von Berlin. 1964–1987 Parteivorsitzender, seit 1987 Ehrenvorsitzender. 1966–1969 Außenminister und Vizekanzler der Großen Koalition. 1969–1974 Bundeskanzler. 1971 Friedensnobelpreis. Seit 1976 Vorsitzender der Sozialistischen Internationale und von 1977–1980 Vorsitzender der Nord-Süd-Kommission.

Brauchitsch, Walther von 380
1881–1948, dt. Generalfeldmarschall. 1932 Inspekteur der Artillerie in der deutschen Reichswehr. 1933 Befehlshaber im Wehrkreis I, Königsberg/Preußen. 1938 Oberbefehlshaber des Heeres. Forderte nach Kriegsbeginn mehrfach seinen Abschied und wurde 1941 als angeblich schuldig am Mißlingen der Winterkämpfe in Rußland verabschiedet.

Braun, Otto 304, 318 f.
1872–1955, dt. Politiker. 1920–1932 Ministerpräsident einer Koalitionsregierung (SPD, DDP, Zentrum und DVP) in Preußen. 1925 SPD-Kandidat für das Amt des Reichspräsidenten. Im Juli 1932 von Reichskanzler Papen unter Berufung auf Artikel 48 der Reichsverfassung als Reichskommissar für Preußen abgesetzt.

Brecht, Bertolt 343
eigentlich Eugen Berthold Friedrich B., 1898–1956, dt. Schriftsteller und Regisseur. Lebte seit 1924 in Berlin. 1933 Emigration. 1948 Rückkehr nach Ost-Berlin, wo er mit seiner Frau Helene Weigel das „Berliner Ensemble" gründete. Brecht gehörte als teils realistischer, teils satirisch-grotesker Erzähler, Lyriker, Balladen- und Moritatendichter, vor allem aber als Theatertheoretiker und Dramatiker zu den bedeutendsten und einflußreichsten Autoren des 20. Jahrhunderts.

Brentano, Clemens 52, 58
1778–1842, dt. Dichter der Romantik. Befreundet mit Achim v. Arnim.

Breschnew, Leonid Iljitsch 456 f., 464
1906–1982, sowjetischer Politiker. Seit 1931 Mitglied und seit 1937 hauptamtlicher Funktionär der KPdSU. Seit 1952 im ZK. Seit 1957 Mitglied des Präsidiums der KPdSU. 1960–1964 Vorsitzender des Präsidiums des Obersten So-

wjets der UdSSR und damit nominelles Staatsoberhaupt. Seit April 1966 Generalsekretär der KPdSU. 1975 Armeegeneral, 1976 Marschall der Sowjetunion. 1977 Staatsoberhaupt.

Briand, Aristide 305 f.
1862–1932, französischer Politiker. Seit 1902 sozialistischer Abgeordneter. Seit 1906 in den meisten Kabinetten als Minister bzw. Ministerpräsident. Trat für eine Annäherung an Deutschland, für die Rheinlandräumung und die allgemeine Abrüstung ein.

Brockdorff-Rantzau, Ulrich Graf von 291
1869–1928, dt. Politiker. 1919 Reichsaußenminister. Führer der deutschen Delegation bei den Versailler Friedensvertragsverhandlungen. Rücktritt als Gegner des Versailler Vertrags. 1922 nach Abschluß des Rapollo-Vertrags erster deutscher Botschafter in der Sowjetunion.

Bruck, Karl Ludwig Freiherr von 143 f.
1798–1860, österreichischer Staatsmann deutscher Herkunft. Mitglied der Frankfurter Nationalversammlung. 1848–1851 Handelsminister, 1855 bis 1860 Finanzminister.

Bruckner, Anton 228
1824–1896, österreichischer Komponist und Organist. Erziehung im Stift St. Florian bei Linz, dort 1856 Organist. Seit 1868 als Kompositions- und Orgellehrer am Konservatorium in Wien. 1875 Universitätslektor für Musiktheorie.

Brüning, Heinrich 283, 311 ff., 314 ff., 318, 347
1885–1970, dt. Politiker. Von 1924 bis 1933 Abgeordneter des Zentrums im Reichstag, ab 1929 Fraktionsführer. Nach dem Bruch der Großen Koalition (März 1930) Reichskanzler mit einem Kabinett der bürgerlichen Mitte.

Buback, Siegfried 430, 468
1920–1977, dt. Jurist. Generalbundesanwalt. Von der Roten-Armee-Fraktion ermordet.

Buchberger, Michael 314
1874–1961, dt. katholischer Theologe.

1900 Priester. 1906 Professor für Kirchenrecht in Regensburg. 1919 Generalvikar. 1924 Weihbischof von München. 1927 Bischof von Regensburg. 1950 Titularerzbischof.

Büchner, Georg 96
1813–1837, dt. Dichter. Als Herausgeber der revolutionären Flugschrift „Der hessische Landbote" (1834) verfolgt. Flucht nach Straßburg. 1836 Dozent für Medizin in Zürich.

Bülow, Bernhard von, seit 1905 Fürst von 233 ff., 239, 248 f., 252, 257
1849–1929, dt. Staatsmann. Trat 1874 in den diplomatischen Dienst ein. 1894 Botschafter in Rom. 1897 Staatssekretär im Auswärtigen Amt. 1900 von Kaiser Wilhelm II. zum Reichskanzler und preußischen Ministerpräsidenten berufen. 1909 verabschiedet.

Bullock, William 125
1813–1867, amerikanischer Erfinder. Erfand 1860 die Rotationsdruckmaschine.

Bunsen, Christian Karl Josias Freiherr von 104
1790–1860, preußischer Diplomat und Gelehrter. Gesandter in Rom, Bern und London. Generalsekretär des Archäologischen Instituts in Rom. Mittler zwischen Preußen und England in religiösen und kulturellen Fragen.

Bunsen, Robert Wilhelm 126
1811–1899, dt. Chemiker, Professor in Marburg und Heidelberg. Entwickelte zusammen mit Kirchhoff die Spektralanalyse.

Burckhardt, Jacob 323
1818–1897, Schweizer Kultur- und Kunsthistoriker. Studierte ursprünglich Theologie, dann bei Ranke und Kugler in Berlin und Bonn Geschichte und Kunstgeschichte. Von 1855–1893 Professor in Zürich und Basel. Seine pessimistische Kulturkritik übte starken Einfluß auf seine Zeit, besonders auf Nietzsche aus.

Bush, George 485 f.
geb. 1924, 41. Präsident der USA (1989). 1952–1962 Senator von Con-

necticut. 1953–1964 erfolgreicher Geschäftsmann in der texanischen Ölindustrie. 1964 republikanischer Abgeordneter von Houston im Repräsentantenhaus. 1970–1972 UNO-Botschafter der USA. 1972 republikanischer Parteivorsitzender. 1974–1976 US-Botschafter in China. 1976–1977 Chef der CIA. 1977–1979 Vorstandsvorsitzender der First National Bank in Houston. 1979–1980 Präsidentschaftskandidat, unterlag dem republikanischen Mitbewerber Ronald Reagan und wurde 1981 Vizepräsident. Nach seiner Wahl zum Präsidenten der USA übernahm er 1989 den von Reagan eingeleiteten defensiven Kurs in der Außenpolitik und erklärte sich zur Reduzierung der US-Truppen in Europa und zur Beschleunigung der Wiener Abrüstungsverhandlungen bereit.

Byrnes, James Francis 418
1879–1972, amerikanischer Politiker. 1941/42 Richter am Obersten Bundesgericht. 1945–1947 Außenminister. 1951–1955 Gouverneur von South Carolina. Setzte sich für die Verständigung mit Deutschland ein.

Byron, George Gordon Noel, Lord 146
1758–1824, englischer Dichter. Berühmt durch die dichterische Darstellung seiner Reise in die Mittelmeerländer und Kleinasien sowie durch die Veröffentlichung seiner romantischen Verserzählungen aus dem Orient.

Cabet, Etienne 134
1788–1856, französischer Publizist und utopischer Sozialist.

Calvin, Johann 37, 42, 112
eigentlich Jean Cauvin, 1509–1564, französisch-schweizerischer Reformator. Nach humanistischen, theologischen und juristischen Studien Wandlung zum evangelischen Glauben. Seit 1541 in Genf. Dort straffe Organisation der Kiche und Einführung einer neuen Kirchenordnung.

Canaris, Wilhelm 353, 380
1887–1945, dt. Admiral. 1935 Leiter des deutschen Abwehrdienstes im Wehrmachtsamt des Reichskriegsministeriums. 1938 Chef des Amtes Ausland/Abwehr. Am Widerstand gegen Hitler beteiligt. 1944 abgesetzt. 1945 hingerichtet.

Caprivi, Georg Leo von, seit 1891 Graf von 231 f., 234, 246
1831–1899, dt. General und Staatsmann. 1890–1894 Nachfolger Bismarcks als Reichskanzler und preußischer Ministerpräsident (bis 1892).

Carnot, Lazar Nicolas, seit 1815 Graf 61
1753–1823, französischer Staatsmann und Kriegsminister. 1793 Organisator des Heereswesens („Levée en masse"), Mitglied des Direktoriums. 1800–1815 Kriegsminister. 1815 Innenminister. Wurde nach Rückkehr der Bourbonen verbannt.

Castlereagh, Robert Stewart, Viscount, Marquis of Londonderry 75
1769–1822, englischer Staatsmann. War maßgeblich am Zustandekommen der Union zwischen Irland und dem Vereinigten Königreich beteiligt. Bestimmte die antinapoleonische Politik Englands. 1812–1822 Außenminister. Vertrat sein Land auf dem Wiener Kongreß. Widersetzte sich den annexionistischen Bestrebungen Preußens und Rußlands und suchte das europäische Gleichgewicht zu wahren.

Cavour, Camillo Graf Benso di C. 140, 152 f., 168
1810–1861, italienischer Staatsmann. Vorkämpfer für die Einigung Italiens, Mitbegründer der Zeitung „Il Risorgimento" (1847), die der nationalen Bewegung ihren Namen gab. Seit 1852 leitender Minister des Königreichs Sardinien.

Ceaucescu, Nicolae 491
1918–1989, rumänischer Politiker. Seit 1936 KP-Mitglied. 1939–1944 inhaftiert. 1945 Mitglied des ZK der RKP. 1954 ZK-Sekretär. Seit 1965 Generalsekretär des ZK. 1967 Staatsratsvorsitzender und 1969 Generalsekretär der RKP. Ließ sich 1974 in das neugeschaffene Amt des Staatspräsidenten wählen

und übernahm mit Frau Elena 1980 den Vorsitz des „Ständigen Büros des Exekutiv-Komitees". Wegen seiner Bemühungen um eine von Moskau möglichst unabhängige Außenpolitik galt er dem Westen trotz seiner Tyrannei und Mißwirtschaft im Innern lange Zeit als akzeptabler Gesprächspartner. Wurde nach Erhebung der Rumänen im Dezember 1989 zusammen mit seiner Frau hingerichtet.

Chamberlain, Arthur Neville 353 ff., 357, 362
1869–1940, englischer Staatsmann. Seit 1918 konservativer Abgeordneter. 1923–1931 britischer Gesundheits- bzw. Wohlfahrtsminister. 1930–1940 Parteiführer der Konservativen. 1931–1937 Finanzminister. 1937–1940 Premierminister.

Chamberlain, Joseph 248
1836–1914, englischer Politiker. 1873–1876 Bürgermeister von Birmingham. 1876 Mitglied des Unterhauses. 1877 maßgeblich an der Reorganisation der liberalen Partei beteiligt. Handelsminister im Kabinett Gladstone. 1895–1903 Kolonialminister im Kabinett Salisbury. Sein Programm, die kommerziellen und politischen Bindungen innerhalb des Empire zu festigen, trug zum Ausbruch des Burenkrieges (1899–1902) bei. 1903 Rücktritt.

Chlodwig, I. 19
um 465–511, seit 482 König der salischen Franken. Gründer des Fränkischen Reiches.

Chruschtschow, Nikita 446, 449
1894–1971, sowjetischer Politiker. 1931–1937 Parteisekretär in Moskau. 1935–1966 Mitglied des Zentralkomitees der KPdSU. Im Zweiten Weltkrieg Organisator der Partisanenbewegung in der Ukraine. 1949–1953 Sekretär des ZK der KPdSU. 1959–1964 Erster Sekretär des ZK der KPdSU und 1958–1964 gleichzeitig Vorsitzender des Ministerrates der UdSSR (Ministerpräsident). Initiator der Entstalinisierung (XX. Parteitag der KPdSU vom

Februar 1956). Im Oktober 1964 aller Ämter enthoben.

Churchill, Winston 266, 366, 369, 375, 384, 390 f., 398 f.
1874–1965, englischer Staatsmann. 1900 Abgeordneter der Konservativen im britischen Unterhaus. 1905 Überwechseln zu den Liberalen, die er 1925 wieder verließ. 1906–1929 mit nur kurzen Unterbrechungen Mitglied der Regierung. 1929–1939 ohne politisches Amt. 1940–1945 Premierminister und Symbol des nationalen Widerstands. 1951 erneut Premierminister. April 1955 Rücktritt aus Altersgründen. 1953 Literaturnobelpreis.

Ciano, Galeazzo Conte C. di Cortellazzo 354 f.
1903–1944, italienischer Politiker. Teilnehmer des Marsches auf Rom (Oktober 1922). Seit 1935 Minister für Presse und Propaganda und Mitglied des Faschistischen Großrats. 1936–1943 Außenminister. Gegner der deutschen Kriegspolitik. 1944 von einem Sondergericht Mussolinis zum Tode verurteilt und erschossen.

Clay, Lucius 404, 449
1897–1978, amerikanischer General. 1945 Stellvertreter Eisenhowers. 1947–1949 Militärgouverneur in Deutschland. Organisierte die Luftbrücke zur Abwehr der sowjetischen Blockade Berlins. 1961 Sonderbotschafter Präsident Kennedys in Berlin.

Clemenceau, Georges 269, 290 f.
1841–1929, französischer Politiker. Seit 1871 Mitglied der Nationalversammlung. Gegner des Friedensvertrags mit Deutschland. 1875 Präsident des Pariser Stadtrats. 1906–1909 Ministerpräsident. 1917 erneut Ministerpräsident. Sein Ziel auf der Pariser Friedenskonferenz war die militärische Schwächung Deutschlands und die Durchsetzung der Rheingrenze. 1920 nach Niederlage bei der Präsidentschaftswahl Rückzug aus der Politik.

Corinth, Lovis 229
1858–1925, dt. Maler und Graphiker.

Nach seiner Ausbildung an der Königsberger Akademie, in München, Antwerpen und Paris war er zunächst in München, dann in Berlin als führendes Sezessionsmitglied tätig. Rang um Ausgleich zwischen einer rein malerischen Flächenkunst und einem kraftvollen Realismus. Nach 1912 wandelte sich seine Kunst zu überlegener malerischer Freiheit und Geistigkeit.

Cuno, Wilhelm 296
1876–1933, dt. Wirtschaftsfachmann und Politiker. 1907 Verwaltungsbeamter im Reichsschatzamt. Als Wirtschaftssachverständiger war er Teilnehmer an den Friedensverhandlungen 1918/19. 1922 Reichskanzler. Cuno beantwortete die Ruhrbesetzung mit dem passiven Widerstand, der zur totalen Zerrüttung der Reichsfinanzen und der Währung führte. 1923 durch ein Mißtrauensvotum gestürzt.

D'Abernon, Edgar Vincent, seit 1926 Viscount D. 299 f.
1857–1941, englischer Politiker und Diplomat. 1899–1906 konservativer Abgeordneter im britischen Unterhaus. 1920–1926 Botschafter in Berlin, wo er großen Einfluß auf die Verständigungspolitik Stresemanns gewann.

Dahlerus, Birger 362
1891–1957, schwedischer Industrieller. Versuchte am Vorabend des Zweiten Weltkrieges zwischen der deutschen und der britischen Regierung zu vermitteln.

Dahlmann, Friedrich Christoph 89, 96
1785–1860, dt. Historiker und Politiker. Professor in Kiel, Göttingen und Bonn. 1848 Mitglied des Frankfurter Parlaments. Verfechter der Einigung Deutschlands unter Führung Preußens.

Daimler, Gottlieb 220
1834–1900, dt. Ingenieur. 1883 Erfinder des ersten schnellaufenden Benzinmotors. Konstruierte 1886 gleichzeitig mit Carl Benz einen Kraftwagen und gründete 1890 die Daimler-Motoren-Gesellschaft in Cannstatt.

Daladier, Edouard 353 f., 356
1884–1970, französischer Politiker. Seit 1919 radikalsozialistischer Abgeordneter. Von 1924–1937 in wechselnden Funktionen Mitglied mehrerer Kabinette. 1938–1940 Ministerpräsident und Mitunterzeichner des Münchner Abkommens. 1940 Verhaftung durch die Vichy-Regierung. 1943–1945 in Deutschland interniert. 1946–1958 erneut Parlamentsabgeordneter.

Dawes, Charles Gates 300
1865–1951, amerikanischer Finanzpolitiker, Rechtsanwalt und Bankier. Im Ersten Weltkrieg Versorgungschef des amerikanischen Expeditionskorps in Frankreich. 1921–1922 Leiter des Budgetbüros in Washington. 1923 Vorsitzender der Sachverständigenkommission, die den Dawesplan ausarbeitete. Erhielt 1925 zusammen mit Joseph Austin Chamberlain den Friedensnobelpreis. Von 1925–1926 Vizepräsident, dann bis 1932 Botschafter in London.

Delcassé, Théophile 249, 252
1852–1923, französischer Politiker. Wurde 1889 als radikalsozialistischer Kandidat in die Abgeordnetenkammer gewählt. 1893 Unterstaatssekretär für die Kolonien. 1894/95 Kolonialminister. 1898–1905 Außenminister. Die erste Marokko-Krise veranlaßte ihn zum Rücktritt. 1911–1913 Marineminister. 1913–14 Botschafter in Petersburg. 1915 erneut Außenminister. Trat nach dem Scheitern des Angriffs auf die Dardanellen zurück.

Deng Xiaoping 476
geb. 1904, chinesischer Politiker. 1922–1926 als Student in Frankreich, Mitglied des Chinesischen Sozialistischen Jugendbundes. 1927 im Sekretariat des Zentralkomitees der KP in der Shanghaier Parteizentrale. 1929 Politkommissar in der Provinz Kwangsi. 1930 Stabschef in der VII. Roten Armee. Nahm 1934/35 am „Langen Marsch" teil. Nach 1937 Leiter einer Politabteilung der VIII. Armee. 1943-1945 Leiter der Allgemeinen Politischen Abteilung des Volksrevolutionären Militärrates. 1945 Mitglied des Zentralkomitees der

KPCh. 1950 Chef der Wirtschafts- und Finanzkommission Südchinas in Chungking. Ging 1952 als einer der stellvertretenden Ministerpräsidenten nach Peking. 1954 Generalsekretär des ZK-Sekretariats und vierter stellvertretender Ministerpräsident. 1955–1969 Mitglied des Politbüros und seit 1956 Mitglied des Ständigen Ausschusses des Politbüros. Während der Kulturrevolution Ausschluß aus dem ZK und dem Politbüro. 1973 rehabilitiert. Rückkehr ins ZK und in das Politbüro. 1975 Stellvertreter Mao Tse-tungs und Chou En-lais, Generalstabschef der Armee und Vizepräsident der Militärkommission des ZK. 1976 als ein Mann, der nach Aussage Maos „Pragmatismus über ideologische Klarheit" stellte, aller Posten enthoben. 1977 rehabilitiert und Rückkehr in alle früheren Ämter in Armee, Partei und Regierung. Betrieb von nun an wirtschafts- und außenpolitische Öffnung Chinas und leitete wirtschaftlichen Aufstieg des Landes ein. 1980 Niederlegung der Staats-, nicht aber der Parteiämter. Seit 1981 Vorsitzender der Militärkommission des ZK, seit 1983 Vorsitzender der Zentralen Militärkommission.

Déroulède, Paul 204
1846–1914, französischer Dichter und Politiker. Gründer der chauvinistischen „Ligue des patriotes" und Anhänger Boulangers. Bekannt auch durch seine patriotischen Kriegs- und Soldatenlieder und seine Dramen.

Dietrich, Hermann Robert 310
1879–1954, dt. Jurist und Politiker. 1908–1914 Bürgermeister von Kehl. 1914–1918 Oberbürgermeister von Konstanz. 1911–1919 als Nationalliberaler bzw. als Demokrat im badischen Landtag. 1918–1920 badischer Außenminister. Mitbegründer und Vorstandsmitglied der DDP. 1919–1933 Mitglied der Weimarer Nationalversammlung bzw. des Reichstags. Nach seiner Tätigkeit als Reichsernährungsminister 1928–1930 war er in der Regierung Brüning Wirtschafts- bzw. Finanzminister.

1930–1932 Vizekanzler. 1946/47 Leiter des Zweizonen-Ausschusses für Ernährung und Landwirtschaft.

Disraeli, Benjamin, seit 1876 Earl of Beaconsfield 197, 239 ff.
1804–1881, englischer Staatsmann und Romancier. Zunächst schriftstellerisch tätig. 1837 als Konservativer im Unterhaus. Seit 1869 Führer seiner Partei. Gegner Peels in der Schutzzollfrage. 1868 und 1874–1880 Premierminister. Erwarb 1875 die Mehrheit der Suezkanal-Aktien und veranlaßte 1876 die Erhebung Königin Viktorias zur Kaiserin von Indien. Trat im russisch-türkischen Krieg und auf dem Berliner Kongreß Rußlands Balkanplänen entgegen. Gilt als Begründer der imperialistischen Politik.

Dix, Otto 343
1891–1969, dt. Maler. 1927 Professor in Dresden. 1933 entlassen und als „entarteter" Künstler verfolgt.

Döblin, Alfred 343
1878–1957, dt. Schriftsteller und Arzt. Maßgeblich an der Erneuerung des zeitgenössischen deutschen Romans beteiligt.

Dönitz, Karl 386, 410
1891–1980, dt. Großadmiral. Ab 1936 Befehlshaber der U-Boot-Flotte. 1943 Oberbefehlshaber der Kriegsmarine. Von Hitler testamentarisch zu seinem Nachfolger ernannt, bildete Dönitz in den ersten Maitagen 1945 die letzte „Geschäftsführende Reichsregierung" mit Sitz in Flensburg-Mürwik. Am 23.5.1945 vom alliierten Oberkommando abgesetzt und verhaftet. Verurteilung im Nürnberger Prozeß.

Dollfuß, Engelbert 322, 351
1892–1934, österreichischer Politiker. Seit 1932 Bundeskanzler und Außenminister. Errichtete nach Ausschalten der parlamentarischen Demokratie einen autoritären Staat mit christlich-ständischer Verfassung. Während eines nationalsozialistischen Putschversuchs ermordet.

Dostojewski, Fedor Michailowitsch 238

1821–1881, russischer Dichter. Studierte an der Militäringenieurschule in Petersburg. Verzichtete auf eine Anstellung im Ingenieurdepartement, um sich ganz der Literatur zu widmen. 1849 wegen Teilnahme an den Treffen des Petraschewski-Kreises, einer dem utopischen Sozialismus anhängenden Gruppe, zum Tode verurteilt, dann zu 4jähriger Verbannung nach Sibirien begnadigt. 1859 Rückkehr nach Petersburg. Verschiedene Reisen nach Westeuropa. 1867–1871 weitere Auslandsaufenthalte, vor allem in Dresden. Danach Rückkehr nach Rußland. Schöpfer der russisch-philosophischen Romantragödie.

Drenkmann, Günter von   430, 468
1910–1974, dt. Jurist. Kammergerichtspräsident in Berlin. Von der Roten-Armee-Fraktion ermordet.

Drouyn de l'Huys, Edouard   108
1805–1881, französischer Staatsmann, klerikal-konservativer Politiker. 1848 bis 1866 wiederholt Außenminister. Strebte den Erwerb der linksrheinischen deutschen Gebiete an.

Droysen, Johann Gustav   141
1808–1884, dt. Geschichtsforscher. Professor in Kiel, Jena und Berlin. 1848 Mitglied der Frankfurter Nationalversammlung. Setzte sich für die Loslösung Schleswig-Holsteins von Dänemark ein.

Dubček, Alexander   491
geb. 1921, slowakischer Politiker, Schlosser. 1958–1970 Mitglied des ZK, 1963–1969 des Politbüros der tschechoslowakischen KP, 1968/69 deren erster Sekretär. Leitete eine Liberalisierung des innenpolitischen Lebens ein. Nach gewaltsamer Beendigung der Reformen durch die Truppen des Warschauer Paktes verlor er alle Partei- und Staatsämter und wurde aus der Partei ausgeschlossen. Von 1970–1989 in der Forstverwaltung in Preßburg tätig. Nach den politischen Umwälzungen in der Tschechoslowakei 1989 rehabilitiert und am 27. Dezember 1989 zum Parlamentspräsidenten gewählt.

Duesterberg, Theodor   315
1875–1950, dt. Offizier. 1924–1933 zweiter Bundesführer des Stahlhelm. 1932 Reichspräsidentschaftskandidat. War als Gegner Hitlers 1934 vorübergehend in Haft. Unterstützte 1943 Goerdeler.

Dunant, Henri   152
1828–1910, Schweizer Schriftsteller und Philanthrop. Regte 1863 die Bildung des späteren Internationalen Komitees des Roten Kreuzes an und veranlaßte 1864 die Einberufung einer Konferenz, die die Genfer Konvention beschloß. 1901 Friedensnobelpreis.

Ebert, Friedrich   278, 283 ff., 286 ff., 297, 299, 302
1871–1925, dt. Politiker. 1913 als Nachfolger Bebels einer der beiden Parteivorsitzenden der SPD. Ab 1912 Mitglied des Reichstages. 1916 neben Scheidemann Fraktionsvorsitzender. Am 9.11.1918 Reichskanzler. Seit 10.11.1918 zusammen mit Hugo Haase Vorsitzender des Rates der Volksbeauftragten. Vom 11.2.1919 bis zu seinem Tode Reichspräsident.

Eck, Johann   37 f.
eigentlich Mayer bzw. Maier aus Eck (Egg), 1486–1543, dt. katholischer Theologe. Professor in Ingolstadt. Einer der schärfsten Gegner Luthers und der Reformation. Teilnehmer an der Leipziger Disputation, des Augsburger Reichstags und der Streitgespräche in Worms und Regensburg. Hauptverfasser der *Confutatio,* der Gegenschrift gegen die *Confessio Augustana.* Gab 1537 eine dt. Bibel heraus.

Eckermann, Johann Peter   121
1792–1854, dt. Schriftsteller. Seit 1823 Vertrauter und Gehilfe Goethes.

Eckhard, Carl Maria Joseph   178
1822–1910, dt. Politiker, Jurist, Bankfachmann. Studium der Rechts- und Staatswissenschaften in Freiburg und Heidelberg. 1849 infolge seiner Teilnahme an der Revolution aus dem öffentlichen Dienst entlassen. Abgeordneter, später Vizepräsident der 2. Kammer der

Badischen Landstände. Mitbegründer der Nationalliberalen Partei Badens, die er 1863–1872 leitete. 1871–1874 Reichstagsmitglied. 1870 Mitbegründer der Rheinischen Kreditbank in Mannheim. 1873–1897 stellvertretender Vorsitzender des Aufsichtsrates der Badischen Anilin- und Sodafabrik in Ludwigshafen, 1903–1907 dessen Vorsitzender.

Eduard VII. 230
1841–1910, seit 1901 König von Großbritannien und Irland, Kaiser von Indien. Begünstigte die Entstehung der *entente cordiale* mit Frankreich.

Ehard, Hans 419
1887–1980, dt. Politiker (CSU), Jurist. 1945 Justizminister im Kabinett Schäffer. 1946–1954 und 1960–1962 bayerischer Ministerpräsident. 1949–1955 Vorsitzender der CSU. 1954–1960 Landtagspräsident.

Eisenhower, Dwight David 382, 446
1890–1969, amerikanischer General und Politiker. 34. Präsident der USA (1953–1961). 1942 Oberbefehlshaber der amerikanischen Truppen. Im Juni 1944 leitete Eisenhower die Invasion in Nordfrankreich. Von Juli bis November 1945 Oberbefehlshaber der amerikanischen Besatzungstruppen in Deutschland und Mitglied des Alliierten Kontrollrats.

Eisner, Kurt 294
1867–1919, dt. Politiker. Im Ersten Weltkrieg einer der Führer der USPD in München. Im Januar 1918 wegen aktiver Beteiligung am Munitionsarbeiterstreik mehrere Monate inhaftiert, im Oktober freigelassen, proklamierte Eisner am 7.11.1918 als Vorsitzender des Arbeiter-, Soldaten- und Bauernrats den „Freistaat Bayern" und wurde Ministerpräsident. Konnte Krisensituation nicht meistern und erlitt bei den Landtagswahlen eine vernichtende Niederlage. Von rechtsradikalem Gegner ermordet.

Elisabeth I. 37
1533–1603, seit 1558 Königin von England. Stellte die anglikanische Staatskirche wieder her. Kluge Politik gegenüber den Katholiken. Ließ 1587 Maria Stuart v. Schottland hinrichten. Begründete 1588 die Großmachtstellung Englands durch Vernichtung der spanischen Armada. Entdeckung und Eroberung Virginias.

Engels, Friedrich 110, 130, 134 ff.
1820–1895, dt. Politiker und Theoretiker des Sozialismus. Beschäftigte sich 1841/42 in Berlin u. a. mit Hegels Dialektik und Geschichtsphilosophie. Mitglied des „Bundes der Kommunisten", seit 1844 enge Zusammenarbeit mit Marx. Bruch mit den Hegelianern. 1848 mit Marx Herausgeber des „Kommunistischen Manifests". Teilnahme am Pfälzer Aufstand. Nach dessen Scheitern Flucht nach England, wo er Marx unterstützte.

Erhard, Ludwig 415 f., 422 f., 430, 436, 449, 452 ff., 495
1897–1977, dt. Politiker (CDU). 1928–1942 Assistent und dann Leiter des Instituts für Wirtschaftsbeobachtung Nürnberg. 1947 Honorarprofessor in München. 1948 Direktor für Wirtschaft der Bizone. Seit 1949 Mitglied des Bundestages. 1949–1963 Bundeswirtschaftsminister. 1957–1963 Vizekanzler. 1963 bis 1966 Bundeskanzler. Initiator des „Wirtschaftswunders".

Erzberger, Matthias 269, 281, 294, 299
1875–1921, dt. Politiker. Ab 1903 Mitglied des Reichstags (Zentrum). Im Ersten Weltkrieg wandelte sich Erzberger von einem Befürworter territorialer Annexionen zum Anwalt eines Verständigungsfriedens. Im Oktober 1918 Staatssekretär ohne Geschäftsbereich. Unterzeichnete als Führer der deutschen Delegation den Waffenstillstand. 1919 bis 1920 Reichsfinanzminister. Schöpfer einer einheitlichen Reichsfinanzverwaltung. Zielscheibe rechtsradikaler Agitation. Opfer eines Attentats.

Faber, Karl Georg 14
geb. 1925, dt. Historiker. 1953 wissenschaftlicher Referent an der Bundesanstalt für Landeskunde und Raumfor-

schung. 1967 Professor für Neuere und Neueste Geschichte in Saarbrücken.

Faulhaber, Michael, seit 1917 von 314, 380
1869–1952, dt. katholischer Theologe. 1892 Priester. 1903–1910 Professor für das Alte Testament in Straßburg. 1911–1917 Bischof von Speyer. Im Ersten Weltkrieg Feldpropst der bayerischen Armee. Seit 1917 Erzbischof von München und Freising. 1921 Kardinal.

Favre, Jules 175
1809–1890, französischer Staatsmann. Hervorragender Vertreter der gemäßigten Republikaner. Wirkte entscheidend beim Übergang zur 3. Republik mit. Führte als Außenminister 1871 die Friedensverhandlungen.

Ferdinand II. 45
1578–1637, römisch-deutscher Kaiser. Entschiedener Gegenreformator.

Ferry, Jules 208, 238, 241
1832–1893, französischer Politiker. Mitglied der Nationalversammlung. Setzte als Unterrichtsminister antiklerikale Unterrichtsgesetze durch. Als Ministerpräsident (1880–1881, 1883 bis 1885) bemühte er sich erfolgreich um die Vergrößerung des französischen Kolonialreiches.

Fichte, Johann Gottlieb 52, 74
1762–1814, dt. Philosoph. Professor in Jena und Erlangen. Seit 1810 Professor und erster frei gewählter Rektor der Universität Berlin. Erhob den dialektischen Dreischritt (These – Antithese – Synthese) zur grundlegenden Methode philosophischen Denkens.

Fliedner, Theodor 131
1800–1864, dt. evangelischer Theologe. 1822–1849 Pfarrer in Kaiserswerth, wo er zahlreiche diakonische Institutionen gründete.

Foch, Ferdinand 276, 281
1851–1929, französischer Marschall. 1918 Chef der alliierten Armeen in Frankreich. Fochs Offensive im Juli 1918 brachte die entscheidende Wende im Westen. 1918 Führer der französischen Waffenstillstandsdelegation.

Fontane, Theodor 212 f., 224, 228, 230

1819–1898, dt. Dichter und Theaterkritiker. Zuerst Apotheker, dann Journalist. Einflußreicher Theaterkritiker der „Vossischen Zeitung" (bis 1889). Seine Romane sind sowohl literarische Kunstwerke als auch kulturgeschichtliche und soziologische Quellen.

Francke, August Hermann 56
1663–1727, dt. evangelischer Theologe und Pädagoge. Studium in Erfurt, Kiel und Leipzig. Seit 1692 Professor für griechische und orientalische Sprachen, 1698 für Exegese in Halle. Pfarrer im benachbarten Glaucha. Verbreitete das Luthertum über die Grenzen Europas hinaus.

Franco, Francisco 322
1892–1975, spanischer General und Staatsmann. 1922 Kommandeur der spanischen Fremdenlegion. 1934 Generalstabschef. 1936 Führer einer Militärrevolte in Spanisch-Marokko, die den Bürgerkrieg in Spanien auslöste. 1939 Sieg mit deutscher und italienischer Unterstützung. Errichtung eines autoritären, klerikalfaschistischen Regierungssystems. 1936 Staatschef.

Frank, Hans 410
1900–1946, nationalsozialistischer Politiker, Rechtsanwalt. Wurde 1933 bayerischer Justizminister, 1934 Reichsminister. Obwohl Reichsrechtsführer und Präsident der Akademie für Deutsches Recht, war er ohne Einfluß auf die Gesetzgebung Hitlers. 1939 Generalgouverneur von Polen. 1946 in Nürnberg vom Internationalen Militärtribunal verurteilt und hingerichtet.

Franz II. 62
1768–1835, dt. Kaiser von 1792–1806. Nachdem er 1804 die habsburgischen Erblande zum Kaisertum Österreich zusammengefaßt hatte, legte er 1806 unter dem Druck Napoleons die deutsche Kaiserkrone nieder und nannte sich Franz I., Kaiser von Österreich.

Franz Ferdinand 260
1863–1914, Erzherzog von Österreich. Thronfolger Franz Josephs I. Seit 1913 Generalinspektor der gesamten Streit-

kräfte. Am 28.6.1914 in Sarajewo von dem serbischen Nationalisten Princip ermordet.

Franz Joseph I. 162, 214, 260, 270
1830−1916, seit 1848 Kaiser von Österreich. Regierte zunächst absolutistisch. Warf die Erhebungen in Italien und Ungarn nieder. Verlor im Krieg mit Sardinien 1859 die Lombardei. Mußte nach der Niederlage 1866 Venetien abtreten und der Einverleibung Schleswig-Holsteins in Preußen zustimmen. Durch den österreichisch-ungarischen Ausgleich 1867 König von Ungarn.

Freisler, Roland 381
1893−1945, nationalsozialistischer Richter. Teilnahme am Ersten Weltkrieg. Russische Gefangenschaft. 1920 bolschewistischer Kommissar in der Ukraine. Seit 1925 Mitglied der NSDAP. Als Präsident des Volksgerichtshofes (seit 1942) einer der radikalsten Verfechter nationalsozialistischen Strafrechts, stellte er die Justiz – besonders in den Prozessen gegen die Angehörigen der Widerstandsbewegung vom 20.7.1944 – in den Dienst des politischen Terrors.

Freud, Sigmund 226
1856−1939, österreichischer Psychiater und Neurologe. Seit 1902 Professor in Wien. Emigrierte 1938 nach England. Begründer der Psychoanalyse.

Frick, Wilhelm 320, 342, 410
1877−1946, nationalsozialistischer Politiker. 1919−1923 Beamter im Münchener Polizeipräsidium. 1923 Beteiligung am Hitler-Putsch. Ab 1924 Reichstagsabgeordneter, Führer der NSDAP-Fraktion. 1930−1931 Innenminister in Thüringen. 1933−1943 Reichsinnenminister. 1943−1945 Reichsprotektor in Böhmen und Mähren. Im Nürnberger Prozeß zum Tode verurteilt und hingerichtet.

Friedeburg, Hans-Georg von 387
1895−1945, dt. Großadmiral. Wurde 1941 Zweiter Admiral der Unterseeboote, 1943 Kommandierender Admiral, 1945 als Nachfolger Dönitz' Oberbe-fehlshaber der Kriegsmarine. Unterzeichnete im Auftrag von Dönitz am 4. Mai 1945 die Teilkapitulation gegenüber Montgomery und war Mitunterzeichner der Gesamtkapitulation der deutschen Wehrmacht am 7. Mai 1945 in Reims und am 9. Mai 1945 in Berlin-Karlshorst. Beging am 15. Mai 1945 Selbstmord.

Friedrich I., Barbarossa 25, 28
1122 bzw. um 1125−1190, Herzog von Schwaben. 1152 Wahl zum deutschen König, 1155 Kaiserkrönung durch Hadrian IV. 1189 Führer des 3. Kreuzzuges.

Friedrich I., Großherzog von Baden 156
1826−1907. 1852 Regent. 1856 Großherzog. Vertrat liberale Politik. Entschiedener Vorkämpfer der nationalen Einigung unter preußischer Führung, mußte jedoch 1866, durch die Volksstimmung und die geographische Lage seines Landes gezwungen, gegen Preußen kämpfen. Nach der Niederlage schloß er sich eng an Bismarck an.

Friedrich II. 25
1194−1250, 1198 König von Sizilien unter päpstlicher Vormundschaft. Wurde von Papst Innozenz III. in den deutschen Thronwirren Otto IV. als Gegenkönig entgegengestellt und 1212 zum König gewählt. 1220 Kaiserkrönung. 1228 im 5. Kreuzzug König von Jerusalem. 1239 von Papst Gregor IX. gebannt. 1245 auf dem Konzil von Lyon von Innozenz IV. abgesetzt.

Friedrich II., der Große 27, 31, 48 ff., 68, 398
von Preußen, 1712−1786, seit 1740 König. Regierte im Sinne des aufgeklärten Absolutismus. Begründete die preußische Großmachtstellung.

Friedrich III. 179, 209
1831−1888, 1888 deutscher Kaiser und preußischer König. Geriet als Kronprinz in Gegensatz zu seinem Vater und besonders zu Bismarck. Übernahm 1888 als Todkranker die Regierung. Sein Tod beendete die politischen Hoffnungen der Liberalen.

Friedrich VII. 162
1808–1863, seit 1848 König von Dänemark. Sein Versuch, Schleswig dem dänischen Gesamtstaat einzuverleiben,
führte zum Krieg mit dem Deutschen
Bund.
Friedrich Wilhelm I. von Preußen 48
1688–1740, seit 1713 König. Legte die
Grundlage zur späteren Großmachtstellung Preußens.
Friedrich Wilhelm III. von Preußen
71 f., 83
1770–1840, seit 1797 König. Hielt zunächst an der preußischen Neutralität
gegenüber Frankreich fest und konnte
Preußen 1803 und 1805 vergrößern.
Trat 1806 in den Krieg gegen Napoleon
ein, der im demütigenden Frieden von
Tilsit (1807) endet; einer der Sieger von
1815.
Friedrich Wilhelm IV. 79, 90 f., 99 f.,
104 ff., 108, 129, 140 f., 143, 146 f., 156 f.
1795–1861, seit 1840 preußischer
König. Verweigerte dem Vereinigten
Landtag von 1847 Periodizität und Verfassung, mußte aber nach Ausbruch der
Revolution 1848 Zugeständnisse machen. Lehnte 1849 die von der Nationalversammlung angebotene Erbkaiser-
krone ab. 1858 Thronverzicht.
Friedrich Wilhelm, der Große Kurfürst 48
1620–1688, seit 1640 Kurfürst von
Brandenburg. Wandelte Brandenburg
im Sinne des Absolutismus in ein einheitliches Staatswesen um.
Fritsch, Werner Freiherr von 339
1880–1939, dt. General. 1935–1938
Oberbefehlshaber des Heeres. Leitete
den Aufbau der Armee Hitlers. Stand
dessen Risiko- und Expansionspolitik
skeptisch gegenüber. Im Februar 1938
nach einer von Hitler gebilligten Intrige
verabschiedet, aber kriegsgerichtlich
freigesprochen und zum Chef eines Ar-
tillerieregiments ernannt.
Fritsche, Hans 410
1900–1953, dt. Journalist. 1923–1933
Mitglied der Deutschnationalen Volkspartei. 1924–1933 Schriftleiter bei der
Telegraphen-Union. Seit 1933 Mitglied

der NSDAP. 1933–1942 Leiter des
Nachrichtenwesens in der Presseabtei-
lung des Reichspropagandaministe-
riums und seit 1938 auch Leiter des
Presseamtes der Reichsregierung.
1942–1945 Generalbevollmächtigter
für die politische Organisation des
„Großdeutschen Rundfunks" und zugleich einer der führenden Rundfunk-
kommentatoren. 1946 vom Internationalen Militärtribunal von der Anklage,
an Kriegsverbrechen beteiligt gewesen
zu sein, freigesprochen.
Fröbel, Julius 158
Pseudonym Carl Junius, 1805–1893, dt.
Politiker und Schriftsteller. 1833 Dozent
für Mineralogie in Zürich. Gehörte in
der Frankfurter Nationalversammlung
zur äußersten Linken. In Wien zum
Tode verurteilt, jedoch begnadigt. Bereiste Amerika. 1873 deutscher Konsul
in Smyrna.
Fugger 36
Augsburgische Handels- und Bankierfa-
milie (ca. 1459–1598).
Funk, Walther 410
1890–1960, nationalsozialistischer Politiker, Wirtschaftsjournalist. Wurde 1933
Pressechef der Reichsregierung und
Staatssekretär im Propagandaministe-
rium, 1939 gleichzeitig Reichsbankpräsident. In dieser Doppelstellung war er
verantwortlich für die wirtschaftliche
und finanzielle Kriegsführung. 1946 in
Nürnberg vom Internationalen Militärtribunal zu lebenslänglichem Gefängnis
verurteilt. 1957 wegen Krankheit vorzeitig entlassen.
Gagern, Heinrich Freiherr von 82, 101 f.,
141
1799–1880, dt. liberaler Politiker. Studium der Rechte in Heidelberg. Mitbegründer der Burschenschaft. 1821 hessischer Staatsbeamter. 1833 wegen seiner liberalen Einstellung entlassen.
1848 Leiter der hessischen Regierung.
1. Präsident der Frankfurter Nationalversammlung. Betrieb die Wahl des
österreichischen Erzherzogs Johann
zum Reichsverweser. Dann die Wahl

Friedrich Wilhelms IV. zum Kaiser. Als dieser die Krone ablehnte, Austritt aus der Nationalversammlung. 1864–1872 Gesandter Hessens in Wien.

Galen, Clemens August Graf von 376, 380
1878–1946, dt. katholischer Theologe. Seit 1933 Bischof von Münster. 1946 Kardinal. Bekämpfte in weitverbreiteten Denkschriften und Predigten die nationalsozialistische Kirchen- und Rassenpolitik.

Gama, Vasco da, seit 1503 Graf 31
1469–1524, portugiesischer Seefahrer. 1497 von König Manuel von Portugal ausgesandt, um den Seeweg nach Indien zu finden. Umsegelte das Kap der Guten Hoffnung und erreichte 1498 Vorderindien. Bei der 2. Fahrt 1502 Gründung von Niederlassungen in Ostafrika. 1524 Vizekönig von Indien.

Gambetta, Léon 175
eigentlich Napoléon G., 1838–1882, französischer Staatsmann. Advokat in Paris. Führer der Republikaner. Proklamierte am 4.9.1870 die Republik. Innenminister der provisorischen Regierung. Seit 1877 Kammerpräsident. 1881–1882 Chef der Regierung.

Gandhi, Mahatma 325
eigentlich Mohandas Karamchand G., 1869–1948, Führer der indischen Freiheitsbewegung. 1893–1914 Führer der südafrikanischen Inder. In Indien Haupt der Bewegung des gewaltlosen Widerstandes im Kampf gegen die britische Herrschaft. Mehrmals verhaftet. Im Gefängnis Hungerstreik als politischer Protest. Erreichte 1947 die Unabhängigkeit Indiens, lehnte aber alle politischen Ämter ab. Sein Versuch, eine Zusammenarbeit zwischen Hindus und Mohammedanern herbeizuführen, schlug fehl.

Garibaldi, Guiseppe 153, 168
1807–1882, italienischer Freiheitsheld. Führte 1848 Freischärler gegen Österreich und verteidigte 1849 die römische Republik gegen französische Truppen.

1857 Präsident des italienischen Nationalvereins. Führte 1860 den „Zug der 1000" zur Befreiung Siziliens von Genua nach Marsala und beschleunigte damit den italienischen Einigungsprozeß. Zuletzt Mitglied des italienischen Parlamentes.

Gaulle, Charles de 365, 383, 450
1890–1970, französischer General und Staatsmann. Organisierte nach der französischen Niederlage 1940 von London aus den Widerstand. 1944–1946 Chef der provisorischen Regierung. Nach dem Aufstand der Algerienfranzosen 1958 wieder an der Macht. Einführung eines Präsidialsystems mit starker Exekutive und Plebiszit. Beendete die Kämpfe in Algerien und ließ dessen Unabhängigkeit zu. Mit Adenauer um die deutsch-französische Freundschaft bemüht.

Gauß, Carl Friedrich 110, 125
1777–1855, dt. Mathematiker, Astronom und Physiker. Seit 1807 Professor in Göttingen und Direktor am Observatorium.

Genscher, Hans-Dietrich 470, 483, 498, 499
geb. 1927, dt. Politiker (FDP). Jurist. Nach 1945 zunächst Mitglied der LDPD in der sowjetisch besetzten Zone. Ging 1952 in die Bundesrepublik Deutschland. Seit 1965 Mitglied des Bundestages (FDP). Seit 1968 stellvertretender Parteivorsitzender. 1969–1974 Bundesinnenminister. Seit 1974 Bundesaußenminister und Stellvertreter des Bundeskanzlers. 1974–1984 Vorsitzender der FDP.

Georg V. 187
1819–1878, letzter König von Hannover (1851–1866). Von antiliberalistischer Gesinnung. Im preußisch-österreichischen Krieg 1866, an dem er auf der Seite Österreichs teilnahm, wurde sein Land annektiert, er selbst enthront und sein Vermögen beschlagnahmt. Verbrachte die Jahre des Exils u. a. in Wien und Paris.

George, Stefan 329
1868–1933, dt. Dichter. Nach dem Stu-

dium der Philosophie und Kunstgeschichte Reisen in ganz Europa. 1892
gründete er die „Blätter für die Kunst",
das Organ des George-Kreises.

Gerlach, Leopold von 146, 157
1790–1861, preußischer General. 1826
Adjutant Prinz Wilhelms v. Preußen.
Persönlicher Freund Friedrich Wilhelms
IV. Geistiger Führer einer christlich-
ständisch ausgerichteten „Kamarilla".
Scharfer Gegner der Unionspolitik und
tatkräftiger Anhänger der Reaktion.

Gladstone, William Ewart 248
1809–1898, englischer Staatsmann.
1832 als überzeugter Tory ins Unterhaus
gewählt. 1843–1845 Leiter des Handels-
ministeriums. 1845 Kolonialminister.
1852–1855 und 1856–1866 Schatzkanzler. 1868–1874, 1880, 1886 und
1892–1894 Premierminister. Gegen-
spieler Disraelis.

Gluck, Christoph Willibald, seit 1756 Ritter von 58
1714–1787, dt. Komponist. Nach Studium in Prag und Wien, in Mailand und
London. 1754–1764 Kapellmeister des
Wiener Burgtheaters, danach in Paris
und seit 1779 wieder in Wien. Gluck
knüpfte an die italienische Operntradi-
tion an und erneuerte die Barockoper.

Gneisenau, August Neidhardt von, seit
1814 Graf von 66 ff., 83
1760–1831, preußischer Generalfeldmarschall. 1806/07 Verteidiger Kol-
bergs. Mitglied der Kommission zur Reorganisation des Heeres. Setzte mit
Scharnhorst die Errichtung der Kriegs-
schule und des Generalstabs durch und
trug entscheidend zum Reformwerk
Steins bei, nach dessen Entlassung 1808
er ebenfalls aus dem Staatsdienst ausschied. 1813 Generalstabschef Blüchers.

Gobineau, Joseph Arthur Graf von 333
1816–1882, französischer Schriftsteller.
Seine Lehre vom Vorrang der „arischen" Rasse wirkte u. a. auf Nietzsche.
Später beriefen sich die Nationalsozialisten auf ihn.

Goebbels, Joseph 336, 342, 344, 362,
375, 377, 386

1897–1945, nationalsozialistischer Politiker. 1926 Gauleiter der NSDAP von
Berlin-Brandenburg. 1929 Reichspro-
pagandaleiter. Ab März 1933 Reichsminister für Volksaufklärung und Propaganda und Präsident der Reichskulturkammer. Ab 1944 „Generalbevollmächtigter für den totalen Kriegseinsatz".
Endete durch Selbstmord.

Goerdeler, Carl Friedrich 379 f.
1884–1945, dt. Politiker. Seit 1930
Oberbürgermeister   von   Leipzig.
1931–1932 und 1934–1935 zugleich
Reichskommissar für Preisüberwa-
chung. 1937 Rücktritt als Oberbürgermeister. Verbindung zur Widerstandsbewegung, in der er neben Beck zum
führenden Kopf wurde. Für den Fall des
Regimewechsels als Reichskanzler vorgesehen. Nach dem 20.7.1944 zum Tode
verurteilt und hingerichtet.

Göring, Hermann 320, 345, 351, 362, 410
1893–1946, nationalsozialistischer Politiker. 1918 Kommandeur des Jagdge-
schwaders Richthofen. Seit 1922 Mitglied der NSDAP und Oberster Führer
der SA. Beim Hitler-Putsch schwer verwundet. 1932 Reichstagspräsident. Von
April 1933 bis Kriegsende preußischer
Ministerpräsident, seit Mai 1933 Reichsminister für Luftfahrt. 1935 Oberbefehlshaber der Luftwaffe. 1938 Generalfeldmarschall. 1940 Reichsmarschall.
Seit 1936 Beauftragter für den Vierjahresplan. Vom Internationalen Militärtribunal in Nürnberg zum Tode verurteilt.
Entzog sich der Hinrichtung durch
Selbstmord.

Görres, Joseph, seit 1839 von 52, 58
1776–1848, dt. Publizist und Gelehrter.
Von 1806–1808 als Privatdozent in Heidelberg. Seit 1814 Herausgeber des
„Rheinischen Merkur", der 1816 verboten wurde. 1819 Flucht nach Straßburg
und in die Schweiz. Seit 1827 Professor
in München.

Goethe, Johann Wolfgang, seit 1782 von
52, 57 f., 74, 85, 121, 127
1749–1832, dt. Dichter. Aufgewachsen
in Frankfurt a. M. 1765–1768 Studium

in Leipzig, 1770 in Straßburg. Von 1775 bis zu seinem Tode am Hofe des Herzogs Karl August von Weimar. Als Dichter der bedeutendste Repräsentant zweier Epochen, des Sturm und Drang und der Klassik. Leitbild für die Romantik und das Bildungsbürgertum des 19. Jahrhunderts.

Gorbatschow, Michail Sergejewitsch 475, 483, 486 f., 489 f., 492 f., 495, 498 geb. 1931, sowjetischer Politiker. Seit 1952 Mitglied der KPdSU; seit 1970 Mitglied des Obersten Sowjet, seit 1978 Sekretär des ZK der KPdSU, 1979/80 Kandidat, seit Oktober 1980 Mitglied des Politbüros, seit April 1984 Vorsitzender des außenpolitischen Ausschusses des Obersten Sowjet. Nach dem Tode von K. U. Tschernenko am 10. März 1985 wurde Gorbatschow bereits am 11. März als dessen Nachfolger zum Generalsekretär der KPdSU gewählt. 1. Oktober 1988 Wahl zum Staatsoberhaupt und damit Staats- und Parteichef. Vom 14. März 1990 bis zur Auflösung der UdSSR am 25. Dezember 1991 erster Präsident der Sowjetunion.

Gotthelf, Jeremias 122, 127 eigentlich Albert Bitzius, 1797–1854, Schweizer Erzähler und reformierter Pfarrer. Von tiefem Argwohn gegen die Städte und die Zivilisation erfüllt, sah er in der Lebensweise des Bauern den schöpfungsgemäßen Natur- und Kulturzustand.

Gramont, Antoine Alfred Agénor Duc de, Prince de Bidache 173 1819–1880, französischer Politiker. Seit 1848 Bonapartist. 1870 Außenminister im Kabinett Ollivier. Arbeitete seit 1866 auf den Deutsch-Französischen Krieg hin. 1870 Rücktritt.

Grey, Edward, seit 1916 Viscount G. of Fallodon 261 1862–1933, englischer Staatsmann. Seit 1885 als Liberaler im Unterhaus. 1905–1916 Außenminister. Suchte Reibungsflächen zwischen den Großmächten zu vermindern. Trat 1916 aus Protest gegen die Politik Lloyd Georges zurück.

Grimm, Jacob 14, 52, 58 1785–1863, dt. Sprachwissenschaftler. Begründer der germanischen Sprachwissenschaft. Bibliothekar, Professor in Göttingen und Berlin. 1848 Abgeordneter der Frankfurter Nationalversammlung. Gab zusammen mit seinem Bruder Wilhelm die „Kinder- und Hausmärchen" (1812 ff.) und die „Deutschen Sagen" (1816–1818) heraus. Begann 1838 die Arbeiten zum „Deutschen Wörterbuch" (1852–1861). Untersuchte in der „Deutschen Grammatik" (1819–1837) und in der „Geschichte der deutschen Sprache" (1848) die germanischen Sprachen auf ihre Gesetzmäßigkeiten.

Grimm, Wilhelm 14, 52, 58 1786–1859, dt. Sprachwissenschaftler. Bibliothekar in Kassel. Professor in Göttingen. Enge Zusammenarbeit mit seinem Bruder Jacob. Herausgeber zahlreicher Literaturwerke.

Groener, Wilhelm 315 1867–1939, dt. General und Minister. Am 26.10.1918 Nachfolger Ludendorffs als Erster Generalquartiermeister. Leitete nach dem 9.11.1918 den Rückmarsch und die Demobilmachung des Heeres. Verbündete sich im Auftrag Hindenburgs mit Ebert, um die Etablierung des Rätesystems abzuwenden. 1928–1932 Reichswehrminister, 1931–1932 Reichsinnenminister im zweiten Kabinett Brüning.

Gromyko, Andrej Andrejewitsch 471 geb. 1909, sowjetischer Politiker, Agrarwissenschaftler. Seit 1931 Mitglied der KPdSU. Trat 1939 in den diplomatischen Dienst. 1943–1946 Botschafter in den USA, 1946–1948 beim Weltsicherheitsrat der UN und 1952/53 in Großbritannien. Seit 1946 zugleich Vizeaußenminister. 1949–1957 Erster Stellvertretender Außenminister und 1957–1985 Außenminister. Seit 1956 Mitglied des ZK und seit 1973 des Politbüros. Wurde 1983 Erster Stellvertretender Ministerpräsident. 1985–1988 Staatsoberhaupt.

Grotewohl, Otto 403
1894–1964, dt. Politiker. Seit 1920 Mitglied der SPD. 1925–1933 Mitglied des Reichstages. Gab 1946 als Vorsitzender der Sozialdemokraten in der sowjetisch besetzten Zone dem Druck der Kommunisten auf Verschmelzung zur SED nach, seither deren Mitvorsitzender. Seit 1949 Ministerpräsident der DDR. Seit 1960 stellvertretender Vorsitzender des Staatsrates.

Grotius, Hugo 52 f.
eigentlich Huig de Groot, 1583–1645, niederländischer Gelehrter und Staatsmann, hoher Regierungsbeamter, Advokat. Wurde als Gegner Moritz von Oraniens 1619 zu lebenslänglicher Haft verurteilt. 1621 Flucht nach Paris, dort 1635–1645 Gesandter Schwedens. Einer der Begründer des Völkerrechts. Wegbereiter der Aufklärung.

Guse, Günther 353
1896–1953, dt. Admiral. Seit 1935 Chef des Marinekommandoamtes. Von 1937–1938 Chef des Stabes der Seekriegsleitung, danach bis 1940 Inspekteur der Marine-Nachrichteninspektion. 1940 Ernennung zum Kommandierenden Admiral der Marinestation Ostsee und 1943 zum Chef des Marine-Oberkommandos Ost. Im gleichen Jahr vorübergehend beurlaubt, anschließend z. V. gestellt. 1953 in sowjetischer Kriegsgefangenschaft gestorben.

Gustav II., Adolf von Schweden 45
1594–1632, seit 1611 König. Griff 1630 in den Dreißigjährigen Krieg ein und rettete die schwer bedrängten protestantischen Fürsten.

Gutenberg, Johannes 31, 35
eigentlich Johann Gensfleisch zum Gutenberg, zwischen 1394 und 1399–1468, dt. Buchdrucker, Erfinder der Buchdruckerkunst. 1434–1444 in Straßburg nachweisbar als Mitglied der Goldschmiedezunft. 1448 in Mainz. Seit 1465 im Dienst des Mainzer Erzbischofs.

Haase, Hugo 264
1863–1919, dt. Politiker. Seit 1897 Reichstagsabgeordneter der SPD. Ab 1911 neben Ebert einer der beiden Parteivorsitzenden. Im August 1914 forderte er seine Fraktion vergeblich zur Verweigerung der Kriegskredite auf. Ab Ende 1915 Wortführer des radikal pazifistischen Flügels. 1917 Mitbegründer der USPD. Ab 10.11.1918 gemeinsam mit Ebert Vorsitzender des Rates der Volksbeauftragten, aus dem er am 29.12.1918 gemeinsam mit den weiteren USPD-Vertretern ausschied. Starb an den Folgen eines Attentats.

Händel, Georg Friedrich 56
1685–1759, dt. Komponist und Organist. 1703–1706 Lehrzeit an der Hamburger Oper, dann in Italien. 1710 kurfürstlicher Kapellmeister in Hannover. Seit 1712 in London. 1719 künstlerischer Leiter der Royal Academy of Music.

Haldane, Richard Burdon, seit 1911 Viscount H. of Cloan 216, 257
1856–1928, englischer Politiker. 1905 Kriegsminister. Übernahm 1912 eine erfolglose Mission nach Berlin, um eine Verständigung in der Flottenfrage zu erreichen. 1912 und 1924 Lordkanzler.

Halder, Franz 353, 367, 380
1884–1974, dt. General. Seit August 1938 Chef des Generalstabs des Heeres. Nahm aus Opposition zu Hitlers Risikopolitik Kontakt zur Widerstandsbewegung auf. Konflikt mit Hitler wegen der strategischen Prioritäten im Rußlandfeldzug. Nach dem 20. Juli 1944 verhaftet, bis Kriegsende im Konzentrationslager.

Halifax, Edward Wood, 1925 Lord Irwin, 1934 Viscount H., seit 1944 Earl of H. 350 f., 353
1881–1959, englischer Politiker. 1935–1938 Lordsiegelbewahrer und Führer des Oberhauses. 1938–1940 Außenminister. Stimmte dem Münchner Abkommen zu und befürwortete zugleich die britisch-französische Garantiepolitik für Polen. 1941–1946 Botschafter in Washington.

Haller, Carl Ludwig von 79 f.
1768–1854, Schweizer politischer Schriftsteller. Trat nach Errichtung der

Helvetischen Republik in österreichische Dienste. 1806–1817 Professor für Staatsrecht und vaterländische Geschichte an der Berner Akademie. Nach Wiederherstellung der alten Verfassung (1814) war er bis 1820 Mitglied des Großen Rates in Bern. 1825 im französischen Außenministerium. Nach der Julirevolution Rückkehr in die Schweiz. 1834–1837 Mitglied des Großen Rates von Solothurn.

Hallstein, Walter   446
1901–1982, dt. Jurist und Politiker. 1930–1941 Professor in Rostock, 1941–1948 in Frankfurt a. M., 1948 in Georgetown. 1949 Leiter der UNESCO-Kommission der Bundesrepublik. 1950 beauftragte ihn Adenauer mit der Führung der Verhandlungen zum Schumanplan und berief ihn im gleichen Jahr als Staatssekretär in das Bundeskanzleramt, dann ins Auswärtige Amt. 1958 Präsident der Kommission der EWG, 1968 der Europäischen Bewegung. 1969 Mitglied des Bundestages.

Halske, Johann Georg   110
1814–1890, dt. Industrieller, ursprünglich Mechaniker. 1847 Mitbegründer der Telegraphenbauanstalt Siemens & Halske.

Hansemann, Adolf von   207
1827–1903, dt. Bankier der Bismarckzeit.

Hardenberg, Karl August Freiherr von, seit 1814 Fürst von   65 ff.
1750–1822, preußischer Staatsmann. Bis 1782 im hannoverschen Staatsdienst, dann Präsident des Klosterrates bei Herzog Karl W. F. von Braunschweig. 1790 Minister des Markgrafen von Ansbach-Bayreuth. 1791 preußischer Minister. 1806 auf Wunsch Napoleons entlassen. 1807 erneut zum Minister berufen. 1810 preußischer Staatskanzler. Setzte die Reformen Steins fort. Vertrat Preußen (neben W. v. Humbolt) auf dem Wiener Kongreß.

Harkort, Friedrich   123 f., 130
1793–1880, dt. Industrieller und Politiker. Interessiert an sozialen Problemen und Fragen der Volksbildung. Liberale Grundhaltung. Gründete die Partei des linken Zentrums. Später Mitglied der Fortschrittspartei.

Harnack, Arvid   377
1901–1942, dt. Nationalökonom. Besuchte 1932 Rußland und war überzeugter doktrinärer Kommunist. Seit 1933 in der Devisenabteilung des Reichswirtschaftsministeriums. 1937 Beitritt zur NSDAP. Belieferte Sowjetbotschaft in Berlin und auch in Moskau mit wichtigen militärischen und politischen Informationen. 1941 von der Funkabwehr der Wehrmacht aufgedeckt. 1942 verhaftet und von den Nationalsozialisten hingerichtet.

Hassell, Ulrich von   378, 380
1881–1944, dt. Diplomat. Seit 1932 Botschafter in Rom. 1938 als Gegner der NS-Außenpolitik entlassen. Verbindung zur Widerstandsbewegung. Nach dem 20.7.1944 zum Tode verurteilt und hingerichtet.

Hatzfeldt-Wildenburg, Paul Graf von   248
1831–1901, dt. Diplomat. Seit 1859 im preußischen Dienst. 1878–1880 Botschafter in Konstantinopel. 1882–1885 Staatssekretär im Auswärtigen Amt und Mitglied des preußischen Staatsministeriums. Seit 1885 Botschafter in London. Setzte sich vergeblich für ein besseres deutsch-britisches Verhältnis ein.

Haubach, Theodor   377, 379
1896–1945, dt. Politiker. Mitglied der SPD. 1930 Pressereferent des Polizeipräsidenten in Berlin. Seit 1942 in Verbindung zum Kreisauer Kreis. Nach dem 20.7.1944 verhaftet und hingerichtet.

Hauptmann, Gerhart   128, 180, 228
1862–1946, dt. Dichter. 1883 als Bildhauer in Rom, dann an der Dresdner Kunstakademie, anschließend historische Studien und Schauspielunterricht in Berlin. Bedeutendster Dramatiker des Naturalismus.

Havel, Václav   491
geb. 1936, tschechischer Schriftsteller, Dramatiker und Bürgerrechtskämpfer.

Seit 1969 Publikations- und Aufführungsverbot. Ab 1977 Veröffentlichungen im Ausland. Sprecher der Bürgerrechtsbewegung „Charta 77", mehrfach inhaftiert, 1979–1983 Gefängnisstrafe. Das Angebot, in den Westen zu emigrieren, lehnte er ab. Nach seiner vorzeitigen Freilassung aus der im Februar 1989 verhängten Haft setzte er sich im Mai 1989 an die Spitze des aus zahlreichen politischen Kräften neugebildeten „Bürgerforums" und erzwang als dessen Sprecher die Einleitung politischer und gesellschaftlicher Reformen. Am 29. Dezember 1989 wurde er vom Parlament zum Präsidenten gewählt und nach Umwandlung der ČSSR in die Tschechische und Slowakische Föderative Republik (ČSFR) im Juli 1990 in diesem Amt bestätigt.

Haydn, Joseph   52, 58
1732–1809, österreichischer Komponist. Seit 1761 Kapellmeister bei den Fürsten Esterházy in Eisenstadt. 1790 in Wien, 1791 und 1794 in London. Wiener Klassiker.

Heckel, Erich   343
1883–1970, dt. Maler und Graphiker. Mitbegründer der „Brücke".

Hegel, Georg Wilhelm Friedrich   14, 52, 84, 134
1770–1831, dt. Philosoph. Dozent in Jena, 1808–1816 in Nürnberg. 1816–1818 Professor in Heidelberg, dann in Berlin. Vollender des deutschen Idealismus. Brachte in einzigartiger Synthese die abendländische Philosophie geschichtlich und systematisch zum Bewußtsein. In der Dialektik Lehrer des Marxismus. In der Systematik wegweisend für alle Philosophen, die als Hegelianer bezeichnet werden.

Heine, Heinrich   87, 96
1797–1856, dt. Dichter. Aus jüdischer Kaufmannsfamilie. 1825 Übertritt zum Protestantismus. Lebte seit 1831 in Paris. 1835 Verbot seiner Werke in Deutschland. Hauptvertreter der literarischen Richtung des „Jungen Deutschland".

Heinemann, Gustav   465
1899–1976, dt. Politiker, Nationalökonom. 1928 Justitiar und Prokurist der Rheinischen Stahlwerke. 1936–1949 Vorstandsmitglied. Im Dritten Reich an führender Stelle in der Bekennenden Kirche tätig. 1949–1955 Präses der Synode der Evangelischen Kirchen Deutschlands. 1945 Beitritt zur CDU. 1946–1949 Oberbürgermeister in Essen. 1947–1950 Mitglied des Landtages in Nordrhein-Westfalen und 1947 Justizminister dieses Landes. Erster Bundesinnenminister. Gründete 1951 die Notgemeinschaft für den Frieden Europas. 1952 Austritt aus der CDU und Gründung der Gesamtdeutschen Volkspartei. 1957 Beitritt zur SPD und Mitglied des Bundestages. 1966–1969 Justizminister. 1969–1974 Bundespräsident.

Heinrich I.   21
876–936, seit 912 Herzog v. Sachsen, 919 dt. König.

Heinrich II., der Heilige   21, 23
973–1024, seit 1002 dt. König. 1014 Kaiserkrönung.

Heinrich III.   25
1017–1056, 1026 zum dt. König gewählt. Regierte seit 1039. 1046 Kaiserkrönung.

Heinrich IV.   25
1050–1106, 1053 zum dt. König gewählt. 1056–1066 unter Regentschaft der Mutter Agnes von Poitou. Geriet in Streit über Laieninvestitur mit Papst Gregor VII., der ihn bannte. Von der Absetzung bedroht, Bußergang nach Canossa (1077). Kirchliche Lossprechung. Sieg über die Gegenkönige Rudolf v. Schwaben und Hermann v. Salm. 1080 erneut gebannt. 1084 Kaiserkrönung durch den von ihm ernannten Gegenpapst Clemens III. Kampf gegen jüngsten Sohn Heinrich (V.).

Heinrich V.   25
1081–1125, seit 1106 dt. König. Weigerte sich, auf Investitur der Bischöfe und Äbte zu verzichten. Durch Gefangennahme des Papstes Paschalis II. erzwang er 1111 die Kaiserkrönung. 1122

Beendigung des Investiturstreits. 1125 Wormser Konkordat.

Heinrich VI.   25
1165−1197, 1169 zum dt. König gewählt. Regiere seit 1190. 1191 Kaiserkrönung.

Helfferich, Karl   298
1872−1924, dt. Politiker, Volkswirt, Jurist. 1901−1906 in der Kolonialabteilung des Auswärtigen Amtes, danach Direktor der Anatolischen Eisenbahngesellschaft in Konstantinopel. 1908 bis 1915 Vorstandsmitglied der Deutschen Bank. 1910 Mitglied des Zentralausschusses der Reichsbank. Ab 1915 als Staatssekretär des Reichsschatzamtes Leiter der Reichsfinanzpolitik. 1916 Vizekanzler und Leiter des Reichsamtes des Inneren. 1918 diplomatischer Vertreter in Moskau. 1920−1924 im Reichstag Führer der DNVP. Brachte 1920 Erzberger zu Fall.

Helmholtz, Hermann Ludwig Ferdinand, seit 1882 von   126
1821−1894, dt. Physiker und Physiologe. 1849 Professor für Physiologie in Königsberg, dann in Bonn und Heidelberg, 1870 für theoretische Physik in Berlin. Seit 1888 Präsident der neugegründeten Physikalisch-Technischen Reichsanstalt.

Henderson, Sir Neville Meyrik   362
1882−1942, englischer Diplomat. 1929−1935 Gesandter in Belgrad. 1935−1937 Botschafter in Buenos Aires und 1937−1939 in Berlin.

Henlein, Konrad   352 f.
1898−1945, sudetendeutscher Politiker. Gründete im Oktober 1933 die Sudetendeutsche Heimatfront, die als Sudetendeutsche Partei (SdP) mit ihrem Autonomieprogramm bei den Parlamentswahlen im Mai 1935 zur stimmenstärksten Partei wurde. Nach dem Münchener Abkommen Reichskommissar in Sudetenland. 1939 Gauleiter und Reichsstatthalter. 1945 zum Tode verurteilt und hingerichtet.

Henschel, Carl Anton   124
1780−1861, dt. Ingenieur und Fabri-

kant. 1803 kurhessischer Baumeister. Trat 1817 in die väterliche Firma in Kassel ein und baute 1848 die erste Lokomotive.

Herder, Johann Gottfried, seit 1802 von   57 f.
1744−1803, dt. Dichter und Philosoph. Studium der Theologie in Königsberg. Ab 1776 Superintendent und Hofprediger in Weimar. Wegbereiter der deutschen Klassik und Romantik.

Herter, Christian Archibald   447
1895−1966, amerikanischer Politiker. Ab 1916 im diplomatischen Dienst der USA. 1943−1953 als Republikaner im Repräsentantenhaus, 1953−1957 Gouverneur von Massachusetts. 1956 Unterstaatssekretär und Stellvertreter J. F. Dulles'. 1959−1961 Außenminister. Vertrat eine bewegliche Politik gegenüber der UdSSR.

Hertling, Georg Freiherr von, seit 1914 Graf von   265
1843−1919, dt. katholischer Philosoph und Politiker. 1875−1890 und 1896−1912 Reichstagsabgeordneter des Zentrums, ab 1909 Fraktionsvorsitzender. 1912−1917 Ministerpräsident in Bayern und Befürworter der Politik Bethmann Hollwegs. Im November 1917 Reichskanzler und preußischer Ministerpräsident. Rücktritt Ende September 1918.

Hess, Moses   134
1812−1875, dt. Sozialist. 1841 Mitbegründer der „Rheinischen Zeitung". Seit 1842 deren Redakteur und Korrespondent in Paris. 1845−1848 in der deutschen kommunistischen Bewegung in Brüssel und Paris tätig.

Heß, Rudolf   410
1894−1987, nationalsozialistischer Politiker. Im Ersten Weltkrieg Fliegerleutnant, seit 1920 Mitglied der NSDAP. War 1923 am Hitlerputsch beteiligt. 1933 Stellvertreter Hitlers als Parteiführer und Reichsminister. Flog im Mai 1941 nach Schottland mit dem Ziel, Großbritannien zu Friedensverhandlungen mit Deutschland zu veranlassen und

es für ein gemeinsames Vorgehen gegen die Sowjetunion zu gewinnen. Von 1941–1945 in England interniert. 1946 vom Internationalen Militärtribunal in Nürnberg zu lebenslänglichem Gefängnis verurteilt. Letzter Häftling des alliierten Kriegsverbrechergefängnisses in Spandau.

Heuss, Theodor 302, 416, 435
1884–1963, dt. Politiker. Nach journalistischer Tätigkeit 1924–1933 Reichstagsabgeordneter der DDP und Dozent an der Hochschule für Politik in Berlin. 1946 Mitbegründer der FDP und Kultusminister von Nordwürttemberg-Baden. Als Mitglied des Parlamentarischen Rates maßgeblich an der Ausarbeitung des Bonner Grundgesetzes beteiligt. Von 1949–1959 Bundespräsident der Bundesrepublik Deutschland.

Hilferding, Rudolf 298 f.
1877–1941, österreichisch-deutscher Sozialwissenschaftler, Politiker und Publizist, Arzt. 1904–1923 Mitherausgeber der „Marx-Studien", 1907–1916 Redakteur am „Vorwärts". Als Pazifist schloß er sich der USPD an und leitete deren Organ „Die Freiheit". 1922 Rückkehr in die SPD und Mitglied des Parteivorstandes. 1923 und 1928–1929 Reichsfinanzminister. Von 1924–1933 Mitglied des Reichstages. 1938 Emigration nach Frankreich. Starb nach einem Selbstmordversuch in Gestapohaft.

Himmler, Heinrich 338, 346, 363, 372, 383, 386
1900–1945, nationalsozialistischer Politiker. 1923 Teilnahme am Hitler-Putsch. 1929 „Reichsführer SS". 1933 Polizeipräsident von München. Seit Juni 1936 als Staatssekretär im Reichsinnenministerium Chef der gesamten deutschen Polizei. 1939 zuständig für die Umsiedlungs- und Zwangsgermanisierungspolitik im Osten und Südosten Europas. Organisator der Endlösung der Judenfrage. 1943 Reichsinnenminister. 1944 Oberbefehlshaber des Ersatzheeres und Chef der Heeresausrüstung. Anfang 1945 Organisator des Volkssturms. Nach vergeblichen Kapitulationsverhandlungen mit dem Westen im April 1945 von Hitler aller Ämter enthoben und aus der Partei ausgestoßen. Selbstmord in englischer Gefangenschaft.

Hindemith, Paul 343
1895–1963, dt. Komponist. Bedeutender Musiktheoretiker und -pädagoge. Gilt als Bahnbrecher der Moderne. Abkehr von Dur- und Molltonalität. Neuordnung der zwölf chromatischen Töne.

Hindenburg, Oskar von 317
1883–1960, dt. Offizier. Adjutant und Berater seines Vaters Paul v. Hindenburg. Seine Karriere endete 1934 mit dem Tod des Vaters.

Hindenburg, Paul von Beneckendorff und von Hindenburg 265 f., 269, 271, 277, 281, 283, 303 f., 311 f., 314 ff., 318 f., 320, 328 f., 335, 337 f.
1847–1934, dt. General und Politiker. 1915 Generalfeldmarschall und Oberbefehlshaber Ost. 1916 Chef des Generalstabs des Feldheeres. Übernahme der Obersten Heeresleitung (OHL). 1918 Organisation der Demobilmachung im Westen. 1925 von den vereinigten Rechtsparteien zum Reichspräsidenten gewählt. 1932 Wiederwahl.

Hitler, Adolf 283, 298, 313 ff., 316 ff., 319 f., 328 ff., 331–340, 342, 344–372, 374 ff., 380 f., 383 ff., 389 f., 397 f., 401, 412, 465
1889–1945, dt. Diktator. Führer der NSDAP. 1933 Reichskanzler. 1934 bis 1945 Führer und Reichskanzler. Errichtete den Führerstaat, eine auf die Weltanschauung seiner Partei gestützte Diktatur. Trug für den Terror im eigenen Land und in den von Deutschland im Zweiten Weltkrieg besetzten Gebieten sowie für die Vernichtung der Juden die Verantwortung. Endete 1945 durch Selbstmord.

Hobbes, Thomas 52
1588–1679, englischer Philosoph. Lebte von 1640–1651 in Paris im Exil. Übertrug die mechanistisch-naturwissen-

schaftliche Methode auf die Staatslehre.

Hoffmann (von Fallersleben), August Heinrich 92
1798−1874, dt. Germanist und Lyriker. 1830 Professor in Breslau, wurde wegen seiner nationalliberalen Haltung 1842 seines Amtes enthoben. 1848 rehabilitiert. Seit 1860 Bibliothekar des Herzogs von Ratibor zu Corvey. Dichter des Deutschlandliedes.

Hohenlohe-Schillingsfürst, Chlodwig Fürst zu, seit 1840 Prinz von Ratibor und Corvey 198, 232 ff.
1819−1901, dt. Diplomat und Politiker. 1866−1870 bayerischer Ministerpräsident und Außenminister. 1874 Botschafter in Paris. 1885 Statthalter von Elsaß-Lothringen. 1894−1900 Reichskanzler und preußischer Ministerpräsident.

Holstein, Friedrich von 247 ff., 252
1837−1909, dt. Diplomat, Jurist. 1861−1868 Attaché in Petersburg, Rio de Janeiro, London und Washington. Nach dem Dienst als 2. Botschaftssekretär in Paris (1871−1876) an das Auswärtige Amt in Berlin berufen, war Holstein vertrauter Mitarbeiter Bismarcks, dessen Sturz er ab 1885 mitbetrieb. Nach 1890 außenpolitischer Hauptratgeber Caprivis und Bülows. Befürworter eines Präventivkrieges gegen Frankreich.

Honecker, Erich 461, 476, 484, 490, 494
geb. 1912, dt. Politiker. Dachdecker. 1922−1926 Mitglied der kommunistischen Kinderbewegung des Jung-Spartakusbundes und der Roten Jungpioniere. 1931 Sekretär der kommunistischen Jugendbewegung des Saargebietes. Trat 1929 der KPD bei. Wurde 1935 verhaftet. 1937 zu 10 Jahren Zuchthaus verurteilt. 1945 erneut Mitglied der KPD. Jugendsekretär der FDJ in der SBZ. 1946−1955 1. Vorsitzender der FDJ. Seit 1946 Mitglied des ZK der SED und seit 1949 Abgeordneter der Volkskammer der DDR. 1956 Sekretär der Sicherheitskommission des ZK der SED. 1958 Mitglied des Politbüros. 1971 Vorsitzender des Nationalen Verteidigungsrates. Seit 1971 1. Sekretär des ZK und Nachfolger Walter Ulbrichts. 1971 Mitglied und 1976 Vorsitzender des Staatsrates der DDR. Trat am 18. Oktober 1989 von allen Ämtern zurück und wurde am 3. Dezember aus der SED ausgeschlossen. Entzog sich dem gegen ihn eingeleiteten Ermittlungsverfahren u. a. wegen Machtmißbrauchs und Korruption durch die Flucht in die UdSSR.

Hoover, Herbert Clark 313
1874−1964, 31. Präsident der USA (1929−1933). Bergbauingenieur. 1915 bis 1919 Leiter des amerikanischen Hilfswerks für Belgien. 1917−1919 Leiter des Kriegsernährungsamtes. Organisierte 1918 ein Hilfsprogramm für Europa. Von 1921−1928 Handelsminister. 1928 als Republikaner zum Präsidenten gewählt. 1932 von F. D. Roosevelt abgelöst. 1947−1949 und 1953−1955 Vorsitzender einer Kommission zur Reorganisation der Bundesverwaltung.

Horthy von Nagybanya, Nikolaus 322
1868−1957, ungarischer Staatsmann und Admiral. Bildete gegen die kommunistische Räterepublik eine Nationalarmee. 1920 von der Nationalversammlung zum Reichsverweser gewählt. 1944 zum Rücktritt gezwungen. Danach bis zu seinem Tode in Portugal.

Hugenberg, Alfred 314 f., 319 f.
1865−1951, dt. Wirtschaftsführer und Politiker. 1891 Mitbegründer des Alldeutschen Verbandes. 1909−1918 Vorsitzender des Direktoriums der Firma Krupp. Von 1916 an Aufbau des Hugenberg-Konzerns (Tageszeitungen, Nachrichtenbüros, Anzeigenunternehmen und Filmgesellschaften). Seit 1919 Abgeordneter der DNVP. 1928 Parteivorsitzender. Bekämpfung der Regierung Brüning. In der Regierung Hitler Wirtschafts- und Ernährungsminister. Juni 1933 Rücktritt.

Huizinga, Johan 14
1872−1945, niederländischer Historiker. Professor in Groningen und Leiden. Während des Zweiten Weltkrieges zeitweilig von den Deutschen gefangen-

gehalten. Vertreter einer im Bürgertum wurzelnden aristokratischen Geisteskultur und scharfsichtiger Beurteiler der Probleme der modernen Massenwelt.

Humboldt, Wilhelm Freiherr von 65, 68 f.
1767–1835, preußischer Gelehrter und Staatsmann. Studium der Rechtswissenschaft in Frankfurt/Oder und Göttingen. 1801–1808 Gesandter in Rom. 1809 als Leiter des Kultus- und Unterrichtswesens in das Innenministerium berufen. 1810 Gesandter in Österreich. Vertrat Preußen auf dem Wiener Kongreß. 1816 Mitglied der deutschen Territorialkommission in Frankfurt a. M. 1817 Gesandter in London. 1819 Minister für ständische und kommunale Angelegenheiten. Sein Auftreten gegen die Karlsbader Beschlüsse zwang ihn 1819 zum Rücktritt.

Hutten, Ulrich von 35
1488–1523, dt. Humanist und Publizist. Reichsritter. Studium an verschiedenen Universitäten, u. a. in Erfurt. 1517 von Kaiser Maximilian I. zum Dichter gekrönt. Anhänger der Reformation.

Ibn Saud, Abd el Asis J. S. 325
1880–1953. Gründer des saudiarabischen Königreiches. Wuchs im Exil in Kuwait auf. Eroberte 1902 Riad zurück und erweiterte zielstrebig seine Herrschaft in Arabien. 1914 von den Türken zum Wali ernannt. Seit 1922 Sultan. Seit 1926 König von Saudi-Arabien.

Isabella II. 173
1830–1904, seit 1833 Königin von Spanien. Zunächst unter der Vormundschaft der Mutter, ab 1841–1843 unter der Regentschaft Esparteros. Wiederholte Aufstände unter ihrer Regierung. Floh 1868 nach der Revolution von Cádiz ins Exil nach Frankreich und trat 1870 zugunsten ihres Sohnes Alfons XII. zurück.

Jahn, Friedrich Ludwig 58, 83, 91
1778–1852, dt. Erzieher. Lehrer in Berlin. Eröffnete 1811 bei Berlin den ersten Turnplatz. Initiator der Turnbewegung in Deutschland. Wirkte mit bei der Gründung der Burschenschaften und des Deutschen Bundes. 1819 als Demagoge verhaftet und interniert. 1825–1840 unter Polizeiaufsicht. 1848/ 49 Mitglied der Frankfurter Nationalversammlung.

Jakob I. 13
von England, 1566–1625, seit 1567 König von Schottland, seit 1603 König von England und Schottland.

Jaspers, Karl 386
1883–1969, dt. Philosoph. Zunächst Psychiater an der Universität Heidelberg. Seit 1916 Professor für Psychologie, seit 1921 für Philosophie. 1937–1945 Lehrverbot. Nach 1945 Professor für Philosophie in Heidelberg, seit 1948 in Basel. Hauptvertreter der Existenzphilosophie.

Jefferson, Thomas 54
1743–1826, 3. Präsident der USA. Nahm 1769 an der Gesetzgebenden Versammlung von Virginia teil. 1775–1776 Mitglied des Kontinentalkongresses. Verfaßte die Unabhängigkeitserklärung vom 4.7.1776. 1779–1781 Gouverneur von Virginia. 1785–1789 Gesandter in Paris. 1797 Vizepräsident. 1801 und 1805 Wahl zum Präsidenten.

Jérôme Bonaparte 64
1784–1860, Bruder Napoleons I. Von 1807–1813 König von Westfalen. Focht 1812 in Rußland und 1815 bei Waterloo. Nach 1816 lebte er als Fürst von Montfort in Österreich, Italien und der Schweiz.

Jodl, Alfred 410
1890–1946, dt. General. Trat in und nach dem Ersten Weltkrieg als Generalstabsoffizier hervor. Als Chef des Wehrmachtsführungsstabes war er seit 1939 Hitlers Berater in allen strategischen und operativen Fragen. Am 7. Mai 1945 unterzeichnete er im Auftrag von Dönitz in Reims die Gesamtkapitulation der deutschen Wehrmacht. 1946 vom Internationalen Militärtribunal in Nürnberg zum Tode verurteilt und hingerichtet.

Joffre, Joseph Jacques Césaire 265

1852–1931, französischer Marschall. 1911 Chef des Generalstabes. Als Oberbefehlshaber an der Nord- und Nordostfront führte er im September 1914 die Wende in der Marneschlacht herbei. 1915 Oberbefehlshaber aller französischen Truppen. 1916 wegen mangelnder Erfolge abgelöst.

Johann 102
1782–1859, österreichischer Erzherzog. Wenig erfolgreich als Heerführer in den Kriegen gegen Frankreich. Maßgeblich beteiligt am Aufstand der Tiroler 1809. 1848 von der Frankfurter Nationalversammlung zum deutschen Reichsverweser gewählt.

Jünger, Ernst 283
geb. 1895, dt. Schriftsteller. Literarischer Vorkämpfer einer konservativen Revolution.

Kafka, Franz 343
1883–1924, österreichischer Schriftsteller. Studierte 1901–1906 in Prag Jura. 1908–1917 Versicherungsbeamter. 1917 erste Anzeichen von Tbc. 1923 Übersiedlung nach Berlin. Im März 1924 wegen Verschlechterung der Gesundheit Rückkehr nach Prag. Seine Schriften sind eine frühe deutsche Parallele zu dem französischen Surrealismus.

Kahr, Gustav, seit 1911 Ritter von 298
1862–1934, dt. Politiker. 1917–1924 Regierungspräsident von Oberbayern. 1923 Generalstaatskommissar. 1923 Abwehr des Hitler-Putsches mit Hilfe von Reichswehr und Polizei. 1924–1927 Präsident des Bayerischen Obersten Verwaltungsgerichts. Im Verlauf der Röhm-Affäre von den Nationalsozialisten erschossen.

Kant, Immanuel 51 f., 57
1724–1804, dt. Philosoph. Aus protestantisch-pietistischem Hause. 1770 bis 1797 Professor für Logik und Metaphysik in Königsberg. 1781 erschien seine „Kritik der reinen Vernunft", in der Kant die Lehre der Transzendentalphilosophie entwickelte.

Kapp, Wolfgang 292
1858–1922, dt. Politiker. 1906–1916 Generaldirektor der Landwirtschaftskreditbank „Ostpreußische Landschaft". 1917 Gründung der Deutschen Vaterlandspartei. Im März 1920 Putschversuch. Starb in Untersuchungshaft.

Karl I. 276
1887–1922, 1916–1918 Kaiser von Österreich, als Karl IV. König von Ungarn. Die gezielte Bekanntgabe seiner Friedenssondierungen durch die französische Regierung führte 1917 zur politischen Demütigung Karls I. 1918 Völkermanifest zur Neugliederung seines Staates, anschließend Verzicht auf Ausübung der Regierung. Nach Ausweisung aus Österreich und zwei vergeblichen Restaurationsversuchen in Ungarn 1921 Verbannung nach Madeira.

Karl V. 37, 39, 44, 173
1500–1558, als Karl I. König von Spanien (1516–1556). 1519–1556 römischdeutscher Kaiser. Trat 1521 die deutschen Erblande an seinen Bruder Ferdinand I. ab, was seiner universalen Reichsidee entgegenstand. 1556 Abdankung.

Karl der Große 19 ff.
742–814, seit 768 König der Franken. 800 römischer Kaiser. Seit der Übernahme des italienischen Königreiches 774 auch König der Langobarden.

Karl IV. 31
1316–1378, seit 1346 dt. König und König von Böhmen. 1355 Kaiserkrönung. 1365 König von Arles. Schriftliche Fixierung der Reichsverfassung in der Goldenen Bulle. Gründete 1348 die Universität Prag.

Karl X., Philipp, als Prinz Graf von Artois 86
1757–1836. 1824–1830 französischer König. Reaktionäre Innenpolitik. Löste durch Juliordonnanzen 1830 die Revolution aus, die zu seinem Sturz führte.

Karl 69
1771–1847, österreichischer Erzherzog und Feldherr. Große Erfolge im 3. Koalitionskrieg. Reformierte als Präsident des Hofkriegsrats und Kriegsminister

das Heereswesen. Wurde 1809 nach Niederlage bei Wagram des Oberbefehls enthoben.

Karl Wilhelm Ferdinand von Braunschweig, Herzog 60
1735–1806, preußischer General. 1792 Oberbefehlshaber der verbündeten Heere in Frankreich und 1806 des preußischen Heeres.

Keitel, Wilhelm 387, 410
1882–1946, dt. Generalfeldmarschall. Leitete 1929–1934 die Heeresorganisationsabteilung, seit 1935 das Wehrmachtsamt im Reichswehrministerium. 1938 Chef des neuerrichteten Oberkommandos der Wehrmacht, 1940 Leiter der Waffenstillstandsverhandlungen in Compiègne. Mit einem Rücktrittsgesuch versuchte er Hitlers Plan eines Angriffs auf die Sowjetunion zu verhindern. Sein Einfluß auf die militärische Planung und Führung wurde im weiteren Verlauf des Krieges immer geringer. Im Glauben an Hitlers „Genie" leitete er dessen Befehle weiter. 1946 vom Internationalen Militärtribunal in Nürnberg zum Tode verurteilt und hingerichtet.

Kellogg, Frank Billings 306
1856–1937, amerikanischer Jurist und Politiker. 1917–1923 republikanischer Senator für Minnesota. 1924 Botschafter in London. Versuchte als Außenminister 1925–1929 die hegemonialen Interessen der USA in Lateinamerika durchzusetzen. Erhielt 1929 wegen seiner Verdienste um den von ihm initiierten Kriegsächtungspakt (Kellogg-Pakt) den Friedensnobelpreis.

Kemal Atatürk 325
eigentlich Mustafa Kemal Pascha, 1880–1938, türkischer Staatsmann. 1908/09 Teilnahme an der jungtürkischen Revolution. Im Ersten Weltkrieg kommandierender General. 1919 Führer einer nationalen Bewegung gegen die alliierte und griechische Okkupation. 1920 zum Vorsitzenden der Großen Nationalversammlung gewählt. Vertrieb 1921 die Griechen aus Klein-

asien. 1923 1. Präsident der türkischen Republik. Gestaltete die Türkei nach europäischem Muster zu einem modernen Staat.

Kennedy, John Fitzgerald 446, 449
1917–1963, 35. Präsident der USA. 1947–1953 Mitglied des Repräsentantenhauses (Demokrat). 1953–1961 Senator von Massachusetts. Gewann 1960 die Präsidentschaftswahlen knapp vor Richard Nixon. 1963 ermordet.

Kerenski, Alexander Feodorowitsch 272 f.
1881–1970, russischer Politiker. Nach der russischen Februarrevolution 1917 Justizminister der Provisorischen Regierung und Kriegsminister. Im Juli 1917 Ministerpräsident. Flucht im Verlauf der Oktoberrevolution. Lebte in der Emigration. Seit 1940 in den USA.

Ketteler, Wilhelm Emanuel Freiherr von 131 f.
1811–1877, dt. katholischer Theologe und Jurist. 1848/49 Abgeordneter der Frankfurter Nationalversammlung. 1871 Mitglied des Reichstages (Zentrum). Seit 1850 Bischof von Mainz. Begründete 1867 die Fuldaer Bischofskonferenz. Vorkämpfer des politischen und sozialen Katholizismus.

Keudell, Robert von 172
1824–1903, dt. Politiker und Diplomat. Vertrauter Bismarcks. 1872 Gesandter in Konstantinopel, 1873 in Rom, 1876–1887 Botschafter in Rom. 1871–1872 und 1890–1893 konservatives Mitglied im Reichstag. 1888–1893 preußischer Abgeordneter.

Kiderlen-Wächter, Alfred von 253
1852–1912, dt. Diplomat. 1910 Staatssekretär des Auswärtigen Amtes. Gegner der Flottenpolitik.

Kiesinger, Kurt Georg 430, 453, 456, 464 f.
1904–1988, dt. Politiker (CDU). 1940–1945 wissenschaftlicher Mitarbeiter der Rundfunkabteilung im Auswärtigen Amt. 1948 Landesgeschäftsführer der CDU Württemberg-Hohenzollern. 1950 Mitglied des Geschäftsführenden Vorstandes der CDU. 1949–1980 Mitglied des Bundestages

(Unterbrechung 1958–1969). 1958 bis 1966 Ministerpräsident von Baden-Württemberg. 1966–1969 Bundeskanzler der Großen Koalition. 1967–1971 Bundesvorsitzender der CDU.

Kirchhoff, Gustav Robert 126
1824–1887, dt. Physiker. Professor in Breslau, Heidelberg und Berlin. Zusammenarbeit mit Bunsen auf dem Gebiet der Spektralanalyse.

Kirchner, Ernst Ludwig 343
1880–1939, dt. Maler und Graphiker, Mitbegründer der „Brücke".

Klee, Paul 343
1879–1940, dt. Maler und Graphiker Schweizer Herkunft. Lehrer am Bauhaus. 1931–1933 Professor an der Akademie in Düsseldorf. Nach Entlassung Übersiedlung nach Bern.

Klopstock, Friedrich Gottlieb 56
1724–1803, dt. Dichter. Wegbereiter der Dichtung der Empfindsamkeit, des Sturm und Drang und der modernen Erlebnisdichtung.

Koch, Erich 371
1896–1986, nationalsozialistischer Politiker. 1928 Gauleiter in Ostpreußen. 1930 Mitglied des Reichstages. 1933 Oberpräsident der Provinz Ostpreußen. Als Reichskommissar für die Ukraine 1941–1944 verantwortlich für die brutale Ausbeutung der Zivilbevölkerung. 1959 in Polen zum Tode verurteilt, aber nicht hingerichtet.

Köhl, Hermann 301
1888–1939, dt. Flugpionier. Überflog als erster 1932 mit einer einmotorigen Junkers W 33 den Nordatlantik von Osten nach Westen.

Körner, Theodor 72
1791–1813, dt. Dichter. Gefeierter Patriot der Freiheitsbewegung. Fiel als Offizier des Lützowschen Freikorps.

Kohl, Helmut 430, 469, 474–488, 492–496, 498 f., 503, 508, 509
geb. 1930, dt. Politiker (CDU). Seit 1959 Mitglied des Landtages (CDU) in Rheinland-Pfalz. 1963–1969 Fraktions-, 1966–1973 Landesvorsitzender. 1969 bis 1976 Ministerpräsident von Rheinland-Pfalz. 1969–1973 stellvertretender Bundesvorsitzender der CDU. Übernahm 1973 den Parteivorsitz. 1976 Kanzlerkandidat der CDU/CSU und Vorsitzender der CDU/CSU-Bundestagsfraktion. Seit 1982 Bundeskanzler. Ihm kommt das historische Verdienst zu, die sich bietende Chance zur Vereinigung der beiden deutschen Staaten erkannt und die Vereinigung in die Tat umgesetzt zu haben.

Kokoschka, Oskar 343
1886–1980, österreichischer expressionistischer Maler und Dramatiker, 1918–1924 Professor an der Dresdner Kunstakademie. Emigrierte 1934 nach Prag, 1938 nach London.

Kollwitz, Käthe 343
1867–1945, dt. Graphikerin und Bildhauerin. Ab 1891 in Berlin. 1918–1933 Professor. Bedeutende Graphikerin des deutschen Expressionismus, geprägt vom sozialen Engagement für das Proletariat und dessen Probleme.

Kolping, Adolf 132
1813–1866, dt. katholischer Theologe. Zuerst Schuhmachergeselle, 1845 Priester. Begründete in Köln 1849 einen katholischen Gesellenverein.

Kolumbus, Christoph 31
1443–1506, eigentlich Cristoforo Colombo, genuesischer Seefahrer in spanischen Diensten. Entdeckte 1492 San Salvador, Kuba und Haiti, später die Nordküste Süd- und die Ostküste Mittelamerikas.

Konrad I. 21
gestorben 918, seit 906 Herzog von Franken, seit 911 dt. König.

Konrad II. 23, 25
um 990–1039, seit 1024 dt. König, 1027 Kaiserkrönung, 1033 Erwerb des Königreiches Burgund.

Konrad III. 25
1093 oder 1094–1152. 1127–1135 dt. Gegenkönig Lothars von Supplinburg, seit 1138 sein Nachfolger.

Konrad IV. 25
1228–1254. 1237 zum dt. König gewählt. Regierte seit 1250.

Kopernikus, Nikolaus 36
1473–1543, dt. Astronom. Nach Studien in Krakau und Italien Domherr in Frauenburg. Schöpfer des kopernikanischen (heliozentrischen) Weltsystems, das sich erst nach den Arbeiten von Galilei und Kepler gegen die allgemein anerkannte Geozentrik des Ptolemäus durchsetzen konnte.

Kornilow, Lawr Georgijewitsch 272
1870–1918, russischer General. Organisierte und leitete von August bis September 1917 als Oberbefehlshaber der russischen Armee den Kornilow-Putsch, der von den Bolschewisten niedergeschlagen wurde. Nach der Oktoberrevolution kommandierte er die weißgardistische Freiwilligenarmee.

Koser, Reinhold 212
1852–1914, preußischer Historiker. Ab 1896 Direktor des Preußischen und Geheimen Staatsarchivs.

Kossuth, (Lajos) Ludwig von 99
1802–1894, ungarischer Politiker. Führer der Unabhängigkeitsbewegung 1848/49. Wurde nach Absetzung der Habsburger 1849 zum Reichsverweser gewählt. Mußte nach Niederwerfung des ungarischen Aufstandes abdanken und floh ins Ausland. Dort Führer der ungarischen Emigranten.

Kossygin, Alexej Nikolajewitsch 471
1904–1980, sowjetischer Politiker, Textilingenieur. Seit 1927 Mitglied der KPdSU und 1940–1964 des ZK. 1940 Ernennung zum stellvertretenden Vorsitzenden des Rates der Volkskommissare. 1943–1946 Ministerpräsident der RSFSR. 1948 Finanzminister, danach bis 1953 Minister für Leichtindustrie und 1959–1960 Leiter der Planwirtschaftsbehörde. Gehörte dem Politbüro von 1948–1952 und erneut 1960 an. 1964 Nachfolger Chruschtschows als Vorsitzender des Ministerrates.

Kotzebue, August von 79, 83
1761–1819, dt. Dramatiker. 1781–1790 in russischen Diensten. Später Theaterdichter in Wien und Direktor des Deutschen Theaters in Petersburg. Bekämpfte Goethe, die Romantiker und Napoleon I. Verspottete die liberalen Ideen der Burschenschaften. Von dem Studenten Karl Ludwig Sand ermordet.

Krupp, Alfred 124
1812–1887, dt. Industrieller. Erweiterte das Produktionsprogramm des väterlichen Unternehmens um Eisenbahnzubehör und Geschützbau.

Krupp, Friedrich 124
1787–1826, dt. Industrieller. Gründete 1811 in Essen eine Fabrik zur Erzeugung englischen Gußstahls.

Kühlmann, Richard von 275
1873–1948, dt. Diplomat. 1900–1914 Botschaftsrat in London. 1915 Gesandter in Haag. 1916 Botschafter in Konstantinopel. 1917–1918 Staatssekretär des Auswärtigen Amtes.

Lamartine, Alphonse de 94
1790–1869, französischer Dichter, Diplomat. 1830 Mitglied der Academie Française. 1848 Außenminister der provisorischen Regierung. Gilt als erster großer Dichter der französischen Romantik.

Lassalle, Ferdinand 111, 132 ff., 154, 158, 192 f.
1825–1864, dt. sozialdemokratischer Politiker und Publizist. Studierte in Breslau und Berlin Philosophie und Philologie. 1845 lernte er in Paris die Lehre Blancs kennen. Vertrat ein sozial und demokratisch ausgerichtetes Königtum. Gründete 1863 den „Allgemeinen Deutschen Arbeiterverein", die erste Parteibildung der Sozialdemokratie.

Laval, Pierre 365
1883–1945, französischer Politiker, Rechtsanwalt. Ab 1914 Abgeordneter, bis 1919 Sozialist, dann parteilos. 1927–1940 Senator. 1925–1931 wiederholt Minister. 1931 Ministerpräsident und Innenminister eines Mitte-Rechts-Kabinetts. 1934–1935 Außenminister und Ministerpräsident. 1940 in der Vichy-Regierung stellvertretender Ministerpräsident. Im Dezember 1940 abgesetzt und verhaftet. Im April 1942 auf deutsche Pression hin wieder Minister-

Berlin. 1767 Dramaturg in Hamburg. Ab 1770 fürstlicher Bibliothekar in Wolfenbüttel.

Leuschner, Wilhelm 377, 379
1890–1944, dt. Politiker. Seit 1924 Landtagsabgeordneter der SPD in Hessen. 1926–1928 Bezirkssekretär des ADGB in Hessen. 1928–1932 hessischer Innenminister. 1932–1933 Mitglied des Bundesvorstandes des ADGB. 1933–1934 KZ-Haft. Verbindung zum Kreisauer Kreis. Im September 1944 vom Volksgerichtshof zum Tode verurteilt und hingerichtet.

Liebermann, Max 229
1847–1935, dt. Maler und Graphiker, führender Meister des Impressionismus in Deutschland.

Liebig, Justus, seit 1845 von 110, 126 f.
1803–1873, dt. Chemiker. Professor in Gießen und München. Begründete den Laboratoriumsunterricht an den Hochschulen und führte die künstliche Düngung ein.

Liebknecht, Karl 284, 286, 294
1871–1919, dt. Sozialist. Seit 1908 Mitglied des preußischen Abgeordnetenhauses (SPD), 1912 des Reichstages. Bekämpfte die Burgfriedenspolitik der SPD und stimmte gegen die Kriegskredite. 1916 Ausschluß aus der SPD-Fraktion. Nach einer pazifistischen Kundgebung 1916 in Berlin wegen Hochverrats zu vier Jahren Zuchthaus verurteilt. Am 9.11.1918 Proklamation der „freien sozialistischen Republik". 1919 zusammen mit Rosa Luxemburg von Freikorpsoffizieren ermordet.

Liebknecht, Wilhelm 192 ff.
1826–1900, dt. Politiker. Teilnehmer an der Revolution 1848/49. Emigration in die Schweiz und nach London. Freundschaft mit Marx und Engels. Nach seiner Rückkehr 1867 mit Bebel erster Abgeordneter einer linksgerichteten Partei im Reichstag und 1869 Mitbegründer der Sozialistischen Arbeiterpartei Deutschlands (seit 1890 SPD).

Lilienthal, Otto 220
1848–1896, dt. Flugzeugkonstrukteur. Konstruierte und erprobte zwischen 1891 und 1896 in Berlin die ersten manntragenden Gleitflugapparate.

List, Friedrich 89, 110, 122 f., 126 f.
1789–1846, dt. Nationalökonom. Professor in Tübingen. Gründete 1819 mit anderen den „Deutschen Handels- und Gewerbeverein". Als Befürworter demokratischer Reformen 1822 zu Festungshaft verurteilt. Wanderte in die USA aus und kehrte als amerikanischer Konsul zurück. Vorkämpfer für die deutsche Zolleinheit, die Schaffung eines Eisenbahnnetzes und die Einführung von Schutzzöllen.

Livingstone, David 241
1813–1873, englischer Missionar und Forschungsreisender. 1841 Missionar in Südafrika. Entdeckte 1849 den Ngamisee, 1855 die Victoriafälle des Sambesi, durchquerte als erster Südafrika von West nach Ost und erforschte bis 1864 den gesamten Lauf des Sambesi.

Lloyd George, David, seit 1945 Earl Lloyd George of Dwyfor 253, 269
1863–1945, englischer Politiker. Ab 1890 Unterhaus-Abgeordneter (Radikal-Liberaler). 1908–1915 Schatzkanzler. 1915 Munitionsminister, 1916 Kriegsminister. Ab Ende 1915 Premierminister. Mit Wilson und Clemenceau Unterzeichner des Versailler Friedensvertrags. Danach Verfechter einer maßvollen Behandlung Deutschlands, um den totalen wirtschaftlichen Zusammenbruch zu vermeiden und das Eindringen des Bolschewismus zu verhindern. 1922 Rücktritt als Regierungschef. 1926 Vorsitzender der Liberalen Partei. 1941 Rücktritt von diesem Amt.

Locke, John 52 f.
1632–1704, englischer Philosoph. Studierte Medizin, Theologie und Philosophie. Zeitweilig in Staatsämtern. Vertreter des englischen Empirismus und in seiner Staatslehre des Grundsatzes der Volkssouveränität, der monarchischen Exekutive und des Repräsentativsystems, beeinflußte über Voltaire und Montesquieu das europäische Denken.

Löbe, Paul 292
1875–1967, dt. Schriftsetzer, Redakteur und Politiker. Führender schlesischer Sozialdemokrat. In der Weimarer Republik mehrfach Präsident des Reichstags. 1933 und 1944 verhaftet. 1949–1953 Mitglied des Bundestages.

Lorenz, Peter 468
geb. 1922, dt. Politiker (CDU). 1969 bis 1981 Landesvorsitzender der Berliner CDU. Wurde am 27.2.1974 von der „Bewegung 2. Juni" entführt und am 5.3. wieder freigelassen. Seit 1980 Mitglied des Bundestags, 1982–1987 parlamentarischer Staatssekretär.

Louis Philippe, seit 1785 Herzog von Chartres 86, 94
1773–1850, als „König der Franzosen" auch Ludwig XIX. Zunächst Anhänger der Französischen Revolution, ging aber 1793 zu den Österreichern über und lebte als Herzog von Orléans im Exil. Von 1830–1848 König. Regierte anfangs liberal, dann zunehmend antidemokratisch. 1848 gestürzt. Flucht nach England. Dort lebte er als Graf von Neuilly.

Loyola, Ignatius von 37, 43
eigentlich Iñigo López de Recalde, 1491–1556, spanischer Offizier und Ordensstifter. Wendung zur Religion nach seiner Verwundung bei Pamplona. 1523 Wallfahrt nach Jerusalem, danach Entschluß, Priester zu werden. 1537 Priesterweihe und Wahl zum 1. General des von ihm gegründeten Jesuitenordens. Eine der wichtigsten Persönlichkeiten der katholischen Reform und der Gegenreformation.

Lucius, Robert, Freiherr von Bellhausen 210
1835–1914, preußischer Politiker. Seit 1870 Mitglied des Reichstags (Freikonservativer). 1879–1890 preußischer Landwirtschaftsminister.

Ludendorff, Erich 265 f., 268 ff., 275 ff., 278, 281, 298, 320, 389
1865–1937, dt. General. 1908–1912 Chef der Aufmarschabteilung im Großen Generalstab. Nach Eroberung der Festung Lüttich Chef des Generalstabs unter Hindenburg. Gewinner der Abwehrschlachten in Ostpreußen. Bildete als Erster Generalquartiermeister mit Hindenburg ab Ende August 1916 die Dritte Oberste Heeresleitung. Am 26.10.1918 Entlassung. 1923 Beteiligung am Hitler-Putsch. 1925 als Kandidat bei der Reichspräsidentenwahl durchgefallen, gründete L. 1926 den Tannenbergbund und führte einen publizistischen Kampf gegen die „überstaatlichen Mächte" (Freimaurer, Juden, Jesuiten, Marxisten), denen er auch die Schuld an der deutschen Kriegsniederlage anlastete.

Lüderitz, Franz Adolf 207
1834–1886, dt. Großkaufmann. Kaufte 1883 in Südwestafrika den Hafen Angra Pequena mit Küstengebiet, das er 1884 unter den Schutz des Deutschen Reiches stellte und das zum Kern der späteren Kolonie Deutsch-Südwestafrika wurde.

Ludwig II. 176
1845–1886, seit 1864 König von Bayern. Mäzen Richard Wagners. Seine krankhafte Menschenscheu und seine Schuldenwirtschaft führten 1886 zur Einsetzung seines Onkels Luitpold als Regent und zu Ludwigs Internierung auf Schloß Berg am Starnberger See, in dem er wenig später ertrank.

Ludwig XVI. 59, 85
1754–1793, von 1774–1792 französischer König. Berief 1789 die Generalstände ein und löste dadurch die Vorgänge aus, die zur Französischen Revolution führten. 1791 Fluchtversuch. 1792 Abschaffung des Königtums. 1793 Gefangennahme, Anklage und Enthauptung.

Ludwig XVIII., Graf von Provence 76, 85 f.
1755–1824, Bruder Ludwigs XVI. Floh 1791 ins Ausland. 1814 Rückkehr als König nach Paris. Flucht während der „100 Tage" Napoleons nach Gent. 1815 erneut Einzug in Paris.

Luther, Hans 299
1879–1962, dt. Jurist und Politiker.

1913–1918 Geschäftsführer des Deutschen Städtetages. 1918–1922 Oberbürgermeister von Essen. 1922 Reichsernährungsminister. 1923–1925 Reichsfinanzminister. 1925–1926 Reichskanzler. 1930–1933 Präsident der Reichsbank. 1933–1937 Botschafter in den USA. Nach 1945 war Luther Berater in Fragen des staatlichen und wirtschaftlichen Wiederaufbaus, 1953 Vorsitzender eines Ausschusses zur Neugliederung des Bundesgebietes und seit 1958 Präsident des „Vereins für das Deutschtum im Ausland".

Luther, Martin   37 ff., 40 ff.
1483–1546, dt. Reformator. 1501 bis 1505 Studium in Erfurt. Magister. Seit 1505 Augustiner-Eremit in Erfurt. Theologiestudium in Erfurt und Wittenberg. 1507 Priester. 1510 Romreise. 1512 Doktorpromotion. Professor für die Heilige Schrift in Wittenberg. Dort 1517 seine 95 Thesen. 1518 Heidelberger Disputation und Verhör durch den päpstlichen Legaten Cajetan. 1519 Leipziger Disputation. 1520 päpstliche Bannandrohungsbulle. 1521 Exkommunizierung. 1521 von Karl V. zum Wormser Reichstag gerufen, lehnte Luther den Widerruf ab. Daraufhin Reichsacht durch das Wormser Edikt. Asylgewährung durch Friedrich III. von Sachsen auf der Wartburg. Dort Übersetzung des Neuen Testaments ins Deutsche.

Luxemburg, Rosa   284, 286, 294
1871–1919, polnische Sozialistin. 1893 Gründungsmitglied der internationalistischen „Sozialdemokratie des Königreiches Polen". 1898 Übersiedlung nach Berlin und Beitritt zur SPD. Bekämpfte den Revisionismus und nahm 1905 an der russischen Revolution teil. Ab 1907 Lehrerin für Nationalökonomie an der Berliner Parteischule der SPD. 1914 wegen antimilitaristischer Äußerungen zu einem Jahr Gefängnis verurteilt. Mitbegründerin des Spartakusbundes. 1916–1918 in Schutzhaft. Maßgebliche Rolle bei der Gründung der KPD

(30.12.1918). Nach dem gescheiterten und von ihr mißbilligten Januaraufstand in Berlin zusammen mit Liebknecht von Freikorpsoffizieren ermordet.

MacMahon, Patrice Maurice, Marquis de, seit 1859 Herzog von Magenta   175
1808–1893, französischer Marschall. Nahm am Krimkrieg teil. Kämpfte erfolgreich gegen die Kabylen. 1864–1870 Generalgouverneur von Algerien. Im Deutsch-Französischen Krieg verwundet und gefangengenommen. 1871 Niederwerfung des Aufstandes der Pariser Kommune. 1873–1879 Staatspräsident.

Maffei, Joseph Anton von   110, 124
1790–1870, dt. Unternehmer. Übernahm 1815 die väterliche Tabakfabrik. Angeregt von List, beschloß er 1836 eine Lokomotive zu bauen. 1847 Aufnahme des Baus von Dampfschiffen.

Magellan, Fernão de   31
um 1480–1521, eigentlich Fernão de Magãlhaes, portugiesischer Seefahrer. Zuerst in portugiesischen, dann in spanischen Diensten. Erhielt von Karl V. fünf Schiffe, mit denen er 1519 aufbrach, um den westlichen Weg zu den Molukken zu finden. Gelangte 1521 zu den Marianen-Inseln und den Philippinen. Erste Weltumsegelung.

Mahler, Gustav   228
1860–1911, österreichischer Komponist und Dirigent. Ausbildung in Wien. Dirigententätigkeit u. a. in Kassel, Leipzig, Budapest, Hamburg. Wurde 1897 Kapellmeister an der Wiener Hofoper, bald auch deren Direktor. 1907 Gastdirigent an der Metropolitan Opera und Leiter der Philharmonic Society in New York.

Maizière, Lothar de   495
geb. 1940, dt. Politiker (CDU; DDR), Jurist. Seit 1986 Vizepräsident der Synode der Evangelischen Kirchen in der DDR. Seit 10.11.1989 Vorsitzender der CDU und einer der stellvertretenden Vorsitzenden des Ministerrates und Minister für Kirchenfragen. 12.4.1990– 3.10.1990 Ministerpräsident der DDR. Nach der gesamtdeutschen Bundestags-

wahl Mitglied des Bundestages und
Bundesminister mit besonderen Aufgaben. Legte im Dezember 1990 seinen
Posten als CDU-Bundesminister und
seine Parteiämter nieder.

Mann, Golo   14
geb. 1909, dt. Historiker und Publizist.
1942−1943 Professor für Geschichte am
Olivet College in Michigan, 1947−1964
am Claremont Men's College Kalifornien, seit 1960 Professor für politische
Wissenschaften an der TH Stuttgart.

Mann, Heinrich   343
1871−1950, dt. Schriftsteller. Studium
in Berlin und München. 1930 zum Präsidenten der Sektion „Dichtkunst" der
Preußischen Akademie der Künste gewählt. Emigrierte 1933 in die Tschechoslowakei, dann nach Frankreich. 1940
über Spanien nach Kalifornien. 1949 erster Nationalpreisträger der DDR.

Mann, Thomas   228, 329, 343
1875−1955, dt. Schriftsteller. 1933 Emigration (ausgebürgert), bis 1939 in der
Schweiz, 1939 bis nach dem Zweiten
Weltkrieg in den USA, danach wieder in
der Schweiz. Vertreter eines weltoffe-
nen, humanen und demokratischen Geistes. 1929 Nobelpreis.

Mao Tse-tung   389, 395
1893−1976, chinesischer Politiker.
Nach Studium an einer Lehrerbildungs-
anstalt 1918 Bibliotheksgehilfe in Peking. Beteiligte sich 1918 an der Arbeit
marxistischer Zirkel in Peking. 1919 Dozent in Hunan an der Lehrerausbil-
dungsanstalt und Teilnahme an den
Vorbereitungen zur Gründung der
Kommunistischen Partei Chinas
(KPCh). 1921 Führung der Parteiorganisation in Hunan, 1923 Mitglied des ZK
und des Politbüros. Nach dem Sieg im
Bürgerkrieg proklamierte er 1949 die
Volksrepublik China, wurde zum Vorsitzenden des Zentralrates der Volksrepublik ausgerufen und 1954 zum Präsidenten der Chinesischen Volksrepublik
gewählt.

Marc, Franz   343
1880−1916, dt. Maler und Graphiker.

Bei wiederholten Reisen Berührung mit
den avantgardistischen Tendenzen der
französischen Kunst. 1911 Mitbegründer des „Blauen Reiters". 1916 im Ersten Weltkrieg bei Verdun gefallen.

Maria Theresia   48 f.
1717−1780, Erzherzogin von Österreich, seit 1740 Königin von Böhmen
und Ungarn, deutsche Kaiserin. Konnte
ihre Thronrechte gegen Preußen im 1.
und 2. Schlesischen Krieg und im Österreichischen Erbfolgekrieg behaupten.

Marshall, George Catlett   395, 429
1880−1959, amerikanischer General
und Politiker. Im Ersten Weltkrieg Chef
eines Armeestabes. 1939−1945 Generalstabschef der US-Streitkräfte. Versuchte in einer Sonderkommission in
China 1945/46 vergeblich einen Kompromiß zwischen Tschiang Kai-shek und
den Kommunisten zu erreichen. Verfolgte als Außenminister 1947−1949 die
Politik des Containment, deren militärische Seite er durch wirtschaftliche Hilfs-
maßnahmen zu ergänzen suchte.
1951−52 Verteidigungsminister. 1953
Friedensnobelpreis.

Marx, Karl Heinrich   14, 89, 110, 130,
134 ff., 158, 256
1818−1883, dt. Theoretiker des Sozialismus, Begründer des Marxismus und
des dialektischen Materialismus. Studium der Rechtswissenschaften und Philosophie in Bonn. 1842−43 Chefredakteur der liberalen „Rheinischen Zeitung". Zusammenarbeit mit Friedrich
Engels. 1848 Kommunistisches Manifest. Exil in Paris und London. Dort in
der 1864 gegründeten „Ersten Internationale" führend tätig.

Marx, Wilhelm   303
1863−1946, dt. Jurist und Politiker.
1899−1918 Mitglied des preußischen
Abgeordnetenhauses. 1910−1918 und
1920−1932 Mitglied des Reichstages.
1919 Mitglied der Weimarer Nationalversammlung und der preußischen Lan-
desversammlung. 1912−1923 Fraktions-
und 1922−1928 Parteivorsitzender des
Zentrums. 1923−1925 Reichskanzler.

Danach preußischer Ministerpräsident. Unterlag 1925 bei den Reichspräsidentenwahlen Hindenburg. 1926 Reichsjustizminister. 1926−1928 erneut Reichskanzler.

Max von Baden, Prinz 277 f., 284
1867−1929, badischer Thronfolger aufgrund der Kinderlosigkeit des Großherzogs Friedrich II. Trat während des Ersten Weltkrieges für einen Verständigungsfrieden ein. Am 3.10.1918 Reichskanzler des ersten Koalitionskabinetts im Kaiserreich. Leitete die diplomatischen Verhandlungen mit Wilson auf der Basis der „Vierzehn Punkte". Verkündete am 9.11.1918 eigenmächtig die Abdankung Wilhelms II.

Maximilian I. 31
1459−1519, seit 1493 dt. Kaiser. Schuf 1495 auf dem Reichstag zu Worms das Reichskammergericht. Verkündung des „Ewigen Landfriedens". Mäzen Dürers.

Mayer, Julius Robert, seit 1867 von 110, 126
1814−1878, dt. Arzt und Physiker. Stellte den Satz der Erhaltung der Energie auf.

Mehmed Ali Pascha 91
eigentlich Karl Detroit, 1827−1878, türkischer Feldherr deutscher Herkunft. Kam als Schiffsjunge 1843 nach Konstantinopel. 1853 Offizier. 1875−1877 Korpsführer in Bosnien. Im russisch-türkischen Krieg Oberbefehlshaber der türkischen Armee in Bulgarien. 1878 von aufständischen Albanern erschlagen.

Meinecke, Friedrich 212 f., 304
1862−1954, dt. Historiker. Professor in Straßburg, Freiburg und Berlin. Im Ersten Weltkrieg Gegner annexionistischer Zielsetzungen. Lehnte Nationalsozialismus ab. 1935 als Herausgeber der „Historischen Zeitschrift" abgelöst.

Meinhof, Ulrike 468
1934−1976, dt. Journalistin. Lebte ab 1970 als Terroristin im Untergrund. 1972 festgenommen. 1976 Selbstmord.

Meißner, Otto 317
1880−1953, dt. Diplomat. Ab 1919 Vor-

tragender Rat in der Kanzlei des Reichspräsidenten. 1920 Chef der Präsidialkanzlei. Ab 1923 Staatssekretär unter Ebert, Hindenburg und Hitler.

Mendel, Gregor Johann 126
1822−1884, österreichischer Vererbungsforscher. Gymnasialprofessor, dann Augustiner-Abt in Brünn.

Menzel, Adolph von 229
1815−1905, dt. Maler und Graphiker. Wurde berühmt durch seine in Holz gestochenen Federzeichnungen zu Kuglers Geschichte Friedrichs d. Großen. Als Maler nahm er in seinen gegenständlichen Darstellungen den Impressionismus vorweg.

Metaxas, Joannis 322
1871−1941, griechischer General und Politiker. 1915−1917 Generalstabschef. Unterstützte die Neutralitätspolitik König Konstantins I. 1917−1920 und erneut 1923 nach mißlungenem Militärputsch im Exil. 1928−1936 Minister. Betrieb die Rückkehr König Georgs II. 1936 Ministerpräsident. 1938 Regierungschef auf Lebenszeit. Lehnte das italienische Ultimatum im Oktober 1940 ab und wurde Symbol des griechischen Widerstands.

Metternich, Klemens Wenzel Nepomuk Lothar, Graf von, seit 1813 Fürst von 69, 72, 74 f., 78, 80, 83, 85, 88, 92, 98, 100, 142, 144, 150, 161, 206
1773−1859, österreichischer Staatsmann. 1801 bis 1803 Gesandter in Dresden. 1803−1805 in Berlin. 1806−1809 Botschafter in Paris. 1809 Außenminister. 1813 Beitritt zum russisch-preußischen Bündnis gegen Napoleon. 1814 Vorsitzender des Wiener Kongresses. 1815 Abschluß der Heiligen Allianz. 1821 Haus-, Hof- und Staatskanzler. Seit 1826 Vorsitzender der Ministerkonferenz für innere Angelegenheiten. 1835 Mitglied der Geheimen Staatskonferenz. 1848 Flucht nach England. 1851 Rückkehr nach Wien.

Meyendorff, Peter Baron 107
1796−1863, russischer Diplomat deutscher Herkunft. Nahm 1812/13 an den

Feldzügen gegen Napoleon teil. 1832 Gesandter in Stuttgart, 1839 in Berlin. Seit 1850 Botschafter in Wien, wo er zwischen Preußen und Österreich zu vermitteln suchte. 1854 abberufen.

Michaelis, Georg   264 f.
1857–1936, dt. Politiker. 1909 Unterstaatssekretär im preußischen Finanzministerium. 1915 Leiter der Reichsgetreidestelle. Februar 1917 preußischer Staatskommissar für Volksernährung. 1917 Nachfolger Bethmann Hollwegs als Reichskanzler und preußischer Ministerpräsident. Am 1. November 1917 auf Betreiben des Reichstags entlassen. 1918 Oberpräsident von Pommern. Danach führend in der protestantischen Gemeinschaftsbewegung tätig.

Mierendorff, Carlo   377
1897–1943, dt. Politiker. Nach Betätigung in der Gewerkschaftsbewegung seit 1930 Reichstagsabgeordneter der SPD. 1933–1938 in KZ-Haft. Nach Freilassung Anschluß an den Kreisauer Kreis. Bei einem Luftangriff in Leipzig getötet.

Mitterrand, François   493
geb. 1916, französischer Politiker, Jurist, Schriftsteller und Verleger. Geriet 1940 in deutsche Kriegsgefangenschaft. Ging nach gelungener Flucht nach London, wo ihn Charles de Gaulle 1944 zum Minister für Kriegsgefangene ernannte. 1956–1958 Abgeordneter und zeitweilig Präsident der sozialistischen „Widerstandsunion" sowie Kabinettsmitglied in 11 Regierungen der IV. Republik. 1959–1962 Senator. 1965 Mitbegründer der „Linksdemokratischen und sozialistischen Föderation". 1971–1981 Vorsitzender der „Sozialistischen Partei". Seit 1981 Staatspräsident. Machte sich stark für das Selbstbestimmungsrecht der Palästinenser und für die Anerkennung Israels durch die PLO. Plädierte für eine atomare Stärkung Frankreichs und lehnte die Einbeziehung der Kernwaffen seines Landes in die Abrüstungsverhandlungen ab. Wurde 1988 zusammen mit Bundeskanzler Helmut

Kohl mit dem internationalen Karlspreis ausgezeichnet „in Würdigung ihres ununterbrochenen und erfolgreichen Strebens um dauerhafte Freundschaft ihrer Länder und um Erhaltung und Festigung der Europäischen Gemeinschaft". Erstrebt die Einführung einer europäischen Währung, ein audivisuelles EUREKA, Fortschritte in der europäischen Verteidigung, die Errichtung eines europäischen Sozialraumes sowie die weitere wirtschaftliche und politische Entwicklung des europäischen Binnenmarktes.

Modrow, Hans   493 ff.
geb. 1928, dt. Politiker (SED/PDS), Gesellschafts- und Wirtschaftswissenschaftler. Trat 1949 der SED, der FDJ und dem FDGB bei. 1958–1990 Abgeordneter der Volkskammer und seit 1967 Mitglied des ZK der SED. Dort 1971–1973 Leiter der Abteilung Agitation, danach Bezirkssekretär der SED in Dresden. 1989 Mitglied des Politbüros und bis April 1990 Vorsitzender des Ministerrates der DDR.

Molotow, Wjatscheslaw Michailowitsch   358, 363, 368
(seit 1906 Deckname von Skrjabin, W. M.), 1890–1986, sowjetischer Politiker. Mitbegründer und leitender Redakteur der „Prawda" (1912). 1917–1918 Mitglied des Revolutions-Militärkomitees. Enger Mitarbeiter Stalins. 1926–1941 Vorsitzender des Rates der Volkskommissare. 1939–1949 und 1953–1956 Außenminister.

Moltke, Helmuth von, seit 1870 Graf von   185, 262, 379 f.
1800–1891, preußischer Generalfeldmarschall. 1858–1888 Chef des Generalstabes der Armee. Leitete die Operationen im Krieg gegen Österreich (1866) und im Deutsch-französischen Krieg (1870/71). Gehörte seit 1872 dem preußischen Herrenhaus an. Bedeutender Militärschriftsteller.

Moltke, Helmuth von   262
1848–1916, dt. General. 1903 Generalquartiermeister. 1906 Chef des General-

stabes. 1914 nach Rückschlag an der Marne Rücktritt. 1915 Chef des Stellvertretenden Generalstabes in Berlin.

Moltke, Helmuth James Graf von 379 f.
1907–1945, dt. Jurist. Gegner des Nationalsozialismus und Begründer des Kreisauer Kreises. Verhaftung im Januar 1944, Todesurteil und Hinrichtung im Januar 1945.

Momper, Walter 491
geb. 1945, dt. Politiker (SPD), Diplompolitologe. Seit 1975 Mitglied des Berliner Abgeordnetenhauses. Wurde 1980 stellvertretender und 1985 Fraktionsvorsitzender. Seit 1986 Landesvorsitzender der SPD. Übernahm im März 1989 nach dem Wahlsieg der SPD an der Spitze eines rot-grünen Senats das Amt des Regierenden Bürgermeisters von Berlin (West), das er nach dem Bruch der Regierungskoalition und nach den Wahlen für Gesamtberlin im Januar 1991 an Eberhard Diepgen (CDU) abgeben mußte.

Monroe, James 79, 84 f., 244
1758–1831, 5. Präsident der USA (1817–1825), Demokrat. 1799–1802 und 1810 Gouverneur von Virginia. Schloß 1803 in Paris den Vertrag zum Kauf Louisianas ab. 1811 Außenminister. 1814 Kriegsminister. 1819 Erwerbung Floridas von Spanien. 1823 Verkündung der Monroe-Doktrin.

Montesquieu, Charles de Secondat Baron de la Brède et de Montesquieu 52 f.
1689–1755, französischer Staatsphilosoph und Schriftsteller. 1716–1726 Senatspräsident in Bordeaux. Bereiste mehrere europäische Länder, um die dortigen staatlichen Verhältnisse zu studieren. Begründer der Theorie der Gewaltenteilung.

Montgomery, Bernard Law, seit 1946 Viscount M. of Alamein 374, 382, 405
1887–1976, britischer Feldmarschall. Im Zweiten Weltkrieg Oberbefehlshaber der 8. Armee. 1943 Oberbefehlshaber der britischen Invasionstruppen. 1945–1948 Chef der britischen Besatzungszone in Deutschland und Mitglied

des Alliierten Kontrollrates in Berlin. 1951–1958 Stellvertreter des Oberbefehlshabers der NATO-Streitkräfte.

Morse, Samuel 110, 125
1791–1872, amerikanischer Erfinder und Porträtmaler. Mitbegründer und 1. Direktor der National Academy of Design, New York. Konstruierte den elektromagnetischen Schreibtelegraphen und entwickelte das Morsealphabet. Stellte 1844 die erste telegraphische Verbindung zwischen Washington D. C. und Baltimore her.

Motz, Friedrich von 90
1775–1830, preußischer Staatsmann. 1803–1813 Steuerdirektor im Königreich Westfalen. 1821–1825 Oberpräsident der Provinz Sachsen. Reformierte als Finanzminister die Finanzverwaltung und schloß 1828 den Zollvertrag mit Hessen-Darmstadt.

Mozart, Wolfgang Amadeus 52, 58
1756–1791, österreichischer Komponist. Seit 1769 Konzertmeister der erzbischöflichen Kapelle in Salzburg. 1769–1773 drei Italienreisen. 1779/80 erzbischöflicher Hoforganist, dann seit 1780 in Wien, wo er als freier Künstler lebte. Mozart steht in der Wiener Klassik zwischen Haydn und Beethoven und ist universal wie kein anderer Musiker.

Müller, Hermann 292, 299
1876–1931; dt. Politiker. 1893 Beitritt zur SPD. Ab 1906 Mitglied des Parteivorstands. 1916–1918 und 1920–1931 Reichstagsabgeordneter. 1918 Mitglied des Berliner Vollzugsrats der Arbeiter- und Soldatenräte. 1919–1927 Vorsitzender der Partei und der Reichstagsfraktion. 1919–1920 Reichsaußenminister. Neben Bell Unterzeichner des Versailler Friedensvertrags. 1920 und 1928–1930 Reichskanzler.

Müller, Joseph 416
1898–1979, dt. Jurist und Politiker. Vor 1933 in der Bayerischen Volkspartei, danach juristischer Berater kirchlicher Institutionen. Seit 1939 in der Abwehrabteilung des Oberkommandos der Wehrmacht. Sondierte 1939/40 im Auftrag

der Gruppe Beck/Canaris/Oster über den Vatikan die Möglichkeiten für einen Verständigungsfrieden mit den Engländern. 1943 verhaftet. 1945 Mitbegründer der CSU. 1945–1949 Landesvorsitzender. 1947–1949 bayerischer Justizminister und stellvertretender Ministerpräsident. 1950–1952 erneut Justizminister.

Münzer, Thomas 40
um 1489–1525, dt. Theologe, Augustinermönch. Anfangs Anhänger Luthers. Gründete 1523 den „Bund getreulichen und göttlichen Willens" mit dem Ziel, einen sozialen Gottesstaat zu errichten. Geistiger Anführer eines Bauernheeres, das bei Frankenhausen vernichtet wurde. 1525 gefangengenommen und hingerichtet.

Mussolini, Benito 298, 322, 347, 350 f., 353 ff., 358, 360, 366 f., 374, 386
1883–1945, italienischer Politiker. 1901 Volksschullehrer. Beitritt zur Sozialistischen Partei (PSI). 1912 Chefredakteur des Parteiorgans „Avanti". Bestimmte maßgeblich den ideologischen Kurs der Partei, die ihn jedoch ausschloß, als er den Kriegseintritt Italiens propagierte. Gründete im November 1914 die Tageszeitung „Il Popolo d'Italia". 1915–1917 Kriegsteilnehmer. Im März 1919 Gründung der Fasci di Combattimento, die er im November 1921 in die Nationale Faschistische Partei überleitete. Nach dem Marsch auf Rom 1922 Ausschaltung der politischen Gegner und Änderung des Verfassungssystems. Führer des Faschismus und Regierungschef. Entgegenkommende Kirchenpolitik. 1935 Abessinienkrieg. 1936 Intervention im Spanischen Bürgerkrieg, 1940 Eintritt in den Zweiten Weltkrieg. Militärische Mißerfolge. Innerfaschistische Opposition. Absetzung und Verhaftung auf Befehl Viktor Emanuels III. 1943 von deutschen Fallschirmjägern befreit. In Norditalien Errichtung einer „Republica Sociale Italiana". Am 28.4.1945 auf der Flucht von italienischen Widerstandskämpfern erschossen.

Nachtigal, Gustav 207
1834–1885, dt. Afrikaforscher, Militärarzt. Seit 1863 in Algerien und Tunis. Stellte Togo, Kamerun und Deutsch-Südwestafrika unter deutsche Reichshoheit.

Napoleon I. 51, 59, 62 ff., 65 f., 68, 70 ff., 76 f., 81, 95, 113, 119, 121 f., 148, 367
ursprünglich Napoleone Buonaparte, später Napoleon Bonaparte, 1769 bis 1821, Kaiser der Franzosen. 1785 Leutnant, 1793 General. Warf 1795 den Royalistenaufstand nieder. Erhielt 1796 den Oberbefehl in Italien, 1798/99 in Ägypten. 1799 vorzeitige Rückkehr nach Paris. 18. Brumaire (9.11.1799) Staatsstreich. Erster Konsul auf 10 Jahre, 1802 durch Plebiszit auf Lebenszeit. 1804 Krönung zum Kaiser der Franzosen, 1805 zum König Italiens. 1814 Abdankung. Bekam Insel Elba als Fürstentum zugewiesen. Nach Rückkehr von Elba „Herrschaft der 100 Tage". 1815 endgültige Verbannung auf St. Helena.

Napoleon III. 95, 119, 140, 148 ff., 152 f., 165 ff., 171 f., 174 f.
eigentlich Charles Louis Napoleon Bonaparte, 1808–1873, Kaiser der Franzosen. Nach Staatsstreich 1848 Präsident der Republik. 1851 für 10 Jahre im Amt bestätigt und schließlich aufgrund einer Volksabstimmung Kaiser. Im Deutsch-Französischen Krieg 1870/71 gefangengenommen und abgesetzt.

Nasser, Gamal Abd el 394
1918–1970, ägyptischer Offizier und Politiker. Zeichnete sich als Oberst 1948 im 1. Israelisch-Arabischen Krieg aus. Mitbegründer des Komitees der freien Offiziere, das im Juli 1952 König Faruk I. stürzte. Mitglied des „Rates der Revolution". Oberbefehlshaber der Streitkräfte. 1953 stellvertretender Ministerpräsident und Innenminister. 1954 bis 1961 Staatspräsident. Neben Nehru und Tito Wortführer der Blockfreien.

Naumann, Friedrich 221
1860–1919, dt. Politiker, evangelischer Theologe. Versuchte die Arbeiterschaft für einen christlichen Sozialismus und

für die Mitarbeit am Staat zu gewinnen. Zwischen 1907 und 1918 wiederholt Mitglied des Reichstages. 1919 als Vorsitzender der Demokratischen Partei Mitglied der Nationalversammlung in Weimar.

Neurath, Konstantin Freiherr von 317, 351, 356, 410
1873–1956, dt. Diplomat. 1919 Gesandter in Kopenhagen. 1921 Botschafter in Rom. 1930 Botschafter in London. 1932–1938 Reichsaußenminister. 1939–1943 Reichsprotektor in Böhmen und Mähren. 1946 im Nürnberger Prozeß zu 15 Jahren Haft verurteilt. 1954 entlassen.

Niebuhr, Barthold Georg 52, 58, 66
1776–1831, dt. Historiker und Diplomat. Bis 1810 in dänischem und preußischem Staatsdienst. 1810–1812 Professor in Berlin. 1816–1832 preußischer Gesandter beim Heiligen Stuhl, dann Professor in Bonn.

Niemöller, Martin 340, 378, 380
1892–1984, dt. evangelischer Theologe. Während des Ersten Weltkrieges U-Boot-Kommandant. Nach dem Krieg Theologiestudium. 1924–1930 Geschäftsführer der Inneren Mission in Westfalen. 1931 Pfarrer in Berlin-Dahlem. Gehörte während des Dritten Reiches der Bekennenden Kirche an. 1937 verhaftet, KZ Sachsenhausen, 1941 in Dachau. 1947–1964 war er Kirchenpräsident der Evangelischen Kirche in Hessen und Nassau. Überzeugter Pazifist.

Nietzsche, Friedrich Wilhelm 226 f.
1844–1900, dt. Philosoph. 1869–1879 Professor für klassische Philologie in Basel. Wegen seiner fortschreitenden Nervenkrankheit seit 1879 an verschiedenen Orten in der Schweiz und Italien. Radikaler Kritiker aller Werte. Von großem Einfluß auf die Existenzphilosophie und Lebensphilosophie des 20. Jahrhunderts. Sein aphoristischer Stil läßt jeglicher Auslegung seines Gedankengebäudes breiten Raum.

Nikolaus I., Pawlowitsch 149
1796–1855, seit 1825 russischer Zar. Warf den Aufstand der Dekabristen nieder und errichtete ein autokratisches Regime. Kämpfte erfolgreich gegen Persien und die Türkei. Machte Polen nach dem Aufstand 1830/31 zur russischen Provinz. Half 1849 Österreich, die Revolution in Ungarn zu bekämpfen, und führte den Krimkrieg.

Nikolaus II., Alexandrowitsch 272
1868–1918, seit 1894 russischer Zar. Die Revolution von 1905 veranlaßte Nikolaus zur Bewilligung einer Verfassung. 1907 teilweise Rücknahme der verfassungsrechtlichen Zugeständnisse. 1914 Kriegsentschluß zur Erhaltung des russischen Einflusses auf dem Balkan. 1915 Übernahme des persönlichen Oberbefehls. Abdankung nach der Februarrevolution auf Drängen der Generalität (15.3.1917), verhaftet und nach Sibirien verbannt. Im Juli 1918 zusammen mit seiner Familie von den Bolschewisten in Jekaterinburg ermordet.

Nikolaus II. 25
um 980–1061, seit 1058 Papst. Konnte sich 1059 gegen Benedikt X. in Rom durchsetzen. Stärkte die Stellung des Kardinalskollegiums bei der Papstwahl. (Papstwahldekret 1059)

Nolde, Emil 343
eigentlich Emil Hansen, 1867–1956, dt. Maler und Graphiker. Mitglied der „Brücke". 1933 als entartet verfemt. Erhielt 1941 Malverbot.

Noske, Gustav 286
1868–1946, dt. Politiker. Seit 1906 Mitglied des Reichstages. 1918 Beauftragter der Reichsregierung und Gouverneur von Kiel. Eintritt in den Rat der Volksbeauftragten und Übernahme des Militärressorts. Verantwortlich für die Niederschlagung von „linken" Aufständen in verschiedenen Reichsgebieten, die ihm den Vorwurf des „Arbeiterverräters" eintrug. Demissionierte auf Drängen seiner Partei (SPD) nach dem Kapp-Putsch. 1920–1933 Oberpräsident der Provinz Hannover. Entschiedener Gegner des Nationalsozialismus. Nach dem 20.7.1944 verhaftet.

Nossack, Hans Erich   408
1901–1977, dt. Schriftsteller. Studierte
bis 1922 Philosophie und Jura. 1933 Pu-
blikationsverbot. 1943 Verlust aller Ma-
nuskripte. Seit 1956 freier Schriftsteller.
1957/58 Gastdozent für Poetik an der
Universität Frankfurt a. M. 1961 mit
dem Georg-Büchner-Preis ausgezeichnet.

Ollenhauer, Erich   413
1901–1963, dt. Politiker (SPD). Trat
1916 in die Sozialistische Arbeiterju-
gend ein, deren Vorsitzender er 1928
wurde. Seit 1933 Mitglied des Exilvor-
standes der SPD (Prag, Paris, London).
Kehrte 1946 nach Deutschland zurück.
Stellvertretender Parteivorsitzender der
SPD in den Westzonen. 1949 Mitglied
des Bundestages und stellvertretender
Fraktionsvorsitzender. Als Partei- und
Oppositionsführer setzte er nach dem
Tode Schumachers dessen Politik fort
und trat für die Umwandlung der SPD in
eine Volkspartei ein. 1951 Vizepräsident, 1963 Präsident der Sozialistischen
Internationale.

Oster, Hans   379 f.
1887–1945, dt. General. Seit 1933 Tätigkeit in der Abwehrabteilung des
Reichswehrministeriums, von 1935 bis
1943 Leiter der Zentralabteilung des militärischen Nachrichtendienstes und
Stabschef des Amtes Ausland in der Abwehr unter Admiral Canaris. Entschiedener Gegner des Hitler-Regimes. Aufgrund seines einzigartigen Beobach-
tungspostens organisatorisch-techni-
scher Mittelpunkt des Widerstandes im
Heer. Setzte im Winter 1939/40 Nieder-
länder, Dänen und Norweger über die
von Hitler wiederholt abgeänderten An-
griffstermine ihrer Länder in Kenntnis.
Nach dem 20. Juli 1944 verhaftet und
am 9.4.1945 im KZ Flossenbürg ermordet.

Otto I., der Große   21 ff.
912–973, seit 936 dt. König, wurde 962
zum Kaiser gekrönt.

Otto II.   21
955–983, 961 zum dt. König gewählt,
regierte seit 973. Mitkaiser seines Vaters
Otto I., seit 967.

Otto III.   21, 24
980–1002, seit 983 dt. König unter der
Vormundschaft seiner Mutter The-
ophanu, dann bis 995 unter der seiner
Großmutter Adelheid. 996 Kaiserkrönung.

Otto, Nikolaus August   111
1832–1891, dt. Ingenieur und Erfinder.
Arbeitete seit 1862 an der Entwicklung
eines Gasmotors. Gründete 1864 eine
Gasmotorenfabrik und entwickelte 1876
den Ottomotor.

Papen, Franz von   317 f., 320, 334, 337,
410
1879–1969, dt. Politiker. Ab 1918 Mitglied der Zentrumspartei. 1920–1928
und 1930–1932 Abgeordneter des Preußischen Landtags. Im Juni 1932 Reichskanzler. Rücktritt im Dezember 1932.
Im Kabinett Hitlers Vizekanzler. 1934
unter Hausarrest. Danach Gesandter in
Wien. 1938–1944 Botschafter in An-
kara.

Paulsen, Friedrich   227
1846–1908, dt. Philosoph und Pädagoge. Seit 1878 Professor in Berlin.
Vertreter einer neuhumanistischen
Ethik.

Paulus, Friedrich   373 f.
1890–1957, dt. Generalfeldmarschall.
Nach Mitwirkung am Aufbau der deutschen Panzertruppe 1940 Generalleutnant und Oberquartiermeister im Generalstab des Heeres. Erhielt im Januar
1942 den Oberbefehl über die 6. Armee,
die er auf Befehl Hitlers opferte. Mit
den Resten der 6. Armee bis 1953 in russischer Kriegsgefangenschaft. Mitglied
des Nationalkomitees Freies Deutschland. Ließ sich 1953 in der DDR nieder.

Pestalozzi, Johann Heinrich   68 f.
1746–1827, Schweizer Pädagoge.
Hauptanreger der modernen Pädago-
gik. Begründer und Leiter verschiedener Erziehungsanstalten.

Pétain, Henri Philippe   365
1856–1951, französischer Marschall
und Staatschef. Nach Bewährung als Ar-

meeführer („Retter von Verdun") ab
Mai 1917 Oberbefehlshaber der französischen Streitkräfte. 1922–1932 Generalinspekteur der Armee. 1934 Kriegsminister. Vollzug des Waffenstillstands
mit Deutschland und Italien
(22.6.1940). Staatschef der Vichy-Regierung, von der Nationalversammlung
mit umfassenden Vollmachten ausgestattet. Begrenzte Zusammenarbeit mit
dem Hitler-Regime. Im April 1945
stellte sich Pétain dem französischen
Obergerichtshof. August 1945 Todesurteil wegen Hoch- und Landesverrats.
Umwandlung in lebenslängliche Haft
durch de Gaulle und Verbannung auf
die Insel Yeu.

Peter I., der Große 46
1672–1725, seit 1682 russischer Zar, zunächst unter Vormundschaft. Besuchte
1697 inkognito Westeuropa, führte danach Reformen nach westlichem Vorbild in Rußland durch und schuf das neu-
zeitliche Rußland als europäische Großmacht.

Peters, Karl 207
1856–1918, dt. Kolonialpolitiker. Gründete 1884 die „Gesellschaft für Deutsche
Kolonisation". Erwarb in Afrika durch
Verträge das Kerngebiet des späteren
Deutsch-Ostafrika, das seit 1885 unter
dem Schutz des Reiches stand. Schloß
1887 einen Pachtvertrag mit Sansibar
und 1889/90 einen Schutzvertrag mit
Uganda. Mitbegründer des Alldeutschen Verbandes.

Petrarca, Francesco 34
1304–1374, italienischer Dichter. Studium in Italien und Frankreich am
päpstlichen Hof in Avignon. 1341 Dich-
terkrönung in Rom.

Pfitzner, Hans 228
1869–1949, dt. Komponist. Nach Diri-
genten- und Lehrtätigkeit in Berlin und
München 1908–1918 Städtischer Mu-
sikdirektor und Operndirektor in Straßburg. 1920–1929 an der Preußischen
Akademie der Künste in Berlin, dann
bis 1934 an der Akademie der Tonkunst
in München.

Philipp II. von Spanien 37, 44
1527–1598, seit 1555 König. Führte
1556–1559 Krieg gegen Frankreich,
1571 Krieg gegen die Türken, 1567
gegen die aufständischen Niederlande.
Die Spannungen mit England endeten
1588 mit der Zerstörung seiner Flotte,
der Armada. Als Vorkämpfer des Katholizismus beherrschende Gestalt der
Gegenreformation.

Pilsudski, Josef 322
1867–1935, polnischer Politiker. Seit
1894 Führer der Polnischen Sozialistischen Partei (PPS). Verfechter der polnischen Befreiungsorganisation. 1916
vergeblicher Aufstand im russisch besetzten Teil Polens. 1917 Internierung in
der Festung Magdeburg. 1918 Rückkehr
nach Warschau. Übernahme der obersten Militär- und Staatsgewalt. Nach
dem militärischen Konflikt mit Rußland
1920 vorübergehender Rückzug aus
dem politischen Leben. Im Mai 1926 mit
Hilfe der Armee Errichtung eines autoritären Regimes, das er außenpolitisch
durch Nichtangriffspakte mit der
UdSSR und Deutschland abzuschirmen
suchte.

Pius VII. 83
1742–1823, seit 1800 Papst. 1801 Kon-
kordat mit Frankreich. 1804 Krönung
Napoleons I. in Paris. 1808 Besetzung
Roms durch französische Truppen. 1809
Vereinigung des Kirchenstaates mit
Frankreich und Gefangennahme. 1814
Rückkehr nach Rom. 1815 Wiederher-
stellung des Kirchenstaates.

Pius IX. 94, 185, 189
1792–1878, seit 1846 Papst. Wegen seiner liberalen Reformen und Begünstigung der national-italienischen Eini-
gungsbestrebungen zunächst sehr popu-
lär, mußte jedoch nach einem Aufstand
in Rom 1848 nach Gaeta fliehen. 1870
Anschluß Roms an das Königreich Italien. Dogmatisierung der Unfehlbarkeit
des Papstes. Seine Abwehr aller modernen Ideen isolierte die Kirche.

Poincaré, Raymond 295 f., 300
1860–1934, französischer Politiker.

1912–1913 Ministerpräsident und Außenminister. Bemühungen um die Bündnisbeziehungen zu Rußland und England. 1913–1920 Präsident der Republik. 1920 als Vorsitzender der Reparationskommission starre Haltung bei der Auslegung des Versailler Vertrags. 1922–1924 erneut Ministerpräsident und Außenminister. Sabotierte die von Lloyd George einberufene Weltwirtschaftskonferenz in Genua zu Regelungen der deutschen Reparationsleistungen. Veranlaßte die Besetzung des Ruhrgebiets und förderte den rheinischen Separatismus. 1926 zum dritten Mal Ministerpräsident. 1929 Rücktritt aus Krankheitsgründen.

Polo, Marco 245
1254–1324, venezianischer Reisender. 1271 mit seinem Vater und Onkel in Nordchina, wo er von 1275–1292 im Auftrag des Mongolenherrschers tätig wurde. Statthalter der Provinz Kiangnan. 1292 Rückkehr nach Europa. Sein Reisebericht hatte großen Einfluß auf die geographischen Vorstellungen des 14. und 15. Jahrhunderts.

Ponto, Jürgen 430, 468
1923–1977, dt. Bankier. Vorstandssprecher der Dresdner Bank. Von der Rote-Armee-Fraktion ermordet.

Popitz, Johannes 380
1884–1945, dt. Politiker. 1925–1929 Staatssekretär im Reichsfinanzministerium. 1933–1944 preußischer Finanzminister. Seit Beginn des Zweiten Weltkriegs Kontakt zur Widerstandsbewegung um Beck und Goerdeler. Verhaftung nach dem 20.7.1944. Hinrichtung 1945.

Posadowsky-Wehner, Arthur Graf von, Freiherr von Postelwitz 234 ff.
1845–1932, dt. Politiker. Seit 1893 Staatssekretär, 1897–1907 zugleich Stellvertreter des Reichskanzlers und preußischer Staatsminister. 1912–1918 Mitglied des Reichstages. 1919 deutschnationales Mitglied der Nationalversammlung, 1928–1932 des preußischen Landtages.

Primo de Riviera y Orbaneja, Miguel Marqués de Estella 322
1870–1930, spanischer General und Diktator. 1922 Generalkapitän von Katalonien. Putschte 1923 im Einvernehmen mit Alfons XIII. gegen die parlamentarische Regierung und errichtete 1925 eine Militärdiktatur. 1930 vom König unter dem Druck der Öffentlichkeit entlassen.

Puttkamer, Johanna von 146
1824–1894, seit 1847 Ehefrau Otto von Bismarcks.

Radek, Karl 286
eigentlich K. Sobelsohn, 1885–1939, sowjetischer Politiker. Lernte 1904 in der Schweiz Lenin und die bolschewistischen Führer kennen. Während der Revolution 1905 in Warschau. 1907 Übersiedlung nach Deutschland, als Journalist für die SPD tätig. 1917 Mitarbeiter des ZK der Bolschewiki in Rußland. Ende 1918 nach Deutschland entsandt. Vertreter der KPR auf dem Gründungstag der KPD. Im Februar 1919 in Berlin verhaftet. Im März in Abwesenheit zum Mitglied des ZK der KPR gewählt. 1920 Rückkehr nach Rußland. 1924 als Trotzkist seiner Positionen enthoben. 1927 aus der KPdSU ausgeschlossen. 1929, nachdem er vor Stalin kapituliert hatte, wieder aufgenommen und journalistisch tätig. 1936 verhaftet und im Schauprozeß zu 10 Jahren Gefängnis verurteilt.

Raeder, Erich Hermann Albert 410
1876–1960, dt. Großadmiral. 1894 bis 1918 Dienst in der kaiserlichen Marine. Nach Kriegsschluß in die Zentralabteilung des Reichsmarineamtes berufen. 1922 Inspekteur des Bildungswesens der Marine. 1924 Befehlshaber der leichten Seestreitkräfte der Nordsee und 1925 Chef der Marinestation der Ostsee. 1928 Chef der Marineleitung. 1935–1943 Oberbefehlshaber der Kriegsmarine. Mit Hitler uneins in der Frage der großen Überwassereinheiten, mußte er das Oberkommando der Kriegsmarine an Dönitz abgeben. 1946 in Nürnberg vom Internationalen Militärtribunal zu le-

benslänglicher Haft verurteilt. 1955 wegen Krankheit vorzeitig entlassen.

Raleigh, Walter, seit 1584 Sir   13
um 1552–1618, englischer Seefahrer. Günstling Königin Elisabeths I. Gründete 1585 in Nordamerika die ersten beiden britischen Niederlassungen. Unter Jakob I. wegen Hochverrats 1603–1616 im Tower. Unternahm 1617 eine Expedition nach Guayana. Nach deren Scheitern hingerichtet.

Ranke, Leopold, seit 1865 von   52, 58
1795–1886, dt. Historiker. Seit 1825 Professor in Berlin. 1859 Vorsitzender der Historischen Kommission bei der Akademie der Wissenschaften in München. Begründer der modernen Geschichtswissenschaft.

Rapacki, Adam   447
1909–1970, polnischer Politiker. Nach dem Studium der Volkswirtschaft beim Warschauer Institut für Konjunkturforschung beschäftigt. 1939–1945 in deutscher Kriegsgefangenschaft. 1945 Beitritt zur Polnischen Sozialistischen Partei. 1948 maßgeblich an der Vereinigung der Sozialistischen Partei mit der Kommunistischen Arbeiter-Partei beteiligt. 1948–1968 Mitglied des ZK. 1949–1950 Schiffsbau-, 1950–1956 Hochschul-, 1956–1968 Außenminister.

Rathenau, Walter   267, 294, 299
1867–1922, dt. Großindustrieller und Politiker. Seit 1899 Vorstandsmitglied der Allgemeinen Elektrizitäts-Gesellschaft (AEG). 1914–1915 Leiter der Kriegsrohstoff-Abteilung im Kriegsministerium. Nach 1918 wirtschaftlicher Berater der Reichsregierung. 1920 Mitglied der Sozialisierungskommission. 1921 Minister für Wiederaufbau. 1922 Reichsaußenminister. Teilnahme an der Reparationskonferenz von Genua und Abschluß des Rapallo-Vertrags. Von nationalistischen und antisemitischen Kreisen als „Erfüllungspolitiker" diffamiert. Am 22.6.1922 von Angehörigen einer rechtsradikalen Geheimorganisation ermordet.

Reagan, Ronald   473, 475, 483, 485
geb. 1911, 40. Präsident der USA (1981–1989). 1932–1966 Sportkommentator, Film- und Fernsehschauspieler. 1967–1975 Gouverneur von Kalifornien. 1975–1980 Geschäftsmann, Rancher und Rundfunkkommentator. Suchte nach Übernahme des Präsidentenamtes das weltpolitische Gewicht der USA gegenüber der UdSSR neu zur Geltung zu bringen.

Reger, Max   228
1873–1916, dt. Komponist. Seit 1907 Universitäts-Musikdirektor in Leipzig. Gilt als Vermittler zwischen Spätromantik und Moderne.

Reichwein, Adolf   377
1898–1944, dt. Pädagoge. 1930–1933 Professor für Geschichte und Staatsbürgerkunde an der Pädagogischen Hochschule in Halle. Als Gegner des Nationalsozialismus aus seinem Hochschulamt entlassen. Seit 1933 Dorflehrer. 1942–1944 Zugehörigkeit zum Kreisauer Kreis. Am 5.7.1944 verhaftet, nach dem 20. Juli zum Tode verurteilt und hingerichtet.

Reinhardt, Walther   276
1872–1930, dt. General. Im Ersten Weltkrieg Chef des Generalstabes eines württembergischen Armeekorps. 1919 letzter preußischer Kriegsminister. Ab Oktober 1919 erster Chef der neugebildeten Heeresleitung. Mußte 1920 nach dem Kapp-Putsch, gegen den er die Reichswehr einsetzen wollte, zurücktreten.

Reuter, Ernst   423, 425
1889–1953, dt. Politiker. Früh – Mitglied der SPD. Baute nach 1918 die Berliner KPD-Organisation auf. 1921 Generalsekretär der KPD. 1922 Parteiausschluß und Rückkehr zur SPD. 1926 bis 1931 Verkehrsdezernent in Berlin. 1931–1933 Oberbürgermeister von Magdeburg. 1932–1933 Mitglied des Reichstages. 1933–1935 im KZ. 1935–1946 Regierungsberater und Professor in der Türkei. Ab 1946 erneut Verkehrsdezernent in Berlin. 1947 zum

Oberbürgermeister gewählt. Bis 1948 durch sowjetisches Veto am Amtsantritt gehindert. 1950−1953 Regierender Bürgermeister von Berlin. Führte 1948/49 den Widerstand gegen die Berlin-Blokkade.

Rhodes, Cecil 238, 241
1853−1902, englischer Politiker. Gewann durch den Erwerb von Diamantenfeldern Vermögen und politischen Einfluß. Ab 1881 Parlamentsabgeordneter in der Kapkolonie. Bewirkte 1885 die britische Besetzung von Betschuanaland, dann den Erwerb des späteren Rhodesien durch die 1889 gegründete British South Africa Company. Ab 1890 Premierminister der Kapkolonie. Einkreisung der Burenrepublik Transvaal. 1896 Rücktritt.

Ribbentrop, Joachim von 356 ff., 363, 410
1893−1946, nationalsozialistischer Politiker. Seit 1932 Mitglied der NSDAP und außenpolitischer Berater Hitlers. 1935 Abschluß des deutsch-britischen Flottenabkommens als Sonderbotschafter. 1936−1938 Botschafter in London. 1938−1945 Reichsaußenminister und SS-Obergruppenführer. Im Nürnberger Prozeß zum Tode verurteilt und hingerichtet.

Ricardo, David 116, 136
1772−1823, englischer Nationalökonom. Erfolgreicher Bankier. Seit 1819 Unterhausabgeordneter. Entwickelte die Lehre von Adam Smith zur klassischen Nationalökonomie weiter. Führender Vertreter der Freihandelslehre.

Rödiger, Georg Ludwig Julius Konrad 82
1794−1866, dt. Burschenschaftler. 1814−1816 Studium in Heidelberg, 1816−1817 in Worms, dann bis 1819 in Jena. 1817 Teilnahme am Wartburgfest. Promovierte 1819 in Philosophie. In Berlin wegen Teilnahme an einer revolutionären Bewegung verhaftet. 1820 entlassen und aus Preußen ausgewiesen. Erhielt 1824 in Frankfurt a. M. eine Anstellung als Gymnasialprofessor.

Röhm, Ernst 338
1887−1934, nationalsozialistischer Politiker. Im Ersten Weltkrieg Kompanieführer und Generalstabsoffizier. 1919 Aufbau eines Freikorps und Eintritt in die DAP (später NSDAP). 1923 Austritt aus der Reichswehr. Organisation der SA. Teilnahme am Hitler-Putsch. 1924−1925 Abgeordneter der NSDAP im Reichstag. Nach Kontroverse mit Hitler von 1928−1930 in Bolivien als militärischer Ausbilder. Von Hitler zurückgerufen. 1931 Stabschef der SA. 1933 bayerischer Staatsminister und Reichsminister ohne Geschäftsbereich. 1933−1934 Umgliederung und Bewaffnung der SA als Miliz und Frontstellung zur Reichswehr. Am 1.7.1934 auf Befehl Hitlers ermordet.

Rößler, Constantin 154
1820−1896, dt. politischer Schriftsteller. Seit 1860 publizistisch für die preußische Regierung tätig. Seit 1877 Direktor des offiziösen literarischen Büros. 1892−1894 als Legationsrat im Auswärtigen Amt.

Rommel, Erwin 366, 380 f.
1891−1944, dt. Generalfeldmarschall. 1935 Oberstleutnant und Verbindungsoffizier im Stab des Reichsjugendführers. 1940 Kommandeur einer Panzerdivision. 1941 Übernahme der Führung des Afrikakorps in Libyen. 1942 Generalfeldmarschall und Befehlshaber der deutsch-italienischen Panzerarmee in Nordafrika. 1943−1944 Oberbefehlshaber der Heeresgruppe B in Italien und anschließend in Nordfrankreich. Seit Frühjahr 1944 in Verbindung zur Widerstandsbewegung. Als diese Kontakte nach dem 20. Juli aufgedeckt wurden, zwang Hitler Rommel zum Selbstmord (14.10.1944).

Roon, Albrecht von, seit 1871 Graf von 156, 158, 160
1803−1879, preußischer General. 1859−1873 Kriegsminister. 1873 vorübergehend Ministerpräsident. Freund Bismarcks.

Roosevelt, Franklin Delano 322, 326,

360, 366, 369 f., 375, 384, 390 f., 395
1882–1945, 32. Präsident der USA
(1933–1945). Rechtsanwalt. 1910 demokratischer Senator. 1913 Unterstaatssekretär der Marine. 1924 Gouverneur von New York. 1932 zum Präsidenten gewählt, Wiederwahl 1936, 1940 und
1944. Gab im Zweiten Weltkrieg Osteuropa an Stalin preis.
Roosevelt, Theodore 244
1858–1919, 26. Präsident der USA
(1901–1909). Jurist. Verfocht als
Hauptvertreter des amerikanischen Ex-
pansionismus im Amt des Unterstaats-
sekretärs für die Marine (1897/98) den
Krieg gegen Spanien. 1899/1900 Gouverneur von New York. 1901 als Republikaner Vizepräsident unter McKinley.
Übernahm nach dessen Ermordung
1901 das Präsidentenamt, in das er 1904
wiedergewählt wurde.
Rosenberg, Alfred 410
1893–1946, nationalsozialistischer Ideo-
loge, Architekt. Seit 1921 Mitglied der
NSDAP. 1923 Hauptschriftleiter des
„Völkischen Beobachters" und neben
Goebbels der ideologische Hauptpro-
pagandist des Nationalsozialismus.
Schrieb 1930 „Der Mythus des 20. Jahrhunderts". Seit 1933 als Reichsleiter
Chef des Außenpolitischen Amtes der
NSDAP und seit 1934 auch Beauftragter
für die Überwachung der weltanschaulichen Erziehung der Partei. 1941–1945
Reichsminister für die besetzten Ostgebiete, drang jedoch mit seiner Konzeption einer die nicht großrussischen Nationalitäten fördernden Politik gegenüber Hitler und den ihm formell unterstellten „Reichskommissaren" nicht
durch. 1946 „als Urheber des Rassen-
hasses" vom Internationalen Militärtribunal in Nürnberg zum Tode verurteilt
und hingerichtet.
Rousseau, Jean-Jacques 52, 56, 58
1712–1778, französischer Schriftsteller
und Kulturphilosoph Schweizer Herkunft. Trat 1742 in Paris in Verbindung
zu den Enzyklopädisten. 1766 gezwungen, Frankreich zu verlassen, ver-

brachte er mehrere Jahre in der Schweiz
und in England. 1770 wieder in Paris.
Hatte bedeutenden Einfluß auf die französische Revolution und die demokratische Bewegung ebenso wie auf die neu-
zeitlichen Erziehungstheorien.
Rouvier, Maurice 252
1842–1911, französischer Jurist und Politiker, Rechtsanwalt. 1871–1903 Abgeordneter der gemäßigten Linken.
1903–1911 Senator. Mehrfach Minister.
1887–1905/06 Ministerpräsident. Führte 1905 die Trennung von Staat und
Kirche durch.
Rudolf I., von Habsburg 31
1218–1291, Graf v. Habsburg, seit 1273
dt. König.
Runciman, Walter, seit 1937 Viscount R.
of Doxford 353
1870–1949, englischer Politiker.
1899–1937 als Vertreter der liberalen
bzw. nationalliberalen Partei im Unterhaus. Mehrfach Minister. 1938 als Vermittler zwischen der tschechoslowakischen Regierung und der Sudetendeutschen Partei in Prag (Runciman-Mis-
sion). Sein Bericht bildete die Grundlage für die britische Haltung beim Abschluß des Münchner Abkommens.
Salazar, Antonio de Oliveira 322
1889–1970, portugiesischer Politiker.
1917 Professor für Nationalökonomie
und Finanzwirtschaft. Mitbegründer der
Katholischen Partei. 1921 Abgeordneter. 1926 nach Militärstaatsstreich Finanzminister. 1932–1968 Ministerpräsident. Erließ 1933 eine ständische Verfassung. Leistete 1936–1939 im spanischen Bürgerkrieg Franco Hilfe.
Salisbury, Robert Arthur Talbot Gas-
coyne-Cecil, Marquess of 206
1830–1903, englischer Staatsmann.
1866 und 1874–1878 Staatssekretär für
Indien. 1870–1880 Außenminister.
Übernahm 1871 die Führung der Konservativen Partei. 1885–1892 und
1895–1902 Premierminister, bis 1900
fast stets auch Außenminister. Vertrat
eine imperialistische Kolonialpolitik in
Afrika. Trat 1898 in der Faschoda-Krise

den französischen Ansprüchen entgegen.

Sand, Karl Ludwig 79, 83
1795–1820, dt. Student der Theologie. Erstach, von burschenschaftlichen Ideen erfüllt, am 23.3.1819 August von Kotzebue und gab damit Anlaß zu den Karlsbader Beschlüssen. 1820 hingerichtet.

Sauckel, Fritz 410
1894–1946, nationalsozialistischer Politiker. Seit 1927 Gauleiter in Thüringen, 1932–1933 Ministerpräsident und Innenminister, 1933–1945 Reichsstatthalter von Thüringen und Braunschweig. 1942 Generalbevollmächtigter für den Arbeitseinsatz, als solcher für die Massendeportationen ausländischer Arbeitskräfte nach Deutschland verantwortlich. 1946 vom Internationalen Militärtribunal zum Tode verurteilt und hingerichtet.

Savigny, Friedrich Carl von 52, 58
1779–1861, dt. Jurist. 1810–1842 Professor für Zivilrecht in Berlin. 1842–1848 preußischer Justizminister. Begründer der historischen Rechtsschule.

Schacht, Hjalmar 299, 314, 342, 410
1877–1970, dt. Bankier. Ab 1916 Direktor der Nationalbank. 1918 Eintritt in die DDP. 1923 Reichswährungskommissar. Einführung der Rentenmark. 1924–1930 und 1933–1939 Reichsbankpräsident. 1934–1937 zugleich Reichswirtschaftsminister. Seit 1930 Verbindung zu Hitler. Seine Finanzpolitik bildete die Basis für das nationalsozialistische Programm der Arbeitsbeschaffung und der Aufrüstung. Nach Zerwürfnis mit Hitler 1937 entlassen. Gegen Kriegsende in Kontakt zur Widerstandsbewegung. 1944–1945 in KZ-Haft. Im Nürnberger Prozeß freigesprochen.

Schäfer, Hermann 426
1892–1966, dt. Politiker, DDP, nach 1945 FDP. Seit 1946 stellvertretender Vorsitzender des Landesverbandes Hamburg der FDP, 1947 stellvertretender Vorsitzender der FDP in der britischen Zone. 1948/49 Mitglied des Parlamentarischen Rates. 1949–1953 Mitglied des Bundestages, Fraktionsvorsitzender der FDP, Bundestagspräsident.

Scharnhorst, Gerhard Johann David, seit 1804 von 66 f. 68
1755–1813, preußischer General. 1807–1810 Chef des Kriegsdepartements. Seit 1810 Generalstabschef. Führte die preußische Heeresreform durch. Bereitete die Erhebung gegen Napoleon vor. 1813 Generalstabschef Blüchers.

Scheel, Walter 465, 469, 471
geb. 1919, dt. Politiker. 1946 Eintritt in die FDP. 1950–1953 Mitglied des Landtages in Nordrhein-Westfalen. 1953 bis 1974 Mitglied des Bundestages. 1961–1966 Bundesminister für wirtschaftliche Zusammenarbeit. 1967 bis 1969 Vizepräsident des Bundestages. 1968–1974 Parteivorsitzender. 1969 bis 1974 Außenminister und Vizekanzler. Als Außenminister neben Brandt Hauptvertreter der neuen Ostpolitik. 1974–1979 Bundespräsident.

Scheidemann, Philipp 259, 278, 280, 284, 288, 291
1865–1939, dt. Politiker. 1903–1918 Reichstagsabgeordneter der SPD. Ab 1911 Mitglied des Parteivorstandes. Ab 1913 Führer der Reichstagsfraktion. Befürworter eines Verständigungsfriedens. 1918–1919 Mitglied des Rats der Volksbeauftragten und 1919–1920 der Weimarer Nationalversammlung. Februar 1919 Ministerpräsident. Rücktritt im Juni 1919 aus Protest gegen den Versailler Vertrag. 1920–1933 erneut Reichstagsabgeordneter. Nach der NS-Machtergreifung Emigration.

Schewardnadse, Eduard A. 498
geb. 1928, sowjetischer Politiker. 1952–1964 hauptamtlicher Parteifunktionär in Georgien. 1958 Mitglied des Obersten Sowjet Georgiens und Kandidat des georgischen Politbüros. Wechselte 1964 in den georgischen Regierungsapparat. 1965 zunächst stellvertretender, dann Minister für öffent-

liche Sicherheit. 1968–1972 georgischer Innenminister. 1972 erster Sekretär der KP in Georgien. 1976 Vollmitglied des ZK der KPdSU und 1978 Kandidat im Politbüro. Bis zu seiner Übernahme des Außenministeriums 1985 als Reformer in Georgien tätig, wo sich die Industrieproduktion während seiner Amtszeit verdoppelte. 1985–1990 engster Vertrauter Michail Gorbatschows und Architekt der außenpolitischen Perestroika. Trat 1990 aus Protest gegen die fortgesetzten Angriffe gegen seine Politik von seiten der reaktionären Mitglieder des Obersten Sowjet und deren Armee von seinem Amt zurück.

Schiller, Johann Christoph Friedrich, seit 1802 von 52, 57, 146, 155
1759–1805, dt. Dichter. Aufgewachsen in Marbach. 1773–1780 zunächst Rechts-, dann Medizinstudium. 1780 bis 1782 Militärarzt, danach Flucht nach Mannheim. 1783–1784 Theaterdichter in Mannheim. Folgte 1785 der Einladung seines Freundes Körner nach Leipzig und Dresden, siedelte 1787 nach Weimar über und wurde 1789 Professor der Geschichte in Jena. Seit 1799 ständig in Weimar. Neben Goethe der wichtigste Dramatiker des Sturm und Drang und der Klassik. In seinen theoretischen und ästhetischen Werken wirksamster Vertreter des deutschen Idealismus.

Schirach, Baldur von 410
1907–1974, nationalsozialistischer Politiker, 1927 Leiter des NS-Studentenbundes, 1931 Reichsjugendführer und 1933 Jugendführer des Deutschen Reiches. Baute die Staatsjugendorganisation (Hitler-Jugend) auf. 1940–1945 Gauleiter und Reichsstatthalter in Wien. 1946 vom Internationalen Militärtribunal in Nürnberg zu 20 Jahren Gefängnis verurteilt.

Schiwkow, Todor 491
geb. 1911, bulgarischer Politiker. 1932 KP-Mitglied, ab 1941 Partisan. 1944 stellvertretender Befehlshaber des Partisanenverbandes im Gebiet Sofia. 1948 Mitglied des ZK, 1951 Mitglied des Politbüros, 1954 Erster Sekretär des ZK und 1962–1971 Ministerpräsident. Von 1971 bis zum Beginn der Entstalinisierung 1989 Staats- und Parteichef.

Schlegel, August Wilhelm, seit 1815 von 52
1767–1845, dt. Dichter und Literaturwissenschaftler. Bis 1797 Mitarbeiter an den von Schiller herausgegebenen Zeitschriften. 1798–1800 Herausgeber der Zeitschrift „Athenäum". 1801–1804 Vorlesungen in Berlin. 1804–1817 Sekretär und Reisebegleiter der Madame de Staël. Seit 1818 Professor für Kunst- und Literaturgeschichte in Bonn.

Schlegel, Friedrich, seit 1815 von 52
1772–1829, dt. Dichter und Kritiker. 1796 und 1801 in Jena. 1797–1801 in Berlin. Mitherausgeber von „Athenäum". 1802–1804 Sanskrit- und altpersische Studien in Paris. 1808 Übertritt zum Katholizismus. Seit 1809 im literarischen, propagandistischen und diplomatischen Dienst der österreichischen Regierung. 1815–1818 Legationsrat beim Frankfurter Bundestag.

Schleicher, Kurt von 311, 317 ff., 334
1882–1934, dt. General und Politiker. 1918–1919 politischer Referent im Stabe Groeners, dann im Truppenamt des Generals von Seeckt. 1926 Leiter der neugebildeten „Wehrmachtsabteilung" im Reichswehrministerium. 1929 Chef des Ministeramtes unter Groener als Reichswehrminister. Im Juni 1932 Reichswehrminister im Kabinett Papen, den er Anfang Dezember als Reichskanzler ablöste. Ende Januar 1933 Entlassung durch Hindenburg. Opfer des „Röhm-Putsches" am 30.6.1934.

Schleiermacher, Friedrich Daniel Ernst 52, 58, 83
1768–1834, dt. evangelischer Theologe und Philosoph. 1796 Prediger an der Berliner Charité. 1804–1806 Professor in Halle. Mitbegründer der Berliner Universität.

Schleyer, Hanns-Martin 430, 468
1915–1977, dt. Industrieller. Vorstandsmitglied der Daimler Benz AG.

Seit 1973 Präsident der Bundesvereinigung der Deutschen Arbeitgeberverbände e. V. Seit 1977 Präsident des Bundesverbandes der Deutschen Industrie. Am 5.9.1977 von Terroristen entführt, am 18.10.1977 ermordet aufgefunden.

Schlieffen, Alfred Graf von 261
1833–1913, dt. Generalfeldmarschall. Nahm als preußischer Generalstabsoffizier an den Kriegen von 1866 und 1870/71 teil. 1891–1905 Chef des Generalstabs der Armee. Erwarb sich große Verdienste um die Ausbildung der Generalstabsoffiziere. Der von ihm ausgearbeitete und nach ihm benannte Operationsplan wurde zu Beginn des Ersten Weltkrieges nur in abgeschwächter Form angewendet und nicht konsequent durchgeführt.

Schmerling, Anton Ritter von 162
1805–1893, österreichischer Staatsmann. 1848/49 Mitglied der Frankfurter Nationalversammlung, Führer der Großdeutschen. September-Dezember 1848 Reichsministerpräsident. 1849 bis 1851 österreichischer Justizminister, dann Senatspräsident des Obersten Gerichtshofes. 1860–1865 Staatsminister. Trat wegen des Widerstandes gegen das Februarpatent zurück.

Schmid, Carlo 413, 426, 429
1896–1979, dt. Jurist und Politiker, Rechtsanwalt, dann Richter. 1927 Referent am Kaiser-Wilhelm-Institut für ausländisch-öffentliches Recht und Völkerrecht. 1940 Kriegsverwaltungsrat in Lille. 1946–1953 Professor für Völkerrecht in Tübingen, 1953–1968 für politische Wissenschaft in Frankfurt a. M. Nach 1945 führend am politischen Aufbau Württemberg-Hohenzollerns beteiligt. 1947–1973 Mitglied des Parteivorstandes der SPD, hatte maßgeblichen Einfluß auf das Godesberger Programm. 1948/49 Mitglied des Parlamentarischen Rates und Vorsitzender des Hauptausschusses und der SPD-Fraktion. 1949–1972 Mitglied des Bundestages. 1949–1966 und 1969–1972 Vizepräsident des Bundestages. 1949–1953 Vorsitzender des Ausschusses für auswärtige Angelegenheiten. 1963–1966 Präsident der Versammlung der WEU. 1966–1969 Bundesminister für Angelegenheiten des Bundesrates und der Länder. Seit November 1969 Koordinator für die deutsch-französische Zusammenarbeit.

Schmidt, Helmut 430, 469 f., 473 f., 477
geb. 1918, dt. Politiker. Seit 1946 Mitglied der SPD. 1949–1953 in der Hamburger Wirtschafts- und Verkehrsbehörde leitend tätig. 1953–1962 und seit 1965 Mitglied des Bundestages. 1961–1965 Hamburger Innensenator. 1967–1969 Fraktionsvorsitzender. 1969–1972 Verteidigungsminister, 1972 Wirtschafts- und Finanzminister, 1972–1974 Finanzminister. 1974–1982 Bundeskanzler.

Schneckenburger, Max 92
1819–1849, dt. Dichter vaterländischer Lieder.

Schneider, Reinhold 411
1903–1958, dt. Schriftsteller, Dichter und Historiker. 1928/29 ausgedehnte Reisen durch Europa. Ab 1932 freier Schriftsteller in Potsdam, danach in Freiburg. 1940 Schreibverbot, illegale Publikationen. Stand mit anderen im Zentrum des katholischen Widerstandes gegen den Nationalsozialismus. 1945 des Hochverrats angeklagt. 1956 mit dem Friedenspreis des deutschen Buchhandels ausgezeichnet.

Schoen, Wilhelm Eduard Freiherr von 213
1851–1933, dt. Diplomat. 1900 Gesandter in Kopenhagen. 1905 Botschafter in Petersburg. 1907–1909 Staatssekretär des Auswärtigen. 1910–1914 Botschafter in Paris.

Schönberg, Arnold 228, 343
1874–1951, österreichischer Komponist. Begründer des Zwölftonsystems. 1925–1933 Professor an der Berliner Akademie der Künste. 1934 Emigration in die USA.

Schönfelder, Adolph 426

1875–1966, dt. Politiker (SPD). 1919–1933 und 1946–1960 Präsident der Hamburger Bürgerschaft. 1925–1933 Senator. 1945/46 2. Bürgermeister von Hamburg. 1948/49 Alters- und Vizepräsident des Parlamentarischen Rates.

Scholl, Hans 378, 380
1918–1943, dt. Widerstandskämpfer. Zunächst engagiertes Mitglied der HJ. 1938 wegen bündischer Jugendarbeit verhaftet. Medizinstudent. Als Sanitäter 1942 in der Sowjetunion. Kriegseindrücke und Einflüsse katholischer NS-Gegner machten ihn zum Widerstandskämpfer. Er gründete an der Münchener Universität die Weiße Rose. Bei einer Flugblattaktion mit seiner Schwester am 18. Februar 1943 verhaftet und am 22. Februar hingerichtet.

Scholl, Sophie 378, 380
1921–1943, dt. Widerstandskämpferin. Biologie- und Philosophiestudium in München. Schloß sich der von ihrem Bruder gegründeten Weißen Rose an. 1943 verhaftet und hingerichtet.

Schopenhauer, Arthur 226 f.
1788–1860, dt. Philosoph. Nach Lehrtätigkeit in Berlin Privatgelehrter in Frankfurt a. M. Vereint den erkenntnistheoretischen und ästhetischen Idealismus (Kant, Plato) mit metaphysischem Voluntarismus. Vertreter einer pessimistisch-quietistischen Lebensanschauung.

Schröder, Kurt von 319
1889–1960, dt. Bankier. 1933 Präsident der Industrie- und Handelskammer in Köln. Arrangierte auf Wunsch Papens 1933 ein Treffen mit Hitler. NSDAP- und SS-Mitglied sowie Mitglied der Reichswirtschaftskammer.

Schulze-Boysen, Harro 377, 379
1909–1942, dt. Jurist und Redakteur. 1933 Mitglied des Jungdeutschen Ordens. Sympathisierte zunächst mit nationalrevolutionären Bestrebungen Georg Strassers, wurde dann Redakteur und Herausgeber der von der Berliner Botschaft der UdSSR finanzierten proso-wjetischen Zeitschrift „Gegner". 1933 von der SS verhaftet. Auf wiederholte Intervention hin freigelassen. Nach Dienst in der Marineluftwaffe 1936 in der Pressegruppe des Reichsluftfahrtministeriums. Seit 1941 im Luftwaffenführungsstab. Sammelte einen Widerstandskreis junger Marxisten, linker Pazifisten und linksintelektueller Künstler um den harten Kern ehemaliger kommunistischer Parteifunktionäre. 1942 erneut verhaftet und von den Nationalsozialisten hingerichtet.

Schulze-Delitzsch, Hermann 133
1808–1883, dt. Wirtschafts- und Sozialpolitiker. 1848 Mitglied der preußischen Nationalversammlung, 1849 der 2. Kammer. 1851 Ausscheiden aus dem Staatsdienst. Gründung verschiedener Genossenschaften. Seit 1861 Mitglied des preußischen Abgeordnetenhauses. Seit 1867 Mitglied des Reichstages.

Schumacher, Kurt 403, 413, 441 ff.
1895–1952, dt. Politiker (SPD). Als Freiwilliger im Ersten Weltkrieg schwer verwundet. Studierte Jura und Nationalökonomie. Wurde 1918 Mitglied des Berliner Arbeiter- und Soldatenrats. 1920–1924 Redakteur bei der „Schwäbischen Tagwacht" in Stuttgart. 1924–1931 Mitglied des Landtages in Württemberg. Als Mitglied des Reichstages (1930–1933) gehörte er zur Gruppe militanter Sozialisten. 1933–1943 und 1944 in KZ-Haft. Begann 1945 den Wiederaufbau der SPD. Gegner der Vereinigung von SPD und KPD. 1946 Vorsitzender der SPD. Seit 1949 Mitglied des Bundestages.

Schuman, Robert 396, 442
1886–1963, französischer Politiker. Zunächst deutscher, nach der Rückgliederung von Elsaß-Lothringen französischer Staatsbürger. Ab 1912 Rechtsanwalt. Im Ersten Weltkrieg deutscher Soldat. 1919–1940 französischer Abgeordneter. 1940 kurze Zeit Unterstaatssekretär für Elsaß-Lothringen. 1940 nach Deutschland deportiert, floh 1942 und schloß sich der Résistance an. 1944

Mitbegründer der MRP, 1945–46 Abgeordneter beider Konstituanten, 1946–1962 der Nationalversammlung. 1946 und 1947 Finanzminister, 1947–48 Ministerpräsident, 1948–1952 Außenminister, 1955/56 Justizminister. 1955 Präsident der Europäischen Bewegung. 1958–1960 1. Präsident des Europäischen Parlaments, danach dessen Ehrenpräsident.

Schumann, Jürgen 468
1944–1977, dt. Flugkapitän. Seit 1967 bei der Lufthansa. 1977 in seinem von arabischen Terroristen entführten Flugzeug erschossen.

Schurz, Carl 95, 106, 172
1829–1906, amerikanischer Politiker und Journalist deutscher Herkunft. 1849 am badisch-pfälzischen Aufstand beteiligt. 1852 Emigration in die USA. Schloß sich dort der Republikanischen Partei an und trat für die Wahl Lincolns ein. 1861/62 Gesandter in Madrid. Teilnahme am Sezessionskrieg, zuletzt als General der Nordstaaten. 1869–1875 Senator für Missouri. 1872 Mitbegründer der Liberal Republican Party. 1877–1881 Innenminister.

Schuschnigg, Kurt von 351
1897–1977, österreichischer Politiker, Rechtsanwalt. 1927–1933 für die Christlich-Soziale Partei im Nationalrat. 1932–1934 Justiz-, ab 1933 zugleich Unterrichtsminister. Ab Juli 1934 als Nachfolger von Dollfuß Bundeskanzler sowie zeitweise Unterrichts-, Außen- und Verteidigungsminister. Trat 1938 nach dem deutschen Einmarsch zurück, wurde verhaftet. Von 1941–1945 im KZ. Von 1948–1967 Professor in St. Louis (USA). Seit 1968 wieder in Österreich.

Schuwalow, Paul (Pawel Andrejewitsch) Graf 211
1830–1908, russischer General. Nahm u. a. am Krimkrieg und 1877/78 am Krieg gegen die Türkei teil. 1885–1894 Botschafter in Berlin. 1895–1897 Generalgouverneur in Warschau.

Schwann, Theodor 126
1810–1882, dt. Anatom und Physio-

loge. Professor in Löwen und Lüttich.

Schwarzenberg, Felix Fürst zu 103 f., 140, 142 ff.
1800–1852, österreichischer Staatsmann. Seit 1824 im diplomatischen Dienst. 1848 Feldmarschalleutnant und nach Teilnahme an der Bekämpfung des Oktoberaufstandes in Wien Ministerpräsident. Oktroyierte 1849 als Vertreter eines zentralistischen autokratischen Prinzips eine gesamtstaatliche Verfassung für Österreich und löste den Reichstag gewaltsam auf. Erstrebte vergeblich den Eintritt der ganzen Habsburger-Monarchie in den Deutschen Bund. Zwang 1850 Preußen zur Olmützer Punktation.

Schweinitz, Hans Lothar von 215
1822–1901, preußischer General. 1869–1876 Botschafter in Wien, dann bis 1892 in St. Petersburg.

Seeckt, Hans von 293, 303, 315
1866–1936, dt. General. Im Ersten Weltkrieg Generalstabsoffizier. 1919 Chef des neueingerichteten Truppenamtes im Reichsministerium. 1920 Chef der Heeresleitung. Als militärischer Oberbefehlshaber wurde Seeckt zum „Schöpfer" der Reichswehr, deren Integration in die Republik er verhinderte. 1926 verabschiedet. 1930–1932 Mitglied des Reichstags (DVP). An der Bildung der Harzburger Front beteiligt. 1933 und 1934–35 militärischer Berater Tschiang Kai-scheks.

Seldte, Franz 315, 319
1882–1947, dt. Fabrikant und Politiker. Gründete 1918 den 1933 der SA eingegliederten Stahlhelm. Antirepublikanisch und in Opposition gegen Erfüllungs- und Verständigungspolitik. 1933/34 Reichskommissar für den Arbeitsdienst. 1933–1945 Reichsarbeitsminister.

Severing, Carl 318 f.
1875–1952, dt. Politiker. 1907–1911, 1920–1933 Reichstagsabgeordneter der SPD. 1919–1920 Mitglied der Nationalversammlung. 1920–1926 und 1930 bis 1932 preußischer Innenminister. 1928

bis 1930 Reichsinnenminister. 1933 vorübergehend inhaftiert. Nach dem Zweiten Weltkrieg Landtagsabgeordneter in Nordrhein-Westfalen.

Seyß-Inquart, Arthur 351, 410
1892–1946, österreichischer Politiker. Stand ab 1931 in Verbindung mit der österreichischen NSDAP. Beitritt 1938. 1937 Mitglied des Staatsrats. Im Februar 1938 auf Verlangen Hitlers zum Innen- und Sicherheitsminister ernannt. Ab März 1938 Bundeskanzler. Ermöglichte den deutschen Einmarsch und vollzog den Anschluß. 1938–39 Reichsstatthalter für die Ostmark. 1939–1945 Reichsminister ohne Geschäftsbereich. 1940 bis 1945 Reichskommissar für die besetzten Niederlande, verantwortlich für die Ausbeutung des niederländischen Arbeitskräfte- und Wirtschaftspotentials, für Judendeportation und Unterdrückungsmaßnahmen. 1946 vom Internationalen Militärgerichtshof zum Tode verurteilt.

Shakespeare, William 56, 146
1564–1616, englischer Dichter. 1592 in London als Schauspieler und Dramatiker. Seit 1610 wieder in Stratford-on-Avon. Wirkte nachhaltig auf die deutsche Klassik.

Siebenpfeiffer, Philipp Jakob 87
1789–1845, dt. politischer Schriftsteller und Jurist. Verwaltete 1815 die Stadt Landau in österreichischem Auftrag. 1816 im bayerischen Staatsdienst. Seine Versuche, liberale Zeitungen herauszugeben, scheiterten an der Zensur. Verfasser des Aufrufes zum Hambacher Fest. Zu Gefängnisstrafe verurteilt, floh er ins Elsaß, dann in die Schweiz. Ab 1834 außerordentlicher Professor in Bern.

Siemens, Werner, seit 1888 von 110 f., 125 f.
1816–1892, preußischer Offizier, Industrieller. Begründer der Elektrotechnik. 1847 mit Halske Gründung der Telegraphenbauanstalt Siemens & Halske. Erfand 1866 die Dynamomaschine.

Simson, Eduard, seit 1888 von 104, 178

1810–1899, dt. Jurist und Politiker. 1848 Mitglied der Frankfurter Nationalversammlung. Seit Dezember 1848 deren Präsident. Führte als Mitglied der erbkaiserlichen Partei die Deputation, die Friedrich Wilhelm IV. seine Wahl zum deutschen Kaiser anzeigte. 1858–1867 Mitglied des preußischen Abgeordnetenhauses. 1867–1877 national-liberales Mitglied des Reichstages. 1867–1891 Präsident des Reichsgerichtes in Leipzig.

Smith, Adam 114 ff., 126
1723–1790, schottischer Nationalökonom und Moralphilosoph. 1752–1763 Professor der Moralphilosophie in Glasgow. Begründer der klassischen Nationalökonomie. Hauptvertreter des frühen Liberalismus.

Speer, Albert 377, 385, 410
1905–1981, dt. Architekt und nationalsozialistischer Politiker. Ab 1931 in der NSDAP. 1937 Generalbauinspekteur für Berlin. 1942 Reichsminister für Bewaffnung und Munition. Generalinspekteur für das deutsche Straßenwesen, für Wasser und Energie. 1946 zu 20 Jahren Gefängnis verurteilt.

Spinoza, Baruch de 146
1632–1677, niederländischer Philosoph. Aus portugiesisch-jüdischer Familie. 1656 von der jüdischen Gemeinde mit dem „großen Bann" belegt. Er vertrat eine utilitaristische Staatsphilosophie, begründete die rationale Bibelkritik und forderte religiöse Toleranz. Seine undogmatische Immanenzreligion wirkte vor allem auf Lessing, Herder, Goethe und den deutschen Idealismus.

Stadion, Johann Philipp Reichsgraf von S.-Warthausen 69
1763–1824, österreichischer Staatsmann. Bemühte sich als Gesandter in London, Berlin und Petersburg um die Bildung einer großen Koalition gegen Napoleon. 1805–1809 Außenminister. Scheiterte mit seinem Plan einer allgemeinen deutschen Erhebung gegen Napoleon. Von Metternich abgelöst. Seit 1816 Finanzminister.

Stalin, Josef (Jossif Wissarionowitsch)
324, 326, 357 ff., 363, 368, 371, 375, 382,
384, 390, 396, 398 f., 402, 423 f., 445
(ursprünglich Dschugaschwili), 1879 bis
1953, sowjetischer Diktator. 1894 Besuch eines orthodoxen Priesterseminars
in Tiflis. 1899 wegen Propagierung marxistischer Gedanken relegiert. Anschluß
an die russische Sozialdemokratie. Seit
1905 in Kontakt zu Lenin. Zwischen
1907 und 1917 mehrfach verbannt. 1912
in das Zentralkomitee der KPR und in
die Redaktion der „Prawda" aufgenommen. Im März 1917 aus Sibirien nach Petrograd zurückgekehrt. Politischer
Kommissar im Bürgerkrieg und Volkskommissar für das Nationalitätenwesen.
1919 Mitglied des Polit- und Organisationsbüros. 1922 Generalsekretär. Ab
1928 Intensivierung der Industrialisierung und rücksichtslose Kollektivierung
der Landwirtschaft. Ab 1935 Liquidierung aller vermeintlichen und tatsächlichen Gegner in Partei, Armee und
Staat. In der Außenpolitik Übergang zu
einem eindeutig expansionistischen
Kurs. Nach dem deutschen Angriff auf
die Sowjetunion Leitung des Staatskomitees für Verteidigung. Zielstrebige
Verhandlungsstrategie auf den Kriegskonferenzen mit den Westmächten.
Schaffung der Voraussetzungen für die
Ausdehnung der russischen Macht- und
Einflußsphäre nach 1945. 1953 sowjetisches Staatsoberhaupt.

Stanley, Henry Morton, seit 1899 Sir
241
1841−1904, eigentlich John Rowlands,
englischer Forschungsreisender. Seit
1867 Korrespondent für den „New
York Herald", in dessen Auftrag er
1869−1871 nach Livingstone suchte,
den er 1871 fand. 1879−1884 Erforschung des Kongobeckens.

Starhemberg, Ernst Rüdiger Fürst von
351
1899−1956, österreichischer Politiker.
Seit 1918 Tätigkeit in Selbstschutz- und
Freikorpsverbänden. 1923 Teilnahme
am Hitler-Putsch. 1927 Mitglied der
österreichischen Heimwehren, 1930
deren Bundesführer. 1934−1936 Vizekanzler und nach Dollfuß' Ermordung
dessen Nachfolger als Führer der Vaterländischen Front. Er trat für eine enge
Anlehnung an Mussolini und gegen das
nationalsozialistische Deutschland ein.
1937 Emigration.

Stauffenberg, Claus Graf Schenk von
379, 381
1907−1944, dt. Offizier. Seit Januar
1943 Stabschef einer Panzer-Division in
Afrika. Schwer verwundet. Ab Juli 1944
Stabschef des Befehlshabers des Ersatzheeres. Im Sommer 1943 Anschluß an
die Widerstandsgruppe um Goerdeler,
Beck und Witzleben. Zur Beseitigung
Hitlers arbeitete Stauffenberg einen Attentats- und Putschplan generalstabsmäßig aus, in dem er die Doppelaufgabe
übernahm, den Anschlag durchzuführen und die Aufstandsoperation in Berlin zu leiten. Scheitern des Attentats am
20.7.1944. Verhaftet, verurteilt und sofort erschossen.

Stein, Karl Reichsfreiherr vom und zum
65 ff., 72, 83
1757−1831, dt. Staatsmann. Seit 1780 in
preußischem Staatsdienst. 1784 Leiter
des Bergwesens in den westlichen Provinzen Preußens. 1796 Präsident sämtlicher Kammern der rheinisch-westfälischen Provinzen. Seit 1804 Minister für
Finanzen, Handel und Wirtschaft. 1807/
08 Reformen, an deren Vollendung er
durch das Eingreifen Napoleons I. gehindert wurde. 1808 Entlassung. 1812
Berater des Zaren Alexander I. Teilnahme am Wiener Kongreß.

Stephan, Heinrich, seit 1885 von 184
1831−1897, dt. Politiker. Organisator
des deutschen Postwesens. 1870 Generalpostdirektor des Norddeutschen
Bundes. 1876 Generalpostmeister des
Deutschen Reiches. Erfand die Postkarte, führte den Fernsprecher ein, vereinigte Postwesen und Telegraphie, vereinheitlichte das Postrecht und das Gebührenwesen und schuf 1874 den Weltpostverein.

Stephenson, George   110, 118
1781—1848, amerikanischer Erfinder.
Erfand 1814 die Dampflokomotive.
Stinnes, Hugo   285
1870—1924, dt. Industrieller. Einer der
bedeutendsten Vertreter der Montanin-
dustrie. Von 1920—1923 als Abgeordneter der DVP Mitglied des Reichstags.
Baute während der Inflationsjahre den
Stinnes-Konzern zum größten Unternehmen Deutschlands aus.
Stoecker, Adolf   210
1835—1909, dt. evangelischer Theologe
und Politiker. Antisemit. 1874—1889
Hof- und Domprediger in Berlin. Leiter
der Berliner Stadtmission. 1878 Gründung der Christlich-Sozialen Arbeiterpartei. 1879—1898 Mitglied des preußischen Abgeordnetenhauses. 1881 bis
1893 und 1898—1908 Mitglied des
Reichstages. 1890 Mitbegründer des
Evangelisch-Sozialen Kongresses.
Strasser, Georg   318 f.
1892—1934, nationalsozialistischer Politiker. Seit 1921 Mitglied der NSDAP.
Teilnahme am Hitler-Putsch. 1924 bis
1932 Reichstagsabgeordneter. Vertreter
antikapitalistischer Zielsetzungen. Zunehmend Hitlers innerparteilicher Ri-
vale. Seit 1932 Reichsorganisationsleiter
der NSDAP. Im Dezember demonstra-
tive Niederlegung aller Ämter. 1934 von
SS ermordet.
Strauß, Franz Josef   476, 484
1915—1988, dt. Politiker (CSU). Gehörte 1945 zu den Gründern der CSU.
1948—1952   Landesgeschäftsführer,
1952—1961 stellvertretender Vorsitzender und seit 1961 Vorsitzender der Partei. 1949—1978 Mitglied des Bundestages. 1953—1955 Bundesminister für besondere Aufgaben, 1955/56 für Atom-
fragen, 1956—1962 der Verteidigung,
1966—1967 Finanzminister der Großen
Koalition. 1978—1988 Ministerpräsident von Bayern.
Strauß, Johann   228
1825—1899, österreichischer Komponist. Bei seinen Gastspielreisen durch
Rußland und die USA als „Walzerkö-

nig" gefeiert. 1871 Beginn der Operet-
tenkompositionen. Schöpfer der Wiener
Operette.
Strauss, Richard   228
1864—1949, dt. Komponist. Dirigententätigkeit in München, Weimar und
Wien.
Streicher, Julius   410
1885—1946, nationalsozialistischer Politiker, Volksschullehrer. 1919—1922
Führer der Deutschsozialistischen Partei, die er 1922 mit der NSDAP verschmolz. 1923 Teilnahme am Hitler-
Putsch. 1924—1940 Gauleiter der
NSDAP in Franken. Brutaler und bedenkenloser Propagandist des Antisemitismus, Hauptinitiator der Judenver-
folgungen. 1946 in Nürnberg vom Internationalen Militärtribunal zum Tode
verurteilt und hingerichtet.
Stresemann, Gustav   283, 296 f., 304 ff.,
308 f., 317, 347
1878—1929, dt. Politiker. Von 1907 bis
1912 und 1914—1918 Reichstagsabgeordneter der Nationalliberalen Partei.
Im Ersten Weltkrieg Befürworter annc-
xionistischer Forderungen. In Opposition zu Bethmann Hollweg und mitbe-
teiligt an dessen Sturz. Gegner der Friedensresolution der Reichstagsmehrheit
im Juli 1917. Im Dezember 1918 Mitbegründer der DVP und seitdem deren
Vorsitzender. August bis November
1923 Reichskanzler. Danach bis zu seinem Tod Reichsaußenminister in wechselnden Kabinetten.
Struve, Gustav von   98
1805—1870, badischer Politiker. Leitete
mit Hecker 1847 die Offenburger Versammlung. 1849 führend am Aufstand in
Baden beteiligt. Flucht in die USA, dort
Teilnahme am Sezessionskrieg auf seiten der Nordstaaten.
Stülpnagel, Karl Heinrich von   381
1886—1944, dt. General. 1938—1940
Oberquartiermeister im Generalstab
des Heeres, dann bis Dezember 1940
Vorsitzender der deutsch-französischen
Waffenstillstandskommission. Von Februar 1942 bis Juli 1944 Militärbefehls-

haber für Frankreich in Paris. Maßgebliches Mitglied des militärischen Widerstandes gegen Hitler und Leiter der Aktion gegen die SS am 20.7.1944 in Paris. Vom Volksgerichtshof zum Tode verurteilt und hingerichtet.

Stumpff, Hans Jürgen 387
1889–1968, dt. General. 1933–1936 Chef des Luftwaffenpersonalamtes, 1937–1939 Chef des Generalstabes der Luftwaffe. 1940–1943 zunächst Chef der Luftflotte 1 im Westen, danach der Luftflotte 5 in Norwegen und Finnland. 1944–1945 Führer der Luftflotte Reich. Mitunterzeichner der deutschen Kapitulation in Berlin-Karlshorst.

Sun-Yat-sen 246, 325
1866–1925, eigentlich Sun Wen, chinesischer Politiker. Besuchte ab 1879 in Honolulu eine Missionsschule, wurde Christ und studierte 1886–1892 in China Medizin. 1894 Gründung der „Vereinigung zur Erneuerung Chinas". Nach Scheitern eines Aufstandsversuchs 1895 16 Jahre im Exil. Nach der Revolution 1911 und dem Sturz des Kaisertums Präsident der neuen Republik China. 1913 Scheitern seiner „2. Revolution". 1913–1917 in Japan. 1917 und 1921 Chef einer Gegenregierung in Kanton, die 1922 vertrieben wurde. 1923 Rückkehr nach Kanton. Annahme des sowjetischen Bündnisangebots. Umwandlung der Kuomintang in eine Kaderpartei und Aufbau einer parteieigenen Armee.

Sybel, Heinrich von 178
1817–1895, dt. Historiker, Professor in Bonn, Marburg und München. 1859 Begründer der „Historischen Zeitung". 1862–1864 Mitglied des preußischen Abgeordnetenhauses und Gegner Bismarcks. 1867 national-liberales Mitglied des Reichstags. 1874–1880 Mitglied des Abgeordnetenhauses. Seit 1875 Direktor der Staatsarchive in Berlin.

Talleyrand, Charles Maurice de, seit 1817 Herzog von T. Fürst von Benevent (1806–1815) 75 f.
1754–1838, französischer Staatsmann.

1788–1791 Bischof von Autun. Trat als Mitglied der Etats généraux 1789 für die Enteignung der Kirchengüter ein. 1792 erste diplomatische Mission im Dienst des revolutionären Frankreich. 1794 wegen angeblicher Verbindung zu dem entthronten König aus Frankreich ausgewiesen. 1797–1807 Außenminister. Gegner der Eroberungspolitik Napoleons I. Erreichte auf dem Wiener Kongreß die Gleichberechtigung Frankreichs als Großmacht. 1815 Rücktritt. 1830–1834 Botschafter in London.

Thälmann, Ernst 315 f.
1886–1944, dt. Politiker. Transportarbeiter. 1903 Beitritt zur SPD. Im Ersten Weltkrieg Mitglied der USPD, dann der KPD. Seit 1924 Mitglied des Reichstags. 1925 Vorsitzender der KPD. Kandidierte 1925 und 1932 bei der Reichspräsidentenwahl. Im Januar 1933 von den Nationalsozialisten verhaftet und 1944 im KZ Buchenwald erschossen.

Thaer, Albrecht Daniel 127
1752–1828, dt. Landwirt. Professor in Berlin. Gründete 1806 die erste höhere landwirtschaftliche Lehranstalt. Begründer der systematischen Landwirtschaftswissenschaft.

Thatcher, Margaret 495
geb. 1925, britische Politikerin. Nach einem Chemie- und Jurastudium seit 1959 Abgeordnete der Konservativen im Unterhaus. 1970–1974 Ministerin für Erziehung und Kultur. 1975 Parteivorsitzende der Konservativen. 1979–1990 Premierministerin. Leitete Anfang der 80er Jahre einen Wirtschaftsaufschwung in Großbritannien ein, der jedoch Ende der 80er Jahre aufgrund der Rationalisierungen zu Arbeitslosigkeit und steigender Armut führte. Trat bei den EG-Verhandlungen in Luxemburg für eigene nationale britische Interessen ein und reagierte auf die großen Umwälzungen in Osteuropa nur sehr zögerlich. Nach massiver Kritik an ihrer Europa- und Steuerpolitik durch die eigene Partei legte sie ihr Amt als Regierungschefin nieder.

Thiers, Adolphe 170, 175
1797−1877, französischer Staatsmann
und Historiker. 1830 Abgeordneter.
1832−1835 mehrfach Minister. 1836 und
1840 Ministerpräsident und Außenminister. Nach der Februarrevolution von
1848 konservativer Republikaner. 1852
nach Staatsstreich Napoleons III. verbannt. Seit 1863 wieder Abgeordneter.
Führte die Opposition gegen die Politik
Napoleons III. 1871 Präsident der Republik. Geriet mit der monarchistischen
Parlamentsmehrheit in Konflikt und trat
1873 zurück.

Tieck, Ludwig 52
1773−1853, dt. Dichter. Studium in
Halle und Göttingen, danach schriftstellerisch tätig. Begann seit 1794 in den
„Volksmärchen" und den „Romantischen Dichtungen" die Stoffe der alt-
deutschen Volksbücher zu erneuern.
Schloß sich 1799 dem Kreis der Frühro-
mantiker in Jena an. Neben der romantischen Rezeption der spanischen Dichtung erschloß er die poetische Welt des
Mittelalters. 1819−1842 als Berater des
Schauspielhauses in Dresden, danach
als Geheimer Hofrat in Berlin. Gilt als
der fruchtbarste und vielseitigste Früh-
romantiker.

Tirpitz, Alfred, seit 1900 von 248, 257,
270
1849−1930, dt. Admiral. 1897−1916
Staatssekretär des Reichsmarineamtes.
1911 Großadmiral. Initiator eines systematischen Flottenbauprogramms, das er
mit Hilfe des von ihm 1898 mitbegründe-
ten Deutschen Flottenvereins propagierte. März 1916 Rücktritt. 1924−1928
Reichstagsabgeordneter der DNVP.

Tito, Josip 395
1892−1980, eigentlich Broz, jugoslawi-
scher Marschall und Politiker. Mechaniker. 1910 Sozialdemokrat. Geriet als
Soldat der österreichisch-ungarischen
Armee 1915 in russische Gefangenschaft. 1917 Eintritt in die Rote Armee,
1920 in die Kommunistische Partei Ju-
goslawiens. 1927 Sekretär der Metallar-
beitergewerkschaft. Mehrfach in Haft.

Emigrierte 1934. Seit 1934 Mitglied des
ZK und Politbüros der KPJ. 1936−1938
Teilnahme am spanischen Bürgerkrieg.
1937 Generalsekretär der KPJ. Ab 1940
organisierte er den Patisanenkampf
gegen die deutsche und italienische Besatzung. 1943 Präsident des „Antifaschi-
stischen Rates der Nationalen Befreiung". 1945 Ministerpräsident und Verteidigungsminister. 1953 Staatsminister.
Nach Konflikt mit Stalin Abkehr vom
Stalinismus und Verfolger eines eigenen
Weges zum Sozialismus. Wortführer der
Blockfreien.

Tocqueville, Charles Alexis Henri Clérel
Graf von 116
1805−1859, französischer Historiker,
Staatstheoretiker und Politiker. 1848
Mitglied der Nationalversammlung.
1849 Außenminister. Einer der großen
Analytiker der politischen Welt seiner
Zeit. Schrieb u. a. „Über die Demokra-
tie in Amerika".

Treitschke, Heinrich von 160, 168, 207 f.
1834−1896, dt. Historiker und Politiker. Professor in Freiburg, Kiel, Heidelberg. Seit 1874 in Berlin. 1871−1884 na-
tionalliberales Mitglied des Reichstages.
1866−1889 Herausgeber der „Preußischen Jahrbücher".

Tresckow, Henning von 379 ff.
1901−1944, dt. General. Seit 1938 in
Opposition zum NS-Regime. 1941 im
Generalstab der Heeresgruppe Mitte
und 1944 Chef des Stabes der 2. Armee
an der Ostfront, wo er einen Kreis
gleichgesinnter Offiziere um sich sammelte. Fehlschlag der von ihm mitunter-
nommenen Attentatsversuche auf Hitler. Nach dem 20. Juli 1944 Selbstmord.

Troeltsch, Ernst 15, 226
1865−1923, dt. evangelischer Theologe
und Geschichtsphilosoph. Professor in
Bonn, Heidelberg, seit 1914 in Berlin.
1919−1921 Staatssekretär für evangelische Angelegenheiten im preußischen
Kultusministerium.

Trotzki, Leo Davidowitsch 273, 275, 326
(Deckname für Leib. D. Bronstein)
1879−1940, revolutionärer-russischer

Politiker. Seit 1897 an Umsturzversuchen beteiligt und nach Sibirien verbannt. 1902 Flucht ins Ausland. 1903 schloß er sich den Menschewiki an und trat mit seiner Theorie der „Permanenten Revolution" in Gegensatz zu Lenin. An der Revolution von 1905 maßgeblich beteiligt. Verhaftet und erneute Flucht ins Ausland. Nach der Februarrevolution Rückkehr nach Rußland. Anschluß an die Bolschewisten. Vorsitzender des am 9.10.1917 gebildeten Militärischen Revolutionskomitees. Als Außenkommissar Leiter der bolschewistischen Delegation bei den Friedensverhandlungen in Brest-Litowsk. 1918 Kriegskommissar. Entscheidenden Anteil am Sieg der Bolschewisten im Bürgerkrieg. Unterlag im Kampf um die Nachfolge Lenins dem taktisch skrupellosen Stalin. 1929 Emigration. 1940 durch einen Agenten der sowjetischen Geheimpolizei in Mexiko ermordet.

Truman, Harry Spencer   395, 399
1884–1972, 33. Präsident der USA. Richter. 1935 demokratischer Senator für Missouri. 1945 Vizepräsident unter Roosevelt. Trat nach dessen Tod 1945 die Nachfolge im Präsidentenamt an. Wiederwahl 1948.

Tschiang Kai-scheck   322, 325, 347, 395
1887–1975, nationalchinesischer Führer. 1906–1911 Ausbildung an chinesischen und japanischen Militärakademien. 1911 Mitarbeiter Sun Yat-sens. 1923 Studienaufenthalt in Moskau. 1924 Direktor der Militärakademie in Whampoa. 1925 nach Tod Sun Yat-sens Führer der Kuomintang. Bruch mit den Kommunisten. Eroberte 1928 Peking. Mußte 1937 Bürgerkrieg wegen Ausbruch des japanisch-chinesischen Krieges einstellen. 1947 Wiederaufnahme des Bürgerkrieges. 1949 nach Eroberung des Festlandes durch Mao Flucht nach Taiwan.

Ulbricht, Walter   401 f., 447, 460
1893–1973, dt. Politiker. Möbeltischler. 1915–1918 Soldat. Trat 1912 der SPD bei, 1919 der KPD. 1921 Sekretär der Partei in Thüringen, 1923 in die Zentrale der KPD gewählt. 1924 in Moskau. 1925 Rückkehr nach Deutschland. 1928–1933 Mitglied des Reichstags. Emigrierte 1933 nach Frankreich, 1938 in die Sowjetunion. Rückkehr nach Deutschland. 1946–1950 stellvertretender Vorsitzender der SED. Seit 1949 Mitglied des Politbüros. 1950–1953 Generalsekretär, danach 1. Sekretär der SED. 1949–1960 1. Stellvertreter des Vorsitzenden des Ministerrats. 1960 Vorsitzender des neugeschaffenen Staatsrates und des Nationalen Verteidigungsrates der DDR. 1971 Rücktritt.

Urban II.   27
1042–1099, um 1080 Kardinalbischof von Ostia, seit 1088 Papst. Setzte das Werk Gregors VII. fort. Rief 1095 auf den von ihm geleiteten Synoden von Piacenza und Clermont zum Kreuzzug auf.

Varnhagen von Ense, Karl August   109
1785–1858, dt. Schriftsteller. Als Literaturkritiker unterstützte er das „Junge Deutschland".

Victor Emanuel II.   140, 152 f.
1820–1878, 1849–1861 König von Sardinien, seit 1861 König von Italien. Blieb als einziger italienischer Herrscher nach 1848 der liberalen Verfassung treu. Ließ Cavour freie Hand für die Einigung Italiens. Seine Beliebtheit im Volke trug nach dem Tode Cavours entscheidend zur Festigung des italienischen Königreiches bei.

Viktoria   241
1819–1901, seit 1837 Königin von Großbritannien. Seit 1876 Kaiserin von Indien. Verlangte, über alle Staatsangelegenheiten unterrichtet zu werden, und brachte ihre persönlichen Gesichtspunkte zur Geltung. Von ihren Premierministern standen ihr zuerst Lord Melbourne, dann Disraeli nahe. Ihre lange Regierungszeit machte sie volkstümlich und zum Symbol des britischen Reiches, so daß nach ihr die Blütezeit des englischen Bürgertums in der 2. Hälfte des 19. Jahrhunderts als Viktorianische Ära bezeichnet wurde.

Wehner, Herbert 413
geb. 1906, dt. Politiker. Trat 1927 der
KPD bei. 1929 Sekretär der revolutionären Gewerkschaftsopposition. In Sachsen ab 1930 stellvertretender Sekretär
der KPD. Mitglied des Landtages und
stellvertretender Fraktionsvorsitzender.
1937 Emigration nach Moskau, dann
nach Schweden. 1942 Bruch mit den
Kommunisten. Trat 1946 nach Rückkehr nach Deutschland in die SPD ein.
1949−1983 Mitglied des Bundestages.
1949−1966 Vorsitzender des Bundes-
tagsausschusses für gesamtdeutsche Fragen. 1958−1973 stellvertretender Parteivorsitzender. 1966−1969 Bundesminister für gesamtdeutsche Fragen.
1969−1983 Vorsitzender der SPD-Bun-
destagsfraktion.

Weitling, Wilhelm 134
1808−1871, dt. Sozialist. Schloß sich
nach einem Wanderleben als Schneider-
geselle in Paris sozialistischen Kreisen
an. Seit 1836 im „Bund der Gerechten".
1839 am Aufstandsversuch Blanquis beteiligt. Seit 1849 in New York.

Weizsäcker, Richard Freiherr von 485,
491, 499, 508, 509
geb. 1920, dt. Politiker (CDU). Seit
Mai 1981 Landesvorsitzender der Berliner CDU, seit Juni 1981 Regierender
Bürgermeister von Berlin; trat im Dezember 1983 als Landesvorsitzender
und am 9. Februar 1984 auch als Regierender Bürgermeister zurück, um für
das Amt des Bundespräsidenten zu
kandidieren. Nach seiner Wahl im Mai
wurde er am 1. Juli 1984 Staatsoberhaupt. Wiederwahl am 23. Mai 1989.

Welcker, Karl Theodor 104
1790−1869, dt. Staatsrechtslehrer und
Politiker. Professor in Kiel, Heidelberg,
Bonn und Freiburg. Seit 1831 zusammen
mit Rotteck Führer der liberalen Opposition in der badischen Kammer. Herausgeber des liberalen „Staatslexikons".

Welser 36
altes Augsburger Patriziergeschlecht.
Gründung bedeutender Handelsunter-
nehmungen (ca. 1500−1561).

Werfel, Franz 343
1890−1945, österreichischer Schriftsteller. Expressionistischer Lyriker und
Dramatiker. Nach Erscheinen seiner ersten Gedichte 1912−1914 Verlagslektor
in Leipzig. 1915−1917 Teilnahme am
Ersten Weltkrieg, dann freier Schriftsteller in Wien. 1938 Emigration über
Frankreich, Spanien und Portugal in die
USA.

Werner, Anton von 228
1843−1915, dt. Maler. Seit 1875 Direktor der Berliner Kunstakademie.

Wichern, Johann Hinrich 131
1808−1881, dt. evangelischer Theologe.
Gründete 1833 das Rauhe Haus in Hamburg. Rief die evangelische Kirche auf
dem Wittenberger Kirchentag 1848 zur
inneren Mission auf. 1856 Oberkonsi-
storialrat in Berlin. Bedeutendster evangelischer Sozialreformer des 19. Jahrhunderts.

Wilhelm I. 132, 140, 142, 154 f., 157 f.,
162, 166, 173 f., 176 ff., 194, 200, 205,
209, 223
1797−1888, dt. Kaiser und König von
Preußen. Nach dem Regierungsantritt
seines Bruders Friedrich Wilhelm IV.
Thronfolger. Floh 1848 nach vergebli-
chem Versuch, die Revolution zu unterdrücken, nach England. 1849 Unterwerfung des badisch-pfälzischen Aufstandes. Dann Militärgouverneur der
Rheinlande und Westfalens. 1858 Regent. 1861 König von Preußen.
1867−1871 Präsident des Norddeutschen Bundes. 1871−1888 Kaiser.

Wilhelm II. 179, 209 ff., 212 ff., 216, 228,
230 ff., 235, 248, 251 ff., 257, 259 ff.,
269, 278
1859−1941, dt. Kaiser und König von
Preußen (1888−1918).

Wilson, Thomas Woodrow 270, 277,
290, 323, 326 f., 369, 390
1865−1924, 28. Präsident der USA
(1913−1921). Demokrat. 1890−1910
Professor für Geschichte und Nationalökonomie in Princeton. 1910−1913 Gouverneur von New Jersey. 1919 Friedensnobelpreis.

Windthorst, Ludwig   187, 191, 211
1812–1891, dt. Politiker. 1851–1853
und 1862–1865 Justizminister in Hannover. Seit 1867 Mitglied des preußischen Abgeordnetenhauses und Mitglied des Reichstages. Zentrumsführer.
Wirth, Johann Georg August   87
1798–1848, dt. politischer Schriftsteller. Jurastudium in Erlangen und Halle.
Wegen Teilnahme am Hambacher Fest
als Hauptredner und Gründung des
„Deutschen Reformvereins" Gefängnisstrafe, dann unter Polizeiaufsicht. 1837
Emigration nach Frankreich, 1839 in die
Schweiz. 1848 Mitglied der Frankfurter
Nationalversammlung.
Wurm, Theophil   340, 380, 411
1868–1953, dt. evangelischer Theologe.
Landesbischof in Württemberg. Wort-
führer im Kampf gegen den Nationalso-
zialismus (Bekennende Kirche).
1945–1949 Vorsitzender des Rats der
Evangelischen Kirchen Deutschlands.
Yorck von Wartenburg, Johann David
Ludwig seit 1814 Graf von   71
1759–1830, preußischer Feldmarschall.
Befehligte im Rußlandfeldzug Napole-
ons I. 1812 das preußische Hilfskorps.
Schloß die Konvention von Tauroggen.
Veranlaßte gemeinsam mit Freiherr
vom Stein die Volksbewaffnung in Ostpreußen.
Young, Owen D.   307
1874–1962, amerikanischer Finanz-
und Wirtschaftspolitiker, Rechtsanwalt.
Unter seinem Vorsitz arbeitete eine
Sachverständigenkommission den sogenannten Young-Plan aus.
Zeller, Karl   228
1842–1898, österreichischer Komponist, Jurist und Verwaltungsbeamter.
Zeppelin, Ferdinand Graf von   220, 301
1838–1917, württembergischer Gene-

ral. Erfinder des nach ihm benannten
starren Lenkluftschiffes. 1885 Mili-
tärbevollmächtigter beim Bundesrat.
1887–1891 württembergischer Gesandter in Berlin.
Zittel, Karl   131
1802–1871, dt. evangelischer Theologe,
Pfarrer. Führer der liberalen kirchlichen
und politischen Bestrebungen in Baden.
In den vierziger Jahren des 19. Jahrhunderts Landtagsabgeordneter in Baden.
1848 Stadtpfarrer in Heidelberg und seit
1867 Dekan der Diözese Heidelberg-
Mannheim.
Zuckmayer, Carl   263, 343
1896–1977, dt. Schriftsteller. Nach Teilnahme am Ersten Weltkrieg Studium
der Naturwissenschaften. Dramaturg an
verschiedenen deutschen Theatern.
1926–1938 in Salzburg. 1938 Emigration in die Schweiz, 1939 in die USA.
Nach dem Krieg kehrte er als Zivilange-
stellter der amerikanischen Regierung nach Deutschland zurück. Seit
1966 als Schweizer Staatsbürger in Saas-
Fee.
Zweig, Stefan   343
1882–1941, österreichischer Schriftsteller. Studierte Philosophie, Romanistik
und Germanistik. Unternahm zahlreiche Reisen. Als Kriegsgegner 1917/18 in
Zürich. Emigrierte 1938 nach Großbritannien, dann nach Brasilien. 1941
Selbstmord.
Zwingli, Ulrich Huldrych   37, 42
1484–1531, Schweizer Reformator. 1506
Pfarrer in Glarus. 1516 Leutpriester in
Einsiedel. Seit 1518 am Großmünster in
Zürich. 1522 erste theologische Schrift
gegen das Fastengebot. 1523 1. und 2. Züricher Disputation über seine 67 „Schluß-
reden" (Thesen). Beginn der Züricher
Reform. Seit 1525 wachsende Kontroverse mit Luther über Abendmahllehre.

Sachregister

Bildnachweis

Der Verlag dankt den genannten Personen, Institutionen und Unternehmen für ihre freundliche Genehmigung zum Abdruck von Copyright-Material. Trotz intensiver Bemühungen konnte mit den Copyright-Inhabern einiger verwendeter Abbildungen (S. 379: Schulze-Boysen) kein Kontakt hergestellt werden. Für entsprechende Hinweise wäre der Verlag dankbar.

Archiv der sozialen Demokratie/FFS, Bonn: S. 305
Archiv für Kunst und Geschichte, Berlin: S. 67 (Hardenberg, Scharnhorst, Gneisenau), S. 223
Archiv Gerstenberg, Wietze: S. 63, 77, 105, 135 (Marx), 279, 419
Associated Press GmbH, Frankfurt/M.: S. 315, 407
Bildarchiv Foto Marburg, Marburg: S. 20, 24
Bildarchiv Preußischer Kulturbesitz, Berlin: S. 22, 50, 101, 123, 125, 131, 177, 181, 225, 231, 302, 343, 345, 354, 358, 361
Bilderdienst Süddeutscher Verlag, München: S. 193 (Liebknecht), 309 (Freiwilliger Arbeitsdienst), 374, 378 (Niemöller, Bonhoeffer, Hassell), 379 (Goerdeler, Oster), 435, 443
Bundesarchiv Koblenz, Koblenz: S. 295, 376
Bundesbildstelle Bonn, Bonn: S. 488
Christiansen, K., Ottobrunn: S. 379 (Leuschner, Leber, Moltke, Haubach)
Deutsches Museum, München: S. 220
dpa, Deutsche Presse-Agentur, München: S. 484, 486, 507, 509
Foto dpa, Frankfurt/M.: S. 287, 475
Freies Deutsches Hochstift, Goethe-Museum, Frankfurt/M.: S. 57
Graphische Sammlung Albertina, Wien: S. 38
Groß, Cl.-P., Berlin: S. 112
Keystone Pressedienst GmbH, Hamburg: S. 440

Kunsthistorisches Museum, Wien: S. 49
Kunstsammlung der Veste Coburg, Coburg: S. 47
Landesbildstelle Berlin, Berlin: S. 219, 303, 387, 421, 424, 450
Presse- und Informationsamt, Duisburg: S. 439
Presse- und Informationsamt der Bundesregierung, Bonn: S. 399, 452, 473
Presse- und Informationsamt der Bundesregierung, Bundesbildstelle Bonn: S. 433 (oben); Süddeutscher Verlag, Bilderdienst (unten)
Reich-Verlag, Pullach: S. 385
Rheinisches Bildarchiv, Köln: S. 29
Sperber, Achim: S. 501
Staatliche Graphische Sammlung, München: S. 67 (Stein)
Ullstein Bilderdienst, Berlin: S. 69, 88, 133, 135 (Engels), 167, 201, 214, 226, 263, 280, 282, 309 (Arbeitslosenschlange), 311, 316, 319, 335, 349, 373, 378 (Geschwister Scholl, Beck), 379 (Stauffenberg, Tresckow), 384, 410, 413, 423, 437, 447
U.S. Information Service, Bonn: S. 441
Verlag Moos & Partner, Gräfelfing: S. 193 (Bebel)
Verlag Ferdinand Schöningh, Paderborn: Landkarten im Anhang
Westermann, Schulbuchverlag, Braunschweig: Karte 11, Bundesrepublik Deutschland
Wittig, Fr., Verlag, Hamburg: S. 40